मेरी कथा-यात्रा

वाणी प्रकाशन
21-ए, दरियागंज, नयी दिल्ली-110002
फोन : 011-23273167, 23275710
फैक्स : 011-23275710
e-mail : vaniprakashan@gmail.com
website : www.vaniprakashan.com

मेरी कथा-यात्रा

लेखक

विद्यासागर नौटियाल

वाणी प्रकाशन का लोगो
विख्यात चित्रकार मक़बूल फ़िदा हुसेन
की कूची से

ISBN : 978-81-8143-780-8

वाणी प्रकाशन
21-ए, दरियागंज, नयी दिल्ली-110002
द्वारा प्रकाशित
प्रथम संस्करण : 2008

आवरण : वाणी प्रकाशन
नागरी प्रिंटर्स, शाहदरा, दिल्ली-110032
द्वारा मुद्रित

मूल्य : 695.00

MERI KATHA-YATRA
by : Vidyasagar Nautiyal

ज़िन्दगी की यह किताब
चौहत्तर पन्ने, चौव्वन कहानियाँ

"ज़िन्दगी की किताब के पलटे सैंतीस पन्ने, लगता है अभी कुछ देखा ही नहीं।" नारायण सुर्वे।

मैं अब तक ज़िन्दगी की किताब के सैंतीस के बजाय चौहत्तर पन्ने पलट चुका हूँ। ठीक दुगुने।

और मुझे भी अभी ऐसा ही लग रहा है कि अभी कुछ देखा ही नहीं। जितना देख पाया उतने से मन नहीं भरा।

मेरे सामने पिचहत्तरवाँ पन्ना खुल आया है। अपने आप। इसके खुलने, खोले जाने के लिए मुझे कतई प्रयास नहीं करना पड़ा। कभी नहीं करना पड़ता। इसमें मेरा कोई प्रयास नहीं होता। अपनी कोशिशों से मैं इसे खोल नहीं सकता। रोक सकता हूँ, लेकिन वैसा करने का फिलहाल मेरा कोई इरादा नहीं।

इस नए पिचहत्तरवें पन्ने पर मैं कुछ लिख सकूँ इससे पेश्तर इसके नितान्त कोरे, सफेद हाशिये पर कुछ अजीब इबारतें खुद ही उभरने लगी हैं। पिछले पन्नों पर दर्ज ढेर सारे कामों की एक लम्बी फेहरिश्त, जिन्हें अभी तक पूरा नहीं किया जा सका। कभी मेरी अपनी ही लिखी हुई इबारतें। बहुत छोटे-छोटे हरूफों में, मात्र निजी याददाश्त के लिए अंकित संक्षिप्त टिप्पणियाँ। पिछले पन्नों से खिसककर वे खुद ही आगे चली आती हैं। इनको देखकर मेरी नज़रों में अपनी ज़िन्दगी की यह किताब कभी-कभी किसी बनिए के उधारखाते की तरह दिखाई देने लगती है। उसके बाहर मोटे-मोटे हरूफ़ों में 'शुभ लाभ' लिखा होता है और भीतर भरे रहते हैं बकाया राशियों के हवाले। जिन्हें अभी तक वसूला नहीं जा सका। लेकिन उम्मीद बाकी है। फर्क सिर्फ इतना है कि इस खाते में मैं कोई लेनदार नहीं, खुद ही एक बकायादार हूँ। मुझे अपने समाज का बकाया चुकता करना है। तेज़ी से बीतती जा रही उस समयावधि की समाप्ति से पूर्व, जिसके बारे में मुझे ही क्या, किसी को भी निश्चित जानकारी नहीं हो सकती। वैसी जानकारी मेरे पुरखों को भी कभी नहीं रही।

हर साल यानी अंग्रेजी कलेण्डर पर सितम्बर महीने की उनतीसवीं तारीख के फिर से आ जाने पर, मेरे साथ ऐसा ही होता रहता है। मेरी सोची हुई कुल योजनाएँ धरी की

धरी रह जाती हैं। ज़िन्दगी अपने ही ढब से मुल्क पर, मेरे लोगों पर और स्वयं मुझ पर पड़नेवाले अन्दरूनी और बाहरी दबावों के असर में बढ़ने, सरकने, रुकने, थमने लगती है। अपने देश के अलावा दुनिया के दूसरे भागों में होनेवाली घटनाओं का सीधा-सीधा असर हमारी, हम सबकी ज़िन्दगी पर पड़ने लगता है।

मेरा मानना है कि लेखक को अपनी रचनाओं और पाठकों के बीच बेवजह आड़े आकर देर तक बाधक बने रहने की आदत से आम तौर पर परहेज करना चाहिए। खासकर कहानीकार को। पाठक हमारी कहानी पढ़ना चाहते हैं, निजी संस्मरणात्मक किस्से सुनने में उन (सब) को कोई खास दिलचस्पी नहीं होती। लेकिन यह संग्रह मेरी ज़िन्दगी भर की कहानियों का संचय है। अब तक की कुल कहानियों का संचय, जो उपलब्ध हो पाईं। कुछ प्रकाशित कहानियों के नाम तक याद नहीं आते। ऐसा सबके साथ होता है। (एक दिन फोन पर मैं किसी प्रसंग में समवयस्क केदारनाथसिंह को उसकी एक बहुत पुरानी कविता के कुछ अंश सुनाने लगा तो उसने उधर से सवाल दाग दिया—नौटियाल! तुम्हें यह पूरी कविता याद है? लीजिए! जिस कवि ने उसकी रचना की वह अपनी कविता के बारे में दूसरों से दरयाफ़्त करने लगा है। शायद ठेठ दूध की भाषा के भूल जाने वाली कविता थी।) कुछ के नाम याद हैं लेकिन अब यह याद नहीं आता कि वे किस पत्रिका में और कब प्रकाशित हुई थीं। लेकिन कुछ कहानियों और उन्हें प्रकाशित करनेवाली पत्रिकाओं के नाम आदि का पुराने कागजात में कहीं उल्लेख मिल गया। उन्हें दर्ज किया जा रहा है।

'सजाओं का बेटा, गुनाहों की गोद में', प्रकाशित 'युगप्रभात' केरल; 'पेट पिठाईं' प्रकाशित 'आज बनारस'; एक शिकायत सबकी 'प्रकाशित 'नई कहानियाँ' दिसम्बर 1960; 'मानवी' प्रकाशित 'कृति'; 'मैं मास्टर था' प्रकाशित 'वासन्ती' बनारस 1959; 'गुर्टू आइए, मत आइए' प्रकाशित 56-59 के दौरान 'क्षितिज' संपादक रामबहादुर मुक्त; 'मनखी' पत्रिका का उल्लेख अप्राप्य; 'नई पीढ़ी' प्रकाशित 'आज'; 'एक एकांकी' प्रकाशित 'अमृत पत्रिका' इलाहाबाद 54-56 के बीच; 'एक शिकायत सबकी' के बारे में मैंने कहीं ऐसी टिप्पणी लिखी थी—'एक शिकायत सबकी', 'नई कहानियाँ', दिसम्बर 1960, अप्राप्य—नोट जो उपलब्ध हैं उसमें लिखा है—1. सौंला—बहू रूपमा से, 2. लच्छो-सास—एक दूसरी बुढ़िया से, 3. रूपसा सौंला की सहेली—अपनी सहेली से, 4. दम्मो—सौंल की माँ—अपने 'उन' से, 5. दया—सौंला की भाभी—अपने मन में।'

इस कहानी का लब्बो लुवाब यह था कि हर स्त्री को अपनी माँ सद्गुणों को पोटली दिखाई देती हैं और सास दुर्गुणों की खान।

ये सभी कहानियाँ बनारस में लिख ली गई थीं।

कुछ कहानियाँ ऐसी भी हैं, जो उपलब्ध हो गई हैं लेकिन जिन्हें मैंने व्यस्त पाठकों के बेशकीमती समय का ध्यान रखते हुए (और उन पर तरस खाते हुए) इस संग्रह में देना ठीक नहीं समझा और खुद ही छाँटकर एक ओर कर दिया। इस संग्रह के प्रकाशन के अवसर पर अपनी निन्दित, प्रशंसित, चर्चित और उपेक्षित रचनाओं के और उनके सन्दर्भ

में अपने लेखन की प्रवृत्ति के बारे में भी कुछ स्पष्टीकरण करना (पाठकों के सर्वोच्च न्यायालय में अपने ऊपर लगे या लगाए जानेवाले आरोपों के बारे में), ज़रूरी लग रहा है। मेरे जैसे रचनाकार को, जो लेखन के अथाह समन्दर के थपेड़ों पर तैरते आलोचना के मस्त जहाज का कप्तान बनने के कभी सपने भी न देखता हो, अपने संग्रहों की भूमिका के अलावा अपने मन की कुछ ज़रूरी बातें कहने का मौका और कहाँ मिल पाता है?

आज से करीब छप्पन साल पहले 'वियोगी होगा पहला कवि, आह से उपजा होगा गान' की जैसी परिस्थिति में अपनी ही किसी आह से ज़िन्दगी की पहली कहानी 'मूक बलिदान' उपजी थी। हालाँकि मैं योगी या वियोगी कुछ भी नहीं था। न तब था, न कभी रहा, न आज हूँ। बीमारी के दौरान ससुरालियों के तिरस्कारपूर्ण व्यवहार या उचित देखभाल और सही उपचार के अभाव में, अपने शहर की एक नवविवाहिता की असामयिक मृत्यु की घटना मुझसे वह कहानी लिखवा बैठी थी। आम समाज के लिए वह एक सामान्य घटना थी, मेरे लिए कतई असामान्य। लगातार उन्हीं लोगों के बीच और उनके साथ रहते रहने के बावजूद मैं दिल-दिमाग से उनसे अलग, किसी दूसरी, एकदम अलग किस्म की दुनिया में रहने लगा था। अब महसूस करता हूँ कि यही 'अलग दुनिया में रहने लगना' आदमी को लेखक बना देता है। उस घटना से और कोई प्रभावित नहीं हुआ, मैं हुआ। प्रमाण? प्रमाण यह कि मैंने उसके बारे में लिखा, और किसी ने नहीं लिखा। हालाँकि जाना, सुना सबने। लेकिन जानने-सुनने वाले तमाम लोग-लुगाइयाँ उस घटना को बहुत जल्दी भूल गए। मैंने अच्छा लिखा या अच्छा नहीं लिखा, यह आज कोई प्रश्न ही नहीं बन सकता। जैसा ठीक सकता, उस उम्र में जैसा लिखना आया, वैसा लिख दिया। लिखने की वह प्रेरणा मेरे अपने भीतर से उपजी थी। उस कहानी के माध्यम से मेरे दिल-दिमाग के भीतर एक कहानीकार की पहली कोंपले फूट रही थीं। सामन्ती शासन से मुक्ति पाने वाली रियासत के एकमात्र कॉलेज, प्रताप इंटर कॉलेज के इतिहास में प्रकाशित होनेवाली प्रथम मैग्जीन में वह कहानी शायद 1951 में प्रकाशित हुई थी। किसी हितैषी ने मैग्जीन में प्रकाशित उस अप्राप्य कहानी की एक प्रति कुछ समय पूर्व मेरे हवाले कर मुझे ज़िन्दगी भर (मेरी बकाया, आगे की ज़िन्दगी) के लिए अहसानमन्द बना दिया। अपनी कुछ अन्य रचनाओं की तरह मैंने उसे भी 'खोजना बेकार है, अब नहीं मिल सकती' की श्रेणी में डाल दिया था। युगों के अन्तराल के बाद 1951 में प्रकाशित कहानी को दुबारा देखकर मेरी पुरानी यादें ताज़ा हो आईं। मेरी आँखों ने उसे आश्चर्यचकित होकर पढ़ा था। मेरे लेखकीय जीवन की वह आदि-कहानी इस संग्रह में दी जा रही है। उसकी वर्तिका आदि को संशोधित किए बगैर छापा जा रहा है। हू-ब-हू उसी मूल रूप में जैसे कि वह कहानी वाले पृष्ठ के मध्य भाग पर बनाए गए एक छोटे-से चौकोर कोष्ठक के भीतर 'ले. विद्यासागर 'दुर्वासा' '' के नाम से तब कॉलेज मैग्जीन में प्रकाशित हुई थी। लेखन के उस अदि-काल में मेरे नौटियाल पर एक दुर्वासा भी हावी रहता था (रियासत के अंदर से 'कर्मभूमि' पत्रिका को भेजे जानेवाले समाचारों में प्रयुक्त एक अतिरिक्त गोपनीय नाम 'नारद' के अलावा)। हावी क्या था, उसने

नौटियाल को पूरी तरह गायब ही कर दिया था। मैं या तो विद्यासागर था या दुर्वासा था। या दोनों का मिश्रण। उस ज़माने में हम किसी शब्द को एक साथ दो मर्तबा लिखने के बजाय पहले लिख लिए गए शब्द के बाद 2 का अंक जड़ दिया करते थे, जैसे 'नये 2, घर 2'। मुझे आश्चर्य होता है कि धंधेबाजों के द्वारा हाथ में कटोरा देकर अन्तर्राष्ट्रीय चौराहों पर धकेली जा रही अपनी ग़रीब, कृषकाय हिन्दी को अखिल विश्व की भाषा बनाने के दिवास्वप्न देखनेवाले स्वाभिमानी मुल्क में हमारे अनेक साहित्यसेवी आज तक उस आदत तक से छुटकारा नहीं पा सके।

दुर्वासा! व्यक्तित्व को गौरवान्वित और समाज को आतंकित कर देनेवाला, अनगिनत पौराणिक आख्यायिकाओं से जुड़ा हुआ वह स्वयंस्पष्ट, ऐतिहासिक, कालजयी (अक्सर हास्यास्पद) नाम मैंने स्वयं धारण नहीं किया था, वह उपनाम भी विशेष उपहार के रूप में पिता से ही प्राप्त हुआ। नवजात शिशु के जन्म की शुभघड़ी के फौरन बाद (हफ्ते दस दिन के ही अंदर) किसी सुदूर भविष्य में उसके 'विद्या-सागर' हो उठने के ख्वाब देखनेवाले पिता का वह भ्रम काफी जल्दी, कुछ ही वर्षों के भीतर (बाद नहीं) काफूर होने लगा था। यानी जैसे ही होनहार के बाल-मस्तिष्क से 'चीकने' की जगह कड़कड़े, सख्त पात फूटने लगे। अपने मन में अचानक आ जाने वाली बात को मैं हर्गिज अपने भीतर रोक कर नहीं रख पाता था। नतीजे की परवाह किए बगैर धड़ल्ले से उसे खोल-बोल जाता था। सुनने वाले (लों) पर उसका क्या असर होगा इसके बारे में मैं कभी सोच ही नहीं पाता था। आज भी नहीं सोच पाता। वर्ना जनाब! आदरणीय पं. जवाहरलाल नेहरूजी की 'भारत-चाटो' पार्टी का साथ और सदैव-रक्षक साया छोड़ कर आजीवन नंगे-भूखों की धूलि-धूसरित कतारों में शामिल न रहता। घर पर आए किसी प्रियतर, हँसमुख मेहमान की विदाई के नाजुक अवसर पर, जब दोनों ओर से कोमलतम भावों से मिश्रित आप्त वचनों का आदान-प्रदान किया जा रहा हो, उसके बारे में वे कुल दबे हुए, अत्यन्त गोपनीय प्रसंग, जिनकी चर्चा अपने परिवार की सीमाओं में या अपने करीबी वातावरण में (हर हालत में उसकी गैरमौजूदगी में) अक्सर, हर बशर के सामने, होती रहती थी, बगैर थमे उसकी साक्षात मौजूदगी में ही उद्‌घाटित कर जाना, मुझे अपना अनिवार्य कर्तव्य-सा मालूम होने लगता था। शायद कातर बाल-मन में कहीं यह भाव जोर मारने लगता था कि इसके बाद तो ये चले जाएँगे, और आज के बिछुड़े न जाने कब मिलेंगे। या किसी मांगलिक अवसर पर ऐसे बोल बोल जाना कि श्रोतागण अहल्या की तरह पत्थर की मूरत बनते नजर आने लगें। हँसी-खुशी के माहौल में चिरंजीव के मुंडन के अवसर पर नाई ने अपना उस्तरा उसके सर पर उग आई घनी जटा पर फेरना शुरू किया। हँसती हुई सुहागिनों के मुँह से 'नाई रे नाई, तू मेरो भाई/मेरा लाडा पीड़ा ना लाई' की संगीतात्मक, लयबद्ध, स्नेहसिक्त, मधुर, सामूहिक स्वरधारा के फूटते ही उस स्मरणीय शुभ घड़ी पर अपने समवयस्क बालसखा के धोरे प्रसन्नचित्त, प्रमुदित बैठे विद्यासागर के बाल-मुख से उच्च स्वर में निष्कपट, एकल मंगलकामना 'आज इसका मुंडन हो रहा है, अगले साल इसकी दीदी का मुंडन होगा'। ऐसे

मौकों पर मेरे भीतर से स्वतः उपजती फूटती, अति मौलिक वाणी के सम्भावित (और अकसर कु-) प्रभावों से हैरान व चिन्तित, मेरे क्रोधी राजगुरु पिता को अनायास ऋषि दुर्वासा का स्मरण हो आता होगा। लेकिन ताज्जुब की बात कि उन्होंने ऐसी दुर्वाणी बोलने वालों के लिए गढ़वाली में आम तौर पर प्रचलित (टेक्नीकल) शब्द 'कुड़बाक्या' का मेरे लिए या मेरे संबंध में कभी प्रयोग नहीं किया। गढ़वालियों को गणेशजी की याद भले ही न आए, सितोन के कुड़बाक्या की याद परंपरागत तौर पर उनके दिलों में हमेशा भरी रहती है। 'सितोन कु कुड़बाक्या' गढ़वाली घरों में एक आम मुहावरा है। नए भवन की कुर्सी की चिनाई पूरी हो जाने के उपरान्त राजमिस्त्री वाड़-संगवाड़ (चौखटें) चढ़ाने की तैयारी करने लगे। गुड़ की भेली तोड़ कर उपस्थित लोगों का मुँह मीठा किया जाने लगा। तब तक अचानक परिवार के उस कुड़बाक्या सदस्य की वहाँ पर सशरीर मौजूदगी का खयाल आया, जिसे ऐसे मांगलिक अवसरों पर कुछ न कुछ बोल जाने की इलाके में शोहरत हासिल थी। परिवार के बुजुर्ग किसी बहाने तुरत-फुरत उसे मौके से हटाने की तरकीब सोचने लगे। ना जाने क्या बोल उठे! उसे पड़ोसी गाँव में कोई काम सौंपकर फौरन घर से बाहर निकल जाने को निर्देषित कर दिया गया। आज्ञा के अनुपालन में वह तत्काल वहाँ से चला गया। अलबत्ता जाते-जाते अपनी नेक और सुविचारित सलाह देना नहीं भूला—"अच्छा, तो मैं जा रहा हूँ। पर तुम वाड़-सँगवाड़ ऐसे धरना कि उनसे जौंल-जौंल (युगल) मुर्दे बाहर निकाले जा सकें।" सितोन गाँव पता नहीं कहाँ रहा होगा और यह पता नहीं यह किस जमाने की बात होगी। पिता ने इस शब्द पर उस सितोनवासी का ऐतिहासिक एकाधिकार खत्म करना ठीक नहीं समझा होगा। एक जाति में दो-दो कुड़बाक्या कैसे हो सकते हैं? दुर्वासा तो खैर एक ऋषि था। कोई मामूली ऋषि नहीं, महर्षि।

पितृ-प्रदत्त यह 'दुर्वासा' उपाधि अपने मन और लेखन में मैं सन् 1953 तक धारण करता रहा। ठेठ उत्तरकाशी से काशी पहुँच जाने तक। ता. 4.3.1953 को मैंने 'भैंस का कट्या' कल्पना पत्रिका को भेजी और 12.3.1953 को संपादक को अलग से एक पत्र भेजकर अपने नाम के साथ नत्थी इस संज्ञा को हटा देने का अनुरोध किया था। यह तथ्य जिस सादी कापी में उस जमाने में दर्ज किया गया था वह ताज्जुब है, आज दिन तक मेरे पास सुरक्षित हैं।

यह पुरानी कॉपी मेरे लिए बहुत मददगार साबित हुई है। इसे देखकर मुझे यह बात भी याद आने लगी है, जिसे मैं पूरी तरह बिसार ही गया था कि बनारस से पेश्तर मैंने देहरादून में भी कहानियाँ लिखी थीं। उस दौरान प्रेषित पत्रों के विवरण की इन्दराजी की हू-ब-हू नकल इस प्रकार है।

11-1-52 रजिस्टर्ड डाक से सरिता—कहानी
1-2-52 पो.बा. 1497 दिल्ली - 6, फिल्मस्टार लि.
14-3-52 माया प्रेस मनोहर कहानियाँ—कहानी
1-12-52 धर्मयुग—कहानी—लुटेरा सरिता पो. बा. 17, दिल्ली

17-11-52 रजिस्टर्ड संपादक कल्पना हैदराबाद

19-11-52 रजिस्टर्ड संपादक कल्पना हैदराबाद

19-11-52 (संभवतः) माया प्रेस इलाहाबाद, कहानी

5-1-53 आजकल दिल्ली, कहानी—सिद्धा

11-2-53 अमृत पत्रिका इलाहाबाद, अपहरण कहानी लौटा दें।

17-2-53 आज बनारस, कहानी—सिद्धा

23-2-53 आज बनारस

23-2-53 पटल पटना-3, कहानी—जिन्हें गलतफहमी होती है

26-2-53 आज बनारस, सिद्धा कहानी लौटा दें

4-3-53 कल्पना हैदराबाद

जनसत्ता मोरी गेट दिल्ली, कहानी—अपहरण

9-3-53 पाटल अजन्ता प्रेस पटना, शीर्षक 'गलतफहमी' कर दें

12-3-53 कल्पना हैदराबाद, उपनाम 'दुर्वासा' बदल दें।

इसके बाद के पत्राचार को यहाँ नहीं दिया जा रहा है। जुलाई 1952 में मैं देहरादून से बनारस आ गया था। उससे पहले के पत्र देहरादून से ही भेजे गए थे। इस छोटे-से विवरण से एक बात यह भी स्पष्ट होती है कि 14 मार्च '52 के बाद जुलाई में बनारस पहुँचते ही मैंने साहित्यिक पत्रिकाओं से संपर्क करना शुरू कर दिया था, जो उस दौरान प्रमुख साहित्यिक पत्रिकाएँ मानी जाती थीं। माया, मनोहर कहानियाँ, सरिता और फिल्मी पत्रिकाओं के घेरे से बाहर निकल आया था। अगर मैं देहरादून से बाहर न निकला होता तो देर-सवेर मैं ऐसी ही पत्रिकाओं के लिए लिखने लगता और रचना के किसी एकाध पत्रिका में प्रकाशित हो जाने के बाद फिर शायद वहीं का होकर रह जाता। बनारस चले आना मेरे लेखकीय लिए जीवन के लिए एक विशेष उपलब्धि साबित हुई। मेरा सम्पर्क साहित्य के गम्भीर छात्रों और साहित्य-जगत से जुड़ गया।

मेरी कुल रचनाओं, कहानियों, उपन्यासों, यात्रा वृत्तान्तों और अब संस्मरणों को मोटे तौर पर तीन कालखंडों में बाँटा जा सकता है। 1. वे, जो मेरे काशी प्रवास (1952-59) के दौरान लिखी गईं, 2. जो काशी से मेरे टिहरी लौट आने के बाद, टिहरी, टिहरी-बरेली-नैनी-तिहाड़ जेल में लिखी गईं (1960-90) और 3. जिन्हें जलमग्न होती टिहरी से जबरन खदेड़ दिए जाने के बाद देहरादून, दिल्ली-नोएडा-शिमला आदि में (1990 से आज तक) लिखा या पूरा किया जा सका। इस 'पूरा किया जा सका' को भी ठीक तरह से समझाया जाना जरूरी लग रहा है। मेरे कथाकार का विकास काशी में हुआ। वहाँ मैंने कई कहानियाँ लिखीं और उन्हें प्रकाशित भी करवाया। और काशी प्रवास के आठ वर्षों के दौरान भविष्य में लिखी जानेवाली अनेक दूसरी कहानियों की रूपरेखाएँ भी मेरे मन में तैयार होती रहीं और कुछ को कागज पर भी दर्ज करता गया। अधखिली, अनखिली कहानियाँ, कहानियों के ढाँचे खड़े करने के लिए कुछ बेतरतीब तथ्यों की इन्द्राजियाँ, जिनसे मेरे अलावा कोई अन्य

व्यक्ति कोई मतलब निकाल ही नहीं सकता। काशी से टिहरी लौट आने के बाद मेरी वे कहानियाँ अधूरी रह गईं, पूरी नहीं की जा सकीं। पूरा कौन करता? मेरा पूरा समय अकसर घर के बाहर बीतने लगा था। मैं चलायमान स्थिति में रहने लगा था। एक गाँव से दूसरे गाँव, एक ठौर से दूसरे ठौर। कुछ बरस तक ऋषिकेश को अपना मुख्यालय बना कर मैं मोटर मजदूर संघ का कार्यकर्ता बना रहा। ड्राइवर-कंडक्टरों के साथ उस जमाने की कच्ची सड़कों की धूल फाँकता रहा। मजदूरों के काम से, सैकड़ों मील लम्बी सड़कों पर कहीं अचानक वाहन के दुर्घटनाग्रस्त हो जाने पर, कभी पुलिस-प्रशासन की ज्यादतियों के खिलाफ, कभी मालिकान की हठधर्मी के विरोध में लगातार उस मौके पर हाजिर होने की मजबूरी। रात पौड़ी-गढ़वाल जिले के पीपलकोटी में मौजूद हैं तो अगले दिन उत्तरकाशी के किसी ढाबे से दो रोटियाँ मँगा कर सूखी सब्जी के साथ चलती गाड़ी में ही उन्हें मुँह में ठूँसते जा रहे हैं। बाद में उन सड़कों पर फैले निर्माण विभाग के मजदूरों और पीढ़ी-दर-पीढ़ी बंधुवा बन कर रहनेवाले वन-श्रमिकों की यूनियनों का भी गठन किया तो अपनी भागदौड़ बढ़ती ही गई।

एक अपेक्षाकृत लम्बी जेल यात्रा (1962-64) से रिहाई के चार साल बाद मैंने वकालत भी शुरू की। उसमें भी दौरों पर रहने लगा था। टिहरी से काफी दूर-दूर के स्थानों पर स्थित अदालतों में सुबह दस बजे हाजिर होने की मज़बूरी। दिन-रात की उस भागमभाग में कहीं पर भी व्यवस्थित होकर कुछ रचना करने की स्थिति ही नहीं बन पाती थी।

ऐसा नहीं है कि बनारस में मैं निठल्ला बैठा रहता था और विघ्न-बाधाओं से रहित शांतिपूर्ण वातावरण में बहुत आराम के साथ कहानियाँ लिखता रहता था। वहाँ भी मैं दिन भर कम्युनिस्ट कार्यकर्ता (फील्ड वर्कर) के रूप में क्रियाशील रहता था और रात में अपनी लिखाई-पढ़ाई के काम निपटाता था। पूरे भारत में मेरे जमाने के कम्युनिस्ट विद्यार्थियों की ऐसी ही दिनचर्या रहती थी। वे दिन-दिन भर घूमते थे, रात-रात भर पढ़ते थे। और उनके ज्ञान का उनके विरोधी भी लोहा मानते थे। (यह लोहा माने जाने वाली बात मुझ पर लागू नहीं होती, उस मामले में मैं अपवाद का प्रतीक था)। मेरी किसी रचना के लिखे जाने की अवधि (Gestation Period) कितनी रहती थी या कितनी रही होगी, इसके बारे में भी निश्चित तौर पर कुछ नहीं कहा जा सकता। वह एक रात से लेकर पचास साल तक कुछ भी हो सकती है। अलग-अलग कहानियों की अपनी-अपनी कहानी है। एक अपेक्षाकृत लम्बी कहानी 'दारोगाजी को मछुए की भेंट' मैंने एक ही रात में पूरी लिख डाली थी। उसे बाद में कभी संशोधित नहीं किया गया। उस जमाने में शायद एक दुअन्नी या चवन्नी में मिल जाने वाली वह मूल कापी, आज दिन तक मेरे पास सुरक्षित है। उस कहानी के लिखे जाने की अपनी एक अलग कहानी है। और उससे जुड़े हुए तमाम किस्से मुझे बहुत अच्छी तरह याद आ रहे हैं। पाठकों की जानकारी (मनोरंजन) के लिए उन्हें दर्ज कर रहा हूँ।

काशी हिन्दू विश्वविद्यालय में छात्रावासों के अलावा कुछ लॉज भी हैं, जोकि

विश्वविद्यालय की मीलों-मील विशाल क्षेत्र में कायम चहारदीवारी से बाहर, उससे सटे हुए इलाकों में स्थित हैं। इनमें एक क्षेत्र है लंका। संकटमोचन हनुमान वहाँ के संकटमोचन मन्दिर में अहर्निष मौजूद रहते हैं, ऐसा लोगों का विश्वास है। संकटमोचन वही भारत-प्रसिद्ध मंदिर है, जिस पर अभी कुछ समय पूर्व दहशतगर्दों ने काशी नगरी की पारम्परिक हिन्दू-मुस्लिम एकता को भंग कर साम्प्रदायिक उन्माद फैलाने के नापाक इरादे से भयानक विस्फोट किया था। इस संकटमोचन मंदिर के करीब एक लॉज है महेंद्रवी लॉज।

यह सन् 1952 का किस्सा है। मैं उस दौरान बी.ए. प्रथम वर्ष का छात्र था और डा. भगवानदास छात्रावास का निवासी। उन दिनों महेन्द्रवी लॉज के वार्डन थे डॉ. (पंडित) आनन्दशरण रतूड़ी। गौर करें, वे ठाकुर नहीं थे जबकि महेन्द्रवी लॉज सिर्फ ठाकुर वंशीय छात्रों के लिए आरक्षित रहता था। एक शाम डॉ. रतूड़ी ने रात्रि निवास के लिए मुझे अपने निवास पर बुलाया। उनसे मेरे कई तरह के सम्बन्ध थे। हम दोनों के गाँवों का आपसी फासला महज दो मील का था। दोनों टिहरी के सामंती शासन के प्रखर विरोधी थे। स्वतन्त्रता आन्दोलन में डॉ. रतूड़ी अंग्रेजी जेलों में भी रहे। बाद में रियासत के आजाद हो जाने पर प्रजामंडल ने जो अपनी, जनता की, सरकार कायम की, उसके जीवन-काल तक, दो बरस तक वे मंत्री पद पर रहे। मैं उनके परिवार का ही एक सदस्य माना जाता था। अब डॉ. रतूड़ी विश्वविद्यालय में अर्थशास्त्र के प्रोफेसर थे और मैं उनका विद्यार्थी भी था।

मुझे कहा गया था कि उस रात मुझे रतूड़ी साहब के घर पर ही सोना है। यह मेरी आदत के खिलाफ था। मैं दिन भर काशी नगरी और उसके आसपास दूर-दूर की बस्तियों में इधर-उधर घूमता-भटकता रहता था, खाना कहीं भी, जहाँ मिल जाए, खा लेता था। पर रात में सोने को हर हालत में अपने बिस्तर पर ही लौट आने का मेरा नियम था। लेकिन उस आदेश का उल्लंघन करने की मैं कभी सोच भी नहीं सकता था। मैंने अपने हाथ में एक छोटी-सी कापी उठाई और महेन्द्रवी लॉज में चला गया। वहाँ वार्डन का निवास ऊपरी मंजिल में था। नीचे विद्यार्थियों के कमरे।

कुछ उड़ती-उड़ती खबरें मैंने दिन में ही सुन ली थीं। रात के मौके पर डॉ. रतूड़ी के निवास पर डाकुओं ने हमला किया। घर पहुँचने पर मालूम हुआ कि कल रात डाकुओं की टोली बाहर सड़क से ही सीधे ऊपरी मंजिल पर जा पहुँची। लॉज का पुराने ढंग का बहुत विशाल, दो कपाटों वाला, फाटक (द्वार) था, जैसे राजमहलों या भव्य भवनों में तब बनाए जाते थे। उसे खुलवाना या पार कर पाना सम्भव ही नहीं हो सकता था। करीब आधी रात का मौका रहा होगा। रतूड़ी परिवार के सभी सदस्य अलग-अलग कमरों में घनघोर निद्रा में थे। डॉ. रतूड़ी के एक अभिन्न मित्र थे डॉ. माथूर। जयपुर के निवासी। वे उन दिनों काशी आए हुए थे। उनसे मैं टिहरी रियासत की राजधानी नरेन्द्रनगर में कई बार वित्त मंत्री डॉ. रतूड़ी के निवास पर मिल चुका था। डॉ. रतूड़ी, उनकी पत्नी और डॉ. माथुर ने डाकुओं से मुकाबला किया था। मुकाबला करते हुए वे तीनों घायल हो गए थे। उनके सर और हाथ-पाँवों पर चोटें आ गई थीं। उतना हो जाने के बाद भी उन तीनों

ने डाकुओं से हार नहीं मानी। एक डाकू को अच्छी तरह दबोच ही लिया। तब तक हल्ला हो जाने पर नीचे की मंजिल से रघु-पुत्र उबलने लगे। दबोचा गया वह डाकू भाग नहीं पाया। उसे छात्रों की टोली के हवाले होते देख बाकी डाकू मौके से जान बचाकर भाग निकले। उस डाकू को भेलूपुर पुलिस के हवाले कर दिया गया था।

कुछ दिनों तक अपने निवास की चौकसी करने के लिए रतूड़ी साहब ने हम तीन छात्रों को बुलवाया था। मेरे अलावा मूसरी निवासी प्रभा बहुगुणा, जो बैंकों (बनारस इंजीनियरिंग कॉलेज) का विद्यार्थी था और डॉ. रतूड़ी का भानजा, देहरादून निवासी, साइंस कॉलेज का छात्र जयभारत खँडूड़ी। हमें इस आशंका के तहत बुला लिया गया था कि कहीं अपने साथी के पकड़ लिए जाने का बदला लेने के लिए बच निकले डाकू रात के मौके पर फिर कोई वारदात न कर बैठें।

वहाँ हम सभी लोग एक ही कमरे में सोते थे । हम तीनों विद्यार्थियों के बिस्तर जमीन पर लग जाते थे । एक रात ऐसा हुआ कि कमरे में और सब के सो जाने के बाद मैं नहीं सो पाया । उस रात मेरे दिमाग में वे डाकू घूमने लगे। जिनमें से एक को महेंद्रवी के छात्रों ने भेलूपुर पुलिस के हवाले कर दिया था। मैंने अचानक अपनी कापी खोल ली। उसके खुलते ही मैं बनारस के भेलूपुर थाने के बजाय अपने टिहरी शहर के थाने में जा पहुँचा। मैं अपने शहर में वहाँ बह रही भीलाँगना नदी के तट पर और अपने कॉलेज के आहाते में घूमने लगा। कॉलेज एक टीले पर था और उसके नीचे पहाड़ी के तल पर मेहतरों की बस्ती थी। मैंने देखा कि मेरे कॉलेज के लड़के ऊपर से नीचे की बस्ती पर बेवजह पत्थर फेंक कर खुद पीछे की ओर भाग आते हैं। उन बरसते पत्थरों के कारण बस्ती के निवासियों के दिलों में हरदम एक आतंक छाया रहता है। वे खुद अपनी ही झोंपड़ियों से बाहर निकलने की हिम्मत नहीं कर पाते। लड़कों की वैसी हरकतों के खिलाफ़ उस वक़्त मैं कुछ बोल नहीं पाता था। बाकी लड़कों का उस ओर ध्यान ही नहीं जाता था। लेकिन मैं अपने मन में ऐसा आतंक महसूस करने लगता था जैसे कि वे पत्थर खुद मेरे घर पर बरसाए जाने लगे हों। अब एक अरसे के बाद रात के मौके पर बनारस के गंगा तट पर बसे महेन्द्रवी लॉज की ऊपर की मंज़िल में बैठ कर मैं उन शरारती छात्रों की हृदयहीन कार्रवाहियों की इन्दराजी करने लगा था।

हमारे विद्यार्थी-काल के दौरान छोटी कक्षाओं में अध्यापक के कक्षा में प्रवेश करने से पहले तक एकदम शांति कायम रहनी चाहिए, ऐसा नियम था। उस असीम शांति को भंग करते हुए जो छात्र हल्ला मचाने लगें, उनके नाम ब्लैकबोर्ड पर दर्ज कर देने की मॉनीटर की जिम्मेदारी (और पावर) होती थी। हमारे एक अध्यापक गिरजाशंकर पांडेय थे (बाली भई) जो हमें विज्ञान पढ़ाते थे। उन्होंने पता नहीं क्यों, सातवीं या आठवीं कक्षा में, एक दिन क्लास में यह घोषणा कर डाली कि साइंस पीरियड का मॉनीटर विद्यासागर होगा। हमारी क्लास के मॉनीटर का नाम था अतरसिंह नेगी। वह हम सब से आयु में बहुत बड़ा था, मोटा और तगड़ा भी था और हमारी जानकारी के अनुसार विवाहित भी था। किसी

के एक धप्प मार दे तो वह ज़मीन से उठने न पाये। और मेरी दुबली-पतली काया की तब कोई मिसाल नहीं दी जा सकती थी। उस मामले में मैं अपनी मिसाल खुद ही था। एक दिन मेरी मॉनीटरी के दौरान अतरसिंह किसी लड़के को ज़ोर-ज़ोर से कुछ कहता जा रहा था। मैंने उससे कुछ नहीं कहा। एक शब्द भी नहीं। अपनी सीट से उठकर सीधा मास्टरजी के रिक्त स्थान पर गया, चाक हाथ में लिया और स्याह ब्लैकबोर्ड (टेबुला रासा) पर सफेदी चमका दी—अतरसिंह नेगी।

काफी था। अखण्ड छः पीरियडों के और उनसे आगे-पीछे की कालावधि के एकछत्र सर्वशक्तिमान बादशाह को एक मामूली मच्छर ने काट खाया था। लेकिन उसकी हिम्मत नहीं हुई कि वह मुझसे कुछ बोले याकि आगे बढ़ कर उसी ब्लैकबोर्ड के ऊपर टिकाए गए डस्टर को हाथ में लेकर अपने नाम की चमकती सफेदी को मिटा डाले (सके)। आज की बात होती तो श्यामपट पर लिखने की नौबत ही नहीं आ पाती। हमारे विद्यालयों में उस तरह का अनुशासन भी अब प्रागैतिहास की अमूल्य धरोहर बन गई है। कमरे में प्रवेश करते ही पाँडेयजी की सतर्क नज़रों ने ब्लैकबोर्ड पर लिखी इबारत पढ़ ली थी। क्लास के जनरल मॉनीटर की साइंस क्लास में गुस्ताखी!

वही हुआ था, जो तब हुआ करता था। अतरसिंह को मुर्गा नहीं बनाया गया, लेकिन डाँट ऐसी पड़ी थी कि वह आजीवन याद रखे। पूरी कक्षा के सामने जनरल मॉनीटर को डाँट।

उस प्रकरण के बारे में अतरसिंह ने मुझसे कभी कुछ नहीं कहा। हमारी मैत्री आजीवन कायम रही ।

रात के सुनसान प्रहर में मैं अपनी मॉनीटरी के उसी पुराने वातावरण में लौट आया था। थोड़ी-थोड़ी देर के बाद रात भर जाग्रत रहने को तैनात मेरे दोनों बंधुओं के हाथों से किताबें छूट गईं और वे नींद के आगोश में चले गए। लेकिन मुझे रात भर जगे रहने का अपना फ़र्ज़ निभाना था। कमरे के अंदर बत्ती के जलते रहने पर कोई पाबंदी हो नहीं सकती थी । मेरी आँखें खुली थीं, मैं पूरी तरह चेतन था और मेरा दिमाग अपने शहर में लौट कर वहाँ की गलियों, सड़कों, मोहल्लों के चक्कर काटने लगा था। मैं पूरी रात लिखता रह गया। रात खुलने से पेश्तर मेरी कहानी पूरी हो चुकी थी। तब ब्रह्म मुहूर्त में मैंने शीर्षक देकर उसका नामकरण कर दिया, 'दारोगाजी को मछुए की भेंट'। उसे 'कल्पना' ने प्रकाशित किया था।

मेरी काफी कहानियाँ मेरे काशी में रहते ही लिख ली गईं थीं। और उसी दौरान प्रकाशित भी हो गई थीं। आठ बरस तक मैं काशी-वासी छात्र होकर ही नहीं रहा, उसका एक जागरूक, क्रियाशील, सेवाकार नागरिक भी बना रहा। विश्वविद्यालय में छात्र यूनियन तथा छात्र संसद से लेकर नगर महापलिका तक के चुनाव भी लड़े। यूनियन के महामंत्री और संसद के प्रधान मंत्री पदों पर निर्वाचित हुआ। केन्द्रीय शासन के कोप व षडयंत्र के कारण एक जाँच कमीशन 'मुदालियर कमेटी' गठित की गई। उसकी दुराग्रहपूर्ण रिपोर्ट के

कुछ अवांछित तथा अपमानजनक अंशों के विरोध में विश्वविद्यालय में चलाए गए छात्र आंदोलन में सक्रिय भाग लेते हुए, वहाँ की जेलों में तसले भी बजाए। काशी के बारे में कुछ अधिक लिखने का यह उतना उचित अवसर नहीं प्रतीत होता। उस पर कहीं अलग विस्तार से लिखूँगा। फिर भी अपनी कथा-यात्रा के पाठकों को संक्षेप में यहाँ इतना बताना ज़रूरी लग रहा है कि जिस काशी में लोग ''लभते परमं रूपं शिवेन सह मोदते'' का पाठ करते हुए, मृत्यु का वरण कर मोक्ष प्राप्त करने जाते हैं, मैं वहाँ एक नए जीवन की तलाश में पहुँचा था। शिव के बजाय मैं शिव-गण के साथ ही रमता रह गया। विश्वनाथ मंदिर की ओर जाते हुए काशी नरेश के सड़क पर दिखायी देते ही सड़क की दोनों पटरियों पर 'हरहर महादेव' का जयघोष कर वातावरण को गुँजा देने वाले गण के साथ। मैं प्रेमचंद की काशी में था और अपने को श्रीमंतों के बजाय तथाकथित विकास के नाम पर, मडुआडीह लोकोमोटिव कारखाने जैसी योजनाओं में अपनी भूमि से उखाड़े-उजाड़े जाने वाले सूरदासों के कहीं ज़्यादा क़रीब पाता था। कामरेड गिरजेश राय तथा अन्य साथियों के साथ हाथ में कटोरा लेकर मैं दालमंडी के कोठों पर बैठने वाली वेश्याओं से कम्युनिस्ट पार्टी के लिए चंदा माँग लाता था, जिनके हुस्न पर बनारस और पूर्वी उत्तर प्रदेश के दिलफेंक लोग अपना सब कुछ लुटाने के लिए वहाँ जमा होते रहते थे।

और अपने आठ वर्षों के काशी-प्रवास के उपरान्त मैं वहाँ से एक नया, एकदम बदला हुआ, ऊर्जा और अनुभवों से लबालब जीवन प्राप्त कर पहाड़ पर वापिस लौटा।

पाठक के सामने किसी लेखक की जो कहानी पेश होती है आम पाठक को उस कहानी के बारे में, उसमें लिखी बातों से अधिक कुछ मालूम नहीं हो सकता। हर कहानी का अपना एक अलग व्यक्तित्व होता है। और हर कहानी की अपनी भी एक अलग कहानी होती है। उसका जन्म कब हुआ और कैसे हुआ था ? लेखक के दिमाग में उसका बीज कब और किन परिस्थितियों में जन्मा। एक नया जन्म धारण करने की तमन्ना लिए, अंकुरित, प्रस्फुटित, पल्लवित, पुष्पित होने के लिए कथानक का वह बीज कितनी लम्बी अवधि तक लेखक के मस्तिष्क के भीतर पड़ा-पड़ा अपनी शक्लें बदलता हुआ, विकसित होता रहा। जन्म लेने के बाद अपने प्रकाशन के लिए वह कहानी एक शहर से दूसरे शहर, एक पत्रिका के दफ्तर से दूसरी पत्रिका के दफ्तर तक धक्के खाती रही या उसे तत्काल प्रकाशित हो जाने का सौभाग्य प्राप्त हो गया था। और प्रकाशन के बाद, साहित्य की धरती पर अस्तित्व में आ जाने के बाद, एक बार सार्वजनिक हो जाने के बाद उस कहानी ने किस तरह का जीवन जिया? साहित्य जगत में उसके साथ क्या-क्या बीती या उसका किस तरह स्वागत किया गया। किसी पाठक, आलोचक, समीक्षक ने उसकी कुछ पूछताछ की या वह यों ही उपेक्षित पड़ी रही। यह होती है कहानी की कहानी। और कालान्तर में वह कहानी अपने जन्मदाता लेखक के जीवन की कहानी का अंश भी बन जाती है। कभी-कभी किसी कहानी का मात्र एक धागा हाथ में आ लगता है तो कहानी के बारे में छुपे हुए अनेक भेदों की पर्तें भी अपने आप खुलने लगती हैं। यह कहानी तो आज से पचास साल पहले

अंग्रेजी में छप चुकी है साहब। हू-ब-हू, एकदम वैसा ही है सब कुछ। हाँ सिर्फ पात्रों के नाम बदल दिए गए हैं।

-नौटियाल साहब! ठीक ऐसी ही एक कहानी यशपाल ने भी लिखी है ।

एक बार मेरी कहानियों की कापी लौटाते हुए नामवरसिंह के मुख से वाक्य पूरा भी नहीं निकला था कि मुझ पर ढेरों घड़े पानी नहीं गिरा, मुझे अपनी गंगा की गोद में समा जाने की प्रबल इच्छा होने लगी, जिसके साथ-साथ मैं अपने पहाड़ी गाँव मालीदेवल से काशी तक चला आया। मैं बनारस जा रहा हूँ, वहाँ मेरी जान-पहचान का और कौन है? मेरी गंगा है, जो मेरे गाँव में उत्तरवाहिनी हो जाती है और उसे तीन तरफ से घेरे रहती है। अब गुर्टू छात्रवास से लौट कर मैं अपने भगवानदास छात्रावास में जाऊँ या सीधा विश्वविद्यालय घाट पर ही जा पहुँचूँ? मालवीयजी महाराज ने गंगा किनारे विश्वविद्यालय का अपना अलग, एकदम निराला घाट भी बनवाया है। प्रसिद्ध वैज्ञानिक डा. शान्तिस्वरूप भटनागर ने हमारे कुलगीत में हमें गंगा का स्मरण कराया है :

बसी है गंगा के रम्य तट पर / ये सर्वविद्या की राजधानी।

इस घटना के बारे में मेरे और नामवरसिंह के अलावा और किसी को कोई जानकारी नहीं। हम दोनों में किसी ने भी किसी और से इसका कभी रहस्योद्‌घाटन नहीं किया। मेरे अभिन्न मित्र विष्णुचन्द्र शर्मा को भी नहीं मालूम। और किसी को बताये जाने लायक तो बात थी ही नहीं। उस दिन मेरा मन हुआ कि अपने ही पाँवों से सीधा घाट पर चला जाऊँ। लेकिन अपनी जान बहुत प्रिय होती है। मुझ पर कुछ दिनों तक और जीवित रह लेने का मोह भारी होने लगा। उस शाम घाट पर जाने के बजाय मैं मुँह लटकाए अपने कमरे में ही लौट आया था। नामवरसिंह इसे कब का भूल चुके होंगे। और मुझे वह बात अपने जीवन की एक मुख्य घटना के रूप में आज दिन तक तक याद है। इसे भूल जाना संभव हो ही नहीं सकता। मैंने इस बात पर कई बार विचार किया है कि अगर उस दिन मेरी उस प्रवृत्ति पर उस तरह का अंकुश न लगा होता तो आज दिन तक क्या मैं कहानियाँ लिख रहा होता? कुछ दिनों के अफसोस और हताशा के बाद कहीं रिजर्व यार्ड में जा चुकी मेरे जीवन की गाड़ी फिर मुख्य प्लेटफॉर्म पर पहुँचा देने वाली पटरी पर लौट आई थी।

कुछ दिनों तक चलने वाले उस महा-सदमे के प्रभाव से उभरने के बाद एक बार सही पटरी पर लौट आने पर मैं फिर से पहाड़ के बारे में और उस पहाड़ पर अपनी ज़िंदगी खपाने वाले लोगों के बारे में लिखने लगा। वह 'नई कहानी' का युग था । मेरे साथ एक खास दिक्कत यह रही कि कहानी के शिल्प-विधान या उसकी किस्मों के बारे में मेरी कभी कोई जानकारी नहीं हो पाई। ईमानदारी की बात यह है कि मैं आज भी यह नहीं बता सकता कि 'नई कहानी' और उससे पहले की कहानियों में क्या फ़र्क था। इस नाजानकारी का कारण अध्ययन विहीन अपना अल्पज्ञान रहा है। कहानी के बारे में गंभीर आलोचना-पुस्तकें पढ़ लेने की मेरी कभी रूचि नहीं रही। मेरे ख़याल में ऐसी बौद्धिक उठापटक आलोचकों के अधिकार क्षेत्र की बात होती है, जहाँ मेरी कोई दखल नहीं। नई

से क्या यह अर्थ निकाला जाएगा कि उससे पेश्तर जितनी भी कहानियाँ लिखीं गई, वे सब पुरानी पड़ गईं? 'रानी केतकी की कहानी' से लेकर 'शतरंज के खिलाड़ी' तक? यह इकबालिया बयान देने का मेरा मकसद खासकर यह बताना है कि मेरे जैसे रचनाकार भी, जिन्हें कथा-विधान के सर-पैर का, उसके क ख ग का भी ज्ञान नहीं होता, ठीक-ठाक रचनाएँ प्रस्तुत कर सकते हैं। कर बैठते हैं, नहीं। अचानक नहीं, संयोगवश नहीं, अपनी किसी निश्चित योजना के तहत। खूब सोच विचार कर। साहित्य में बिल्ली के हाथ से कोई छींका नहीं टूट सकता कि कोई कहानीकार अचानक एक अच्छी कहानी लिख बैठे। या एक से अधिक। यह बात मैं अन्यत्र कई जगह स्पष्ट कर चुका हूँ कि कहानी लिखने में और कहानी के बारे में लिखने में बहुत अंतर होता है।

उस युग में मेरे समकालीन रचनाकार दुष्यंत कुमार ने 1955 में 'कल्पना' में प्रकाशित अपने लेख 'नई कहानी : परंपरा और प्रयोग' में मेरी कहानियों की प्रवृत्ति पर इस प्रकार टिप्पणी की थी ।

"विद्यासागर नौटियाल की कहानियाँ एक साथ पहाड़ी जीवन और मनुष्य की खोखली प्रवृत्तियों/का चित्रण करती हैं। किंतु कथा-तत्व अत्यंत सूक्ष्म और कुशाग्र बुद्धि की पकड़ है, जोकि वास्तविकता की ही प्रतिच्छाया होती है।"

मैंने पहाड़ को हमेशा आदमी से जोड़ कर देखा है। जिस रचना में आदमी मौजूद नहीं उस पहाड़ से मेरा कोई संबंध नहीं। विकट पहाड़ पर जीने की कोशिश में घोर संघर्षों में जुटे हुए लोग। उन संघर्षों में सोच-विचार कर उस तरह शामिल होने की किसी को फुरसत नहीं होती जैसी योजना बना कर कोई राजनेता या उच्च अधिकारी फोटोग्राफरों के सामने दिखावटी वृक्षारोपण करने के लिए पहले से खोदे गए गड्ढों के अंदर अपने कर-कमल ले जाने का ढोंग करते फिरते हैं। अब लगता है कि मैं तो कुछ भी नहीं लिख पाया। पूरा पहाड़ मुझसे मेरे लेखन का हिसाब माँगता नज़र आने लगता है। क्या मुझे उन सब पर लिखने के लिए और पिचहत्तर साल की मोहलत मिल सकती है?

पहाड़ के मर्दों के मुकाबले मुझे पहाड़ की नारी अधिक आकर्षित करती रही है। उसकी अंतहीन वेदना । प्रमिथ्यू अनबंध की तरह 'पेन पेन फॉरएवर' जन्म से मृत्यु तक की वेदना। अब इस उम्र में पहुँचकर कई बार मैं यह भी महसूस करने लगता हूँ कि उस वेदना की अभिव्यक्ति का उचित माध्यम कहानी नहीं, कविता ही हो सकती थी। सिर्फ कविता। लेकिन मैंने उस क्षेत्र से अपने लेखन के शुरूआती दिनों से ही विदाई ले ली थी। लिहाजा अपने अंतर में बसने वाले कुल भावों को ठीक तरह से कभी कागज पर (कहानी में) उतार ही नहीं सका। इसे भी मेरे इकबालिया बयानों में शामिल किया जा सकता है । मेरी एक कहानी 'कुँवारीधार बोलेगी' को वापिस करते हुए कभी 'हंस 'के यशस्वी संपादक मेरे बड़े भाई राजेंद्र यादव ने इस प्रकार टिप्पणी की थी—'नौटियालजी! आप अपना यह कवितामय उच्छ्वास तत्काल किसी दूसरी पत्रिका को भेज दीजिए।' (इस टिप्पणी को मैं एक महान संपादक द्वारा जारी किया गया एक प्रमाणपत्र मानता हूँ)। इस

कहानी में खेत की कठोर मिट्टी में लोहे के फल के सींव-दर-सींव गहरे धँसते जाने से खेत की भीतरी गहराइयों में नैरंतर्य लिए हुए एक संगीतमय प्रकंपन होने लगता है। जिन्होंने कभी हल चलाया हो सिर्फ वे इसे महसूस कर सकते हैं। लेखन की भी अपनी एक रौ होती है। और उस रौ के वश में आ जाने पर ऐसे वर्णन कर जाने पर खुद मेरा भी कोई वश नहीं रह जाता। बाद में पंकज बिष्ट ने बहुत आराम से वह कहानी 'आजकल' में छाप दी थी। मेरी कई रचनाओं के अंश कवितामय हो उठते हैं। मेरी तमाम कोशिशों के बावजूद। अब दोष है तो है ।

पहाड़ी घरों में स्त्रियों का दरजा हमेशा से ऐसा रहा है कि उसे मर्द की बराबरी तो दूर, व्यक्ति के तौर पर भी मान्यता प्राप्त नहीं होती थी। यह बात कमोबेश हमारे पूरे भारतीय समाज पर भी लागू होती है, जो अभी सामंती परंपराओं की बंदिशों से मुक्ति हासिल नहीं कर पाया है। हमारी रियासत के अंदर रहने वाली औरतों की स्थिति और भी बदतर थी। उसे जानवरों से भी ज़्यादा काम करना होता था। घर की पूरी जिम्मेदारियाँ वहन करनी होती थीं। और उतना सब कुछ करने के बाद भी अपने मृत पति की सम्पत्ति पर उसका किसी भी तरह का अधिकार नहीं होता था। अपने जीते जी वह उसका उपभोग भी उसी हालत में कर सकती थी अगर मृत पति की सम्पत्ति के वारिसान को उसमें कोई एतराज़ न हो। वह पूरी तरह देवर-जेठानों के रहमोकरम पर ज़िंदा रहती थी। विधवा को यह हक़ भी हासिल नहीं था कि उन वारिसान से तलाक़ हासिल किए बग़ैर किसी दूसरे पुरूष की पत्नी बन सके। और वह तलाक़ अदालत में दावा दाखिल कर ही हासिल हो सकता था। उसमें शासन भी अपनी चुंगी वसूल करता था। ये तमाम प्राविधान रियासत के कानून 'नरेन्द्र हिन्दू लॉ 'में लिपिबद्ध थे। रियासत की आज़ादी (14 जनवरी 1948) के बाद भी बाईस वर्षों की लंबी अवधि तक रियासती जनता को सामंती कानूनों के डंडे के बल पर हाँका जाता रहा। इस तरह का खुलासा मैं अपनी न जाने कितनी रचनाओं में करता आया हूँ। अनेक लोगों की समझ में नहीं आता कि अपनी अधिकांश रचनाओं में मैं इतिहास की इस घिसी-पिटी घटना का बार-बार उल्लेख क्यों करने लगता हूँ। सवाल यह है कि उस दौरान जनता द्वारा सहन की गई ज़्यादतियों की अनदेखी कैसे की जा सकती है। उनको आज नहीं लिखा जाएगा तो कब लिखा जाएगा? कौन लिखेगा? पहाड़ के ही नहीं, खुद टिहरी रियासत के अंदर जन्मे मेरे समकालीन रचनाकारों को इन तथ्यों की कोई जानकारी ही नहीं है। आज के पर्वतीय जीवन का वर्णन करने के लिए क्या यह ज़रूरी नहीं है कि उसे इतिहास के प्रभावों के संदर्भ में भी व्याख्यायित किया जाय? आज का आदमी आसमान से नहीं, एक निश्चित इतिहास के गर्भ से जन्मा है। उन संदर्भों की उपेक्षा कर रचना लिखनी होती तो मैं दुनिया के जिन देश-प्रदेशों घूमता रहा हूँ, उनके बारे में भी कहानियाँ लिखता रहता। (मैं रूस से अमरीका तक घूम आया हूँ।) तब मुझे अपने को टिहरी तक सीमित करने की ज़रूरत नहीं पड़ती।

इस मौके पर मैं रचनाओं की समकालीनता के सवाल पर भी अपना स्पष्टीकरण

देना चाहता हूँ। यह समस्या सिर्फ मेरे लेखन में उपस्थित नहीं होती। जब कोई लेखक इतिहास के पात्रों का अपनी रचना में चित्रण करता है तो उसे वाहवाही दी जाती है। जब मेरे जैसे लोग कुछ समय पहले के समाज के अकिंचन लोगों को अपनी कहानियों में स्थान देने लगें तो फौरन से सवाल उठने लगता है—आप किस ज़माने की बात कह रहे हैं? मैं जानना चाहता हूँ कि ऐसा किस शास्त्र में लिखा है कि भारत की आज़ादी के बाद हिंदी के कहानीकार सिर्फ अपने वर्तमान के बारे में ही लिखेंगे, उससे पहले की घटनाओं पर नहीं?

इस मौके पर सवाल स्वाभाविक तौर पर यह भी उठता है कि आखिर समकालीनता से क्या अर्थ निकलता है। इस बारे में मैं विजेंद्र के विचार का हवाला देना चाहूँगा। विजेंद्र के अनुसार—'समकालीनता का अर्थ अपने समय की मात्र घटनाओं का साक्षात करना भर नहीं है। बल्कि अपना जनपक्ष सुरक्षित करके वह संघर्ष पहचानना जो इतिहास के गर्भ में सदा जिन्दा है। यानि सही समकालीनता अपने समय की सामाजिक गति के वेग को आत्मसात किए रहती है। सवाल यह है कि उस संघर्ष के दौरान आप किसके साथ खड़े थे।' (विजेंन्द्र, वागर्थ अगस्त 2007)

यह सामाजिक गति का वेग क्या अचानक पैदा हो जाता है अथवा उसका कोई ऐतिहासिक आधार होता है? यहाँ 'इतिहास के गर्भ से 'क्या ध्वनि निकलती है?

यहाँ पर पहाड़ी नारी की पीड़ा को अपनी रचनाओं में स्थान देने के बारे में कुछ बताया जा रहा है। सन् 1960 से पेश्तर लिखी कहानियों में आदि-कहानी 'मूक बलिदान' के अलावा 'सोना', 'घास', 'पीपल के पत्ते' और 'घर की इज्जत' जैसी कहानियाँ भी शामिल हैं। नारी जीवन पर केंद्रित मेरी प्रमुख कहानियों का एक अलग संकलन 'फट जा पंचधार' 2007 में प्रकाशित हुआ है। उसकी भूमिका में भी मैने इस संबंध में अपनी धारणाओं का खुलासा किया है, जिन्हें यहाँ पर दुहराया नहीं जा रहा है। मैं अपने समाज की कुल नारियों को पुरूषों की बराबरी करते हुए देखना चाहता हूँ। वास्तविक जीवन में।

मैंने पर्वतीय नारी को अनेक रूपों में देखा है। खेतों-खलिहानों में, जंगलों-चरागाहों में, घासिया रकबों में, पहाड़ों की चोटियों और उनकी वादियों में, बस्तियों-वीरानों में, नदी-नालों के आसपास, घरों के अंदर और ज़िंदगी के हर क्षेत्र में ज़िंदगी की जद्दोजहद में जुटी हुई औरत। चरागाहों में ग्वालिनें बनीं बेटियाँ, बनैले, खूँखार जानवरों से भी ज़्यादा ख़तरनाक आदमियों की करतूतों, हरकतों का मुकाबला करती हुईं। औरत, जिसे खुद अपने ही जन्मदाता माँ-बाप गाय-भैंस की तरह, गोरू की तरह बेचने को बेचैन रहते हैं। अपनी बीमार भैंस को ज़िंदा रखने के लिए सरकारी जंगल में पतरौल के सामने घास की तरह बिछ जाने को मज़बूर घसियारिन। बँधुआ शूद्रा, जिसका अपनी देह पर भी अपना हक नहीं होता। औरत, जिसे राजनेताओं की शह पर नारी देह के थोक व्यापारी अपने दलालों

के मारफत बहुत बेरहमी के साथ हिन्दुस्तान भर में फैले हुए वेश्यालयों की तरफ घसीटते-धकेलते रहते हैं। मज़बूर नारी की उन विभिन्न छवियों को अपनी रचनाओं में उतारने की कोशिश करता रहा। आलीशान कोठियों, सुसज्जित भवनों के भीतर ब्रा के हुक खोलने-खुलवाने को आतुर, प्रेमातुर, कामातुर नारी कभी मेरी कहानियों में स्थान नहीं पा सकी। मेरे दिमाग में हमेशा इस तरह के बेतुके प्रश्न घूमते (हावी) रहते हैं कि ऐसी नारियों के उस वैभव की क़ीमत अन्ततः किसको अदा करनी है ? ऐसी नारियों को मिलने वाले असीम सुख के लिए हमारे समाज की कितनी अभागी महिलाओं को अपने सुखों की कुर्बानी देनी होती है? वे कोठियाँ जमीन पर खड़ी हैं या किसी की छाती पर? यह सिर्फ पहाड़ की नहीं, पूरे देश की तस्वीर है। लेकिन मैं अपनी रचनाओं को पहाड़ से बाहर नहीं निकाल सका चूँके मुझे बाहर के क्षेत्रों और उनके इतिहास की, उनके भूगोल की, संक्षेप में उनके परिवेश की, पूरी जानकारी नहीं रहती। आधी-अधूरी जानकारी को मैं अपनी रचनाओं का आधार नहीं बनाना चाहता। मैंने जिस पहाड़ पर कहानियाँ लिखी हैं उसकी घाटी से चोटी तक की सदियाँ मेरे भीतर बसी हुई हैं।

मेरी कहानियों में ज़्यादातर नारियाँ अपने ऊपर होने वाले अत्याचारों को चुपचाप बर्दाश्त करती लगेंगी। 'मूक बलिदान', 'अपनी पारी मौन', 'सोना', 'समय की चोरी', 'माटीवाली' और 'उस चिड़िया के बोल' की नारियाँ 'परी देश की कहानियाँ' की बिन्दो जैसी नहीं हैं। विद्रोह तो दूर की बात, वे प्रतिरोध तक करती नहीं लगतीं। मेरे मन में सवाल यह उठता रहा है कि विद्रोह लेखक करता है कि उसके पात्र करते हैं? अगर समाज में विद्रोह का कोई आसार नज़र न आ रहा हो तो लेखक के बनावटी विद्रोह करवा देने से रचना को कितना बल मिल सकेगा? मेरा मानना है कि समाज की वास्तविक परिस्थितियों को परिवर्तित किए बगैर कागजी प्रतिरोध कोई मायने नहीं रखता। किसी प्रतिरोध, विद्रोह या बग़ावत की कोई प्रॉक्सी नहीं हो सकती।

इस मुकाम पर 'फट जा पंचधार' पर एक और प्रश्न की रोशनी में भी विचार किये जाने की ज़रूरत है। शूद्रा रक्खी विद्रोह करती है कि अत्याचारों को बर्दाश्त करती चलती है? जब वीरसिंह उसे जबर्दस्ती अपने साथ ले जाता है तो वह अच्छी तरह जानती है कि उन दोनों का साथ ज़्यादा दिन तक निभ नहीं सकेगा। फिर भी वह उसके पीछे-पीछे हो लेती है । वह कहीं भाग कर निकल नहीं जाती। औरत भाग कर जा कहाँ सकती है? उस पर चारों ओर बंदिशें लगी रहती हैं। हमारे समाज के कुल लोग उसके स्वयं-नियुक्त अभिभावक बन जाते हैं। वह कहती है—''बेजान पानी को गूल में बहाया जाता है तो वह भी अपने भरसक उस बन्धन से मुक्त पाने की कोशिश में तटों को तोड़ता चलता है। मेरी स्थिति उससे भी बदतर थी।'' लेकिन कहानी के अंत में अपने जीवन के कुल कटु व विकट अनुभवों का बयांन करते हुए उसके अंदर से ये बोल फूट पड़ते हैं।

''मैं चाहती हूँ कि पंचधार फट जाए। भूकंप का एक झटका आए, तगड़ा भूचाल और इस पहाड़ का जोड़-जोड़ हिल उठे। पंचायत के तप्पड़ से यमुना माई के फाट तक

के ढंगारों, ढलानों में बेशुमार गहरी, चौड़ी-चौड़ी दरारें पड़ जाएँ और पंचधार खंड-खंड हो जाए। भूख, नंगेपन और तिरस्कार के नुकीले काँटों की सेज पर टिके मेरे अपंग शरीर में अब ज़्यादा दम नहीं, पर इस गुफा में बैठकर मैं उसी भूचाल का इंतज़ार कर रही हूँ। मैं उसी दिन को देखने के लिए ज़िंदा हूँ।''

'फट जा पंचधार ' 1990 में पूरी हो पाई थी। मेरे ख़याल में वह मेरे तमाम नारी पात्रों की ओर से बोलने वाली, प्रतिनिधि प्रवक्ता बन कर उभरी है। 'परी देश की कहानियाँ' मेरी नारी-केंद्रित कहानियों में सबसे अलग है। इस पर बरसाए गए पत्थरों और जारी किए गए फतवों से संबंधित एक प्रसंग याद आ रहा है। साठ के दशक में दिल्ली से प्रकाशित होनेवाली एक पत्रिका 'हिन्दी टाइम्स' ने 'परी देश की कहानियाँ' का शीर्षक बदलकर उसे 'सौंदर्य और गरीबी की नग्न परेड' शीर्षक से प्रकाशित कर दिया। इतिहास-रथ को खींच रहे अश्वों की द्रुतगति को रोकने की कुचेष्टा में तल्लीन दिल्ली के कुछ प्रवासी गढ़वाली उसे पढ़ कर (या बग़ैर पढ़े) अचानक बौखला गए। उन्होंने जनसभाएँ करके लेखक के विरूद्ध निंदा प्रस्ताव पारित किए और कहानी की घोर भर्त्सना की। पौड़ी-गढ़वाल के तत्कालीन संसद सदस्य, जिन्होंने कभी भारत सरकार के शिक्षा मंत्री के पद की शोभा भी बढ़ाई, ने कहानीकार के विरूद्ध मोर्चा सँभाला। मामले में स्वयंभू मध्यस्थ का पद सँभालते हुए उन्होंने लेखक को एक बेहद लंबा पत्र लिख कर इस बात पर आश्चर्य प्रकट किया कि लेखक ने पर्वतीय संस्कृति का मखौल उड़ाने वाली इस तरह की कहानी कैसे लिख डाली। पर्वतीय क्षेत्र की एक प्रतिष्ठित पत्रिका 'कर्मभूमि' के यशस्वी संपादक ने एक लंबा संपादकीय लिख कर अपने पाठकों को आधिकारिक तौर पर यह सूचना भी दे डाली कि लेखक मानसिक तौर पर विक्षिप्त हो गया है।

मैं अपनी ज़िंदगी में एक अपनी ही किस्म का आदमी हूँ। मुझे अपनी रचनाओं की आलोचना सुनने में रस आता है। मैं कहानियाँ पाठकों के लिए लिखता हूँ, सिर्फ अपने जी को खुश करने के लिए नहीं। मैं भी जानना चाहता हूँ कि जो रचना मैंने लिखी उसके बारे में पाठकों की क्या प्रतिक्रिया है। मेरी कोई रचना किसी पाठक या आलोचक को पसंद नहीं आती तो अपनी स्पष्ट, बेबाक राय व्यक्त करने के उसके अधिकार की रक्षा करने में मुझे गौरव का अनुभव होता है। साहित्य में जी-हुजूरी करने वाले, मुँहदेखी, थोथी प्रशंसा करने वाले लोगों की सूरतें मुझे भड़वों की जैसी दिखाई देने लगती हैं। मैं मुसाहिबों से भी उतनी ही घृणा करता हूँ जितना मुखबिरों से। माननीय सांसद को प्रेषित अपने जवाब में मैंने यह बात लिखी थी कि सीज़र की हत्या के बाद 'जूलियस सीज़र' में एक ऐसा दृश्य उपस्थित होता है कि अनेक लोगों की उत्तेजित भीड़ ने सिना नामक एक व्यक्ति को घेर लिया है। उस नाटक में एक सिना था जो सीज़र के क़तिलों में शामिल था। वे आरोप लगाते हैं कि तुम सिना हो। वह अपनी सफाई देता है–''मैं षडयंत्रकारी सिना नहीं, कवि सिना हूँ।'' इस पर भीड़ से आवाज़ आती है–'' इसे बुरी कविताएँ लिखने के लिए मार डालो।''

मेरे स्पष्टीकरण से विद्वान सांसद और उनके इर्द-गिर्द जमा निंदा प्रस्ताव पारित करने के लिए हाथ उठाने वाली भीड़ ने क्या अर्थ लगाया होगा, मुझे नहीं मालूम। पर मैं अपने पाठकों को यह सूचना देना प्रासंगिक समझ रहा हूँ कि इस घटना/दुर्घटना के करीब पैंतीस वर्षों के बाद भारत की नाट्य-कला अकादेमी के एक स्नातक श्रीष डोभाल ने लेखक की चार कहानियों पर नाटक तैयार कर नवंबर-दिसंबर 1995 में उनका टिहरी, पौड़ी आदि स्थानों में मंचन करवाया। इन चार कहानियों में दिल्ली प्रवासियों द्वारा निंदित कहानी 'परी देश की कहानियाँ' भी शामिल थी। दर्शकों ने इस कथा की सर्वत्र प्रशंसा की। अन्य तीन कहानियाँ थीं—'भैंस का कट्या', 'पीपल के पत्ते' और 'घास'।

'महाराजा काफूशाह का आत्मघात' मेरे बनारस से टिहरी लौट आने के बाद सन् 1960 के आसपास लिखी गई थी।

बात कहानियों की कहानी, उनकी जीवन-कथा की चल रही थी। 'मूक बलिदान' और 'दारोगाजी को मछुए की भेंट' के बारे में मैं बता चुका हूँ। अब कुछ अन्य कहानियों के बारे में। 'भैंस का कट्या' ता0 10-7-53 को 'साप्ताहिक हिंदुस्तान' को भेजी गई थी। वहाँ से उसे लौटा दिया गया था। उसके बाद प्रगतिशील लेखक संघ बनारस की गोष्ठी में उसका पाठ किया गया। उस दिन जगत शंखधर चंद्रबलीसिंह, त्रिलोचन शास्त्री, विष्णुचन्द्र शर्मा, केदारनाथसिंह, विश्वनाथ त्रिपाठी, ठाकुरप्रसाद सिंह, शिवप्रसादसिंह और काशी के अनेक दूसरे साहित्यकार गोष्ठी में उपस्थित थे। सभी साहित्यकारों को कहानी बहुत अच्छी लगी। मैं नया-नया लेखक था। एक प्रतिष्ठित साप्ताहिक से कहानी के लौट आने से मैं असमंजस की स्थिति में हो गया था। लेकिन उसके बाद मेरे अंदर नया उत्साह भर गया और मैने कहानी 'कल्पना' के पते पर पठा दी। और प्रकाशित होने से पहले ही उसकी शोहरत प्रयाग तक फैल चुकी थी। इस तथ्य का उल्लेख मैं अन्यत्र भी कर चुका हूँ और यहाँ पर विशेष तौर पर नए लेखकों की जानकारी के लिए दुहरा रहा हूँ। किसी एक पत्रिका से रचना के लौट आने से तत्काल यह मतलब नहीं निकाल लेना चाहिए कि रचना कमजोर है और प्रकाशन के योग्य नहीं।

इन पृष्ठों पर दी जा रही जानकारियों में काफी कुछ ऐसी भी हैं जिन्हें मैं अपने अन्य कथा-संग्रहों की भूमिका में पहले भी दे चुका हूँ। 'टिहरी की कहानियाँ' और 'दस प्रतिनिधि कहानियाँ' की भूमिका में। जिस कहानी के बारे में पहले कोई तथ्य बताया गया, और मैं उसे इस योग्य समझ रहा हूँ कि उसके बारे में इस संकलन में भी पाठकों का ध्यान आकर्षित किया जाना चाहिए, उस पर आखिर वही तो कहा जाएगा जोकि कहानी को ठीक तरह से समझाने के लिए कहा जाना ज़रूरी है। इसलिए इस दुहराए जाने की मजबूरी का सहारा लेना पड़ रहा है। पाठकों से क्षमा याचना सहित।

1954 में प्रकाशित होने वाली 'भैंस का कट्या' ने सोवियत संघ के प्राच्य विद्या संस्थान में हिंदी के विद्वान डा. वी. चेर्निशोव ने रूसी में अनुवाद कर उसे एक कहानी संकलन में सम्मिलित कर दिया। उस संकलन का शीर्षक था 'दीती इन्दी' (भारतीय बच्चे)

और वह मास्को से 1959 में प्रकाशित हुआ था। उसमें जिन लेखकों की कहानियाँ संकलित की गई थीं उनके नाम इस प्रकार थे। प्रेमचंद, जयशंकरप्रसाद, रामवृक्ष बेनीपुरी, सुदर्शन, यशपाल, उपेन्द्रनाथ अश्क, भारती, सियारामशरण गुप्त, भगवतीप्रसाद वाजपेयी, सत्यवती मलिक, मोहन राकेश, भीष्म साहनी और सत्येंन्द्र शरत। उसी दौरान प्रसिद्ध कहानीकार विनोदशंकर व्यास ने हिंदी कहानियों का 'मधुकरी' नाम से एक वृहद् संकलन भी संपादित व प्रकाशित किया। 'भैंस का कट्या' को उसमें भी सम्मिलित किया गया। उस ज़माने में मेरे लिए उस संग्रह में शामिल किया जाना एक बहुत बड़े सम्मान की बात थी।

करीब पचास वर्षों के अंतराल के उपरांत 4 जून 2000 को इस कहानी के आदि-पाठक (अब डा.) नामवरसिंह ने देहरादून में आयोजित 'पहल सम्मान' समारोह के अध्यक्ष पद से बोलते हुए 'भैंस का कट्या' के मूल तत्व की ओर श्रोताओं का ध्यान आकर्षित करते हुए स्पष्ट किया कि इसमें प्रमुख तत्व करुणा नहीं, सामंत-विरोध है। उस सुहावनी शाम देहरादून के टाउन हॉल में बैठे-बैठे उनके श्रीमुख से उस विश्लेषण को सुनते हुए मेरे अशांत मन को परम शांति मिल रही थी कि इस कहानी के तथा मेरी अधिकांश रचनाओं के मूल तत्व को अन्ततः पहचान लिया गया है । देर से ही सही। किसी रचना के मूल्यांकन में आधी सदी का समय लग जाना यों भी कोई ज़्यादा मायने नहीं रखता। अपने जीवन में और रचनाओं में मैं उन सामंती प्रवृत्तियों के विरूद्ध आजीवन संघर्षरत रहा, जो भारतीय जनता के जीवन और उसके मानस-पटल पर परंपरागत हावी रहती आई हैं। मेरी राजनीति का यह एक मुख्य अंश है।

'सोना' कहानी का अनुवाद सर्वप्रथम गुजराती में मनहर चौहान ने किया था। एक दैनिक ने अपने साहित्यिक परिशिष्ट में उसे प्रकाशित किया था। बाद में डा. वी. चेर्निशोव ने रूसी में अनूदित किया, जिसे सन् 1958 में मास्को के 'लिटरेरी गजेट' पत्रिका ने प्रकाशित किया। मंजूसिंह ने 'एक कहानी' सीरियल के अंतर्गत' 80 के दशक में इस पर एक टेलीफिल्म का निर्माण किया, जिसे दूरदर्शन ने अनेक बार प्रदर्शित किया। इस फिल्म को आम लोग 'नथ' के नाम से जानने लगे। भारत के विभिन्न शहरों के घर-घर में यह कहानी मेरी पहचान का माध्यम बन गई। ऐसा मुझे अनेक बार महसूस होने के मौके मिले। सन् 2006 में इसे क्लासिक्स में शामिल करते हुए दूरदर्शन ने इस पर खुद भी एक टेलीफिल्म बनाई। ऐसा मैंने सुना है।

'सोना' को लिखने की प्रेरणा मुझे रामायण से मिली। उसमें वर्णित, आख्यान से, जहाँ रामचंद्र अपनी पत्नी की ज़िद को पूरा करने के लिए घनघोर वन में युवती पत्नी को अ-रक्षित छोड़, हाथ में धनुष उठाए सोने के एक मायावी हिरण का पीछा करते हुए अपनी कुटिया से निकल पड़ते हैं। सोने की लंका का अधिपति क्या सोने के प्रति सीता की कमजोरी से परिचित था ? पिता के वचनों की रक्षा में स्वैच्छा से वनवास भोग रहे मर्यादा-पुरूषोत्तम की प्रिया का कंचन-मोह! उस मायावी कंचन के पीछे वनवासिनी सीता ने अपने राम को दौड़ा दिया था कि हमारे समाज की अधिकांश नारियाँ आज भी अपने

पुरूषों को घर से बाहर धकेलने में, अनाप-शनाप अवांछित हरकतों में लिप्त होने को मजबूर करने में लगी रहती हैं? राज-पाट का सहर्ष त्याग कर आए और कंचन के पीछे दौड़ चले? उस अकेली घटना ने सीता के जीवन में दुःखों के पहाड़ खड़े कर दिए, हमेशा के लिए, शेष जीवन के लिए उसे अपने राम से ही जुदा कर दिया। न कंचन मिला, न फिर कभी राम ही मिल पाए। सीता को इतना आभास नहीं हआ कि सोने के उस चमकदार, कुलाँचें भरते तुच्छ हिरण की तुलना में उसके अंकशायी धनुर्धर राम का मूल्य करोड़ों गुना अधिक है? यह प्रसंग मुझे परेशान करता रहता था।

हमारा समाज जीवधारियों में श्रेष्ठतम, जीवंत, अमूल्य मनुष्य की योग्यता के मुकाबले कंचन के निर्जीव टुकड़ों को कब तक महत्व देता रहेगा? अनपढ़ ठेकेदार समाज में अपनी नाक को ऊँचा रखने की झूठी शान को बरकरार रखने के लिए जिसका वज़न बढ़ाता रहता है, सोने की वह नथ एक दिन युवती बहू की नाक को ही फाड़कर जमीन पर आ गिरती है।

'फट जा पंचधार' की अजब कहानी है। इसका मूल विचार कभी, मेरे काशी प्रवास के दौरान, बनारस के एक विद्वान और जुझारू कम्युनिस्ट नेता रूस्तम सैटिन के दिमाग में उपजा था। बहुपति प्रथा वाले समाज में कुल भाइयों की एक ही औरत होती है। महाभारत के पांडवों की तरह। भाइयों की आपसी उम्र में पर्याप्त अंतर हो जाता है। अकसर ऐसा हो जाता है कि अपनी सास के जिस कनिष्ठ बेटे को अपनी भरी जवानी में कोई युवती गोद में खिलाती दिखायी देती है, उस सबसे छोटे पति के युवक होने तक वह औरत खुद ही बुढ़िया हो जाती है। उस समाज के कसे हुए नियमों के कारण वह जवान मर्द अपनी उस बुढ़िया हो चुकी औरत के अलावा किसी पराई स्त्री से संबंध कायम नहीं कर सकता। एक ऐसा ही ठाकुर नौजवान अपने बँधुवा परिवार की अछूत कन्या को जबर्दस्ती अपने घर ले गया। स्थानीय शास्त्रसम्मत परंपराओं, रूढ़ियों के कठोर बंधनों को तोड़ कर। भाइयों से जुदा होकर वह अकेला ही उसका यौवन-सुख लूटता रहा। और तब मुद्दत के बाद बिरादरी के दवाब में आकर उसने उस हरिजन औरत को त्याग दिया और पंचायत ने उसे गाँव की सीमाओं से भी निकाल बाहर किया । उस औरत की कहानी मेरे एक मित्र ने मुझे सुनाई थी। बुढ़ापे में बेसहारा हो उठी उस लाचार कोल्टा औरत की दास्ताँ को सुनकर मैं बेचैन रहने लगा। मुझे रात-दिन पता नहीं क्यों, ऐसा लगने लगा कि उसने मेरे मित्र के ज़रिए मेरे पास अपना संदेश भेजा है कि मैं उसकी कहानी पूरी दुनिया को सुना दूँ। वह सशरीर मेरे सपनों तक में आने लगी। मुझे लगा कि इस कोल्टा औरत की कहानी तो युगों पहले मेरे बनारस में रहते हुए रूस्तम सैटिन मुझे सुना चुके हैं। मुझे उसको सिर्फ कागज पर उतारने का काम करना है। छः बरसों तक मैं उस कहानी को लिखने में लगा रहा।

इस कहानी के बारे में एक शोध छात्र उमा गस्याल के अनेक प्रश्नों एक का उत्तर देते हुए मैंने एक और तथ्य का भी जिक्र किया था । उसे नीचे दिया जा रहा है।

'प्रश्न : 'पहल सम्मान' के अतिरिक्त आपको दिए गए अन्य सम्मान व पुरस्कार? साहित्यिक लेखन में वैचारिक प्रतिबद्धता के संबंध में आपका क्या मत है?

उत्तर : एक कम्युनिस्ट के लिए कम्युनिस्ट पार्टी की सदस्यता से बड़ा जीवन में कोई दूसरा सम्मान नहीं हो सकता। मैं उन लोगों में हूँ जो इस सूत्र को आधार बना कर जीते आए हैं। टिहरी बाँध के निर्माण के विरोध में पार्टी लाइन के विरूद्ध खड़ा हो जाने के कारण एक बार मुझे कम्युनिस्ट पार्टी की सदस्यता से निष्कासित कर दिया गया था। मेरे वे दिन बहुत बेचैनी से गुजरे। दुनिया की किसी चीज़ में मुझे रस या आनंद मिलता नज़र नहीं आता था। 'फट जा पंचधार' मैंने उसी आक्रोश की स्थिति में लिखी थी। कहानी पर मेरी पार्टी सदस्यता के छिन जाने का इतना गहरा असर पड़ने लगा कि कहीं-कहीं मुझे ऐसा लगने लगता था कि रक्खी मैं ही हूँ।

'पहल सम्मान' मुझे प्रदान किए जाने की सूचना जिस दौरान मुझे मिली तब मैं संसदीय चुनाव में प्रत्याशी बन कर गाँव-गाँव की ख़ाक छानता फिर रहा था। जिस सामंत को हमारी रियासत की लड़ाकू, संघर्षशील प्रजा ने वर्षों पहले सत्ताच्युत किया था, वह अब भगवा झंडा लेकर प्रत्याशी बना था। लोगों ने उसे निर्वाचित कर दिया। तब मुझे लगा कि जनता को बरगलाने में वह कितना ही सफल क्यों न हो जाए, साहित्य के मेरे क्षेत्र में आज से कुछ ही बरसों बाद उसे कोई नहीं जानेगा। 'पहल सम्मान' के लिए कोई आवेदन-पत्र आमंत्रित नहीं किए जाते, न कोई गोपनीय रिपोर्ट माँगी जाती है। इस सम्मान के प्रदान किए जाने से मुझे बेहद खुशी हुई थी कि मेरे लेखन के कद्रदान इस देश में मौजूद हैं।

बाद में मध्य प्रदेश साहित्य परिषद ने मुझे 1997 के अखिल भारतीय 'वीरसिंह देव पुरस्कार' के लिए चुना। उसे प्राप्त करने मैं अपनी बेटियों अनीता, अंतरिक्षा और नातिनी खुश को भी साथ ले गया। मेरी पत्नी भी गई थीं। वह समारोह हम सबके जीवन में एक अविस्मरणीय घटना बन गया। ऐसे समारोहों में सम्मिलित होने का मेरे परिवार को कभी कोई अवसर नहीं मिला था—पहल समारोह के अलावा, जोकि देहरादून में ही संपन्न हुआ था।

साहित्यिक लेखन में वैचारिक प्रतिबद्धता के बारे में मुझे याद आ रहा है, मैं अन्यत्र स्पष्ट कर चुका हूँ। विचारहीन लेखक खुद तो गड्ढे में जाता ही है, वह समाज को भी दुर्घटनाग्रस्त कर देता है। विचारधारा से हीन (रहित) लेखक उस कार के ड्राइवर की तरह होता है, जो तेल बचाने के चक्कर में, उतराई पर कार चलाते हुए उसका पेट्रोल बंद कर देता है।

लेकिन रचनात्मक लेखन में रचनाकार को सिद्धांतों का बखान करने से बचना चाहिए। पाठक कहानी पढ़ना चाहता है, भाषण नहीं सुनना चाहता।'

'फट जा पंचधार' को मैं छः साल बाद सन् 1990 में पूरा कर पाया था। यह बात उसके लिखे जाने की अवधि के बारे में बताई जा रही है। यों मेरे दिमाग के अंदर तो उसका खाका साठ के दशक से ही आकार ग्रहण करने लगा था। ऊपर बता चुका हूँ कि सन्

1960 में बनारस से टिहरी लौट आने पर मैं साहित्य-जगत से पूरी तरह कट चुका था। तीस बरस तक मैं पहाड़ी गाँवों की ख़ाक छानता रहा। जेलों को अपना घर मानता रहा।

4 जून 2000 को 'पहल' समारोह के अवसर पर टाउन हॉल देहरादून में 'युगमंच' नैनीताल के अध्यक्ष ज़हूर आलम के निर्देशन में ममता भट्ट ने इस लंबी कहानी का एकल मंचन कर दर्शकों को मंत्रमुग्ध कर दिया। इसके बाद ता. 25 व 26 जून 2007 को प्रेक्षागृह नगर निगम देहरादून में पर्वतीय अभिरंग नाट्य अकादमी देहरादून के सौजन्य से राष्ट्रीय नाट्य विद्यालय, नई दिल्ली द्वारा अजय मलकानी के निर्देशन में इसका मंचन किया गया।

यह बताना भी ज़रूरी समझ रहा हूँ कि 'फट जा पंचधार' के प्रकाशन के साथ मेरे लेखकीय जीवन में एक नए अध्याय की भी शुरूआत हुई। तीस बरसों के लंबे अंतराल के बाद मैं सब कुछ छोड़-छाड़ कर साहित्य की दुनिया में वापस लौट आया और नए सिरे से कहानी-उपन्यास लिखने लगा।

अब 'खच्चर फगणू नहीं होते' के लिखे जाने की कहानी सुनिए। उस दौरान मैं काशी हिंदू विश्वविद्यालय संसद का निर्वाचित प्रधान मंत्री था। भारत सरकार के सूचना विभाग द्वारा पत्र-पत्रिकाओं को प्रकाशनार्थ जारी किए जाने वाले सूचना बुलेटिन, मेरे आग्रह पर, हमारी संसद में भी भेजे जाने लगे थे। ता. 1-9-1958 को एक सूचना बुलेटिन जारी की गई थी—'नाप-तौल में दाशमिक प्रणाली शुरू करने पर विचार।' इस साधारण-सी सूचना ने मुझे उद्वेलित कर दिया। इस परिवर्तन का असली असर किसको झेलना पडेगा? ज़ाहिर है कि बढ़ा हुआ बोझा उसी को ढोना पड़ेगा, जो हमेशा से पूरे समाज का बोझा ढोता आया है—निरीह, वफ़ादार खच्चर। मेरे लिए कहानी अपने शुरूआती रूप में समाचार बुलेटिन के कागज़ पर मौजूद थी। मैं इसे 4-8-1997 को देहरादून में पूरा कर पाया। सन् 1958 और 1997 के बीच राजनीतिक क्षेत्र में हुए परिवर्तनों की भी कहानी पर छाप दिखायी देती है। वह 'वर्तमान साहित्य' के जनवरी-फरवरी, 1998 अंक में छपी। इसके छपने के बाद अनेक पाठकों के पत्र आए, जिनमें इसकी तारीफ की गई थी। समीक्षकों ने भी इसका ज़िक्र किया। मनमोहन ठाकौर ने इस कहानी को पढ़ने के बाद एक बहुत ही मार्मिक पत्र भेजा था। विष्णुचन्द्र शर्मा, से.रा. यात्री और भारत भारद्वाज भी इस कहानी के प्रशंसकों में हैं।

'सन्निपात' कहानी मैंने 1960 में पूरी कर ली थी। लेकिन उससे संतुष्ट नहीं हो पाया। लिहाज़ा कहीं प्रकाशनार्थ नहीं भेजा। 30 अप्रैल, 2001 को उसके देहरादून में पूरा होने की शुभ-घड़ी आई। वह प्रभाती नौटियाल संपादित 'लोर्का' में छपी। पत्रिका सीमित साहित्यकारों के दायरे से बाहर नहीं जा सकी। जनवरी, 2006 में सुभाषचन्द्र कुशवाहा ने 'कथा में गांव' शीर्षक से एक कहानी-संकलन संपादित किया। उसमें 'सन्निपात' को भी सम्मिलित किया गया। इस पर आलोचक कृष्णमोहन ने इस प्रकार टिप्पणी की—'सामंती दौर के गांवों की तथाकथित आदर्श और मानवीय मूल्य-व्यवस्था की पोल खोलती कहानी 'सन्निपात' में सरोज का अन्तर्जगत उसके पाखंडों के खिलाफ़ विद्रोह कर देता है और वह

सच कहने पर उतारू हो जाती है। इसे सन्निपात समझने वाला गांव खुद इससे घबराकर सन्निपात से ग्रस्त होने लगता है। आज़ादी की हकीक़त को उजागर करते सामंती निहित स्वार्थ उसे मारने का षडयंत्र करते हैं, इसी बिंदु पर बंटवारे की वजह से दर-ब-दर हुआ एक डाक्टर कहानी में आधुनिकता का संस्पर्श लेकर आता है। उसके आने से एक वैकल्पिक स्थिति की संभावना बनती है। कहानी का अंत खुला है और शिल्प भी शीर्षक के अनुरूप है।'

इसी पुस्तक की भूमिका में सुप्रसिद्ध आलोचक मैनेजर पांडेय ने इस कहानी के बारे में इस प्रकार लिखा–'सन्निपात में टिहरी गढ़वाल के एक गांव की एक स्त्री सरोज को केंद्र में रख कर वहां के जीवन में व्याप्त धार्मिक रूढ़िवाद, जड़ता, सामंती आतंक और पुरूषसत्ता की सर्वग्रासी चक्की में पिसती स्त्री के दुख-दर्द की अभिव्यक्ति हुई है । नौटियाल ने गार्सिया मार्खेज की तरह लगभग जादुई यथार्थवादी पद्धति का उपयोग करते हुए सन्निपात से ग्रस्त सरोज की जुबानी पूरे गांव की कहानी सुनाते हुए लोकजीवन में व्याप्त विकृतियों की पोल खोलने की कोशिश की है। इस कहानी में उस सच की अभिव्यक्ति है जिसके कहने से गांव के संभ्रान्त लोगों की झूठी शराफत की असलियत सामने आती है। इसके साथ ही पहाड़ के एक गांव का ऐसा सच भी सामने आता है जो सामंती और औपनिवेशिक प्रभावों को उजागर करता है। देश की स्त्रियां देश की आज़ादी की खबर के संदर्भ में अपनी आज़ादी के बारे में सोचती हैं। वे यह जानना चाहती हैं कि 'यह आज़ादी औरत को, आदमी की तरह, एक इंसान मानती हैं कि नहीं मानती?' इस कहानी में स्त्रियां अपनी आज़ादी के बारे में केवल चिंता ही नहीं करतीं बल्कि उसके लिए कोशिश भी करती हैं और उनकी कोशिश से गांव का पुरूष समाज आतंकित हो जाता है। पुरूषों का आतंकित होना ही स्त्री की आज़ादी की पहली मंज़िल है। नौटियाल ने स्त्री-जीवन की पराधीनता के जिस सच की अभिव्यक्ति की है वह पहाड़ के अधिकांश गांवों का सच है।'

इंटर कॉलेज में अपने सीनियर छात्रें को यदा-कदा कविताएँ करते देखता था। वे उनके कोर्स की किसी कविता की पैरोडी लगती थीं। उनकी देखादेखी मैं भी कविताएँ लिखने लगा। कविता माने तुकबंदी। कहानी सिर्फ 'मूक बलिदान' लिखी। गद्य में यात्रा-संस्मरण भी लिखने लगा था। मुझे अफसोस है कि उनमें कुछ भी अब बचा नहीं है।

'माटी खायँ जनावराँ', 'कुँआरीधार बोलेगी', 'समय की चोरी', 'अपनी पारी मौन' और 'पाँव की जूती' का पाठ करते हुए अनेक पाठकों के मन में स्वाभाविक तौर पर यह प्रश्न उठ सकता है कि ये किस ज़माने की, और कैसे वातावरण की कहानियाँ हैं। 'माटी खायँ जनावराँ' के साथ दी गई टिप्पणी कथा का अंश बन गई है।

अधबीच में ही सही, पाठकों की जानकारी में एक विशेष तथ्य यह भी लाना चाहता हूँ कि मेरे साहित्य में प्रवेश करने के दौरान और काफी लंबे समय बाद तक हिंदी में तीन

पत्रिकाएँ ऐसी थीं, जिनमें किसी लेखक की रचना का प्रकाशित होना बहुत सम्मान की बात मानी जाती थी। ये पत्रिकाएँ थीं 'हिन्दुस्तान साप्ताहिक', 'धर्मयुग' और 'सारिका'। लेकिन मेरी गिनती उन चंद लेखकों में की जा सकती है, जिनकी एक भी रचना कभी इन पत्रिकाओं में प्रकाशित नहीं हो पाई। 'हिन्दुस्तान' से कहानी के लौट आने की घटना का ज़िक्र ऊपर आ चुका है। (याल्टा में काला सागर में तैरने का मेरा एक संस्मरण 1990 के बाद कभी 'हिन्दुस्तान' दैनिक के किसी संस्करण में अवश्य प्रकाशित हुआ।) 'सारिका' के प्रकाशन के शुरू होते-होते मैं साहित्य की दुनिया से बनवास ले चुका था। सन् 1964 में जब मैं बरेली जेल से छूट कर आया तो मेरे किसी मित्र ने मुझे इस बात की सूचना दी थी कि उसने मेरी कोई रचना 'सारिका' में देखी है। शायद मेरे बारे में कहीं कोई उल्लेख रहा होगा। मेरे समकालीन लेखकों में कमलेश्वर भी एक ऐसे साहित्यकार थे, जो मेरी रचनाओं का ज़िक्र करते रहते थे। लेकिन मैं उस अंक को कभी देख नहीं पाया। 'धर्मयुग' में अपनी कोई रचना भेजने का कभी सुअवसर नहीं मिला।

विश्वनाथ त्रिपाठी ने मेरे बारे में कहीं ऐसा भी लिखा है कि मैं हिंदी में सबसे छोटे वाक्यों में लिखने वाला कहानीकार हूँ । छोटे वाक्य में अपने को व्यक्त करना आसान नहीं होता। कहानी लिखना भी उतना आसान काम नहीं, जैसा कि बहुत से न लिखने वाले लोगों की धारणा होती है। 'विद्यासागर! तुम्हारे पास कोई और काम नहीं। तुम बैठ कर कहानियाँ ही लिखते रहो।' अपनी रचनाओं के एक-एक शब्द पर मैं सोते-जागते, और बहुत लंबे समय तक, कई-कई बार विचार करता रहता हूँ। हड़बड़ी में कहानी को खत्म कर संपादक के पास भेज देने की मेरी कभी आदत नहीं रही। उसे मैं कहानी को पूरा करना नहीं, खत्म करना मानता हूँ। वह कहानी की हत्या कर देने की प्रवृत्ति होती है। लेकिन यह कोई सिद्धान्त नहीं हो सकता। यह बात सिर्फ मुझ पर ही लागू हो सकती है। मेरे अलावा किसी भी अन्य रचनाकार पर नहीं। ऐसे भी कहानीकार होते हैं, जिन्हें अपनी कहानी को लिखने के बाद उस पर एक बार नज़र डालने की भी ज़रूरत नहीं पड़ती। अपने दिमाग के अंदर पूरी कर ली गई अपनी कहानी को वे कागज पर उतार डालते हैं। लेखन के मामले में मैं कभी कामचोर नहीं रहा। कोई पत्रिका, हो सकता है, दोयम दरजे की हो लेकिन उसमें मेरी कहानी जा रही है तो उसे तो दोयम दरजे की कहानी नहीं होना चाहिए। उसे पढ़ने वाले पाठकों की नज़रों में तो मैं भी एक दोयम दरजे का, घटिया लेखक बन जाऊँगा। अपनी जिस रचना से जब तक पूरी तरह संतुष्ट नहीं हो पाता, उसे मैं प्रकाशन के लिए नहीं भेजता। मेरी किसी रचना में किसी निश्चित स्थान पर कोई एक खास शब्द क्यों प्रयुक्त किया गया, वहाँ पर कोई दूसरा वैकल्पिक शब्द क्यों नहीं रख लिया गया, इस बात पर मैं किसी से भी बहस में उलझ सकता हूँ। कभी-कभी मुझे अपने दिमाग में पल रहे कथानक को कहानी की शक्ल देना एक बहुत कठिन काम महसूस होने लगता है। एक ऐसा विकट, अगम्य, पर्वत-श्रृंग, जिसे पार नहीं किया जा सकता। मेरी कुछ कहानियाँ बरसों तक मेरी क्षमता और सामर्थ्य की परीक्षा लेती रही हैं। 'उमर क़ैद',

'सेवक-ए-हिन्द', 'मुलज़िम अज्ञात', 'पीठ का सौदा', 'कुदरत की गोद में', 'सन्निपात' और 'कुँवारीधार बोलेगी'–ये सब ऐसी कहानियाँ हैं, जिनको कागज पर उतारने से पेश्तर मेरे अंदर यह आत्मविश्वास ही नहीं जाग पाता था कि मैं इन्हें अपनी कल्पना के अनुरूप ढाल पाऊँगा। कि मैं इन्हें लिख भी पाऊँगा या नहीं। इनमें से प्रत्येक कहानी को पूरा कर लेने के बाद मेरा आत्मविश्वास बढ़ता रहा। और हर बार मुझे लगा कि मैंने कोई महान विजय हासिल की है। शिल्प के चक्कर में मैं कभी नहीं पड़ा। इसीलिए मेरी कहानियों को अनगढ़ शिल्प की कहानियाँ भी कहा गया है। मेरी कहानियों का शिल्प भी उनके भीतर से ही उपजता है। मैं उसके बारे में कभी माथापच्ची नहीं करता। मैं हमेशा बैठ कर लिखता हूँ। बिस्तर पर लेटे-लेटे मैंने आज तक अपनी एक भी रचना न तो लिखी, न पढ़ी। बदन में जब तक बैठने की शक्ति कायम रहेगी, तभी तक लिखूँगा।

अपनी रचनाओं पर काम करते वक़्त कई बार मुझे ऐसा लगता है कि मैं आज भी अपने हाई स्कूल की किसी कक्षा का मॉनीटर हूँ और मुझे कमरे के एक कोने पर, उसकी दीवार के धोरे रखे गए एक कोरे, काले श्यामपट पर अपने समाज की ओर से कुछ खास दर्ज करते रहने की जिम्मेदारी सौंपी गई है। लिखते वक़्त मेरे अंदर यह विश्वास जीवित रहता है कि हमारा समाज (लोक) इसे पढ़ेगा। आज, कल या परसों। आने वाली पीढ़ियाँ पढ़ेंगी। इसी एकमात्र विश्वास के आधार पर लेखक अपनी रचनाओं पर काम जारी रख सकता है। अपनी रचनाओं के बारे में मिलने वाले पाठकों के पत्र मुझे अतिरिक्त ऊर्जा प्रदान करते हैं। मात्र स्वान्तः सुखाय लिखने की मेरी कोई मंशा नहीं रहती। कहानी के माध्यम से अपना दिखावा करने (पापुलैरिटी) के लिए लिखने का विचार तो मुझे बेहद घटिया विचार जँचता है। आज के समाज में रातों-रात चमक दिखला देने के अनेक दूसरे माध्यम मौजूद हैं। अपने ध्रुव का परित्याग कर, कहीं दूर से फेंकी जा रही रोशनी की चमक में अपनी राहें निर्धारित कर लेने का मुझे कोई लोभ नहीं होता। सर्वशक्तिमांन् ईश्वर और डेमोक्रेसी की तथाकथित रक्षा करने के लिए उठाई जा रही पुकारें मुझे डिगा नहीं सकतीं। ऐसी ही एक कातर वाणी ने रक्षा के लिए नियुक्त लक्ष्मण को विचलित कर दिया था, जो भूमि पर एक हलका-सा डोरा खींच कर अपनी चौकसी के स्थान से बाहर जा निकला था। लोक से प्रेरणा लेकर मैं इरादतन लोक के लिए लिखता हूँ। लोक कल्याण के लिए। अथ लोकेषु अर्पितम् ।

देहरादून,

–विद्यासागर नौटियाल

डी-8, नेहरू कॉलोनी, देहरादून - 248001
(उत्तराखंड)

अनुक्रम

समर्पण

अपनी भावी पीढ़ी के प्रतिनिधियों
अक्षत कुमार सेमवाल,
इषानी सेमवाल,
खुश जोशी,
अतीक्ष घिल्डियाल,
अतिशय सुब्रह्मण्यन और
आराध्य नौटियाल
को
जो मेरी प्रेरणा के स्रोत बन गए हैं।

—विद्यासागर नौटियाल

उमर क़ैद

तीसरा सर्कल, दूसरी बैरक, पचासी क़ैदी, ताला, जंगला, लालटेन सब ठीक है साहब। ऊँची लंबी आवाज़ जेल की चहारदीवारी को लाँघ कर सुपरिंटेंडेंट के बँगले तक जा रही थी। जा नहीं रही थी, भेजी जा रही थी। उसे बँगले के फाटक तक पहुंच कर थम नहीं जाना था। आवाज़ को बँगले का फाटक पार करना था, फिर लॉन पार करना था, लंबा लॉन। लॉन के आखिर में पोर्टिको। उससे आगे बरामदा। अंदर बैठक हॉल। बैठक के पीछे एक बेडरूम। बेडरूम के बाद वह कमरा जहाँ सुपरिंटेंडेंट सो रहा था। पक्के को उस कमरे की जानकारी थी। आवाज़ देते हुए वह शरीर का पूरा ज़ोर बटोर रहा था। उसकी आवाज़ को अपनी बैरक से सुपरिंटेंडेंट के निवास तक की दूरी पार कर के उसके कानों के पर्दों को पार करना था। आवाज़ को उसके दिमाग के अंदर दाखिल होना था। पक्का मंगलू। सुपरिंटेंडेंट हनीफ़। सेंट्रल जेल। तीसरा सर्कल-तिबाड़ा, दूसरी बैरक। रात। मुख्य फाटक पर खड़े सिपाही ने हवा में झूल रहे घंटे पर दो चोटें मार कर समय का आभास कराया था।

तीसरा सर्कल, दूसरी बैरक, पचासी क़ैदी, ताला, जँगला, लालटेन सब ठीक है, साहब—मंगलू ने बुलंद आवाज़ में रिपोर्ट भेजी थी। वह हड़बड़ा कर जागा था। तब दूसरे सर्कल के किसी पक्के की आवाज़ जेल की चहारदीवारी को लाँघ रही थी। मंगलू कोई सपना देख रहा था, सपना काफूर हो गया। उसे चेत आ गई। उसने इधर नहीं देखा। आंखों में नींद घुमड़ रही थी। उनींदी आंखें खुली नहीं। उसने खोली नहीं। वह फिर से सोना चाहता था। जुबान से संख्या का उच्चारण शुरू कर दिया—एक, दो तीन, चार, पाँच, चौदह, सत्रह, अट्ठारह, बाईस, तेईस, तीस-इकतीस, बयालीस, अट्ठावन, अस्सी-इक्यासी, बयासी, तिरासी, चौरासी, पिच्चासी कैदी, ताला, जँगला, लालटेन सब ठीक है साहब। गिनती उसने मध्यम स्वर में शुरू की। अस्सी, इक्यासी पर पहुँचते-पहुँचते उसके स्वर में वेग भर गया। और उससे आगे वह कहीं दूर, बेहद दूर सो रहे सुपरिंटेंडेंट के कानों के अंदर स-शरीर दाखिल होने की छटपटाहट से पुकारने लगा था।

पुकार की रस्मी पूरी हुई। अब मंगलू फिर से सो जाना चाहता था। वह अपने बिस्तर की ओर बढ़ा। लोहे की मोटी सलाखों से जड़े जँगले से दोनों हाथ हटाए। उसने दोनों सलाखें एक-एक हाथ से जकड़ कर उनके बीच में अपना सिर टिका दिया था। कोशिश

की थी कि मुँह बाहर निकल जाए। ऐसा नहीं होता। सलाखों के बीच का फासला इतना भर था कि एक बाँह बाहर डाली जा सके। फिर भी उसने अपना मुँह बाहर की ओर कर दिया था कि उसकी आवाज़ बैरक के अंदर का रुख न करे। आवाज़ बाहर को दौड़ सके। वार्ड को पार करे। तिबाड़ा, दुबाड़ा, इकबाड़ा सर्कलों को पार करे। तीन खाली मैदानों को पार करे। फिर जेल के गेट को और चहारदीवारी को लाँघ कर और आगे जा सके। सड़क के पार, बगिया के पार, सुपरिंटेंडेंट के बँगले के अंदर। आँखें बंद किए उसने अपने मन के अंदर सुपरिंटेंडेंट को सोता हुआ पाया, जोकि रिपोर्ट सुनने के बाद करवट बदल रहथा।

आँखें नहीं खुलीं। मंगलू के शरीर का जोड़-जोड़ खुल गया था। नींद कहीं भाग गई थी। सुपरिंटेंडेंट को जगाने की कोशिश में उसकी अपनी नींद काफूर हो गई थी। पिछले दो वर्षों से ऐसा ही हो रहा है। दो साल पहले उसे पक्का बनाया गया था। जेल को अनुशासन में रखने वाली फौज का एक सदस्य। क़ैदियों की फौज़, एक क़ैदी अफ़सर। भरोसेमंद। पक्का।

जेल को पक्के चलाते हैं। वे सुबह जेल खोलते हैं। शाम को जेल बंद करते हैं। रात में बैरकों के अंदर क़ैदियों को अनुशासित रखते हैं। जेल का पहरेदार ताला-बंद बैरक के बाहर पहरा देता है। पक्का बैरक के अंदर पहरा देता है। वह क़ैदियों के साथ रहता है। पक्का भी एक क़ैदी होता है। क़ैदियों से अलग। क़ैदियों से ऊपर। क़ैदियों के ऊपर। तन क़ैदियों के बीच। मन जेल अधिकारियों के साथ। एक पक्का जासूस। एक क़ैदी जासूस। जेल के अलग वार्डो में उसकी बैरकों, सर्कलों और केंद्रीय दफ्तरों में, दफ्तरों के गोदामों में, रसोई घरों में, गौशाला बगियाओं में, कैंटीन में, फाँसीघर के बाहर सब जगह जिम्मेदारी का काम पक्कों के हवाले रहता है। फाँसी दी जानी है तो दूर कहीं स्टोर में तैनात पक्का जेल को शुद्ध घी का इंडेंट करने की याद दिलाता है। फाँसी की रस्सी पर शुद्ध घी रगड़ कर उसे चिकनी, फिसलन भरी बनाना ज़रूरी होता है। रस्सी की फिसलन में मामूली कमी का खामियाजा जल्लाद को भुगतना पड़ सकता है। उसे जुर्माना देना पड़ सकता है। फाँसी का फंदा लगाते ही सारा दारोमदार रस्सी पर आ जाता है। उस रस्सी को फाँसी की रस्सी, चिकनी, फिसलती रस्सी बनाना पक्के का काम है। फाँसी किसी दूसरे सर्कल में लगती है। पक्का किसी और सर्कल में है। अपने घर पर जब उसने खून किया था या डाका डाला था तो उसने सपने में भी ऐसा नहीं सोचा होगा कि एक दिन फाँसी पर लटकाए जाने वाले किसी आदमी की गर्दन पर मौत का झटका आसानी से लग सके इसके लिए विशेष तौर पर उसे सतर्क रहना पड़ेगा। सेंट्रल स्टोर से सुबह राशन दिए जाने से पहले वहाँ पक्कों की जरूरत होती है। किस सर्कल के रसोईघर के लिए कितनी राशन दी जाए यह हिसाब पक्के रखते हैं। किन साहब लोगों के घर भेजे जाने के लिए कितनी राशन बगैर लिखा पढ़ी के बचा कर रख ली जाए इसका फैसला पक्के करते हैं। पक्के रात भर जेल की चौकसी करते हैं। अंदरूनी चौकसी। पक्के चौकस, जेल चौकस। वे पूरी-पूरी रात घंटा-दर-घंटा बैरकों में बंद सोते जागते कैदियों की वास्तविक गिनती करते हैं। बैरक के

अंदर जलती लालटेन की लौ को मरने नहीं देते। कोई छोटी सी गड़बड़ या घटना बैरक के अंदर हो जाए तो उसकी रिपोर्ट बाहर पहरा दे रहे सिपाही को करते हैं। वह उस रिपोर्ट को आगे भेज देगा। आनन-फानन में पक्के की जबानी रिपोर्ट जेल गेट तक पहुँच जाएगी। घरों में रजाइयाँ ओढ़ कर सोए कर्मचारी और अधिकारी घटनास्थल पर जमा हो जाएँगे। अलार्म लगेगा तो सोती हुई जेल हरकत में आ जाएगी।

अलार्म की घंटी। पगली। कायदा यह है कि पगली की आवाज़ कान में पड़ते ही जिस हालत में हो उसी हालत में जेल गेट पर पहुँचो। पगली की आवाज़ जहाँ सुनाई दे वहीं से जेल में पहुँचो। घर में हो तो घर से चलो। खाना खा रहे हो तो खाना छोड़ दो। हाथ मत धोओ। दौड़ो। बाथरूम में हो तो वहीं से चलो। बदन मत पोंछो, दौड़ो। सड़क पर हो तो वहीं से चलो। बाज़ार में हो तो बाजार से, दोस्त-रिश्तेदार के घर पर हो तो वहाँ से और किसी की शादी की दावत में हों तो उसी जगह से जेल की तरफ दौड़ो। सीधे। कई बार ठंडी रातों में सिपाही-अधिकारी कच्छा बनियान पहने हाज़िर हो जाते हैं। हाँफते हुए। नंगे पाँव। पगली का मतलब भागो, भागो कि कुछ अनहोनी हो गई है। उठो और भागो। चलो मत, भागो। इधर उधर मत देखो। जेल गेट की दिशा में देखते रहो। एकटक। देखते रहो और भागो। दम मत लो, भागो। तेज़-तेज़ भागो।

मंगलू अपने बिस्तर की तरफ बढ़ रहा था। बाहर से उमेश की आवाज़ सुनाई दी—एक पक्के, लालटेन कहां है?

अब उसने आँखें खोलीं। नींद की ऐसी की तैसी। नींद अगले जन्म में पूरी कर लूँगा। पहले इस जन्म-क़ैद से तो छुटकारा मिले। यहाँ साक्षात् यमराज चला आया है। आया है और खड़ा है। उमेश साहब। सर्कल जेलर।

—तुमने लालटेन के ठीक होने की रिपोर्ट की है। ठीक है तुम्हारी लालटेन? वह उसी जँगले के बाहर टिक गया था जहाँ से खड़े होकर मंगलू ने आवाज़ लगाई थी। उमेश सिन्हा। डयूटी का पाबंद। यमराज का सगा भाई। बेरहम। बेमुरव्वत। हरामी।

—हुजूर, अभी-अभी बुझी है।

—उजाले के बगैर तुमने गिनती कैसे कर ली? मेरे सामने गिनती करो। हनीफ़ मुझे खा जाएगा। कच्चा चबा जाएगा।

मंगलू ने दो वार्डरों को जगाया। वार्डर भी क़ैदी अफ़सर होता है। वह पक्का नहीं होता। एक सीढ़ी नीचे होता है।

एक क़ैदी कम। चौरासी। सिर्फ चौरासी। तीन बार गिनती की गई। टट्टीखाने के अंदर जा-जाकर तलाश की गई। बैरक के कोने-कोने छान डाले गऐ। क़ैदियों को जगाया गया। उन्हें अपने-अपने बिस्तरों पर बैठने का हुक्म दिया गया। वे बैठ गए तो वार्डरों ने उन्हें गिना। एक क़ैदी फिर भी कम।

क़ैदी फॉल-इन किए गए। दो लाइनें लगाई गईं। मंगलू ने एक कहा उसके बाद लाइन में खड़े हर क़ैदी ने दो-तीन-चार-पाँच कहना शुरू किया। हर क़ैदी अपने को खुद ही गिन

रहा था। बयासी-तिरासी-चौरासी।

—ताला? उमेश चिल्लाया।

पहरेदार ने लपककर बैरक के दरवाज़े को टटोला। ताला खुला हुआ था। अपनी जगह पर लटक रहा था।

—ताला खुला है साहब। सिन्हा ने पहरेदार की रिपोर्ट सुनी। उसकी नज़रों में सुपरिंटेंडेंट हनीफ़ का चेहरा घूमने लगा। उसे लखनऊ में सो रहे इंस्पैक्टर जनरल ऑफ प्रिजंस, आई जी हरीसिंह का चेहरा याद आया। एक क़ैदी की फरारगी। उसे सज़ा दी जाएग। कुछ भी सज़ा दी जाएगी। कुछ भी सज़ा हो सकती है। नौकरी से मुअत्तल किया जा सकता है। बर्खास्त भी किया जा सकता है। कहीं कोई धूर्त क़ैदी ऊल-जलूल गवाही दे बैठे तो उसे क़ैद की सज़ा भी दी जा सकती है। अपने क्वार्टर पर जिन बच्चों को वह इस रात में सोता छोड़ कर चला आया है उन्हें सड़क पर खदेड़ा जा सकता है। उसकी अधसोई बीवी ने गलबाहें डालकर उसे रोक दिया था। लेटे रहो। तुम्हारे क़ैदी कहीं नहीं जा सकते। मंगलू सबको थाम कर रखेगा।

उमेश को लगा कि बैरक का ताला खुल गया है। दरवाज़ा खोला जा रहा है और अपनी क़ैद की सज़ा भुगतने के लिए उसे उसी बैरक के अंदर दाखिल होने को कहा जा रहा है।

उसने कल्पना की कि वह एक क़ैदी है। जेल में उसके बच्चे उससे मुलाकात करने आए हैं। पचासों क़ैदी जमीन पर बैठे हैं। वे अपने लोगों से बातें कर रहे हैं। उनके चारों ओर जेल के सिपाहियों का घेरा है। हथियारबंद सिपाही। नंगी जमीन पर बैठी उसकी बीवी भर्राये गले से आपबीती सुना रही है। मुझे तीन दिन लौटा दिया गया। लगातार। सिपाहियों ने मुलाकात नहीं करने दी। आज उनकी जेबें गरम कीं तब अंदर आई हूँ। खर्चे के लिए घर में एक पैसा भी नहीं रह गया है। मकान मालिक कहता है किराया नहीं दे सकते तो मकान खाली कर दो। पप्पू ट्यूशन पढ़ाकर सौ रुपए कमाता है। उससे क्या पूरा पटेगा? बच्चों के चेहरों पर हवाइयाँ उड़ रही हैं। पप्पू नहीं आया। वह ट्यूशन पढ़ाने गया है। बच्चे टुकुर-टुकुर उसे ताक रहे हैं। अचानक सिपाहियों की तेज आवाज़ें गूँजने लगती हैं। टाइम खत्म हो गया। मुलाकात का टाइम पूरा हो गया है। मिलने वाले लोग बाहर चलें। वह चाहता है कि उसकी बीवी पाँच मिनट और उसके पास बैठी रहे। उसकी बीवी अपना हाथ उठाती है। एक सिपाही उसकी तरफ इशारा करके कह रहा है कि अब चलो। सिन्हा ने देखा कि उसकी बीवी की हथेली पर एक ठप्पा लगा है। बैंगनी रंग की छाप। जेल की मोहर। सेंट्रल जेल। जेल गेट पर हर मुलाकाती को ठप्पा लगा दिया जाता है। पहचान, ताकि कोई क़ैदी, मुलाकातियों के रेले में जेल गेट से बाहर न निकल सके। फरारगी को रोकने के लिए जेल में पक्का इंतजाम होता है।

सिन्हा ने मंगलू को हुक्म दिया—पक्के! साहब को रिपोर्ट करो। मंगलू पूछे कि क्या रिपोर्ट करनी है इसका इंतज़ार किए बगैर उमेश ने खंखारकर छनी हुई आवाज़ निकालने

की कोशिश की और गला फाड़ते हुए हवा में चिल्ला उठा—तिबाड़ा सर्कऽऽल। बैरक नंबर दो-ओ-ओ। क़ैदी चौरासी हैं। ताला टूटा है। लालटेन बुझ गई है। बहुत गड़बड़ है साहब! मैं बैरक में खड़ा हूँ साहब! सर्कल जेलर उमेश सिन्हा। रिपोर्ट लगा रहा हूँ हुजूर। कुछ भी ठीक नहीं है हुजूर।

रात के सन्नाटे को चीरती हुई सिन्हा की आवाज़ जेल के ऊपर फैल गई। बैरकों, सर्कलों, डंडों पर खड़े सिपाही चौंक गए। पक्के जाग गए, अध-सोए। कोई जेलर इस तरह आवाज़ नहीं लगाता। अनहोनी घटना। जेलर है कि पक्का है।

रिपोर्ट खत्म कर सिन्हा ने बैरक के बाहर पहरे पर खड़े सिपाही को डाँटा-मेरा मुँह क्या ताक रहे हो? ताला टूटा है, क़ैदी फरार है, लालटेन बुझी है। गेट को रिपोर्ट करो। रिपोर्ट करो। पगली।

बैरक की दीवार—डंडा। डंडे बोलने लगे। एक कोने पर खड़ा सिपाही डंडे पर चेहरा सटा कर रिपोर्ट करता है। दूसरे सिरे पर खड़ा पहरेदार डंडे पर कान सटा कर रिपोर्ट लेता है। एक बैरक से दूसरी बैरक। एक सर्कल से दूसरे सर्कल। डंडा-दर-डंडा। रिपोर्ट भागी जा रही है। पगली-पगली-पगली-पगली।

मुख्य गेट पर खड़े चीफ वार्डन ने रिपोर्ट सुनी। पहरेदार को काट खाने के लहज़े में चीख़ा—पगली, पगली।

पगली। रात ढाई बजे जेल की घंटी बजने लगी थी। बजती जा रही थी। पचासा धीरे-धीरे बजता है। जेल पचासे से खुलती-बंद होती है। पचासा लगने से पहले जेल को रात के लिए बंद कर दिया जाता है। क़ैदियों को उनके बैरकों में अंदर बंद कर दरवाजे पर ताला जड़ दिया जाता है। भंडार, रसोईघर, बागीचे, दफ्तर कहीं भी कोई क़ैदी नहीं रहेगा। कोई क़ैदी खुला नहीं रहेगा। पक्के भी बंद कर दिए जाएँगे। चारों ओर ठीक तरह जाँच कर ली जाएगी कि कोई लाठी, लकड़ी का टुकड़ा, रस्सी, कपड़ा, बर्तन, हथियार खुले में नहीं दिखाई दे रहा है। छोटी से छोटी कोई चीज़ खुले में न रह जाए। खुली चीज़ का बेजा इस्तेमाल हो सकता है। कोई भी खुली हुई चीज़ क़ैदियों के जेल से भागने में मददगार हो सकती है। भागने वाले क़ैदी किसी भी चीज को हथियार बना सकते हैं। उनसे ताले तोड़े जा सकते हैं। जेल की बैरकों को बंद करने के साथ जेल की सब चीजें बंद की जाती हैं। एक-एक कर तमाम बैरकों, दफ्तरों, स्टोरों की चाबियों को एक आलमारी के अंदर चाबी-बोर्ड में रख कर उसके कपाट लगाकर बाहर से ताला लगा दिया जाएगा। सुपरिंटेंडेंट इन चाबियों को बंद करवाने के बाद चीफ वार्डन को पचासा लगाने का हुक्म देगा। और इसके साथ ही आई जी को एक तार भेजेगा। तार में जेल में बंद किए गए कुल क़ैदियों की संख्या की सूचना दी जाएगी। सुपरिंटेंडेंट की ओर से आई जी को रिपोर्ट। जेलें रिपोर्ट पर चलती हैं। ताले, जँगले, लालटेनों की रिपोर्ट आई जी को नहीं भेजी जाती। इनके ठीक होने की रिपोर्ट नहीं भेजी जाती। मान लिया जाता है कि सब ठीक है।

पर जब ताला, जँगला, लालटेन ठीक हालत में न रहें तो उनके ठीक न होने की

रिपोर्ट आई जी को भेजनी पड़ती है। एक तार जाएगा। पीछे एक लंबा चिट्ठा जाएगा। आई जी की जानकारी में रहता है कि राज्य की जेलों में कुछ कितने क़ैदी बंद किए जा रहे हैं। आई जी राज्य के मुख्यालय पर रहता है। उसे सब खबर रहती है। सुबह के पचासे के बाद कितने क़ैदी हाज़िर पाए गए यह भी रिपोर्ट जाएगी।

शाम का पचासा क़ैदियों को बंद करने के बाद लगता है, जेल को बंद कर दिए जाने के बाद। उसके लग जाने के बाद अगली सुबह का पचासा लगेगा। तब जेल खोली जाएगी। पचासे के बगैर जेल कोई नहीं खोल सकता। सुपरिंटेंडेंट खोल सकता है। पर ऐसा करने के लिए उसे अलग से आदेश करना पड़ेगा। ऐसी विशेष परिस्थिति में जेल खोलने के लिए सुपरिंटेंडेंट का खुद वहाँ मौजूद रहना भी जरूरी है।

लेकिन यह पचासा नहीं था, पगली थी। पगली बज रही थी। बज रही थी कि बजती जा रही थी। घंटी थमने का नाम नहीं ले रही थी। धीरे-धीरे नहीं, ज़ोर-ज़ोर से। रुक-रुक कर नहीं, लगातार। धीमे-धीमे नहीं, हौले-हौले नहीं, हड़बड़ी में। पगली ऐसे बज रही थी जैसे कोई पागल आदमी बड़बड़ाता है। बेसब्र। बेतरतीब। बेहिसाब। पगली पागल होती है। पगली पगला देती है। सिपाही, कर्मचारी, जेलर, डिप्टी जेलर, डिप्टी सुपरिंटेंडेंट बाहर से जेल गेट की ओर दौड़ने लगे थे। पगलाए, नंगे, अधनंगे, बदहोश।

हनीफ़ सबसे आगे, सबसे पहले, साइकिल पर। जेल वाले उस साइकिल के चलने की आवाज़ से भी परिचित हैं। हनीफ़ की साइकिल की दूर से हवा मिली। बाहर खड़े पहरेदार ने गेट के अंदर आवाज दी—बड़े साहब। आवाज़ ऐसे दी कि अंदर के पहरेदार को वह हर हालत में सुनाई दे जाए। सुनिश्चित स्वर। आवाज़ देते वक़्त पूरी कोशिश की वह साँप की चाल से लपकते आ रहे हनीफ़ के कानों में न पड़े। पलक मारते ही साइकिल गेट पर पहुँच गई। एक सिपाही ने उसका हैंडल थाम लिया। हनीफ़ ब्रेक नहीं लगाता। पक्के उसकी साइकिल को थाम लिया करते हैं। पर इस वक़्त पक्के बंदे थे। लिहाजा सिपाही ने साइकिल थाम ली। अंदर के एक सिपाही के हाथों से ताला खुला। सुपरिंटेंडेंट को अंदर कर दिया गया। गेट ने फिर से आवाज़ की। लोहे का विशाल गेट। उसे बंद किया जा रहा था। गेट के अंदर रखी लॉग बुक पर हनीफ़ के अंदर आने की इंद्राजी की गई—2.39 हनीफ़ सुपरिंटेंडेंट अंदर। हनीफ़ ने कलम हाथ में लेकर उस पर अपने दस्तख़त की चिड़िया बैठा दी।

बूढ़े हनीफ़ ने फिर साइकिल पर छलाँग लगाई। वह बेतहाशा पैडल मार रहा था। उसके पीछे-पीछे लश्कर दौड़ रहा था। पगलाई फौज भागी जा रही थी। तीसरा सर्कल, दूसरा बैरक।

हनीफ़ के पहुँचते ही बैरक में फॉल-इन करके क़ैदियों की हाज़िरी लगी। बंका गायब था। बंका-एक डामिल कैदी। उम्र-क़ैद से निकल भागा।

सिन्हा अब खामोश था। उसकी नज़रों में बंका की सूरत उभर रही थी। बारबार। कहीं हाथ लग जाए तो वह पक्कों से उसकी खाल उधड़वा देगा। बाद में सज़ा होगी तो

सज़ा भुगत लेगा। जब दिन-रात जेल के अंदर ही रहना है तो सज़ायाफ्ता होकर रहने में भी क्या हर्ज है? सज़ायाफ्ता सज़ा की मियाद पूरी होने पर मुक्त हो जाता है। जेलर कभी मुक्त नहीं होता। उसे उम्र-क़ैद की सज़ा भुगतनी पड़ती है। लोग सुबह-सुबह उठकर राम का नाम जपते हैं। हमें रोज सुबह-सुबह जेल के अंदर क़ैदियों की सूरतें देखनी पड़ती हैं। उनकी गिनती करवानी पड़ती है। चोर, डाकू, हत्यारे, गिरहकट, आवारा, बलात्कारी, शातिर बदमाश, भँगलची, अफीमची, नशेड़ी, पागल—समाज जिन अपराधियों को अपने बीच बर्दाश्त नहीं कर पाता उन्हें हमारे पास भेज दिया जाता है। हमें दिन-रात उनके साथ रहना पड़ता है। वे सब बैरक के अंदर बंद रहते हैं और हम से यह उम्मीद की जाती है कि हम उन्हें अनुशासित रखेंगे। बंद बैरक के अंदर वे झगड़ा-फसाद न करें। आपस में मारपीट न करें। चोरी न करें। लौंडेबाजी न करें। कोई संगीन वारदात न कर बैठें। कभी-कभी बंद बैरकों के अंदर तकरारें होने लगती हैं और वारदातें हो उठती हैं। हर घटना की जवाबदेही जेलर को ही करनी पड़ती है। रात सोने से पहले जेलर क़ैदियों की चौकसी करने जाए। आधी रात में फिर लौट कर सोते हुए क़ैदियों को देखे। सुबह रात खुलने से पहले बैरक का चक्कर लगाए। चोर डाकुओं के दर्शन करे। और पचासा लगने के बाद तो दिन की बाकायदा शुरूआत हो गई है। क़ैदियों को नाश्ता बाँटा जा रहा है। हर क़ैदी को नाश्ता दे दिया गया। हर एक क़ैदी ने नाश्ता ले लिया है और उसे लेकर खा लिया है। यह देखना जेलर की जिम्मेदारी है।

कोई क़ैदी खा नहीं रहा है तो वह भूख हड़ताल कर रहा है। भूख हड़ताल जेल में एक अलग अपराध है। फौरन सुपरिंटेंडेंट को रिपोर्ट करनी पड़ेगी। हरेक कैदी अपना काम ठीक तरह से कर रहा है। कहीं कोई गड़बड़ नहीं है। क़ैदी नहा-धो रहे हैं, साफ-सुथरे हैं। उनके कपड़े गंदे नहीं हैं। वे बीमार नहीं है। उन्हें साबुन बाँटा जा रहा है। वे अखबार पढ़ रहे हैं। जेल मैनुअल किसी दुष्ट आदमी ने बनाया, जिसके बाल बच्चे नहीं थे। घर-बार नहीं था। अगर जेलर जेल मैनुअल को ठीक तरह से लागू करने लगे तो हफ्ते में बमुश्किल एक दिन एक आधा घंटे के लिए जेल से अपने निवास पर जा सकता है। उमेश सिन्हा की खीज और कुढ़न बढ़ती जा रही थी।

हनीफ़ ने जेल गेट पर पहुँच कर थाने को फोन कर बंका के भाग जाने की सूचना दी। वायरलैस लिखकर आई. जी. को लखनऊ सूचना दी। बंका का पूरा हवाला देकर एक चिट्ठी तैयार की और उसे उसी वक़्त थाने को भिजवाया। सिपाही चिट्ठी लेकर गया।

बंका पिछले दस वर्षों से जेल में बंद था। वह कम बोलता था। शिकायत भी कम करता था। पिछले हफ्ते उसकी मुलाकात हुई थी। उसकी बीवी आई थी। बहुत लंबे अरसे के बाद आई थी। उसकी बीवी कोई खास खबर दे गई थी अपने घर के बारे में हनीफ़ ने सिन्हा से जानकारी चाही।

—उसकी बीवी क्या बोल रही थी?

—पता नहीं हुजूर।

—पता करके बताना।

सैकड़ों मुलाकाती आते हैं और अपने-अपने लोगों से भेंट करके चले जाते हैं। अब किसी एक क़ैदी की बीवी ने अपने पति से क्या बात की, इस बात की जानकारी जेलर कैसे हासिल करे? उमेश सिन्हा से जब हनीफ़ ने मालूम करने की बात कही तो उसके मन में आया कि कह दे कि मेरा इस्तीफा मान लिया जाए और मुझे जेल से बाहर निकलने की इजाज़त दे दी जाए। लेकिन उसने ऐसी कोई बात नहीं कही। जी हुजूर कहा और चुप हो गया।

धूप निकलते निकलते क़ैदी जेल के अंदर फैल गए। स्टोर, रसोईघर, गौशाला, सर्कल दफ्तर जो जहाँ तैनात है वहाँ काम करने लगा। नाई, धोबी, जमादार, मिस्त्री, राज अपने कामों में जुट गए हैं। बगियाओं में काम करने वाले क़ैदियों को आज जेल गेट पर ज़्यादा दुत्कार मिली है। विशेष सख़्ती का सामना करना पड़ा। हथियारबंद सिपाही उनकी टोलियों (कमानों) के आगे-पीछे ज़्यादा मुस्तैदी से चले। इन सबके बेड़ियाँ पड़ी हैं। हाथों में तसले। पीतल के तसले। जेल का एकमात्र साथी। जीवनसाथी बर्तन। गिलास, कटोरी, कड़ाही, शौच का बर्तन, कवच, हथियार—जेल जीवन के सुख-दुःख की घड़ियों का साथी। और एक जीती-जागती बला। खो जाए तो दुर्गति का कारण। ऐसी मार पड़ेगी कि ज़िंदगी भर याद रहे। तसले पर किसी का नाम नहीं लिखा होता। सबके तसले एक जैसे होते हैं। क़ैदी का तसला चोरी हो जाए तो उसकी शामत आ जाएगी। जेल चोरों से भरी है। उनसे उम्मीद की जाती है कि साथी क़ैदियों की चीज़ों को न चुराएँ। चोरी हो तो हो क़ैदियों को सौंपी गई सरकारी चीज़ों की चोरी न हो। मुख्य द्वार पर अंदर बाहर आने-जाने वाले सिपाहियों की भी तलाशी ली जाती है। रात-दिन चोरों की संगत में रहने से सिपाहियों को भी वैसी आदतें पड़ जाती हैं। तसला चोरी हो जाए तो पहले उसे गिराओ, जिसका तसला चोरी हुआ है। पक्के इशारे का इंतजार करते हैं। जेलर के मुँह से 'गिराओ' निकलते-निकलते वे उसकी छाती पर चढ़ बैठते हैं। उसे पीठ के बल लिटाकर दो पक्के उसकी एक-एक टाँग को पकड़ लेंगे। और उसके छत्ते उलटे कर लेंगे। फिर एक पक्का उन उलटे छत्तों पर लाठी बरसाएगा। बेमुरव्वत। पक्कों की मार की कोई तुलना नहीं की जा सकती। बरसों के बाद सज़ा पूरी होने को आती है तो क़ैदी जेल के बाहर की दुनिया में जाने के लिए बेताब हो जाता है। उस क़ैदी को पक्का बना देते हैं। जिसने पंद्रह साल अंदर काट लिए और सज़ा के एक दो साल बाकी रह गए हों उसे पक्का बना दो। वह भागेगा नहीं। वह खुद ही जेल गेट के अंदर आ जाएगा। सिपाही भाग सकता है। पक्का नहीं भाग सकता। उसे पता है कि जल्द, बहुत जल्द वह क़ैद से पूरी तरह छुटकारा पाने वाला है। वह एक बार भाग कर नई सज़ा की मुसीबत अपने ऊपर नहीं ओढ़ना चाहता। पक्का बन जाने के बाद उसे सज़ा की मियाद से छूट ज़्यादा मिलने लगती है। रेमिशन पक्के की कमाई मानी जाती है। जिसकी दो साल की सज़ा बाक़ी है, वह एक साल में छूट सकता है। कभी सुपरिंटेंडेंट की सिफारिश हो जाए तो रेमिशन और भी ज़्यादा हो सकता है। सुपरिंटेंडेंट

को खुश करने के लिए पक्के कुछ भी कर सकते हैं। वे किसी क़ैदी की आँख आनन-फानन में निकाल सकते हैं। क़ैदी को गिराने का काम तो आँख मूँद कर पूरा कर देते हैं।

मंगलू ने सिन्हा को बताया। मुलाकात के वक़्त बंका की घरवाली परेशान थी। रो रही थी। चमन ने उसके इकलौते बेटे को गोली मार कर हत्या कर दी। रपट लिखाई गई पर पुलिस ने उसे गिरफ्तार नहीं किया। दरोगा चमन की बिरादरी का है। बंका और चमन की पुरानी दुश्मनी थी। बंका के भाई की चमन ने हत्या की थी। बंका और चमन की पुरानी दुश्मनी थी। बंका चमन का क़त्ल करने गया। उस रात चमन की चारपाई पर उसका मेहमान सोया हुआ था। उसका मामा सोया था। बंका ने उसका काम तमाम कर दिया। वहाँ से घर नहीं गया। थाने चला गया। पुलिस को बताया कि मैंने चमन का क़त्ल कर दिया है। थोड़ी देर में चमन थाने चला आया। वह अपने मामा के क़त्ल की रपट लिखाने आया था। बंका ने दरोगा से कहा साहब, हमें एक लाठी दे दी जाय। क्या करेगा? जिसे क़त्ल करने की बात मैं कर रहा था साहब, वह तो सामने से चला आ रहा है। तो तू लाठी का क्या करेगा? इसे यहीं पर ढेर कर दूँगा साहब। दरोगा ने बंका को हवालात में बंद करवा दिया। चमन के मामा के क़त्ल का मुकद्मा चला। जज ने बंका को फाँसी की सज़ा सुनाई। हाईकोर्ट ने उसे आजीवन कारावास में बदल दिया।

मंगलू ने सिन्हा को पूरी-पूरी जानकारी दी। बंका ने आखिर में कहा था—इस जन्म-क़ैद के बाद जाने कब छुट्टी मिले? तब तक हम बुढ्डे हो जाएँगे। किसी काम के नहीं रह जाएँगे। तू ऐसा कर तू तारा के घर चली जा। मैं आऊँगा। मैं तुझे एक नया बच्चा दूँगा और अब की बार चमन का सफाया करके लौटूँगा। शायद मुझे फाँसी लग जाए। पर फाँसी के तख़्ते पर चढ़ते हुए मुझे संतोष रहेगा कि तू अकेली नहीं है। तेरी गोद में मेरा बच्चा किलकारियाँ मारता होगा।

नए हवालाती जो आज अदालत भेजे गए उनमें एक का नाम सरबत है। सरबत पर इल्जाम है कि उसने चमन का खून किया है। सरबत कह रहा है कि मैं बेकसूर हूँ।

रात के दो बजे हैं। चारों ओर से ताला, जंगला, लालटेन के ठीक होने की रिपोर्टें आसमान में ऊँची उठ रही हैं। मुख्य फाटक के बाहर पहुँच कर एक आदमी ने आवाज़ दी—चीफ साहब, मुझे अंदर लीजिए।

—हे भाई, तुम्हारे साथ कोई पुलिस-उलिस नहीं है क्या? या तुम पुलिस के आदमी हो?

—मैं खुद ही चला आया हूँ। मुझे अंदर ले लो।

—सुनो भाई! ये खाला का घर तो है नहीं कि जो चाहे रात के दो बजे अंदर आ जाए। और तुम कोई छुट्टी पर तो गए नहीं थे जो मुझे कह रहे हो मुझे अंदर ले लो।

—मैं तिबाड़ा के दो नंबर बैरक से अपने घर गया था। अभी पाँच दिन पहले गया था। मेरा नाम बंका है।

गेट एक झटके के साथ खुला। उससे पहले फाटक के बाहर खड़े सिपाहियों ने घेरा मार कर बंका को पकड़ लिया। अरे पकड़ क्यों रहे हो? मैं तो खुद ही अंदर आने के

लिए चला आया हूँ।

बंका को गेट के अंदर किया गया। गेट के बाहर से एक सिपाही सुपरिंटेंडेंट के बंगले की तरफ सर पर पाँव रख कर भागा।

साइकिल की आवाज़। गेट खुल गया। सिपाहियों ने वह साइकिल थाम ली है। सिन्हा भी पीछे-पीछे दौड़ा चला आया। कहाँ है बंका? हनीफ़ ने अपने दफ्तर की कुर्सी पर बैठते हुए आवाज़ दी। उसे पेश करो।

किसे पेश करें?

बंका गायब।

पगली। आधी रात में पगली। पूरी जेल हरकत में आ गई। सिपाही, कर्मचारी नंगे, अधनंगे जेल की ओर भागे आ रहे हैं। वे फॉल इन हो गए हैं। उनकी हाजरी ली जा रही है।

चीफ़ वार्डन थर-थर काँपने लगा है। पहरे पर खड़े सिपाही काठ के उल्लू बन गए हैं। अभी-अभी वह यहाँ था। बंका। हां बंका। उसने आवाज़ दी। अपना नाम़ बताया। हमने अच्छी तरह से उसे पहचाना था। ज़िद करके वह गेट के अंदर आया और फिर गायब?

जेल के अंदर की एक-एक बैरक, आंगन, मैदान, रसोईघर, बगीचों, स्टोरों में ज़ोर शोर से तलाश जारी हो गई है। बंका आया था। वह मुख्य द्वार से गायब हो गया है।

सिन्हा पागल की तरह इधर से उधर भाग रहा है। घड़ी के सिपाहियों की चाल तेज़ हो गई है।

दिन निकल आया। पचासे के बाद आज जो बैरकें खुलीं तो क़ैदियों के साथ और ज़्यादा सख़्ती का बर्ताव होने लगा। जेल गेट से बाहर फैली बंगियाओं में आज जो कमानें गई हैं उनके साथ दो-दो हथियारबंद सिपाही भेजे गए हैं। हनीफ़ ने सख़्त ड्यूटी लगा दी है। कई सिपाहियों को खाना खाने का भी वक़्त नहीं मिला। गेट से बाहर निकलने वाले कई क़ैदियों के कंधे पर हाथ रख कर गिनती करने के बहाने सिपाहियों ने उनके धौल धप्पे मारे हैं। क़ैदी, क़ैदी है। जेल में बंद है। सज़ा भुगत रहा है। मशक्कत करने जा रहा है। ज़्यादा टें-पें करे तो 'गिराओ साले को' बात की शुरुआत ही ऐसे होती है। शिकायत-फिकायत बाद की बात है। यह जेल है बेटा। बाप का घर नहीं। हमने न्यौता नहीं भेजा था यहाँ आने का। सज़ा भोगने आए हो। अदालत ने बाँधकर भेजा था।

रहमान पच्चीस वर्षों से जेल का सिपाही है। अब जमादार बन गया है। हनीफ़ के स्वभाव से भली भांति परिचित है। हनीफ़ की हँसी, खुशी, गुस्से के अंदाज पहचानता है। पिछले पाँच वर्षों से वह बगिया का चीफ़ है। बाग-बगियाओं में फल, साग-सब्ज़ियों, फूलों को उगाने की जिम्मेदारी हनीफ़ ने रहमान पर छोड़ रखी है। मशक्कतियों की कमानें आती हैं। कौन कमान कहाँ काम करेगी, रहमान का हुक्म चलता है। सुपरिंटेंडेंट का मुँह लगा

है। बगिया का जेलर उसके कामों में दखल नहीं देता। जेलर के घर पर रोज ज़रूरत के मुताबिक मौसम के हिसाब से साग-सब्जी पहुँचती रहती है। जेलर को रहमान के कामों के कारण कोई परेशानी नहीं उठानी पड़ती। पुराना, तजुर्बेकार जमादार है।

रहमान ने देखा हनीफ़ की साइकिल बगिया की ओर दौड़ रही है। जब से वह इस बगिया में तैनात हुआ आज पहली बार सुपरिंटेंडेंट साहब ने बगिया का रुख किया है। बड़े साहब आ रहे हैं—पक्कों ने रहमान को भी सुनाया और काम कर रहे क़ैदियों को भी आगाह किया। रहमान ने कस कर सैल्यूट किया। पक्कों ने साइकिल थाम ली।

—बगिया का कोना-कोना छान मारो, बंका जेल से भागकर निकलने न पाए। नालों के बीच चौकसी करवा लो। वहाँ कोई सरिया टूटी हो तो रिपोर्ट करो।

रहमान ने फिर सैल्यूट किया और हनीफ़ ने फिर अपने साइकिल पर छलाँग लगा ली। वह बेतहाशा भागा जा रहा है।

शाम होने को है। बगियाओं, सर्कलों में मशक्कती क़ैदियों की कमानें लौटने लगी हैं। थोड़ी देर में खाना बाँटा जाएगा और धूप छिपने से पेश्तर उन्हें बैरकों में बंद कर दिया जाएगा। फिर बैरकों के अंदर गिनती होगी। वार्डों, सर्कलों के बाहर खड़े पहरेदार गिनती ठीक होने की सूचना एक सादी, इकहरी घंटी बजा कर देंगे। तब पचासा लगेगा। लालटेनें जल उठेंगी और 'ताला, जंगला, लालटेन सब ठीक है साहब! की पुकारें आसमान को चीरने लगेंगी। तीसरे और दूसरे सर्कलों के बीच खुले मैदान में न जाने कितने युगों से खड़े एक विशाल नीम के पेड़ के नीचे से लौटती हुई कमानें गुजर रही हैं। उनके हाथों में तसले हैं। दिनभर की सख़्ती, बेरहमी, गाली-गलौज, धौल-धप्पा, दुर्व्यवहार उनके इंसानी दिलों के जज़्बात को दबा नहीं पाए। उनके आगे-आगे एक नौजवान क़ैदी झूमता हुआ चल रहा है। अपना तसला बजाता मस्ती में गाता जा रहा है।
ये छुपाऽऽने की चीईईज़ नहीं, छुपाऽऽती न चलो।

सब हिन्दुओं को मेरा राम-राम, मुसलमान भाईयों को सलाम। नीम के पेड़ के ऊपर से आवाज़ आई। खुले मैदान में चल रही कमानें थम गईं। गीत-गानों की धुनें रूक गईं। तसले शांत हो गए।

पांच मिनट के अंदर नीम के पेड़ के नीचे दुबाड़ा, तिबाड़ा सर्कलों में कुल क़ैदी और जेल के कुल कर्मचारी अधिकारियों की भीड़ जमा हो गई। हनीफ़, सिन्हा दूसरे तमाम जेलर, डिप्टी, सुपरिंटेंडेंट सब मौके पर पहुँच गए।

—मैं बंका बोल रहा हूँ। मेरी बात सुन ली जाए पिताजी। बंका पेड़ की सबसे ऊँची शाख पर आराम से बैठा था।

—बोल स्साले क्या बोल रहा है। हनीफ़ गरजा।

—पहली बात तो यह है कि मुझे ज़रूरी काम से अपने घर जाना पड़ा था। मैं अपने

काम करके लौट आया हूँ। मैं अदालत में नहीं जा सकूँगा इसलिए यहाँ पर जमा कुल लोगों, आफिसरों के सामने जुर्म का इकबाल कर रहा हूँ कि चमन का खून मैंने किया है। जिस बेकसूर सरबत को उसका क़त्ल करने के जुर्म में पकड़ लाए, उसे छोड़ दिया जाए। वह सचमुच अपने बीमार बाप के लिए दवा लेने जा रहा था। सिन्हा साहब, आप इस पेड़ पर मत चढ़िए। नहीं तो मैं नीचे छलांग लगा दूँगा और आप मेरी हत्या के मुजरिम माने जाएँगे। कोई सिपाही भी पेड़ पर न चढ़ाया जाए पिताजी। किसी ने भी ऊपर चढ़ने की कोशिश की तो मैं यहाँ से छलाँग लगा दूँगा।

—तुम खुद नीचे उतर आओ—हनीफ़ ने आवाज दी।

—सिन्हा साहब, आप जेलर हैं, पक्के नहीं। आप पेड़ पर क्यों चढ़ रहे हैं? मैंने जिसे मारना था मार दिया। अपना बदला ले लिया। उसने मेरे इकलौते बेटे का खून कर दिया था। मेरा बेटा फिर जन्म लेगा। अपनी उसी माँ के गर्भ से जन्म लेगा। सिन्हा साहब, आप नाहक ऊपर चढ़ने की कोशिश मत करिए। आप इससे उतर नहीं पाएँगे। चोट खा जाएँगे। पिताजी, मेरे गुनाहों को माफ कर देना। मेरी वजह से आप लोगों को बहुत-बहुत परेशानियाँ उठानी पड़ीं। क़ैदी भाइयों को भी तकलीफें भोगनी पड़ीं। मैं आप सबसे बार-बार माफी चाहता हूँ। सिन्हा साहब, मैं आपसे भी माफी माँग रहा हूँ। आप नीचे उतर जाइए। सभी हिन्दू भाइयों को राम-राम, मुसलमान भाईयों को सलाम।

बंका ने नीम के पेड़ से जमीन पर छलाँग मार दी।

कुछ ही पलों में कुल कमानें बैरकों के अंदर खदेड़ दी गई थीं। मौके पर सिन्हा खड़ा था। दो सिपाही खड़े थे। बंका के शरीर के टुकड़े जमीन पर बिखरे पड़े थे। पुलिस को सूचना भेज दी गई थी। अब पुलिस इंस्पेक्टर आएगा। वह मौका-मुआयना करेगा। लाश को अपने कब्जे में लेगा। गवाहों के बयान लेगा। सिन्हा का बयान लेगा। उससे पूछा जाएगा कि बंका ने छलाँग क्यों लगाई? बंका को अब कुछ नहीं पूछा जाएगा। उसने छलाँग क्यों लगाई? तू कहाँ गया था? कैसे गया था? घर से क्या करके लौटा? तूने आत्महत्या क्यों की? सभी सवालों का जवाब बार-बार सिन्हा को देना है। पुलिस इंस्पेक्टर को। किसी विशेष जाँच समिति को। आई. जी. को। अखबार वालों को। अदालत को। वकीलों के बेसिर-पैर के सवालों का जवाब। बंका ने जन्म-क़ैद से मुक्ति हासिल कर ली है। उसे लंबा रेमिशन मिल गया है। सिन्हा उमर क़ैद भुगत रहा है।

लेखन प्रारंभ—टिहरी, शहीद सुमन दिवस 25.7.87
समाप्त—30.7.90
प्रकाशित—'जनसत्ता' चंडीगढ़, 29.8.90 तथा 2.9.90

सोना

उसका नाम सोनी था पर लोग प्यारवश उसे सोना कहते। बचपन से ही उसके सौंदर्य को देख लोग कहा करते—किसी सेठ घराने में ब्याही जाएगी जहाँ दस तोले की नथ पहन सके।

और ज़्यों-ज़्यों वह बड़ी होती लोग अपनी वाणी दुहराते। धीरे-धीरे सोनी भी समझने लगी और मन-ही-मन खुश होती इस बात पर कि उसका ब्याह किसी सेठ घराने में होगा जहाँ वह बड़ी-से-बड़ी सोने की नथ पहनेगी। सोचती—'लोग नथ देखकर ही कह उठेंगे सेठ की बहू है।'

सुंदर, बड़ी-सी सोने की नथ पहनने की खुशी में सोनी को उस दिन दर्द भूल गया जब उसकी नाक छेदी गई—नाक को साधने के लिए यह चाँदी का सूत लगाए रहो, फिर तुम बड़ी हो जाओगी और सोने की नथ पहनोगी। माँ ने कहा।

सोनी की आयु बढ़ती और उसकी नाक का चाँदी का सूत भी मोटा होता जाता।—नथ बहुत मोटी होगी, नाक को अभी से साधती रहो। माँ-बाप प्यार जताते।

फूल के पौधे की तरह सोना इकपत्ती, दुपत्ती, तिपत्ती होती गई। प्रतिदिन उसके अंगों में उभार आता। हर बीता दिन उसके सौंदर्य में कुछ योग कर जाता। हर आने वाली सुबह उसके यौवन को जगाने की प्रतीक्षा करती। सोना के फूल का पौधा मौसम बदलते ही और खूबसूरत लगता। देखनेवाले कह उठते—अब इस पर फूल लगेगा, सूरजकमल का फूल, सोने के-से रंग वाला।

सोना पानी भरने जाती; लोग कटाक्ष करते—क्या मटक-मटक कर चलती है जैसे अभी से सेठ की बहू बन गई, नाक पर दस तोले की नथ लग गई। सोना और मटक कर चलती—दस तोले की नथ मैं ही तो पहनूँगी।

सोना जवान हो गई—माँगने वाले आने लगे :

एक बूढ़ा दस दर्जे पास बेटे का बाप।

—अपनी लड़की की जन्मपत्री की टीप दे दो। दोनों की जन्मपत्री मिल जाए तो आगे भगवान का अधिकार।

—लड़का क्या कर रहा है?

—अभी उसने इस महीने दसवाँ दर्जा पास किया है। आगे कुछ सरकारी नौकरी

देखेगा।

—गहने?

—गहने-उहने कुछ नहीं। लड़का पढ़ा-लिखा है। किस्मत में होगा और परमेश्वर रूठेगा नहीं तो ज़िन्दगी में गहने-ही-गहने होंगे।

—भाई, पढ़ाई-लिखाई से कोई सेठ नहीं बन जाता। तुमने लड़के को पढ़ा लिया तो अच्छा किया, आजकल थोड़ा बहुत पढ़ा लेना भी बहुत ज़रूरी है। पर मैं अपनी बेटी को उसी घर में दे सकता हूँ जहाँ से छः तोले की नथ आ सके।

—मैंने लड़के को पढ़ा लिया अब वह चाहे तो ज़िन्दगी-भर गहने ही बनाता रहे। पर मैं अपनी ओर से गहने नहीं बना सकता, यह मेरी सामर्थ्य से बाहर की बात है।

—तो यह रिश्ता नहीं हो सकेगा।

पास बैठे नत्थू ने, जो अभी जवान था, सलाह दी—चाचा, लड़का दस दर्जे पास है। हमारे घरों में कौन इतना पढ़ता है? मेरी बात मानो तो सोना का हाथ पकड़ा दो। जिंदगी में गहने नहीं होंगे तो कोई बात नहीं। सुख तो होगा।

—खबरदार नत्थू! ऐसी बात फिर मुँह से मत निकालना। ज़िन्दगी में उसे गहने नहीं मिलेंगे, एक अच्छी-सी नथ नहीं पहनेगी, लोग देखकर रुआब नहीं मानेंगे तो और सुख क्या होगा? नंगी लड़की को क्या सुख हो सकता है?

—चाची को तो पूछ लो चाचा, देखें वे क्या कहती हैं?

—वह क्या कहेगी, उसकी कोई दूसरी राय थोड़े ही हो सकती है। वह यह तो नहीं चाहेगी कि उसकी लड़की की नाक पर एक छोटा-सा चाँदी का सूत लटकता रहे।

—फिर भी पूछ तो लेना चाहिए।

—जा तू ही पूछ आ।

नत्थू अंदर गया, सारी स्थिति समझाई। लड़के के इल्म का बखान किया।

—बेकार है बेटा। पढ़ा-लिखा होगा तो अपने लिए। सोना को तो उससे कुछ भी नहीं मिलेगा। नहीं बैठेगी कुर्सी पर, नहीं घूमेगी डांडी पर—कोई बात नहीं। घास काटेगी, गोबर ढोएगी पर नाक पर सोना तो पहनेगी! यह रिश्ता नहीं हो सकता।

—चाची, सोना को तो पूछ लें, उसकी क्या राय है?

—सोना को पूछने की ज़रूरत ही नहीं है। वह कोई हमसे अलग थोड़े ही है।

—फिर भी उसका मन तो जाँच लें।

सोना ने झाड़ कर जवाब दिया—ऐसी क्या हूँ मैं कोई छोकरी, बिना माँ-बाप की, जो जहाँ चाहो, फेंक दो? सोना ने जान-बूझकर ज़ोर से कहा।

—सुन ले रे नत्थू। अंदर के कमरे से चाची ने आवाज़ दी—सुन लिया तूने सोना का जवाब?

—सुन लिया चाची।

एक से एक आए। सुंदर, तंदुरुस्त, पढ़े-लिखे लड़कों के बाप। माता-पिताहीन

खाते-कमाते लड़कों के रिश्तेदार पर सोना का रिश्ता न हो सका।

जवान लड़की—खूबसूरत। 'बाप के घर में कुँवारी रह जाएगी क्या?' औरतों में चर्चा छिड़ी। 'घर पर ही बुढ़िया बनाने की ठान ली है।'

सोना का बाप अटल रहा—मेरी लड़की कुँवारी रह जाए मुझे मंजूर है। पर मैं दूँगा किसी खानदान में ही। शादी न हो तो न हो, मैं नंगे-भूखों को लड़की नहीं दे सकता। जिस घर से छः तोले की नथ न आ सके वह भी कोई घर है? सोना की माँ अटल, सोना अटल। आखिर छः तोले की नथ आई एक ठेकेदार एक अनपढ़ लड़के को लेकर। रिश्ता पक्का हो गया। अगले महीने ब्याह।

शादी से पहले ही नथ आ गई, सोने की नथ का वजन पूरे छः तोले। रत्ती-भर कम नहीं, सोना ने पहन ली। दर्द हुआ पर कोई बात नहीं। गाँव की औरतों की बोलती बंद हो गई। बड़े-बूढ़े अपनी पोतियों की नाक देखने लगे। गाँव के कुँवारे देखकर शरमा जाते—कभी मेरी भी बात चली थी। पर इतना भाग कहाँ? छः तोले की नथ, सेठ की बहू। किस्मत खुल गई ठेकेदार की। ऐसा माल कहाँ मिलता?

संयोग की बात। सोना का ब्याह हुआ और उसके पति को एक सड़क के एक ठेके में हजारों का मुनाफा हो गया। ससुर का सीना फूल गया—घर में लक्ष्मी आई है।

सड़क के ठेके से हुए इस मुनाफे का इज़हार सोना की नथ में कुछ और सोना जोड़ उसका वजन बढ़ाकर किया गया। हाथ, पाँव और गले के लिए भी सोने के गहने बनाए गए। 'बहू का भाग्य है, बहू पर ही लगेगा।' सोना का ससुर फूला न समाया।

अब वह चलती तो चलता कि कोई सोने की मूर्ति चल रही है। गाँव में कोई भी बाहरी आता तो सूरत देखकर कह उठता—'ठेकेदार की बहू है।'

इकलौती, लाडली बेटी का समाचार सुनकर बाप बोल उठा।—डेढ़ कौड़ी की इज्जतवाले आ जाते थे—'लड़की दे दो सा'ब।' सारी भयात कहती थी, 'दे दो जी, लड़की को एक-न-एक जगह देना ही तो है।' अब कहे ज़रा कोई गलती की। लड़की सोने की हो गई। खानदानी लड़का है। समधी खूब समझता है बहू की कीमत। लोग सुनते और चुप हो जाते।

सोना की गोद में एक बच्चा खेलने लगा। छोटा-सा बच्चा, रुई-सा मुलायम, सोना की ही तरह सुंदर।

दिन-भर वह अपने बच्चे को गोद में उठाए रहती। कभी अपने बच्चे को देखकर फूल उठती और कभी अपने शरीर के सोने के गहनों को देखकर।

बच्चा जब कुछ महीनों का हो गया तो उसे भी अपने माँ के शरीर पर लगे सोने के गहनों से प्यार होने लगा। बच्चा बार-बार उसके गहनों से खेलता। गहनों की चमक उसे आकर्षित किए रहती। अपनी माँ के अलावा वह किसी की गोद में न जाता। उनके शरीर पर कुछ भी तो नहीं चमकता था, रोने लगता। माँ के सीने से लिपटा वह उसके आभूषणों से खेलता।

सोना के पति ने फिर मुनाफा कमाया। फिर नथ का वज़न बढ़ा। नथ का वज़न बढ़ा और सोना की नाक दर्द करने लगी। यदा-कदा बच्चा भी उसे खींच बैठता और नाक दुखने लगती। नथ के भारी हो जाने से नाक का छेद चौड़ा हो गया। कभी-कभी सोना को लगता कि कहीं नाक फट न जाए।

उसके पति ने फिर मुनाफा कमाया और अपने वैभव का प्रदर्शन करने के लिए फिर सोना की नथ में और सोना जोड़ा, ठीक वैसे ही जैसे कोई एम. ए. पास व्यक्ति पी-एच. डी. मिलने पर अपने साइनबोर्ड पर 'डॉ' जोड़ दे।

उसकी नथ दिन-रात नाक दुखाने लगी। वह चलती तो नथ हिलती, दर्द होता। सोने की नथ का ध्यान रखना पड़ता। थोड़ा-सा दब जाती तो आँखों से आँसू निकाल बैठती। बच्चा नथ खींचता और नाक का छेद और चौड़ा हो जाता। सोना की नथ चौबीसों घंटे, लगातार कष्ट देती रहती।

जब नहीं सहा गया तो एक दिन सोना ने अपनी सास से कहा—नथ दर्द करती है, मैं बुलाक ही पहने रहूँगी।

सासने सोना के माता-पिता और उनके पुरखों को अपनी भाषा में पूजा करने के बाद डाँट सुनाई—किसी को तो सोना देखने को नहीं मिलता और कुलच्छनी तू कहती है मैं नहीं पहनूंगी। मुझे अपना बेटा प्यारा है। खबरदार जो ऐसी बात फिर जबान पर लाई। नथ तो सुहाग है। सुहागिनें कहीं रीती नाक रखती हैं?

—बुलाक तो रहेगी ही। नथ ने सारी नाक काट दी। एक पतली-स झिल्ली रह गई है। पता नहीं कब टूट जाए।

—सेठ की बहू नाक पर एक बुलाक लिए फिरेगी। हम कोई मँगते हैं। तुझे हमारी इज्जत का तो ध्यान होना चाहिए।

—नाक टूट जाएगी तो?

—नाक टूटती नहीं है क्या? टूट ही जाए तो सिलवा लेंगे।

कुछ दिन वह चुप रही किंतु जब असह्य दर्द होने लगा तो उसने अपनी सास से फिर वही बात कही।

सास ने भौंहें तान लीं—तेरे बाप ही ने तो कहा था कि मैं लड़की वहाँ दूँगा जहाँ से छह तोले की नथ आ सके। उस वक़्त तुझे क्या हो गया था? चली जाती किसी और के घर। हमने कोई कसम खाई थी तुझे लाने की?

सोना अपना-सा मुँह लिए, आँखों में सफेद बड़ी-बड़ी बूँदें लेकर दूसरी ओर चल दी। अपने बच्चे को उसने छाती से चिपका लिया।

ठेके का काम समाप्त कर उसका पति घर लौट आनेवाला था। सोना सोचती रही—'इस बार फिर मुनाफा होगा और फिर नथ का वजन बढ़ाया जाएगा। कितना अच्छा हो अगर इस वक़्त घाटा...नहीं। नहीं। ऐसा कभी न हो। परमेश्वर उनकी दिन दुगनी और

रात चौगुनी आय करता रहे। पर नाक? नथ?'

उसका पति लौट आया और इस बार भी वह कई हजार रुपए कमाकर लाया। सोना सिहर गई—'अब फिर वे नथ में सोना जोडेंगे।'

सोना ने अपने मन की व्यथा पति से कह सुनाई। पति आगबबूला हो गया—तुझ अभागिन को सोना नहीं, राख देनी चाहिए थी। कहाँ से ले आए अभागिन को! मेरा दिवाला निकल गया है क्या, जो तू नाक पर खाली बुलाक रखेगी? लोग क्या कहेंगे, 'ठेकेदार की स्त्री, खाली नाक।' नाक की नथ घराने का वैभव बताती है।

उस रात सोना को नींद न आई। सुबकने लगी तो सास चिल्ला उठी—कुलटा, कुलच्छिनी, इतने महीनों के बाद तो वह घर लौटा है और तू रो रही है। यह जाल बिछाकर अपशकुन पैदा कर रही है। रोती अपने माँ-बाप के लिए है? लड़के का तो कुछ ख्याल रख। ठकुराइन! मुझे अपना बेटा प्यारा है। उसके घर आने पर तू हँसने के बजाय रो रही है तो कल सुबह अपने मायके चली जा। जिन्होंने जाया, वे तेरा जो चाहें करें।

सोना को होश आया और वह स्वयं डर गई। अंधकार में हाथ जोड़कर उसने मन-ही-मन प्रार्थना की—भगवान मेरा सुहाग अमर रहे। इससे पहले कि सोना का पति नथ को भारी बनाने के लिए उसे सोना की नाक से निकालकर सुनार के पास ले जाता, नथ स्वयं ही नाक तोड़कर जमीन पर आ गई।

—नाक सिलवा दो। सास ने कहा।

—और इस नथ को सुनार के पास ले जाकर...एक तोला सोना बढ़वा दो। अब यह दस तोले की हो जाएगी। ससुर का स्वर था।

खच्चर फगणू नहीं होते

उसे नींद नहीं आ रही थी। धर्मशाला में आज वह अकेला था। नींद उचटने का कारण उसका अकेलापन नहीं था। वह कई बार धर्मशाला में अकेला भी रह जाता है। जानवर साथ में है तो अकेलापन उतना नहीं खलता। जानवर आदमी को पहचानते हैं। वे आदमी का हुक्म मानते हैं। अपने आदमी को वे प्यार करते हैं और नाराज़ होते हैं, उससे रूठ भी जाते हैं। रूठने, नाराज होने से भी आत्मीयता का बोध होता है। कुछ जानवर ऐसे होते हैं। जो मनुष्य के लिए, अपने मालिक के लिए अपनी जान तक न्यौछावर कर देते हैं। और तमाम जानवरों में खच्चर का तो कोई मुकाबला नहीं। उसके जैसा वफ़ादार कोई दूसरा जानवर हो नहीं सकता।

फगणू को अपने खच्चरों पर नाज़ था। दोनों खच्चर उसने एक आदमी से और एक साथ खरीदे थे। वह आदमी बहुत बूढ़ा हो गया था। उसने अपनी ज़िंदगी का अच्छा खासा समय खच्चर चलाने में बिताया था। रोज़ बोझा ढो रहे खच्चरों के साथ कई कई मील पैदल चलना। उनके रुकने पर रुकना। लगातार उन पर नज़र रखना कि कहीं संकरी पगडंडी पर पीछे के पहाड़ से उनकी पीठ पर रखे बोझों की टक्कर न हो जाए। पाँवों के नीचे सैकड़ों फुट खड़ा ढंगार। जरा सी ठेस लगते ही अपनी पीठ पर लदे बोझे के सहित खच्चर उसमें जा गिरेगा। नीचे पहुँचते-पहुँचते उसकी देह टुकड़े-टुकड़े होकर इधर उधर बिखर जाएगी। उनके बीच अनुशासन भी कायम रखना होता है। कई बार आपस में ही दुलत्तियाँ झाड़ने लगते हैं। वैसे में अपनी पीठ पर लदे बोझे को नीचे भी गिरा देते हैं। वह खच्चरवाला अपने अंदर पहले जैसी सामर्थ्य की कमी महसूस करने लगा था। धूप, गर्मी, बरसात चलते रहो। भयानक शीत में कहीं बैठो मत। मंजिल पर पहुँचना है। चलते रहो। अपने शरीर के ऊपर बर्फ गिरने लगे फिर भी वह थम नहीं सकता। वह खच्चरवाला है। उसे चलते रहना है। वह आदमी अपने खच्चरों को बेचना चाहता था। फगणू अपने लिए कोई रोजगार खोज रहा था जिससे इज्जत की दो रोटी खा सके। तेजी से जवानी की ओर लपकते फगणू ने दिन-ब-दिन बुढ़ापे की ओर ढलक रहे उस खच्चर वाले पाथ्या के दोनों खच्चर खरीद लिए थे। फगणू खच्चर वाला हो गया था। पाथ्या बूढ़ा हो गया था।

उन दोनों खच्चरों ने गौसारी गाँव के अज्ञात फगणू को थोड़े ही दिनों में कई-कई

मीलों की सीमा में फैली छैज्युला, दसज्युला और रावतस्यूँ पट्टियों के अंदर सुपरिचित करा दिया था। घर पर था तब अपने गाँववासियों के अलावा उसे कोई नहीं जानता था। अब खच्चरों के साथ साथ चलते देख कई-कई गांवों के निवासी उसे जानने पहचानने लगे थे। अलग-अलग गाँवों में पगडंडियों पर चलने वाले लोग, घास लकड़ी के बोझे ढोते घसियारिनों-लकड़हारों के झुण्ड, खेतों में काम कर रहे किसान स्त्री-पुरुष, शांत वनों के अकेलेपन में गाय बछियाओं के चरते वक़्त हरी घास पर बैठ कर बाँसुरी-अलगोझाओं से विरह की तानें निकालने वाले चरवाहे और विभिन्न गाँवों की छोटी-छोटी दुकानों पर दुकानदार-खरीददार सबके सब फगणू को अच्छी तरह पहचानने लगे थे। पट्टियों के पटवारी, स्कलों के मास्टर, सरकारी हाकिमान और ग्रामीण डाकखानों के पोस्टमैन-पोस्टमास्टर तक फगणू को जानने लगे थे। दो खच्चरों को लेकर गाँव-गाँव के ठिकानों, राहों, दूरियों को पार करने वाला बूढ़ा पाथ्या अब अपने घर पर रहने लगा था। उनकी जगह एक नौजवान ने ले ली थी। उसका नाम क्या है? वह फगणू है और गौंसारी का रहने वाला है। उसका नाम, खच्चरों को लेकर रोज़-रोज़ चलने वाले फगणू का नाम गाँव-गाँव के अंदर, पट्टी-पट्टी की दूरियों में फैल गया।

अब झकोगी की धर्मशाला में वह नींद लाने की कोशिश कर रहा था। पर उसे नींद नहीं आ रही थी। फर्श, जिस पर वह पीठ फैलाए लेटा था, हमवार नहीं था। उस पर बीच-बीच में गड्ढे थे और वहाँ कहीं पर भी ऐसी जगह नहीं थी कि कोई व्यक्ति ठीक तरह से लेट सके। धर्मशाला, धर्मशाला होती है, कोई बाप का घर नहीं कि उसमें कोई आराम ही आराम पाने लगे। राहों को पार कर रहे लोग, जिनके पास कोई ठिकाना नहीं होता, उन्हें रात के वक़्त या बरसात की विकट घड़ियों में थोड़ा भी सुरक्षित ठौर मिल सके तो बहुत है। बाकी आराम करने के लिए तो अपना ही घर होता है। और जिनके पास अपना घर न हो उनकी जिम्मेदारी धर्मशाला के मालिक तो नहीं ले सकते। गड्ढों से भरे ऊँचे-नीचे उस फर्श पर भी दिन भर की मेहनत से चूर होकर लेटने वालों को पीठ टिकाते ही नींद आ घेरती है। जो लोग फगणू नहीं होते उनकी बात और होती है। ऐसे आरामपसंद लोग अव्वल तो ऐसी धर्मशालाओं में आएँगे ही क्यों और अगर आने ही लगे तो आराम के कुल साजो-सामान उनके साथ चलते हैं। फगणू की तरह खच्चरों की गूण के नीचे बिछाई जाने वाली गंदी, खच्चरों के पसीने से भरी बोरियाँ उन लोगों को बिस्तर के रूप में इस्तेमाल नहीं करनी पड़तीं।

मोटे-मोटे खटमल उसे काटने लगे थे। खटमल इतने मोटे और हष्ट-पुष्ट थे कि उसे लग रहा था उनके कंधों पर जुवा रखा जाए तो उनसे हल लगवाया जा सकता है। मोटे, निडर और बेशरम। शुरू-शुरू में उसने ज़्यादा ध्यान नहीं दिया। एक तरफ खुजली होती तो वह दूसरी तरफ लेट जाता। पर बाद में करवटें बदलने से काम चलता नहीं दिखाई दिया। उसने माचिस से लैंप जलाया तो देखता क्या है कि सिर्फ उसके बिस्तर पर ही नहीं,

पूरे कमरे में खटमलों की भरमार है। वह अपने बिस्तर पर भी ठीक तरह से बैठ नहीं सकता था। मजबूर होकर वह दरवाज़ा खोलकर उसकी देहली पर जा बैठा। दरवाज़े की चौखट पर, नंगे फर्श पर बैठ गया। उसने चौखट की एक टाँग पर पीठ टिका दी और दूसरी टाँग पर दोनों पाँव। दरवाज़ा खोलने से वहाँ ताज़ा हवा का झोंका लगा। आँखें बंद कर उसने नींद लेने की कोशिश की। उस वक़्त वह न सो रहा था, न जाग रहा था। उसने आँखें बंद कर ली थीं। उस दशा में उसे लगा कि उसके खच्चर उसके साथ रास्ता चल रहे हैं और आपस में बातें कर रहे हैं।

—और तेरा भाई?

—भाई तो साहब था। भाई की पीठ पर एक दिन उसके सईस ने दस सेर ज़्यादा वज़न रख दिया था तो भाई ने गुस्से में ऐसी दुलत्ती मारी थी कि वह सईस कई दिनों तक पल्टन के अस्पताल में पड़ा रहा। चोट ठीक हो जाने पर उसे अस्पताल से छुट्टी दे दी गई। सईस फिर काम पर लौटा। सुबह जब वह भाई की पीठ पर खरहा रगड़ रहा था उसे भाई की दुलत्ती की याद हो आई। गुस्से में भाई की पीठ पर एक धौल मारकर उसने कहा—हरामी, तेरी बदमिजाजी के कारण मुझे सात दिन अस्पताल में रहना पड़ा। भाई ने उसे फिर एक लात मारनी चाही पर वह फौरन भाँप गया और एक तरफ को हो लिया। उसके बाद फिर कभी सईस ने भाई के साथ बदसलूकी नहीं की।

—यार, लेकिन मेरी समझ में नहीं आता कि हमारी पीठ पर वज़न बढ़ाने का हुक्म किसने दिया?

—देखो हम तो लादू खच्चर हैं। इसलिए हमारी पीठ पर जितना चाहो वज़न लाद दो।

—मैंने सुना है हमारी पीठ का बोझ इस देश के वैज्ञानिकों ने बढ़ाया है।

—वे कौन होते हैं?

—जिनके पास सबसे बड़े दिमाग होते हैं। वे आम आदमियों से बड़े आदमी होते हैं। उनके पास सिर्फ दिमाग होता है, दिल नहीं होता।

—तो बड़े दिमाग वालों ने क्या अपने बोझ बढ़ा लिए?

—अपने नहीं यार, हमारी पीठ के बोझ।

—कैसे?

—उन्होंने सरकार को सुझाव दिया कि देश के अंदर मन, सेर छटाँक का पैमाना बंद कर दिया जाए तो देश तरक्की करने लगेगा और धनधान्य से भर जाएगा।

—सरकार क्या चीज़ होती है?

—सरकार ही तो असली चीज़ होती है। सरकार के पास पुलिस होती है। सरकार कानून बनाती है और हुक्म चलाती है और जो सरकार के हुक्म या कानून को तोड़ता है उसे गिरफ्तार कर जेल में डाल देती है। सरकार ने वैज्ञानिकों के सुझाव मान लिए और

एक फ़रमान जारी कर दिया कि मुल्क के अंदर अब मन, सेर छटाँक का पैमाना नहीं चलेगा, उसकी जगह पर मीट्रिक प्रणाली लागू की जाएगी। जो कोई इस कानून का उल्लंघन करेगा वह सज़ा का हकदार होगा। इस तरह हमारी पीठ पर वज़न बढ़ गया।

—अचानक बढ़ गया?

—अचानक एक दिन हमने महसूस किया कि हमारी पीठ पर दो मन की जगह ढ़ाई मन लाद दिया गया है। क्विंटल। नया पैमाना क्विंटल का था।

—उन वैज्ञानिकों ने, उतने बड़े दिमाग के आदमियों ने, मनुष्यों में श्रेष्ठ मनुष्यों ने और उस सरकार ने, सर्वशक्तिमान सरकार ने जब यह नया कानून बनाया तो यह छोटी सी बात उनकी समझ में क्यों नहीं आई होगी कि इस कानून का असली बोझ किसकी पीठ पर पड़ने वाला है? उन्हें हम खच्चरों की मुसीबत का अंदाज नहीं रहा होगा?

—रहा भी होगा पर उनके दिलों में रत्ती भर दया हम पशुओं के लिए नहीं रहती।

—रत्ती तो पुरानी बात हो गई है न? अब तो तुम्हें दया भी ग्रामों में नापनी होगी।

—रत्ती का पैमाना कभी असली पैमाना था। लाल-काली रत्ती। खेतों की मेंड़ों पर, जंगलों-चरागाहों में उगने वाली रत्ती। हम खेतों के किनारों पर घास चरते हैं तो रत्ती के दाने भी हमारे खाने में आ जाते हैं। रत्ती धरती पर खेतों में उगती है। ग्राम खेतों में नहीं उगता। वह लोहे का बना होता है। पुराने बाट की प्राथमिक इकाइयाँ खेतों में उपजती—उगती थीं। खसखस, चावल, रत्ती। उनकी बात ही और होती थी। अब लोहे ने उनकी जगह ले ली है। लोहा क्रूर होता है। उसके अंदर जीवन का कोई स्पंदन नहीं होता। लोहे का दया से कोई सरोकार नहीं होता। उसका अपना वज़न अनिश्चित होता है। भार के लिए मापदण्ड स्थापित करने के लिए उसे तोड़ा-मरोड़ा जाता है। आठ लोहे का एक ग्राम जैसा कभी कोई सूत्र नहीं बन सकता।

—हाँ, वह पैमाना मेरी रग-रग में भरा था। आठ खसखस का एक चावल, आठ चावल की एक रत्ती, आठ रत्ती का एक माशा, बारह माशे का एक तोला, पाँच तोले की एक छटाँक, सोलह छटाँक का एक सेर, चालीस सेर का एक मन।

—खसखस, चावल, रत्ती। उनमें मिट्टी की सोंधी गंध होती थी, मिट्टी का गुण होता था। इन सभी चीजों के बीज अपना जीवन अपने आप बढ़ाने में सक्षम होते थे। ये जीवन के तत्वों से लबालब भरे होते थे। उनका रंग, रूप, आकार देखने में अच्छा लगता। वे जन्म लेते और मृत्यु को प्राप्त होते थे। उनके अंदर अपनी वंशावली को बढ़ाने की क्षमता होती थी। इसलिए जीवित मनुष्यों, पशु-पक्षियों के भोज्य पदार्थ के रूप में उनका उपयोग किया जाता। लोहा मृत होता है, उसका पुनर्जन्म नहीं हो सकता। इंसानी जीवन के आपस में काम आने वाले, खेतों में जन्म धारण करने वाले, खेतों में उगाए जाने वाले खसखस और मेड़ों पर उगने वाले रत्ती के दाने किसी भी चीज़ का वज़न लेते वक़्त मानदण्ड बनकर सहायक सिद्ध होते थे।

—और हम अपनी पीठ पर दो मन लेकर चलते थे, एक मन एक तरफ, एक मन

दूसरी तरफ।

—उधर पैमाना बदला इधर हमारी पीठ का वजन बढ़ गया अचानक। अब क्विंटल ढोना पड़ता है।

—मुनाफ़ाखोरी की दुनिया में हम बोझा ढोने वाले जीव हैं। हमारा कोई पूछने वाला नहीं। कुछ दिन पहले मेरी भेंट एक बैल से हुई थी। वह अपनी आप बीती सुना रहा था।

—क्या बताया उसने?

—वह बैलगाड़ी का किस्सा सुना रहा था। पहले बैलगाड़ी पर लकड़ी के पहिए लगते थे, अब डनलप से खिंचती है।

—उससे कुछ आसानी होती है बैलों को?

—हां, आसानी यह होती है कि अब मालिकों ने माल गाड़ी पर लादे जाने वाले सामान का वजन बेइंतिहा बढ़ाना शुरू कर दिया है। कोई नहीं देखता कि बैल इतना खींच पाएगा या नहीं।

—तू ठीक कह रहा है। पर एक बात बता, तू इकतरफा क्यों चल रहा है?

—यार, मुझे ज़ोर की पेशाब आ रही है। अभी तो वह ठिकाना चौड़खेतू बहुत दूर है।

—ज़ोर की पेशाब आ रही है तो ऐसा कर, आदमियों की तरह कहीं पर भी खड़ा हो जा और वहीं पर मूतना शुरू कर दे।

—इस जन्म में तो ऐसा नहीं कर पाऊँगा। पर अगले जन्म में मेरी कामना है कि मुझे मनुष्य का चोला मिल जाए। मूतने भर की आज़ादी तो हासिल हो जाएगी। पूरा देश अपना है, जहाँ चाहो मूत लो।

—तुझे मनुष्य का चोला मिल जाए तो तू मेरी पीठ पर बैठा करना। अपने दोनों पाँव एक ही ओर को कर लेना। जरा टेढ़ा होकर बैठना। हाथ में एक अलगोझा ले लेना। मैं तुझे धीरे-धीरे सहलाते हुए ले चलूँगा ताकि तेरे अलगोझे से निकलने वाले सुर न टूटें। बसंत के मौसम में लाल, हरे, पीले, बादामी, गुलाबी, नीले और सफेद फूलों से लदी डालों, शाखाओं के बीच मैं तुझे हौले-हौले ले जाऊँगा। एक घाटी से दूसरी घाटी। एक धार से दूसरी धार। अपनी प्रेयसी की याद में आँखें मूँदकर अलगोझे पर लम्बी तानें निकालते रहना। प्यारी, दुःखभरी तानें। मौसम सर्दी के छोटे दिनों में मैं तुझे गेहूँ के हरे-भरे और सरसों के पीले-खिलखिलाते खेतों के बीच से ले जाऊँगा। कोई युवती उन खेतों में किसी एक खेत में घास निकाल रही है। उसका मुख फ्यूँली का फूल है। उजला, खिला हुआ, पीला फूल। वह तुझे पहचान गई है। उसका प्रियतम तू नहीं है। हरी-पीली फसल के बीच वह फिर घास की तरह झुक गई है। उदास। तेरा अलगोझा बजता ही जा रहा है। झुकी हुई नजरों से वह न जाने धरती और घास को देख रही है कि मन ही मन अपने प्यारे की सूरत देख रही है। अलगोझे के सुर से वह घायल हो जाती है। अकबका कर खड़ी हो जाती है। तनकर। सीधी। उसकी हताश नजरें उस राह को ताकने लगी हैं जिधर से

तू गुजर रहा है। मनुष्य के चोले में तू हरी दुनिया पीला धाम देख, फ्यूँली का फूल देख।

—और वह कम्बख़्त खच्चरवाला बेंत से मेरे पुट्ठे नहीं तोड़ देगा कि इस तरह मुफ्त की सैर कहाँ की कर रहे हो?

—मूर्ख, खच्चरवाला तो तू ही होगा।

—मैं खच्चरवाला, खच्चर का मालिक हो गया तो मैं क्विंटल का पैमाना बदल दूँगा। हुक्म जारी हो जाएगा कि खच्चरों की पीठ पर एक तरफ सिर्फ एक मन रखा जा सकता है। ज़्यादा रखना गैर कानूनी होगा। और एंडे पर कुछ भी नहीं रखा जाएगा।

—तू फिर बेवकूफी की बातें करना लगा है। तू एक खच्चर का मालिक होगा कोई देश का प्रधानमंत्री थोड़े ही बन जाएगा। हुक्मनामा कैसे जारी कर सकता है? तू खच्चर का मालिक होगा, देश का कर्णधार तो नहीं हो जाएगा? मैं तो तुझे फगणू बनाने की बात कर रहा हूँ।

उस वक़्त फगणू को अपनी असली हैसियत का पता चला। उसे चारों ओर की पट्टियों में जाना जाता है पर है तो वह फगणू ही। लोग भी ऐसा ही तो जानते हैं कि वह फगणू है। उसे बुलाते वक़्त लोग फगणू कह कर ही संबोधित करते हैं। आज तक किसी ने उसे फगणूजी कहकर नहीं पुकारा। खच्चरों को हाँकने वाला फगणू, खच्चरों के पीछे चलने वाला फगणू, खच्चरों की पाद सूँघने वाला, खच्चरों की लीद की बदबू सूँघने को मजबूर फगणू जिसे हमेशा उनके पीछे चलना पड़ता है। ऐसा तो नहीं होता कि वह उनकी पीठ पर गूण लाद कर रास्ता चलने लगे और उन्हें हिदायत दे दे कि तुम आओ, मैं तुम्हें आगे फलाँ जगह पर मिलूँगा। गाँव-गाँव के लोगों का, पट्टियों के लोगों का, इलाके के हाकिमों-कर्मचारियों का, ग़रीब-अमीर सबका एक-सा सेवक। उन सबका हुक्म बजाने वाला, खच्चरवाला फगणू।

कुछ देर बाद खच्चर ने फिर बात शुरू की। बोला—घोड़े-खच्चरों के जीवन में दुःख ही दुःख भरा है। जिसकी आजीवन सेवा करते हैं वही लाठियाँ बरसाता है।

—हाँ, हमारी किस्मत में यही बदा है।

—और जब तक साँस चलती रहे तब तक बोझ ढोते रहो। बीमारी। टाँगों पर चोट। कमर छिल जाए। हर कदम पर दर्द की टीस उठती जाए, चलते चलो। बोझा उठाए चलते चलो। फिर भूखे रहो। गरीब, भूखे मालिक के साथ भूखे रहो। न मालिक को भरपेट नसीब होता है न जानवर को। चना खिलाने को भी उनकी हैसियत नहीं बन पाती। और जहाँ सरकारी राशन दी जाती है, वहाँ जानवर के हिस्से का चना चोरी चला जाता है।

—फौज में खच्चर के राशन की चोरी नहीं होती।

—नहीं होती थी। जब खच्चर को हर महीने दो मन दस सेर राशन दिया जाता था तब उसके राशन की चोरी नहीं होती थी। अब राशन घटा कर सैंतालीस किलो कर दिया गया है और तिस पर भी पल्टन के खच्चरों का राशन चोरी चला जाता है।

—अब पल्टन के अलावा खच्चरों को चना खिलाता ही कौन है? हमारे मालिकान

हमें चना खिलाने लगें तो अपने बच्चों को रोटी नहीं खिला सकते।

—खच्चर, जो पल्टन का दाना-चारा खाते हैं वे काम भी वैसा ही करते हैं।

—पल्टन के खच्चरों की ज़िन्दगी अपनी ही किस्म की ज़िन्दगी होती है। उन्हें चारे की चिन्ता नहीं होती, दाने की चिन्ता नहीं होती। उन्हें उसी तरह प्रशिक्षित किया जाता है जैसे पल्टन के रंगरूटों को। पंक्तियों में खड़ा होना, पंक्तियों में चलना। वे हुक्म बजाने वाले खच्चर हो जाते हैं।

फगणू की नींद टूट गई। उसे याद आया कि कुछ दिन पहले एक फौजी, जो पल्टन से छुट्टी पर घर आया था, उसे एक कहानी सुना रहा था। भारत-चीन युद्ध के दौरान भारतीय सेना सिलिगुड़ी की ओर बढ़ रही थी। एक खच्चर की पीठ पर तोपें लदी थीं। अपनी यूनिट से कई मील चलने के बाद एक ऐसा हादसा हुआ कि फौजी टुकड़ी पर हमला हो गया और साथ चल रहा कोई भी सैनिक ज़िन्दा नहीं बच पाया। खच्चर भी बुरी तरह घायल हो गया। किसी तरह उसने अपने को सँभाला और मौके का जायज़ा लिया। आगे बढ़ने का अब कोई अर्थ नहीं रह गया था। वहाँ रुके रहने का मतलब होता पीठ पर लदी तोपों को दुश्मन के हवाले कर देना। अपने हथियार दुश्मन के पल्ले नहीं पड़ने चाहिएँ। उनके लड़ने की शक्ति बढ़ती है। खच्चर को हुक्म देने वाला कोई भी फौजी वहाँ जीवित नहीं था। उसने खुद ही निर्णय लिया—उसे अपनी फौज के मुकाम पर किसी भी तरह लौट जाना चाहिए। वह वापिस मुड़ गया। दुश्मन उसका पीछा कर उसे अपनी पकड़ में नहीं ला सके। घायल, मरणासन्न हालत में अपने डेरे पर पहुँचकर उसने जबान से कुछ कहे बगैर सब कुछ बता दिया। पूरे समाचार बता दिए। फौजी टुकड़ी शहीद हो गई है। मैं अकेला जीवित लौट आया हूँ। तोपों को सुरक्षित लेकर लौटा हूँ। उन पर दुश्मन का कब्जा नहीं होने दिया।

उसे सेना ने सम्मान प्रदान किया था। वीर चक्र। उस युद्ध के दौरान और भी कई खच्चरों को सम्मानित किया गया था।

विधानसभा के पिछले चुनाव सर्दियों के मौसम में हुए थे। पटवारी ने फगणू को हुक्म दिया था कि उसे चुनाव का और हाकिमान का सामान रतौंधा पोलिंग स्टेशन पहुँचाना है। फगणू ने बहाने किए। पटवारी ने उसे समझाया—यह चुनाव है। इस वक़्त किसी को भी छुट्टी देने का कायदा नहीं है। पूरे देश में जो आदमी जिस काम को करता है उसे वह काम करना पड़ेगा। नहीं करेगा या मना करेगा तो सरकारी कर्मचारियों की तरह वह भी जुर्म का हकदार हो जाएगा। पटवारी ने बाकायदा भाषण के लहजे में फगणू के दिमाग में यह बात बैठा दी कि सरकारी कर्मचारियों में और फगणू में कोई फर्क नहीं है। सब लोग अपनी-अपनी डयूटी दे रहे हैं। इस वक़्त डयूटी से कोई नहीं भाग सकता। फगणू अपने दोनों खच्चरों के सहित चुनाव का सामान लेकर चला। उसे अपने ऊपर घमंड भी हो रहा

था कि देश का कामकाज चलाने के लिए होने वाले चुनाव में उसकी, फगणू की, कितनी अहम भूमिका है। इस वक़्त वह टालबराई कर दे तो पूरा चुनाव टल सकता है। वह रोज़-रोज़ देशवासियों का काम करता है, अपने घर पर बैठ कर घास तो नहीं छीलता?

चुनाव के बक्से खच्चरों पर लादे हुए उस दिन फगणू ऐसे चल रहा था जैसे उसे भी सरकारी नौकरी मिल गई हो। रास्ते के छोटे-छोटे ठिकानों पर वह किसी के पूछे बगैर भी, लोगों को फ़ख्र के साथ बताने लता–रतौंधा जा रहा हूँ, चुनाव की पेटियाँ हैं। फगणू को अपना जीवन धन्य लग रहा था। चुनाव के बक्से पीठ पर लादे खच्चरों के पीछे वह बहुत संजीदगी से चलने लगा था और बार-बार उसे महसूस होने लगा था कि वह फगणू से एक सीढ़ी ऊपर हो गया है, कि वह कुछ और हो गया है। क्या होता होगा फगणू के ऊपर। पटवारी का चपरासी? दफ्तर का चपरासी? चौकीदार? जो भी हो वह फगणू से ऊपर उठ गया है। दो-एक बार उसने अपने कदम ऐसे चलाए जैसे पल्टन के सिपाही चलाते हैं। धरती को रौंदते हुए, हाथों को आगे-पीछे हिलाते हुए। नज़र सीधी, चुस्त कदम। लेफ़्ट-राइट, लेफ़्ट-राइट। फगणू धरती से कुछ ऊपर उठ गया था। इन चुनावों के बाद वह अपने भविष्य के सुनहरे हो जाने के सपने देखने लगा था।

पठाधार के आगे बर्फ गिरी थी। रास्ता नहीं था, इकहरी, बेहद सँकरी पगडंडी थी जिस पर आदमी भी बड़ी मुश्किल से पार हो सकते थे। उस खतरनाक स्थल पर पहुँच कर आगे वाला खच्चर रुक गया। मौके के अनुसार खच्चर को वहाँ पर पार नहीं कराया जा सकता था। फगणू के दिमाग में चुनाव घूम रहा था। उसने खच्चर को हुक्म दिया–चल। खच्चर ने काफी सतर्क होकर पाँव आगे की ओर बढ़ाए पर वहाँ पर उसका पाँव फिसल गया और वह सैकड़ों फुट नीचे जा गिरा। खच्चर की मौत हो गई थी। बाद में रतौंधा का चुनाव स्थगित कर दिया गया था। चुनाव कुछ समय बाद करवाया गया। पर फगणू को कोई भुगतान सरकार की ओर से नहीं किया गया। उसको खच्चर की मौत का भी कोई मुआवजा नहीं दिया गया। अकेले खच्चर को लेकर चलना और अपनी रोटी कमाना फगणू को असंभव लगने लगा।

हाकिमान के दौरे होते हैं, तो फगणू का मन होता है कि वह भी किसी खड़े ढंगार से नीचे कूदकर आत्महत्या कर ले। खच्चर के दाने के पैसे भी नहीं मिलते। फगणू चाहता है कि इलाके के किसी अफ़सर का तबादला न हो। जो यहाँ आ गया है वह कहीं बाहर न जाए और जो कहीं बाहर हैं वे इस इलाके में न आएँ। लेकिन देश का राजकाज उसकी मर्जी से नहीं चल सकता। उसे तो हर बार बेगार ढोनी होती है। कई बार हाकिमान के दौरे के बाद उससे रसीदों-कागजों पर निशानी अँगूठा लगवाई जाती है। पैसा भेजा जाएगा कहा जाता है। उस बात की सच्चाई की पोल उसकी नजरों में कई बार खुल चुकी है। इसलिए अब उसे कोई आशा नहीं रहती कि पैसा आने वाला है। फिर भी बेगार ढोने में वह कभी प्रतिरोध नहीं करता। उसे मालूम है कि वह फगणू है और उसे हमेशा फगणू

बनकर ही रहना पड़ेगा।

रात खुलते-खुलते आठ खच्चरों को उनके सईसों ने हमेशा की तरह खरहा किया, उनकी पीठ, गर्दन, चेहरे और टांगों को अपने मजबूत हाथों से सहलाया-खुजलाया, झाड़ा, रगड़ा। उन्होंने उनकी दुम की ओर उनके बालों को हौले-हौले मसला। खामोश सईस अपनी जुबान से कुछ नहीं बोल रहे थे पर उनकी हथेलियों से पैदा होने वाला कंपन काफी कुछ खुलासा करने लगा था। सईसों ने खच्चरों के आगे रात भर के भीगे चने रख दिए। खच्चरों ने एक भी दाना चना नहीं चबाया। परेशान सईस उनके आगे पानी लेकर गए। खच्चरों ने उधर से भी मुंह फेर लिया।

अपनी पूरी ज़िंदगी फौज में बिताने के बाद खच्चर सब कुछ समझ रहे थे। युद्धक्षेत्र में अपनी जान हथेली पर रख कर दुश्मन पर टूट पड़ने वाले फौज़ियों के साथ मोर्चे सँभालने वाले खच्चर निरे जानवर नहीं थे, जिन्हें कोई जहाँ चाहे हाँक कर ले जाए। वे युद्ध कौशल में प्रशिक्षित खच्चर थे। भारतीय सेना के बेशकीमती, समझदार और सतर्क जानवर। ऐन मौके पर उनकी भूमिका महत्वपूर्ण होती थी। उनकी ओर से ज़रा-सी चूक पूरी फौज को पराजय के गर्त में धकेल सकती है। ज़रूरी ठिकानों पर आवश्यक सामग्री, रसद, दवाइयाँ, गोली-बारूद और अस्त्र-शस्त्र पहुँचाने का काम उनको और उनके सइसों को सौंप दिया जाता है। तब वे भी दौड़ते हैं और उनके सईस भी दौड़ते हैं। कई बार सेना की टुकड़ियाँ भी उनके साथ-साथ जंग के मैदान में एक समान रफ्तार से आगे बढ़ती हैं। वे अपनी सेना के सिपाहियों और हकिमान को उनकी सूरत से पहचानते हैं। उनके बाजुओं, कंधों या सीने पर लगी फीतियों, सितारों को देखकर समझ जाते हैं कि कौन किस रुतबे का हाकिम है। लेफ्टिनेंट और कप्तान, मेजर और कर्नल, ब्रिगेडियर और जनरल। वे अपनी फौज के अफ़सरों को सैल्यूट करना जानते हैं। हाकिमान के द्वारा जारी फौजी हुक्म का मतलब समझते हैं। उसे पूरा करने में कोताही नहीं बरतते। पड़ोस के मैदानों में फौजी परेड की तैयारियाँ शुरू हो गई थीं। कुछ ओहदों के अफ़सर-सिपाही परेड के लिए हाज़िर थे। थोड़ी देर में फौज टुकड़ियों में बँट जाएगी और विभिन्न सैनिक अपने-अपने अफ़सरों के साथ अलग-अलग मैदानों, पहाड़ियों, खाइयों, जंगलों, वीरानों के निर्दिष्ट हिस्सों में निर्देशित कार्यक्रमों के अनुसार क़वायद करने में व्यस्त हो जाएँगे। वे हथियार लेकर चलने लगेंगे, अस्त्र-शस्त्र की दीक्षा प्राप्त करने लगेंगे। खामोश फौजी कुछ बोलेंगे नहीं सिवा उस स्थिति के जब उनसे कुछ पूछा जाए। ऐसे भी मौके आएँगे जब एक टुकड़ी के सैनिक सामूहिक तौर पर लयबद्ध स्वर में 'मारो-खींचो-देखो' जैसे शब्दों का महाघोष करेंगे और फिर एकदम शाँत हो जाएँगे। सामूहिक तौर पर उनके चलने, मुड़ने, रुकने, पीछे लौटने, दौड़ने या थमने की क्रियाओं से भी एक लय पैदा होती है, जो किसी वाद्ययंत्र से निकलने वाले सुरों के समान व्यवस्थित व प्रिय लगने लगती है।

अपने मैदानों में, अपने पड़ोस के मैदानों में पैदा होने वाली फौजी क़वायद के वे स्वर खच्चर अच्छी तरह पहचानते हैं। वे स्वर उनके संस्कार का हिस्सा बन चुके हैं। संस्कारित खच्चर पल्टन से बाहर जा नहीं सकते। बाहर रहने पर लगेगा कि ज़िन्दगी में कुछ खो गया है।

उनके परिचित सैनिकों, अफ़सरों में उस दिन कोई उधर नहीं आया। जिन फौज़ियों के साथ युद्ध के कठिन दिनों में कदम-कदम पर शत्रु-बलों का मुकाबला किया, दनदनाती गोलियों से सही सलामत बच निकलने में कामयाबी पाई, विकट पहाड़ी, पथरीली राहों पर भूखे-प्यासे रहकर अग्रिम चौकियों पर अलग थलग पड़े सैनिकों को रसद तथा गोला-बारूद की खेपें पहुँचाकर उनकी जीवन रक्षा की और दुश्मन के खिलाफ़ कामयाबी हासिल करने में महत्वपूर्ण भूमिका निभाई उनमें कोई भी उस वक़्त वहाँ नहीं दिखाई दे रहा था।

खच्चर चाहते थे कि उनके सुख-दुःखों के साथी हाकिमान-सैनिक एक बार उन्हें अपनी सूरत दिखा जाएँ। फौज का पशु डाक्टर, जो उनकी नब्ज देखकर उनके दिल की धड़कनें पहचानता था, मात्र एक नज़र देखकर उनके रोग-व्याधि का खुलासा कर देता था, एक बार, सिर्फ एक बार उन्हें आकर देख ले और उन्हें अपना प्यारा चेहरा दिखा दे तो वे उसकी छवि अपनी नज़रों में भर लें।

पहली तैनाती पर आया एक नया लेफ्टिनेंट आया और खाली नज़रों से उन्हें देखने लगा। सईस ने उसे सैल्यूट किया। अपनी आदत और दीक्षा के अनुशासन के अनुसार खच्चरों ने भी उसे सैल्यूट किया। तब एक पशु डाक्टर वहाँ पहुँचा। खच्चरों का अपरिचित डाक्टर। उसने एक-एक कर उन सबके कार्ड देखे और उनके बदन पर खुदे नम्बरों से मिलान कर तस्दीक किया कि वे उन कार्डों के अनुसार सही खच्चर हैं। खच्चरों को मार्च करने का हुक्म दिया जा चुका था। उन्हें मालूम था कि उन्होंने कोई अपराध नहीं किया है, कोई बेअदबी नहीं की, कोई हुक्म-उदूली नहीं की, कि वे बेकसूर हैं। उनको मालूम था कि पल्टन की ज़िंदगी बिताने के बाद बाज़ार में बेचना उन्हें सज़ा देने के समान होगा। पल्टन नहीं चाहती कि जीवन भर हमारे साथ रहने के बाद हमारे खच्चरों को समाज में व्याप्त भूख-दुःख-दर्द-अभाव बर्दाश्त करने को मजबूर होना पड़े। पेट अंदर को चला जाए। भूखे पेट रहने को विवश खच्चरवाले के साथ भूखे रहो, आधा पेट खाकर जीते रहो। दुःख बीमारी में कोई पूछने वाला नहीं। पीठ पर गहरे घावों के बावजूद, पावों पर चोट के बावजूद बोझा ढोते रहो। टाँगों, पुट्ठों पर पड़ने वाली लाठियों-बेतों की मार के आगे पीठ पर भार लिए, लचकते हुए पाँव को आगे बढ़ाते रहो और बेजान गर्दन को यों हिलाते रहो जैसे वह टूट रही हो।

खच्चरों को मालूम था कि उन्हें समाज में बेचा जाएगा तो वहाँ उन्हें ज़िंदगी के जो आखिरी दिन गिनने होंगे वे नारकीय दिन होंगे। वहाँ असली सज़ा भोगनी होगी। ऐसे नारकीय जीवन से बेहतर है कि मौत हो और मुक्ति मिल जाए।

वे अच्छी तरह समझ गए थे कि उनके जीवन में एक-न-एक सज़ा भुगतने का समय आ गया है। बंदूकचियों के पोज़ीशन लेने से पहले ही उनकी आँखों से मोटी-मोटी बूँदें टपकने लगी थीं।

लेखन—बनारस 1958, टिहरी, 29.10.83 तथा देहरादून 4.8.97
भारत सरकार के सूचना मंत्रालय ने ता. 1.9.58 को एक बुलेटिन जारी की थी 'नाप-तोल में दाशमिक प्रणाली शुरू करने पर विचार'। इस समाचार पर विचार करते हुए कि इस परिवर्तन का असली प्रभाव किसको झेलना पड़ेगा, इस कहानी का जन्म हुआ।
प्रकाशित - 'वर्तमान साहित्य' जनवरी-फरवरी 1998

फट जा पंचधार

मैं गायों को थाम-थामकर रखती थी। हरी, लंबी, कोमल घास की ओर लपकने से थामकर रखती थी। बिराने ढलानों पर लटकी हुई, धरती पर चौरस फैली, भरी हुई घास। जैसे कोठारों में अनाज भरा रहता है। वे हमारे नहीं, दीगर गाँवों के ढलान थे। जवान बछड़ों को रोके रखती, रोके नहीं रुकते थे। अपने सामने घास को देखते ही कुलाँचे भरने लगते थे। मैं दौड़-दौड़ कर उन्हें खदेड़ती, वापस ले आती। इस धार पर पाँच गाँवों की सीमाएँ मिलती थीं : पंचधार। अपने-अपने मवेशी अपनी-अपनी सीमाओं में चरते थे, कायदा यही था। अपनी धार, अपनी रकीद घास, अपनी दौलत। पशु को सीमाओं का ज्ञान नहीं होता, आदमी को सीमाओं का ज्ञान होता है। उसे सीमाओं से बाँधकर रखा जा सकता है। पशु की भूख-प्यास-इच्छाओं को किसी सीमा में नहीं बाँधा जा सकता, वे जहाँ हरी घास देखते हैं वहीं बढ़ जाते हैं। आदमियों की भाषा में उसे उजाड़ खाना कहते हैं। पशु अपने शरीर की इच्छाओं की तृप्ति करता है, लंबे-चौड़े कायदों में नहीं उलझता। दूसरे गाँव के मवेशी रकीद में आ घुसें तो मर्दों में लड़ाई छिड़ जाए। जंग, हरी, नर्म घास के ऊपर लाल धब्बे। पट्टी के लोग लड़ने लगें, सयाणे लड़ने लगें, गाँव-गाँव में हथियार चमक उठें। मैं नतीजा जानती थी, इधर गायें चरेंगी उधर डागरी चमकने लगेंगी। मैं जंगल जाती तो सोती नहीं थी, आराम भी नहीं करती थी। अपनी गाय-बछिया, बैल-बछड़ों को अपनी धार की सीमा और नजरों के घेरे में बाँधे रहती। मैं उस आदमी को प्यार करती थी जिसने मुझे अपने घर पर रखा था। उसका बाल बाँका न हो यही कामना करती थी, यही कामना करती रहती थी।

मेरी धार जरा ज़्यादा ढलवाँ थी। उस पर पथरीला रकबा भी ज़्यादा था। वहाँ घास कम उगती थी। जहाँ घास उगती वह ढंगारी इलाका था। आकाश से घाटी की ओर फैले हुए ढाल। सीधे-सपाट, एकदम खड़े। लंबी नाक वाली किसी छरहरी औरत की तरह लुभावने, जादुई ढाल। उन ढंगारों से हम औरतें जान हथेली पर रखकर घास निकालती थीं। मवेशियों को हम उधर नहीं जाने देती थीं, वे जा भी नहीं सकते थे। अपनी जवानी के पूरे दिन मैंने उन ढंगारों पर बिताये। घास काटते बिताये। ज़रा सा पाँव फिसला तो देह कहीं दूर घाटी में बिखर जाती। ढलानों पर पेड़ों का कोई निशान नहीं था। उनसे जब

हम घास काट लेते तो वे ऐसे दिखाई देते जैसे किसी आदमी की बिना बालों वाली खोपड़ी। खल्वाट। उन ढलवाँ, खल्वाट पहाड़ों पर मैंने अपने को सँभालकर रखा। कदम-कदम सँभालकर रखा। मैं उस आदमी को प्यार करती थी जिसने मुझे सँभाला था। जी-जान से प्यार करती थी। पंचधार पर मैंने अपने को बखूबी सँभालकर रखा। कदम-कदम सँभालकर रखा। मैंने अपने को फिसलने नहीं दिया। मैं एक धार की होकर रही। विकट नंगी धार। उस संगम पर मैंने चोरी नहीं की। अपनी नीयत नहीं डुलायी। मैं खतरनाक ढलानों पर घास काटती चली जाती। मैंने सपाट, समतल धारों से घास काटने की कोशिश नहीं की। वे धारे दीगर गाँवों की धारें थीं। मीलों मील फैली हुई धारें।

मैं जिसे अपनी धार समझती रही वह दरअसल मेरी धार नहीं थी। वह पूरे गाँव की धार थी। उस गाँव की धार जिसमें मेरा भी जन्म हुआ था। मेरी धार वह तब हुई जब मैं उस आदमी के घर पर रहने लगी, जो मुझे प्यार करता था। और जब तक उसने मुझे अपने घर पर रखा, उस घासिया रकबे की मैं भी अपने को मालकिन समझती रही। मेरा तो इस दुनिया में कुछ भी अपना नहीं था। अपनी देह के अलावा मैं किसी भी चीज को अपना नहीं कह सकती थी। लोगों की नज़रों में वह पवित्र आदमी मेरी सोहबत से अपवित्र हो गया था। लेकिन उसने मुझे अपने साथ रखकर मुझे उस धार की मालकिन बना दिया था।

धार पर ऊपरी हिस्से में जंगल था। लंबे, मोटे, विशाल वृक्षों का घना वन। जहाँ वन था वहाँ पंचधार की चोटी थी। चोटी पर एक तप्पड़—समतल मैदान। चार गाँवों की साँझा तप्पड़। उस तप्पड़ में सबकी गाय-बछिया इकट्ठी हो जाती थीं। साल में एक बार वहाँ भेड़ों का मेला लगता था। चारों गाँवों के लोगों की बैठने की जगह। लोग बैठकर तंबाकू पीते थे। गाँवों की पंचायतें उसी मैदान में लगती थीं। ज़्यादातर लड़ाइयाँ, तकरारें, फैसले और सुलह उसी मैदान में होते। बात की बात में हथियार खनक उठते थे। उठते थे और वार कर देते थे। फिर पंचायत लगती। सुनवाई होती। लोग अपनी-अपनी बात कहते। सयाणे ध्यानपूर्वक सुनते। वे फैसला करते। फैसला हो जाता तो जुर्म भुला दिया जाता।

उस फैसले की कोई अपील नहीं होती थी। मीलों दूर रहने वाले सरकारी हाकिमान और पुलिस के पास कोई रपट दर्ज नहीं हो सकती थी। आदमी के क़त्ल हो जाने का मुकदमा भी उसी पंचायत में चलता था। वहाँ कोई कागजी कार्यवाही नहीं होती थी। सब कुछ मुँहजुबानी। फैसला भी जुबानी। जुबानी दिए गए फैसले को उल्लंघन हो नहीं सकता था। फैसले पर अमल लाज़मी था। हुकमउदूली करने वाले को किसी भी तरह की सज़ा भुगतनी पड़ सकती है—मुजरिम को यह अहसास रहता था। इसलिए पंचायत का फैसला कबूल करना और उसका पालन करना एक मजबूरी होती थी। ज़िंदगी की मजबूरी। दुनिया की कोई ताकत फैसले के अमल से बचा नहीं सकती थी। समाज रिवाज़ों की जकड़ में कसा था। और उस कसे हुए समाज ने हमें बाँध रखा था। पुश्त-दर-पुश्त। वे सब सयाणों की दुनिया के कायदे थे। मैं भी उन्हीं कायदों, रिवाज़ों के बंधनों में कसी थी। इकतरफा

फैसला सुनाने वाली उस पंचायत में मैं, मेरे जन्मदाता, मेरे जने कोई हिस्सेदारी नहीं कर सकते थे। हिस्सेदारी करने की सोच भी नहीं सकते थे। हमारी हैसियत सुनने वाले की होती। वे फैसला सुनाते, हम सुनते। सुनते और बेबस होकर अमल करते। हम चारों ओर ऊँचे पर्वतों से घिरे रहते। हमें अपने ऊपर सिर्फ काले मेघों से घिरा आकाश दिखाई देता। उसके अलावा हमारा कोई और सरपरस्त नहीं था। नीचे ढलानों की गहराई में यमुना माई के फाट (तट)। कहीं-कहीं खूब-खूब फैले हुए। चौड़े-चौड़े फाट। आसमान के रंग बदलते रहते। आकाश से गर्मी कम मिलती थी। आकाश शीत उँडेलता था। नीला या साफ आसमान हमें कभी कभार दिखाई देता। अकसर उसमें काले बादल घुमड़ते रहते। आकाश हमें धमकाता रहता था। उसका रूप देखकर हमें सयाणों का ऐश्वर्य, रुआब और गुस्सा याद आ जाता। घाटी में यमुना बहती थी। हमारी माँ। पवित्रतम। उसमें विभिन्न पहाड़ों की दूरियों से आने वाले कई-कई नदी-नाले जगह-जगह पर आ मिलते। साफ पानी की नदियाँ और गंदे, गँदले नाले। सबके सब यमुना में समा जाते। यमुना फिर भी पवित्र रहती। हम उसका जल आदर और श्रद्धा के साथ अपने ऊपर छिड़क कर अपने को धन्य मानते। यमुना-जल के छींटे हमारा अशौच मिटा देते, हम फिर से सुच्चे हो जाते।

वह आदमी भी मुझे प्यार करता था। दिलोजान से प्यार करता था। जब तक मुझ पर जवानी रही वह मुझ पर अपना प्यार उँड़ेलता रहा। उसने हिम्मत की, मुझे अपने साथ रखा। उसके भाई कुछ नहीं बोले पर उन्होंने अपनें को कभी मेरा पति नहीं माना। मेरे मर्द के चार भाई और थे। उन सबके तीन पिता थे। दो ज़िंदा थे, एक मर गया था। उस घर में मेरे जाने के बाद मरा था। मेरा मर्द वीरसिंह था। उसके जीवित पिता शेरसिंह और फतेसिंह थे। जो मर गया था वह चंद्रसिंह था। चंद्रसिंह सबसे छोटा था। जब चंद्रसिंह मरा उस वक़्त वह पच्चीस साल का था। मेरी सास, उन तीनों भाइयों की सगी औरत उस वक़्त पचास के आसपास थी। चंद्रसिंह खुद नहीं मरा, वह मारा गया था। धारदार डाँगरी हथियार से मारा गया था। किसी ने जंगल में चंद्रसिंह को अपनी औरत के साथ देख लिया था और पूरी बात सही-सह बता दी थी। पंचायत ने उसे कोई सज़ा नहीं दी, बरी कर दिया। उस मारने वाले आदमी सुरता की उम्र सहत्तर साल की थी। उसका छब्बीस वर्ष का इकलौता भाई दो साल पहले कजा कर गया था। वे दो भाई थे। अब वह अकेला था। पारो, उसकी बीवी, जवान थी। उसे एक जवान मर्द की जरूरत थी। वह छूट करवाना चाहती थी। पंचायत ने पति के जीते-जी छूट देने से इनकार कर दिया था। जाड़े के मौसम में पारो मायके गयी। एक हफ्ते बाद बूढ़ा सुरता भी वहीं पहुँच गया। उस साल खूब बर्फ गिरी थी। उस शीत को काटने के लिए वे लोग छक-छक कर शराबें पी रहे थे। भरपेट मांस खा रहे थे। रात में खाना-पीना, नाच-गाना खत्म कर सुरता को उसके सालों ने एक अलग कमरे में सुला दिया। सुरता पलँग पर लेट गया और उसने किवाड़ अधभिड़े छोड़ दिए। पारो उसके कमरे में नहीं गयी। वह एक दूसरे कमरे में पड़ोसी गाँव के किसी नौजवान

के साथ सो गयी। सुरता को मालूम था कि पारो उस नौजवान के साथ सो रही है। पर उस घर में वह कुछ नहीं कर सकता था। किसी से शिकायत भी नहीं कर सकता था। मायके में पारो अपनी मर्जी की मालकिन थी। सात दिन तक सुरता ससुराल में रहा। ससुराल वालों ने दिल खोलकर उसका सत्कार किया। उसकी आवभगत में कोई कमी नहीं आने दी। लेकिन पारो एक रात भी उसके पास नहीं आयी। उसी नौजवान के साथ सोती रही जो, पड़ोसी गाँव से आया था। सुरता अपने घर वापिस चला गया। अकेला। पारो तीन महीने मायके में रही। ससुराल लौटी तो वह गर्भवती थी। उसने वहाँ एक बच्चे को जन्म दिया। पुत्र-जन्म पर बहुत-बहुत खुशियाँ मनाई गईं। बच्चे का नाम सहत्तर सिंह रखा गया।

उस वक़्त जब वीरसिंह ने मुझे जबर्दस्ती अपने घर पर रख लिया था, मैं चौदह साल की थी और उन पाँचों भाइयों की औरत दिलदेई पैंतालीस के आसपास थी। वीरसिंह तब बाईस साल का नौजवान था। मेरे आने के दो साल बाद वीरसिंह के छोटे बाप चंद्रसिंह का कत्ल हो गया। बहुत वर्षों के बाद जब मैं भरपूर ज़वानी के रंग में थी, एक रात मैंने अपने मर्द वीरसिंह के सर पर उँगलियाँ फेरते हुए कहा—तुम मुझे क्यों लाये?

—मुझे एक हमउम्र, सुंदर और जवान औरत की जरूरत थी। और मैं रात में औरत के साथ सोना चाहता था। तुझे इसलिए लाया। तू नीच है इसलिए मेरे भाई तुझे अपने साथ नहीं सुला सकते। मैं तेरे रंग-रूप पर, तेरे नाक-नक्श पर फिदा था। तू हमारी धरती पर सबसे खूबसूरत बाँद है। तेरी माँ मुझे राजी से मेरे हवाले न करती तो मैं तुझे सचमुच घसीटकर ले आता। मुझे तेरे रेशमी बदन की सख्त जरूरत थी, इसलिए अपनी रानी बनाकर लाया।

उसकी औरत दिलदेई रात में अपने सबसे जेठे पति रणधीर के साथ सोती थी, जैसा कि रिवाज़ था। रणधीर साठ पर पहुँच चुका था। दिलदेई ने वर्षों तक वीरसिंह को बचपन में अपनी गोद में खिलाया। कंधों पर बैठाकर खेत-खलियान में घुमाया, नहलाया, धुलाया, उसके बड़ा होने में मदद की। अब वह जवान हो गया था। सुडौल। पूरा पट्ठा। उसे देखते रहने को जी करता था। चलता तो धरती हिलने लगी, हँसता तो फूल झरते। दिलदेई उसे चाहने लगी थी। वह ललचाई नजरों से उसे देखती, पर दिलदेई उसके साथ रात नहीं बिता सकती थी। वीरसिंह को मौके का इंतजार करना पड़ता। रोज सुबह को वह ओबरे में जाती वहाँ रात भर का जमा मवेशियों का गोबर बाहर निकालने लगती। वीरसिंह अकसर वहाँ पहुँच जाता। हड़बड़ी में गोबर से सने हुए दिलदेई के हाथों को वह अपने हाथ में ले लेता और गौशाला का दरवाजा भिड़ देता। उस अँधेरे कमरे में उनके नीचे पशुओं के गोबर-मूत से सना बदबूदार, सख्त फर्श होता। वीरसिंह गाय भैंस को देखता और उसका मन घृणा से भर उठता। सोचता कि हमसे ये जानवर अच्छे हैं। दिलदेई वीरसिंह की औरत थी। वीरसिंह उसका सबसे कनिष्ठ पति था। नौजवान। वह रात में दिलदेई को अपने साथ नहीं रख सकता था। दिलदेई की देह में एक अजीब किस्म की बदबू भरी होती थी। वीरसिंह

जिंदगी के इस ढब से निजात पाना चाहता था। वह एक बदबूदार, अधेड़ औरत से सोहबत नहीं, किसी कमसिन, हमउम्र, चढ़ती जवानी की नई-नवेली हसीना से मोहब्बत करना चाहता था। अकेले। बिना बाँटे। वह तन-बदन के अलावा दिल मिलाना चाहता था। और वह ज़िंदगी को एक चोर की तरह नहीं,एक शरीफ आदमी की तरह जीना चाहता था। उसके जैसे हजारों नौजवान भी ऐसी ही हसीन ज़िंदगी बिताने के ख्वाब देखते थे। पर वे साहस नहीं जुटा पाते थे। वीरसिंह ने हिम्मत की, मुझे अपने साथ रख लिया। रख लिया और रखता रहा। मेरा बाप कभी का मर चुका था और मेरी कोल्टा माँ की क्या औकात थी कि वह इस मामले में चूँ भी कर सकती। हम बँधुआ थे। वीरसिंह के दादाओं ने मेरे दादा को उसके विवाह के वक़्त कुछ पैसा उधार दिया था। उस उधार के एवज़ में मेरा दादा वीरसिंह के दादाओं की खेती-बाड़ी पर काम करता था। पंचधार के नीचे वीरसिंह के खेत थे। जब तक ज़िंदा रहा तब तक दादा और उसका कुनबा वीरसिंह के पुरखों की खेती पर काम करता रहा। कर्जा चुकता नहीं हुआ। सयाणे हरसाल सूद जोड़कर हिसाब लगाते। हम कुछ भी पूछ नहीं सकते थे। साल भर में खेती में कितना अन्न पैदा हुआ, कितने की पोश्त, अफीम, रामदाना, अदरक बिकी, आलू की बिक्री से कितना पैसा आया, मिर्चें गये साल क्या भाव थीं, घी व शहद से कुल कितनी आमदनी हुई—इस तरह के बीसों सवाल मेरे दादा के मन में उमड़ते-घुमड़ते रहते थे। पर इन सवालों को वह सयाणों के सामने नहीं रख सकता था। वह सयाणों के मुँह से निकलने वाले बोल को सुनने को विवश दास था, प्रश्न पूछने का हकदार नहीं। हिसाब के बाद मेरे दादा पर बकाया की घोषणा कर दी जाती। दादा के मरने के बाद का किस्सा मुझे याद है। मेरे बाप को वीरसिंह के घर पर तलब किया गया था।

वहाँ एक ब्राह्मण आसन पर बैठा हुआ था। वीरसिंह के घर के लोग बैठे थे। उस घर की औरतें भी बैठी थीं। मैं अपने बाप के साथ खड़ी थी। मैं बहुत छोटी थी, पर मुझे वह घटना अच्छी तरह याद है।

पंडित बोला—ग्याडू तेरा बाप नरक में है। वह कर्जदार मरा, शास्त्रों के अनुसार बाप का कर्जा बेटे को चुकाना चाहिए। तू अपने बाप का कर्जा कबूल कर लेगा तो तेरे बाप को नरक से छुटकारा मिल जाएगा।

—मेरे बाप को नरक से छुड़ा दो महाराज, मैं उसका कर्जा चुकाने का वचन देता हूँ। मेरा बाप हाथ जोड़कर जमीन पर लंबा पड़ गया था। वह ब्राह्मण के चरणों के पास लेट गया था। वह ब्राह्मण के चरण छू नहीं सकता था, उसका हाथ छू जाने से ब्राह्मण की देह अपवित्र हो जाती—लोग ऐसा मानते थे।

वहाँ एक गाय लाई गई, मेरे बाप ने गाय की पूँछ हाथ में ली। तब ब्राह्मण ने गाय के कान में कहा—ग्याडू का बाप कर्जदार है, वह नरक में है, ग्याडू कह रहा है, वह अपने बाप के कर्ज को अपने ऊपर लेता है, हे गाय माता, इसके बाप को नरक से छुड़ा दे।

—छुड़ा दे गाय माता, मेरे बाप को यमराज के बंधन से छुड़ा दे—मेरा बाप ज़ोर-ज़ोर से विनती करने लगा—कर्जा मैं दूँगा गाय माता, मेरे बाप के बंधन खुलवा दे।

इस तरह मेरा बाप बँध गया और मेरे दादा के बंधन खुल गए। जीते जी जिसके कर्ज के बंधन नहीं खुल पाए, जो घाट पर बँधा हुआ गया, उसे शरीर के जल जाने के बाद बंधनमुक्त कर दिया गया।

उस कर्ज को मेरा बाप भी पूरा नहीं दे पाया। मेरा बाप मरा तो वह भी कर्जदार मरा। मेरे कोई भाई नहीं थे। मैं अकेली थी। माँ-बाप की इकलौती संतान। मेरी माँ और मैं वीरसिंह के बापों की खेती पर पहले की तरह काम करती थीं। वीरसिंह के बाप और उसके भाई हमसे अपनी खेतीबाड़ी, धराट, गोशाला, जंगल में काम करवाते और सालों-साल हमें दादा के उधार का हिसाब सुनाते रहते।

मेरी उम्र दस-ग्यारह साल की हुई तो मेरे माँगने वाले आने लगे। उन्हें मेरी माँ जो मोल सुनाती उसे सुनकर वे अपना-सा मुँह लेकर निराश लौट जाते। हमारी जाति का कोई आदमी ऐसा नहीं था, जो बँधुआ न हो। और किसी बंधुआ की क्या हैसियत हो सकती थी, जो मेरी माँ को मुँह-माँगा दाम दे सकता—वह दाम जिससे मेरे बाप को नरक से छुटकारा मिल सकता? लिहाजा, हमारे रिश्तेदारों के कहने के मुताबिक, ‘‘मैं अपनी माँ के घर पर ही बूढ़ी हो रही थी।’’ माँ कहती थी वह मुझे बेचकर अपने मरे हुए आदमी को यमद्वार से मुक्त कराएगी। मैं उसकी दौलत थी। मेरे अलावा उसके पास और कोई के दौलत नहीं थी। हम वीरसिंह परिवार के दिए हुए खेत के एक कोने पर झोंपड़ी बनाकर रहते थे। दुनिया में ऐसी कोई जायदाद नहीं थी, जिसे हम अपनी कह सकते। और हमारी ज़िंदगी की मजबूरी यह थी कि हम वहाँ से भागकर कहीं नहीं जा सकती थीं।

एक शाम को वीरसिंह हमारी झोंपड़ी पर आया। मैं आँगन में थी। उसने हुक्म दिया—अपनी माँ को बुला।

मैं झोंपड़ी के अन्दर जाऊँ इससे पहले उसकी आवाज़ की कड़क सुनकर मेरी माँ लपककर बाहर निकल आई। हाथ जोड़कर खड़ी हो गई।

—क्या हुक्म है महाराज?

—रक्खी को मेरे साथ भेज दो।

—शाम का वक़्त है, इस वक़्त कहाँ जाओगे महाराज? मवेशी पूरे घर लौट आये हैं। मैं गोशाला बंद करने के बाद लौटी हूँ।

—मैं उसे जंगल-उंगल नहीं ले जाऊँगा, घर ले जाऊँगा।

—क्या काम पड़ा है महाराज? मैं चली चलूँ साथ में?

—मुझे रक्खी चाहिए।

—क्या करोगे महाराज इसका?

—साथ रखूँगा।

माँ की आँखें फैल गयी। मुँह खुला-का-खुला रह गया।

—क्या कह रहे हो ठाकुर साहब? रक्खी आपके घर कैसे रह सकती है?

—जैसे किसी की औरत रहती है। रक्खी मेरे साथ रहेगी।

मेरी माँ ने हाथ जोड़े। वह वीरसिंह के पाँव पकड़कर जमीन पर बैठ गई। वीरसिंह ने नहीं माना। वह अपनी ज़िद पर अड़ा रहा। कहता रहा,

—राजी से भेज दे, नहीं तो घसीटकर ले जाऊँगा।

तब मेरी माँ ने वीरसिंह से मेरा सौदा किया। वीरसिंह ने गाय की पूँछ पकड़ कर कसम खायी कि वह मेरे बाप का कर्ज मेरे हाथ के बदले माफ कर रहा है। और मेरी माँ ने मेरा हाथ उसे पकड़ा दिया।

गहने नहीं। किसी तरह का श्रृंगार नहीं। बदलने के लिए कोई कपड़े नहीं। मेरी माँ के पास कुछ भी नहीं था। एक चाँदी का सूत था। वह उसने रोते-रोते मेरी नाक पर चढ़ा दिया। भली-बुरी बातें ऐसे ही मौके पर याद आती हैं। मेरे बाप के मरते वक़्त उसके मुँह में कोई सोना नहीं डाला गया था। हमारे पास एक रत्ती सोना भी नहीं था। उस वक़्त जब मेरी माँ मेरी नाक के छेद से लकड़ी की सींक हटाकर उसमें चाँदी का सूत डाल रही थी, मुझे अपने मरते हुए बाप का अधखुला मुँह याद आया। शायद वह सोना माँग रहा था, जो उसने जिंदगी भर औरों के लिए कमाया। जिंदगी की अन्य अतृप्त इच्छाओं की तरह वह अपनी उस आखिरी इच्छा को भी अपनी छाती में साथ लेकर गया।

माँ के कहने पर मैं अंदर से एक लोटा पानी लेकर आई। अपने मुँह पर पानी के छींटे मारे। तब मेरी आँखों से गंगा-यमुना की धारें फूट पड़ीं। रोके नहीं रुकती थीं। लोटे का पानी रीता हो गया था। मेरा मुख आँखों से उमड़ने वाले पानी से धुलने लगा था। मैं अपनी बेबसी पर रो रही थी। मैं कोल्टा थी। मैंने गाँव-पड़ोस की लड़कियों के विवाह होते देखे थे। उनका श्रृंगार देखा था। विवाह के लिए खास तौर से सिलाए गए उनके कपड़े, औरतों, सहेलियों के जमघट, रिश्तेदारों की चहल-पहल, घराती-बारातियों की आवभगत देखी थी। ढोल-नगाड़ों के आकाश को बेंधने वाले नाद सुने थे...।

मेरे विवाह की कोई रस्म अदा नहीं हुई। कोई माँगल नहीं गाए गए। कायदे में मेरा विवाह हुआ ही नहीं। माँ ने डर के मारे भविष्य के बारे में सोचे बगैर मेरा मादा बदन वीरसिंह के हवाले कर दिया। माँ ने 'जा' और वीरसिंह ने 'चल' कहा और मैं वीरसिंह के पीछे हो ली। उस वक़्त वीरसिंह अपने घर की ओर ले जाने के बजाय मुझे नदी के किसी सुनसान किनारे पर, अँधेरी गुफा में या घने जंगल में भी ले जाता तो मैं कर ही क्या सकती थी? बेजान पानी को गूल में बहाया जाता है तो वह भी अपने भरसक उस बंधन से मुक्ति पाने की कोशिश में तटों को तोड़ता चलता है। मेरी स्थिति उससे भी बदतर थी। गहरे, बहुत गहरे मेरे मन में कहीं यह भाव उभर रहा था कि मुझे वीरसिंह के साथ इस तरह नहीं जाना चाहिए, कि वीरसिंह का और मेरा साथ-साथ रहना एक अनहोनी बात

है, कि यह साथ ज़्यादा दिन तक निभ नहीं सकेगा।

वीरसिंह के मकान का निर्माण मेरे बंधुआ कोल्टा दादा ने अपने हाथों से किया था। मकान तैयार हो गया तो ब्राह्मण बुलाया गया। ब्राह्मण ने उस घर की मुख्य चौखट पर सिंदूर-तिलक लगाया। गाय के गोबर से गणेश की मूर्ति का निर्माण कर मंत्रोच्चारण किया। फिर हरी दूब के तिनकों के गुच्छे से वहाँ पवित्र जल और गो-मूत्र का छिड़काव किया गया और घर के अंदर देवदार की लकड़ी जलाकर हवन हुआ। वीरसिंह के दादाओं ने, गाँव के खास-खास लोगों ने, उनके रिश्तेदारों ने और सयाणों के झुंड ने उस पवित्र घर के आँगन में सहभोज किया। उसके बाद मेरे दादा, उसकी जाति के लोगों और उसके वंशजों का जन्म-जन्मांतर उस पवित्र मकान पर हाथ लगाकर छूना तक वर्जित हो गया। हमारे छू देने भर से उस मकान की पवित्रता समाप्त हो सकती थी। उस सहभोज के बाद बचे-खुचे भोजन से एक हिस्सा पाने के लिए मेरे दादा और उसके घर के लोग, मेरी माँ, दादी और बाप, दादा के साथ मकान पर काम करने वाले दूसरे मजदूर-कारीगर उस पवित्र घर के आँगन के एक कोने में सहमे-सहमे से आकर बैठ गए थे और ललचाई नजरों से भात के कड़ाहों की ओर ताकने लगे थे। उस दावत के बारे में मेरी माँ ने कई-कई बार मुझे बताया था। उसने वहाँ भरपेट खाया था और एक बर्तन पर कुछ भात वहाँ से अपने घर भी लेती आई थी। माँग कर लाई थी। दाल का वर्णन माँ चटकारे मार कर करती थी। हम वीरसिंह के खेतों से अपनी पीठ-सर पर अनाज ढोकर लाते, नीचे घाटी से गेहूँ पिसवाकर आटा उस घर पर पहुँचाते। आँगन से आगे घर के अंदर उस बोझ को हम नहीं ले जा सकते थे। हम उनके कपड़े धोकर लाते, जब तक कपड़े गीले रहते, उनमें अशौच रहता। हमारे हाथ का अशौच। सूख जाने पर वे कपड़े सुच्चे हो जाते। घर के लोग उन्हें अपने हाथों से घर के अंदर ले जाते और स्त्री-पुरुष उन्हें पहनते, ओढ़ते, बिछाते या सँभाल लेते।

उस घर में, जिसके भवन की दीवार पर मेरा हाथ छू जाने से पूरा भवन और उसके अंदर रखी हर चीज अपवित्र हो सकती थी, मैं वीरसिंह के साथ जीवन-निर्वाह करने जा रही थी। मैं जा नहीं रही थी, ले जायी जा रही थी। मेरे कानों में 'जा' के और 'चल' के स्वर ज़ोर-ज़ोर से गूँजने लगे थे। इतनी ज़ोर से और इतनी तेज़ी से कि मुझे लग रहा था कि ढोल-नगाड़े बज रहे हैं। ढोल से 'जा जा जा' की और नगाड़े से 'चल चल चल' की आवाज़ें उठ रही हैं। सुनसान बटिया पर हम दोनों चलते जा रहे थे। हमसे कोई न आगे था न पीछे। इस बारात के दूल्हा-दुल्हन को देखने वाले भी हम खुद ही थे। कोई औरत दुल्हन का मुँह देखने के लिए खेतों से नहीं लपक रही थी। उस बारात में दूल्हा, दुल्हन के पीछे नहीं, आगे-आगे चल रहा था। मेरा दूल्हा परम्पराओं को तोड़ता आगे बढ़ रहा था और मुझे अपने बड़प्पन के जादू से खींचता चल रहा था। जवानी के जोश में वह अपनी सीमाएँ तोड़ रहा था। अपनी धार को छोड़ कर वह परायी धार की ओर लपक रहा था। ख़तरनाक धार की ओर। खुले तौर पर वह मुझे अपनी गृहलक्ष्मी बनाने ले जा रहा था।

इस घटना-दुर्घटना के सिर्फ दो गवाह थे—मेरी माँ और वह गाय जिसकी पूँछ पकड़ कर वीरसिंह ने नरक में पड़े हुए मेरे कर्जदार बाप का कर्ज माफ किए जाने की घोषणा की थी। गाय के कान में यह कहने कोई ब्राह्मण नहीं आया—"गाय माता ग्याडू यमद्वार में बँधा पड़ा है। वीरसिंह उसका कर्जा माफ कर रहा है, कर्ज की रकम के बदले ग्याडू की कुँवारी कन्या को मोल ले रहा है। लड़की की माँ उसे बेच रही है। ग्याडू को यम के बंधन से मुक्त करा दो गाय माता।" बेबस मैं वीरसिंह के पीछे चली। माँ रोती रही। रोती रही और कहती रही—एक बेटी पैदा हुई जिसने पूरे कुल को तार दिया। पुरखों का उद्धार कर दिया। दादा और बाप अपनी ज़िंदगी भर मेहनत करके, ईमानदारी का जीवन बिताकर जो कर्ज चुकता नहीं कर पाए, वह मेरी बेटी ने अदा कर दिया। मेरी रक्खी, तेरे बगैर मैं दो दिन भी ज़िंदा नहीं रहूँगी।

ऐसा ही हुआ, वीरसिंह के घर गए मुझे दो ही दिन हुए थे कि माँ वीरसिंह परिवार के लिए घास काटते हुए ढंगार में गिर गई। उसका शरीर दो हिस्सों में मिला था। क्रिया करने के लिए बहुत दूर से हमारे भाई-बंधुओं को बुलाया गया था। वीरसिंह ने दाह-संस्कार का खर्चा दिया। शव को कंधा नहीं दिया। मेरे मुँह के अंदर जीभ डालकर वीरसिंह मेरा थूक चाट सकता था, मेरी माँ के सूखे, मुर्दा शरीर को कंधा नहीं दे सकता था। मेरी माँ कोल्टा थी, शूद्रा।

माँ गई तो मेरी दुनिया बदल गई। वीरसिंह के भाइयों ने उसे घर से जुदा कर दिया। उसे एक अलग मकान दे दिया गया। उस मकान में सिर्फ वीरसिंह और मैं रहते थे। वह कहता था कि वह दुनिया से अलग हो जाएगा पर मुझे अपने से हरगिज अलग नहीं होने देगा। कि वह सयाणों से निपट लेगा। कहता था कि वह उनके कायदे कानूनों को घास के तिनकों की तरह तोड़कर रख देगा।

हमारी बिरादरी की लड़कियों की खरीद-फरोख़्त आसानी से होती थी। कई बार दलाल लोग कीमत देकर उन्हें दिल्ली ले जाते और कोठे पर पहुँचा देते। वहाँ से वे हिंदुस्तान के अलग-अलग आलीशान शहरों में फैल जातीं। लड़की खूबसूरत होती तो उसकी कीमत जरा ज़्यादा मिलती थी। कुँवारी होती तो और भी ज़्यादा। कोठों का यही कायदा है।

मेरे सामने धर्मा खड़ा था। हँसमुख धर्मा। हमलावर, हिंसक बाघ की नज़र एक बार उसके मुख पर पड़ जाए तो वह हमला करने का इरादा बदल दे। वह एकटक मुझे देख रहा था और मंद-मंद मुस्करा रहा था। मैं घास काटती हुई एक ख़तरनाक ढंगार के ऊपर खड़ी थी। जाड़े की शुरुआत हो रही थी। पंचधार के नीचे पहाड़ के ढलान पर सावन-भादों में उगी हुई घास की हरी पत्तियाँ मौसम के बदलाव के साथ अपना रंग बदल रही थीं। पहले वे हल्की बादामी हुईं, फिर रात-रात भर खुले आसमान से गिरने वाले पाले की मार ने उनका रंग भूरा किया। अब उनमें लालिमा उभर आई थी। शुरू में वह घास पहाड़ के ढलानों पर आकाश की दिशा में सर ऊँचा उठाकर उगती रही। अब उसकी उम्र पूरी

हो रही थी। अब हरी पत्तियों की कमर झुक गई थी और वे नीचे घाटी की ओर मुड़ गई थीं। वे लगातार यमुना माई की ओर ताकती रहतीं। थोड़े दिनों के बाद बर्फ पड़ने वाली थी। घास अब वैसी नर्म नहीं थी जैसी कि वह तब होती थी जब उसका रंग हरा था। पकी हुई घास को हम लोग जाड़ों की बारिश शुरू होने से पहले काट लेते और पूलियाँ बनाकर अपने घरों के ओबरों में सँभाल लेते, या पेड़ों की शाखों पर जमा कर लेते थे। तरतीबवार। एक के ऊपर एक। एक पूरा गट्ठर घास एक छोटी सी शाख पर जमा। बर्फ का कोई भरोसा नहीं कब गिरने लग जाए। कभी-कभी तो अचानक गिरने लगती है। जाड़ों में एक-दो दिन तक जमकर पानी बरस जाय तो वातावरण बर्फ के गिरने से पहले बर्फीला हो जाता है। उसमें शीत की ऐंठन भर जाती है। फिर आकाश बर्फ उँडेलने लगता है। बेहिसाब। बर्फ गिरती है तो महीनों तक धरती पर बर्फ का शासन कायम रहता है।

मौसम सर्दी के उन दिनों के लिए घास सरमाया होती है। मवेशियों को तब महीनों तक ओबरों में बंद रहना पड़ता है। समय पर काटी और जमा की गई घास महीनों तक उन्हें खूँटे पर खिलानी पड़ती है। मैं झुककर घास काट रही थी। मेरे दाहिने हाथ की तरफ एक बहुत बड़ी शिला थी। शिलातल के आसपास कुल घास कट चुकी तो मैंने अपनी कमर सीधी की। सर ऊपर उठाया। मेरे सामने धर्मा खड़ा था। वह मंद-मंद मुस्करा रहा था।

धर्मा वहाँ कब पहुँचा मुझे पता नहीं चला। शायद वह काफी देर पहले से वहाँ मौजूद था। बोला—बहुत देर से देख रहा हूँ रक्खी, कितनी मेहनत और जोश से घास काट रही हो। दो महीने पहले यह घास हरी थी। हरी थी और नरम थी। तब यह आकाश को ताकती रहती थी, वहाँ घूमने वाले सूरज से आँखें लड़ाती थी। अब इसकी उम्र ढल गई है। कोमल घास भूरी-लाल हो गई है, सख्त हो गई है। ज़िंदगी के आखिरी दिनों में यमुना माई को झुक-झुक कर प्रणाम कर रही है।

मेरी समझ में नहीं आया उसे क्या जवाब दूँ। उसने अपनी बात जारी रखी—झुककर घास काटते-काटते तेरे मुख पर दो तीन बार मुस्कराहट उभर आई। मैंने समझा तुझे रात में वीरसिंह की कही कोई बात याद आई होगी। बोल, मैं गलत कह रहा हूँ?

मैं चुप रही। उसने सच कहा था। मुझे घास काटते वीरसिंह की रात में कही बातें याद आ रही थीं।

हम अकेले थे। मैं और धर्मा। गाँव की घसियारिनें कहीं दूर-दूर रही होंगी। वे दिखाई नहीं दे रही थीं। हमारे ऊपर आसमान और खड़े ढलान थे। नीचे भी वही ढलानों का सिलसिला। और सबसे नीचे पहाड़ों की गहराई के तल में यमुना माई। मैं खामोश थी। धर्मा बोलता ही जा रहा था—जब तक बदन में दो अंजुली खून रहता है लोग जोश में रहते हैं। आगे-पीछे की नहीं सोच पाते। जब इस लाल घास की तरह झुक जाते हैं तब होश आता है। पर तब तक बहुत देर हो जाती है।

धर्मा बाघ की तरह दुबकता हुआ आता था और हवा के झोंके की तरह आनन-फानन में गायब हो जाता था। पंचधार की बस्तियों में और उनसे दूर-दूर के इलाकों

में एक जाना-पहचाना नाम। कोल्टा घरों की बहू-बेटियों की चढ़ती-उभरती जवानियों पर धर्मा की उनके पिताओं या पतियों से ज़्यादा नज़र रहती थी। लगातार। ब्याही-अनब्याही बाँदों का सबसे बड़ा सौदागर। परेशान पति अपनी बाँद का वन से घर लौटने का इंतजार करते-करते थक जाता, साँझ बीत जाती, रात घिर आती। जंगल से लौटी घसियारिनें घास-लकड़ी के बोझ आँगन के कोनों पर पटकतीं और हाथों में खाली बर्तन उठाकर जलधारा की ओर चल देतीं। उन्हें सर पर रखकर लौट आतीं। अपने-अपने घरों के लम्बे चूल्हों के पास अधसोए बच्चों को गोदी में लेकर वे रोटियाँ सेंकने लगतीं। तब अभागा कोल्टा चूल्हे पर अपनी बीवी के बैठने की सूनी जगह को खाली नजरों से टुकर-टुकर ताकने लगता तो उसे धर्मा की कुटिल, मुस्कराती सूरत याद आती। ढंगार में गिरने या दुर्घटना की बुरी खबर चारों ओर अपने आप फैल जाती थी। किसी घसियारिन को बाघ मार गिराता तो उस वन में तमाम औरतों को उसकी आतंकभरी जानकारी हो जाती। पर धर्मा जिसे उड़ा ले जाता उसकी किसी को कानों-कान खबर नहीं हो सकती थी। वह बेटी को गायब कर देता, बाद में उसके बाप-भाइयों से खुल्लमखुल्ला उसका मोलभाव करता था। भगाई गई बहू के पति या ससुरालवालों से वह कोई बात करने की पहल नहीं करता था। ऐसे बेबस लोग खुद धर्मा की तलाश में निकलते थे। बात गुस्से से शुरू होकर राजीनामे में, लेन-देन में खत्म होती थी। सयाणे बैठते, वे फैसला कर देते। लोग जानते थे कि माल अब हाथ नहीं आ सकता। उसे कम-से-कम दिल्ली पहुँचा दिया गया है। भागते भूत की लँगोटी हाथ करने में फायदा है। धर्मा जादूगर था। वह जिसकी आँखों में एक बार अपनी जादुई नज़र से झाँक लेता वह बाँद उसके पीछे हो लेती। घसियारिन वन से चल देती, पनिहारिन अपना बर्तन जलधारा पर छोड़कर चंपत हो जाती। खेतों में काम कर रही जवान माँ को अपने दूध-पीते बच्चे का मोह भूल जाता। अपनी भरी हुई छातियों का दूध रास्ते में अपने ही हाथों से जमीन पर उँडेलती चलती। धर्मा पहाड़ों के घेरे से मुक्त कर उन सबको दिल्ली पहुँचा देता था, जहाँ उनके सर के ऊपर घुमड़ते बादलों से घिरे काले आसमान की जगह नीला, साफ आकाश होता। ऊँचे-नीचे पहाड़ी ढलानों के बदले समतल-मैदानी भूमि होती। काले मेघों के गर्जन से दूर, विकट, खड़े ढंगारें की मौत-भरी फिसलन से दूर, पंचधार से दूर, पंचधार की चौहद्दी से दूर, सयाणों की पंचायतों के क्रोध-भरे, आग उगलते फ़र्मानों की चीख़-पुकार से बहुत-बहुत दूर। बँधुआ जिंदगी के कुल दुःखों, समस्त बंधनों से हमेशा-हमेशा के लिए मुक्ति, छुटकारा।

मेरा टका-सा जवाब सुनकर धर्मा ने कहा था—अभी बदन में खून बाकी है रक्खी, उम्र ढलने लगेगी तो पछताना पड़ेगा। कोल्टा की बेटी ठाकुर के घर बहुत दिनों तक नहीं रह सकती रानी। वीरसिंह सिर्फ तेरी जवानी का भूखा है, शहद पूरी तरह चूस लेगा तो एक दिन खाली छत्ते को सड़क पर फेंक देगा।

और उसने मुझसे एक वचन माँगा था कि मैं यह बात किसी को भी न बताऊँ कि वह जंगल में मुझे मिला। वीरसिंह को भी न बताऊँ। मैंने वचन नहीं दिया। उसी रात को

वीरसिंह को पूरी बात बता दी। वीरसिंह ने सुनने के बाद कहा—धर्मा की बात झूठी साबित होगी पटरानीजी। तू हमेशा मेरे साथ रहेगी, मेरे घर पर रहेगी, शहद निकालने के बाद छत्ते की हिफाजत होगी।

दो बार मुझे गर्भ रहा, दोनों बार वीरसिंह ने मुझे दवा खिलाई। जबर्दस्ती। कहा—ताकत की दवा है। जिंदगी भर मैंने उसकी कही बात को देववाणी माना। मैं गोलियाँ खा गयी। पर मैं मीरा नहीं थी, रक्खी थी। मेरा ईश्वर भी वीरसिंह था। वीरसिंह की दी हुई दवाओं ने मुझ पर अपना पूरा असर दिखाया। दूसरे गर्भ के समय वह दवा लेकर आया तो मैंने उसे खाने से इनकार कर दिया। कहा—डाक्टर दयाल ने दी है, ताकत की दवा है। मैंने कहा—तुम धोखा देते हो, मेरा गर्भ फिर गिर जाएगा। वीरसिंह ने कहा—पहले भी ताकत की दवा लाया था, जरा ज़्यादा गर्मी दिखा गई इसलिए गर्भ गिर गया। अब ऐसा नहीं होगा, दवा बदल कर लाया हूँ। मेरे अंदर ताकत की कोई कमी नहीं थी, पर मैं उन दवाओं को इसलिए खा गई चूँकि वीरसिंह चाहता था कि मैं दवा लूँ। मैं उसे प्यार करती थी और उसके कहने पर अपनी जान कुर्बान करने को तैयार रहती थी। मेरा गर्भ फिर गिर गया। वीरसिंह मेरा गर्भ गिराने का काम अपने भाइयों की सलाह पर करता था। उसके भाई मुझे अपनी औरत नहीं मानते थे। मेरी कोख से बच्चा जन्म लेता तो वह उनकी जायदाद में हिस्सा माँगता। वे लोग जायदाद को बँटने नहीं देते। कहते हैं कि औरतें पराये घरों से आती हैं, इसलिए आपस में लड़ती रहती हैं। सभी भाइयों की एक ही औरत होगी तो बच्चे कम होंगे और उसकी कोख से जन्मे बच्चे सभी भाइयों के साझे बच्चे होंगे। इसलिए जायदाद बँटेगी नहीं, कभी नहीं। पंचधार के आसपास के खेतों की सैकड़ों वर्षों से भाई-बाँट नहीं हुई, टुकड़े नहीं हुए। नीचे ढंगार का घासिया रकबा भी नहीं बँटा। मर्द जोड़ता है, औरत बाँटती है। किसी पीढ़ी में भाई चाहे जितने भी हों, जायदाद वैसी ही रहती है। मकान, आँगन, सागवाड़ी, गोशाला, घराट, कोठार, खेत, खलिहान और जंगल किसी का भी बँटवारा नहीं किया जाता। जायदाद एक है तो भाई एक हैं, कुनबा एक है।

तब मैं जवान थी। मेरा शरीर बाँझ नहीं था। मेरी माँ बनने की लालसा कायम थी। मुझे उम्मीद थी कि मैं एक दिन वीरसिंह के जैसे एक गठे हुए बदन के बच्चे की माँ बनूँगी। वह दिन नहीं आया। एक दिन धर्मा आया।

उस दिन मेरी जिंदगी में तीसरी बार वह मेरे पास आया था। मेरे दूसरे गर्भ के गिराए जाने की बात उसे मालूम थी। वह मेरे घर पर आया था। उस वक़्त वीरसिंह घर से कहीं दूर गया था। धर्मा, वीरसिंह के भाइयों की सलाह पर वहाँ आया था। अब यह बात मैं पक्के तौर पर कह सकती हूँ। पर तब मुझे इसका ज्ञान नहीं था। मैं समझ रही थी कि वह चुपके से आया है। धर्मा मुझे उस घर के बाहर निकालना चाहता था। उसने भरोसा दिलाया कि वह मुझे कोठे पर नहीं पहुँचाएगा। किसी के घर की मालकिन बना देगा, जहाँ मेरी बहुत कद्र होगी, जहाँ मेरे कुल के कारण मेरे साथ कोई भेदभाव नहीं बरता जाएगा, मेरा गर्भ नहीं गिराया जाएगा।

—मैं अपनी कोख से सिर्फ वीरसिंह की संतान को धरती माँ की गोद में रख सकती हूँ।

—तो तू ऐसा कर रक्खी, अबकी बार तेरा गर्भ रहे तो तू मेरे साथ चल लेना। तू वीरसिंह की संतान को जन्म देगी और वह बुढ़ापे में तेरी परवरिश करेगा।

—ऐसा नहीं हो सकता कि कोई मुझे औरत के तौर पर न रखे, नौकरानी के तौर पर रख ले? मैं वीरसिंह के नाम पर जीना चाहती हूँ, दूसरे रूप में नहीं जी सकती।

—ऐसा भी हो जाएगा, तुझे कहीं नौकरी दिला देंगे।

मैंने हाँ या ना कुछ भी नहीं कहा था। पर वह दिन नहीं आया। धर्मा मर गया। जेल में मरा। उसके खिलाफ़ औरत फरोशी के कई मुकदमे अलग-अलग शहरों में चल रहे थे। पुलिस की मार के कारण आए घावों से उसने दम तोड़ दिया। पुलिस वालों ने श्रीकोट के डाक्टर दयाल को भी अधमरा कर दिया। धर्मा औरतें भगाने का काम डाक्टर दयाल के कहने पर किया करता था। मादा देहों का थोक व्यापारी। इलाके की जानी-मानी हस्ती। नेताओं का नेता। सब नेता उसकी जेब में रहते थे। मंत्रीजी आते तो क्षेत्र की जनता की समस्याओं के बारे में केवल दयाल से ही पूछते। पार्टी मीटिंग में दयाल की बात आखिरी बात होती। पट्टियों के सयाणे उससे डरकर रहते। पर हमारे इलाके में एक नया परगनाधिकारी आया—सुभाष। वह रात में बगैर चपरासी के चलता था, अकेला। धंधा करने वालों में हड़कंप मच गया। डाक्टर दयाल ने पहले उस पर रूआब गाँठना चाहा। सुभाष डाक्टर दयाल के धंधों पर नज़र रखने लगा। तब डाक्टर ने सुभाष को पटाने की कोशिशें कीं। कोई नतीजा हाथ नहीं आया। सुभाष ने डाक्टर के कुल धंधे चौपट कर दिए।

पुलिस की मार के बाद डाक्टर अस्पताल से अपनी दुकान पर नहीं लौटा, जहाँ सौ-पचास शीशियों पर वर्षों से धूल जमा हो रही थी। इस दुकान की आड़ में डाक्टर दूसरे धंधे करता था। औरत फरोशी, दारू का व्यापार, अफीम व कस्तूरी की तस्करी, अनाज की कालाबाजारी, लकड़ी, दँदासे, लीसे की चोरी, वह एक आदमी को एक ही धंधे में लगाता था। जिससे अफीम बिकवाता था उसे कस्तूरी के व्यापार में नहीं लगाता था। उसके आदमी पूरे हिन्दुस्तान के कोने-कोने को छान आते थे। लड़कियाँ भगाने वालों को वह दारू के व्यापार से अलग रखता था। लकड़ी, लीसे और वन उपज के उसके व्यापार में वन विभाग के आला हाकिमान की हिस्सेदारी रहती थी।

सुभाष ने डाक्टर दयाल को गिरफ्तार करवाया। उसे हथकड़ियाँ लगीं। थाने पहुँचा तो पुलिस वालों ने उसे अधमरा कर दिया। उसे अस्पताल पहुँचाया गया। अस्पताल से छूटकर डाक्टर लखनऊ पहुँचा। डाक्टर के लखनऊ से लौटने से पहले सरकार ने सुभाष की हमारी इलाके से बदली कर दी। डाक्टर अपनी दुकान पर लौटा तो सुभाष श्रीकोट छोड़कर जा चुका था। उसकी जगह पर आए नए हाकिम ने लखनऊ से लौट रहे डाक्टर दयाल का सामान उतरवाने में मदद की। लोगों ने देखा परगनाधिकारी का चपरासी सवारी गाड़ी से डाक्टर दयाल का सामान उतार-उतारकर दुकान पर ला रहा था। परगनाधिकारी

दयाल की दुकान पर बैठकर किसी पुराने दोस्त की तरह उससे बातें करने में मशगूल था।

धर्मा को मरे वर्षों बीत गए। तब मैं जवान थी। अब घाट के लिए तैयार हूँ। बहुत पहले वीरसिंह की पहली औरत दिलदेई मर गई, जिसकी सौत बनाकर वीरसिंह मुझे अपने घर लाया था। वह लाऔलाद मरी। वीरसिंह के बड़े भाई रणधीर सिंह, पाल सिंह और मान सिंह भी मर गए। हयात सिंह ज़िंदा है। उसने दूसरा विवाह कर लिया, एक जवान लड़की को ब्याह लाया। उसका नाम सत्ती है। तब सत्ती सोलह-सत्रह साल की थी। हयात सिंह साठ पर पहुँच रहा था। सत्ती के उस घर में आने के बाद दो साल तक सब कुछ ठीक ठाक चला। पर तब अचानक औरतों में कानाफूसी होने लगी, सत्ती को पता नहीं मर्द कैसा होता है।

एक दिन सत्ती ने वीरसिंह से कहा—अपने घर नहीं लौटोगे?

—मैं रक्खी का मालिक हूँ।

—और मेरा?

—हयात सिंह?

—हयात सिंह रक्खी को सौंप दो। जेठा मालिक, जेठी औरत। मुझे हयात नहीं चाहिए। मेरा काम नहीं चलता।

—रक्खी नीच है, मैं भी नीच हो गया हूँ।

—तुम अपनी चांद्रायण क्यों नहीं करवा लेते? रक्खी में अब क्या रखा है? कोरे छत्ते को देखते रहने से क्या मिलेगा?

—जिसे हाथ पकड़कर अपने घर लाए उसका साथ निभाना चाहिए।

—मैं भी तुम्हारे घर लाई गई हूँ। मेरी ज़िंदगी बर्बाद हो रही है। तुम्हें अच्छा लग रहा है? वंश का नाश हो जाएगा। पुरखों को पानी कौन देगा?

वीरसिंह और सत्ती की ये बातें मैंने खुद सुनीं। मैं सत्ती को दोष नहीं देती। वह जवान औरत थी। उसे एक काबिल मर्द की जरूरत थी। वीरसिंह कायदे से उसका पति था। गाँव में किसी नौजवान से आँखें लड़ाती तो सयाणे न जाने किसकी गर्दन उतरवा लेते।

पंचधार पर सयाणे बैठे थे। वीरसिंह के खिलाफ़ सत्ती की शिकायत थी। गाँव की एक बुढ़िया ने सयाणों के सामने शिकायत पेश की कि सत्ती को हयात सिंह के साथ ऐसे रहना पड़ता है जैसे अपने भाई के साथ। उसका दूसरा पति वीरसिंह कायम है। वीरसिंह सत्ती को अपने साथ नहीं रखता।

वीरसिंह ने कहा कि वह गिर गया है और अब वह रक्खी को नहीं छोड़ सकता।

वीरसिंह रक्खी को छोड़ दे और अपनी चांद्रायण करवा ले—सुझाव पेश हुआ।

ब्राह्मण बुलाया गया। उससे धर्मशास्त्रों की बात पूछी गई।

ब्राह्मण ने सयाणों को शास्त्र की बातें बताईं। एक बात उसने इतनी बार दुहराई कि वह मुझे अच्छी तरह याद हो गई। वह बार-बार कह रहा था—अगम्यागमन। बता रहा था

कि इसका मतलब होता है : 'वहां जाना जहाँ नहीं जाना चाहिए।' ऊँची कौम का आदमी डोम औरत के साथ रहने लगे या कोई अपनी ऐसी रिश्तेदार के साथ हम-बिस्तरी कर बैठे जिससे रिश्ते के मुताबिक वह शादी नहीं कर सकता, तो वह अपने किए पर पछतावा कर सकता है। यानी ऐसा करके उसकी शुद्धि हो सकती है।

उस ब्राह्मण ने कुछ पुराने ज़माने के धर्म-सयाणों के नाम भी लिए। और उनके नाम भी इतनी-इतनी बार दोहराए कि वे नाम भी मुझे याद हो गए। ब्राह्मण जो कुछ कह रहा था उसका सीधा संबंध मेरी ज़िन्दगी से था इसलिए मैं धर्म के उन सयाणों के नाम याद करती रही। नारद, यम, यागबल्क। कुछ ऐसे ही नाम ले रहा था वह। कह रहा था कि ये सब सयाणे रक्खी के खिलाफ़ पोथियाँ लिखकर छोड़ गए हैं। उस वक़्त मैंने अपने जन्मदाता माता-पिता को याद किया और मन ही मन उन्हें प्रणाम किया। उस वक़्त मुझे अपनी असली हैसियत का पता चला। मैं वीरसिंह की सेज सजाने वाली बेबस रक्खी नहीं, एक बहुत बड़ी हस्ती हूँ। मेरे बारे में बड़ी-बड़ी पोथियाँ लिखी गई हैं।

ब्राह्मण ने धर्म-सयाणों के हवाले से पंचधार पर जमा सयाणों को बताया कि वीरसिंह की चांद्रायण करके उसकी शुद्धि की जा सकती है। वह पवित्र नदी में स्नान करे, गोमूत्र पी ले, पूजा हवन करवा ले, गाय दान करे और आत्मजों, आप्तों, ब्राह्मणों को भोजन करवाने के उपराँत उनके चरण छूकर उन्हें दक्षिणा दे दे तो वह शुद्ध हो सकता है, और उसे फिर से बिरादरी की पंगत में शामिल किया जा सकता है।

साहस बटोरकर मैंने पूछा था—मेरी चांद्रायण नहीं हो सकती पंडित जी?

मेरी बात सुनकर वे लोग देर तक हँसते रहे। हँसते-हँसते उनके पेट दुखने लगे। कुछ की नाकें बहने लगीं। कुछ लोग जमीन पर लोटने लगे। लेकिन मैंने उनकी हँसी की परवाह नहीं की। मैंने भरी सभा में वीरसिंह से पूछा—क्या फैसला है ठाकुर साहब?

वीरसिंह, मेरा वीरसिंह मेरे साथ था। उसने सयाणों को अपना फैसला सुनाया—मैं इस उम्र में रक्खी को नहीं छोड़ सकता।

—सवाल यह नहीं कि तुम रक्खी को छोड़ सकते हो या नहीं। सवाल यह है कि तुमने सत्ती को किस आधार पर छोड़ रखा है?

—सत्ती को मैं नहीं लाया।

—अब तुम हमारे रीति-रिवाजों पर हमला कर रहे हो। तुम्हारा जेठा भाई हयात सिंह सत्ती को ब्याह कर अपने घर लाया। हमारे समाज में ब्याह हमेशा जेठा ही करता है। दुल्हन जेठे के नाम से आती है। छोटों का उस पर समान अधिकार होता है। तुम्हारी औरत दिलदेई और उसके पहले की औरत कौंरदेई बगैर कोई संतान छोड़े मर गयी हैं। हयात ने कुल को आगे बढ़ाने के लिए ब्याह किया। हयात सत्ती के काबिल़ नहीं रहा। ऐसी सूरत में ज़रूरी है कि तुम उसका छोटा पति होने के कारण उसे अपने साथ रखो, उसके साथ ऐसा व्यवहार करो जैसा कोई मर्द अपनी औरत के साथ करता है। नहीं तो राजा इंद्र की प्रजा की बढ़त

रूक जाएगी। कुल पर ढक्कन लग जाएगा या फिर समाज में व्यभिचार फैलेगा। मरे हुए भाइयों को कोई पानी देने वाला भी नहीं है।

—मेरा क्या होगा? मैंने फिर पुकार की।

मेरे सवाल का किसी ने कोई जवाब नहीं दिया।

वह मुकदमा सत्ती बनाम वीरसिंह नहीं रहा, नारद वगैरह बनाम रक्खी हो गया। पंचधार पर लगी उस पंचायत में नारद, यम, यागवल्क और सयाणे जीत गए। मैं हार गई। रूढ़ियों के बंधनों, सयाणों के कायदे-रिवाज़ों को घास के तिनकों की तरह तोड़ने वाला वीरों का वीर, महावीर वीरसिंह हार गया। वीरसिंह की कलाई पर पंचधार में ही लाल डोरी बाँध दी गई। ब्राह्मण ने कहा कि अब तुम बँध गए हो। अगले दिन उसकी चांद्रायण की गई। ब्राह्मण, आप्त, सयाणे और रिश्तेदार महाभोज में शामिल हुए। मेरी पाली हुई तीन दुधारू गाएँ दान में दे दी गईं। ग्यारह पंडितों ने दक्षिणा ग्रहण की और यह घोषणा कर दी कि शास्त्रों की नज़र में वीरसिंह पवित्र हो गया है। अब वह बिरादरी में शामिल हो गया है।

सत्ती पलँग पर : रक्खी सड़क पर।

मेरी बदकिस्मती उसी दिन से शुरू हो गई। मुझे किसी ने खाने तक के लिए नहीं पूछा। घर से बाहर निकलकर मैं सड़क पर आ गई। तब से मैं इस गुफा में रहती हूँ। देखो, मेरी गुफा पर कोई कपाट नहीं लगा है। गुफा खुली है। जंगली जानवर मुझे पहचानते हैं। वे मेरा कुछ नहीं बिगाड़ते।

तीस वर्षों तक मुझे छाया की तरह अपने साथ रखने वाला वीरसिंह फिर पवित्र ठाकुर हो गया। बिरादरी में शामिल हो गया। नई नवेली सत्ती के साथ रहने लगा। मेरी दो-दो संतानों की भ्रूण-हत्या करने के बाद वह अपने पुरखों को तर्पण देने के लिए संतानों को जन्म देगा। मुझे सड़क पर फेंक दिया गया। मैं शूद्रा थी, शूद्रा हूँ।

—तुम हाकिम लोग मेरी कहानी सुनकर क्या करोगे? क्या कर लोगे? इतनी देर तक तुम मेरी बातें सुनते रहे। मैं कहती रही तुम लिखते रहे। मैं कुछ पूछना चाहती हूँ। क्या तुम्हारे पास मेरे सवालों का जवाब है?

—सवाल मत पूछो, बात बताओ—लिखने वाले ने बुढ़िया को डाँटा।

—अच्छा तो यह भी सयाणों की ही पंचायत है? उस पंचायत में भी हमें ऐसे ही डाँटा जाता था। यही कहा जाता था सवाल मत पूछ—बात बता। मैं सवाल क्यों नहीं पूछ सकती? मेरा पहला सवाल है क्या मैं अपने मन में उठने वाले सवालों को भी अपनी छाती में लेकर ही परलोक जाऊँगी?

—उसे उत्तेजित मत करो, गुस्सा मत दिलाओ, वह भी एक इंसान है। उसकी दशा देख उस पर तरस खाओ। उसे अपने मन के उद्‌गार प्रकट कर लेने दो। भारत सरकार के समाज कल्याण के बहुत बड़े हाकिम ने अपने बाबू को अंग्रेजी में समझाया। फिर बुढ़िया की ओर मुखातिब होकर हौले से बोला—आप सवाल करिए।

बुढ़िया ने दोनों हाथ जोड़ लिये। बोली—अब मैं पहले अपनी बात पूरी कर लूँ। लंबी

बात करके मैंने आप लोगों को परेशान कर दिया है। मैं छिमा चाहती हूँ।

—मेरे पास वस्त्र के नाम पर सिर्फ ये चीथड़े हैं जो मेरे तन पर हैं। ये फट गए हैं और फटते जा रहे हैं। रहने के लिए मेरे पास यह खुली गुफा है। हज़ारों वर्षों से हमारी पीढ़ियों की दो बालिस्त जमीन की तलाश जारी है। खाने के लिए मेरे पास कुछ नहीं। कुछ भी नहीं है। मुझसे कोई मजदूरी तक नहीं करवाता। इसलिए नहीं करवाता कि सयाणों का फैसला है कि मैं गाँव छोड़कर चली जाऊँ। कहाँ जाऊँ, यह उन्होंने नहीं बताया। पंचायत में मैंने साहस जुटाकर मुँह खोलकर पूछा था कि मुझे बताया जाए कि मैं कहाँ जाऊँ। कहा गया कि सवाल मत पूछ, हम तेरे सवालों का जवाब देने के लिए यहाँ नहीं बैठे हैं। मैंने कहा—मेरा कसूर बताया जाए, मुझे वीरसिंह के घर से क्यों निकाला जा रहा है? कहा गया—तूने एक ठाकुर के घर पर बैठने की हिम्मत कैसे की? मैंने कहा—वीरसिंह अपने पुश्तैनी कर्ज के बदले मुझे ले आया। मैं खुद नहीं आई, लाई गई थी। कहा—अब वीरसिंह तुझसे अपना कर्जा नहीं माँगेगा, हम तुझे मुक्त कर रहे हैं। मैंने फिर पूछा—मैं कहाँ जाऊँ। बोले—तेरे लिए पूरा हिन्दुस्तान खुला पड़ा है, तू जहाँ चाहे जा सकती है। हम तुझे रोक नहीं रहे हैं। हिन्दुस्तान भर में मेरी बिरादरी की औरतें कोठों पर बैठी हुई हैं। वे मुझे भी वही रास्ता बता रहे थे। पर मैं वीरसिंह के नाम पर ज़िंदगी बिताने का फैसला कर चुकी थी।

—उस पंचायत में मैं जितना कह सकती थी मैंने उससे ज़्यादा कहा। जब हाथ में डोरी बाँधकर वे वीरसिंह को वहाँ से ले जाने लगे तो मैंने सयाणों के सामने नंगी जमीन पर पट्ट लेटकर, हाथ जोड़कर विनीत की कि मुझे वीरसिंह के खेत का एक कोना दे दिया जाए, जिस पर मैं एक छोटी-सी झोंपड़ी बनाकर अपने बाप-दादा की तरह अपनी गुजर कर सकूँ। सयाणे उस गाँव में, पंचधार की चौहद्दी में मेरी सूरत नहीं देखना चाहते थे। उनका कहना था कि मैं एक बुरी मिसाल हूँ। मुझे देखकर गाँव की नौजवान पीढ़ी को बुरी बातों की ओर बढ़ने का ढाढ़स बँधेगा। मेरे पंचधार में मौजूद रहने से पंचधार की जमीन-जायदाद, आलीशान भवन, खेत खलिहान, घराट-कोठार, जंगल और घासिया रकबे टुकड़े-टुकड़ों में बँटने लगेंगे। घरों की एकता, भाईयों का आपसी मिलाप खत्म हो जाएगा। हमारे समाज का ढांचा चरमरा जाएगा। हमारे लंबे चूल्हे छोटे हो जाएँगे।

—और कुछ? लिखने वाले बाबू ने उँगलियाँ सीधी करते हुए पूछा।

—हाँ महाराज! एक बात और लिखिए। लिखिए की रक्खी गंगा जमुना के जल से ज़्यादा पवित्र है। गंगा-जमना में जगह-जगह गंदे-गंदले नदी-नाले आकर मिलते हैं। फिर भी वह पवित्र मानी जाती है। मैं रक्खी, घाट पर जाने को तैयार शूद्रा रक्खी, बगैर कसम खाए सच कहती हूँ (सौगंध झूठे, फरेबी खाते हैं) कि अगर पवित्रता की जाँच करने के लिए सारी पृथ्वी की औरतों को एक भट्ठी में डाला जाए तो मैं उस भट्ठी से ज़िन्दा, बेदाग, हँसती-मुस्कराती बाहर निकल आऊँगी। मैं वीरसिंह की होकर रही। मेरी ज़िन्दगी में तीन बार धर्मा मेरे पास आया। उसे मेरे पास वीरसिंह के भाई भेजते थे। मैं भाग जाती तो वे

सस्ते में धर्मा से मेरा सौदा कर लेते। मैं भागी नहीं, पंचधार के ढलानों पर वीरसिंह की गाएँ चराती रही। फिसलते ढंगारों पर घास काटती रही।

—तुम कुछ सवाल पूछ रही थी? अधिकारी ने कहा।

रक्खी ने फिर हाथ जोड़ दिए—पृथ्वीनाथ! आपसे मैं क्या पूछ सकती हूँ। मुझसे गलती हुई।

—तुम चाहती क्या हो?

—मैं चाहती हूँ कि पंचधार फट जाए। भूकम्प का एक झटका आए, तगड़ा भूचाल और इस पहाड़ का जोड़-जोड़ हिल उठे। पंचायत के तप्पड़ से यमुना माई के फाट तक के ढंगारों, ढलानों में बेशमुार गहरी चौड़ी-चौड़ी दरारें पड़ जाएँ और पंचधार खंड-खंड हो जाए।

—भूख, नंगेपन और तिरस्कार के नुकीले काँटों की सेज पर टिके मेरे अपंग शरीर में अब ज़्यादा दम नहीं, पर इस गुफा में बैठकर मैं उसी भूचाल का इंतजार कर रही हूँ। मैं उसी दिन को देखने के लिए ज़िन्दा हूँ।

लेखन – टिहरी, अगस्त 1990 में समाप्त। इस कहानी को लिखने में छः वर्ष लगे।
प्रकाशित – 'हंस' 1991, 2007।

सुच्ची डोर

स्थान सुंदर था। उससे भी सुंदर जैसा मुझे उसके बारे में बताया गया था। मेरे डेरे से करीब डेढ़ मील चलने पर पहाड़ की चोटी पर पहुँचा जा सकता था। चोटी पर चंद्रबदनी का मंदिर था। उस मंदिर को देखने की बड़ी लालसा थी। इस देवी के बारे में अनेक कहानियाँ प्रचलित हैं। कहते हैं, बड़ी प्रतापी देवी है।

मंदिर छोटा था। छोटे से मंदिर के अंदर देवी की मूर्ति। वह मूर्ति कैसी है, कोई नहीं जानता। उस पर आँखें उठाकर देखने की मनाही है। जो देखेगा उस पर देवी का प्रकोप हो जाएगा। बहरा या गूँगा भी हो सकता है ताकि देवी के स्वरूप के वर्णन करने के काबिल ही न रह जाए। देवी का नग्न रूप मंदिर में प्रतिष्ठापित है।

किसी ज़माने में दक्ष प्रजापति ने यज्ञ का आयोजन किया था। उसने अपनी पुत्री सती को आमंत्रण नहीं भेजा। सती जोगी शिव की पत्नी थीं। समाचार सती ने भी सुना कि पिता के घर में मंगल कार्य का आयोजन हो रहा है। उसने शिव से यज्ञ में शामिल होने के लिए पिता के घर जाने की इच्छा प्रकट की। शिव ने उसे समझाया—देख, मैं जोगी आदमी। मेरी पत्नी को और मुझे कौन अपने घर मंगलकार्य में बुलाता है? तू वहाँ जाने की जिद न कर। लेकिन बेटी का प्राण। वह कैसे मान सकता था? मजबूर होकर शिव को उसे आज्ञा देनी पड़ी।

सती को लग रहा था कि उसके पिता ने उसके लिए न्यौता भेजा होगा, किंतु संदेशवाहक की लापरवाही के कारण उस तक नहीं पहुँच पाया होगा। उसे पूरा विश्वास था कि पिता ने उसे आमंत्रित किया होगा। यह बात कि उसे जानबूझकर नहीं बुलाया गया, इसकी तो वह कल्पना तक नहीं कर सकती थी।

शिव से इजाजत मिली तो सती ने शिव से कहा—तुम भी चलो।

—तू पागल हुई है, मैं थोड़े ही पागल हुआ जो बिना न्यौता पाए किसी के घर में हो रहे मंगलकार्य में जा धमकूँ। किसने फरमाया? किसी ने नहीं। कैसे आए? अपने आप।

सती रोने लगी। शिव उसके पिता के बारे में कठोर भावनाएँ व्यक्त कर रहे हैं। एक साधारण दूत की भूल की वजह से उसके पिता का अपमान हो रहा है। पिता के घर पहुँचकर वह दूत को आड़े हाथों लेगी। ऐसा मन में निश्चय कर वह शिव को अकेला छोड़

प्रस्थान कर गई। शिव ने अपने दो दूत यात्रा-पथ में सेवा सुश्रुषा करने के लिए उसके साथ कर दिए।

रास्ते भर वह कल्पना करती रही। मायके पहुँचते ही मैं रूठ जाऊँगी, मौन धारण कर लूँगी। किसी से नहीं बोलूँगी। पिता पूछेंगे—सती को क्या हो गया, यह क्यों खामोश है, तो मैं कुछ नहीं बोलूँगी। तब किसी तरह उन्हें अहसास होगा कि संदेशवाहक को समय से उसके पास नहीं भेजकर उन्होंने कितनी बड़ी भूल की है। पिता तब मेरे सर पर हाथ रख कर कहेंगे—बेटी, यह तेरे पिता का घर है। यहाँ आने के लिए भी तू निमंत्रण चाहती है पगली। पिता मेरी गाल पर एक हलकी-सी चपत भी मारेंगे। तब मैं मान जाऊँगी। घर के हर कार्य में हाथ बँटाने का अवसर मिलेगा मुझे। छोटे-मोटे सभी कार्यों को करने से पहले पिता बार-बार कहते रहेंगे—सती को भी पूछ लो। बार-बार मुझे पुकारते रहेंगे—देख ले, यह ठीक है या नहीं। अब उस घर में मेरा भी कुछ बस चलेगा। विवाह से पहले मैं जिस चीज के बारे में अपनी राय प्रकट करती पिता उसे मेरे बालपन में हँसकर टाल दिया करते थे। अविवाहित कन्या को पितृगृह में पूछता ही कौन है? अब मेरी हर इच्छा की उन्हें पूर्ति करनी होगी।

इस तरह के विचारों में डूबती-उतरती सती विकट पर्वतीय राहों को पार करती रही। मायके पहुँचने पर वह कैसे बोलेगी, कैसा खाएगी, कैसा खेलेगी, कैसे घूमेगी और कैसा आनंद उसे होगा, उसकी कल्पना मात्र से उसकी राह की थकान मिटती जाती थी। ऐसा नहीं कि उसे थकान लगती ही न हो। थकान लगती थी और प्यास भी लगती थी और धूप भी लगती थी और मुँह भी सूख जाता था। लेकिन पितृगृह पहुँचने पर मिलने वाले सुख की याद करते ही वह अपने तात्कालिक कष्टों को बिसर जाती थी। विवाह के बाद पहली बार माता-पिता की लाडली पितृगृह जा रही थी, जहाँ की धूल माटी में उसका निर्माण हुआ था। जहाँ के कण-कण में उसकी स्मृतियों के भंडार भरे थे।

रास्ता बेहद लंबा था और दुर्गम था। कुछ ही दिनों में शिव के गण थक कर चकनाचूर हो गए। पथ में पड़ने वाले किसी विश्राम-स्थल को देखते ही उनमें कोई कह उठता—देवि, इस देवदार की छाँह में तनिक विश्राम कर लें, या—उस शिलाखंड के नीचे शायद कोई जलधारा होगी, मैं देख आऊँ? देवी प्यासी होंगी। तब सती मुस्कुराकर कहती—देवी को प्यास और थकान नहीं लगी गण, लेकिन तुम अपने शरीर का ध्यान रखो। जाओ, कहीं पानी मिले तो पी आओ।

मायका पास आने लगा तो परिचित बस्तियाँ मिलीं। सबने सती को पहचाना। राजपुत्री को अपने पिता की राजधानी के अंदर प्रवेश करते ही पिता द्वारा रचे जा रहे यज्ञ के मंगलसूचक चिन्ह दृष्टिगोचर होने लगे।

राजमहल पर निगाहें पड़ते ही गण रुक गए। सती ने प्रश्न किया—रुक क्यों गए गण?

वे कुछ देर निरुत्तर रहे तब एक ने जवाब दिया—देवी, अब हमें आज्ञा दें।

सती कुछ न समझ पाई। बोली—सामने जो भव्य भवन दिखाई दे रहे हैं वे ही तो मेरे पिता के राजमहल के भाग हैं गण। अब तुम्हें ज़्यादा नहीं चलना है। हम अपनी मंजिल पर पहुँच गए हैं। तुम्हारे कष्ट खत्म हो गए।

—देवी, हम शंकर की आज्ञा का पालन करने की अनुमति चाहते हैं। आज्ञा है कि आपको महल के पास पहुँचाकर हम लौट जाएँ। शिवाज्ञा के अनुसार महल की सीमाओं में हमारा प्रवेश वर्जित है। उनकी बातें सुनकर सती के मन में कई तरह की आशंकाएँ उठने लगीं। उसने सोचा भी न था कि शिव ने अपने गण को महल के अंदर पाँव न रखने का जो आदेश जारी किया था उसका कारण यह था कि शिव-गण का वहाँ कोई स्वागत करने वाला नहीं होगा। एक तो जोगी, और फिर जोगी के गण। उनकी कौन आवभगत करेगा?

सती अपने पिता के बारे में ऐसी बातें सोच ही कैसे सकती थी? उसने गण को काफी समझाने की कोशिश की। वे नहीं माने। कहते रहे कि उन्हें शिवाज्ञा का पालन करना है। सती संकट में पड़ गई। कई दिनों का विकट लंबा रास्ता पार कर जो गण उसके साथ आए वे उसके पितृगृह के दर्शन होते ही भूखे-प्यासे लौटने लगे थे। क्षण भर का विश्राम तक नहीं कर पाए।

सती विषम स्थिति में पड़ गई। उसने कहा—गण, मैं तुम्हें ज़्यादा मजबूर नहीं कर सकती। अगर यही शिवाज्ञा है तो मैं उसे भंग नहीं करवा सकती। शिव इस समय कहीं मेरे आस-पास होते तो मैं इस बार भी उन्हें मना लेती। तुम्हें महल के अंदर चलने की आज्ञा मिल ही जाती। लेकिन मैं शिव से दूर चली आई हूँ। अब उनकी पीठ पीछे उनके आदेश का उल्लंघन नहीं किया जाना चाहिए। फिर भी तुम्हें मेरा एक अनुरोध मानना ही होगा। मैंने अभी तक महल के अंदर प्रवेश नहीं किया है। तुम्हारे ऊपर मुझे सकुशल पहुँचाने का भार है। जब तक महल के अंदर से मेरी कुशलता का संदेश न मिल जाए तुम्हें यहीं रुके रहना होगा।

गण को महल के बाहर इंतजार करने की बात कह कर सती महल की ओर चल दी। अकेली। सती को गण की बेहद चिन्ता थी। उसने उनको असल में इस लिहाज से रोका था कि महल के अंदर से उनके लिए भोजन तथा वापसी के लिए कुछ पाथेय भेज देगी।

सती महल के अंदर पहुँची। चारों ओर हर्षोल्लास का वातावरण था। महल के मध्य भाग में सर्वाधिक कोलाहल छाया था। वहाँ हवन-बेदी बनी थी। पृथ्वी के राजा, दक्ष प्रजापति के घर पर यज्ञ हो रहा था। इस महायज्ञ में भाग लेने के लिए पृथ्वी के कोने-कोने से राजा आमंत्रित किए गए थे। सहस्त्रों विद्वान और अनगिनत ब्राह्मण वहाँ विराजमान थे।

इनके अतिरिक्त प्रजापति के सगे संबंधी मित्र-आप्त, बहनें और उनके पति, परिचित और अन्य विशिष्टजन भी अपने-अपने लिए निर्धारित स्थानों पर विराजमान थे। हवनकुंड

के चारों ओर बैठे ब्राह्मण वेद मंत्रों का सस्वर, सामूहिक पाठ-हवन करने में तल्लीन थे। उनके उस उच्चारण से मनमोहक, कर्णप्रिय संगीत की अविरल धारा प्रवाहित हो रही थी।

सती यज्ञ-स्थल पर पहुँची। जोगटे की घरवाली। उसके वहाँ पहुँचने पर किसी ने कोई ध्यान नहीं दिया। उपस्थित जनसमूह पर उसकी उपस्थिति का कोई प्रभाव ही नहीं पड़ा। समस्त सगे-संबंधी, भूपति, नृपति, गुरुजन, पुरोहित, योद्धा व ललनाएँ अपने-अपने स्थानों पर ससम्मान विराजमान थे। वैरागी शिव और उनकी पत्नी के लिए वहाँ कोई व्यवस्था की ही नहीं गई थी। वहाँ मौजूद महानुभाव ने देखा—सती वहाँ आई और एक कोने पर यों ही खड़ी हो गई।

पलक मारते-मारते सती सब कुछ समझ गई। उसे शिव के कथन की याद हो आई। शिव ने ठीक कहा था—किसी के मंगल कार्य में बगैर बुलाए नहीं जाना चाहिए। उस स्थान पर पहुँच जाने के बाद अब वापिस शिव के पास जाने का कोई सवाल ही नहीं था। उसकी नज़रें बहुत तेजी से अपने लिए उपयुक्त स्थान की तलाश करने लगी थीं। क्षण भर के अंदर उसने निर्णय लिया और अपने लिये सर्वोत्तम स्थान का चयन कर लिया। हजारों नरों-नारियों की अपने ऊपर गढ़ी नजरों को चीरती हुई, हवा के झोंके की तरह, ऐसे वेग से जैसे उसके अंदर अनादि शिव की असीम शक्ति भरी हो, वह हवन कुंड की ओर बढ़ी जहाँ उसके माता-पिता और निकटतम संबंधी बैठे थे। एक क्षण के लिए उसने अपने पिता की ओर देखा। दक्ष प्रजापति को उसका इस तरह वहाँ पहुँचना बहुत अखर रहा था। पर प्रकट रूप से वह अपनी भावनाएँ व्यक्त नहीं कर सकता था। उसके चेहरे से बेचैनी प्रकट हो रही थी। सती ने अपना स्थान चुनने में बिलंब नहीं किया। पंडितों के हाथों सूखी समिधा 'ऊँ स्वाहा' के सामूहिक मंत्रोच्चार के साथ हवनकुंड में अर्पित की जा रही थी। सती ने अपने शरीर को उसी सहजता के साथ, समिधा बनाकर, हवनकुंड में अर्पित कर दिया। 'ऊँ नमो स्वाहा।'

सती के हवन हो जाने का समाचार लेकर गण शिवलोक की ओर उड़ चले। समाचार सुनकर शिव को मूर्छा आ गई थी। होश में आने पर शिव ने अपने को सँभाला। वह दक्ष नगरी की ओर चला। ससुराल की दिशा में जोगी शंकर का वेगमय प्रस्थान। वह अपनी अपमानित प्रियतमा की भस्मीकृत देह की तलाश में जा रहा था। हजारों गण, बगैर उसकी अनुमति के, उसके साथ थे। उस मौके पर, कौन किसको पूछता? शंकर की गति एक तूफान थी। वायुमंडल काँप उठा। शिव के वहाँ पहुँचने से बहुत पहले दक्ष प्रजापति को उसके पवन-वेग से आने के समाचार मिलने लगे।

ससुराल पहुँच कर शिव ने सती की मृत देह अपने दोनों हाथों में उठा ली, उसे कंधे पर रखा और तत्काल वहाँ से चल दिया।

सती के शरीर को कंधे पर उठाए पागल शिव केदार खंड में घूमने लगा। उसे अपने तन बदन की सुध नहीं थी। उसकी भूख, प्यास, इच्छाशक्ति लुप्त हो चुकी थी। एक स्थान पर सती की एक आँख शरीर से निकल कर भूमि पर जा गिरी। दूर कहीं एक दूसरे स्थान

पर दूसरा नयन गिर पड़ा। शंकर ने अपनी सती को कंधे से नहीं हटाया। निरुद्देश्य उसे उठाए भटकता रहा। सती के शरीर के अंग-अंग इधर-उधर बिखरने लगे। किन्तु शिव को इतनी सुध नहीं रही कि अपने हाथों से उसे कहीं भूमि पर रख कर उसका दाह संस्कार कर दे। उत्तराखंड में देवी के सात प्रसिद्ध मंदिर हैं। सती के शरीर का एक-एक अंग जहाँ-जहाँ गिरा वह तीर्थ-स्थल बन गया। नैना, सुरकंठा, कुंजापुरी, चन्द्रबदनी और राजराजेश्वरी के मंदिर विभिन्न स्थानों पर स्थित हैं। और ये सब सिद्धपीठ माने जाते हैं।

मैं पर्वत की उस चोटी की ओर बढ़ता जा रहा था जहाँ चंद्रबदनी का मंदिर है। कुछ देर तक घने जंगल के बीच चलता रहा। फिर मैं एक ऐसे मुकाम पर पहुँच गया जहाँ वन काफी पीछे छूट गया। सामने खल्वाट पहाड़ी नज़र आने लगी जिसके शिखर पर देव-मंदिर स्थित था। मेरी यात्रा का यह सबसे कष्टदायी भाग था। ऊपर से सूर्य की किरणें नंगी पहाड़ी पर और मेरे शरीर पर निदर्यता से आग बरसा रही थीं। मेरे पाँव तले नंगी जमीन पर कहीं-कहीं घास मौजूद थी। पहाड़ी के शीर्ष पर देवी का मंदिर दीख रहा था, उस राह पर बढ़ रहे पथिक का अन्तिम लक्ष्य।

धीमी चाल से चलता हुआ मैं एकदम खड़ी, प्रसिद्ध सीढ़ियों के पास पहुँच गया। इन्हें पार कर लेने पर मंदिर में पहुँचा जाता है। मैं मंदिर के आँगन में दाखिल हो गया। ऊपर से उन सीढ़ियों को देखकर डर लगने लगता है। इतनी खड़ी सीढ़ियाँ। विश्वास नहीं होता कि इन पर चलता हुआ मैं ऊपर आया हूँ। लगा कि मैं स्वर्ग लोक में चला आया हूँ। सती के भग्न शरीर को उठाए हुए जब शिव यहाँ पहुँचा होगा तो इस स्थान के निर्जन, मायावी, भीषण सौंदर्य से वशीभूत होकर वह शायद वह अपनी सती को भी भूल गया होगा।

और तब, जैसा कि लोग कहते हैं, सती के शरीर का अंतिम भाग शिव के कंधे से खिसककर जमीन पर आ गिरा था।

शुभ्र, नीला आकाश। मीलों तक फैली पर्वतमालाएँ। गिरि-गहरों में निरंतर गूँजने वाले पशु-पक्षियों के स्वर सबके सब मिलकर एक महासंगीत की रचना करते हैं, जो घाटी की गहराई से उच्चाकाश की सीमा तक, वहाँ जो कुछ मौजूद है उस सबको अपने रस में भिगोकर एकरूप करते हुए चतुर्दिक व्याप्त हो जाता है। विभिन्न गंधों से परिपूरित धरती मंद-मंद मुस्कराती रहती है। उसका सौंदर्य सदैव अछूता सौंदर्य लगता है। मध्यान्ह हो आया था किन्तु वहाँ ऐसा लग रहा था कि सुबह अभी कच्ची है, ऊषा अभी बहुत दूर नहीं गई है। लपककर पीछा किया जाए तो उसको पकड़ा जा सकता है।

एक दिन ऐसा हुआ कि रोज-रोज उन पथरीली चट्टानों पर चलते-चलते मेरा जूता फट गया। उसकी सिलाई उखड़ गई। वह 'फट-फट' बोलने लगा। धर्मशाला के चौकदार से पूछने पर मालूम हुआ कि वहाँ से कोई चार मील की दूरी पर अंजनीसैण नामक एक

जगह पर मोची की दुकान है। उससे जूता ठीक करवाया जा सकता है।

—रास्ते पर ही है वह दुकान?

—एकदम रास्ते पर नहीं, उससे थोड़ा हटकर है। रास्ते से कुछ ऊँचाई पर है। किसी से भी पूछ लेना, पता चल जाएगा।

दुकान का अता-पता मालूम कर मैं अपने निवास स्थान से उसकी तलाश में चला। घने झाड़-झंखाड़ के बीच चलते हुए अनेक ऐसे मुकाम भी आए कि यह पता लगाना मुश्किल हो गया कि किस ओर जाना है। एक समान चौड़ाई की अनेक बटियाएँ, अलग-अलग राहें मुख्य मार्ग से निकलती हैं तो राही भ्रमित हो जाता है। उन राहों के जाल से किसी तरह बाहर निकलकर मैं एक अपेक्षाकृत चौड़ी सड़क पर पहुँचा। मुझे लगा कि मैंने एक बड़ी कामयाबी हासिल कर ली है। थोड़ा कहीं पर बैठकर सुस्ताने का मन हुआ। जूते की याद ने बैठने नहीं दिया। सोचा इसे मोची के हवाले कर पूरी तरह आराम कर लूँगा।

खुली, खाली, चौड़ी सड़क पर मैं अपने जूते की आवाजें सुनता हुआ बढ़ता जा रहा था। राह सूनी थी। जंगली रास्ता। बहुत देर तक अपने अलावा मुझे मनुष्य मात्र की सूरत नहीं दिखाई दी।

काफी देर बाद एक आदमी दिखाई दिया, जो वहाँ पर अपने पशु चरा रहा था। मैंने उससे जानकारी लेनी चाही—अंजनीसैण कितनी दूर होगा?

मैं उससे मोची की दुकान के बारे में कोई बात पूछने की सोच रहा था कि उसने खुद ही पूछ लिया—क्या काम है वहाँ? रिश्तेदारी में जाना है कहीं?

मैंने उसे अपना काम बताया। अपने जूते के मरम्मत की बात कही। उस आदमी ने अपनी बात पूरी नहीं करने दी। मुझे एक महत्वपूर्ण जानकारी देने के लिए वह उतावला हो उठा—एक बात बताऊँ? तुम सड़क से ऊपर की ओर पहाड़ के ढलान पर देखते रहना। जहाँ तुम्हें झाड़ियों के ऊपर धूप में सुखाने के लिए डाली गई खाल दिखाई दे समझ जाना कि वही मोची की दुकान है।

—खाल हमेशा रहती है वहाँ पर?

—हमेशा रहती है। खाल नहीं रहेगी तो वह खाएगा क्या? खाल को वहाँ खुले में धूप में सुखाने डाल दिया जाता है। उसे कौन ले जाता है वहाँ से। कोई बाघ थोड़े आएगा उसे खाने।

मोची की दुकान की ऐसी पक्की जानकारी हो जाने पर मुझे बेहद खुशी हुई। वहाँ से चलने के बाद मेरा जूता फिर करुण स्वर में अपनी व्यथा प्रकट करने लगा। मैंने अपने को ढाढ़स बँधाया कि अब चिन्ता करने की कोई बात नहीं, मोची की दुकान मिलने ही वाली है।

इस तरह मैं अपने जूते की फटी आवाज़ें सुनता रहा और सूनी राह पर एक के बाद एक लंबे-लंबे खोलों को पार करता रहा। मेरी नजरें सड़क से ऊँचाई पर उग रही

कुदरती झाड़ियों के ऊपर धूप में सुखाने के लिए फैलाई गई जानवरों की खालें तलाश करती रहीं। मुझे कहीं कोई खाल नहीं दिखाई दी। लिहाजा मैं चलता ही रहा, आगे, और आगे बढ़ता ही रहा। मुझे धूप लग रही थी पर मुझे उसकी परवाह नहीं थी। प्यास सता रही थी पर मैं उसकी ओर से बेखबर था। भूख लग रही थी पर मैं उस ओर ध्यान ही नहीं दे पा रहा था। मेरा ध्यान खाल पर केन्द्रित था। पहाड़ के सीने पर खुले में फैलाई गई खालें।

कि एक आदमी ने अचानक मेरा रास्ता काटा। वह मेरे सामने की ओर से आ रहा था और उस दिशा में जा रहा था जिधर से मैं आया था। मैंने उससे पूछा—अंजनीसैण कितनी दूर होगा अब?

उस आदमी ने मेरी ओर आश्चर्य से देखा। एक सरसरी नजर से मुझे जाँच लेने के बाद उसने प्रश्न किया—अंजनीसैण?

—हाँ अंजनीसैण।

—अंजनीसैण तो तुम कोसों पीछे छोड़ आए हो। तुम तो टिहरी की ओर बढ़ रहे हो अब। वह सामने कोस्यार का डाँडा है, उसके नीचे टिहरी है।

मैं असमंजस में पड़ गया। वह समझ गया कि मैं कहीं बाहर से आया कोई नया आदमी हूँ। उसने सवाल किया—अंजनीसैण में क्या काम था? कहीं रिश्तेदारी में जाना था वहाँ?

मैंने अपने जूते की दुर्दशा का बयान किया और खुलासा किया कि मैं मोची की तलाश में जा रहा हूँ।

—मोची की दुकान तो रास्ते के एकदम ऊपर है। तुमने गौर नहीं किया उस पर?

—मैं वहाँ खाल देखता रहा पर मुझे कहीं कोई खाल नहीं दिखाई दी।

—खाल? तो तुम आज भी खाल ही खोजते रहे?

—किसी ने ऐसा ही बताया था कि खाल को देखते रहना। जहाँ खाल दिखाई देगी वहाँ पर मोची की दुकान होगी।

उस आदमी ने विस्मय का इजहार करते हुए अपने दोनों हाथों से ताली बजाई। तुमको इतना भी पता नहीं चला कि आज वहाँ से खाल गायब हो गई है? खाल कहाँ से दिखाई देती तुम्हें? खाल तो चोरी हो गई है। मोची अपनी खाल की तलाश में टिहरी की तरफ गया है। बोल गया है चाहे चोर की तलाश करते-करते दिल्ली तक जाना पड़े पर वह उसे छोड़ेगा नहीं। वह पानी के नीचे से भी अपनी खाल को और उसके चोर को बरामद कर लाएगा। ऐसा बोल गया है।

उससे मिली जानकारी से मैं पशोपेश में पड़ गया। अब क्या किया जाए?

—तुम कहाँ जाओगे मोची की खोज में। ऐसा करो मेरे साथ वापिस चलो। उसकी दुकान मैं तुम्हें बता दूँगा। वहीं बैठकर इंतजार करते रहना उस मोची का। वह जब भी लौटेगा, आएगा तो अपने ही ठिकाने पर।

और कोई विकल्प था भी नहीं। मैं उसका हमराही बनकर वापिस चला। कुछ दूर चलने के बाद उसने पूछा—कुछ चा-चू पीने की मर्जी है? नीचे एक होटल है चा का। तुम तो थक भी गए होंगे।

मैंने हामी भरते हुए अपना सर हिलाया। हम दोनों उस सड़क से नीचे की ओर चले। वहाँ एक चायखाना किसी दूसरी दिशा में जा रही बटिया के किनारे पर था। जानकार लोग अपनी राह से थोड़ा-सा हटकर वहाँ जाकर चाय पी आते थे। और कोई चायखाना मुझे उस पूरे रास्ते पर दिखाई नहीं दिया था।

चायखाने के मालिक ने हमें आते देख चूल्हे पर धुआँ फेंक रही लकड़ियों को दोनों हाथों से ठाँसते हुए चूल्हे के पास मुँह ले जाकर ज़ोर-ज़ोर से फूँकें मारीं। धुएँ की जगह चूल्हे के अंदर से लपटें पुनर्जीवित हो उठीं। किसी ने कुछ नहीं कहा पर अपना फर्ज समझते हुए उसने मेरी ओर देखकर पूछा—चा बनाऊँ?

—चा तो बना ही दो।

—एक बनानी है?

—नहीं, दो बना दो।

हम दोनों ने चाय पी। मैंने होटल के मालिक से पूछा—कितने पैसे देने हैं?

—चार आने।

मैंने अपनी जेब से पाँच रुपए का नोट निकालकर उसकी ओर बढ़ाया।

—इतना बड़ा नोट? टूटे नहीं होंगे जी आपके पास चार आने?

—टूटे तो नहीं हैं।

—अच्छा तुम जरा बैठो। मैं खिरजा लेकर आता हूँ। इतना कहकर वह दुकान से उठकर बाहर की ओर निकला और नीचे की बटिया पर चल दिया।

काफी देर हो गई पर होटल का मालिक लौट कर नहीं आया। तब मैंने अपने सहयात्री से पूछा।

—कहाँ गया यह भला आदमी?

—नीचे गाँव में गया है खिरजा लेने। इतने बड़े गाँव में पाँच रुपए का टूटा तो मिल ही जाएगा। अभी लौट आएगा।

होटल के बाहर उसके मालिक की प्रतीक्षा करते रहना मेरी मजबूरी थी। शुक्र इतना था मैं अकेला नहीं था। मेरे साथ एक और आदमी, मेरा सहयात्री भी था। उसकी मजबूरी यह थी कि मुफ्त में मेरी दो आने की चाय पी लेने के बाद वह मुझे अकेला नहीं छोड़ सकता था। इतना तो लिहाज करना ही पड़ता है।

आकाश में चलता हुआ सूरज दिन की यात्रा पूरी कर पश्चिम की ओर पहुँचने की तैयारी कर रहा था। थोड़ी देर में पशु-पक्षियों के अपने-अपने ठिकानों पर लौट आने का माहौल बनने लगा था। अस्ताँचल की ओर बढ़ रही सूरज की किरणें चंद्रबदनी मंदिर के

शीर्ष के पश्चिमी भाग में चमकने लगी थीं। उस वक़्त ऐसा आभास होने लगा कि चंद्रबदनी मंदिर आकाश की उस सीमा से, जहाँ सूरज का गोला डूबने की तैयारी कर रहा था, ज़्यादा ऊँचाई पर स्थित है। सूरज का गोला डूबने की तैयारी कर रहा था, ज़्यादा ऊँचाई पर स्थित है। शाम की ठंडी, कुनकुनी हवा बहने लगी थी।

होटलवाला लौट कर नहीं आया। वहाँ पर ऊपर की सड़क से दो आदमी आते दिखाई दिए। एक कृषकाय बूढ़ा, एक हट्टा-कट्टा नौजवान। बुड्ढा अपने हाथ में डोरी का एक सिरा थामे था। डोर के दूसरे सिरे से नौजवान के एक हाथ की कलाई बँधी हुई थी। नौजवान की पीठ पर एक गठरी भी लदी बँधी थी। बहुत ढीले भाव से डोरी अपने हाथ में थामे बुड्ढा आगे-आगे चल रहा था।

मेरे सहयात्री की जिज्ञासा जागी—जालमू, ले आया तू इसे पकड़कर? कहाँ जाकर छोंपा तूने इसे?

—कोस्यार के डाँडे में जाकर छोंप सका ठाकुरजी! वहीं से बाँध लाया। हमारी जाति में चोर।

—मेरे पास पैसे खत्म हो गए थे। अब नौजवान की आवाज खुली।

बुड्ढे ने उसके सर पर एक जोर की धौल मारते हुए कहा—पैसे खत्म हो जाते हैं तो लोग चोरी करने लगते हैं? तू खाल लेकर चम्पत हो गया?

अब तक वे दोनों होटल के बाहर जमीन पर बैठ चुके थे। बुड्ढे ने पूछा—कहाँ गए?

—गाँव गया है खिरजा लेने।

—केतली में है कुछ दम?

—केतली गर्म है, क्या करना है, चा बनानी है?

—चा तो बना ही दो।

—एक बनाऊँ कि दो?

—दो बना दो।

मेरे सहयात्री ने चूल्हे पर फूँक मारकर पानी गरम किया। चाय के दो गिलास उस बुड्ढे के हवाले किए। बुड्ढे ने एक गिलास अपने बंदी को दिया।

वार्ता फिर शुरू हो गई।

—कहाँ का रहने वाला है यह आदमी?

—हिमाचल का बता रहा है। कहता है सिरमौर का हूँ।

—तुम गए कभी सिरमौर? कितनी दूर होगा यहाँ से?

—मजाक कर रहे हो ठाकुरजी? मेरी सात पीढ़ियों में किसी ने टिहरी रियासत से बाहर कभी पाँव नहीं रखा। हम यहीं जनमते हैं यहीं मर खप जाते हैं। पर सिरमौर का हो चाहे जहाँ का, है तो हमारी बिरादरी का। काम तो मोची का करता है। तब क्यों चुराई इसने खाल?

—मेरे पास खर्चा खत्म हो गया था। नौजवान ने फिर अपनी सफाई दी।

—खर्चे के बच्चे, तेरी मरम्मत तो मैं घर जाकर करूँगा। खाल चुराकर भागने के बजाए तू मेरे पास आता, कहता मुझे पैसे दे दो। तू मेरा पता-ठिकाना लिखकर ले जाता। तू सीधे रास्ते आता तो मेरी जुम्मेदारी हो जाती तुझे घर पहुँचाने की। पर तुझे इस गलत राह पर किसने लगाया?

मैंने बीच में उसकी बात काट दी—अब छोड़ दो इसे अपने घर ले जाकर क्या करोगे इसका?

छोड़ दूँ ठाकुर जी? इसे यों ही छोड़ दूँ? इसका क्या भरोसा फिर किसी की खाल लेकर चम्पत हो जाएगा। तब?

—तो अब इसे अपने घर ले जाकर क्या करोगे इसका? मैंने फिर पूछा।

—इसकी मरम्मत करूँगा ठाकुरजी। कुछ दिनों तक इससे कसकर मजूरी करवाऊँगा। मोची की औलाद है। जूते बनाएगा। जूते की मरम्मत का काम करेगा। बाद में इसकी मजूरी दूँगा और तब भी पूरा नहीं पटेगा तो कुछ उधार दे दूँगा, जो इसे अपने घर पहुँचकर मुझे लौटाना पड़ेगा। अपना पता-ठिकाना इसे दे दूँगा।

—सिरमौर स्टेट तो यहाँ से सैकड़ों मील की दूरी पर है?

—कहीं भी हो ठाकुरजी, कितनी भी दूर क्यों न हो। मैं सिरमौर को नहीं जानता, मैं तो अपनी स्यूड़े को पहचानता हूँ जिससे जूते सिलते हैं। हम दोनों को, इसे और मुझे, उसी स्यूडे के अंदर से खींचे जाने वाला धागा बाँधकर रखता है। ले बीड़ी पी।

बुड्ढे ने एक बीड़ी खुद सुलगाई और एक उस नौजवान को दे दी।

उस वक़्त चंद्रबदनी के शीर्ष पर डूबते सूरज की आभा झलकने लगी थी। मुझे याद आया—एक राजा था जिसे अपने घर पर अपनी जायी बेटी का आना अखर गया था।

लेखन—1959 बनारस में, फिर टिहरी में 1985 में, अन्त में देहरादून में। प्रकाशित जनसत्ता।

भैंस का कट्या

पौ फट रही थी। लम्बी, काली रात के अंधियारे गर्भ से एक हसीन, सुहावनी सुबह का जन्म होने लगा था। सूरज के घोड़े काल को पीछे छोड़ते हुए अपने पूरे वेग से दौड़ लगाने लगे थे। पल-प्रतिपल रंग बदलते जा रहे आकाश के किसी दूरस्थ छोर से अचानक रक्ताभ सूरज की सुखद, चमकीली किरणे ओंस से सद्यःस्नात, अँगड़ाई ले रही धरती की ओर झाँकने लगीं। घर के छज्जे पर बैठकर अपना हुक्का गुड़गुड़ाने में मस्त हौंस्यारू को नीचे आँगन की ओर से अपनी स्त्री की लम्बी आवाज़ सुनाई दी—भैंस ब्याह गई है। मिट्टी-पत्थरों से बने उस कच्चे मकान में गोशाला नीचे, ओबरे में थी और ऊपर की मंजिल का इस्तेमाल मनुष्यों की रिहाइश के लिए किया जाता था। गढ़वाली किसान सदियों से अपने रिवाज़ के अनुसार, इसी तरह रहते आए हैं। एक ही भवन के अलग-अलग हिस्सों में कहीं मनुष्य रहते हैं, कहीं उनके पालतू पशु। वैसी रिहाइश के कारण वे कुदरती तौर पर आजीवन एक-दूसरे के बहुत करीब, अभिन्न होकर रहने लगते हैं। उस आल्हाद-भरी, लंबी आवाज़ के कानों में पड़ते ही हौंस्यारू का रोम-रोम खिल गया। अपना हुक्का एक ओर रखते हुए वह उठ खड़ा हुआ और, खुशी के इस मौके पर, खुद अपनी हरकतों से अनभिज्ञ, वह सीढ़ियों से नीचे दौड़ पड़ा। पलक मारते न मारते कूदता-छलाँगें लगाता हुआ वह नीचे जा पहुँचा। भैंस से कुछ फासला कायम रखकर उसके धोरे खड़ी उसकी स्त्री को दिखाई दिया

कि हौंस्यारू गोशाला की देहली पर खड़ा होकर भैंस को प्यार से पुचकारने लगा है। उस अनोखे, अवर्णनीय प्यार के प्रत्युत्तर में भैंस 'म्आँ म्आँ' की आवाज़ें करने लगी थी।

आठ वर्ष का गबलू अभी बिस्तर पर ही लेटा था। उसकी नींद खुल गई थी, फिर भी वह करवटें बदलता जा रहा था। बिस्तर से उठते ही उसे गाय दे दी जाती थी, जिसे लेकर वह चराने चला जाता। कभी गाय देने में देर हुई तो माँ-बाप उसे कोई और काम सौंप देते थे। किसी डोम को बुला लाना, पंडित के घर जाकर पूर्णमासी का दिन पूछ आना, किसी के घर उधार आटा वापिस कर आना, या किसी पड़ोसी का कोई बर्तन वगैरह लौटा आना। गबलू जानता था कि उठते ही उसे रात तक कामों में व्यस्त रहना पड़ेगा, इसलिए अपने भरसक वह देर से ही उठता था।

माँ की आवाज़ उसके कानों में भी पहुँची। भैंस का बच्चा होने वाला था। गबलू अक्सर बाप से पूछता—कब होगा बाबा इसका बच्चा? उत्तर में हौंस्यारू बता देता—होगा बेटा तो तू भी देख लेना। हो ही जाएगा बेटा। कई महीनों से बाप और बेटा प्रतीक्षा में थे और आज भैंस का बच्चा हो गया।

उठकर गबलू नंगा ही बाहर दौड़ चला।

—कपड़े पहन ले मेरे बच्चे! माँ की आवाज़ सुनाई दी—ठंड लग जाएगी।

गबलू ने दौड़कर एक कमीज गले में डाली और गोशाला के द्वार पर आ टिका।

हौंस्यारू अंदर जाने लगा। गबलू ने पीछा किया।—ठहर जा बेटा, भैंस मारेगी इस वक़्त। बाप ने प्रफुल्लित स्वर में कहा। हौंस्यारू अँधेरी गोशाला के अंदर पहुँचा। एक ओर गाय बँधी थी, दूसरी ओर भैंस। जाकर उसने भैंस को सहलाया।

द्वार पर खड़ी हौंस्यारू की औरत ने पूछा—क्या हुआ?

हौंस्यारू ने निराश स्वर में उत्तर दिया—कट्या।[1]

—तला थोरेटू ही ह्वैई[2]। हौंस्यारू की औरत ने अफसोस ज़ाहिर किया।

भैंसे का जन्म इन किसानों को उत्साहित नहीं कर पाता। एक तो वह बेकार होता है और फिर उसे बचाना भी कठिन होता है। लोकोक्ति के अनुसार भैंस का मर्द बच्चा कहता है—'कित खौं घटकै, कित मरौं पटकै'। याने या तो जी भरकर दूध पिऊँगा, या तत्काल मर जाऊँगा। होता भी ऐसा ही है। भैंस की नवजात मादा बच्ची जितना दूध पीती है, नर उससे दुगुना पी जाता है। और सचमुच यदि जीवन के शुरुआती दिनों में उसे कम दूध दिया जाय तो वह शीघ्र ही मर जाता है। और लोग उसे बचाना भी नहीं चाहते। अपने पाले हुए बच्चे को उसके तरुण हो जाने पर कौन कटते देख सकता है? करीब-करीब सभी नर-भैंसे, जिन्हें ये गढ़वाली किसान 'बेल्ला' कहते हैं, बड़े होते ही देवी-देवताओं के द्वार पर मार दिए जाते हैं। उनकी पूजा होती है, इनका वध। हौंस्यारू निराश मन से बाहर

---

1. भैंस का बच्चा
2. अफसोस, मर्द बच्चा जन्मा।
3. आहा, छोटा भाई जन्मा है।

निकल आया। तभी गबलू ने प्रसन्नता प्रकट की—आहा! भुला हूवैगे[3], आहा भुला हूवैगे निराश हौंस्यारू को गबलू की तोतली आवाज़ ने मुग्ध कर दिया। उसने उसके सिर पर हाथ रख कर कहा—हाँ बेटा, तेरा छोटा भाई हुआ है।

गबलू हौंस्यारू का एकमात्र पुत्र था। आठ वर्ष पहले गबलू हुआ था। तबसे उसकी दो संतानें और हुईं। एक बेटा, एक बेटी। उनमें कोई भी जीवित नहीं रह पाया। बेटे को बुखार आया था, बेटी के पेट में पीड़ा हुई थी। छोटा-सा बालक गबलू किसी को भुला (छोटा भाई) या भुली (छोटी बहन) कहने को तड़पता था। वह सोचता कि भैंस का यदि नर बच्चा हुआ तो 'भुला' और मादा हुआ तो 'भुली' कहकर संबोधित करेगा। गबलू एक बार फिर प्रसन्न स्वर में चिल्लाया—आहा भैय्या हो गया, आहा भैय्या हो गया।

तभी उसने बाप से पूछा—इसका नाम क्या रखा है बाबा?

कुछ नहीं बेटा। हौंस्यारू ने निराश होकर कहा।

पिछले वर्ष गबलू का जो भय्या मरा था, उसका नाम गज्जू था। गबलू ने सोचा—'वह मेरा भुला था और उनका नाम गज्जू था। यह भी मेरा भुला है। इसका नाम भी गज्जू रख दें।

—बाबा!

—हाँ बेटा!

—इसका नाम गज्जू रख दो न!

हौंस्यारू को अपने बच्चे गज्जू की याद हो आई। उसे बुखार आया था, तेज़ बुखार। साल भर हो गया मरे हुए।

—रख दो न बाबा! गबलू ने फिर कहा।

—बोल ले बेटा, गज्जू ही बोल ले, गज्जू तो कहाँ गया कमबख्त! कहकर हौंस्यारू छज्जे पर जाने लगा।

गबलू गोशाला के द्वार पर ही खड़ा रहा। बाहर से वह एक हाथ आगे की ओर कर बढ़ा धीरे-धीरे कह रहा था—आ, आ, भुला गज्जू आ, आ गज्जू आ!

तब माँ ने आकर भैंस को दुहना शुरू किया। बाप भैंस को सहलाता रहा। गबलू भैंस के डर के मारे द्वार पर ही खड़ा होकर भैंस के बच्चे को पुचकारता रहा। हौंस्यारू ने गाय को खोलकर बाहर खदेड़ा। गाय को लेकर गबलू नित्य की भाँति जंगल की ओर चला गया। दिन में खाना खाने आया और फिर चला गया।

शाम को गबलू घर आया। गाय बाँध कर छज्जे पर बैठा ही था कि माँ ने आवाज़ दी—गबलू जरा यहाँ आ, मैं भैंस को दुह लूँ, तू जरा इसके बच्चे को पकड़। गबलू गौशाला की ओर दौड़ा। भैंस के बच्चे के गले पर बँधे हुए दाँवे को पकड़कर उसने गज्जू को भैंस के थन से अलग खींचा। माँ ने दुहना शुरू किया।

जब माँ ने दुहना पूरा किया, तो गज्जू को फिर भैंस के थन चूसने का मौका मिला। गबलू जाकर रसोई में बैठ गया।

खाना खाकर गबलू लेट गया। और दिनों की तरह उसे एकदम नींद नहीं आई। वह सोचता रहा कि उसे भाई हुआ है। एक -दो बार उसने लेटे ही लेटे सोचा कि गोशाला के द्वार पर खड़े होकर गज्जू को देख ले। पर रात को भूत के डर के मारे वह अँधियारे में अकेला बाहर न जा सका।

माँ ने पुकारा–गबलू पेशाब कर ले, रात में बिस्तर पर मूतेगा तू, चल बाहर आ। गबलू को मौका मिला। दौड़कर बाहर गया। माँ के साथ आंगन में उतरा। पेशाब करने के बाद वह गोशाला की ओर जाने लगा, गज्जू को देखने। पर द्वार बंद था। बाघ के डर के मारे द्वार जल्दी ही बंद कर लिए जाते हैं, वर्ना बाघ कभी भी आकर मवेशियों पर हमला कर बैठता है।

दौड़कर माँ ने उसका हाथ पकड़ लिया।–चल बेटा, सोने चल न, इधर-उधर कहाँ जा रहा है तू! माँ ने प्रेम-भरे स्वर में कहा

–माँ, कल सुबह जब तू भैंस दुहेगी, गज्जू को मैं ही पकड़ूँगा।

–तू ही पकड़ना मेरे लाड़ले। माँ का स्नेह उमड़ आया।

गबलू फिर लेट गया। तब उसके माँ-बाप भी लेट गए।–लैंप में बुझाऊँगा माँ। उसने उठकर लैंप पर फूँक मारी और अपनी जगह लेट गया।

–इसे आज नींद ही नहीं आ रही है! गबलू की माँ ने हौंस्यारू से कहा।

–आज तो वह भैंस के बच्चे की ही सोच रहा है।

गबलू शरमा गया। आँखें बंद कर उसने माँ-बाप को दिखाना चाहा कि वह सो रहा है; भले ही अंधकार में उसकी खुली या बंद आँखों को उसके माँ-बाप देख नहीं सकते थे।

गबलू गज्जू के बारे में सोचता रहा। तभी धीमी आवाज में उसकी माँ ने कहा–गबलू? गबलू गज्जू के बारे में सोचता रहा। माँ की आवाज का उत्तर देना उसने बेकार समझा, यही सोचकर कि उसका बाप फिर न कह दे कि वह गज्जू के बारे में सोच रहा है।

कुछ देर तक कोई आवाज़ नहीं सुनाई दी। गबलू नीरवता में शांतिपूर्वक सोचता रहा। बाहर से आनेवाली तेज पहाड़ी हवा की दरवाजों के छिद्रों से होती टक्कर की 'सी, सी. ..ई स्यूऊ' ही उसे सुनाई दी; और सहसा उसे लगा कि उसकी माँ काँप-सी रही है।

कुछ देर बाद गबलू के माँ-बाप बातें करने गले। माँ ने कहा–इस कट्या को छाँछ पिला देंगे, बेकार क्या करना है इसे पालकर।

गबलू सुनता रहा। बाप ने कहा–अरे रहने दो, अपने आप मर जाएगा।

गज्जू को बचाए रखना गबलू के माँ-बाप के सामने एक समस्या थी। गज्जू अभागा, नर जाति का था, जिसको इसीलिए मारने की कोशिशें की जा रही थीं कि वह दूध अधिक पिएगा और हौंस्यारू व उसकी स्त्री अपने अंदाज के बराबर घी बनाकर पैसे नहीं बटोर पाएँगे।

माँ ने फिर कहा–पता नहीं, मरता है या नहीं; जब तक जिंदा रहेगा, वह सब दूध

पी जाएगा।

—अरी बड़ा होने दे, फिर कुछ पैसे उठा ही लेंगे।

—हाय, हाय, वहाँ बेचोगे, हैं? मारने को? ए राम! इससे तो अच्छा है, अमी मार दो। क्या फायदा है, जब अपने हाथ से पाल-पोसकर मारने को देना है?

—पैसे भी तो मिलेंगे एकदम।

—नहीं मिलें ऐसे पैसे, जो अपने हाथ से पाले हुए बच्चे की मौत के हों। और फिर उतने का तो घी भी बिक जाएगा, अगर दूध बचा रहा।

गबलू के माँ-बाप दोनों गज्जू को मारना चाहते थे। एक अभी मारकर मुक्त हो जाना चाहती थी और दूसरा दूसरों के हाथ में दे देना चाहता था, मारने को ही। दया दोनों के अंदर थी। माँ अपने पाले हुए बच्चे को कटते हुए नहीं देख सकती थी और बाप बच्चे को अपने हाथ से नहीं मार सकता था।

गबलू सहन नहीं कर सका। वह भी उसी वातावरण में पला था। भले ही वह अभी शिशु था, फिर भी रीति-रिवाजों का ज्ञान तो उसे हो ही रहा था। अपनी आँखों के सामने उसने भैंस के बच्चों की मौत होते देखी थी, जवान भैंसे कटते देखे थे। वह समझ गया कि वार्तालाप उसके भैया गज्जू के बारे में ही है।

—माँ, गज्जू को मत मारना! वह रो उठा।

—अरे, तू अभी सोया नहीं? उसके बाप ने प्रश्न किया।

—कितना धूर्त्त है। तब से चुपचाप पड़ा है, इतना छोटा है पर ऐब तो देखो इसके। माँ ने शरमाई आवाज़ में अपने पति से कहा—क्या कलयुग लगा है, देखो तो कैसा चुप रहा यह तबसे।

गबलू समझ न पाया कि उसका ऐब क्या था।

—सो जा बे! उसके बाप ने डाँटकर कहा।

एक दिन जब माँ भैंस को दुहने आई और गबलू ने गज्जू को खोला, तो वह उसके थन पर न लगा। गबलू ने पकड़कर कहा—आ भुला। आ! दूध पी ले। पर गज्जू ने उधर से मुँह हटा लिया।

गबलू चिल्ला उठा—माँ, तूने इसे मारने को छाँछ पिला दी है।

नहीं बेटा, मैं क्यों पिलाने लगी इसे छाँछ? मैं इसे मारना थोड़े ही चाहती हूँ बेटा; मैं नहीं मारूंगी बेटा इसे।

गबलू ने चाहा कि उस दिन वाली वार्ता बता दे, जब माँ उसके पिता से छाँछ पिलाने की बात कह रही थी। पर पता नहीं क्यों वह शरमा गया और कह नहीं पाया। माँ ने क्यों कहा था—कैसा ऐबी है यह? माँ की आवाज़ में एक विचित्र परिवर्तन क्यों था?

माँ भी असमंजस में पड़ गई। गज्जू की तबीयत खराब हो गई। गबलू गज्जू के गले में हाथ डालकर रोने लगा। माँ चिंतामग्न हो गई।

—यह तो आज दूध नहीं पी रहा है। माँ ने हौंस्यारू को आवाज दी—कहाँ गए, जरा

सुनो तो!

हौंस्यारू ने आकर पूछा—क्या हो गया?

—पता नहीं क्या हो गया है। कल तक तो हमेशा पीता था।

—दूध दिया था किसी को आज?

—गैणी मुई ले गई थी, उसी की हाक (नजर) लग गई है।

—यही तो मुसीबत है। दूध देना तो पाप है। अपने आप गाय-भैंस पाल नहीं सकते और दूसरे के मवेशियों को टोना-टटमोना करते रहते हैं। चटकारे मारती होगी दूध पीते वक़्त, धूर्त कहीं की।

—यही तो मुसीबत है इस गाँव में। भगवान ऐसे दुष्टों को मारता भी तो नहीं, ऐसी बस्ती का तो नाश हो जाए, तो अच्छा है।

थोड़ी रुककर फिर माँ ने कहा—जरा पंडितजी के पास जाकर मंत्र तो लगवा दो।

एक रुपया जेब में रखकर हौंस्यारू पंडित के पास गया। पंडितजी कुछ शब्द बड़बड़ाए, जिन्हें हौंस्यारू समझ न पाया। उसने इतने लंबे जीवन में कभी समझने की कोशिश भी नहीं की थी।

फिर आकर भैंस के थन पर गज्जू को लगाने के प्रयत्न किए गए। गज्जू ने पूर्ववत् दूध न पिया। माँ ने गुस्से से भरकर कहा—बड़ी सख्त हाक लगाई है राँड ने, पंडितजी के मंत्र से भी ठीक नहीं हो रही है हमारी भैंस।

उस रात भैंस ने दूध न दिया। गज्जू ने गाय का दूध पीने से भी इनकार कर दिया। बिना कुछ खाए ही वह कुछ देर तक रोकर सो गया।

दूसरे दिनसे गज्जू ने फिर दूध पीना शुरू कर दिया। हौंस्यारू व उसकी स्त्री की जान में जान आई। गबलू खुश हो गया। गज्जू को वह भाई समझता था। उसकी खुशी में अपनी खुशी और दुख में अपना दुख समझने लगा था। दोनों का रिश्ता भी काफी पक्का था। एक ही भैंस के दूध को पीकर दोनों बड़े हुए थे। दोनों ही बच्चे थे; गबलू अपनी जाति का बच्चा और गज्जू अपनी जाति का।

इस तरह दो साल बीत गए। गज्जू ने दूध पीना छोड़ दिया। अपनी जाति के तरुणों में गज्जू का स्थान हो गया था। गबलू का अभी वही बचपन था, फिर भी दोनों एक दूसरे से प्यार करते थे। गज्जू अपना स्नेह मूक रहकर ही व्यक्त करता और गबलू उसे 'भुला' कहकर। दो वर्षों से लगातार एक साथ रहने से इनकी मित्रता और भी पुरानी और सुदृढ़ हो गई थी।

उस दिन जब दोपहर को गबलू खाना खाने घर आया, तो घर में दो मेहमान दिखाई दिए। वे दोनों हौंस्यारू से गज्जू के बारे में कुछ बातें कर रहे थे। लाल टोपियाँ पहने थे दोनों। गज्जू के बारे में बातें होते देख गबलू उनके बीच में बैठ गया।

पुलिसवाले ने कहा—अरे, तू दे दे। पैसे तुझे टिहरी पहुँचते ही भेज दिए जाएँगे।

महाराज खुश हो जाएँगे तुझ पर।

—मेरे महाराज तो आप ही हैं। वह गया और यह खाना-पीना छोड़ देगा। उसने गबलू की ओर इशारा किया।

गबलू समझने की कोशिश करने लगा।

पुलिसवाले ने फिर कहा—तो हम महाराज को बोल दें कि तू बेल्ला देने से इनकार कर रहा है?

—मालिक! क्यों ऐसा करते हो?

—तो मैं क्या करूँ भाई, यह तो दरबार का हुक्म है।

हौंस्यारू ने फिर पूछा—तो पैसे कितने मिलेंगे सरकार?

पुलिसवालों ने आपस में आँखें लड़ाईं।

पतले, छरहरे बदन के पुलिसवाले ने, जिसकी आँखें भूरी थीं, कहा—हाँ, अब मोल-तोल रहा। मैं तो कहता हूँ, हम ले जाएँ और कीमत दरबार ही तय कर ले। महाराज खुश हो जाएँगे, तो कमी किस चीज की है? ऐसी कीमत मिलेगी, जो जिंदगी भर याद रखेगा। राजाओं की बात ही और होती है।

—हाँ, महाराज।

दूसरे पुलिसवाले ने जिसका चेहरा मोटा था और जिसकी नाक नुकीली न होकर चपटी हो गई थी, अपना प्रस्ताव रखा—तो चल, ले चल अभी।

तीनों उठ खड़े हुए।

गबलू ने प्रश्न किया—कहाँ जा रहे हो बाबा, गज्जू को ले जा रहे हो कहीं?

हौंस्यारू ने क्षण-भर पीछे मुड़कर देखा। तभी पुलिसवाले बोले—चल भाई।

गबलू रोता-रोता माँ के पास दौड़ा। हौंस्यारू ने गज्जू को खोल दिया।

आँगन में जाकर उसने गज्जू के पेट को सहलाया। गज्जू को बड़ा हो चला था, गबलू से। अब गबलू का हाथ उसकी पीठ तक नहीं पहुँचता था। गबलू ने फिर गज्जू की गर्दन की ओर हाथ बढ़ाया। गज्जू ने गर्दन झुका ली। गबलू ने उसकी गर्दन सहलाई।

—ये तुझे मारने ले जा रहे हैं भुला! कहकर गबलू रोने लगा। पुलिसवाले भी द्रवित हो उठे। एक ने कहा—अरे नहीं, हम तो इसे पालने जा रहे हैं।

—नहीं, तुम झूठ बोले रहे हो।

—सच बोल रहे हैं।

थोड़ी देर के लिए उसके मन में आशा का भाव उदित हुआ, खुश होकर उसने पूछा—सच?

—हाँ, सच, हम पालने ले जा रहे हैं।

—तो वापिस कब लाओगे बाबा, इसे? बच्चे ने अपने विश्वसनीय पिता से प्रश्न किया।

हौंस्यारू चुप रहा, गबलू ने गज्जू को भेंट-भाँटकर छोड़ दिया।

शाम को गाँव के लड़कों ने गबलू को बताया कि टिहरी शहर में दशैरा (दशहरा) मनाया जा रहा है। महाराज भी आ गए है। देवी के मंदिर के सामने पुराने दरबार में गज्जू की बलि दी जाएगी। अब गज्जू लौट कर नहीं आएगा।

शाम को घर आकर हौंस्यारू ने अपनी स्त्री को बताया कि गज्जू की कीमत सिर्फ तीस रुपए दी गई।

इससे ज़्यादा तो घी से मिल जाते, स्त्री ने कहा—अगर उसी वक़्त मार देते। सोचो तो सही।

--अब गलती हो गई, क्या किया जा सकता है? हौंस्यारू ने निराशायुक्त भाव से उत्तर दिया।

उस रात गबलू सोचता रहा—'अब गज्जू को स्वप्न हो रहा होगा। कोई देवता स्वप्न में उसे बताएँगे कि कल वह मारा जाएगा। गाँव के लड़कों ने ऐसा ही तो बताया था। मंदिर में उसकी पूजा की जाएगी। फिर खिचड़ी की थाली उसके सामने रख दी जाएगी। और जैसे ही वह उसे खाने के लिए झुकेगा, महाराजा साहब अपनी तलवार उसकी गर्दन पर चलाएँगे। फिर ओहदे और पद के अनुसार सभी लोग अपनी-अपनी तलवारें चलाएँगे ओर इस तरह गज्जू मारा जाएगा।'

गबलू सिहर उठा—वही गर्दन, जिसका वह आलिंगन करता था; वही गज्जू जो उसका छोटा भाई था।

उस रात घर में किसी ने भी खाना नहीं खाया।

सोने से पहले गबलू ने कह ही दिया—माँ, उस रात तू उसे छाँछ पिलाकर मारने की बात कह रही थी, तूने मारा क्यों नहीं माँ?

—मेरे बच्चे, तुझमें जानवरों के लिए कितनी दया है। कहकर माँ स्वयं भी रो उठी, पर अपने अंदर छिपी हुई दया का उसे पता न चल पाया।

गबलू की समझ में न आया कि गज्जू जानवर ही था या उसका छोटा भाई।

लिखित भगवानदास होस्टल बनारस, 1953
प्रकाशित कल्पना अक्टूबर, 1954

माटी खायँ जनावराँ

आम पाठक टिहरी को टिहरी बाँध के कारण एक नए रूप में जानने लगे हैं। कायदे में यह टिहरी के एक व्यक्ति की ओर उस के माध्यम से उस के समकालीन दूसरे लोगों की कथा है, जो आज से सहत्तर वर्ष पूर्व टिहरी में अपना जीवन बिता रहे थे। तब टिहरी में एक परिवार का क्रूर सामन्ती शासन जारी था। यह कहानी उस दमघोंटू परिवेश के सम्बन्ध में लिखी गई है। 20 अप्रैल 2002

सुबह वह बहुत तड़के जाग गया। आधी रात में घर छोड़ कर चले जाने का विचार उसे एक घटिया बात लगी थी। रात में अपने बिस्तर पर उसे पूरी नींद आई थी। गहरी नींद। वह पूरी तरह बेफिकर होकर सोया था। बिस्तर छोड़ते वक़्त वह अपने को बहुत तरोताज़ा महसूस कर रहा था। उत्साहित भी। उसे ऐसा लग रहा था जैसे वह किसी लम्बी तीर्थयात्रा पर प्रस्थान कर रहा हो। उस के मन में किसी तरह का गुस्सा या किसी तरह के प्रतिरोध का भाव नहीं था। किसी तरह का अफसोस भी नहीं। कुछ समय तक असमंजस की स्थिति में रहने के बाद उस ने कल रात अन्तिम निर्णय ले लिया था। उसने रात में ही अपने मन में यह बात तय कर ली थी कि सुबह उठ कर अपने घर पर चाय भी नहीं पिएगा। चाय पी लेने से व्यवधान पैदा हो जाने का खतरा था। घर के लोगों में किसी के भी जाग जाने के बाद हालात बदल सकते थे। उस के बाद वह कहीं बाहर निकलने लगता तो पूछा जा सकता था—तुम्हारी सिद्ध?[1] उस सवाल का जवाब तो उसे देना ही पड़ता। झूठ वह बोलना नहीं चाहता था। और विदाई लेते वक़्त झूठ? ऐसी किसी भी स्थिति से बचना चाहता था। घर से इस तरह निकलना चाहिए कि किसी को उस बात की कतई जानकारी न हो सके। कोई भनक ही न पड़े। किसी को कतई आभास न हो सके। काफी देर तक घर के लोग अंदाज़ ही लगाते रहें। दिन के ढलते-ढलते वे उस के घर लौट आने की बाट जोहते रहें। जब तक वे तलाश में निकलें उस से पहले कार्य निर्विघ्न संपन्न हो जाना चाहिए।

ऐसे महत्वपूर्ण, गंभीर मामले में किसी जानकार, तजुर्बेकार व्यक्ति से राय मशविरा नहीं लिया जा सकता। किसी ऐसे आदमी या औरत से जिसे इन बातों का व्यक्तिगत तजुरबा हो, कुछ भी नहीं पूछा जा सकता। कोई जानकारी नहीं ली जा सकती। इस तरह

1. शुभ-प्रस्थान

का काम कर गुजरने वाले लोग अपने तजुरबे बताने के लिए औरों को कभी मिल नहीं पाते। मिल ही नहीं सकते। अपने बेशकीमती अनुभवों को भी वे अपने साथ ही ले कर चले जाते हैं। यहाँ हर ज़रूरतमन्द को अपना रास्ता खुद ही तय करना पड़ता है। अपनी पूरी योजना खुद ही बनानी होती है। किसी दूसरे से किसी भी तरह की सहायता नहीं मिल सकती। कोई संकेत नहीं। इस काम में बस यही एक बुरी बात है।

टिहरी शहर से कुछ दूरी पर उस का घर था। दिन भर शहर में रहने के बाद वह रात में अपने घर पहुँच जाता था। शहर का बच्चा-बच्चा उसे जानता है। लोग जानते हैं कि वह शहर का नहीं, उस के पास की एक देहाती बस्ती का निवासी है। पर उसे बाहरी नहीं माना जाता। शहर के अन्दर उसे भी एक शहरवासी की तरह माना-जाना जाता है। शहर की ऐसी कौन सी चीज़ है जिस के बारे में उसे जानकारी न हो, जो उस से छुपी रह सकती हो? किस भवन की दीवारों पर किन-किन जगहों पर कितने आले बने हैं उसे मालूम है। देव-मूर्तियों को रखने के नाम पर घरों के फर्श के नीचे ज़्यादातर गुप्त तहखाने उसी के हाथों से बनाए गए हैं। या उस के बाप-दादा के हाथों से। चोर आ भी जाएगा तो उसे क्या पता चल सकता है कि इस घर में ओबरे के फर्श पर एक गुप्त गड्ढा या हौदी भी बनी है जिस के अंदर घर के ज़ेवरात करीने से छुपा कर रखे गए हैं? बड़े आदमियों का ऐसा कौन सा घर है जिसके भीतर-बाहर की एक-एक चीज के बारे में उसे व्यक्तिगत जानकारी न हो? सन 1815 ई. में गोरखों के गढ़वाल से हारने, भाग जाने के बाद उस लड़ाई में राजा गढ़वाल को दी गई मदद के नाम पर अंग्रेज ने गढ़वाल को दो हिस्सों में बाँट दिया था। दो तिहाई गढ़वाल अंग्रेज के हिस्से, एक तिहाई राजा के पास। बड़ा हिस्सा अपने पास ले लेने के बाद उस ने बाद उस ने राजा को कहा था—श्रीनगर मेरे राज्य का हिस्सा हो गया है। अब तुम्हारी राजधारी श्रीनगर में कैसे रह सकती है? अपनी राजधानी श्रीनगर से हटा लो। उसे कहीं और ले जाओ। उस हुक्म को मानते हुए गढ़वाल की राजधानी श्रीनगर से हटा कर टिहरी ले आई गई थी। टिहरी गाँव को रियासत की राजधानी बना दिया गया था। बहुत बाद में रियासत के इतिहास में एक ज़माना ऐसा भी आया जब राजा की मौत हो गई और उस वक़्त गद्दी का वारिस नाबालिग छूट गया। अंग्रेज हुकूमत ने रियासत के राजकाज का संचालन करने के लिए एक अंग्रेज हाकिम को टिहरी भेज दिया। नाबालिग टीका साहब (राजकुँवर, जिसे गद्‌दी ग्रहण करनी हो) के बालिग न हो जाने तक उस अंग्रेज हाकिम को टिहरी में ही जमे रहना था। राजा की मौत होने के बाद टिहरी-गढ़वाल रियासत का राज काज सँभालने के लिए लंदन में साम्राज्य के प्रतिनिधि की नियुक्ति की गई थी। लंदन से उसे टिहरी भेजा गया था। उस हाकिम के टिहरी पहुँचने में काफी समय लगा था। आधे भारत को पार करते हुए गोरा हाकिम ऋषिकेश पहुँचा था और वहाँ से पहाड़ी राहों पर घोड़े की पीठ पर बैठ कर टिहरी पहुँचा था। मैदानी शहर सहारनपुर से व्यापार करने के लिए किसी ज़माने में टिहरी में आ बसे लाला फलाँ ने, कहते हैं, मृत राजा के नाबालिग टीका के एवज़ में राज करने आ रहे उस अंग्रेज हाकिम के टिहरी

पहुँचने से काफी पहले, मौके का फायदा उठाते हुए रियासत के सरकारी खजाने से सोने की अनगिनत ईंटें रात के अँधियारे में चुपके-चुपके अपने घर पहुँचा दी थीं। अंग्रेज भी हिन्दुस्तान में शुरू-शुरू में सौदेबाज बन कर आया था। सोने की ईंटों को छुपा कर रखा कहाँ जाए? खुले में रखना ख़तरे से खाली नहीं था। लाला ने अपने घर के आँगन में एक गहरा, खूब लम्बा-चौड़ा गड्ढा बनवा कर सोने की ईंटें उसके अन्दर गाड़ कर रख दी थीं। उसे ऊपर से इस तरह ढँक दिया था कि किसी को हवा न लग सके। फत्तू के दादा ने अपने जीवन भर वह बात किसी को नहीं बताई। मरने से ऐन पहले उसने फत्तू के बाप को वह बात बता दी थी कि और यह भी कहा था कि यह बात और किसी को मत बताना। फत्तू का बाप भी वह बात किसी को बताने की हिम्मत नहीं जुटा पाया। उस गुप्त भेद को प्रकट कर देने से उसके अपने जीवन को भी खतरा हो सकता था। इससे पहले कि तलब किए जाने पर उसे किसी अदालत में उस बात की गवाही देनी पड़े, सोने की ईंटों पर काबिज बनिये के वारिस उसे मरवा भी सकते थे। बनिए ने फत्तू के दादा को यह बात उसी वक़्त समझा दी थी। "कहीं जरा भी पता चला तो अपनी और मेरी गर्दनों को फाँसी पर लटकी समझ ले।" सरकारी खजाने से माल को गायब करने के अपराध में फत्तू के दादा को और उसके बाद बाप को भी पकड़ा जा सकता था। चोरी के उस माल से एक ईंट अपने घर उठा लाने की उसके दादा को अक्ल ही नहीं आई। उस वक़्त ले आने की हिम्मत जुटा लेता तो लाला तो कुछ भी नहीं कर पाता। यों लाला शिकायत भी करना चाहता तो किस से करता? शिकायत करता तो खुद ही पकड़ में आ जाता। मरने से पहले उस के बाप ने फत्तू को वह भेद-भरी बात बता दी थी—लाला फलाँ के घर के आँगन में जमीन के भीतर सोने की ईंटें दबी पड़ी हैं। यह भी समझाया था कि वह किसी और से उस बात का हर्गिज जिक्र न करे। लाला का तो कुछ नहीं बिगड़ेगा। वह रियासत का बड़ा आदमी है। यहाँ हमारे घर के फर्श-आँगन की बेवजह तलाशी, खुदाई की जाने लगेगी। पाताल की मिट्टी आँगन में उघड़ जाएगी। बाल-बच्चों के चूतड़ों पर हंटर बजने लगेंगे। सोने की ईंटों के ढेर उस हवेली के आँगन की गुप्त हौदी में : बुरी बिताने वाले जुल्म इस झोपड़ी के वासिन्दों पर। लिहाजा सोने की ईंटें बनिए के घर के आँगन में छुपी रह गईं और उनके वहाँ होने का गुप्त भेद पहले फत्तू के दादा के मन की गहराई के अंदर, दादा के गुजर जाने के बाद उसके बाप के सीने के अंदर और अन्त में खुद फत्तू के दिल की अतल गहराइयों में दबा रह गया। शहरवासियों के दिलों के अन्दर उन सोने की ईंटों के लाला फलाँ के आंगन में दबी होने के बारे में शक-शुबहा और उस घटना के बाद, उस के बारे में पीढ़ी-दर-पीढ़ी चुपके-चुपके हस्तांरित होती अफवाहों के, उलझे हुए, बेतरतीब जाल।

कल रात वह बहुत देर से अपने घर लौटा था। एक-एक दुकान पर जा कर उस ने बाजार के तमाम दुकानदारों का पाई-पाई का हिसाब चुकता किया। युग-युग का हिसाब। वह हिसाब पूछने लगता तो उस के मुँह से वैसी बात सुन कर कई लोग अचंभे में पड़

जाते। क्या वह सचमुच उन का पुराना उधार चुकता करने आया है? आज क्या बात हो गई भई? फत्तू आज हिसाब करने की बात कहने लगा है।

ऐसे भी बनिए थे जो उस की बात पर विश्वास ही नहीं कर पा रहे थे। कुछ बनियों को तो उन पुराने कागजात की तलाश करने में पर्याप्त दिक्कत का अनुभव हुआ जिन पर किसी ज़माने में उस का नाम लिखा गया था। वे अपनी ओर से यह मान चुके थे कि उधार वह रकम अब नहीं लौटेगी। उधार की उन रकमों को साल-दर-साल नए खातों में चढ़ाते-चढ़ाते वे तंग आ चुके थे और अब उन्होंने उन्हें आगे ले जाना बन्द कर दिया था। व्यापार लाभ कमाने के लिए किया जाता है, घाटा उठाने के लिए तो नहीं किया जाता? खाते के बाहर से ही लिख दिया जाता है–"ॐ शुभ लाभ।"। "ॐ लाभ-हानि का चिट्ठा"–ऐसा तो नहीं लिखते? यह पैसा बट्टे खाते में चला गया है। जिस पैसे ने कभी वापिस आना ही नहीं है उसे सालों-साल खाते में चढ़ाते रहने से अब क्या मिलेगा? उस की लिखत करते रहने में अब घाटा ही घाटा है। उतना कागज बर्बाद होगा, लिखने में स्याही खर्च होगी, कलम घिसेगी, मेहनत अलग से लगेगी और उतना वक़्त भी ज़ाया होगा। एक खाते से नकल करके दूसरे खाते पर चढ़ाने में आँखों पर भी जोर पड़ेगा। आँखें ऐसे ही तो कमज़ोर होती हैं। हर चीज़ का नुकसान। निकट भविष्य में चाँदी के चमकते कलदार मिलने की उम्मीद में वह उधार दिया गया था। सुनहरी उम्मीदों का वह कल्पित भविष्य अब काल-गर्भ की गर्त में खो कर भूत बन चुका है। फिर छठी-छमाही खाते को उलटते-पलटते वक़्त उस लिखत पर भी नज़र जा पड़ेगी। ऐसी जगहों पर नज़रें अपने आप चली जाती हैं। नाजुक जगहों पर जरा ज़्यादा ही जा पड़ती हैं निगाहें। तब उधार की उस रकम की याद आने लगेगी, वे बुरी घडियाँ याद आने लगेंगी जब भविष्य में चाँदी के चमकते कलदार मिलने की उम्मीद में वह उधार दिया गया था। कुल घटनाओं के दृश्य आँखों के सामने नाचने लगेंगे जब-जब उस नादेहन्दा को दुकान से निकाल-निकाल कर दनादन माल दे दिया जाता था। बेवजह दिमागी तनाव और रक्तचाप भी बढ़ेगा। जैसे लिखत का बटा होता है–इतना बटा इतना। उसी तरह खाते का भी अपना बटा होता है। फर्क यह होता है कि बटा के लगते ही खाते की वजह लिखत दिखाई नहीं देती। गायब हो जाती है। खाते के नीचे चली जाती है। वहाँ जाकर सो जाती है। ऐसी चिर निद्रा में सो जाती है कि उसे मरा हुआ मान लिया जाता है। ऐसी नींद कि जिस से कभी जागना ही नहीं है। खाते के ऊपर "ॐ शुभ लाभ"। और खाते के नीचे अदृश्य बटे में जा पहुँची रकम। ऐसी मदों को आगे न बढ़ाना ही बेहतर होता है। कुछ चीजें ऐसी होती हैं जिन्हें बर्दाश्त करना ही पड़ता है। आदमी की मौत पर भी तो किसी का वश नहीं होता। अपना सगा कोई आदमी मर जाता है तो उस का विछोह भी तो सहना ही पड़ता है। अब दिल को जरा कड़ा कर लो और उन रकमों को भूल जाओ। व्यापार में एक वक़्त ऐसा भी आ जाता है जब उन्हें खाते के बटे में डाल कर खाताधारक को सकून मिलता है। ऐसी रकम की लिखत पर कभी नज़र न पड़े। ट को हलन्त कर उसे आधा कर देते हैं। ऐसे, जैसे

किसी आदमी की एक टाँग टूट जाय और वह लँगड़ा कर चलने लगे। तब उस के साथ एक और ट को लगा देने की ज़रूरत पड़ती है बस। लँगड़े आदमी की दूसरी साबित टाँग। बटा की जगह बट्टा लिखा और खेल खत्म। एक पूरी टाँग, एक लँगड़ी टाँग। रकम लँगड़ी! तुझ से अब चला नहीं जाता। तेरे तन से सड़ाँध आने लगी है। तू अब खाते के नीचे जाकर लेट। साँस के खत्म होने पर जैसे आदमी की ज़िन्दगी गायब हो जाती है और मुर्दा शरीर बाकी रह जाता है वैसे ही लिखत बाकी रह जाती है लेकिन वह रकम डूब जाती है जिस का हवाला उसमें दर्ज रहता है। अलविदा, लँगड़ी रकम। तेरे चले जाने से कुल इतने का घाटा। इतने रुपए, इतने आने इतनी पाइयों का शुद्ध घाटा बर्दाश्त करना पड़ेगा मुझे। व्यापार में रहना है तो घाटा भी सहना ही पड़ेगा। मेरे लिए तो तेरी मौत हो गई है। अपने सगों की मौत की तरह तेरी मौत का सदमा बर्दाश्त करना भी ईश्वर ने मेरी किस्मत में मेरे जन्म से पहले ही लिख दिया होगा। प्रारब्ध पर तो किसी का वश नहीं चलता?

फत्तू को मालूम है शहर के बनिए लोग फत्तू के दिल, स्वभाव और शख्सियत के बारे में पूरी बात नहीं जानते। वे जान भी नहीं सकते। बनिए आखिर बनिए होते हैं। वे आदमी की जाँच कैसे कर सकते हैं? बनिए माल और रुपए–पैसे की जाँच करने वाले लोग होते हैं। हिसाबी लोग। वे आदमी को भी रुपए-आना-पाई की जाँच करने वाली नज़रों से परखने लगते हैं। अपने लेन-देन में असली-नकली, ताजा-बासी, ठोस और टें बोल जाने वाले, भारी और हलके, टिकाऊ, चालू या कुछ ही समय में सड़ जाने वाले माल की निर्धारित की जाने वाली घटती-बढ़ती, कम या ज़्यादा कीमतों की तरह वे ज़िन्दा इन्सानों का भी हिसाब लगाने लगते हैं। उन की निगाहों में हर आदमी दमड़ी का आदमी होता है। या कौड़ी का आदमी। या सोने का आदमी। किसी मनुष्य के असली गुणों की पहचान वे कैसे कर सकते हैं? आदमी दमड़ी, कौड़ी या सोने का कैसे हो सकता है? आदमी हाड़-माँस का होता है। आदमी के अंदर एक दिमाग भी होता है। बिकाऊ माल का कोई दिमाग नहीं होता। चीजों का कोई दिल नहीं होता, आदमी के पास दिल होता है। मनुष्य को क्रियाशील या शक्तिहीन कर देने वाला, पूरी दुनिया को हिला देने वाला, धड़कता हुआ दिल। आदमी की जाँच करने के लिए जिस दृष्टि की जरूरत होती है वह तराजू पर माल तोलने वाले, डंडी मार कर मुनाफा कमाने वाले बनियों के पास कैसे हो सकती है?

फत्तू उन लोगों के बीच से किसी गैरजुम्मेदार, भगोड़े की तरह नहीं जाएगा। वे लोग आपस में बात करने लगेंगे–"दे नहीं पाया तो शहर ही छोड़ कर चंपत हो गया–देख लो जी।" उस के चले जाने के बाद आपसदारी निभाने के नाते आश्चर्य और अफसोस जाहिर करने के बहाने सुबह-सुबह उस के घर पहुँच कर बनिए लोग अपने उधार की बात की धीरे-से याद दिलाते हुए उस के परिवार के लोगों को परेशान करने लगें यह बात उसे हर्गिज पसन्द नहीं। और, माना कि कोई कुछ न भी बोले फिर भी किसी का पैसा लेकर चले जाना–इससे बुरी और क्या बात हो सकती है?

और जहाँ तक उन तमाम रकमों का सवाल है जो कि शहर के भले, बड़े और शरीफ

लोगों ने उसे अदा करनी है, उन की याद वह अपने दिल से पूरी तरह बिसार देना चाहता है। अपने दिल की परतों की तहों में उसने उन्हें स्थायी तौर पर बट्टे खाते में डाल दिया है। उसे यह बात अच्छी तरह मालूम है कि वे रकमें अब उसे नहीं मिल सकतीं। इस शहर की वे कुल कोठियाँ सलामत रहें जो उसकी मेहनत से खड़ी की गईं। वे गुप्त हौदियाँ, गड्ढे और छोटे-बड़े आले सलामत रहें जहाँ मेहनत से या बेईमानी से हासिल धन-दौलत जमा हैं। या जहाँ दीपावली में हर साल रियासती सरकार के द्वारा आयोजित बोली के तहत बीच बाजार में, आम प्रजा के लोगों के आने-जाने के सार्वजनिक रास्ते पर, रियासत कानून के तहत जमाए गए जुवे के फड़ में की गई हराम की कमाई से खरीदे गए सोना-चाँदी-ज़ेवरात छुपा कर रखे गए हैं। वे कोठियाँ सलामत रहें जिनके अन्दर वे तहखाने बने हैं।

काम से निपटने के बाद फत्तू बाजार से अपने घर की ओर चल देता है। टिहरी कोतवाली की ओर जाने वाले रास्ते के नुक्कड़ पर फड़ बिछा है। पूरे बाजार के लोग और गाँव से आने वाले देहाती वहाँ अपनी गाढ़ी कमाई का पैसा लगा रहे है। दिवाली के मौके पर जुवा खेलना लोग शौक मानते हैं। गाँव के ग़रीब लोग, टिहरी शहर में दिन भर काम करके जो मजूरी कमाते हैं उसे फड़ में गँवा कर खाली हाथ अपने घर चले जाते हैं। दिवाली के दिन दिवाला। अगले दिन शाम के वक़्त वे फिर फड़ पर जाते हैं और उन का फिर वही हाल हो जाता है। फत्तू ने कभी फड़ पर पैसा नहीं लगाया। वह अपनी कमाई को गँवाना नहीं चाहता, हराम की कमाई भी नहीं करना चाहता। फत्तू का कोई अपना आदमी उससे कह रहा है—आज तू भी आजमा ले अपनी किस्मत।

—मेरी किस्मत मेरे अपने हाथ में रहती है।

—डाल दे फिर एक चवन्नी अपने हाथ से। कौन जाने तुझे क्या मिलने वाला है?

—मैं मेहनत के बगैर की गई कमाई पर हाथ नहीं लगाता।

फत्तू ने ज़िन्दगी में कभी जुवा नहीं खेला।

बड़े आदमियों के घरों पर राज मिस्त्री का काम करता था फत्तू। फत्तू जैसा कोई राज रियासत के अंदर नहीं है। उस के हाथ में जादू है—हर आदमी के मुख से यह बात सुनाई देती थी। मकान तैयार हो जाता। भवनस्वामी गृह-प्रवेश कर लेते। नए भवन के अंदर परिवार की ऋद्धि-सिद्धि होने लगती। वह काफी लम्बे समय तक इंतजार करता। बड़े आदमी है, अपने आप बुलवाते हैं। जब कोई बुलावा न आता तब एक दिन साहस बटोर कर फत्तू उस कोठी पर जा लगता।

—और फटू! आज कैशे भूड़ गया टू डाश्टा?

—कुछ हिसाब होना था साब?

—किस चीड़ का इसाब?

फत्तू सिर्फ मजदूरी का काम करता है। कोई व्यापार नहीं करता। ऐसा तो कभी नहीं हुआ कि अपने खेतों की साग सब्जी या कोई और उपज उस ने बाजार में ला कर बेची

हो। लकड़ी का बोझ अपनी पीठ पर लादे उस की बिक्री करने वह कभी बाजार में नहीं पहुँचता। मछुआरा भी वह नहीं है जो मछलियों का हिसाब करवाने की बात कहने लगा हो। फत्तू का हिसाब किस बात का हो सकता है, यह तो मामूली समझ की बात है। फत्तू को मुँह खोल कर बोलना पड़ रहा है—मजूरी का हिसाब सा'ब।

—मसूड़ी का इशाब? अड़े, टेड़ा इशाब नहीं उआ ठा पूड़ा? ऐं? अट्टा, इशाब टेड़ा अगड़े मैणे। पूड़ा इशाब। इशाब की टू कटै चींटा मट कड़ना। अपणे आप होटा है इशाब।

कहने वाला सुपारी भी नहीं खा रहा है, पान भी नहीं चबा रहा है। उस ने अपने हुक्के की नली फिर से मुँह में लगा ली है। उस मुँह से अब और कोई बात नहीं निकल सकती। बात जो निकलनी थी सो निकल गई। मतलब साफ है—अब तू चलता बन इस घर से। हमें हुक्का गुड़गुड़ाने दे।

हिसाब अपने आप कहाँ होता है? अपने आप कहीं आज तक हुआ हिसाब? हिसाब तो करना पड़ता है। हिसाब करवाना पड़ता है।

और अकसर ऐसा हुआ कि वह अगला महीना, जब हिसाब कर दिए जाने का आखिरी वायदा हुआ था, आया ही नहीं। एक था कुलदेव श्रेष्ठ। फत्तू की मजूरी का हिसाब करने के बजाय वह भाग कर अपने पुरखों के घर नेपाल चला गया। लोग ऐसा कहते हैं। रियासती सरकार उसकी तलाश करती रह गई। सुना है उसे दरबार के हुकम से टिहरी खजाने से सरकारी तहबील लेकर सहारनपुर भेजा गया था। सहारनपुर में उतना भारी रकम ले जाने की क्या ज़रूरत पड़ गई थी? अब किसी को क्या मालूम? राजकाज की जानकारी आम लोगों को कहाँ हो पाती है? लोग कयास करते रह जाते हैं। ऐसा हुआ होगा। ऐसा नहीं हो पाया होगा। गोरखों के बारह साला राज के खिलाफ़ एक नई फौज खड़ी करने के लिए किसी ज़माने में गढ़वाल का राजसिंहासन बेचा या बंधक रख दिया गया था। सहारनपुर बहुत बड़ी जगह है, जहाँ राजाओं के सिंहासन को बंधक रख कर उसके एवज में उधार की रकमें देने वाले सेठ लोग निवास-विलास करते हैं। दरबार का भरोसे का अहलकार था श्रेष्ठ। उसे भेजा गया था तहबील लेकर सहारनपुर। लौट कर टिहरी नहीं आया। उस के बारे में तरह-तरह की अटकलें उड़ती रहीं। किसी ने कहा वह रास्ते में हरिद्वार के गुण्डों के द्वारा मार डाला गया। कोई कहता था वह सरकारी तहबील लेकर सहारनपुर जाने के बजाय सीधा नेपाल चम्पत हो गया है। पूरी और सच्ची बात आज तक किसी को नहीं मालूम। अंग्रेज गौरमेन्ट ने भी करवाई थी उस की तलाश। अंग्रेज गौरमेन्ट भी हार गयी। श्रेष्ठ का पता ही नहीं चला। लाश भी नहीं मिली। लाश ही मिल जाती तो बात की असलियत मालूम हो जाती। कोई सूराग ही नहीं लगा कि श्रेष्ठ गया तो कहाँ गया। सहारनपुर से गायब हुआ कि दुनिया से ही गायब हो गया। टिहरी नगर से और टिहरी-गढ़वाल रियासत से तो वह गायब ही हो गया। श्रेष्ठ का गायब हो जाना फत्तू की भारी रकम का गायब हो जाना था। फत्तू ने उस वक़्त, श्रेष्ठ के गायब हो जाने की उड़ती हुई अफवाहों के करीब-करीब पक्की खबर बन जाने पर, अपने मन को इस तरह दिलासा

दिया था कि जब रियासत का मालिक राजा अपनी उतनी बड़ी रकम का डूब जाना बर्दाश्त कर सकता है तो मेरा तो उस मुकाबले कुछ भी नहीं डूबा। मेरे तो कई बकाएदार अभी इस शहर के अन्दर सही सलामत हैं, खूब खा रहे हैं, कमा रहे हैं। वे सबके सब मेरी रकमें देने लगें तो मैं भी एक छोटी-सी कोठी खड़ी कर सकता हूँ। उन में से कोई कहीं रास्ते में दिखाई दे जाता है तो छोटा आदमी होने के नाते मुझे हाथ जोड़ कर 'सेमान्या सा'ब'[1] कहना ही पड़ता है। पर वैसा करते हुए मुझे झेंप आने लगती है। ऐसे मौकों पर कई बार मेरे मन में यह संदेह उठने लगता है कि कहीं यह ऐसा तो नहीं समझ रहा होगा कि मैं अपनी मजूरी की याद दिलाने के लिए सेमान्या सा'ब कह रहा हूँ।

इस वक़्त उन तमाम घटनाओं की याद को बेवजह ताजा करके वह अपने दिल को दुखाना नहीं चाहता। अब जितनी देर भी जीना है सुख से जीना चाहिए। दिल में दुःख लेकर हरगिज नहीं जाना चाहिए।

लेकिन जाना ऐसे ही चाहिए जैसे कि श्रेष्ठ गया। किसी को पता न चल पाए गया तो गया कहाँ। मर गया कि ज़िन्दा है। कहीं संकट में फँसा है कि आराम की ज़िन्दगी जी रहा है। बीमार पड़ा है कि मौजमस्ती में गुलछर्रे उड़ा रहा है।

ज़िन्दगी से विदाई लेने के कई तरीके हो सकते हैं। अपने नंगे बदन पर मिट्टी का तेल छिड़क लो। कोई ज़रूरी नहीं कि बदन को नंगा कर दिया जाय। कपड़े बदन पर मौजूद रहें तो और भी आसानी होगी। मिट्टी के तेल में भींग जाने के बाद तन पर पहने कपड़े आग जल्दी पकड़ लेंगे और खूब तेजी में जलेंगे। बहुत इतमीनान के साथ, प्रेमपूर्वक, उन पर मिट्टी का तेल छिड़क लो। फिर एक माचिस की डिबिया को एक तरफ से ज़रा-सा खोलो और उस से एक तीली बाहर निकाल लो। तीली निकाल लेने के बाद डिबिया को चाहे बन्द करो, चाहे वैसे ही खुला छोड़ दो। फिर उसी डिबिया के मोटाई वाले हिस्से पर लगे बारूदी मसाले पर उस तीली को जरा धीरे-से रगड़ दो। रगड़ लगते ही तीली के मुख पर आग की एक छोटी-सी, प्यारी-सी लौ का घेरा पैदा हो जाएगा। कुछ लोग उस आग से छुआ कर एक सिगरेट या बीड़ी सुलगा लेते हैं। ऐसे में कुछ लोग बीड़ी को मुँह में अटका कर रखते हैं, कुछ उसे हाथ में थामे रहते हैं। हर आदमी अपनी सहूलियत, ज़रूरत या आदत के अनुसार काम करता है। जिस को जैसा भी ठीक लगे। या जिसे की जैसी आदत हो। मकसद बीड़ी-सिगरेट को सुलगाना होता है। उस मकसद के पूरा हो जाने के बाद, बीड़ी या सिगरेट के सुलग जाने के बाद तीली की जलती लौ को बुझाने की ज़रूरत नहीं पड़ती। उसे एक ओर फेंक देते हैं। वैसे में अपना काम अंजाम दे चुकी तीली बेहिफाजत हो जाती है और खुद ही बुझ जाती है। और कुछ लोगों को आदत होती है कि वे उसे बुझा कर ही दम लेते हैं। एकाध बार हाथ से हिला लेने पर तीली यों ही बुझ जाती हैं। एक हलकी सी फूँक मार कर भी उस पर कायम आग बुझा ली जाती है। फू। नहीं, फू नहीं, फु। कइयों को ऐसी आदत होती है कि वे उस आग का अपने हक में उपयोग कर

1. नमस्कार स्वीकार करें।

लेने के बाद जलती हुई तीली को पाँवों तले रौंद डालते हैं। बुरी आदत! आखिर आग एक ज़िन्दा चीज होती है। अपना मतलब निकाल लेने के बाद किसी शक्तिशाली, ज़िन्दा चीज को यों खत्म कर देना कितनी बुरी बात है? राज मिस्त्री से लगन और मेहनत से भवन का निर्माण करवाने के लम्बे अरसे के बाद, अपना मतलब साध लेने के बाद किसी शक्तिशाली, ज़िन्दा चीज को यों खत्म कर देना कितनी बुरी बात है? राज मिस्री से लगन और मेहनत से भवन का निर्माण करवाने के लम्बे अरसे के बाद, अपना मतलब साध लेने के बाद, उसकी पूरी ताकत को निचोड़ लेने के बाद छठी छमाही वह घर पर आ पहुँचे तो उसे कहने लगी—इशाब टेड़ा अगड़े मैणे। फु।

मिट्टी का तेल उँडेल कर लगाई गई आग से आदमी के कपड़े जलेंगे और फिर बदन भी जलने लगेगा। माना किसी ने देख लिया और उस आग को बुझाने की कोशिश की तो उस आदमी की मौत फौरन नहीं हो सकेगी। दोस्त, पड़ोसी, शुभचिन्तक, घटना को अचानक देख लेने वाले लोग उसे अस्पताल ले जाएँगे। वहाँ पहुँच कर वह डाक्टर के हवाले हो जाए। डाक्टर उसे बचाने की कोशिश में जुट जाएगा। कुछ समय तक वह ज़िन्दगी और मौत के बीच झूलता रहेगा। उतनी देर या उतने दिनों तक वह बेवजह दर्द के मारे तड़पता रहेगा। जब तक वह मर नहीं जाता उस के घर के लोग बेवजह परेशानी झेलते रहेंगे। मौत जल्दी से जल्दी हो जानी चाहिए। तुरत-फुरत की मौत। कम से कम तकलीफ। अपने को भी, अपनों को भी।

मौत को गले लगाने के और भी कई तरीके हो सकते हैं। पानी में कूद जाओ। पानी के हवाले हो जाओ। पानी जिलाता भी है, मार भी डालता है। पानी सब समझता है कोई आदमी उस के पास किस मतलब से आया है। तैरना जानते हो तो तैरने की कोशिश ही मत करो। पानी को अपना स्वाभाविक काम कर लेने दो। पानी पहचानता है आदमी नया है कि पुराना है। उस के पास पहली बार आया है कि उसे आते रहने की आदत है। हाथ-पाँव मारने लगोगे तो पानी तुम्हें कैसे मरने देगा? फत्तू के साथ एक दिक्कत यह भी है कि वह तैरना भी जानता है। जो तैरना जानते हैं वे हाथ-पाँव न भी चलाएँ फिर भी वे डूब नहीं सकते। उन का शरीर एकदम स्थिर हो जाय, हिलना-डुलना एकदम बन्द कर दे। वे पानी की सतह पर लेट जाएँ या उकड़ूँ बन कर बैठ जाएँ। तैराक को पानी डुबा नहीं सकता। पानी बहुत समझदार होता है। उस के अपने कायदे होते हैं। जो तैरना जानते हैं वे पानी की साधना किए हुए लोग होते हैं। पानी अपने साधक को पहचानता है। साधक को मार देना पानी के कायदे के खिलाफ़ होता है। यह भी एक मुश्किल की बात है। मैं बोल रहा हूँ—पानी! मुझे डुबा दे। खुद नहीं डुबाता तो डूब तो जाने दे। पर नदी का पानी मेरी बात सुन ही नहीं रहा है। मेरा बदन पानी की सतह के ऊपर ही ऊपर डोलता जा रहा है, नीचे जा ही नहीं रहा है। ऐसे में मरना संभव ही नहीं हो पा रहा है। कितनी बुरी बात है? मैं चाहता हूँ कि मेरी सख्त ज़रूरत की इस विकट घड़ी में नदी अपने पानी में डूब जाने में मेरी मदद करे पर वह मेरी मान ही नहीं रही है। अपनी चाल से बहती

जा रही है। इतनी बड़ी नदी! भागीरथी! वह मर जाने को उत्सुक एक छोटे-से आदमी को डुबा नहीं पा रही है। मेरी ओर ध्यान ही नहीं दे रही है। मुझे पहले से पता होता कि अपने साधक को डुबाने का काम पानी के स्वभाव के खिलाफ़ होता है तो कौन सीखता था तैरना? पर एक बात यह भी है कि मैंने बहुत पहले से, उतनी छोटी उमर में क्या जानना था कि एक ऐसा भी दिन आ सकता है कि मुझे जीते-जी अपना जीवन खुद ही खत्म कर देने के लिए अपना शरीर पानी के हवाले कर देने को मजबूर होना पड़ेगा?

पानी डुबोने से इनकार करने लगा है। गढ़वाली कहावत है—बगोत्या डूबी जाँदो, डलखू फरक्यै जाँदो। तैराक डूब जाता है और डाल पर चढ़ने में माहिर आदमी गिर जाता है। तैराकों और डाल-चढ़ाकुओं के जीवन में ऐसे भी मौके आ जाते हैं जब उनकी दक्षता काफूर हो जाती है। पर मुझ पर यह नियम लागू नहीं हो पा रहा है। पानी मुझे डूबने नहीं दे रहा है। कोई बात नहीं। एक असली तैराक की तरह मैं अपनी साँस को रोक कर खुद ही डुबकी लगाए दे रहा हूँ। पानी की सतह पर लेट कर साँस लेता रहूँगा तो पानी अपनी सतह से नीचे नहीं जाने देगा। पानी की गहराई के भीतर डुबकी लगाने का अभ्यास मैंने पानी में रह कर ही किया है। यह विद्या मैंने पानी से ही सीखी है। पानी मेरा गुरु है। अपने गुरु पानी को धोखा देते हुए मैंने अपनी साँस को रोक लिया, फिर खुली आँखों से पानी की परतों को पार कर लिया है। मुझे माफ कर देना पानी! पानी को नहीं मालूम—उस के तल तक की गहराई में मैं इस वक़्त इस हड़बड़ी में किस प्रयोजन से प्रवेश कर रहा हूँ। जहाँ तक पानी का सवाल है उस के लिए मेरा वहाँ प्रवेश करना एक सामान्य बात है। रोज़ का धंधा। वहाँ तो मैं हमेशा प्रवेश करता ही रहा हूँ। पता नहीं कितने सालों से प्रवेश करता आया हूँ। पानी हमेशा की तरह मुझे अपनी गहराई में, नदी के ठीक तल तक बहुत आसानी से जाने दे रहा है। इस वक़्त मैं पानी के भीतर बैठा हूँ, पानी मेरे दिल के भीतर नहीं बैठा है। मेरे दिल की गहराई में छुपे राज़ के बारे में उसे कुछ भी नहीं मालूम। मैं पानी में डुबकी लगा रहा हूँ, पानी मेरे भीतर डुबकी नहीं लगा सकता नदी के तल पर पहुँच जाने के बाद, वहाँ की मिट्टी को अपने हाथ से छू लेने के बाद मैंने नाक के रास्ते अब तक अपनी रोकी हुई साँस को बाहर फेंक दिया है और अपना जबड़ा खोल दिया है। फिर अपनी पूरी ताकत से अन्दर की ओर साँस लेने की कोशिश करने लगा हूँ। नदी तल पर पानी ही पानी है, हवा है ही नहीं। पानी के मेरे भीतर प्रवेश कर सकने के लिए मैंने अपनी नाक और मुँह की राहें बन्द कर दी थीं। अब मैंने उन्हें खोल दिया है। लम्बी साँस खींचने के बाद हवा की जगह मेरे भीतर पानी भरने लगा है। पूरी ताकत का इस्तेमाल करते हुए मैं अन्दर की ओर साँसें लेने लगा हूँ। बैठ पानी! अब तू भी मेरे भीतर बैठ! भरपूर मात्रा में मेरे भीतर प्रवेश कर और मेरे दिल के अन्दर आ बैठ। मेरे दिल की गहराई में छुपे गुप्त भेद की अब तू भी जानकारी ले ले। मेरी इस हरकत से, हमेशा की तरह मुझ पर भरोसा छोड़ कर अपनी चाल से बहते रहने वाला और अपनी गहराइयों के भीतर किसी बच्चे की तरह मुझे लगातार खिलाते-डुलाते रहने वाला पानी, सकते में आ गया है। पानी

ने इस तरह की स्थिति की कभी कल्पना भी नहीं की होगी। नाक और मुँह के रास्ते मेरी योजना के अनुसार पानी मेरे फेफड़ों के अन्दर भरने लगा है। पानी को अफसोस हो रहा है। पर इस मौके पर वह बेबस हो गया है। मेरे झाँसे में आ गया है। पानी ने पूरी तरह हार मान ली है। अब बोल पानी! तू जीता कि मैं? मैं अभी पूरी तरह होश में हूँ। अभी चाहते हुए भी मेरी मरजी के खिलाफ़ पानी मुझे अपनी सतह से ऊपर नहीं फेंक सकता। पानी के अपने नियम होते हैं। वह उन नियमों से बंधा है। पानी की मजबूरी है। इस वक़्त वह अपने साधक को बचा नहीं सकता, उस की कोई सहायता नहीं कर सकता। जो साधक खुद ही मरने की ठान ले उसे कौन बचा सकता है? मैं कतई हाथ-पाँव नहीं मार रहा हूँ। मैंने अपने को पूरी तरह पानी के हवाले कर दिया है। नदी अपनी धारा के बहाव के साथ मुझे बहाने लगी है। मुझे अपनी ओर से पानी की गहराई के अन्दर ऊपर चले आने की कोई कोशिश नहीं करनी है। मेरे कारज की सफलता, उस की सिद्धि इसी में है कि तैरना जानते हुए भी मैं इस वक़्त अपने शरीर को पानी की सतह के ऊपर न आने दूं। किसी भी सूरत में न आने दूँ। उसे पानी के भीतर रोके रखूँ। वह काम, पानी की सतह के ऊपर मेरी देह के डोलने का काम, अब बाद में बेचारे पानी को ही करना होगा। जब मेरे फेफड़े पूरी तरह पानी से लबालब हो जाएँगे। मेरे बदन के अंदर जितनी भी खाली जगह बाकी होगी वह पानी से भर जाएगी। जहाँ हवा होगी वहाँ पानी भर जाएगा। मेरे शरीर के भीतर की हवा बाहर, पानी उसके अंदर। हवा और पानी दो अलग-अलग चीजें हैं। एकदम अलग। पानी अपने भीतर हर चीज़ को सँभाल कर रख सकता है, हवा को नहीं रख सकता। हवा और सब जगह रह लेती है, हर चीज के कण-कण में रहती है पर पानी के अंदर नहीं रह सकती। पानी में रहने वाली मछलियों को पानी के भीतर और सब कुछ मिल जाता है, हवा नहीं मिल पाती। हवा में साँस लेने की ज़रूरत पड़ती है तो वे बदन को पानी के भीतर रखते हुए अपनी नाक पानी की सतह के ऊपर ले आती हैं। मेरे फेफड़ों में पानी के भरते-भरते मेरे अंदर मौजूद कुल हवा वहाँ से खारिज होकर बुलबुलों के रूप में पानी की सतह के ऊपर पहुँचने लगी है। ऊपर पहुँचते ही वे बुलबुले फूट जाते हैं। उन के भीतर भरी हुई हवा फैल जाती है। अब पानी की सतह पर कोई बुलबुला उठता नहीं दिखाई दे रहा है। मेरे भीतर की आखिरी हवा बुलबुला बन कर गायब हो गयी है। जिन रास्तों से हवा ली जा सकती है उन से हो कर पानी अन्दर भरता जा रहा है। मेरा बदन नदी के पानी के साथ एकाकार होता जा रहा है। उस की चाल, मेरी चाल। उस की गहराई, मेरे छुपने का गुप्त स्थान। पानी की मदद से, उस की गहराई में बहता जा रहा मेरा मरा हुआ बदन फूल कर मोटा हो जाएगा तब पानी उसे खुद ही अपनी भीतरी गहराइयों से निकाल कर अपनी सतह पर प्रकट कर देगा। ढोल की तरह फूले हुए, पानी की सतह के ऊपर तैर रहे मेरे बदन को देख कर दुनिया को सबूत मिल जाएगा कि मैं अब ज़िन्दा नहीं हूँ। मेरी तलाश में निकले परिजनों की भी उसके बाद दौड़-धूप करते रहने की ज़रूरत खत्म हो जाएगी। वे मेरी लाश को पानी से बाहर निकाल लेंगे और, दुनियादारी

के हिसाब से, उस से आगे के ज़रूरी कामों में व्यस्त हो जाएँगे। जो ज़िंदा रह जाते हैं उन्हें उस तरह के तमाम काम हर हालत में करने ही पड़ते हैं। पुलिस को खबर करो। पुलिस उसे डाक्टर के हवाले करेगी। डाक्टर अपने मातहत सफाई कर्मचारी के हवाल करेगा। नदी के किनारे पर ही वह काम कर लिया जाता है। टिहरी शहर में प्रवेश करने के लिए बनाए गए भागीरथी के ऊपर बने लोहे के पुल के पास एक खुली, फैली हुई, निपट काली चट्टान के ऊपर रख कर वह कर्मचारी मेरे मुर्दा शरीर की चीर-फाड़ करने लगेगा। अपनी रियासत के सब से बड़े टिहरी अस्पताल में कोई बन्द कमरा तो बना नहीं है जिस के अन्दर लाश की चीर-फाड़ की जा सके। दूर खड़ा डाक्टर अपनी जगह से उस कार्यवाही को देखता रहेगा और बीच-बीच में निर्देश देता रहेगा। भागीरथी पुल के ऊपर दोनों ओर से आने-जाने वाले लोगों की भारी भीड़ जमा हो जाएगी। वे सब लोग बहुत तन्मय होकर उस कार्रवाही का तमाशा देखने लगेंगे। लोगों के बीच मेरे बारे में चर्चा शुरू हो जाएगी। भागीरथी पुल के ऊपर मुख-मुख की बातें कह-सुनी जाने लगेंगी। मेरी मौत के बारे में लोग तरह-तरह की अटकलें लगाने लगेंगे। उस डाक्टरी जाँच के दौरान काफी काम फर्जी भी किए जाएँगे। कागजी खानापूर्ति की जाती रहेगी। कागज का पेट भरा जाएगा। डाक्टर के कागज का पेट भर जाने के कुछ देर के बाद वही सफाई मजदूर मेरी चीरी गई लाश के एक-एक अंग की फिर से सिलाई करने में जुट जाएगा। डाक्टर अपने कागज पर मेरी मौत के बारे में अपनी विद्वतापूर्ण राय लिखने लगेगा—"इस की मौत दम घुटने से हुई।" कितने गहरे ज्ञान की बात है? मेरे मरे हुए शरीर के भीतर जो कुछ उसे मिलेगा डाक्टर उन तमाम चीज़ों का हवाला देगा। सिर्फ एक बात को वह कहीं दर्ज नहीं करेगा कि मेरी लाश की चीर-फाड़ डाक्टर ने खुद नहीं, उस के साथ आए दूसरे आदमी ने की थी। डाक्टर ने तो उसे छुआ तक नहीं। वह तो एक तमाशबीन की तरह मेरे मुर्दा शरीर से कुछ दूरी पर खड़ा हो गया था और वहीं से निर्देश देने लगा था। आखीर आखीर तक उस ने मेरे बदन को हाथ नहीं लगाया। उस के बाद शवदाह करने आए लोगों को भी दिक्कत नहीं होगी। पुलिस के द्वारा लौटा दिए गए शरीर को वे चट्टान के ऊपर से उठा कर थोड़ी दूर ले जाएँगे और भीलाँगना—भागीरथी के संगम पर उस का दाह संस्कार कर देंगे।

आग के अलावा मौत को गले लगाने के और भी साधन हो सकते हैं। कोई ज़हर खा लो। उस के बाद भी मुर्दा शरीर की फजीहत होगी। डाक्टर के सामने तो जाना ही पड़ेगा। घरवाले भी परेशान होंगे। खुद मरना हो तो यों मरो कि मुर्दा शरीर का कहीं अता-पता न चल सके। जीवन की मुसीबतों से तंग आकर अपनी ज़िन्दा देह को भागीरथी के हवाले कर देने वाले बेचारे लोग और हर साल उस में छलाँग लगाने वाली गरीबी की मार झेलती रैका पट्टी की बेबस औरतें बाद में भासौं के रौ में घूमते-डोलते रह जाते हैं। भासौं में नदी का पानी घूमता रह जाता है, वहीं चक्कर काटता रहता है। उस के अन्दर जो चीज़ फँस जाती है वह फँसी रह जाती है। उस में फँसी हुई कोई भी चीज़ वहाँ से

निकल कर आगे की ओर नहीं बह सकती। पानी भाँवरे लेने लगता है। नदी के बीचोबीच ज़ोर से घूमते हुए पानी को देख कर लगता है वहाँ मट्ठा की जा रही हो। पानी के अन्दर गहरे, बड़े छेद दिखायी देने लगते हैं। उन छेदों के बीच से नदी का तल तक दिखायी देने लगता है। भासौं के रौ में पहुँच कर ऐसी गति से भाँवरें खाता हुआ भागीरथी का पानी अतल गहराइयों के रास्ते खुद तो बाहर निकल जाता है, और रौ की सीमा को पार कर वहाँ से आगे बढ़ जाता है, लेकिन उस के भीतर फँसी हुई लाशें वहाँ से आगे नहीं बढ़ पातीं। वे रौ में ही घूमने लगती हैं, वहीं घूमती रह जाती हैं। जब कोई आदमी या औरत घर पर या आस-पास नहीं मिल पाता और यह शक होने लगता है कि ऐसा भी हो सकता है उस ने नदी में छलाँग लगा दी हो, जंगल में घास लकड़ी काटते हुए किसी बेहद ढालदार चट्टान से फिसल कर नदी में गिर गया हो या किसी दुश्मन ने मार कर उस की लाश को नदी के बहते पानी में डाल दिया हो तो सब से पहले उस की तलाश में लोग भासौं का ही रास्ता लेते हैं।

—लगा कुछ पता?

—कोई अता-पता नहीं। जवाब में बेबस, उदास मुंड को हिलाया जा रहा है।

—भासौं तो नहीं गए अभी।

—भासौं में देख आओ।

भासौं में देख आओ याने भासौं तब देख आओ। भासौं भी देख आओ। बटिया पर चलते-चलते नीचे बह रही नदी के पानी में ध्यान से देखते रहो। लाश कहीं अधबीच में दिखाई दे जाय तो ठीक। नहीं तो भासौं से आगे तो वह जा ही नहीं सकती। वहाँ तो मिलेगी ही मिलेगी। अगर नदी में गिरी है तो। भासौं में उस का अता-पता नहीं लगता तो पक्के तौर पर कहा जा सकता है कि वह नदी में गिर कर नहीं मरा या मार कर नदी में नहीं फेंका गया। भासौं तो रौ है—एक रूका हुआ तालाब, घूमता हुए भँवर। एक पूरी नदी उस भँवर में पहुँच कर चक्कर में पड़ जाती है। वहीं घूमती रह जाती है। उस पानी के अन्दर फँसी कोई ज़िन्दा या मुर्दा चीज वहाँ से आगे बढ़ ही नहीं सकती। लकड़ी के स्लीपर तक उस से निकल कर वहाँ से आगे नहीं जा पाते। उस रौ में घूमते हुए स्लीपरों को वहाँ से आगे बहाने के लिए जंगलों की तिजारत करने वाले मालदारों के धंधे में पुश्तैनी तौर पर सेवारत काँगड़ा, सिरमौर और दूसरी छोटी रियासतों से इधर आने वाले कार्यदक्ष, जाँबाज़ तैराक 'पच्छमी' मजदूर हाथों में लम्बे ताछ लिए अपनी सिणाई पर चढ़कर वहाँ पहुँच जाते हैं। घर के पालतू, मरे हुए जानवरों की खाल के भीतर हवा भरकर तैयार की गई सिणाई, जो पानी में डालने पर डूब नहीं सकती। वह एक नाव का काम करने लगती है। नाव की तरह पानी के ऊपर डोलती रहती है। उसके ऊपर लेट कर वे बहानी नदी के पानी में इधर से उधर यों घूमने लगते हैं जैसे वे आदमी न होकर मछलियाँ हों। कितना ही तेज बहाव हो भासौं के रौ में पहुँचने पर पच्छमी बहानी उसे बड़ी आसानी से पार कर जाते हैं। नदी के दोनों किनारों की बटियाओं पर चलते हुए लोग और पहाड़ के ढलानों पर फैले

विस्तृत वनों में उस वक़्त मौजूद घसियारिनें अपनी जीभ को दाँतों तले दबा कर बहुत आश्चर्य से उन्हें ताकते जा रहे हैं। अपने हाथ में थामे ताछ के सहारे वे पच्छमी तैराक, जिन्हें बहानी कहते हैं, भँवर के अन्दर फँसे लकड़ी के स्लीपरों को रौ से बाहर धकेलने लगे हैं। बाहर निकल जाने के बाद स्लीपर फिर पानी के बहाव के हवाले हो जाते हैं और उस की धारा के साथ अपने आप बहने लगते हैं। रौ में पानी घूमता रहता है और वहाँ फँसी हुई चीजों को भी वहीं घुमाता रहता है। जो कहीं न मिले उसे भासौं के रौ में जाकर देखो। वहीं घूम रहा होगा। इधर से उधर। कभी नदी के उस छोर पर, कभी इसी किनारे पर। कभी नदी के तल पर, कभी पानी की सतह के ऊपर बेबस लाश वहीं डोलती घूमती जा रही है। पुरुष है तो पानी की सतह पर सतह के ऊपर औंधा पड़ा होगा, उस की खोपड़ी दिखाई देगी, वह नदी तल को हेर रहा होगा। स्त्री है तो सुल्टी होकर डोल रही होगी, उस का चेहरा दिखाई देगा। वह लगातार आकाश को ताक रही होगी। भासौं का रौ ऐसे ही नज़ारे दिखाता रहता है। लोग अपने आदमी को पहचान लेते हैं तो उस की मृत देह को पानी से बाहर निकाल लेते हैं। उस दुर्गति से बचा कर अपने हिसाब से उसे सद्‌गति प्रदान करने की कोशिश करते हैं। पानी से बाहर निकाल कर कानूनी खानापूर्ति करेंगे और फिर उस का दाह संस्कार कर देंगे। आग का जरा-सा भी दाग लग जाएगा तो शरीर को मुक्ति देने का बाद का तमाम काम मछलियाँ अपने आप निभा लेंगीं।

मछलियाँ बहुत उस्ताद होती हैं। वे किसी भी तरह के विवाद में नहीं पड़ना चाहतीं। वे खुद कितनी ही भूखी हों पर जिस मुर्दा शरीर पर आग का दाग़ न लगा हो उसे वे छूती तक नहीं है। कल कहीं अदालत में गवाही देने जाना पड़ जाए तो कौन जाएगा वहाँ? दाग़ तो तभी लग सकता है जब कोई दूसरा आदमी उस मुर्दा शरीर को आग दे। पानी में डूब कर आत्महत्या करने वाले के शरीर पर दाग़ नहीं लग सकता। दाग़-लगे शरीर को मछलियाँ अपने कब्जे में ले लेती हैं। वे उस के मांस को चपट कर जाएँगी। हड्डियों का ढाँचा बाकी रह जाएगा। पहचानना मुश्किल हो जाएगा यह किस का कंकाल है। लेकिन जिस देह को अग्नि नहीं सुँघाई गई उसे मछलियाँ छूती तक नहीं हैं। मछलियाँ ऐसी काया को नहीं छूतीं जिसे जलाया न गया हो। मुर्दा देह के पास पहुँच कर वे सब से पहले उस पर दाग की गंध सूँघती है। उसे सूँघ लेने के बाद ही मुर्दा शरीर को अपने कब्जे में लेंगी। कच्चा मांस नहीं खातीं। वे किसी उलझन में नहीं फँसना चाहतीं। मसलन, किसी अदालत में गवाही देना। जो डूबकर मरे, पहाड़ से गिर जाय या छलाँग लगा कर अधोगति में मरे या जिसे मार कर बगैर दाग़े नदी के पानी में डाल दिया जाय, मछलियाँ उस के मुर्दा मांस के साथ किसी भी तरह की छेड़छाड़ कर उस की मौत के तथ्यों के बारे में उपलब्ध सबूत को नष्ट नहीं करना चाहतीं। अधोगति में मर जाने के जिस सबूत की पुलिस को, पहाड़ों के देहाती क्षेत्रों में बिना वर्दी पहने पुलिस का फर्ज़ निभाने वाले पटवारियों को, जाँच करने वाले डाक्टर को, किसी भी हाकिम को या अदालत को ज़रूरत पड़े। इसलिए वे उसे छूती तक

नहीं है। दूर से सूँघेंगी और उस के पास से छिटक कर अलग हो जाएँगी। मछलियाँ डरती हैं कि कहीं उन पर सबूत को नष्ट करने का इल्जाम न लगे। मछलियाँ बहुत चालाक होती हैं।

फत्तू ने इस प्रश्न पर बहुत गहराई से विचार किया था। ज़िन्दगी में उस की कोई लिखाई-पढ़ाई नहीं हुई थी। बगैर विद्या पढ़े इस तरह के सवालों को हल नहीं किया जा सकता—वह इस बात को अच्छी तरह समझता था। टिहरी शहर में सब से ज़्यादा साइंस का ज्ञान अगर किसी को था तो बाली भाई को था। रियासत के एकमात्र इंटर कालेज में साइंस के प्रोफेसर। पाँच लाख लोगों की रियासत में सबसे बड़े विद्वान। किसी पुराने ज़माने में अल्मोड़ा से गढ़वाल में लाकर बसाए गए कुमाउँनी ब्राह्मणों के मोहल्ले पुरबियाणा में बाली भाई के घर पर रात खुलते ही ट्यूशन पढ़ने वाले विद्यार्थियों की चहल-पहल शुरू हो जाती थी। ज्ञानी के प्रकाश की सभी को तलाश रहती है।

फत्तू सुबह-सुबह बहुत हिम्मत करके बाली भाई के घर जा पहुँचा। उस ने बाली भाई को सेमान्या सा'ब कहा और फिर मासूमियत से एक बात पूछी—सा'ब, मैं एक बात पूछना चाहता था।

—हाँ फत्तू, बोल क्या पूछना है?

—सा'ब लोग कहते हैं कि मछलियाँ ऐसे मुर्दा शरीर को नहीं छूतीं जिसे आग का दाग़ न दिया गया हो। क्या यह सच है सा'ब?

—हाँ, ऐसा ही होता है।

फत्तू के मुँह से उस तरह का सवाल सुन कर बाली भाई चकरा गए थे। गीली मिट्टी और पत्थरों से मकानों की चिनाई करने वाले एक मामूली, निरक्षर मिस्त्री के दिमाग़ में इस तरह का गूढ़ प्रश्न कैसे पैदा हो उठा—बाली भाई सोच नहीं पा रहे थे। वे सूरज और तारों की गति के बारे में, हमारी पृथ्वी पर प्रकाश, जीवन, जल और वनस्पति की उत्पत्ति और उनके क्रमवार विकास के बारे में और अनेक दूसरे गूढ़ वैज्ञानिक प्रश्नों-पहेलियों के बारे में गहन अध्ययन और गंभीर विचार करते रहते थे। वे या तो अपनी प्रयोगशाला में रहते थे या किताबों में डूबे रहते थे। लेकिन इस तरह का कोई प्रश्न उन के अपने दिमाग़ में भी कभी उठा ही नहीं था।

उस के बाद जो दूसरा सवाल पूछा गया उसे सुन कर बाली भाई ने राहत की साँस ली थी। उस ने यह नहीं पूछा—वे ऐसा क्यों करती हैं। सवाल यह किया गया था कि अगर कभी ऐसा हो जाय कि कोई आदमी किसी कारण जल जाए, उसे बचाया न जा सके, मौत हो जाने के बाद उसे कोई आग न दी जा सके और वैसे ही नदी के पानी में डाल दिया जाय तो उस मुर्दा शरीर के माँस को मछलियाँ खाने लगेंगी या छोड़ देंगी?

बाली भाई उस विचित्र सवाल को सुन कर अचानक बहुत गंभीर हो गए थे। वे उस प्रश्न पर विचार कर ही रहे थे कि फत्तू ने अपने उस दूसरे सवाल से जुड़ा दूसरा भाग

भी उन के सामने रख दिया—मांस तो उस का भुन ही जाता है?

मछलियाँ किस मांस को स्वीकार करती हैं—जिसे मरने के बाद आग दी जाय या जिस की खाल या शरीर के कुछ हिस्से मौत से पहले जल-भुन जाएँ? काया को मृत्युपूर्व आग या मौत के बाद की आग? वैज्ञानिक बाली भाई उस सवाल का तत्काल कोई निश्चित उत्तर नहीं दे पाए थे। सवाल टेढ़ा था। वह पहेली बन गया था। लेकिन फत्तू को उस का अलल-टप्पू जवाब नहीं दिया जा सकता था। शहर के अनेक धुरन्धर लोगों को छोड़कर सही, वैज्ञानिक उत्तर पाने के लिए फत्तू उन के पास आया था। इस बात को बाली भाई भली भाँति समझ रहे थे। रियासत के प्रसिद्ध वैज्ञानिक गिरजादत्त पाण्डे, जिन्हें पूरा नगर बाली भाई के नाम से ही जानता था, उस प्रश्न को सुन कर बहुत दुविधा में पड़ गए थे।

उस राजमिस्त्री के दिमाग में इस तरह का प्रश्न कैसे पैदा हुआ और क्यों ज़ोर मार रहा था—बाली भाई के मन में यह बात भी एक अतिरिक्त प्रश्न बन कर उभरने लगी थी। उन्हें अनेक प्रश्नों के उत्तर ढूँढ़ने थे।

उन्होंने ट्यूशन वाले विद्यार्थियों को तत्काल छुट्टी दे दी थी और उन्हें घर भेज दिया था। फत्तू के मुँह से निकलने वाले एक के बाद एक सवाल विद्यार्थियों ने भी सुन लिए थें हालाँकि उस वक़्त उन में से किसी ने उस पर कोई विशेष ध्यान नहीं दिया था।

बाली भाई ने फत्तू को कहा था—मैं बाद में बताऊँगा, तू फिर आ जाना कभी। तू चाहे तो कल ही आना आना।

लेकिन फत्तू के पास इतना वक़्त नहीं था कि वह बाली भाई को उन प्रश्नों पर फुरसत से सोचते रहने का मौका दे सकता। उस सवाल का जवाब पाने के लिए वे अपनी किताबों में डूब जाएँ। कोई मित्र पूछे—आज किस खोज में डूबे हो? तो वे जवाब में कह उठें—फत्तू मिस्त्री आया था मेरे पास। उस ने एक सवाल पूछा था। फिर वह विचित्र सवाल भी बताया जाएगा। उसे लेकर बात के फैल जाने का भी खतरा हो सकता था।

—मैं तो यों ही चला आया था सा'ब। मेरे दिमाग में कई दिनों से यह बात ज़ोर मार रही थी कि दाग़ लगे मांस की तरह मछलियाँ मौत से पहले भुन जाने वाले मांस को खाती होंगी कि उसे भी छोड़ देती होंगी। मैं कई दिनों से इस बारे में आप से पूछ लेने की सोच रहा था। आज मैंने सोचा मास्टरजी के पास हो ही आऊँ। मैंने आप को बहुत परेशान कर दिया, माफ करना साब।

बाली भाई ने कहा कि उस के आने से और उस तरह का सवाल पूछने से वे बहुत खुश हैं। वे अपनी किताबों को देख कर उस सवाल का जवाब तलाश कर लेंगे।

बाली भाई के घर से निकल आने के बाद वह अपनी पहले से सोची योजना के अनुसार हिमतू शाह की दुकान पर जा पहुँचा। हिमतू जानता था इस वक़्त फत्तू उस के पास आया है तो किस मतलब से या किस मजबूरी में आया है। फत्तू की औरत की मौत कई साल पहले हो गई। पर उस की सोने की नथ अभी तक उसी घर के अन्दर मौजूद

है, बेची नहीं गई। जब वह नथ बनाई गई थी कि उस वक़्त सोना बारह रुपए तोला था। आज उस का भाव एक सौ बीस रुपए तोला है। हिमतू को याद रहता है किस के घर के गहनों की अभी बिकने की नौबत नहीं आई है। किस घर की किस औरत के पास, बहू-बेटी के पास कितने और किस-किस तरह के ज़ेवरात हैं इन सब चीजों को हिमतू मुखजबानी बता सकता है। सोना दिन-ब-दिन महँगा होता जा रहा है। इस हिसाब से लोग अपने ज़ेवरात जितनी जल्दी बेच दें उतना अच्छा। चार साल पहले ज़रूरतमन्द लोगों से हिमतूशाह ने जो सोने के ज़ेवरात खरीदे थे उन का सोना आज दुगुने भाव पर बिकने लगा है। वे ही लोग बेच जाते हैं और बाद में खरीदने भी वे ही आते हैं। उन्हीं घरों के लोग। एक भाई बेच जाता है दूसरा उसे खरीद कर ले जाता है। पुराने ज़ेवर का भाव यों भी टूट जाता है। नए सोने का भाव एकदम अलग होता है। रियासत भर के घर-घर की 'नाक की नथुली, खाण की थकुली।'[1] हिमतू के पास पड़ी हैं। अपनी मजबूरी में लोग उसके पास बेच जाते हैं। बेचते नहीं है तो गिरवी रख जाते हैं। बाद में गिरवी रखने वालों की कभी ऐसी हैसियत नहीं हो पाती कि अपने जीवन के आपातकाल में हिमतूशाह के पास गिरवी रखे उस गहने को उसकी माँग के अनुसार कीमत देकर छुड़ा कर ले जा सके। जो चीज एक बार वहाँ पहुँच जाती है वह वहीं की हो कर रह जाती है।

फत्तू ने कोई मोल-भाव नहीं किया। उसे मालूम था भाव वही तय होगा जो हिमतूशाह बोल देगा।

फत्तू से नथ लेने के बाद हिमतूशाह ने उसे तोला। नथ उसी के हाथ की बनी थी। लिहाजा इस वक़्त वह उस नथ को उलट-पुलट कर उसे आँच पर रखने के बाद, और एक सूक्ष्म दृष्टि से उस का मुआयना करने के बाद, चेहरे पर फीकापन लाते हुए उस के सोने में कोई खोट या भारी मिलावट होने की, ऐसे मौके पर निश्चित तौर पर कही जाने वाली बात, नहीं कह सकता था। पुरानी हो जाने के कारण जो पैसा काटा जाना था वह उसने काटा और फत्तू को हिसाब बताया। फत्तू ने चाँदी के रुपए हिमतूशाह से ले कर उन की गिनती की, उन्हें झोले में भरा और वहाँ से चल दिया। बाजार में एक छोर से उस ने एक-एक दुकान पर अपना हिसाब करने को कहा। दुकान-दुकान से वह निपटता चला। एक-एक लाला का भुगतान करते हुए उसे अपार संतोष होने लगा था। उसे लगता था कि उस लाला का हिसाब चुकता कर वह उसके पास बंधक रखी गई अपनी देह की मुक्ति हासिल करता जा रहा है।

पूरा दिन उसने टिहरी बाज़ार में बिताया। अनेक वर्षों के बाद उसने बहुत हलका महसूस किया। उसे लगा कि अनेक बंधनों को तोड़ कर वह आज़ाद हो गया है। एक आज़ाद आदमी, जिसे कोई टोक नहीं सकता। शहर से बाहर निकलने से पहले उस के मन में आया कि महीधर हलवाई की दुकान पर जा कर दूध-जलेबी खा ली जाय। उस ने एक पैसे ही जलेबियाँ मांगीं। शुद्ध घी में बनी गरम-गरम, करारी जलेबियाँ। जलेबियाँ

1. नाक की नथ, खाने की थाली

खाने के बाद उस की पानी पीने की तबियत हुई। पर उसे खयाल आया कि पानी टिहरी बाज़ार से काफी दूरी पर नीचे बह रही भागीरथी से मजदूरों से ढो कर मँगवाना पड़ता है। वे मजदूर दिन भर दुकान-दुकान पर और घरों में पानी ढोते रहने का काम करते हैं। उस बात को सोचकर उस ने हलवाई की दूकान पर पानी की माँग नहीं की। पानी के बारे में उस ने सोचा अपने घर पहुँचकर पी लूँगा। एक पाव दूध माँगा और उसे पी गया।

परसों रात की बात है उसे अपने घर पर खाना दिया गया था। थाली सामने आने पर उस ने अपने छोटे भाई को कहा—मथुरा, थोड़ा चोखा[1] दे। बहुत दिनों से मैंने चोखा नहीं खाया।

—चोखा मैंने सँभाल कर अबाट[2] रख दिया है। दूसरे दिन माँग लेना कभी।

छोटे भाई के स्वर में तिरस्कार का भाव भरा था। फत्तू के लिए वह ज़हर से भी ज़्यादा था। उस ने थाली अपने सामने से हटा ली और बाहर जा कर हाथ धो आया। घर में किसी ने नहीं पूछा कि वह खाना क्यों नहीं खा रहा है। उस की औरत काफी पहले मर चुकी थी। बच्चे उस के थे नहीं। भाई के परिवार के साथ रहता आ रहा था। जमीन जायदाद का हिस्सा करवा लेने की बात उस ने कभी न सोची, न कही। अपनी कमाई वह छोटे भाई के परिवार पर खर्च करता आया था।

रात में फत्तू को नींद नहीं आई। सुबह वह हमेशा की तरह बाज़ार की ओर चल दिया। पर उस ने घर पर खाना नहीं खाया। खाना खाने, न खाने के बारे में घर पर कोई बात ही नहीं हुई। घर की मालकिन, छोटे भाई की बहू ने एक बार भी आ कर नहीं पूछा कि जी! क्या बात हो गई है, थाली क्यों लौटा दी?

रात भर उस के दिमाग में तरह-तरह की बातें आती-आती रहीं। अपने बचपन से लेकर माँ-बाप और फिर औरत की मौत तक की यादें। परिवार में खरीदी गई एक-एक चीज की यादें। नए कमरों के बनाए जाने की यादें। भाई के दोनों बच्चों के जन्म और उस दौरान उस की स्त्री ने किस तरह खुश होकर जज्जा की सेवा की उन तमाग बातों की यादें। इस घर में मेरा अब कोई अधिकार नहीं रह गया। अभी अपने हाथ-पाँव काम कर रहे हैं। अभी मैं कमा रहा हूँ। घर का पूरा खर्चा उठा रहा हूँ। अभी से यह हालत है। मेरा छोटा भाई मुझे दुत्कारने लगा है। माना वह मुझ से पहले निकल गया। बाद में क्या गति होगी? जिन का बाप मेरी परवाह नहीं करता वे बच्चे मुझे कितना मानेंगे? उस ने तय किया कि उसे अब ज़िन्दा नहीं रहना चाहिए। लेकिन अपने मुर्दा शरीर की दुर्गति नहीं करवानी चाहिए।

वह चाहता था कि अपने शरीर को मछलियों के हवाले कर दिया जाय। मछलियाँ उसे खा कर तृप्त हो जाएँगी। सिर से पाँव की उँगलियों तक एक आदमी के कुल अंग। एक पूरा शरीर। उसे खाते-खाते वे बहुत-बहुत आशीष देंगे। लेकिन मछलियों के कुदरती

---

1. घी 2. रास्ते से अलग 3. कहीं दूर।

व्यवहार के बारे में जान लेना भी बहुत जरूरी है। विद्वान लोगों को सब बातों का पता रहता है। किताबों में सब कुछ लिखा रहता है। इस बारे में जानकार लोगों से ठीक-ठीक पता कर लेना चाहिए।

रात खुलते ही सुबह-सुबह वह टिहरी के पुरबियाणा में बाली भाई के घर जा लगा था।

महीधर हलवाई की दुकान पर जलेबियाँ खाने के बाद वह सीधा अपने घर की ओर चल दिया। टिहरी शहर से बाहर निकल आने के बाद उसने श्रीचन्द की चौंरी पार की। भागीरथी नदी पर बने लोहे के पुल को पार करने को हुआ तो उसे पुलिस ने आगे बढ़ने से रोक दिया। कुछ और लोग भी थे जिन्हें वहाँ पर रोक दिया गया था। सामने की ओर से राजा की गाड़ी आ रही थी, ऐसा पता चला। राजा अपनी राजधानी नरेन्द्रनगर से दशहरों की पूजा करने के लिए टिहरी आ रहा था। टिहरी मोटर अड्डे से आगे कोई गाड़ी टिहरी शहर की तरफ नहीं आ सकती। वहाँ बहुत बड़ा ढलान है और बीच में दो जगहों पर तीखे मोड़ भी हैं जिन पर रास्ते की चौड़ाई बहुत कम होने के कारण गाड़ी को घुमाया नहीं जा सकता। लेकिन राजा की गाड़ी को इस राह पर पार कराने के लिए टिहरी जेल के क़ैदियों को बुला लिया जाता है। ढलान पर उतरती राजा की कार को पीछे से मोटे-मोटे रस्सों से बाँध लिया जाता है। क़ैदी उन रस्सों को पीछे से थामते हुए कार के पीछे-पीछे चलने लगते हैं। वे उस कार को खड्ड में नहीं गिरने देते। राजा की कार के उतरते वक़्त सड़क के ऊपर व नीचे अहलकारों का मजमा लग जाता है। राजा की कार पुल के ऊपर पहुँची तो उस पर बाँधे गए रस्सों को खोल कर उस से अलग कर दिया गया। तब राजा ने अपनी कार को चलाते हुए पुल पार कराया। पुल के दूसरी तरफ खड़े प्रजा के कुल लोग एक कतार में खड़े हो गए थे। रियासत में चली आ रही परंपरा के अनुसार उन्हें कार के उन के पास पहुँचने पर अपनी गर्दनें झुका देनी थीं और 'जय देव महाराज' कहते हुए राजा को नमस्कार करना था। राजा की कार के पास आ जाने पर फत्तू ने राजा को 'जय देव महाराज' कहा और अपने घर की ओर बढ़ गया।

रात में अपने घर पर उस ने और दिनों की तरह खाना खाया। खाने में चोखा मथुरा ने दिया नहीं, फत्तू ने माँगा नहीं। कल रात और आज सुबह उस ने खाना क्यों नहीं खाया इस बारे में घर पर किसी ने उस से कोई पूछताछ नहीं की। कोई बात ही नहीं की। तुम्हारी तबीयत खराब है?—ऐसा भी नहीं पूछा। लेकिन उसे इन बातों का अब कोई मलाल नहीं था। बहुत शान्त और एकदम ठंडे दिमाग से, एकदम और दिनों की तरह वह अपने बिस्तर पर जा कर लेट गया। लेटते ही उसे नींद ने आ घेरा।

नींद खुलने पर घर से उस ने अपने साथ कुछ भी ले जाना ठीक नहीं समझा। नथ की बिक्री का जो पैसा बाजार का हिसाब करने के बाद उस के पास बच रहा था उसे फत्तू ने रात में घर पहुँचने पर अपने झोले से बाहर भी नहीं निकाला था। उस झोले से

एक रुपया और अपने सिरहाने से एक माचिस निकाल कर उस ने अपनी कमीज की जेब में डाले और घर छोड़ कर चल दिया।

रास्ते भर वह एक-एक चीज पर विस्तार से विचार करता रहा। यह बात कि उसे भासौं से पहले अपनी देह भागीरथी के हवाले नहीं करनी है उस ने बहुत पहले तय कर ली थी। वह भासौं के रौ में नहीं डोलना चाहता था। उस के परिवार के लोग वहाँ पहुँच कर उस की देह को डोलते देखें। ठीक तरह से पहचान लें। फिर वे किसी तरह उस के बदन को पानी से बाहर निकालें। टिहरी से आठ मील की दूरी पर भासौं के रौ से अब उन्हें उस की मुर्दा, फूल कर भारी हो गई देह अपने कंधों पर ढोते हुए भागीरथी पुल तक लानी पड़ रही है। सब के सब परेशान। बोलेगा कोई कुछ भी नहीं पर अपने-अपने मन में उसे खूब गालियाँ देते रहेंगे। खुद तो चला गया, हमारे लिए संकट खड़ा कर गया।

मौत हो जाने के बाद अपने शरीर को दुर्गंध से बचाने के लिए किसी दूसरे के ऊपर निर्भर नहीं रहना चाहिए। जाना ही है तो श्रेष्ठ की तरह जाओ। किसी को भेद न लगे कहाँ गायब हो गया। ज़िन्दा है कि मर गया है।

बाली भाई उसकी जिज्ञासा का फौरन कोई जवाब नहीं दे पाए थे। कोई बात नहीं। विद्वान लोग अंदाज़ नहीं लगाते। फत्तू अपनी ओर से उस स्थिति का अंदाज़ लगाने लगा है। लाश अभी गरम है। फ़र्क सिर्फ इतना है कि उसके अंदर अब प्राण नहीं है। खूब अच्छी तरह जला हुआ, एकदम भुना हुआ माँस। उस की गंध मछलियों को खुद ही अपनी ओर आकर्षित करने लगी है। उन्होंने उसे चारों ओर से अपने घेरे में ले लिया है। नदी के पानी की धार में बहती हुई लाश को एक जगह पर रोके रख सकने की मछलियों के समूह की ताकत नहीं। पर उस से चिपट कर आनंदित मछलियाँ खुद भी उसी के साथ-साथ बहने लगी हैं।

पैदल पैदल चलते हुए उस ने भासौं के रौ को पार कर लिया है। टिहरी से देवप्रयाग तीर्थस्थल की ओर जाने वाली बटिया पर चलते हुए उसे नीचे घाटी में भासौं का रौ दिखाई देने लगा है। फत्तू कल्पना कर रहा है कि उसे वहाँ अनेक मुर्दा शरीर डोलते-घूमते दिखाई दे रहे हैं। नासमझ लोग! नदी में कूदना ही था तो मेरी तरह भासौं के बाद किसी स्थान पर पहुँच कर कूदते। फत्तू सोचता जा रहा है। उस ने धर्मघाट पार कर लिया हैं। अब वह नदी के किनारे पर पहुँच गया है। उस ने बहुत सारी लकड़ियाँ जमा कर ली हैं। माचिस की तीली जेब से बाहर निकाल ली है। एक रुपए का सिक्का, जो उस की जेब में है, उसे वह जंगल में घसियारिनों के सैकड़ों सालों से चलते रहने से बन गई बटिया पर रख देता है। ऐसे कायदे से धर देता है कि उस पर किसी न किसी की नज़र पड़ जाए। किसी घसियारिन को या ग्वाले को उस जंगल में वह सिक्का मिलेगा तो उसे पा कर उस को कितनी खुशी होगी?

लकड़ियाँ, खूब अच्छी तरह जलने लगी हैं। फत्तू ने अपना एक हाथ उत्साहपूर्वक उस आग में रख दिया है। ऐसा वह इसलिए कर रहा है कि मछलियों को धोखा दिया जा

सके। आग ने अपना काम करना शुरू कर दिया है। हाथ के माँस से चरबी बाहर निकलती दिखाई देने लगी है। बस, ठीक है। अब वह जल्दी-जल्दी पानी के अन्दर पहुँचने के लिए लपकता जा रहा है। अब उसे पानी को झाँसे में रखना है। नदी में पहुँच कर उस ने अपनी साँस को रोक लिया है। उसे सिर्फ इतना करना है कि नदी तल को अपने हाथ से छू लेने के बाद वहाँ लम्बी साँस लेते हुए एक बार पानी को अपने भीतर ले लेना है।

मछलियों के समूह ने भागीरथी के जल में बहते हुए उस के शरीर को अपने घेरे में ले लिया है। वह अपना सर्वस्व, अपनी सर्वाधिक मूल्यवान धरोहर—अपनी देह उन्हें सौंप रहा है। मेरे पास जो कुछ है, वह तुम्हारी सेवा में पेश किया जा रहा है। खूब संतुष्ट हो कर इस का भक्षण करो। तृप्त हो जाओ। तृप्त हो रही हो इस से बड़ा उपकार और क्या हो सकता है? मेरा जीवन धन्य हो जाएगा, मौत के बाद ही सही। मौत के बाद मेरा शरीर भूखी मछलियों के काम आ रहा है—इस से अच्छी और क्या बात हो सकती है? मछलियों को मेरा नाम मालूम नहीं होगा। लेकिन उस से क्या फर्क पड़ता है? उस के शरीर से नोंच-नोंच कर मांस का एक-एक रेशा खाती हुई मछलियाँ तृप्त होने लगी हैं। घर के लोग मेरे शरीर को ढूँढ़ते रह जाएँगे। भासौं के इस पार तो कोई आ नहीं सकता उसे तलाश करने। भासौं के पार भागीरथी के पानी में आज तक किसी लाश की तलाश नहीं की गई। लोगों को पता रहता है जो डूबा, गिरा, मरा होगा भासौं के रौ में डोल रहा होगा। मछलियाँ बेहद खुश हैं। मेरे शरीर के एक अंग के जल जाने से भी उस से खुशबू आने लगी है। वे समझ रहे हैं मेरे मुर्दा शरीर को किसी ने आग दी होगी। उत्सव मनाने लगी हैं। मुझे आशीष दे रही हैं। पानी में डूबी मछलियों को तृप्त करना धरती पर रहने वाले कुछ कृतघ्न मनुष्यों को खिलाते-पालते रहने से हर हालत में बेहतर होगा।

प्रकाशित 'कथन'

घास

पौ फटने में अभी देर थी, रुपसा की नींद टूट गई। दिए की बत्ती को उसने माचिस की लौ से छुआ और उसके जलते ही उसकी निगाह गंदे, फटे-पुराने चीथड़ों के उस ढेर पर पड़ी जिससे वह अभी-अभी सोकर उठी थी। उसे देखकर रुपसा को अनायास ही अपने पति की याद हो आई। वह फौज में था और युद्ध के उस ज़माने में उसका कोई ठीक-ठीक पता नहीं था कि वह कहाँ है। लोग कहते थे कि जर्मन जेल में क़ैद है और उसकी पूरी बटालियन क़ैद कर ली गई है। रुपसा ने बिछौने को गोल किया। उसे उठाकर लकड़ी के उस बड़े-से संदूक के ऊपर रख दिया, जिसके अंदर उसके पति का बिस्तर था, जिसमें एक सुंदर रजाई भी शामिल थी और जिसे गंदा हो जाने के डर से बंद करके रख दिया जाता था। वह बिस्तर सिर्फ तभी खोला जाता था जब साल दो साल बाद उसका पति कभी घर आता।

उसने दीया हाथ में ले लिया और कमरे से बाहर निकलकर सीढ़ी उतरने लगी। अभी सुबह होने में बहुत देर थी। न तो अभी किसी मुर्गे ने बाँग दी थी और न आसमान का कोई कोना लाल हुआ था। चारों ओर घना, काला अँधियारा छाया था। गाँव की सब बहुएँ जग गई थीं। जिन घरों में अभी कोई बहू नहीं आई थी वहाँ जवान बेटियों की नींद टूट गई थी, या उन्हें नींद की गोद से उठाया जा रहा था, गालियाँ और ताने सुनाकर—कल किसी दूसरे के घर जाएगी तो सास क्या कहेगी? यही हाल रहे तो फिर तो तुम खूब रखोगी बेटी, इस घर की इज्जत। इसके अलावा उन घरों में जहाँ न तो बहुएँ थीं और न बेटियाँ, गृहस्वामिनियाँ स्वयं उठकर रुपसा की ही तरह सीढ़ियाँ उतर रही थीं या उतर चुकी थीं।

रुपसा मवेशियों के कमरे में पहुँची। रात को सोने से पहले उसने अपनी बीमार भैंस के लिए, जिसे गर्मी हो गई थी, पींडू (घास-पात के अलावा मवेशियों को खिलाया जानेवाला भोजन) भिगोने रख दिया था ताकि उससे भैंस को तरावट मिल सके और उसकी तमस दूर हो। पींडू के बर्तन को उसने भैंस के आगे रखा, एक लंबी साँस छोड़कर बोली—कमबख्त! यम न तो तुझे ले जाएगा, न मुझे। मेरी फूटी किस्मत में भी तू ही बदी थी और पींडू को एक हाथ से हिलाती वह जमीन पर बैठकर भैंस के खाने की प्रतीक्षा करने लगी।

भैंस रुपसा को देखकर पींडू की ओर बढ़ी लेकिन उसे सूँघकर उसने मुँह फेर लिया।

रुपसा ने उसकी थोंथ को पकड़कर पींडू के बर्तन में डुबोया, पर भैंस की तबीयत कुछ ज़्यादा खराब थी। वह फिर अलग हट गई। रुपसा बुदबुदाई–शेखी तो बहुत है। बिना नमक के जीभ नहीं चलाती। नमक तुझे दूँ तो कैसे दूँ? गाभण (गर्भवती) भैंस को ज़्यादा नमक चटाने में भी तो नुकसान है। कहते-कहते वह बाहर निकली। और ऊपर रसोई के कमरे से एक मुट्ठी नमक ले गई। नमक को पींडू में डाला और नमक लगा हाथ भैंस को सुँघाया। पर आज भैंस ने नमक सूँघकर भी मुँह फेर लिया।

रुपसा डर गई। मन में सोचा–'पता नहीं क्या हो गया है इसे आज! कल तक तो कम-से-कम पींडू पी लेती थी।' उसने एक हाथ से भैंस का कान पकड़ लिया और दूसरे हाथ से उसकी थोंथ को पकड़ कर फिर पींडू में डुबोया। बीमार भैंस ने मुँह छुड़ाने की कोशिश में अपना सिर ऊपर उठाया। उसने एक लंबी साँस बाहर की ओर छोड़ी और उसके नथनों में भरे पानी की बौछार रुपसा के मुँह, बदन पर पड़ी। रुपसा ने भैंस को एक जोर का घूँसा मारा और अपना मुँह पोंछते हुए रो उठी–सारी पिरथी में मेरे लिए कोई घर न रह गया था। इस गंगाड़[1] में ब्याहने के बजाय गला घोंट देते तो भला होता। अब मैं क्या करूँ–इस दैंत की सेवा-टहल करने के लिए घर पर ही रहूँ या इसका पिंड पालने के लिए घास लेने वन जाऊँ! वह बाहर की ओर मुड़ी और आँसू पोंछते हुए बड़बड़ाई–सदानि एकल्वार्सी रण मैन, कभी नी छुटण मेरी एकल्वार्स[2]।

कोदा की रोटी और हँसिया कमर में बाँधे रुपसा घास लेने वन की ओर जा रही थी। उसे घर से निकलने में देर हो गई थी। गाँव की सब घसियारिनें अपने नियत समय पर चली गई थीं। अभी रात बाकी थी। राजधानी टिहरी की ओर जाने वाले उस राजपथ पर अभी किसी बटोही ने चलना शुरू नहीं किया था। सड़क सूनी थी। उस सूनी सड़क पर रुपसा पागलों की तरह अपनी सहेलियों के साथ होने के लिए दौड़ रही थी। पर वे अब तक दूर पहुँच चुकी थीं, रुपसा की पकड़ से दूर।

रुपसा दौड़ने लगी। उसे अपनी घसियारिन सहेलियों के झुण्ड के साथ होने की जल्दी थी। किसी अकेली घसियारिन का इस अँधेरे में दौड़ना ठीक नहीं था। पर उसका अकेला होना भी ठीक नहीं था। वह दौड़ने लगी। दौड़ते-दौड़ते उसे अपने पति की याद हो आई। उसका पति भी इस समय कहीं दौड़ लगा रहा होगा। वह कहता था कि पलटन में रोज सुबह दौड़ लगानी पड़ती है। वह पेट पालने के लिए पलटन में भर्ती हुआ था। पेट पालने के लिए उसे दौड़ना होता है। पेट पालने के लिए रुपसा को दौड़ना पड़ रहा है। नहीं! रुपसा का पति रुपसा का पेट पालने के लिए दौड़ रहा है। और रुपसा अपनी भैंस का पेट पालने के लिए दौड़ रही है। धरती रूठ गई है। तृण का कहीं नाम नहीं रह गया है। भैंस का पेट भरने के लिए रुपसा को दूर के इलाके में जाना पड़ रहा है। यह जीवन की दौड़ है। रुपसा दौड़ रही है। उसका पति भी दौड़ रहा है।

---

1. गंगा की तलहटी, 2. मैं सदा अकेली रहूँगी, मेरा अकेलापन कभी दूर नहीं होगा।

लेकिन सुना है, वह जर्मन जेल में क़ैद है। पता नहीं कहाँ है? जेल में भी क्या उसे उसी तरह दौड़ना पड़ता होगा जैसे अपनी पलटन में दौड़ाते हैं? नहीं! वह तो कहीं बंद होगा। उसकी पूरी पलटन क़ैद है। तब कौन दौड़ता होगा? उसके पहरेदार दौड़ते होंगे। फौज को क़ैद में फौज ही रखती है। एक पलटन क़ैदी बन जाती है, एक पलटन उन क़ैदियों की पहरेदार बन जाती है। ठीक है। रुपसा के पति के पहरेदार दौड़ लगा रहे होंगे। फौज के लिए दौड़ना जरूरी है। घसियारिनों के लिए दौड़ना जरूरी नहीं है। पर आज रुपसा अकेली छूट गई है। इसलिए उसे दौड़ना पड़ रहा है।

एक मील तक वह दौड़ती रही। टिहरी पुल के करीब पहुँची तो रास्ता खराब होने की वजह से साधारण-सी चाल चलने की कोशिश करने लगी। वह हड़बड़ी में चल रही थी। अब रास्ता उतराई का था। सड़क पर गोल, बेतरतीब पत्थरों को जड़ दिया गया था। इन पर दौड़ना कठिन है। इस स्थान पर राजा की गाड़ी को टिहरी जेल के क़ैदी मोटे-मोटे रस्सों से थामे रहते हैं। तब वह गाड़ी धीरे-धीरे इन पत्थरों पर ढलान पर नीचे की ओर खिसकती है। क़ैदी लोग अपनी जान हथेली पर रखकर पीछे से गाड़ी के साथ-साथ नीचे की ओर उतरते रहते हैं। क़ैदी होना बहुत बुरी बात है। रुपसा पुल पर पहुँची और रुक गई। लोहे का फाटक बंद था। उसने फाटक को खोलने की कोशिश की। उसके जंगले पर लोहे का भीमकाय ताला पड़ा था। फाटक पर जेल के-से सींखचे लगे थे, जिनके बीच से होकर छोटे-छोटे बच्चे आर-पार आ जा सकते थे। रुपसा ने भी कोशिश की, पर वह अपना सिर अंदर न डाल सकी। वह सींखचों को दोनों हाथों से पकड़कर खड़ी हो गई और फाटक को हिलाने लगी ताकि उसके हिलने की आवाज़ सिपाहियों के कानों में जा सके, जो उससे सटकर बनी हुई कोठरी में दरवाजे बंद कर सो रहे थे।

रुपसा लोहे के फाटक को हिलाते-हिलाते थक गई, पर पुलिसवालों की नींद न टूटी। उसने सामने की ओर देखा—ऊँची पहाड़ी के सिरे पर राजमहल की दीवारों की सफेदी पौ फटने की वजह से चमकने लगी थी। पुल के नीचे गंगा की लहरें साफ-साफ दिखाई नहीं दे रही थीं। पर उनका शोर खूब सुनाई दे रहा था। रुपसा ने पूरी शक्ति के साथ फाटक को हिलाया; जैसे वह उसे उखाड़ फेंकेगी। पर लोहे का फाटक थोड़ा ओर ज़ोर से हिलने के अलावा कुछ न कर सका। उसके हिलने की आवाज़ से पुलिसवालों की नींद में कोई ख़लल नहीं पड़नेवाली थी। उन्हें नींद आई ही कब थी जो अब टूटने लगती।

रियासत की राजधानी टिहरी में प्रवेश करने के लिए इस पुल को पार करने के अलावा और कोई रास्ता नहीं था। पुल का फाटक रात को बंद कर दिया जाता और दो सिपाही वहाँ पर हर वक़्त ड्यूटी पर तैनात रहते। रोज़ सुबह पौ फटने के पहले ही घसियारिनें इस पुल को पार कर वन की ओर बढ़ जातीं। घसियारिनों के झुंड चलते। दादियों और माँओं के, ननदों और भावजों के झुंड पुल पर पहुँच जाते और पुलिसवाले, मारपीट कर देनेवाली उन मशहूर घसियारिनों को एक साथ देख, डर के मारे फाटक खोल देते। घसियारिनें आगे बढ़ जातीं और पुलिसवाले उस पर फिर ताला ठोंक देते—इस उम्मीद

में कि कोई घसियारिन पीछे भी छूट सकती है और अकेली आ सकती है।

रुपसा भी अकेली थी। जब वह फाटक खटखटाते-खटखटाते थक गई तो विवश होकर पीछे की ओर लौटी। पुलिसवालों को जगाकर पुल खुलवाने के लिए उसने कोठरी के दरवाज़े को धीरे-धीरे खटखटाया। दरवाज़ा तुरंत खुला। दोनों पुलिसवाले बाहर निकले। वे इस क्षण के लिए पता नहीं कितनी देर से तैयार बैठे थे।

कोठरी से निकलकर रुपसा पुल पर पहुँची तो उसे अपने शरीर से घृणा हो रही थी। पुल के बीच में पहुँच कर उसने संगम की ओर, नदी के बीच में फँसे गणेश के भीमकाय पत्थर की ओर, बद्रीनाथ के मंदिर की ओर देखा, पर रोज की तरह हाथ नहीं जोड़े। एक बार उसके जी में आया कि वह लौटकर घर चली जाए और फिर कभी घास काटने न आए। लेकिन रोगी भैंस की याद आते ही उसके कदम और तेज़ हो गए। वह अपनी भैंस के बारे में सोचने लगी। उसे एक सौ पचास रुपयों में खरीदा गया था। वह ब्याहनेवाली थी। उसे पालना हर सूरत में ज़रूरी था। वह दूध देती थी। उसका गोबर भी कीमती था। वह दूध न भी दे फिर भी गोबर के लिए उसे पालना पड़ता। गंगाघाटी के उन असिंचित खेतों में खाद के बगैर कोदा-झंगोरा भी नहीं पैदा हो सकता। क़ैदी पति का क्या भरोसा? आए-न-आए। कब आए। पति दूर है, भैंस पास में है। भैंस को ज़िंदा रखना जरूरी है। पति रहे तब भी, पति न रहे तब भी। तीन मील ही खड़ी चढ़ाई चढ़ते-चढ़ते सूरज निकल आया। गर्मियों का मौसम। जेठ का महीना। चारों ओर तृण का कहीं नामोनिशान नहीं। पेड़ सूख गए। पौधे जल गए। खुले जंगल में घास कहीं देखने को न रह गई। खुले जंगल में प्रजा को घास-लकड़ी काटने की छूट है। बंद-जंगल पूरी तरह बंद है। वह सरकारी है। उसकी चौकसी होती है। बंद-जंगल में घास लकड़ी के लिए जाना भी अपराध है। ज़िंदगी में चारों तरफ बंदिशें क्यों लगी हैं? ऐसा क्यों नहीं होता कि जो आदमी मेहनत करके दो भैंसें पाल सके उसे घास काटने की इजाजत मिल जाए? घास का बोझ ढोना पड़ता है। उसे तो रुपसा आजीवन ढोने रहने को तैयार है, लेकिन पुल का द्वार क्यों बंद किया जाता है? धरती सूख गई। पानी की एक बूँद नहीं बरसी। सूर्य की गर्मी से जली धरती ने लाल रंग का कवच ओढ़ लिया।

घसियारिनें खुले जंगल से ही घास ले जाती रहीं, पर अब उस जंगल में एक तिनका भी बाकी नहीं रह गया। अपने मवेशियों के जीवन की रक्षा करने के लिए वे अब बंद-जंगल में जाने लगीं। हर रोज वन विभाग के दफ्तर में इन गुनहगार घसियारिनों से छीनी गई असंख्य दरातियाँ जमा होने लगीं। इन्हें नीलामी में बेचकर वन विभाग अपनी आमदनी बढ़ाता है।

रुपसा अकेली है। घसियारिनों की टोलियाँ न जाने किस ओर चली गई हैं। अकेली रुपसा तय न कर सकी कि किधर जाए। वन का भी अपना कायदा होता है। घसियारिनें वन में पहुँचकर थोड़ी देर सुस्ता न लें, कुछ बातें न करें, थोड़ा-बहुत हँसी-मजाक आपस

में न करें तो वन नाराज होता है। वन को भी हँसी-मजाक सुनने का शौक होता है। वन चाहता है कि यौवन के मद से चूर युवतियाँ कुछ देर उसकी गोद में भी बैठें। वन चाहता है कि घसियारिनें गुपचुप की बातें करें, कि वे इधर-उधर की बातें भी करें और उसके बारे में, वन के बारे में भी बातें करें। वन चाहता है कि महिलाएँ उसके पास आएँ और आत्मीयता से आएँ, चोरों की तरह उसमें उगी हुई वनस्पति को लूटने के लिए न आएँ। वन की नाराजगी से हर घसियारिन डरती है। वन मुर्दा नहीं होता। वन एक ज़िंदा चीज़ का नाम है। वन ज़िंदा-दिल होता है। तभी तो आज घास काटकर ले जाओ और चार दिन बाद फिर वहीं पर उगी नई घास काटने चले आओ। वन मनुष्य को पालता है। और वन बाघ को भी पालता है। और यह भी कहावत है कि 'बिना बाघ वन नहीं, बिना वन बाघ नहीं'। वन सबको पालता है। और वन सबको खुश रखता है और वन चाहता है कि उसे भी सब खुश रखें। वन की नाराजगी घर के बड़े-बूढ़ों की नाराजगी से ज़्यादा ख़तरनाक होती है। न जाने किस गाछ के नीचे से, किस पेड़ के नीचे से बाघ अचानक उछल पड़े। बाघ के बारे में मशहूर है कि उसका कहना है कि मेरी पूँछ न होती तो मैं सकिना की पत्ती के नीचे छुप जाता। सकिना की पत्ती छोटी उँगली के नाखून से भी छोटी होती है। बाघ अपना बदन सिकोड़ कर उसे इतना छोटा बना लेता है कि कतई दिखाई न दे और सकिना की पत्ती के नीचे छुप जाए। रुपसा अकेली है और अकेली रुपसा को न जाने क्यों ये सब बातें इसी वक़्त याद आ रही हैं।

रुपसा एक ढलान पर पहुँची जहाँ खूब हरी घास उगी थी। वहाँ पेड़ों के नीचे घना झाड़-झंखाड़ भी उग आया था। गले-गले तक उगे हुए झाड़ के नीचे से हाथ फैलाकर घास को तने के बीच से थाम लेना और फिर उसे दराँती से काट लेना—रुपसा ने जीवन-भर यही काम तो किया है। घने पेड़ों की छाया में उगे बेतरतीब झाड़-झंखाड़ से भरे हुए इस निर्जन वन में रुपसा को, और हर घसियारिन को वन्य प्राणियों से बेहद डर लगता है। उसे बाघ से डर लगता है। वह प्राणघातक हमला कर सकता है। उसे भालू से और भी अधिक डर लगता है। वह औरतों को जान से नहीं मारता, लोग ऐसा कहते हैं। भालू मनुष्य के सौंदर्य का दुश्मन होता है। वह आदमी के मुख पर हमला कर आदमी को कुरूप बना देता है। और लोग ऐसा भी कहते हैं कि भालू औरत को पकड़ लेता है तो उससे बलात्कार भी करता है। कहीं, पता नहीं किस गाँव में, कभी, पता नहीं कब, लोग कहते हैं—एक औरत रहती थी जो रुपसा की तरह एक दिन वन में अकेली चली गई। और उसे एक भालू ने पकड़ लिया। भालू ने उसे अपनी गिरफ्त में ले लिया, और उसने औरत का मुँह नहीं नोचा, उसने औरत को जमीन पर लिटा दिया। पीठ के बल लिटाया। और फिर, लोग कहते हैं, भालू ने उस औरत के साथ बलात्कार किया। फिर उसने स्त्री को घर नहीं जाने दिया। भालू उसे अपने घर ले गया। भालू का घर एक गुफा थी। वह औरत को उस गुफा में बंद कर गया और गुफा के द्वार पर एक विशाल शिला खड़ी कर वहाँ से चला गया। औरत गुफा में क़ैद हो गई। बहुत देर बाद भालू लौटा। और एक कद्दू और कुछ कंद-मूल

लेकर लौटा। यह सिलसिला कई दिनों तक, कई-कई दिनों तक चलता रहा। भालू रोज गुफा के द्वार पर एक शिला खड़ी कर उससे बंद कर जाता और लौटता तो कुछ-न-कुछ खाद्य सामग्री लेकर लौटता। भालू की गुफा औरत का घर बन गई, भालू औरत का पति बनकर रहने लगा। और फिर भालू की सोहबत में रहते-रहते औरत भी भालू की तरह शक्तिशाली हो उठी। एक दिन भालू सुबह के समय रोज की तरह गुफा के द्वार को शिला-कपाट से बंद कर बाहर निकला। उस दिन भालू की सोहबत में शक्तिशाली बनी औरत ने अंदर से शिला को हटाने की कोशिश की। उसने पीठ जमीन पर टिका दी और दोनों पाँवों से शिलाखंड को बाहर धकेलने की कोशिश की। शिलाखंड एक ओर जा गिरा। औरत की ताकत सफल हो गई। उस दिन, लोग कहते हैं, बहुत-सी घसियारिनों ने भालू की गुफा से उसकी रोने की आवाज़ सुनी। भालू कैसे रोता है? भालू जंगली कुत्ते की तरह रोता है। और, लोग कहते हैं, गुफा से उस दिन घसियारिनों ने भालू को एक लंबी लूल मारते सुना था। इकहरी, शोक में डूबी हुई, एक लंबी, करुणामय आवाज़। वह भालू का रुदन था। भालू रोया था। भालू, जो औरत को प्यार करता था। भालू, जो आदमी को कुरूप बना देता है।

लोग कहते हैं—उस औरत ने अपने घर आने के कुछ दिन बाद कुछ बच्चे जने। भालू के बच्चे जने थे। उनमें कोई भी जीवित नहीं रहा, इसलिए इंसानी बस्ती में सिर्फ उनकी कहानी जिंदा रह गई। वह औरत किस गाँव की थी? पता नहीं किस गाँव की थी। यह कब की बात है? पता नहीं कब की बात है।

बाघ खून पीता है। उसे जान से मार डालता है। भालू पुरुष का चेहरा विकृत कर देता है और स्त्री शक्तिशाली न हुई तो उसकी इज्जत लूट लेता है। रुपसा को इन जंगली जानवरों से डर लगता है। पर इन सबसे अधिक डर उसे आदमी से लगता है। जंगल में जब कोई घसियारिन अकेली हो तो जंगली जानवर से उतना डर नहीं लगता जितना डर अकेले आदमी से लगता है। रुपसा ने घास का एक गुच्छा बाएँ हाथ से पकड़ा और दाहिने हाथ से अपनी दराँती उस पर फँसाकर उसे अपनी ओर खींचा। घास काटने लगी। उसे लगा कि उसके पीछे से किसी के दबे पाँवों की आहट हुई। अधकटी घास को अपनी मुट्ठी से मुक्त करते हुए उसने पीछे घूमकर देखा। वहाँ कोई नहीं था। बाघ कहता है—मेरी पूँछ न होती तो मैं सकिना की पत्ती के नीचे छुप जाता। बाघ हो सकता है। बाघ वार करने के लिए घात लगाकर बैठता है। उसने चारों ओर निगाहें घुमाईं। कहीं कोई नहीं दिखाई दे रहा था। आदमी भी हो सकता है। आदमी होता तो वह हवा की तरह कैसे गायब हो जाता? हो सकता है कि कहीं कोई और जानवर रहा होगा, कोई मृग रहा होगा। हो सकता है कोई पेड़ की शाख टूट गई होगी। वह फिर घास काटने लगी।

दूर सामने की पहाड़ी पर दो स्त्री-पुरुष बाजूबंद लगा रहे थे। पुरुष बटोही था, स्त्री घसियारिन थी।

ब. फूली जाली जई।
बाँज काटदारी नौनी कै गौं की छई?
घ. बाबला की कूची
कै भी गौं की होलु मैं, तू क्या करदो पूछी?
ब. गिंजाला की गाँज
सरकारी छ जंगल, केक काटदी बाँज?
घ. थकुली की थरी,
रज्जा कौंकू मरी जौन बंद जंगल करी।
ब. घमकायू घण
तू इनू जाणदी छई केक आई बण?
घ. सरकाई त सुई
सैसरियों कू मरी भैंसी धरीन दुई।
ब. झगुली को मैल
मैं इन पूछदू गैल्या कु छ तेरा गैल
घ. साग लाई कोई
ईश्वर भगवान कुई एकल्वार्स्या ना होई
ब. खेत गोडी मूला
मैं काटूलो बाँज गैल्या, तू बाँधली पूला
घ. डाला पकी बेर
तू लाँदी वार पार मैं होंदी अबेर।[1]

बटोही परदेस जा रहा था। राह चलते-चलते वह गाता चला गया और दूर पहाड़ की चोटी से कोई घसियारिन भी घास काटते-काटते गीत गाती रही। तब तक मोड़ पर पहुँचकर बटोही का रास्ता दूसरी ओर मुड़ गया और उसका स्वर बंद हो गया। सभी घसियारिनों की तरह रुपसा भी घास काटते-काटते एक गीत गाने लगी।

---

1. भावानुवाद :
ब. बाँज काटनेवाली लड़की किस गाँव की हो?
घ. मैं किसी भी गाँव की होऊँ, तू पूछकर क्या करेगा?
ब. सरकारी जंगल हैं बाँज क्यों काटती है?
घ. राजा हर का मर गया जिसने जंगल को बंद घोषित किया।
ब. तू ऐसा जानती थी तो वन में क्यों आई?
घ. ससुरालवालों का मर गया दो-दो भैंसें रखी हैं।
ब. संगिनी, मैं पूछता हूँ, तेरे साथ कौन है?
घ. ईश्वर! किसी को अकेलापन न मिले।
ब. संगिनी बाँज मैं काट लूँगा, तू उसके पूले बाँधती रहना।
घ. तू इधर-उधर की बातें कर रहा है मुझे विलंब हो रहा है।

गीत घसियारिनों का ही था। किसी समय एक बंद जंगल में कोई घसियारिन चली गई। पतरोल ने उसका हाथ पकड़ लिया। मंशा बुरी थी।

मैं सास की बहू हूँ, पतरोल भाई मेरा हाथ छोड़ दे।
भाई-भाई मत बोल, श्यामदेई तू तो मेरी साली है।
मेरा हाथ छोड़ दे, पतरोल भाई! तू फूफी का लड़का होगा।
मेरी चौकी के नीचे हरा-भरा बाँज है।
मेरी भैंस तेरा बाँज नहीं खाती, तेरा बाँज यह रहा।[1]

रुपसा ने गीत खत्म किया और घास का गट्ठर बाँधकर सुस्ताने लगी। उसे भूख लग आई थी। कमर में बँधी पोटली से उसने कोदा की रोटियाँ निकालीं और पिसे नमक के साथ उन्हें खा गई।

रुपसा घर जाने की तैयार करने लगी। वह उठी। घास के गट्ठर को अपने सिर पर उठाने के लिए वह उसे एक ऊँचे पत्थर के पास ले जाने लगी। पीछे से कोई चिल्लाया–खूब घास काटी है आज, कितनी भैंसें हैं घर में?

उसने पीछे घूमकर देखा। पतरोल आ रहा था। लंबे, काले बूट पहने वह बड़ी तेज़ी से उसकी ओर बढ़ा आ रहा था। पास पहुँचकर बोला–हँसिया सौंप दो।

रुपसा ने हँसिया उसकी ओर फेंक दी। पतरोल ने जमीन पर पड़ी हँसिया की ओर नहीं देखा। वह एकटक रुपसा के मुख पर निगाहें गढ़ाए खड़ा था। रुपसा के एकदम पास आकर खड़ा हो गया।

–घास भी रख दो।

–मेरी भैंस बीमार है।

–होती रहे। मैं तो सरकारी मुलाजिम हूँ। कहते-कहते उसने झपटकर रुपसा की कलाई पकड़ ली।

घास का गट्ठर जमीन पर गिरा था, डोरी से बँधा हुआ। उसे एक-एक तिनका जोड़कर रुपसा ने इकट्ठा किया था। उसके दूसरी ओर थोड़ी ही दूर पर उसकी हँसिया पड़ी थी, जिसने बेजुबान तृणों को घास की तरह काटा था। रुपसा ने अपनी ताकत की आजमाइश नहीं की। ताकत की आजमाइश करना शायद फिजूल था। उसे आँगन में खड़ी निरीह, बीमार भैंस की याद हो आई। जर्मन जेल में बंद अपने फौजी पति की याद हो आई। उसे

---

1. मूल गढ़वाली में यह गीत इस प्रकार है –
छोड़ दे मेरी हाथी, मैं सासू की ब्वारी भैजी पतरोल।
भैजी-भैजी ना बोली, तू छ मेरी स्याली नौनी श्यामदेई।
छोड़ दे मेरी हाथी, तू पुफू को नौनो भैजी पतरोल।
मेरी चौक बीड़्वाल लड़बड़ो बाँज नौनी श्यामदेई।
मेरी भैंसी नी खाँदी, यो छ तेरो बाँज भैजी पतरोल।

टिहरी पुल की पुलिस-कोठरी याद हो आई और उसके बाद बाघ-भालू के बारे में जितनी-जितनी बातें वह घास काटते-काटते सोचती जा रही थी, एक ही क्षण में उन सब बातों की याद हो आई। और रुपसा को लगा कि उसे अपने भैंस नामक जानवर को ज़िंदा रखना है तो उसे हर प्रकार के हमलावर जानवर के सामने खामोश रहना होगा। पतरोल का दूसरा हाथ घास के गड्डर में बँधी डोरी को खोलने के लिए लपका।

—उस डोरी को मत खोलो, रुपसा ने कातर विनय की।

—अच्छा उस डोरी को नहीं खोलूँगा।

तब पतरोल का हाथ अपनी कमर की ओर गया। वहाँ एक डोर खुली। उसके खुलते ही घास का गड्डर बँधा-बँधाया रह गया। लेकिन घसियारिन जमीन पर खुलकर बिछ गई, जैसे कोई बिस्तर बिछता है, नर्म, लेकिन तपता हुआ बिस्तर।

मछली-जाल

बूढ़ा भैरू सुनाली गाँव के गरीबों में एक था। वह जी-तोड़ मेहनत करता और गाँव के दूसरे लोगों के खेतों में अंधेल[1] पर काम करता। यों तो सुनाली में धनी कोई नहीं पर जो बिना कर्ज-पात के अपना काम चला ले वही सेठ कहा जाता था। अपने साठ वर्ष के जीवन में उसने कितने उतार-चढ़ाव देखे। उसने विद्रोह देखे। तिलाड़ी[2] का मैदान देखा, जब रवाँई की बहादुर जनता ने राजा की निरंकुश हुकूमत को चुनौती दी थी, उसने डाँगचौरा और सकलाना के विद्रोह देखे।

राज बदल गए, राजाओं का अंत हुआ पर भैरू वैसा ही रहा। न उसे राज्य मिला, न रोटी। उसे जमीन भी न मिल पाई। अब तो वह जीवन की आखिरी साँसें सँसता। उसे विश्वास हो चला कि कष्टों से छुटकारा केवल मौत देगी।

भैरू अकेला होता तो अपना पेट जैसे-तैसे भर लेता, पर उसके पाँच बच्चे जो थे। सबसे बड़े सिद्धा की उम्र अभी बारह वर्ष की थी। जब सिद्धा बारह वर्ष का हुआ तो भैरू उसे खाने-कमाने की सलाह देता। कहता—बेटा, बारह वर्ष की बेटी घर सँभालती है, बारह वर्ष का बेटा तलवार थामता है।

गाँव का रैसिंह भैरू की समय-समय पर मदद कर दिया करता था। सारे गाँव में बस रैसिंह ही तो कुछ पढ़ा लिखा था। उसके पास खाने-चुगने लायक जमीन भी थी। एक वक़्त भैरू ने रैसिंह से पचास रुपए उधार लिए थे—पर वह पूरी रकम कभी वापिस नहीं कर सका। जो भी पैसे वह लौटाता, उसे बताया जाता वे सूद में कट गए हैं। मूलधन रैसिंह का सुरक्षित, भैरू पर बकाया के रूप में कायम रह जाता।

वह सोचता कि अगर वह कर्जदार मर गया तो उसका परलोक बिगड़ जाएगा। उसकी आत्मा इधर-उधर भटकती रहेगी, भूतों के लोक में पड़ी वह डोलती रहेगी। मौत के बाद आदमी को शांति चाहिए, स्थिरता चाहिए। ज़िंदगी के कायम रहते जितना भी भटके, मौत को गले लगाने के बाद उसे एकदम विश्राम करने की सुविधा होनी चाहिए। इसी को सुख कहते हैं। आदमी ज़िंदगी में जो भी करता है वह इसीलिए करता है कि ज़िंदगी के बाद

---

1. बटाई, 2. सन 1930 में टिहरी-गढ़वाल रियासत का प्रसिद्ध किसान विद्रोह।

उसे कुछ करना न पड़े, उसकी आत्मा कुछ अधूरे कामों को पूरा करने की मजबूरी में डोलती न रहे। वह रैसिंह से कहता इस सिद्धा को अपने पास रख ले, यह तेरा काम-काज करता रहेगा। मैं तेरे कर्जे से उऋण हो जाऊँगा। उसके बहुत कहने पर आखिर रैसिंह ने एक दिन सिद्धा को दो रुपए माहवार पर नौकर रख लिया। सिद्धा रैसिंह के यहाँ चला गया और भैरू ने अपने-आप को मुक्त समझ लिया।

दिन भर अपने काम से थक कर जब भैरू घर आता तो अपने गाँव की छोटी-सी पहाड़ी नदी के पास चला जाता। थोड़ी देर तक वह गोद (मछली पकड़ने का एक जाल) के पास बैठा रहता। मछली लगती तो घर आता वरना फिर बैठा रहता। कभी-कभी इस तरह सारी रात कट जाती। सिद्धा भी अपने बाप की तरह मछली मारता। गाँव के घ्यालू के साथ, जो उसकी उम्र का था, वह कई बार नदी तट पर जाता और मछली पकड़ता रहता।

उस दिन डाँडागौं से रैसिंह के घर एक सेठ मेहमान आया। रैसिंह सेठ को सौकार कहता था। वह उसका कर्जदार था। सेठ उससे अपना चार हजार रुपयों का ब्याज लेने आया था। रैसिंह गाँव का साहूकार था, वह सेठ पट्टी का सेठ था। सेठों का सेठ।

सौकार की खूब आवभगत हुई। खाना खाकर सौकार बोला—अरे रैसिंह, इस सिद्धा से मछली तो मँगा। हमारे डाँडागौं में तो मछली नसीब ही नहीं होती।

रैसिंह ने सिद्धा को मछली लेने भेज दिया। वह घ्यालू के साथ नदी पर गया और गोद लगाई। फिर दोनों पास की बगड़ (सूखी नहर) में बोरी का टुकड़ा बिछा कर सो गए। बीच-बीच में कभी एक और कभी दूसरा उठकर गोद तक जाता और फिर लौट कर दूसरे की बगल में लेट जाता।

इस तरह बहुत वक़्त बीत गया। आसमान से बूँदाबाँदी होने लगी। सिद्धा ने घ्यालू को जगाया। दोनों गोद देखने चले। गोद में करीब दो सेर की मछली फँसी थी। दोनों ने उसे लाकर सिरहाने के नीचे रख दिया। थोड़ी देर तक वह मछली भटकती रही। घ्यालू ने कहा—देख बे सिद्धा, बच्चे जन रही है। बेचारी को पीड़ा हो रही है।

—अबे नहीं, डरा रही है, सिद्धा ने कहा और वह उसे पकड़ कर अपने मुँह तक ले गया। उसने मछली को चूमा और बोला—अब तेरी सब्जी बनाऊँगा। रैसिंह भाई के यहाँ पाहुने आए हैं। बड़ा सेठ आया है। तुझे गर्म-गर्म मसालों में पकाया जाएगा। इतना कहकर वह जोर से हँसा—हो-हो।

पानी बरसना बंद हुआ। दोनों मछली को सिरहाने रखकर फिर सो गए। आसमान में बादल घिरे थे और चाँद गायब हो चुका था। घाटी में घना अँधेरा छाया था। रात के सन्नाटे में बूढ़ा भैरू नदी पर आया। वह गोद लगाने लगा तो देखा कि एक गोद लगी हुई है। गोद खाली न थी, उसमें एक मछली लगी थी। उसने अंधेरे में इधर-उधर देखा और जल्दी से मछली निकाल कर अपने झोले में डाला और पानी से बाहर चला आया। उसकी समझ में न आया कि उसने किसकी चोरी की है।

वह तेज़ी से चलने लगा। बगड़ के किनारे पहुँच कर उसने बगड़ के अंदर पैर रखना चाहा। जीवन के साठ वर्षों में उसे रास्ते अच्छी तरह याद हो गए थे। गहनतम अंधकार में भी दुर्गम पहाड़ी घाटियाँ, तेज बहने वाले नदी-नाले पार कर लेना उसने सीखा था। बगड़ के अंदर पैर रखते ही उसका पैर घ्यालू के पेट पर जा पड़ा। घ्यालू के मुँह से आह निकली और फिर ह्वा-ह्वा करता हुआ वह झपट कर उठ खड़ा हुआ। इस आकस्मिक झटके से भैरू सँभल न सका। वह आगे की ओर जा गिरा।

—ह्वा-ह्वा (बाघ-रीछ को भगाने का स्वर) करता हुआ घ्यालू ज़ोर से चिल्लाया—सिद्धा।

—क्या हुआ घ्यालू?

—घ्यालू, बेटा घ्यालू, तू है? भैरू का स्वर।

—दादा तुम? घ्यालू ने पूछा।

—हाँ बेटा, मैं ही हूँ। कराहते हुए भैरू उठा और सिद्धा के पास बोरी के टुकड़े पर बैठ गया।

—चोट लगी दादा?

—अरे नहीं, यह भी कोई चोट है?

कुछ देर की खामोशी के बाद भैरू बोला—तुन अभी बच्चे हो। कभी इस तरह बगड़ में नहीं लेटते। एक बार जब मैं भी तुम्हारी उम्र का था, ऐसे ही बगड़ में लेट गया था। रात में एक चिड़ौ (अजगर) आया और मेरी बगल से होकर गुजरने लगा। मैं न खड़ा हो सका और न लेटा ही रह सका। खैर, ईश्वर मुझे कुछ दिन और चाहता था, चिड़ौ मेरे पास से गुजर गया।

थोड़ी देर तक तीनों चुप रहे फिर घ्यालू ने कहा—बीड़ी है क्या? जाड़ा लग रहा है। हम तो चिलम लाना भी भूल गए।

लो छोकड़ो, पियो बीड़ी। भैरू ने अपनी बीड़ी सुलगाई। कुछ देर बारी-बारी से तीनों ने उसे फूँका। तब भैरू ने पूछा—सिद्धा कोई माछी लगी हाथ?

—तुम्हें मिली? सिद्धा ने प्रश्न किया।

—नहीं।

—हम तो अभी-अभी लेटे थे, हमें कहाँ से मिलती माछी? घ्यालू जरा गोद तो देख आ।

घ्यालू गोद पर चला गया सिद्धा और भैरू बाप-बेटे थे। दोनों चुप थे। दोनों के पास मछली थी। दोनों को एक-दूसरे से डर लग रहा था। एक ने भी न बताया कि मछली है।

—अरे, कुछ है? सिद्धा ने चिल्ला कर पूछा।

—नहीं, कुछ नहीं। गोद से घ्यालू ने उत्तर दिया।

थोड़ी देर में घ्यालू वापस आ गया। भैरू ने पूछा कुछ नहीं लगी?

—नहीं।

—अच्छा मैं चला।

—सिद्धा, तूने अपने बाप को मछली क्यों नहीं बताई? घ्यालू ने मित्रता के स्वर में

पूछा।

—अरे बेवकूफ, तुझे क्या मालम, बुड्ढा ले जाता और बेच देता। मैं तो रैसिंह भाई के घर खाता हूँ। वहाँ मेहमान आया है। सौकार आया है। इतनी सुंदर मछली बनेगी कि उँगली चाटते रहे जाएँगे सब।

—अच्छा सो जाएँ, नींद आ रही है।

दोनों फिर लेट गए। घ्यालू को सोता देख सिद्धा चुपके से उठा और गोद पर चला गया। एक बड़ी मछली हाथ लगी थी करीब तीन सेर की। उसे निकाल कर वह चुपके से आया। उसने किनारे की रेत खोदी और मछली उसमें गाढ़ दी। फिर लेट गया।

सुबह उठ कर सिद्धा और घ्यालू ने गोद देखा। खाली था। सिराहने के नीचे रखी मछली लेकर वे दोनों घर पहुँचे। घ्यालू के घर पर मछली के हिस्से हुए। सिर सिद्धा को, पूँछ घ्यालू को। मछली को रैसिंह के घर रख कर सिद्धा रात वाली जगह पर पहुँचा और वहाँ से गढ़ी हुई मछली ले गया।

पूर्णिमा की रात थी। घ्यालू और सिद्धा आज फिर पहाड़ी नदी के किनारे लेटे थे।

गोद में जरूरी नहीं कि रोज मछली लग ही जाए। कभी वक़्त आने पर रात भर में मनों मछली लग सकती हैं और कभी एक भी नहीं। आज की सारी रात बीत गई पर एक भी मछली न लगी। सुबह सिद्धा और घ्यालू उठे और हताश होकर किनारे पर बैठ गए।

—आज तो एक भी नहीं लगी सिद्धा?

—क्या बताएँ, ऐसा तो कभी न हुआ था।

—उस दिन सिद्धा, जब सौकार ने तुझे मछली लेने भेजा था, और तेरा बाप आया था, जानता है मैं एक मछली और ले गया था? तुझे पता भी नहीं चला।

—मैं भी तो एक ले गया था।

—ले गया होगा।

—जानता है मेरी मछली का क्या हुआ?

—क्या हुआ?

—एक तो सौकार ने अपने घर के लिए रखी। फिर सौकार को खूब खिलाई रैसिंह भाई ने। उसने खुद भी खाई। तब उसकी घरवाली ने। मेरे लिए कुछ भी बचा नहीं रहा। सच कहूँ, उसकी मौत हो जो झूठ बोले, मैंने उस दिन चखी तक नहीं।

—मेरी मछली भी मेरे बाप ने श्रीधरपंडित को बेच दी थी चार आने में। मैंने भी तो नहीं खाई।

—फिर चार आने का क्या किया?

—चाने आने श्रीधरपंडित को दान कर दिए थे। उसी दिन शाम को हमने कथा की थी सत्यनारायण जी की, भगवान जी की।

मेरा जीवन एक खुली पुस्तक है

कमरे में प्रवेश करते ही सामने बैठे व्यक्ति ने मेरा अभिनंदन कर, अभिनय के स्वर में मुझे पास की कुर्सी पर बैठने का संकेत किया। इससे पूर्व कि मैं अपना स्थान ग्रहण कर सकूँ उसने प्रश्न किया—आप पत्रकार तो नहीं हैं न?

—जी नहीं, मैं पत्रकार नहीं हूँ। नौकरी-पेशा आदमी हूँ। उस दिन आपसे नईता काफे में परिचय हुआ था।

—ओहो, ख्याल आया। क्षमा कीजिएगा। आप बुरा न मानें। आप स्वयं सोच सकते हैं कि दिमागी उलझनों के कारण कभी-कभी पहचानने में भूल हो जाती है। और दरअसल मेरे दिमाग पर कुछ इस तरह का प्रभाव पड़ गया है कि मैं हर अपरिचित आगंतुक को पत्रकार समझ बैठता हूँ।

मैंने उसकी भाव-भंगिमा को गौरपूर्वक देखा। चौड़े वक्ष और चौड़े माथे का वह युवक खद्दर का कुर्ता पहने कुर्सी पर बैठा था। सामने एक बहुत बड़ी मेज थी। मेज पर खद्दर का मेजपोश जिस पर चारों ओर पुस्तकें व फाइलें पड़ी थीं और भली लग रही थीं। उस साजबाज को देखकर कोई समझता कि वह किसी बड़े आदमी का दफ्तर होगा।

—अब मैंने पत्रकारों से भी जान छुड़ाने का पूरा इंतजाम कर लिया है। वह खुद ही बोल उठा—आप खुद सोचिए, इतना समय किसके पास है जो पत्रकारों को रोज-रोज अपना जीवन परिचय बताता फिरे। अब मैंने पूरा प्रबंध कर लिया है। अब वे मेरा समय बर्बाद नहीं कर सकते। यह कहते हुए उसने एक मोटी-सी फाइल मेरी ओर फेंक दी और बोल उठा—बस यही है मेरा जीवन चरित्र। ये पत्रों की कटिंग्स ही काफी हैं। और यह अलबम भी किसी हद तक मेरे जीवन-इतिहास की कमी को पूरा कर देता है।

उसने अलबम भी मेरे सामने रख दिया और उसके एक-एक पन्ने को उलट कर वह मंद स्वर में कहने लगा—बचपन के चित्र हैं। तब भारत स्वतंत्र नहीं हुआ था। मैं तब इतना स्वस्थ न था जितना अब हूँ। सच पूछिए तो गुलाम देश की जनता कभी स्वस्थ हो ही नहीं सकती।

—आप ठीक कहते हैं। मैंने समर्थन किया।

उस भारी-भरकम अलबम के एक-एक पन्ने को उलट कर जब वह पुराने चित्रों की

सटीक एवं ससंदर्भ व्याख्या करने लगा तो मुझे कुछ भय हुआ। निश्चय था कि अकेले उसी अलबम का इतिहास बताते-बताते वह कम से कम एक घंटा तो लगा ही देता। मैंने बीच में टोक देना उचित समझा—आजकल आप क्या कर रहे हैं?

—यही कुछ देश-सेवा। मकानों के किराए से ही पेट पल जाता है। यह चित्र उस समय का है जब मैं सन् 42 में गिरफ्तार हुआ था। यह भीड़, जो इर्द-गिर्द जमा है, अब भूल चुकी है कि कभी मैंने भी त्याग किया था। पर कोई बात नहीं, मैं तो नहीं भूल सका। अलबम के पन्ने उलटते हुए वह बताता गया।

मैंने टीका की—हमारे देश की जनता के स्वभाव में भूल विद्यमान है।

—जी हाँ, देखिए लोग बापू को कितनी जल्दी भूल गए। नाम याद रहा तो क्या रहा, उनकी शिक्षा तो किसी को याद नहीं है न? आज कौन गाँधी जी का अनुसरण करता है? यह चित्र...

मैंने वाक्य काटा—वे बापू के हत्यारों को भी भूल गए हैं?

—आप सही कहते हैं। यह चित्र उस वक़्त का है जब पंडितजी हमारे शहर में आए थे। इसमें मैं उन्हें नागरिकों की ओर से माला पहना रहा हूँ। पंडितजी को फूलों का बहुत शौक है। मुझ पर तो उनकी सदैव कृपा रहती है। एक बार पंडितजी ने मुझे बुरी तरह डाँटा भी...

मैंने पुनः टीका की—यह तो बहुत बड़ा सम्मान है। डाँटा तो उसी को जाता है जो निकटतम हो।

—जी, कहकर उसने फिर कुछ कहने की तैयारी की ही थी कि मैंने अलबम उससे अपने हाथ में ले लिया। सभ्यता के नाते उसके पन्नों को जल्दी-जल्दी उलट कर उसे एक ओर रखते हुए पूछा—तो आप आजकल क्या कर रहे हैं?

उसने मेज पर फैली फाइलों में एक को उठाकर उसमें से एक कागज निकाला और बात जारी रखी—कोई एक काम हो तो आपको बताऊँ। दिन-रात कुछ न कुछ लगा ही रहता है। देखिए, अभी कल मुझे समाज-सुधार विभाग का पत्र मिला है। वे चाहते हैं कि मैं उनकी कुछ सहायता कर दूँ। पर आप ही बताइए इतना समय किसके पास है जो सब कामों को एक साथ हाथ में ले सके?

—समय बहुत मूल्यवान होता है, मैंने कहा।

—कुछ न पूछिए। आज मुझे इतना अफसोस है जितना जीवन में कभी नहीं हुआ। उसके मुख पर उदासी का भाव छा गया। आज मैं सचमुच दुःखी हूँ। बीता हुआ समय फिर लौट नहीं सकता। मुझे बहुत पश्चाताप हो रहा है।

—ऐसी क्या घटना हो गई?

—आज प्रातः मेरे पंद्रह मिनट बर्बाद हो गए। आप तो जानते ही हैं कि पंद्रह मिनट की आज के ज़माने में क्या उपयोगिता हो सकती है? भारत स्वतंत्र हो गया पर लोगों ने पुरानी, बुरी आदतों को अभी तक नहीं छोड़ा। पूरे पंद्रह मिनट मैं बैठा रह गया पर किसी

ने स्नानगृह में पानी न रखा। पता नहीं लोग अपना उत्तरदायित्व क्यों नहीं समझ पाते। आखिर मुझे स्वयं कुएँ से पानी निकालकर स्नान करना पड़ा। क्या किया जा सकता है?

—बापू भी स्वावलंबी बनने के लिए बार-बार कहा करते थे।

—जी हाँ, बापू दूरदर्शी व्यक्ति थे, बापू महान थे। मुझे तो एक बार उन्होंने उपदेश दिया था कि मैं किसी अन्य व्यक्ति से अपने लिए श्रम न कराऊँ।

मैंने आश्चर्य प्रकट किया—बापू भी आपको जानते थे?

उसका चेहरा कुछ सिकुड़ता-सा प्रतीत हुआ और लाज के मारे उसने आँखें झुकाकर कहा—आपकी कृपा से हाईकमान के सभी महापुरुषों से परिचय है।

—यह बहुत बड़ी बात है, बहुत बड़ी बात।

—एक बार मौलाना के साथ रहा। वे मेरी घूमते रहने की आदत से परेशान रहते थे। वे कभी-कभी मुझे भारतीय दर्शन पर उपदेश किया करते थे। अद्‌भुत ज्ञान है उनका।

—निस्संदेह।

उसने अपनी बातें जारी रखीं, नेताओं के संपर्क की गाथा, जनता के भूल जाने की बुरी आदत की आलोचना।

चाय लेकर एक वृद्धा ने कमरे में प्रवेश किया और चाय की दो प्यालियाँ मेज पर रख दीं।

—मैं लाख बार समझा चुका हूँ फिर भी वहीं रख दी तुमने चाय? वह व्यक्ति डाँटने के स्वर में गरज उठा। बुढ़िया ने चाय की प्यालियाँ उठाकर मेजपोश से हटा लीं पर उसके हाथों की कँपकँपी के कारण थोड़ी-सी चाय मेजपोश पर गिर गई।

—कर दी न अपने मन की? उसने पुनः गर्जना की—भारत स्वतंत्र हो गया पर भारतवासियों को सभ्यता नहीं आ सकी। कोई अखबार का टुकड़ा नहीं रख सकती थीं तुम नीचे?

—बेटा चाय पी ले, फिर ऐसा नहीं होगा।

—चुप करो, मैं रोज-रोज यह नहीं सुनना चाहता, उसने पूरे घर को सिर पर उठाते हुए अपना फरमान सुनाया—मैं एक-एक को ठीक करके रख दूँगा सारे घर में। सारी दुनिया को हम शिक्षा देते हैं, पर अपने घर की यह दशा है। लोग क्या समझते होंगे? जो बात एक बार बता दी जाए उसे याद कर लेना चाहिए। मुझे फिर भूख हड़ताल करनी पड़ेगी।

—आत्मशुद्धि का यही सर्वोत्तम मार्ग है, मैंने सुझाव दिया।

—जी हाँ, बापू भी यही कहा करते थे। आप ही सोचिए, सारे देश की जनता को हमसे प्रेरणा प्राप्त होती है पर घर में रहने वाले अभी तक सुप्तावस्था में हैं। सोचिए भला, साधारण जनता में कभी कोई सोच भी सकता होगा कि मेरे घर के लोग अभी तक इतने अशिक्षित और असभ्य हैं? क्या समाज सुधार होगा, क्या देश हित होगा? वह चिंता में डूब गया। उसने अपनी गर्दन टेढ़ी कर ली। वृद्धा चली गई।

—चाय पी लीजिए, ठंडी हो रही है। मैंने कहा।

—आप पीजिए। आप मेरे अतिथि हैं। क्षमा कीजिए मैं चाय नहीं पी सकता। मैं हड़ताल कर रहा हूँ।

—ऐं! ऐं! यह क्या कर रहे हैं आप? इतनी छोटी-सी बात पर हड़ताल?

—पंडितजी का कहना है कि छोटी-छोटी बातों को कभी छोटा नहीं समझना चाहिए। मैं हड़ताल के अलावा कोई अन्य उपाय नहीं सोच पा रहा हूँ। देखिए, इन्हें सुधारने के लिए मुझे कितनी बार प्रायश्चित करना पड़ा है। इन अखबारों की कटिंग्स देखिए। मैं तो तंग आ गया हूँ। इतना कहकर उसने अखबारी कटिंग्स की एक फाइल मेरे सामने रख दी।

मैंने गंभीरता से प्रश्न किया—लेकिन बापू ने तो आत्मशुद्धि के लिए केवल भोजन हड़ताल का मार्ग सुझाया था, चाय हड़ताल तो उन्होंने कभी नहीं की।

—वे चाय पीते ही नहीं थे, चाय हड़ताल कैसे करते? चाय पीते होते तो वे भी चाय-हड़ताल अवश्य करते। गाँधीवाद कोई स्थिर दर्शन नहीं। यह तो जीवन की विभिन्न परिस्थितियों पर समयानुसार लागू होता है।

—आप कहें तो मैं भी चाय न पीऊँ?

—आप को तो चाय पीनी ही होगी, आप तो अतिथि हैं। यह कैसे हो सकता है कि मेरे घर पर आप एक कप चाय तक न लें?

—मैंने तो चाय-हड़ताल कर ली है। जब तक आप चाय नहीं पिएँगे मैं भी नहीं पी सकता।

—आपने मेरी प्रतिज्ञा भंग करवा दी, कहते हुए उसने चाय की एक चुस्की ली। अब वह एकदम शाँत था। विकार या क्रोध का लेशमात्र भी उसके मुख पर नहीं रह गया था।

हम चाय पीने लगे। तभी पोस्टमैन ने आकर चार चिट्ठियाँ मेज पर रख दीं। वह जल्दी-जल्दी में उन्हें पढ़ने लगा।

पत्रों की भी ससंदर्भ व्याख्या की जाएगी, यह मेरी कल्पना से परे की बात थी।

—यह मेरे एक मित्र ने बरेली से भेजा है। देखिए, कितनी सुंदर लिपि है इसकी। खादी भंडार में काम करता है। मेरे प्रति बड़ी श्रद्धा है इसकी।

—क्यों नहीं, क्यों नहीं, आप सरीखे पुरुषों के प्रति किसकी श्रद्धा न होगी?

—आप बहुत भले व्यक्ति हैं, उसने शर्माते हुए कहा।

उसने प्रत्येक पत्र की मरम्मत करनी शुरू की। पहले उस पर तारीख लिखी फिर दो रजिस्टरों पर उसका हुलिया दर्ज किया। और फिर पंच मशीन द्वारा दो मोटे छेद कर उसे एक फाइल में रख दिया। उसने एक नई फाइल उठाई। उस पर बाहर से कुछ लिखा और नए आए पत्रों में एक को उस पर लगा कर रहस्योद्घाटन किया—यह एक नए सज्जन का पत्र है जिसने आज तक पत्र व्यवहार नहीं किया था। एक नई फाइल का खर्चा हुआ। वह हँस दिया।

—तो क्या आप प्रत्येक व्यक्ति के लिए एक फाइल रखते हैं?

—दो रखनी पड़ती हैं, एक पत्र-प्राप्ति की फाइल, दूसरी पत्र भेजने की फाइल।

मैं हक्का-बक्का रह गया।

—क्षमा करेंगे, मैं इन पत्रों में से एक का उत्तर देना चाहता हूँ। वही समाज-सुधार विभाग का है। वे चाहते हैं मैं शीघ्र उन्हें अपने निश्चय की सूचना भेज दूँ।

—आप पत्रोत्तर अवश्य दीजिए। मैं क्या तब तक आपके अखबारों की कटिंग्स देख सकता हूँ?

—अवश्य! अवश्य! मेरा जीवन तो एक खुली पुस्तक है, उसमें छुपाने की कोई बात नहीं। आप इसका प्रत्येक पृष्ठ देख सकते हैं।

मुझे विलंब तो हो रहा था पर ऐसे अद्‌भुत व्यक्ति के पास बैठे रहना मुझे भला लगा।

उसने पत्र लिखा, फिर उसकी एक कापी की। मैं बीच-बीच में देखता रहा। उसने दूसरी कापी की। मैं देखता रह गया। उसने तीसरी कापी की। मेरे धैर्य की सीमा समाप्त हो गई—आप तो पूरा रिकार्ड रखते मालूम होते हैं?

—बस यही सब कुछ है। एक कापी रिकार्ड के लिए, एक कापी फाइल के लिए, इसके अतिरिक्त एक कापी इस लिहाज से रखता हूँ कि कहीं ये दोनों खो जाएँ तो।

—तो बड़ी कठिनाई होगी?

—आप सच कहते हैं। किसी को प्रेषित पत्र की कापी न मिलने पर कभी-कभी अनर्थ हो जाता है। इतना कहकर उसने तीन रजिस्टर खोले और उन पत्रों की संख्या इत्यादि दर्ज करने के बाद पत्रों की कापियों पर 'ट्रू कापी' की रबर मोहर लगाई। उन पर अपने हस्ताक्षर किए। फिर उन्हें तीन फाइलों में लगा दिया। उसके बाद उसने लिफाफा उठाकर उसमें पत्र डाला और उसे बंद कर दिया।

—आप अब और कुछ पूछिए। कहिए, आप क्या पूछना चाहते हैं?

मेरे जी में आया कि कह दूँ कि यह पूछ लेना चाहता हूँ कि आप अपने नाती-नन्तान पूत-सन्तान के नाम क्या संदेश छोड़ जाएंगे। पर मैंने ऐसा कोई प्रश्न न किया।

मुझे आज्ञा हो मैंने आपका बहुत समय ले लिया।

—धन्यवाद, समय आपका लगा है। अब तक तो आपने अपने पत्र को कई समाचार भेज दिए होते। मेरी जीवनी... ऐं! ऐं! पर आप तो पत्रकार नहीं हैं। यह बहुत अच्छी बात है कि आप पत्र-प्रतिनिधि नहीं हैं। देखिए आप ये बातें किसी समाचार पत्र से संबंधित व्यक्ति को न बताएँ। वैसे तो मेरा जीवन एक खुली पुस्तक है, उसमें कुछ भी छुपा नहीं है लेकिन...

—एक चीज छुपा दीजिए। मैंने मंद स्वर में अपनी सलाह दी।

—क्या?

लाज और शर्म। कहकर मैंने कमरा छोड़ दिया। वह अवाक् होकर मेरी और देखता रहा। नमस्कार न उसकी ओर से हुआ न मेरी ओर से।

यह बामणपन टूटे

उसे अपनी सास और बाघ दोनों से डर लगता है। बाघ से ज़्यादा वह अपनी सास से डरती है। बाघ कभी-कभार आता है, घात लगाकर बैठता हैं और मौका पड़ने पर झपट जाता है। पर सास की उस पर हरदम नज़र गढ़ी रहती है। क्या मजाल कि उसकी ज़िंदगी की किसी भी हरकत से उसकी नज़र बिछल जाए। सुबह सोकर उठने से आधी रात के बाद बिस्तर पर पीठ टिकाने तक वह उसके एक-एक काम पर नज़र रखती है। सतर्क नज़र। रात में वह सोती है तब भी सास को पता रहता है कि वह क्या कर रही है। चूल्हे के लिए जलावन लकड़ी को धोते-धोते भवानी विचारों में खो गई। उसकी सास उसके दिन गिनती रहती है। उतने दिन सास को सज़ा में रहना पड़ता है। घर के अंदर रसोई का पूरा काम, चूल्हे-चौके का काम सास को खुद ही करना होता है। शरीर में शक्ति हो, न हो। बहू के हाथ का उन दिनों सिर्फ वही काम होगा जिसका रसोई पानी से संबंध न हो। लकड़ियाँ धोने का काम बहू कर लेगी पर चूल्हे में उन्हें तभी इस्तेमाल किया जा सकता है जब वे पूरी तरह सूख जाएँ, उनका गीलापन एकदम खत्म हो जाए। गीली लकड़ियों का इन दिनों चूल्हे पर पहुँचने का सवाल ही नहीं। इसलिए वह सुबह-सुबह लकड़ियाँ धोने लगी थी कि दिन की धूप में वे सूख जाएँगी और रात को रसोई में काम आ जाएँगी।

दरअसल ब्राह्मण घर में जन्म लेना कोई अच्छी बात नहीं। बेटी का जन्म तो और भी बुरी बात है। दुनिया भर के बंधनों से बँधी हुई—सारे गाँव में पूजनीय। भवानी की भी इच्छा होती है कि वह गाँव की दूसरी बेटी-बहुओं की जैसी ज़िंदगी बिताए। पर जन्म तो जन्म है। उस पर किसी का बस नहीं होता। सास-ससुर कहते हैं कि हम ब्राह्मण होने की रोटी खाते हैं। ससुर की उम्र ढल चुकी है। वह घर के बाहर जाने की हालत में नहीं रहता। फिर भी लोग हैं कि बुलाने चले आते हैं। गुरुजी! आप कुछ मत करिए, सिर्फ बैठे रहना, पर आपके आने से हमारी शोभा बढ़ जाएगी। शादियों में जबर्दस्ती खींच ले जाते हैं। वहाँ रात-रात भर जगे रहना पड़ता है। वहाँ से घर लौटने पर फिर कई-कई दिनों तक उनकी तबीयत ढीली रहती है। पर लोग हैं कि मानते नहीं हैं।

भवानी का पति अभी जवान है। जवान है इसलिए माता-पिता को, खासकर उसकी माँ को उस पर भरोसा नहीं हो पाता कि वह बंद कमरे के अंदर, भवानी को जमीन पर

सुलाकर खुद अकेला सो पाएगा। जवानी पर किसी का बस नहीं होता। लिहाजा पहले ही दिन भवानी के पति मार्कण्डेय पंडित को घर से बाहर दूर की जजमानी में भेज दिया जाता है। जजमानों की कमी नहीं। अपने घर में सिर्फ दो ही कमरे हैं, जिनमें निवास किया जा सकता है। एक कमरे में रसोई के बाद सास-ससुर सोते हैं, दूसरे में भवानी और उसका पति। सास को शायद अपने दिन याद आते हैं। उसने कुल सात बच्चे जने। सात में सिर्फ एक ज़िंदा रह पाया—मार्कण्डेय। बाकी सभी बच्चे बीमारी और महामारी ने खत्म किए। ग़रीबी बेहद बुरी चीज़ है। दिन-रात जजमानों के घरों में पूजा-पाठ करने वाले ब्राह्मण को पुड़ख्या-पंडित कहते हैं। पुड़खी—दोने को कहा जाता है। दोनों के दान पर जीवित रहने वाला। जजमान के घर से पूजा के दोनों में जो थोड़ा-कुछ आ जाए, उस पर गुजारा करने वाला आदमी। दो-तीन किस्म की दालें, एक टुकड़ा गुड़, थोड़ा-सा चावल, ज़रा-सा आटा, तिलहन के कुछ बीज, बालिश्त दो बालिश्त लाल टूल का कपड़ा, हाथ डेढ़ हाथ सफेद कपड़ा। जिस तरह की पूजा होगी उसी हिसाब से सामान आएगा। बच्चे का जन्म होते ही उस पर उसके माता-पिता की तरह पंडित मार्कण्डेय का भी अधिकार हो जाता है। उस नन्हे बच्चे के जन्म से ही पंडित के जजमानों की संख्या में एक अंक की वृद्धि हो जाती है। वह जब तक जीवित रहेगा तब तक उसके जीवन में घटनेवाली कुल भली-बुरी घटनाओं से पंडित का संबंध बना रहेगा। मृत्यु के बाद भी उसके नाम पर हर साल पंडित को कुछ न कुछ प्राप्त होता ही रहेगा। वार्षिक श्राद्ध में पंडित को कुछ-न-कुछ मिलता ही रहेगा।

शादी हो या श्राद्ध का महाभोज। पंडित के हाथ का पका भोजन पूरा गाँव खाता है, रिश्तेदार, आत्मीय खाते हैं। खुशामद करके पंडित को काफी पहले से उस घर में आने की बात पक्की कर ली जाती है। सब कुछ हो जाएगा और रसोई करने वाला पंडित नहीं होगा तो गुड़-गोबर हो जाएगा। और अपने गाँव में पंडित नहीं आ सके तो उसकी पंडिताइन को आदरपूर्वक बुला लिया जाता है। खाना बना भी लेगी, बाँट भी लेगी। जब शरीर में खून था, भवानी की सास सारे गाँव भर में रसोई बनाने-बाँटने का काम अकेली ही निपटा लेती थी। रसोई माने भात।

पूर्णमासी की तिथि पर या संक्रांति के दिन मार्कण्डेय पंडित को कहीं न कहीं से सत्यनारायण की कथा पढ़ने का निमंत्रण आ जाता है। भवानी का ससुर कहता है कि हम ब्राह्मण हैं, हमें झूठ नहीं बोलना चाहिए। पता नहीं यह बात वह बार-बार भवानी को सुना-सुना कर क्यों कहता है। भवानी कभी झूठ नहीं बोलती। उसे झूठ बोलने की कोई ज़रूरत नहीं पड़ती। उसकी अपनी ज़िंदगी की ज़रूरतें इतनी सीमित होती हैं कि उनकी पूर्ति के लिए भवानी को कभी झूठ का सहारा नहीं लेना पड़ता। घर में खाने की जो चीज़ नहीं होती, वह नहीं होती। उसे ले आने के लिए, कहीं से, किसी भी तरह से ले आने के लिए वह किसी से माँग नहीं करती। एक मर्तबा ऐसा मौका आया कि उसका पति बाज़ार जा रहा था। भवानी को कुछ महीने का गर्भ था। वह कभी किसी चीज़ की माँग नहीं करती। पर उस दिन उसने मार्कण्डेय पंडित से डरते-डरते कह ही दिया—मेरे लिए बाज़ार से आलू

की पकौड़ियाँ लेते आना। पंडित ने फिर पूछा—क्या लाना है? भवानी ने पकौड़ी की बात कह दी। पंडित ने दूसरे कमरे में जाकर अपनी माँ से वह फरमाइश बता दी—बोल रही है मेरे लिए आलू की पकौड़ी ले आना। वह बात अपनी माँ को सुना देने के बाद वह खुद संतुष्ट हो गया था। उसने अपने सिर का बोझ हल्का कर दिया था। माँ ठीक समझेगी तो भवानी को पकौड़ियाँ खिला देगी। माँ ने शायद ठीक नहीं समझा था। सात बच्चे जननेवाली माँ ने चुप्पी मार ली थी। भवानी ने अपने जीवन में वह एकमात्र माँग की थी। उससे आगे या उससे पीछे उसने कोई चीज़ कभी नहीं माँगी।

और, उसका ससुर कहता है कि ब्राह्मण को और ब्राह्मणी को कभी झूठ नहीं बोलना चाहिए। झूठ तो वह बोले जो कुछ बोलता हो। जो कुछ बोलता ही नहीं, जिसकी जुबान हमेशा बंद रहती है, उसने क्या झूठ बोलना है? बोलने वाली जुबान चटखारे भी लेती है। भवानी अपनी इच्छाओं को पूरी तरह दबा कर रखती है। उसका वह एकमात्र गर्भ गिर गया था। वह पुरानी बात हो चुकी है। भवानी ने उस बारे में कभी अपने पति से कोई जिक्र नहीं किया। उसे जो दिया जाता है, वह खा लेती है, जो मिल जाता है, पहन लेती है। जैसा उसे रखा जाता है वह वैसे ही रह लेती है।

आजकल उसे चूल्हा नहीं जलाना पड़ता। रसोई का काम सास को करना पड़ता है। दिन की रसोई की कोई बात नहीं। दिन में भात बनता है। पर रात की रसोई करने में सास को बेहद कष्ट झेलना पड़ता है। सुबह भवानी को वन जाने से पहले कलेवे की रोटियाँ भी खिलानी होती हैं। उसका इंतजाम करना जरा कठिन काम होता है। अगर रात में चावल बना लिया जाए तो कलेवे की समस्या रात के बचे भात से हल हो सकती है। पर यहाँ भी ब्राह्मण होने की मार सहनी पड़ती है। रात को भात बनाने के बाद चूल्हे-चौके की लिपाई करना एक और मुसीबत होती है। रात की कुछ रोटियाँ बचाकर रख भी ली जाएँ फिर भी सुबह के कलेवे के बाद वन में खाए जाने के लिए भवानी को कुछ न कुछ देने की जिम्मेदारी सास की होती है। ऐसी हालत में उसके लिए रोटियाँ बनाने की जिम्मेदारी फिर सास पर आ पड़ती है। मरे मन से और थके हुए शरीर से उसे वह काम करना ही पड़ता है।

रात की रसोई के लिए लकड़ियों को धोते वक़्त भवानी के मन में एक और चिंता पलने लगी है। उसे आज रात को स्नान करना है। बदन तो पानी से धुल जाता है पर समस्या बालों की होती है। खौलता हुआ पानी भी इस्तेमाल करें पर बगैर किसी और चीज़ के, जैसे भीमल की छाल का गाज, बालों की गंदगी दूर नहीं होती। इस गाँव में भीमल के सिर्फ तीन पेड़ हैं। गाँव में ऐसे खेतों में, जो बस्ती से दूर हों, भीमल के पेड़ हैं ही नहीं। वैसे भी बस्ती से दूर भीमल कम ही होते हैं। तीनों पेड़ लोगों के घरों के आगे हैं और उनसे शाखें चुपके से नहीं तोड़ी जा सकतीं। पेड़ों के पास पहुँचने से पहले वहाँ जाने वाले को देख लिया जाता है। भवानी चोरी नहीं करना चाहती। वह किसी के खेतों के अंदर या उनकी डौल पर कभी चुपके से घास काटने नहीं जाती। जंगल में जो मिल जाए वह

उसी पर गुजारा कर लेती है। उसे किसी की गालियाँ सुनने से बुरी बात और कुछ नहीं लगती। गाँव भर की औरतें दिन-रात अपने मुँह से गालियों की बौछार करती रहती हैं। किसी को अपने खेत में देखते ही वे शुरू हो जाएँगी—कौन है मेरे खेत में अपने बाप की स्वैण[1]? अपने बच्चों का खून पी रही होगी राँड। मेरे खेत की चोरी की घास खाने वाले तेरे गोरू खूँटे पर ही दम तोड़ देंगे। दुधारू गाय का दूध पीनेवाले तेरे बच्चे सूख-सूखकर मर जाएँ। अपने ससुर की स्वैण रंडी मेरे ससुर की स्वैण बनने को आई तू मेरे खेते के अंदर? दूर खड़ी होकर औरतें गाली देने लगती हैं तो बगैर रुके चिल्लाती ही रहती हैं। कई बार ऐसा भी होता है कि इधर से चेतावनी दी जाती है—कौन है मेरे खेत के अंदर? बाहर निकल जा नहीं तो मैं गाली दे दूँगी। तब मुझे दोष मत देना। दो चार मिनट तक इंतजार कर लिया जाता है। चोर औरत खेत से बाहर निकल आए तो ठीक, वर्ना उसके बाद गालियों का जो सिलसिला शुरू होता है वह रोके नहीं रूकता। सोच-सोच कर दी हुई गालियाँ। मौलिक सोच की सुविचारित वाक्धारा।

छोटा-सा गाँव। गाँव की हर औरत-मर्द-बच्चे एक-दूसरे को भली-भाँति पहचानते हैं। किसके खेत में कौन घुस गया है यह कोई रहस्य की बात नहीं रहती। पर होता ऐसा है कि गाली देने वाली औरत एकदम अपरिचित बनकर गालियों की बाग्धारा शुरू करती है। घंटे-आधे घंटे के बाद गाली देने और सुनने वाली दोनों में किसी के चेहरे से भी यह भाव प्रकट होता नहीं दीखता कि कुछ ही देर पहले वे गालियों की बौछार को फेंकने-सहने वाली औरतें थीं। अब वे दोनों एक दूसरे से इतने सामान्य ढंग से बात करने लगी हैं कि बाप तक चढ़ने और ससुर तक से जीवंत शारीरिक रिश्ता कायम कर देने की भयावह स्थिति की कल्पनातीत गालियों का आदान-प्रदान एक अनहोनी बात लगने लगती है।

गाँव की ज़्यादातर औरतों को गालियाँ सुनने-सुनाने की आदत है। भवानी गालियाँ नहीं सुन सकती, वह किसी को गाली दे भी नहीं सकती। अपने खेत की घास, फसल की चोरी अपनी नज़रों से ताकती हुई भवानी इतना साहस नहीं जुटा पाती कि वह मुँह खोल कर चोर औरतों के पितरों की पूजा कर सके। उसका ससुर गाँव के हर घर के अंदर चौकी पर या उच्च आसन पर विराजमान होकर देव-पूजा करता है, गाँव के लोग उस वक़्त उसकी चरण-वंदना करते हैं। भवानी उन लोगों की बेटी-बहुओं को, गाँव की दूसरी औरतों की तरह, गाली कैसे दे सकती है? गाली से कोई नहीं मरता वैसे ही जैसे गर्म पानी से मकान नहीं जला करते। गाली देकर अपने मन की व्यथा निकाल ली जाती है। मन हल्का कर लिया जाता है। पर भवानी को ऐसी वाणी अपने मुँह से उच्चरित करना अच्छा नहीं लगता। वह भी गाली देने लगेगी तो उसमें और गाँव की अन्य औरतों में क्या फर्क रह जाएगा?

भवानी की सास भी नहीं चाहती कि उसकी बहू गाँव में किसी की गालियों की बौछार अपने सिर पर सहन कर घर लौटे। गाँव की कुल औरतें सास-बहू के स्वभाव से परिचित हैं। एक बार भवानी ने, ऐसे वक़्त पर जब सूरज ढल गया था और लुप्त होने लगा था,

1. औरत

किसी के खेत की मेढ़ों पर हरी-हरी घास देखी। उसका मन ललचा गया। हड़बड़ी में वह उस खेत के अंदर पहुँच गई। भवानी तेज़ी से घास काटने लगी। चोर चोरी करता है तो आराम से नहीं, हड़बड़ी में अपना काम खत्म करना चाहता है। भवानी की भी वैसी ही हालत थी। जल्दी-जल्दी दराँती चलाकर उसने खूब बड़ा गट्ठर घास काट लिया। उसने चारों ओर देखा। उसे कोई दिखाई नहीं दे रहा था। उसे किसी ने गाली नहीं दी। उस दिन कोई घटना नहीं घटी। दूसरे दिन जब वह शाम को पानी लेकर अपने घर लौटी उसकी सास ने उसे यह कहकर अपने पास बुलाया कि भवानी के मायके से कोई संदेश आया है। भवानी ने जल्दी-जल्दी में पानी का बंठा उसकी जगह पर रखा और अपनी सास के सामने जाकर खड़ी हो गई।

उस वक़्त भवानी की उम्र कम थी। उसकी शादी कुछ ही समय पहले हुई थी। सास ने भवानी का एक हाथ अपने हाथ से अच्छी तरह पकड़ लिया। हाथ नहीं, हथेली पकड़ी, खुली हथेली। तब अपने दूसरे हाथ को सास अपनी पीठ के पीछे से झटके के साथ आगे लाई। उस हाथ में वह किसी पेड़ की एक हरी शाखा थामे थी। वह शाखा सोटी का काम करने लगी। भवानी की सास गुस्से में कह रही थी—इसी हाथ से काटी तूने रामी की माँ के खेत की घास? यही हाथ कर रहा था चोरी? हरी सोठी की सपाक्-सपाक् भवानी के पूरे तन-बदन को दुखाने लगी थी। भवानी दर्द से चिल्लाने लगी थी पर उसकी सास उसकी हथेली पर लगातार लाठी की मार करती जा रही थी। घर पर कोई उस वक़्त भवानी का मददगार नहीं था। उसका ससुर और पति दोनों घर पर मौजूद थे। पर दोनों में कोई भी बचाने नहीं आया।

उस रात भवानी की सास ने खाना नहीं खाया था। भवानी ने उससे कई-कई बार माफी माँगी। पर सास ने अपना निर्णय नहीं बदला। गाँव की एक औरत ने पंडित परिवार की इज्जत का ख्याल रखते हुए उस वक़्त, जब भवानी उसके खेत से घास की चोरी कर रही थी, कुछ कहने, गाली देने से अपने को किसी तरह जब्त कर लिया। पूरे गाँव को सुनाते हुए उसने अपने खेत में चोरी कर रही नई नवेली दुल्हन भवानी को कोई गालियाँ नहीं पंठाईं। पर वह उस घटना को भुला भी नहीं सकी। अगले दिन मौका पाकर वह भवानी के घर उसकी सास के पास जाकर अपना मन हल्का कर आई। उसने बहुत शाँत स्वर में अपनी बात कही थी। पर सास को वे बातें सुनना कठिन हो गया था। बोलने वाली औरत शाँत थी पर सुनने वाली सास का खून खौलने लगा था। गाली क्या चीज़ होती है? वह गाली से भी ज़्यादा सख़्त बोल सुनने लगी थी। सास को लग रहा था कि वह औरत खेत में चोरी कर रही भवानी को उसी वक़्त गालियाँ सुना देती तो बेहतर होता। घर पर आकर शिकायत करना गाली देने से ज़्यादा सख़्त बात होती है। खेत की गाली खेत में ही भुला दी जाती है। पर घर पर कही गई बात पक्की हो जाती है। सास को अपनी बहू के किये पर अफसोस हो रहा था। गुस्से से उसका बदन काँपने लगा था। उस औरत के चले जाने के बाद वह अपनी बहू को सही रास्ते पर लाने के उपाय सोचने लगी।

एक दिन की सज़ा भवानी के लिए काफी थी। उस दिन के बाद उसकी सास के पास भवानी की फिर कोई शिकायत नहीं पहुँची। लेकिन आज फिर भवानी का मन चोरी करने की योजना बनाने लगा है। भीमल के पेड़ की दो पतली-पतली शाखाओं की चोरी। औरत के चोले में जन्म लेना भी एक गुनाह है। मर्दों के सामने कोई समस्या नहीं होती। औरत को बहुत कुछ भोगना पड़ता है। अपने बालों को साफ रख पाना भी एक समस्या है। पूरे गाँव में भीमल के सिर्फ तीन पेड़ हैं। भीमल का पेड़, पहाड़ी काश्तकार का असली दोस्त। उसके पत्ते काम आते हैं, शाखें काम आती हैं। पत्ते, जानवरों को चारे के भयानक अभाव के दिनों में खिलाए जाते हैं। जब धरती लाल हो जाती है, कहीं घास का तृण नहीं दिखाई देता उस दौरान भीमल के पत्ते हरे रहते हैं। उन दिनों भीमल के पेड़ का मालिक अपने को साहूकार समझता है। भीमल की शाखाओं के कई उपयोग होते हैं। उसकी छाल न निकालें तो उससे टोकरियाँ बुन ली जाती हैं। छाल निकालने के बाद उसके छाल के रस्से-रस्सियाँ बुनी जाती हैं। छाल-निकली शाखाएँ (केड़े) त्वरित आग जलाने के काम आते हैं। जरा-सा आग छू जाए तो भीमल के केड़ों पर लगी आग बुझ नहीं सकती। रात-बिरात कहीं आते-जाते वक़्त लोग हाथ में भीमल के केड़ों की एक मूठ थाम लेंगे। बहुत दूर तक केड़े रास्ता दिखाते चलेंगे, मशाल बन कर जलते रहेंगे।

भवानी के दिमाग में भीमल के केड़े घूमने लगे हैं। उसकी शाखों को काटने के बाद दराँती से उसके पत्ते अलग कर दिए जाते हैं। पत्तों को जानवर खा लेंगे। पत्ताविहीन शाखा को पानी के गधेरे में ले जाएँगे। वहाँ पर एक छोटा सा तालाब तैयार कर लिया जाएगा। उस तालाब के अंदर, जहाँ पानी लगातार मौजूद रह सके, उन शाखों के गट्ठर डाल दिए जाएँगे। शाखों की छाल को निकालने के लिए ऐसा किया जाना ज़रूरी होता है। कई महीनों तक लगातार पानी में भीगते रहने के बाद शाखों की छाल नरम पड़ जाती है। तब उस छाल को उससे निकाल कर अलग करने का काम किया जा सकता है। वह भी कोई आसान काम नहीं होता। शाखों की छाल निकालने के लिए उन्हें पानी से निकाल कर पूरी ताकत के साथ पत्थर पर पटकना होता है। कई-कई बार पटकने के बाद शाखों से छाल जुदा हो पाती है। और उस पूरे दौरान वहाँ पैदा होने वाली बदबू से नाक फटने लगती है। ऐसी दुर्गंध कि दूर-दूर तक खड़े आदमी को परेशान कर दे। भीमल के उन रेशों को सेलू कहते हैं। सेलू को पानी में धो-धो कर साफ करते हैं तो उसका रंग सफेद हो जाता है। सफेद सेलू की रस्सियाँ, रस्से घरों में कई प्रकार से काम में लाए जाते हैं।

भीमल की ताजा तोड़ी गई शाखें। उनके रेशे लकड़ी से खींच कर अलग कर दिए जाते हैं। उन रेशों को मोड़कर उनकी गुंडी बना ली जाती है। उस गुंडी को पत्थर से कूट कर उससे गाज निकलने लगती है। इस गाज को सिर पर रगड़ कर लगाने से सिर के बाल स्वच्छ हो जाएँगे। बालों के अंदर गर्द और मैल बालों को छोड़कर जमीन पर बहने लगेंगे। वह गाज बालों को मुलायम भी कर देती है। भवानी सोच रही है कि किसी तरह भीमल के किसी पेड़ से वह दो छोटी-छोटी टहनियाँ तोड़ सकती तो कितना अच्छा होता।

गाँव की सभी औरतों को हर महीने दो टहनी भीमल लाने की चिंता रहती है। उन पेड़ों के मालिक अपने-अपने पेड़ों की एक-एक टहनी की रक्षा करना चाहते हैं। वे टहनियों की खैरात नहीं बाँट सकते। बाँटने लगें तो उनके लिए एक भी टहनी नहीं बच सकती।

गाँव की औरतों में आपस में बात चलती है कि बालों को साफ करने का काम एक और चीज के दाने भी करते हैं—रीठा के दाने। रीठा का, सुना है, खूब बड़ा पेड़ होता है। तूण के पेड़ जैसा बड़ा पेड़। लेकिन रीठा के बारे में भी औरतों ने सुना ही है। उसे कभी देखा नहीं। रीठा का दाना, सुना है मोल के दाने के बराबर बड़ा होता है। उससे कपड़े भी धुल जाते हैं। पर आसपास के इलाका में, पहाड़ों के घेरे में, रीठा का कोई पेड़ है ही नहीं। अपने कपड़ों को धोने के लिए लोग राख उबालकर उसमें कपड़ों को भी उबाल लेते हैं। बाद में उन्हें पानी के धारे के पास जाकर साफ कर लेते हैं। राख से कपड़े धोने को लोग 'छोई लगाना' कहते हैं। पर सिर के बालों को धोने के लिए तो कोई छोई नहीं लगाई जा सकती।

भवानी के सिर पर बाल नहीं हैं, शिवजी का जटा है। गाँव भर की औरतें उसके बालों को देख कर आँखें चौड़ी करने लगती हैं। वह कंघी करती है तो उसे बालों के तीन हिस्से करने पड़ते हैं और तब एक-एक हिस्से को अलग करके कंघी फिराई जा सकती है। भवानी अपने बालों को देखकर खुश होती है। पर जब उन्हें धोने की बारी आती है तो वह बेहद उदास हो जाती है। बालों को कपड़ों की तरह, राख की छोई लगाकर तो नहीं धोया जा सकता। खाली गर्म पानी से बालों को कितना ही रगड़ा जाए उससे उनके अंदर का मैल नहीं धुल सकता। भवानी अपने बालों को धोने लगती है तो वह थक जाती है। जवान औरत। सुबह से शाम तक दिन भर काम करने से उसे उतनी थकान नहीं होती जितनी अपने बालों को धोते वक़्त महसूस होती है। पानी में भीग जाने के बाद अपने ही बाल अपने ही सिर को थकाने लगते हैं। उन गीले बालों से धूल, गंदे तेल की जकड़ और मैल बाहर निकालने की कोशिश एक मशक्कत मालूम होती है।

भवानी को मालूम है आज मार्कण्डेय पंडित शाम तक घर लौट जाएगा। इलाके का पंडित। वह कहीं से दो शाखाएँ भीमल की नहीं ला सकता? जो चीज़ दान में मिलती है भवानी उससे अपने परिवार का गुजारा करती है। अलग से उसकी अपनी कभी कोई माँग नहीं रहती। वह किसी के भीमल के पेड़ से चोरी की दो शाखाएँ नहीं ला सकती। उसकी इच्छा होती है कि वह चुपके से हाथ में दराँती लेकर जाए और गाँव के भीमल के पेड़ों में किसी एक पेड़ से सपाक से दो शाखाएँ काट कर नीचे गिरा दे। कोई औरत उसे गाली देने लगे, कोई बात नहीं। गालियों से कुछ नहीं बिगड़ता। पर ऐसे ऐन मौके पर उसे अपनी सास की याद हो आती है। बाघ भला, सास बुरी। उस घटना के बाद खेत में तो कुछ नहीं होगा। भवानी वहाँ से बच कर सही सलामत अपने घर लौट आएगी। पर घर पर जो काँड मचेगा उसे भवानी झेल नहीं पाएगी। सास-बहू के बीच होने वाली किसी भी वारदात में भवानी का पति एकदम तटस्थ हो जाता है। वह भवानी को पूछना भी ज़रूरी

नहीं समझता कि आखिर बात क्या हो गई जिसे लेकर वह बवेला मच रहा है। अपनी माँ को भी नहीं पूछता। ससुर भी मौन धारण कर लेता है। औरतों के मामलों में किसी भी तरह की दखलअंदाजी करना पिता-पुत्र के स्वभाव के विपरीत है।

कभी-कभी भवानी के मन में यह बात आती है कि वह अपने बाल अपने हाथों से काट कर जमीन पर गिरा दे। फिर उसे अपने विचार पर अफसोस हो उठता हैं। इतनी गंदी बात उसके मन में आ भी कैसे गई? बाल तो जोगिनें काटती है। फिर वह सोचने लगती है कि एक बार बालों को राख से धोकर देखा जाए कैसा होता है। एक बार फिर उसे अपने मन में उठ रहे ऊल-जलूल विचारों पर पश्चाताप होने लगता है। बालों को राख लगाने की बात उसके मन में आई कैसे? राख तो जोगी-जोगटे लगाते हैं बालों पर। मेरे मन में इस तरह की बातें क्यों आ रही हैं? ज़रूर कोई अमंगल होने वाला है।

भवानी ने अपना मन पक्का कर लिया। सारे गाँव से, इलाके से भिक्षा या दान का अन्न लाने वाले अपने डरपोक पति से वह बात खुलकर कहेगी। औरत के सिर पर अच्छे घने बालों का उगना कोई बुरी बात नहीं होती। उन बालों को साफ रखने के लिए उपाय करने में कोई बुराई नहीं। मैं कंघी करती हूँ तो मेरे पास गाँव की और कई औरतों की तरह कोई आईना नहीं होता जिस पर मैं अपनी सूरत देख लूँ। एक बार, हाँ एक बार, भवानी ने गाँव की किसी औरत के घर पर, उस औरत के शीशे पर अपनी सूरत देख ली थी। छोटा-सा शीशा। भवानी ने उसे अपनी हथेली पर थाम कर उसमें अपनी सूरत देखी थी, अपना चेहरा देखा था। अपना चेहरा देखकर उसे अच्छा लगा था। उसे अपना मुख, अपनी सूरत अच्छी लगी थी। सास को पता लग गया था, भवानी शीशे में अपनी सूरत देख कर आई है। उसने सारा घर एक कर दिया था। पातर कहीं की! भले घरों की बहुओं के बारे में हमने सुना नहीं अपनी सूरत देख रही हैं। रंडियाँ कोठों पर बैठती हैं सज-धज कर। देखती रहती हैं अपनी सूरत। पता नहीं मायके में क्या-क्या कर्म करते होंगे। भले घर की बेटी होती तो आईना देखने जाती? पातर। भवानी का ससुर चुप था। भवानी का पति मुँह झुकाए अपनी औरत के कर्मों पर अफसोस करता लग रहा था। सास लगातार बड़बड़ाती जा रही थी। अपने ब्राह्मण कुल की मर्यादा के समाप्त हो जाने पर छाती पीट रही थी। उस वक़्त भवानी को ब्राह्मण कुल में जन्म लेना अभिशाप लग रहा था। अपनी बात वह किसी से नहीं कह सकती थी। इतनी बड़ी दुनिया में कोई नहीं था जिससे वह अपने मन की बात कहकर मन को हल्का कर सकती। अपनी सूरत देख लेने में क्या बुराई है? उसकी सूरत बाकी सभी लोग देखते हैं। पूरा गाँव देखता है। गाँव की औरतें देखती हैं। गाँव के मर्द भी देखते हैं। कुछ मर्द तो बहुत तरसती हुई नजरों से उसे घूरते हैं। वह किसी और को उनके बारे में बताती नहीं। बताने से उसका अपना ही नुकसान होगा। सब लोग उसका मुख देख सकते हैं। सिर्फ वही एक है जो खुद अपनी सूरत नहीं देख सकती।

भवानी ने मन बना लिया है। आज उसका दब्बू पति, इलाके का पुड़ख्या बामण शाम

को लौटकर घर पहुँचेगा तो वह उससे कहेगी कहीं से दो शाख भीमल ले आ। चोरी करके मत लाना। माँग कर लाना। मैं किसके घर पर जाकर कहूँ कि मुझे आज अपने सिर के बाल धोने हैं, भीमल की ज़रूरत है? तुम तो मर्द आदमी हो, किसी से भी कह सकते हो। अपने गाँव में हिम्मत नहीं कर सकते, किसी दूसरे गाँव से माँग लाओ। सास को भी मालूम है, आज भवानी को नहाने के बाद शुद्ध हो जाना है। सास की रसोई थामने की चिंता दूर हो जाएगी। उसे तो खुशी होनी चाहिए। आराम से भवानी के हाथ की पकी रसोई खाएगी।

मार्कण्डेय पंडित लौट आया है। भवानी के मन में बार-बार यह बात आ रही है कि वह उसे भीमल लाने की बात कह दे। अपने स्नान के लिए उसने बाहर आँगन में पतीली में पानी रखकर दो पत्थरों को जमाया और उनके बीच में लकड़ियाँ जला दीं। चूल्हे पर पानी गरम करने के लिए पतीली चढ़ गई। भवानी के मन में कभी यह बात आ रही है कि वह दराँती लेकर जाए और किसी पेड़ से दो शाखें भीमल काट ले आए। बाद में जो होगा देख लिया जाएगा। फिर सोचती है कि अपने पुड़ख्या पंडित हो कहे, जिस इलाके से एक-एक पुड़खी अनाज दान ले आते हो वहाँ से दो पतली-पतली शाखें भीमल की माँग कर ले आओ। पर उसकी जुबान नहीं खुलती। पानी गरम करने को लकड़ियों की आग को चूल्हे पर फूँक मारते-मारते उसकी आँखों में धुआँ भर गया। भवानी के मन में एक बार फिर यह बात ज़ोर मारने लगी है कि वह अपने सिर के बालों को काट कर जमीन पर गिरा दे। एक बार यह बामणपन खत्म हो जाए। और, नहीं तो, वह गाँव की दूसरी बेटी-बहुओं की तरह दराँती लेकर लपकती चली जाए और दो शाखें भीमल काट ले आए। उसके बाद गाली? गालियों की बौछार? वह तो शगुन होगा। एक नई ज़िंदगी की शुरुआत। गाँव में फैली हुई, खुली सार के अंदर एक नई किस्म की ज़िंदगी की शुरुआत।

प्रकाशित 'कथा'

फुलियारी

धारा के चारों ओर छोटे-छोटे बच्चों की उछल-कूद मची थी। एक धारा, बीस हाथ-मुँह धोने वाले। कोई किसी को धक्का दे रहा था, कोई गाली देकर हट जाने को कह रहा था। 'बैल बेचकर आए हो क्या, औरों को नहीं हाथ मुँह धोना है', 'अबे जा जा!', 'जल्दी कर बे', 'ठहर यार' की चिल्ल-पों मची थी। रामू ने गुसाईं पर पानी उछाला और खुद डर के मारे एक तरफ हो लिया। गुसाईं ने ढेला उठाया पर उसके हाथ से किसी और ने छीन लिया।

आज तो वे भी जल्दी चले आए थे जिनकी नींद में माँ-बाप ख़लल नहीं डालते और इसलिए सूर्योदय से पहले जो कभी उठते ही नहीं थे। कल से फूलों का त्यौहार शुरू होने वाला है। आज वे यों ही उठ गए जैसे आज से ही कल सुबह जल्दी उठने की तैयारी कर रहे हों। आज दिन भर उनका मन फुलियारी की तैयारी में रमा रहेगा। आज वे घरों के कोने-कोने से अपनी छोटी-छोटी टोकरियाँ खोज निकालेंगे, जिन्हें डाली कहा जाता है, आसपास के मैदान, जंगल, ढलानों और चरागाहों में जाकर देख आएँगे कि कहाँ-कहाँ ज़्यादा फूल फूले हैं ताकि सुबह तोड़ने में सहूलियत रहे। आज वे अपने-अपने दोस्तों के साथ बात पक्की कर लेंगे कि सुबह कौन किसको उठाएगा और कौन-कौन लोग साथ चलेंगे। किसके घर से शुरू करके किसके घर पहुँचकर फूल डालना समाप्त किया जाएगा—इस बात पर भी आज ही विचार हो जाना चाहिए।

हाँ, आज उन्हें अगले एक महीने तक लगातार मनाए जाने वाले फूलों के त्यौहार 'फुलियारी' की योजना पूरी करनी है। गढ़वाल में आज फागुन का 'मासाँत' का दिन है, कल चैत की 'सँगराँद' होगी। वसंत की मादक हवा में फूल भी खिलते हैं और बच्चे भी खिलते हैं। लाल, पीले, हरे, नीले और सफेद फूलों से लदी घाटी में नन्हें-नन्हें बालक-बालिकाओं की उमंग भरी उछालें—वह कैसा अद्‌भुत दृश्य होता है। और जब वे अपनी-अपनी डाली से रंग-बिरंगे फूल निकालकर आपके घर की प्रत्येक देहली पर रख जाते हैं तो जी में आता है उन्हें पकड़ लें और कहें—ए सूरजमुखी के फूलों, तुम इसी आँगन में बैठकर इस घर की शोभा बढ़ाओ। पर वे भला कहाँ हाथ लगते हैं? उन पर तो पंख लगे रहते हैं। आप अभी सो ही रहे होंगे कि बाहर देहली पर फूलों का ढेर लगाकर वे फुदकते हुए दूसरे घर

की ओर उड़ जाएँगे। आपके दरवाज़े पर, वे कब फूल बिखेर जाते हैं, आपको जैसे पता ही नहीं लगता। यों लगता है जैसे वसंत के प्रभात की ताजी हवा का पहला झोंका उन फूलों की लहर को आपकी दहलीज़ पर बहा लाया हो।

औतारू ने फुला के दोनों हाथ पकड़ लिए और उसे साथ लेकर तेजी से चक्कर काटते हुए घूमने लगा, जैसे छोपती नाच रहा हो। गुसाईं फुलियारी गाने लगा :

उल्यरि झुल्यारी मुलूक
चला छोरु फुलूक
अग्या लगी आऽग
पिछाड़ि फँडू बाऽग

—आज नहीं गुसाईं, कल गाना, औतारु ने रुकते हुए कहा।

—आज गाने से क्या हो जाएगा?

—आज तो फागुन का मासाँत है, कल चैत की सँगराँद होगी। औतारु कह ही रहा था कि फुला अपनी जीभ को ओठों पर लाकर उसे घुमाते हुए अजीब-सा शब्द करने लगी 'ऊ-लू-लू'। बोली—मैंने नहीं सुना।

औतारु चुप हो गया। गुसाईं और कई एक ने एक साथ कहा—महीने का नाम क्यों ले रहा है?

फुला ने औतारु की कटी-फटी झगुली का एक टुकड़ा फाड़कर कहा—अब दोष नहीं होगा।

—दोष की बच्ची, तूने मेरी झगुली क्यों फाड़ी? औतारु को गुस्सा आ गया।

—खूब फाड़ी। फुला चिल्लाने लगी।

मंडली के बाकी सभी लोग फुला का पक्ष ले रहे थे। तूने मासाँत-सँगराँद के दिन नए महीने का नाम लिया ही क्यों? हमारा महीना खराब बीतेगा तो बोल, तू होगा जिम्मेवार?

चरागाह में गाय-बैलों की घंटियाँ बजने लगीं। गायों को हैरत है कि आज उनके चरवाहे कहाँ खो गए। 'आ राधा आ, आ धौलि आ' का स्वर आखिर कहीं से, किसी ओर से तो सुनाई दे। यों घर लौटने का वक़्त अभी नहीं हुआ पर कोई न कोई ग्वाला पूरे मैदान की गश्त तो लगाता ही रहता है। आज कहाँ चले गए सब? गाय, बैल, बछड़े अपना-अपना सर उठाकर देखने लगे, कहीं कोई नहीं है। किसी का पता नहीं चल रहा है। गेहूँ के पौधों का स्वाद जीभ पर जैसे ताज़ा हो गया। आहा! कितना सुंदर मौका है। कोई ग्वाला नहीं। चलकर भरपेट उजाड़ खाया जाए। आज कैसा सुंदर दिन है!

आगे-आगे गौरी। पीछे-पीछे बुल्ला—पूँछ उठाए हुए। गेहूँ की बालें! वाह! डंठल! क्या स्वाद होता है। आज मौका है। रास्ते में कहीं कोई ग्वाला मिल न जाए। पर उनका तो आज कहीं पता ही नहीं है। गेहूँ की फसल का भरपूर उजाड़ खा लेने के बाद दो-दो डंडे भी खाने पड़ें तो क्या हो जाएगा। एक-दो लाठी की मार तो रोज का लगा धंधा है। आगे-आगे गौरी, पीछे-पीछे बुल्ला। दोनों की जीभ में पानी भर आया। सामने रहे खेत।

पौधे कैसे झूम रहे हैं। गेहूँ के पौधे! खूब ऊँचे-ऊँचे, लंबे, सुडौल, चेऊँ के जैसे डंठल। 'ठहरो-ठहरो गौरी।' 'जल्दी आओ बुल्ला, जल्दी आओ!' वे दोनों बेतहाशा दौड़ रहे थे। गेहूँ-भरे खेत के पास बसंती हवा का झोंका है कि गाय-बछड़े कुलाँचें भर रहे हैं।

गौरी और बुल्ला को आते देख ग्वालों की टोली में से कुछ लड़के उनकी ओर लपके। उन्हें क्या पता था कि आज उनके बदले उल्टे उनके ग्वाले ही फसल का नुकसान करने निकले हैं। गेहूँ की पीली बालें लेकर वे उन्हें भूल रहे थे और अपनी हथेलियों से उन्हें रगड़-रगड़ कर उम्मी खा रहे थे। कल से फुलियारी शुरू होगी। उसकी उमंग में आज उन्होंने खुली छूट ले ली थी। लेकिन गाय-बछड़े को तो उजाड़ नहीं खाना चाहिए। दोनों को लौट आना पड़ा।

शेरू पँवार गाँव से डेढ़ मील दूर की दुकान से सौदा लेकर लौट रहा था। दुकान से एक मील की खड़ी चढ़ाई लगती थी। धार पर पहुँचने के बाद फिर पहाड़ की दूसरी ओर आधा मील नीचे उतरना पड़ता था। यों वह अभी चालीस बयालीस का था और यह रास्ता रोज़ का सधा रास्ता था, जिस पर चलते हुए थकने का सवाल ही नहीं उठता। पर आज सौदा कुछ ज़्यादा ले आया था। सौदा भारी था। बोझ हो गया। धार पर चढ़ते-चढ़ते शेरू पँवार हाँफने लगा। धार के ऊपर पहुँचा तो उसने बोझा एक ओर रख दिया। पास की तुँगला की झाड़ी से दो पत्ते तोड़कर उन्हें मोड़ा और पतबिड़ा बनाया। उसके अंदर तंबाकू भरा। उसने पतबिड़ा सुलगाना चाहा। अगेले की थैली निकाली। अगेला एक छोटी-सी कपड़े की थैली में बंद था जो उसकी जेब में रहती थी। थैली में लोहे का अगेला था, छेराग का छोटा-सा सफेद पत्थर था। डोंडे की कपास थी। कपास के गोले से उसने एक छोटा-सा हिस्सा अलग किया। कपास का गोला थैली में बंद करने के बाद उसने सफेद पत्थर को बाएँ हाथ की तर्जनी और अँगूठे से दबाकर पकड़ लिया और उसके साथ रूई थाम ली। फिर दाहिने हाथ की दोनों उँगलियों से उसने लोहे का अगेला उठाया और बाएँ हाथ में थामे हुए पत्थर पर चोटें करना शुरू किया। पत्थर से आग की चिंगारी पैदा हुई जो सीधे कपास पर जा टिकी। कपास ने आग पकड़ ली। शेरू पँवार ने जलती हुई कपास को पतबिड़ा के अंदर रखे तंबाकू पर धरा और दाहिने हाथ से पतबिड़ा का निचला सिरा थाम लिया। उसकी पाँचों उँगलियों के सिरे पतबिड़ा को थामे थे। बाएँ हाथ की हथेली उन उँगलियों की रक्षा कवच बनी हुई थी। दाहिने हाथ के आकाश की ओर खड़े हुए अँगूठे और तर्जनी के सिरों के आपस में मिल पाने के बाद जो छेद हथेली का निर्मित हुआ, उसके बाहर से शेरू पँवार लंबे-लंबे कश खींचने लगा। पतबिड़ा के सिरे पर तंबाकू जलता हुआ दीखने लगा, धुआँ शेरू पँवार के मुँह के अंदर प्रवेश करने लगा और शेरू पँवार कुछ धुआँ पीने लगा, कुछ का आनंद लेने के बाद उसे अपने नथुनों से बाहर फेंकने लगा। धुआँ पतबिड़ा पैदा करता है या वह शेरू पँवार के फेफड़ों से निकलता है—यह अंदाज़ नहीं लगाया जा सकता। शेरू पँवार पतबिड़ा को पकड़े जब लंबी साँस लेकर कश मारता तो पतबिड़े

में आग सुलगने लगती और लगता कि शेरू पँवार के अंदर जीवन चमक रहा है।

शेरू पँवार तंबाकू के कश नहीं मार रहा था, वह उसके स्वाद के घूँट पी रहा था। तंबाकू के रस की घूँटें लेते-लेते शेरू पँवार ने नीचे अपने पाँव की ओर देखा। बीस-पच्चीस छोटे-छोटे दुमंजिले घर, जिनकी छतों पर पत्थर की काली पठालें लगी थीं। यह तिमली गाँव है। घरों के चारों ओर छोटे-छोटे सीढ़ीनुमा खेतों का ऊपर से नीचे तक फैला हुआ सिलसिला, जिनमें गेहूँ की बालें झूम रही हैं और सरसों खिलखिला कर हँस रही है। कहीं-कहीं पर जौ की बालों से वसंती हवा आँख-मिचौनी खेलती लगती है। अभी इस पौधे की बाल झुकी, दूसरे ही क्षण दूसरी दिशा में खड़ी बालें शरमाकर अपनी गर्दनें नीची किए दे रही हैं। खेतों से नज़र हटाते ही रंग-बिरंगे फूल बिखरे दिखाई दिए।

धार से उत्तर की ओर एक ढलाऊ मैदान है जो गाँव से नहीं दीख पड़ता। यह एक चरागाह है, जिसके चारों ओर उसी प्रकार के सीढ़ीनुमा खेत हैं जैसे नीचे गाँव के इर्द-गिर्द फैले हैं। चारागाह में गायें चरती दिखाई दीं। ग्वाले नहीं दिखाई दे रहे हैं। 'पता नहीं क्या करते रहते हैं सब-के-सब। छोकरों की बात जो ठहरी। बैठकर गप्पें मार रहे होंगे या कहीं राजदरबार लगा होगा। 'बालक बादशाह' क्यों कहते हैं? जी में आया तो काम किया, नहीं तो मजा ले रहे हैं। शेरू ने अपना बोझा पीठ पर लगाया और चलने लगा। चलते-चलते सोचता रहा—'पता नहीं कहाँ बैठ गया औतारु! उसे क्या पता चल सकता है कि उसका बाप कितना भारी बोझा ढोकर ला रहा है। अभी उसकी उम्र ही क्या हुई है? सातवाँ लगा है। कहीं खेल रहा होगा बदमाश। इतनी भी फिकर नहीं है कि गायें कहीं उजाड़ न चली जाएँ।' वह रास्ता जिस पर शेरू चल रहा था, सच पूछिए तो कोई रास्ता नहीं, एक बटिया थी। दो फुट चौड़ी बटिया। उसे किसी ने हाथों से नहीं बनाया। सदियों से उस पर चल रहे शेरू के पुरखों के पाँवों के अनगिनत निशानों ने पहाड़ी के वक्षस्थल पर एक टेढ़ी-मेढ़ी, ऊँची-नीची रेखा खींच दी थी। उसे अब सड़क कहने लगे हैं। पता नहीं कितने युगों से तिमली गाँव में लोग इसी लोग इसी लीक पर चलते आ रहे हैं। बुराँस के पेड़ों और किनगोड़ व कुज्जूकी झाड़ियों के बीच बनी हुई लीक, जिसके चारों ओर वसंत के इस मौसम में नन्हें-नन्हें फूल खिले रहते हैं। हरी घास के कोंपल अपना सिर उठाने की तैयारी में रहते हैं और रस्सा बटने की बाबला घास ख़तरनाक ढलुवा स्थानों पर से घोड़े की रास के मानिंद नीचे की ओर लटकती रहती है।

शेरू को आश्चर्य था कि आज ग्वाले कहाँ चले गए। उसे अपना औतारु बहुत प्यारा लगता है। बच्चा है, जिम्मेदारी क्या समझ सकता है? साल-दो साल में होश आने लगेगा। चार साल की कसर है, फिर तो आदमी हो जाएगा। बारह साल की बेटी घर थामे, बारह साल का बेटा रण थामे। तब हल की मूठ थमा दूँगा। और धीरे-धीरे मैं ज़्यों-ज़्यों बूढ़ा होता जाऊँगा, वह जवान होता जाएगा। तब ऐसा भी दिन आएगा जब वह मुझसे कहने लगेगा—तुम इतनी अधिक मेहनत मत किया करो। कुछ साल बाद मेरा काम सिर्फ अढ़ाना रहेगा—'यह काम ऐसे करो,' 'यह काम ऐसे नहीं हो सकता।' शेरू ख़यालों में डूब गया।

उसकी पीठ पर धरी गठरी का बोझ हल्का हो गया और उसे अपना रास्ता सीधा दीखने लगा। सूर्य ढल रहा था लेकिन शेरू पँवार को उसकी तिरछी किरणों में सुबह का सूर्य उगता दिखाई देने लगा। 'मेरी ज़िंदगी की साँझ, औतारु के जीवन की सुबह।'

एक मोड़ खत्म हुआ कि वह अचानक रुक गया। सामने जो देखा उससे शेरू को कँपकँपी छूट गई। पेड़ की एक डाल से दोनों तरफ आधम-आधा एक रस्सी झूल रही थी, जिसके एक सिरे पर एक गोल फंदा बना था। फंदे के बीच औतारु अपनी गर्दन दिए जा रहा था और रस्सी के दूसरे छोर को छह ग्वाले ज़ोर से पकड़े खड़े थे। औतारु के दोनों ओर दो ग्वाले पुलिस बने खड़े थे। पास के एक ऊँचे पत्थर पर बैठा राजा फरमान दे रहा था—मुजलिम औतारु ने फुला की उम्मी चुराई है और उसे लाठी से पीटा इसलिए उसे फाँसी की सज़ा...। शेरू पँवार ने औतारु का दाहिना हाथ पकड़ लिया और बिना देखे दस कदम तक उसे घसीटते हुए ले चला। बेजान चीज़ भी इस तरह नहीं घसीटी जाती। फिर उसने अचानक औतारु को उसके पाँवों के बल खड़ा किया और उसकी चीख-पुकारों की परवाह किए बिना धक्के मारते-मारते उसे घर की ओर खदेड़ लाया। रास्ते-भर औतारु चीखता रहा और शेरू मुँह बंद किए उसे धक्के देता रहा।

माँ ने कई लात-घूँसे अपने ऊपर लेकर उसे बचा न लिया होता तो शायद उस दिन औतारु जिंदा न रहता। शेरू उसे पीटते-पीटते थक गया पर उसका गुस्सा ज़्यों-का-त्यों बरकरार रहा। एक-दो मर्तबा औतारु की माँ को 'तू हट जा, तुझे भी मार दूँगा' कहने के अलावा उसकी जुबान एकदम खामोश रही। अपने हाथों से वह अपने गुस्से का इजहार कर रहा था और औतारु पर पड़ने वाली हर चोट उसकी क्रोधाग्नि में घी का काम कर रही थी। अंत में उसे उसकी माँ की गोद में छोड़ कर वह बड़बड़ाता हुआ वहाँ से चला गया—फाँसी खाकर मरना है तो मेरे हाथों मर ले।

—माँ, मेरे दाहिने हाथ में बहुत पीड़ा हो रही है।

माँ ने दाहिना हाथ देखा। माँ की ममता, आँसुओं की धारा।

—थोड़ा ठहर बेटा, वैदजी को बुला लाती हूँ।

औतारु बिस्तर पर बेचैन पड़ा है। उसके दाहिने हाथ को वैद्यजी ने आकर जुड़ा दिया पर दर्द कम नहीं हुआ। दो मोटी-मोटी लकड़ियों के हाथ पर बँध जाने से हाथ और दुखने लगा। मलहम का लेप किया गया पर हाथ में लग रहा है जैसे सूजन बढ़ती जा रही है। उँगलियाँ खोले नहीं खुलतीं। कंधे से लेकर नाखून तक हाथ का हर हिस्सा अलग-अलग धड़कता मालूम हो रहा है।

शेरू, उसका पिता उसके पास बैठा है। वह कुछ कहने को जुबान खोलता है तो उसमें व्यथा होती है। वह चुप रहता है तो लगता है वह अब रोया, तब रोया। औतारु की माँ उसे बार-बार डाँट रही है। माँ की आँखों से झड़ी छूट रही है।

—बेटा, तू आज जान गँवाने जा रहा था। शेरू के मुँह से ये शब्द निकले और वह फूट-फूटकर रोने लगा—भगवान ने पहुँचा दिया मुझे वहाँ पर, नहीं तो एक मिनट बाद

पहुँचने पर लाश उठानी पड़ती। छोकरों की कचहरी लगी थी। किसी को तो होश होता आखिर...।

लेकिन औतारु को अपने बाप का यह विलाप अच्छा नहीं लग रहा था। उसका हाथ दर्द कर रहा था, समूची देह दर्द कर रही थी। फुलियारी की याद करते ही उसकी पीड़ा असह्य हो उठती। 'इस वक़्त वे सब फूलों को देखने गए होंगे ताकि कल सुबह उठकर उन्हें तोड़ लाएँ। धारा के पास जो कुज्जू की झाड़ी फैली है उस पर परसों कितनी बड़ी कलियाँ दिखाई दे रही थीं। आज तो खूब बड़ी हो गई होंगी और रात में धीरे-धीरे फूटते-फूटते कल सुबह तक कितने अच्छे फूल हो जाएँगे उनके। सफेद फूल, खुशबूदार फूल। कँटीली झाड़ी। मनमोहक फूल। उस कुज्जू के झाड़ पर काँटे तो बेहद हैं पर उस पर चढ़ना दो हाथ का काम है। गुसाईं जहाँ नहीं जा सका वहाँ पिछले साल मैं चला गया था। फुला डाली सँभालती थी, मैं फूल तोड़ रहा था।'

दर्द के मारे समूची देह टूटी जा रही है।

—माँ, पानी।

माँ गिलास से थोड़ा-थोड़ा करके उसके मुँह में पानी डाल रही है। बाप एक अपराधी की तरह सर झुकाए सुन रहा है—मासाँत-सँगराँद को लड़का बिस्तर पर लटका दिया।

मासाँत-सँगराँद। फागुन का मासाँत। चैत की सँगराँद। कल सुबह हाथों में डाली लेकर वे गाते चलेंगे—

उल्यारि झुल्यारि मुलूक
चला छोरु फुलूक
अग्या लगी आग
पिछाड़ि फँडू बाग

कल से लगातार सात दिन तक ताजा फूल तोड़े जाएँगे। तोडेंगे और उसी वक़्त दरवाज़ों पर लाकर डाल देंगे। फ्यूँली के प्यारे, पीले फूल। हाँ! फ्युली फूल गई है। वसंत आ गया है। फूल जूठे नहीं होने चाहिए। सूर्य तब दिखाई देना चाहिए जब फूल डालना खत्म हो जाए। धूप लगने से फूल जूठे हो जाते हैं। कितनी सुंदर खुशबू आती है फूलों से। और उन वादियों-घाटियों की हवा में कितनी सुंदर महक फैलती है, जिनमें ये फूल लगे रहते हैं।

सात दिन के बाद पहला अठवाड़ा होगा। तमाम घरों से खाने-पीने की बढ़िया-बढ़िया चीज़ें इकट्ठा की जाएँगी और फूल डालने वाले बच्चे मिल कर भोजन बनाएँगे। सब बच्चे एक साथ भोजन करेंगे। विविध भाँति के पकवान होंगे।

बेटा, जरा दूध पी ले। माँ की आवाज़ से विचारों का क्रम टूट जाता है।

माँ की आवाज़ में एक अजीब घबराहट है। औतारु का सिर चकरा रहा है। मौत और ज़िंदगी के लिए दर्द का क्या अनुपात होता है, औतारु को नहीं मालूम। उसके कानों में बीते साल के अपने ही गाये फुलियारी के गीत गूँज रहे हैं। फुलियारी की याद आते

ही उसके शरीर का दर्द हजार गुना बढ़ जाता है। उसे निराशा घेर लेती है। वह सोचने लगा है कहीं वह मरेगा तो नहीं। और अगर वह मर गया तो उसके घर की फुलियारी का क्या होगा? जिस घर में किसी त्यौहार के दिन कोई मृत्यु हो जाए वहाँ 'हाड़' पड़ जाता है। वहाँ का वह त्यौहार सदा के लिए बंद हो जाता है। त्यौहार तब फिर मनाया जा सकता है जब उसी त्यौहार के दिन उस घर में कोई बच्चा जन्म ले या कोई गाय ब्याह जाए—कोई बछड़ा पैदा हो। मौत जिसका रास्ता रोकती है, जिंदगी उसकी राहें खोल देती है। जीवन और मौत की यह सनातन लड़ाई हर घर में लड़ी जा रही है। वही त्यौहार है। वही संस्कार।

हाड़ पड़ जाने की बात सोचकर औतारु गंभीर हो गया। उसने सिर उठाने की कोशिश की। सिर नहीं उठा। ज़ोर लगाया, उसने फिर कोशिश की। गर्दन हिली, दरवाज़े दिखाई दिए। आँखों से आँसुओं की धारा बह चली। अब ये दरवाज़े फिर कभी फूल नहीं देखेंगे। अब फिर मैं कभी फूल नहीं डालूँगा। फिर कभी मेरी माँ बच्चों को अठवाड़ा नहीं देगी। पहला अठवाड़ा, जिसमें सिर्फ सुबह को तोड़े गए ताज़ा फूल डाले जाते हैं। दूसरा और तीसरा अठवाड़ा जिसमें फूल पहली रात को तोड़ लिए जाते हैं और उन्हें पानी में भिगोकर रख देते हैं और अगले दिन सूर्योदय से पहले उन्हें डाल देना होता है। और चौथा अठवाड़ा। चौथा अठवाड़ा, जो आखिरी अठवाड़ा होता है। अगले साल की फुलियारी के इंतजार में मनाया जानेवाला त्यौहार। जिस कुल में कुशल-क्षेम बनी रहेगी उस कुल के बच्चे फिर अठवाड़ा मनाएँगे, फिर-फिर मनाएँगे—इसी आशा में मनाए जानेवाला बड़ा त्यौहार। बच्चों का त्योहार—सिर्फ बच्चों का त्यौहार, जिसमें हर घर की देहली को फूलों से सजाया जाता है। आह! अब मैं कभी फूल नहीं डालूँगा। अठवाड़ा नहीं मनाऊँगा और एक मेरी मौत के कारण हमारे घर के दरवाजों पर अब कभी फूल नहीं डाले जाएँगे।

रात घनी होती गई। फूल डालनेवाले लड़के-लड़कियों को उनके माता-पिता ने जल्दी सुला दिया—'कल सुबह उठना है'। वे इस वक़्त गहरी नींद में सो रहे होंगे। गाँव के बाकी लोग भी सो गए हैं। लेकिन शेरू पँवार के घर में एक दिया जल रहा है और उसकी लौ की रोशनी में तीन प्राणी अपनी-अपनी व्यथा में डूबे हुए हैं। इन्हें नींद नहीं आ सकती। बाप को उस माँ का दर्द है, जिसने औतारु को जन्म दिया; माँ के वश की बात हो तो वह औतारु का दुःख घोल कर पी जाए और उसे बचा ले और औतारु—वह एक ही चीज़ से चिंतित है, शोकाकुल है—इस घर में क्या अब फुलियारी रूठ जाएगी?

चला छोरु फुलूक
खाँतड़ि माँतड़ि चुलूक
अग्या लगी आऽग
पिछाड़ि फँडू बाऽग

—माँ, वे आग गए माँ। देखो, वे फूल डाल रहे हैं। वह फुला की आवाज़ है माँ!

खोलो, दरवाजा खोलो। इस साल किसी भी घर का त्यौहार बंद नहीं है। बड़ा अच्छा साल है। मैं सारे गाँव में फूल डालूँगा।

—अभी रात है बेटा।

शेरू पँवार के दरवाजों की देहली पर फूलों का ढेर लग गया। वे अपनी-अपनी डालियाँ वहीं रीती कर फिर से ताज़ा फूल तोड़ने चले गए। औतारु की तबीयत के बारे में उसकी माँ से पूछ गए। उन्हें सारे गाँव के दरवाज़ों पर फूल डालने हैं और वे फूल जूठे नहीं होने चाहिए।

ताज़ा फूलों की तलाश में गाँव के बच्चे बेतहाशा दौड़ रहे हैं। वे सूर्य के घोड़ों से होड़ ले रहे हैं। फुलियारी की रात का अँधियारा कौन दूर कर रहा है? सोते हुए गाँव में यह गमकती हुई सुबह किसने खोल दी? सूर्य के घोड़े दौड़ रहे हैं कि गाँव के नन्हें ग्वाले दौड़ रहे हैं? वे प्रकाश की किरणें फैला रहे हैं, ये खुशबू की लहरें बिखेर रहे हैं। वातावरण में वसंत की मादक हवा का ज्वारभाटा उमड़ा है। वे फूलों का त्यौहार मना रहे हैं।

भाई-बहन का प्रेम

मैंने लगातार तीसरे दर्जे में सफर किया है। सैकेण्ड क्लास के डिब्बे में मैं कम बैठा हूँ। कम क्या एक ही बार बैठा हूँ अब तक सारी ज़िंदगी में। बरेली से हल्द्वानी जानेवाली ट्रेन पर मैं सैकेण्ड क्लास का टिकट लेकर बैठा। उस दिन शायद कुछ पैसे थे मेरी जेब में। कपड़े भी मेरे काफी साफ थे। ऊपर की बर्थ पर अपना बिस्तर खोलकर मैं भले आदमियों की तरह बैठ गया।

थोड़ी ही देर में एक जवान लड़की और एक लड़का मेरे डिब्बे में आए। लड़की तो ठीक ही थी पर लड़के का फैशन निराली थी। उसने एक प्लास्टिक की बुश्शर्ट पहन रखी थी, जिस पर ताज़ा समाचार छपे हुए थे, इतने मोटे हरूफ़ों में जो आसानी से पढ़े जा सकें।

ये लोग डिब्बे पर चढ़े ही थे कि ट्रेन चल दी। मैं बर्थ पर लेट गया। नीचे की सीट पर खिड़की की ओर लड़का बैठा था। मैंने अपना सिर नीचे की ओर घुमाया और उसकी बुश्शर्ट पर छपी खबरें पढ़ने लगा। थोड़ी देर तक मैं वैसे ही रहा तो उस लड़के ने मुझसे पूछा—क्या कर रहे हो जी?

—खबरें पढ़ रहा हूँ।

वह तिलमिला उठा—यह कोई अखबार है या बुश्शर्ट?

मैंने उसके प्रश्न का उत्तर दिए बिना प्रश्न किया, लेटेस्ट न्यूज है न ये? कोरिया-अमेरिका की लड़ाई की खबरें?

—यह अखबार नहीं है जनाब, बुश्शर्ट है बुश्शर्ट। उसने ज़ोर से चिल्लाकर कहा—कभी देखे नहीं हैं ऐसे कपड़े, किसी सोसायटी में नहीं मूव किया कभी?

मैंने बिना हिले-डुले उत्तर दिया—बहुत अच्छे कपड़े हैं, अच्छा फैशन है। अब अखबार का खर्चा बच जाता है। कितने में आ जाती है यह बुश्शर्ट? एक और होगी आपके पास?

—एक क्या, पूरी एक दर्जन है, पर क्या बेचने के लिए हैं? बंद करिए आप अपनी जुबान। उसने वैसे ही स्वर में कहा।

ट्रेन चलती रही। मैंने अपना सिर ऊपर उठाया और बैठ गया। वह उस लड़की से बातें करने लगा। सैकेण्ड क्लास के इस डिब्बे में केवल हम तीनों ही थे, ऊपर मैं और नीचे वे दोनों।

दोनों में कानाफूसी होने लगी। थोड़ी देर में उसने मुझसे पूछा—ए! टिकट है जी तुम्हारे पास या ऐसे ही बैठ गए हो?

—आप टिकट चेकर हैं क्या? मैंने आश्चर्यपूर्वक पूछा—मैं तो आपको भी पैसेन्जर समझ बैठा था।

—होल्ड योर टंग, अपना टिकट दिखाओ। गाड़ी मुफ्त में नहीं है।

मैंने फिर कहा—जरा तुम दिखाना तो अपना टिकट।

उसने टिकट मुझे दिए। मैंने लौटा दिए। टिकटों को बुश्शर्ट की जेब में रखते हुए उसने फिर कहा—अब दिखाओ अपना टिकट।

—मैं नहीं दिखाऊँगा।

—होगा ही नहीं, दिखाओगे कहाँ से।

—दिखाने की आदत तो तुम्हारी ही है।

—क्या मतलब?

—मतलब यही कि तुम दिखाना चाहते हो, मैं नहीं।

—मैं गार्ड को बुलाकर तुम्हें नीचे उतार दूँगा।

—कोई आवश्यकता हो तो मैं खुद चला जाऊँ। मैं बाथरूम में चला जाता हूँ। आप दोनों स्वतंत्र हैं।

—मिस्टर, टॉक विद योर सेंस। शी इज़ माई सिस्टर। उसने जुबान को थोड़ा और तेज कर कहा।

—बड़ी प्रसन्नता हुई आपसे मिलकर। मैंने उसकी बहन को नमस्कार किया।

वह चुप रही। मैं भी चुप हो लिया। तभी टिकट चेकर आ पड़ा। लड़के ने उत्सुकतापूर्वक अपने टिकट दिखा मेरी ओर इशारा करके कहा—ये तो बिना टिकट के हैं।

—क्यों मिस्टर? टिकट चेकर ने मेरी ओर देखकर कहा, आप मुफ्त ही घुस आए, और आए भी सैकेण्ड में?

—थोड़ा थमकर बात कीजिए। मैंने कहा।

वह लड़की की ओर देखने लगा। तब लड़की की जुबान खुली—बिना टिकट चले आए और वह भी सैकेण्ड में, रास्ते भर तंग हुए।

चेकर ने उस पर एक प्रेम-भरी दृष्टि डाली और मुझसे बोला—अच्छा, अच्छा! उठो बाहर चलो।

—मैं हल्द्वानी जाकर उतरूँगा।

—उतरोगे या पुलिस को बुलाऊँ।

—पुलिस की ज़रूरत नहीं। मैडम के पास बैठ जाइए। मैंने अपना टिकट दिखाते हुए कहा।

टिकट चेकर शर्म से भर गया। दोनों भाई-बहन एक-दूसरे की ओर ताकने लगे। माफी माँगकर चेकर साहब ने विदाई ली।

मैंने लड़के से कहा—अगले स्टेशन पर जाकर मैं आपको पुलिस के हवाले कर दूँगा।

—क्यों?

—इसलिए कि आप सरकारी आदमियों को धोखा देते है। और लोगों को झूठ-मूठ में फँसवाते हैं।

वह चुप हो रहा। तब उसकी बहन ने मेरे लिए अपनी बेशकीमती जुबान खोली। अंग्रेजी में उसने कहा—हम तो मज़ाक कर रहे थे।

—मैं आपका कोई रिश्तेदार थोड़े ही हूँ जो आप लोग इस तरह का मजाक करते हैं। मैंने हिंदी में कहा।

वह फिर बोली—फ्रेंड।

—दोस्ती तो आप लोगों से कभी नहीं थी।

—ट्रेन पर चलते-चलते हो जाती है। उसने दाँव-पेंच इस्तेमाल करने शुरू कर दिए।

—जी हाँ। और लोग अपने दोस्तों को ट्रेन में चलते-ही-चलते क़ैद भी करवा लेते हैं।

वह अंग्रेजी में कहती गई और मैं हिंदी में। उसकी जबान से अंग्रेजी ऐसे लग रही थी जैसे काँटों की नोक पर फूल लगाकर कोई काँटे चुभा रहा हो।

प्रसंग बदलकर उसने फिर कहा, अंग्रेजी में ही—आप अंग्रेजी बोलते हैं?

—मेरा कुत्ता भी अंग्रेजी बोलता है।

—आप तो हमेशा ही ऐसी बातें करते हैं।

—हमेशा के बारे में तो आप नहीं जान सकतीं, मैं कैसी बातें करता हूँ। मुझसे आपका कुछ ही घंटों का परिचय है। बहरहाल मैं सच कह रहा हूँ हिंदुस्तान में जो अपनी मातृभाषा नहीं जानते वे भी अंग्रेजी बोलते हैं। मेरा कुत्ता भी अंग्रेजी बोलता है। मैंने तो एक-दो गधों को भी अंग्रेजी बोलते सुना है, फिर मेरा कुत्ता तो प्योर अलशेसन है। डायर की बोली बोलता है एकदम। ग्रामर पर क्या मास्टरी है कमबख्त की।

—यू टॉक पॉलिटिक्स।

—कोई गुनाह नहीं मादाम, पॉलिटिक्स आदमियों की चीज हैं, फेरीटेल नहीं।

हल्द्वानी रात जिस होटल में मैं टिका वे दोनों भी अचानक वहीं आ पहुँचे। मेरी बगल का कमरा उन्हें दिया गया। मैं अपने कमरे में आकर बैठ गया।

रात को करीब साढ़े नौ बजे उस लड़की का भाई मेरे कमरे में आकर हतप्रभ-सा खड़ा हो गया। मैंने कई प्रश्न किए पर वह निरुत्तर खड़ा रहा। मेरी समझ में न आया कि क्या बात है। बहुत पूछने पर वह बोला—सिस्टर को बहुत तेज सिरदर्द हो रहा है। आपके पास कोई दवाई होगी? यहाँ तो डाक्टरों और अस्पताल के बारे में भी मालूम नहीं।

सिरदर्द होने पर अक्सर मैं तेल मालिश किया करता हूँ। एक नाई को उस्ताद बनाकर मैंने उससे मालिश करनी सीखी थी।

—दवाई क्या, चलिए मैं मालिश कर दूँ। मैंने कहा।

वह मुझे अपने कमरे में ले गया। उसकी बहन बिस्तर पर लेटी थी सिर बाँधकर। मैंने उसके भाई से तेल और पानी माँगा और बाथरूम में साबुन और तौलिया रखने को कहा और यह भी कह दिया कि मैं दर्द ठीक हो जाने पर दो रुपया लूँगा। वह राजी हो गया।

उसकी बहन को मैंने एक कुर्सी पर बैठाया, गले में तौलिया लटकाया और तेल मलने लगा।

—आँखें बंद कर लीजिए मैंने कहा।

—क्यों?

—सिर हिलने से आँखों पर ज़ोर पड़ता है और फिर दर्द होने लगता है।

उसने आँखें बंद कर लीं, मैं मालिश करने लगा। उसके बाल खुले थे। जब मैं सिर में उँगलियाँ चलाता तो उसके लंबे बाल सिर के नीचे चले जाते। कनपट्टियों के पास और माथे पर जब मैं तेजी से उँगलियाँ चलाता तो वह लंबी-लंबी साँसें लेने लगती, बाहर की ओर नहीं अंदर की ओर। मैं सोचने लगा क्या बात है, इसके बाल मेरे हाथों में नहीं उलझ रहे हैं और मैं जोर-जोर से मालिश नहीं कर रहा हूँ जो दर्द हो सके, फिर यह ऐसे स्वर में साँस क्यों ले रही है?

—क्या बात है दर्द हो रहा है क्या? मैंने पूछा।

—नहीं, नहीं, ठीक है। बहुत अच्छा लग रहा है।

—तो आप ऐसे स्वर में साँस क्यों ले रही हैं?

—जाड़ा लग रहा है, दरवाज़े से बड़ी तेज़ हवा आ रही है।

मैंने मालिश करते-करते पीछे दरवाज़ों की ओर देखा। दरवाज़े खुले थे और उसका भाई गायब था।

—आपके भाई कहाँ चले गए?

—गया होगा कहीं। वह मेरा छोटा भाई है। जरा दरवाज़ा तो बंद कर दीजिए। जाड़ा लग रहा है, बड़ी तेज हवा आ रही है।

मेरे शरीर से पसीना चूने लगा था। तेल मालिश करते वक़्त ऐसा ही होता है। दोनों हाथ उसके सिर से हटाकर मैंने कहा—जरा इधर देखिए तो।

उसने पीछे घूमकर देखा। मेरा सारा शरीर पसीने से लथपथ हो रहा था। माथे और चेहरे पर भी पसीने की बूँदें टपकने लगी थीं; वह बोली—आपको तो पसीना हो रहा है।

—तभी तो कह रहा हूँ, दरवाजे बंद होने पर तो मैं खड़ा भी नहीं रह सकूँगा।

—लेकिन सच कह रही हूँ, मुझे जाड़ा लग रहा है। थोड़ी देर के लिए ही दरवाज़े बंद कर दीजिए। मैं तो जाड़े से मर जाऊँगी।

—यह मेरे बस की बात नहीं, कहकर मैं फिर अपने काम में लग गया। सिर के बीच में मैंने फिर जब अपने हाथ फेरे तो उसके बालों की लटें चेहरे के दोनों ओर से चेहरे के नीचे चली गईं। अपने अभ्यास के अनुसार मैं कानों के ऊपर वाले भाग से ही उसके बाल

खींचने लगा। उसने मेरे दोनों हाथ पकड़ लिए।

—क्या बात है? मैंने प्रश्न किया।

वह अपना सिर छुड़ाकर पीछे की ओर घूमी और मेरी ओर देखकर उसने—कुछ नहीं, यूँ ही, दर्द हो रहा है। फिर वह पूर्ववत् हो गई।

मैं फिर मालिश करने लगा। फिर उसने एक बार मेरा दाहिना हाथ पकड़ कर ज़ोर से दबाया और छोड़ दिया।

मेरे हाथ में उसका सिर था। मेरी नज़रों के सामने कई सिर घूम गए। अपने उस्ताद खुंगू नाई का सिर जिसके घुँघराले बालों पर चलते-चलते मेरी उँगलियाँ रुक जाती थीं, सेठों के सिर जिनकी खुशबू सूँघकर छोड़ने को जी नहीं चाहता था, विद्यार्थियों के सिर जो मालिश करते वक़्त कठपुतली की तरह हिलते थे, किसानों के सिर जिनसे बदबू आती थी, लेकिन जो लोहे की तरह स्थिर रहते थे और हसीन औरतों और कुँवारी लड़कियों के छोटे-छोटे सिर जो सरदर्द की गर्मी के मारे तपते रहते थे। सभी सिर मेरे हाथों में आते थे, किसी के सिर मुसीबत में आते थे, किसी के मौज में। किसी के सिर से पैसे मिलते थे और किसी से दुआएँ, आशीर्वाद। कोई सिर मालिश के बाद ऊँचे उठ जाते थे और मैं देखता रह जाता था, तो कोई सिर अहसान से नीचे भी झुक जाते थे। किसी सिर वाले के सामने मैं एक पेशेवर तेल मालिश करनेवाला होता जो केवल पैसे के लिए ही यह काम करता और कुछ सिरवाले ऐसे भी थे जिनकी नज़रों में मैं एक चिकित्सक होता, जो प्रभु से प्रार्थनाएँ करते कि मैं जीता रहूँ औरों के दुःख-दर्द दूर करने के लिए।

लेकिन यह सिर भिन्न था, उन सबसे भिन्न। मैंने मालिश बंद कर दी।

—कहिए सरदर्द ठीक हो गया?

—जी हाँ, सरदर्द तो ठीक हो गया है।

—बहुत अच्छा, कहकर मैं बाथरूम की ओर चल दिया। हाथ धोकर लौट आने पर मैंने उससे कहा—चाय मँगवाइए।

—अब चाय पीएँगे आप?

—जी हाँ, यह मेरी आदत है।

उसने चाय मँगवाई। हम दोनों ने चाय पी। उसका भाई तब भी नहीं लौटा।

—आपके भाई अभी तक लौटे नहीं?

—भाई! हाँ, वह आ ही रहा होगा। उसने रुकते-रुकते कहा।

मैंने चाय खत्म कर अपनी मजदूरी की दरयाफ़्त की।

—हँ! हँ! हँ! आप मजाक कर रहे हैं? उसने दाँतों की सफेदी दिखाते हुए कहा।

—जी मज़ाक नहीं, सच कह रहा हूँ। पैसे दे दीजिए।

सहसा वह खड़ी हुई और मेरे गले में हाथ डालकर कहने लगी—आई लव यू डार्लिंग।

—लव आप कब से करने लगीं मुझे? मैंने उसे हटाते हुए कहा—आप मुझे लव कर रही हैं या मेरे पैसे को।

—आप फिर ऐसी बातें करते हैं? पैसा चीज़ ही क्या है। मैंने तो आपको जब से ट्रेन पर देखा तभीसे लव करने लगी थी।

—अच्छा, आपको मुझसे समुचम बहुत प्यार है? मैंने फुसफुसाते हुए पूछा।

—इम्तहान ले रहे हो डार्लिंग? उसने धीमे स्वर में उत्तर दिया।

—आपको मुझसे प्यार है? मैंने फिर पछा।

—तुम्हें कैसे विश्वास दिलाऊँ? उसने खीजते हुए उत्तर दिया।

—आपको मुझसे प्यार है? मैंने गंभीर होकर पूछा।

—इस बार उसने रूठते हुए स्वर में हँसते हुए कहा—ज़्यादा न पूछो, कह तो दिया—है।

—तो मेरे दो रुपए दे दीजिए, मैंने इस बार कहा।

—आप फिर मज़ाक कर रहे हैं।

—जी मैं मज़ाक नहीं कर रहा हूँ, सच कह रहा हूँ। आपको मुझसे प्यार है तो मेरे पैसे दे दीजिए और मेरे पैसे से प्यार है तो उसे रख लीजिए।

उसने पैसे दे दिए। मैं कमरे से बाहर हो लिया।

जब मैं अपने कमरे में आकर चारपाई पर बैठा तो मुझे उस कमरे में वे दोनों भाई बहन बातें करते सुनाई दिए।

भाई बोला—कितने दे गया?

वह टूटी आवाज़ में बोली—वह तो देने के बजाय दो रुपए ले गया उल्टे।

यह सुनकर उसके भाईने मरी हुई आवाज़ में कहा—किसी और को बुलाते तो अब तक कुछ मिल जाता। मैं तो समझा था वह ट्रेन से ही मज़ाक कर रहा था। है पूरा कमीना। बातें तो ऐसे करता था जैसे सौ दे देगा पूरे।

मुझे याद आई वह शुरुआत—यह कोई अखबार है या बुश्शर्ट?

लेखन मालीदेवल 23 मई 1953, प्रकाशित 'आज' 31.3.1957

दूध का स्वाद

माँ-बाप भैंस को दुहने ओबरे में चले गए। नीचे जाते हुए माँ ने अपनी दस वर्षीया लड़की मैना को ताकीद की—सब्जी चूल्हे पर है, देख लेना, जल न जाए। माँ के जाने के बाद कमरे में मैना और उसका सात वर्ष का भाई दीनू बाकी रह गए।

—मुझे डर लगता है दीदी! तुझे भी लगता है?

—किस चीज़ का डर लगता है भैया तुझे? मैं तो नहीं डरती!

—दीदी मुझे इस भैंस से डर लगता है, जो इतनी रात तक दूध नहीं देती।

—क्यों?

—माँ कहती है, भैंस दैंत[1] होती है।

—हमारी भैंस तो दूध देनेवाली भैंस हैं, दैंत तो मारता है।

—हमारी भैंस भी तो मारती है।

—हमारी भैंस तो दूध देती है, उससे नहीं डरते मेरे भैया।

—दूध देती है तो बाज़ार के लिए देती है। हमारे लिए तो दूध उसने कभी नहीं दिया।

—मैना खामोश हो गई और कड़ाही पर रखी सब्जी कलछुल से चलाने चली।

यह भेंस इस परिवार के लिए सचमुच दैंत बनकर आई है। उस समय सुबह का तारा प्रकट नहीं होता जब मैना की माँ देवकी और उसका बाप घनानंद उसकी सेवा-टहल करने लगते हैं। दिन-भर देवकी वृक्षहीन वनों की कँटीली झाड़ियों के बीच अपनी जान को जोखिम में डालकर ऊँचे, भयानक पर्वतों के ढालों पर तिनका-तिनका जोड़कर घास जमा करती है और रात को आधी रात तक भैंस की ही सेवा करती रहती है। भैंस जब ब्याही थी, तो इसका जो बच्चा हुआ था उसे मैना के माँ-बाप ने मट्ठा पिलाकर मार दिया था ताकि वह बाज़ार को भेजे जानेवाले दूध का हकदार न बन सके। लोग अपने बच्चों को चाँटा मारकर गाय-भैंस का दूध पीने की उनकी ज़िद भुला सकते हैं किंतु जानवर का बच्चा लाल-पीली आँखें देखकर मानने वाला नहीं होता। उसे दूध के स्वाद की क़ीमत अपनी जान देकर अदा करनी होती है।

घनानंद सुबह तड़के उठता है। भैंस को दुहने के बाद वह रात के दूध के बर्तन को

---

1. दैत्य

आँगन में खड़े डैंकन के पेड़ की शाखा से धीरे से नीचे उतारता है और दोनों वक़्त के दूध को एक बर्तन में मिलाकर घर से शहर की ओर चल देता है। गर्मी, सर्दी, बरसात। यह नित्य का नियम है। जिस दिन दूध नहीं जाएगा—परिवार भूखा रह जाएगा। अपनी या परिवार के सदस्यों की छोटी-मोटी बीमारी या अन्य कोई कारण उसकी शहर की इस यात्रा को स्थगित नहीं कर सकते। वह दूध लेकर जाता है और उसी बर्तन में चावल लेकर लौटता है। कभी तेल लेकर लौटता है, कभी कुछ और कभी कुछ लेकर लौटता है। पाँच मील दूर शहर—पैदल जाता है, पैदल आता है।

एक भैंस है जो इस परिवार का खर्चा चला रही है। इस परिवार की हँसी-खुशी, नाच-मेले, सोना-जागना, काम और आराम सबका केंद्र बिंदु यह भैंस है। देवकी के लिए दुनिया का सबसे अच्छा स्थल वह है जहाँ की ऊबड़-खाबड़ भूमि पर हरी-हरी घास उगी हो। घनानंद के लिए वह दिन निर्भाग है, जिस दिन भैंस दूध कम दे या न दे। मैना के लिए वह सुंदर दिन है जब माँ को भैंस के लिए सुंदर घास मिल जाए और दीनू की खुशी की रात वह है जब भैंस झट से दूध दे दे और उसकी माँ जल्दी से ऊपर आकर उसे रोटी देकर अपने हाथ से सुला दे। इस भैंस के दूध का स्वाद कैसा है, यह परिवार में किसी को नहीं मालूम। वह गाढ़ा है कि पतला है, मीठा है कि कैसा है, यह बात न माँ-बाप जानते हैं, न बच्चे जानते हैं। मैना और दीनू के लिए भैंस के दूध और उसकी जुगाली से निकलनेवाले उसके मुँह के झाग में कोई अंतर नहीं है।

दीनू ने कई बार सोचा है कि वह कभी चुपके से डैंकन के पेड़ में लटकी परोठी से थोड़ा-सा दूध चुरा ले और उसे गटागट पी डाले। पर रात में उसे अकेले नीचे आँगन में जाते हुए डर लगता है और सुबह जब तक वह सोकर उठता है, उससे पहले ही उसका बाप दूध लेकर घर से चला जाता है। दिन में जब माँ-बाप घर पर नहीं होते, उसने कई बार थोड़े से दूध का स्वाद चखने की अपनी योजना पर अपनी दीदी से विचार-विमर्श किया है और दीदी ने भी चटखारे मार-मारकर योजना को सफल बनाने का वायदा किया है। पर रोज़ रात को उसकी योजना काफ़ूर हो जाती है। अँधेरी काली रात में सुबह-शाम दूध देकर परिवार को जीवित रखनेवाली उनकी अपनी ही भैंस उनके मन में दैंत का रूप धारण कर लेती है और उसके डर के मारे वे अपने कमरे से बाहर आकर सीढ़ियाँ उतरने का साहस नहीं बटोर सकते।

इस भैंस का दूध सूखता है तो पूरे परिवार की जीवन-सरिता सूख जाती है। आज परिवार का मुखिया शहर से घर लौटकर नहीं आया है। उसकी दूध की परोठी आज किसी दूसरे के हाथ रीती लौट आई है। आज रात को भी इसे कौन दुहेगा, यह तय करना मुश्किल है। भैंस इकहथिया है। घनानंद के अलावा किसी दूसरे को अपने थन पर हाथ नहीं लगाने देती। देवकी उसकी पीठ थपथपाती है और घनानंद उसके थनों से दूध निकालता है। आज घनानंद घर नहीं लौटा और अब अगले छह महीनों तक वह घर नहीं लौटनेवाला है। कुछ

समय से इस भैंस का दूध कुछ कम हो गया था, उसकी पूर्ति वह पानी मिलाकर करने लगा था, उसे आज भैंस का दूध सूखने की सज़ा सुनाई गई है।

—कल कोई लेवाल आएगा तो इस भैंस को खाँप कर देंगे। देवकी ने मैना से कहा—आधे मोल में भी चली जाए तो शुक्र है।

—माँ, एक बार इसके दूध का स्वाद मुझे चखा दे। दीनू ने कहा और नज़रें दूसरी ओर फेर लीं। वह अपने मन में यह तय नहीं कर पा रहा था कि जो बात उसने बहुत हिम्मत करके, बहुत देर तक सोच-विचार कर अपनी माँ से कही है, वह बात कहनी चाहिए थी कि नहीं कहनी चाहिए थी?

दारोगाजी को मछुए की भेंट

रैदास मछुआ था। टिहरी शहर में भंगी बस्ती में ही उसका और उसकी जातिवालों का मोहल्ला भी शामिल है। कच्चे-कच्चे झोंपड़े, जो कि एक ऊँचे टीले की तराई में बसे हैं, अकसर टूटते रहते हैं। इन्हीं झोंपड़ों के ठीक ऊपर टीले पर इंटर कॉलेज है जहाँ के नटखट इस्कूली रिसेष में या खाली घंटी होने पर, इन झोंपड़ों पर छोटे-छोटे कंकर से लेकर बड़े-बड़े पत्थर तक बरसाया करते हैं। भंगी और मछुए अक्सर दिन में घरों से बाहर निकलते हैं तो पहले देख लेते हैं कि कोई पत्थर तो नहीं बरस रहे हैं। छतों को तोड़कर कई बार बड़े-बड़े वज़नी पत्थर झोंपड़ों के अंदर घुस जाते हैं।

रैदास अपनी इस बस्ती में सेर-भर आटा खानेवाले लोगों में था, यानी खाता-पीता आदमी था। उसकी न माँ थी, न बाप था। बाप बचपन में ही मर गया था, जिसे कि उसने देखा भी नहीं और माँ उसे उन्नीस वर्ष का छोड़कर मरी। और उसक दुनिया में अब कोई अपना न था। मछली मारकर जो कुछ आमदनी होती वह अपने ही खाने-पहनने पर खर्च कर देता।

मुहल्ले में धन्नू को रैदास से सख्त शिकायत थी। धन्नू चमार रोज कहता था—इतना कमाता है, साला शराब भी तो नहीं पीता। धन्नू चमार तो था अवश्य पर नए बूट नहीं बनाता था। उसका कहना था कि नए बूट बनाना बेवकूफी करना है। तब तक छोटा-मोटा काम करके दुगुना कमाया जा सकता है। इसी चालाकी के बल पर उसका दावा था कि वह सब चमारों से अधिक कमाता है। अपनी जातिवालों को वह हर वक़्त कहता था—सब बेवकूफ हैं। लेकिन ऐसी बात वह सिर्फ घर पर ही कहता था। जब कभी सफेद बालों वाला कोई बिट्ठ (ऊँची जाति का पुरुष) उससे कुशलक्षेम पूछता तो वह रुआँसा होकर जवाब देता—हमारा ज़माना नहीं रहा मालिक, अब तो बुरा ज़माना आ गया है।

एक दिन रघुवीर ठाकुर ने आकर धन्नू से पूछा—क्या हाल हैं धन्नू, अभी भी नहीं छोड़ता काम करना? लड़के नहीं कमाकर देते तुझे?

धन्नू ने रुआँसा होकर जवाब दिया—क्या करें मालिक, ज़माना खराब आ गया है। दोनों अनाड़ी हो गए हैं। काम ही नहीं करते। कुछ भी नहीं कमाते।

ठाकुर रघुवीर—अरे तू तो बहुत कमा रहा है अभी।

धन्नू चुप हो गया। कुछ उत्तर न दिया उसने। ठाकुर धन्नू के समवयस्क थे। धन्नू की एक दुकान थी। जब वह जवान था तो शराब और जुए में उसने वह खत्म कर डाली। तब से अब तक वह बोरी का टुकड़ा बिछाकर सड़क के किनारे ही बैठा करता है। साबुत या नए जूते भी उसने तब से नहीं बनाए। ठाकुर रघुवीर जब कभी बाज़ार आते, धन्नू का समाचार अवश्य पूछ लेते।

धन्नू को चुप देखकर ठाकुर रघुवीर ने फिर पूछा—क्यों धन्नू, कमा रहा न सबसे ज़्यादा?

—क्या कमाऊँ मालिक! धन्नू ने अफसोस जाहिर करते हुए उत्तर दिया—कमाता है रैदास। कल का छोकड़ा है हुज़ूर। दिन-भर कमाता है और साला शराब भी तो नहीं पीता।

ठाकुर हँसकर चल दिए।

धन्नू ऐसे स्वर में कहता था मानो सचमुच उसका ज़माना खत्म हो गया हो और वह भूत बनकर बोल रहा हो। ज़माना तो तब तक साथ चलता है जब तक साँस खत्म न हो जाए, लेकिन अपनी उम्र के बुड्ढों की तरह, जीवित धन्नू का भी कथन था—अपना ज़माना नहीं रहा। इस चीज़ को वह कभी नहीं बताता था कि उसका जमाना कब तक था। हाँ, एक चीज़ वह जरूर कहता था कि उसका जमाना सुखी था। नए-नए छोकड़े जो आजकल मौज करते हैं अक्सर इस पर हँस देते थे। एक ढीठ भंगी का छोकड़ा तो पड़ोसी चमार की जवान लड़की से मिलते वक़्त रोज़ कहता था—अपना ज़माना नहीं रहा।

रैदास की शराब न पीने की शिकायत भी धन्नू ऐसे स्वर में करता था जैसे शराब बहुत ज़रूरी चीज़ हो। वह उसे वही दर्जा देता था जो कि रोटी और कपड़े को दिया जाता है। कमाने पर भी कोई शराब न पिये, और वह भी नाई, धोबी, भंगी या मछुआ, तो उसका कहना था कि उसका कमाना न कमाना बराबर है।

रैदास शराब नहीं पीता था, इसलिए वह काफी पैसा बचा लेता था। पड़ोस के नाई, धोबी सभी उसके कर्जदार थे। कम नहीं, उसका कर्जा पच्चीस-पच्चीस रुपए तक था। अपना खाना वह अपने आप बना रहा था, पाँच साल से। मुहल्ले के लिए वह एक अजीब जंतु था। दो-तीन बुड्ढे उससे कई बार कह चुके थे कि उसके पैसों के बदले वे उसे अपनी लड़की देने को तैयार हैं, पर रैदास नहीं मानता था। उसका कहना था कि वह कमाने वाला है, जवान है और व्यसनी नहीं है, इसलिए जो कोई भी लड़की दे, उसे कुछ दान दहेज भी देना चाहिए। मुहल्ले के छोकरे उसकी खुशामद में रहते। कोई जुए में जीतने के लिए पैसे माँगते, जो कभी वापस नहीं होते थे। कोई प्यास बुझाने या त्यौहार को कोरा न जाने देने के लिए माँगते और पीने के बाद आशीर्वाद भर दे देते—रैदास का भला हो!

बाबूलाल शहर के दारोगा थे। दस साल से वे दारोगा के दारोगा ही रह गए, जबकि उनके साथ के लोगों में कुछ तो अब इंस्पेक्टर हो चुके थे। बड़े खुशमिजाज आदमी थे। पैंतीस पर पहुँच चुके थे, बीवी थी पर बच्चा नहीं था।

केवल दो ही आदमी खानेवाले थे, फिर भी बाबूलालजी का खर्चा पूरा नहीं होता था। तनख्वाह तो ऑफ़िसरों की बोतलों के लिए भी पूरी नहीं हो पाती थी। महीने में एक अफ़सर के आने का मतबल था पूरी तनख्वाह का खून! महीने में एक-न-एक ऑफ़िसर आ ही जाता था। कभी-कभी दो-दो आ जाते। हाकिम के आने पर बकरा-बोतल तो जरूरी चीज़ें हो जातीं, फिर उनका अपना खर्चा अलग था। सिपाहियों के खाने-पीने के लिए भी कभी-कभी देना पड़ता था।

दारोगाजी की वही स्थिति थी, जो चौदह वर्ष के लड़के की। सिपाही से लेकर डिप्टी सुपरिंटेंडेंट तक सब उनकी ही बोटी-बोतल पर निर्भर रहते। होली या दीवाली या अन्य किसी त्यौहार के समय का पूरा खर्च दारोगा जी को ही देना पड़ता। सिपाहियों से यह कैसे कहा जा सकता था कि वे शराब ले आएँ। दारोगाजी ऐसी श्रेणी के अफ़सर थे, जो न तो सर्वेसर्वा होते हैं और न ही बेबस कर्मचारी; और होते हैं तो सभी कुछ।

आखिर अपना खर्च चलाने के लिए बाबूलालज को अन्य साधनों का उपयोग करने के लिए बाध्य हो जाना पड़ता। काम पड़ने पर घूस तो करीब-करीब सभी लोग दे देते, पर शराब के छोटे-छोटे दुकानदारों से उधार लेकर दारोगाजी अपनी बदली करवा लिया करते और शहर के व्यापारीवर्ग को यह भेद तब मालूम होता जब वे शहर छोड़कर चले जाते। इससे पहले किसी को कहने की हिम्मत भी नहीं होती थी।

अभी दारोगाजी दफ्तर में पहुँचे ही थे कि चिट्ठी मिली—सुपरिंटेंडेंट-पुलिस का दौरा आ रहा है। दारोगाजी ने उसी समय सिपाही रामधन को हुक्म दिया कि साहब के लिए फौरन जाकर बकरे और बोतल का इंतजाम कर दे। रामधन चला गया। दारोगाजी साहब की प्रतीक्षा करने लगे और सोचते रहे—'दस साल से दारोगा! बीरसिंह इंस्पेक्टर है। उस वक़्त हाथ लगाते डरता था मुलजिम पर, कुछ भी नहीं जानता था! हरीसिंह पलटन का बेवकूफ आया था! उसके काम को देखकर मैं उसका मज़ाक उड़ाया करता था! वह भी इंस्पेक्टर है! केवल साहब लोगों को खिलाने-पिलाने से ही रैंक मिल गए इनको! ईमान और इंसाफ का तो जमाना ही नहीं रहा। इस वक़्त मुझे भी खिलाना पड़ेगा। साहब खुश हो जाएँगे तो रैंक मिल जाएगा?'

सोचने का क्रम चलता रहा—'रैंक मिलेगा, जरूर मिलेगा, साहब इस वक़्त खुश हो जाएँगे। बकरा तो और कोई भी नहीं मारता साहब के आने पर। बाज़ार के खटीक से दो पाव मीट लाकर खिला देना कोई खिलाना थोड़े ही है। रैंक मिल जाने पर दारोगा मुझे सैल्यूट किया करेंगे और तब वे दावतों में भी मुझे निमंत्रण देंगे।'

यही सोचते-सोचते तीन दिन बीत गए।

चौथे दिन साहब आ पहुँचे। दारोगाजी ने बकरा कटवाया, बोतलें भी तैयार थीं। मछली रैदास लाया था पूरे पाँच रुपए की। नाचने के लिए पास के गाँव से औजी (हरिजन गायक) बुला लिए गए थे; चार सौ रुपए दारोगाजी ने पहले से ही अलग रख दिए थे—साहब

की पिठाई।

दारोगाजी का खर्च तो काफी हो गया था, पर उन्हें इस वक़्त इस बात का संतोष था कि तरक्की हो जाएगी। फिलहाल तो कोई आमदनी थी नहीं, इसलिए उन्होंने सोच लिया था कि उधारवालों के पैसे, तरक्की हो जाने पर दे दिए जाएँगे। लेकिन तीसरे ही दिन रैदास आ पहुँचा पैसा माँगने। दारोगाजी ने स्वयं महसूस किया कि एक मछुए का पाँच रुपयों के लिए एहसान लेना ठीक नहीं। अच्छा नहीं लगता कि एक मछुआ पाँच रुपए जैसी थोड़ी-सी रकम के लिए रोज़-रोज़ आकर तकाजा करे। बाहर आकर दारोगाजी बोले—क्या है बे रैदास! कितने रुपए हैं तेरे?

—पाँच रुपए हैं मालिक!

—आज भी कुछ लाया है या नहीं?

—एक है हुजूर। सिर्फ सेर-भर की है।

—अबे रोज़ एक लाया कर! हिसाब महीने में ले लिया करना! आज की मुसीबत से बचने के लिए दारोगाजी ने यह तरकीब अच्छी समझी। उन्होंने सोचा पाँच रुपए कौन याद रखे कि रैदास को देने हैं। महीने में कुछ रुपए हो भी जाएँगे।

रैदास चला गया। वह रोज एक मछली लेकर दारोगा जी के घर दे जाता। उसने कभी पैसे का तकाजा नहीं किया। अगर एक से ज़्यादा मछली लग जाती, तो उसे बेचकर अपना गुजर चलाता।

दिन बीतते गए और रैदास की आमदनी कम होने लगी। कितनों से उसने अपना उधार वसूल कर लिया। जब कुछ खाने को न रहे, तो भूखों तो मरा नहीं जाता। कोई भी खुशी से पैसे न देता। कोई आज कहता, कोई कल। कोई बेटे का ब्याह बताता, कोई बीवी की तबीयत खराब। रैदास तंग आ गया। महीना गुजर गया, पर दारोगा ने एक धेला भी नहीं दिया। रैदास ने गिड़गिड़ाना शुरू किया। दारोगाजी ने कठोर आवाज़ में उत्तर दिया—मैं भाग रहा हूँ बे! जो तू रोज़-रोज़ इस तरह तंग करता है? पैसे आने भी देगा, या तेरे लिए चोरी करके लाऊँ?

लेकिन दारोगाजी को इतनी हिम्मत न हुई कि उसे साफ-साफ इनकार कर दें कि आइंदा मछली न लाए। जब तक उधार लिया जाता है, तब तक दुकानदार को पैसे मिलने की उम्मीद रहती है, किंतु ग्राहक सामान लेना छोड़ दे, तो दुकानदार के धैर्य का बाँध टूट जाता है। यह बात सब दुकानदारों पर लागू हाती है, बड़ा हो या छोटा, जनरल मर्चेन्ट हो या खोमचे वाला। दारोगाजी इस बात से भलीभांति परिचित थे। दस वर्ष का अनुभव उन्हें बतलाता था कि अगर पैसे नहीं हैं तो उधार लेते जाओ।

पुलिस के दारोगा, शहर के राजा, दारोगाजी से रैदास को यह पूछने की हिम्मत न हुई—तो हुजूर कल से मछली लाना बंद कर दूँ। उसके गले तक ये शब्द आए, पर होंठ बंद ही रहे।

रैदास मछली लाता रहा। रोज़ सुबह उठकर वह भीलाँगना नदी के किनारे जाकर मछली पकड़ने के लिए लगाए हुए जाल को देखता। कभी एक मिलती, कभी दो और कभी तीन भी मिल जातीं। जब एक से ज़्यादा मिल जातीं तो वह खुश हो जाता। पर केवल एक ही मिलने पर उसे बड़ा दुख होता। अगर वह दारोगाजी को मछली न दे पाए, तो उसे मालूम था कि उसका पुरस्कार क्या मिल सकता है। मन मारकर वह रोज़ एक मछली दारोगाज को सौंप आता।

इस तरह दो महीने बीत गए—न रैदास को पैसे मिले, न दारोगाजी की तरक्की हुई।

तब दारोगाजी की आशा का अंत हो गया। सरकार की इतनी लंबी सर्विस करने पर भी तरक्की नहीं मिली। ऑफ़िसर भी बदमाश होते हैं। न तो खाया-पिया याद रखते हैं और न ही शराफत। रैचन्द भी तो था ही, जिसने जब उस पर घूस लेने का अभियोग लगा था, सीधे जाकर डिप्टी सुपरिंटेंडेंट के सामने टोपी को मेज़ पर पटककर कहा था—भाड़ में जाए हुजूर यह नौकरी! इतनी ईमानदारी से सरकार बहादुर की खिदमत करने पर ऐसा ही होता है। यह टोपी है हुजूर, और यह पेटी, मेरा इस्तीफा मंजूर हो जाए। मुझसे अब नौकरी नहीं होगी...!

दारोगाजी को याद आया, तब वे नए-नए दारोगा थे। डिपार्टमेंट के बारे में उन्हें कुछ भी अनुभव नहीं था। रैचन्द, तेरह साल पुराना सिपाही, पुलिस के कायदे कानून से भली-भाँति परिचित था। उसके इस प्रकार टोपी और पेटी फेंक देने पर दारोगाजी ने उसी वक़्त डिप्टी सुपरिंटेंडेंट से अर्ज की थी कि ऐसे नेक आदमी को न निकाला जाए। ऐसा ही हुआ। और शाम को जब दारोगाजी अपने घर पर थे, सिपाही रैचन्द ने उनके हाथ पर एक सौ का नोट रखते हुए कहा था—हजूर! जो कुछ मैंने लिया था उसका आधा यह है। तब कहीं दारोगाजी को मालूम हुआ कि सचमुच उसने घूस ली थी। किंतु तब उनका अपना ही मुँह बंद हो चुका था।

दारोगाजी अफ़सरों पर मन-ही-मन नाराज हो रहे थे कि तभी रैदास आ पहुँचा। वह जानता था कि अब उसे पैसे नहीं मिल सते। पुलिस के आदमियों से वह बचने की कोशिश करने लगा था।

—क्या है बे! कितने हो गए हैं तेरे पैसे?

—चालीस हो गए हैं, हुजूर!

कुछ देर दोनों चुप रहे। फिर दारोगाजी बोले—चाहिए तो नहीं तुझे?

—हुजूर! बहुत सख्त जरूरत है, आज दे दीजिए मालिक!

—दूँ कहाँ से तेरे लिए चोरी करूँ अब?

—तो मालिक मैं कल से मछली नहीं ला सकूँगा।

इस सीधे उत्तर से, जिसका दरोगाजी को स्वागत करना चाहिए था, उन्होंने अपनी तौहीन समझी। अपनी साख की तौहीन, अपनी इज्जत की तौहीन। और यह बाबूलाल की नहीं, एक दारोगा की तौहीन समझी गई।

गुस्से में भरकर उन्होंने जवाब दिया—तू क्यों नहीं लाएगा बे! तू क्या तेरा बाप लाएगा। छोटे मुँह बड़ी बात करता है?

—मैं तो नहीं लाऊँगा मालिक! खाने को भी कुछ चाहिए या नहीं? मैं तब से भूखों मर रहा हूँ। दारोगा बाबूलाल यह सहन न कर सके। रैदास तुरंत गिरफ्तार कर लिया गया।

रैदास को डिप्टी साहब के न्यायालय में पेश किया गया था। उस पर अभियोग यह था कि वह अपने मुहल्ले के भंगी की लड़की को हर वक़्त तंग किया करता है। इस बात को कल्लू के मुँह से कहलाया गया। दारोगाजी ने उसे भी जबरदस्ती रात में गिरफ्तार कर लिया था। रैदास के विरुद्ध यह बयान देने के लिए उसे मजबूर किया गया। साम, दाम, दण्ड और भेद सभी नीतियों से उसे परिचित कराया गया।

दारोगा बाबूलाल ने क्रोध में आकर रैदास को गिरफ्तार किया था, मान के डर के मारे उससे उधार लिया था और इस समय बदनामी के डर से उन्हें कल्लू को यह पाठ पढ़ाना पड़ा। यदि बिना सज़ा दिए या केस चलाए वे रैदास को छोड़ देते, तो वह उनको बदनाम अवश्य करता कि वे उसके कर्ज़दार हैं और निरपराध गिरफ्तार करने के कारण उसे अधिक देर तक रख नहीं सके। निदान, इस खतरे से बचने का केवल एक ही उपाय रह गया था, उस पर केस चलवा देना। यह दरोगाजी की मजबूरी थी।

रैदास क़ैदी था, लेकिन उसने अपराध नहीं किया था। अपने मुहल्ले के लोगों में वह अब भी इज्जतदार आदमी था। मुहल्ले में ऐसा कौन था, जो कम से कम एक बार जेल न हो आया हो! धन्नू चमार तो पूरे दो महीने रहा था। रैदास की मुहल्ले में वही इज्जत थी। लोगों को उससे प्यार था। उसकी गिरफ्तारी से उन्हें दुख हुआ। दो-तीन आदमी उसे जमानत पर रिहा करा लाए।

उसके घर वापस आने पर कल्लू भंगी ने विश्वास दिलाया कि वह अपना बयान बदल देगा और साफ-साफ बता देगा कि उसे तंग कर, डरा-धमकाकर ऐसा कहने के लिए विवश किया गया था।

लेकिन रैदास समझ चुका था कि पुलिस के दारोगा बाबूलाल से छुट्टी नहीं मिल सकती। एक सीमा ऐसी आती है, जिसके आगे ग़रीब बढ़ना नहीं चाहता। वह जानता है कि वहाँ से आगे बढ़ जाने पर उसे विजय मिलेगी, किंतु उसे पार नहीं करना चाहता। पुलिस से लड़ना आसान काम नहीं। वे लोग पीटकर जो चाहे, कहला सकते हैं। वे निरपराध को अपराधी बनाने और सफेद को स्याह कर देने की कला में प्रवीण होते हैं।

जब युद्ध बंद करने होते हैं तो हारने वाला पक्ष संधि-पत्र लेकर आगे आता है। रैदास अपने पैसे छोड़ने को तैयार था, दारोगा से वह एक भी पैसे की शिकायत न करता। वह केवल यह चाहता था कि उसे जेल न हो। इसके लिए वह कुछ भी मूल्य देने को तैयार था। उसे मालूम था कि उसकी सच्चाई बिना वकील के झूठ बना दी जाएगी। और वकील की फीस? उससे कम पर तो दारोगा और डिप्टी साहब की खिदमत करके ही मामला खत्म हो

सकता है।

रैदास के पास जमा पूँजी तो कुछ बची नहीं थी। जो कुछ उधार था तो उसे करीब-करीब वसूल कर खा चुका था। वही नित्य का श्रम शेष रह गया था—मछली मारकर लाना और पेट पालना।

दूसरे दिन वह एक मछली दरोगा साहब के घर पहुँचा आया और दूसरी को लेकर डिप्टी साहब के घर पहुँचा। डिप्टी साहब शहर के प्रतिष्ठित लोगों में थे। चार दर्जे भी नहीं पढ़े थे, लेकिन इतना बड़ा पद सँभाले हुए थे।

अभी हाथ-मुँह धो रहे थे कि रैदास आ पहुँचा।—क्या है बे? उन्होंने प्रश्न किया—तेरी भी नज़र खराब हो गई है! क्या हो गया तुझे?

—माई बाप! कसूर तो नहीं था, पर पकड़ लिया मालिक ने तो ठीक ही है। गुलाम ही हैं हुजूर के। मालिक की जो मरजी हो करें।

—तो क्या है, इस वक़्त मछली लेकर आया है! घूस लेकर आता है यहाँ?

—माई बाप! घूस मैं दे ही क्या सकता हूँ? यह कोई घूस थोड़े ही है हुजूर!

—घूस नहीं तो क्या है! अब तक भी लाया था तू कभी? ओ रमाकांत! अबे, कहाँ गया?

—हुजूर!

—जा इससे यह मछली लेकर गंगा में फेंक आ!

रमाकांत डिप्टी साहब का पुराना नौकर था। कहते हैं कि वह उनके पिता की आयु का था और उन्हें बचपन में अपनी गोद में खिला चुका था। वह काफी चतुर और अपने कार्य में सधा हुआ था। उसने मछली रैदास से लेकर डिप्टी साहब की श्रीमतीजी के हवाले कर दी। डिप्टी साहब की पत्नी का नाम गंगा था। अक्सर लोगों को शक होता था कि उनके उपहार घी, दही, अनाज, मछली, गोश्त या नकद, गंगा नदी में, जो टिहरी के लोगों को अपने जल से प्यास बुझाती है, फेंक दिए गए हैं। किन्तु एक से अधिक बार डिप्टी साहब के पास चले जाने पर विश्वास हो जाता था कि उपहार बहती गंगा में नहीं वरन् स्थिर गंगा में फेंके जाते हैं।

रैदास का नित्य यही नियम बन गया। रोज़ वह एक मछली दरोगा को तथा एक डिप्टी साहब को भेंट कर आता। केस अभी कोर्ट से खारिज नहीं हुआ, लेकिन हाँ, उसकी एक भी पेशी न हुई थी।

मछली लेकर जब रैदास घर आता, तो कल्लू भंगी की लड़की पानी लाते हुए मिलती। वह बड़ी मस्तानी चाल चलती थी। जवान वह सचमुच थी। रैदास को वह घूर-घूरकर देखती, जिसका अर्थ पुलिस द्वारा भयभीत रैदास यह लगाता कि वह उससे घृणा करती है। वह जानता था कि उससे उसने कभी कोई अशिष्ट बात न कही थी, न की थी, किंतु उस जवान लड़की को बदनाम करने में रैदास का नाम जो लगा था। भले ही उसके ही पिता कल्लू ने वे शब्द कहे हों, फिर भी कहे तो रैदास के प्रति थे। यदि रैदास न होता,

तो वह कहता भी तो नहीं। इज्जत हर एक की होती है, राजा हो या रंक। सड़क पर चलते भिखारी को कोई 'ऐ ऐ' की बजाय 'ओ मंगते' कह दे तो उसे बुरा ही लगेगा। हो सकता है कि वह असहाय होने की वजह से कुछ न कर सके, किंतु दुख तो उसे होगा ही। वह बदला ले सकता है या नहीं, यह प्रश्न ही दूसरा है। प्रश्न तो यह है कि उसके हृदय पर चोट लगती है या नहीं। रैदास सोच रहा था—'कल्लू की लड़की सेहरी भले ही मुझे पकड़ कर पूछ नहीं सकती कि उसे क्यों जबरदस्ती घसीटा जा रहा है, फिर भी मेरे बारे में वह बुरा तो सोचती ही होगी। पता नहीं उसने यह सोचा हो कि मैंने ही यह सब षड्यंत्र रचा है, ताकि कल्लू को सेहरी की शादी मुझसे ही करनी पड़े। वह सबकुछ सोच सकती है।'

एक दिन केवल एक मछली लगी और दारोगा के घर मछली न पहुँच पाई। निदान उसने निश्चय किया कि सुबह सबसे पहले चला जाया करेगा। जाल पर से दूसरे मछुए मछली चुरा ले जाते हैं, यदि सबसे पहले न पहुँचा जाए। इसलिए रैदास ने यह निश्चय किया कि प्रातः सबसे पहले जाकर मछली ले आया करेगा। उसकी हालत बुरी हो चली थी। पुलिस का डर, जेल का भय उसे खाए जा रहा था। और साथ ही वह इस बात को सोचकर दुखी होता कि सेहरी उसे बुरा समझती होगी। कोई भी युवक यह पसंद नहीं करता कि कोई युवती उसे बुरा समझे। रैदास का सेहरी से कोई संबंध न था। फिर भी वह बहुत दुखी था कि एक युवती उसे बुरी, नफरत-भरी नज़रों से देखती है।

पुराना उधार आदि सब लेकर भी वह अपना पेट नहीं भर पा रहा था। दिन में मछलियाँ मिलती नहीं हैं, शाम व सुबह का ही वक़्त ठीक रहता है। शाम का वक़्त डिप्टी साहब के यहाँ बगीचा खोदने में लगाना पड़ता था और सुबह मछली और लोग ले जाते थे। कितने ही दिन तो ऐसे ही आए, जब उसे भूखा ही रहना पड़ा। कभी-कभी वह उन दिनों को सोचकर रो उठता, जब वह केवल सुबह ही मछली पकड़ने जाता और अपना पेट पाल लेता था। पेट ही नहीं पालता था और लोगों से अच्छा जीवन व्यतीत कर लेता था। बस्ती के लोग उससे डाह करते थे।

रैदास की चिंता बढ़ने लगी। वह सभी कुछ सह सकता था पर जेल नहीं जाना चाहता था। दो-एक बार दारोगाजी ने बताया भी कि उसका मामला खराब होता जा रहा है और बचने की उम्मीद कम है। किंतु जो कुछ था, उसे वह खत्म कर चुका था। उसके पास शेष रह गया था अपना श्रम। उसका अंत हो सकना तभी संभव था, जब जीवन का ही अंत हो जाए।

एक दिन जाड़े के मौसम में वह सुबह जल्दी ही मछली पकड़ने चला गया। उसे दारोगाजी के रोज के वार्तालाप से यह विश्वास हो चला था कि सज़ा होगी। सज़ा से बचने के लिए वकील रखना पड़ेगा और डिप्टी साहब तथा दारोगाजी को दी हुई मछलियाँ काम नहीं आ पाएँगी। वह जानता था कि उसे जाल में फँसाया गया है। किंतु यह भी वह साथ ही साथ समझता था कि जाल से बचने के लिए वकील भी रखना पड़ेगा। बिना वकील के काम नहीं चलेगा। उसने निश्चय किया कि ज़्यादा-से-ज़्यादा पैसे संचित कर वकील रखेगा।

अभी चार ही बजे थे कि रैदास की नींद खुल गई। घंटाघर ने कुछ बजाया, जिसे उससे सुना तो अवश्य, पर गिना नहीं। वह अपने कमरे से नदी की ओर बढ़ा, भीलाँगना नदी की ओर। जाल उसने हाथ में लिया और एक फटा कोट गले में डालकर चलने लगा। नदी में जाकर उसने रात के लगाए हुए ऐत्वाल देखे। वे खाली थे। अब उसने बड़ा जाल, जिसे हाथ में लेकर आया था, पानी में फेंका। पहली बार एक भी मछली हाथ न लगी।

इस प्रकार उसने छह बार जाल फेंका, पर मछली न लगी, न लगी। जाड़ों के दिन थे। अभी कोई तपस्विनी बुढ़िया राम-नाम का जप करते हुए नदी के किनारे नहीं पहुँची थी। सूर्य की किरणों का अभी आसमान पर कहीं पता न था। तेज पहाड़ी हवा बह रही थी, नवंबर का जाड़ा अपना शासन जमाए था। रैदास समय और मौसम सभी से निश्चिंत होकर नदी पर आया लेकिन समय व मौसम को तो अपना काम करना ही था। वे चुप तो नहीं रह सकते।

सातवीं बार रैदास ने जाल फेंका, एक मोटी मछली लगी। इतनी मोटी मछली आज तक उसके जीवन में कभी न लगी थी। सराउ (भीमकाय मछली) था शायद। रैदास ने ज़ोर मारा, जाल हिला तक नहीं। उसने फिर खींचा, जाल नहीं हिला। उसे विश्वास हो गया कि एक अच्छी रकम देने वाली मछली हाथ लग गई है। लोभ में आकर वह ठिठुरते बदन से पानी के अंदर चला गया। सराउ ने जोर मारा, वह रस्सी न छोड़ सका। सराउ ने एक और धक्का दिया, उसका पैर फिसल गया। तब भी वह रस्सी पकड़े ही रहा। और तब रस्सी टूट गई। रैदास नदी की लहरों में खो गया।

उस दिन सुबह सबसे पहले पानी भरने सेहरी आई थी। रैदास बेहोश पड़ा था। सेहरी ने उसे निकाल कर कंधे पर रखा और घर ले गई। रैदास कुछ दिनों तक बीमार रहा, फिर ठीक हो गया। तब न तो उसे जेल का भय रहा और न पुलिस का। डिप्टी साहब और दारोगाजी को उसने मछलियाँ देना बंद कर दिया।

रैदास की शादी सेहरी से हो गई। दारोगा ने अभी तक रैदास के पैसे नहीं दिए थे। उन्हें फिर वही बदनामी का डर सताने लगा—रैदास बदनाम करेगा कि दारोगाजी ने उसके पैसे नहीं दिए। फिर डिप्टी साहब को भी डर सताने लगा। मामला, जो रैदास पर चलाया गया था, सेहरी ने उससे शादी करके स्वयं खत्म कर दिया। यह तो डिप्टी साहब ने कभी स्वप्न में भी नहीं सोचा होगा कि रैदास को पैसे देने पड़ेंगे। लेकिन अब पासा पलट गया था।

तब एक दिन पुलिस रैदास को गिरफ्तार करने आई। रैदास ने कोशिश की कि साहब लोगों की सेवा में कुछ देकर जेल से बच लिया जाए पर सेहरी तैयार न थी।

—रैदास! तू जेल चला जा, बचा तो रहेगा। अपने लिए नहीं तो मेरे लिए सही। एक वक़्त जाकर सदा के लिए जेल से छुटकारा मिल जाएगा।

—नहीं सेहरी, इसी जेल से बचने के लिए तो मैंने इतना सबकुछ किया।

—चला जा, रैदास! चला जा। ये नहीं छोड़ेंगे। तू फिर उनके लिए मछली मारेगा। कभी तू मर जाएगा इस तरह से फिर। तू जरूर मर जाएगा।

—सेहरी!

पुलिसवाले उसे हथकड़ियाँ पहनाकर ले चले।

राजद्रोह के अपराध में रैदास को एक मास की सज़ा हुई थी।

परी देश की कहानियाँ

पहाड़ी जीवन पर लिखी उन कहानियों को पढ़ते-पढ़ते मैं सुध-बुध खो बैठा। ऊँचे-ऊँचे पर्वत, हरे-भरे जंगल, दूध-से झरने और सोते, मखमली घास, सुहानी घाटियाँ और फलों के बाग़, रंग-बिरंगे फूल, भोले चरवाहे और गड़रिए और युवतियाँ सब मेरी आँखों के सामने से गुजर रहे थे। क्षण-भर के लिए मैंने पुस्तक को बंद कर आँखें मूँदीं, तो मेरे सामने वे सब युवतियाँ आ खड़ी हुईं, जिनके बारे में मैं आज तक पढ़ता आया था। पके हुए सेब की तरह रक्तिम आभा लिए सुंदर गालों वाली कुमारियाँ, किशोरियाँ और युवतियाँ भिन्न-भिन्न मुद्राओं में जैसे कतार लगाकर खड़ी हों और सब-की-सब मुझसे प्रेम करने को उतावली हुई जा रही हों, जैसे उन्हें दुनिया की और किसी बात का ध्यान ही न हो। अपने प्रेम के बदले मुझसे उन्हें केवल धन की आशा है, वे मुझसे सिगरेट माँग रही हैं और पूछ रही हैं—फिर आओगे, परदेसी?

इनमें कुछ के वस्त्र फटे हैं और शरीर के अंग झाँक रहे हैं। उफ! इतनी ग़रीबी! अपनी ग़रीबी को ढाँकने के लिए ही जैसे वे अपने शरीर का सौदा करना चाहती हैं और यह सौदा सबसे होगा, जो कोई अजनबी या 'परदेसी' वहाँ पहुँच जाए। हाँ, गाँठ का पूरा उसे ज़रूर होना चाहिए।

भले-बुरे का, चरित्र-प्रतिष्ठा का, नाम या बदनाम का इन्हें कोई ज्ञान या चिंता नहीं, यह तो इनके प्रदेश की रीत है। वह चट्टानों पर बैठी, झरनों के नीचे बैठी, हरी घास पर लेटी या किसी लता-कुंज की आड़ में खड़ी अपने शरीर का प्रदर्शन करती हुई आह्वान कर रही हैं—जेब में कुछ है, तो आओ, हमारा समर्पण स्वीकार करो।

अद्भुत दृश्य है! मेला लगा हुआ है। सभी पहाड़ी इलाकों का सौंदर्य मेरे सामने बिखरा पड़ा है। हँसते नीले और पीले फूल, मुस्कराते गुलाबी और बादामी फूल, खिलने को आतुर कलियाँ, सब मेरे सामने हैं। काश्मीर की सुंदरियाँ जिनका बखान करते-करते लेखकों की कलमें टूट गईं; काँगड़े की छोरियाँ, कुमाऊँ की गोरियाँ; गढ़वाल की सिगरेटवालियाँ, मंसूरी की दूधवालियाँ; शिमले की दुपट्टेवालियाँ; कुल्लू घाटी और चंबा की चुनरीवालियाँ दार्जिलिंग की कुरतेवालियाँ; नैनीताल की घाघरेवालियाँ; लैंसडाऊन की पतली कमरवालियाँ आदि-आदि मेरे इर्द-गिर्द मँडरा रही हैं और अपनी-अपनी भाषा में गीत गा

रही हैं—परदेसी, तुम बहुत अच्छे हो! मन-ही-मन उन सब लेखकों को धन्यवाद देकर, जिन्होंने अपनी कहानियों के द्वारा पहाड़ों की इस सहज-भोग्य अनुपम सौंदर्य-राशि से मेरा परिचय कराया, मैंने पर्वत प्रदेश की ओर प्रस्थान किया। नैनीताल पहुँचकर मैंने एक झील के किनारे एक मकान किराए पर ले लिया।

अभी सूर्योदय नहीं हुआ था। अपने कमरे में खिड़की के पास बैठा मैं चाय पी रहा था। खिड़की के पास आकर एक चेहरा अंदर झाँकने लगा। मैंने खड़े होकर देखा, वह लड़की जो मुझे देखने आई थी, शरमाकर मुड़ने लगी। मैंने टोका—क्या बात है?

—कुछ नहीं, कहकर वह लड़की भाग गई।

दूसरे दिन वह फिर आई और फिर उसने अंदर झाँका।

—तुम यहाँ क्यों आती हो?

—दूध लेकर आती हूँ। आपको चाहिए?

—आओ अंदर आओ।

वह अंदर आ गई।

—बैठ जाओ।

वह फर्श पर बैठ गई।

—वहाँ नहीं, यहाँ। मैंने कुर्सी की ओर इशारा किया।

लड़की मूर्ख की तरह ताकने लगी।

—इस कुर्सी पर बैठो। मैंने फिर कहा।

—हम कुर्सी पर नहीं बैठते। लजाकर वह बोली।

—क्यों?

—हम ग़रीब आदमी हैं, कुर्सी पर साहब लोग बैठते हैं।

मैंने उसका हाथ पकड़कर कुर्सी पर बैठाते हुए कहा—अब तुम ग़रीब नहीं रहोगी।

—क्या आप दूध को ऊँचे भाव खरीदेंगे? उसने खुश होकर पूछा।

—हाँ, मैं दुगुना दाम देकर खरीदूँगा।

लड़की ने शरमाकर आँखें झुका लीं।

दो रुपए का नोट उसकी ओर बढ़ाते हुए मैं बोला—लो यह रख लो।

लड़की ने लेते हुए कहा—अभी तो दो ही सेर दूध है।

—बाकी तुम रख लो, फिर हिसाब कर लेंगे।....तुम्हारा नाम क्या है?

—बिन्दो।

—कितने भाई-बहिन हैं तुम्हारे?

—दो भाई हैं। मुझसे छोटे।

—बाप?

—बीमार रहता है। अब वह ज़्यादा काम नहीं करता।

—रोजगार?

—दूध बेचते हैं।

—और?

—थोड़ी-सी जमीन भी है।

—तुम कितना कमाती हो?

—सबकुछ मैं ही तो कमाती हूँ।

—चाय पिओगी?

—मुझे देर हो रही है। और वह झमाक से उठकर चल दी।

इस तरह कुछ दिन बीते। बिन्दो रोज़ दूध लेकर आती, मेरे कहने पर अंदर आती, बैठती, बातें करती और चली जाती। दूध के अलावा वह ताज़ा सब्जी, कभी फल भी ले आती। दूध के मूल्य के अतिरिक्त उसे जो पैसा मिलता, उसके बदले कुछ-न-कुछ रोज़ मेरी रसोई में पहुँच जाता।

एक दिन सहसा मुझे लगा कि बिन्दो मुझे प्यार करने लगी है। मैंने उसके सामने शपथ ली कि उसे कभी नहीं छोडूँगा, और उसके साथ शादी कर लूँगा। मुझे ऊँच-नीचे, अमीर-ग़रीब का भेद-भाव पसंद नहीं और मैं सचमुच अपना दिल उसके हवाले कर चुका हूँ।

उस दिन वह बहुत प्रसन्न रही।

दूसरे दिन उसने मुझे बताया कि घास काटते वक़्त उसने अपनी सहेलियों से कहा था—अपनी-अपनी किस्मत अलग होती है।

—क्या बात है? किसी सहेली ने पूछा था।

—अब मैं घास नहीं काटूँगी, कुर्सी पर बैठूँगी! उसने बताया था।

—हाँ-हाँ, तू तो किसी राजा की रानी बनेगी! व्यंग्य में किसी ने कहा था।

—अच्छा, बच्चियों, ठहरो! जब बनूँगी, तब देखना!

उस दिन तो सहेलियों ने मजाक समझा था, पर धीरे-धीरे राज खुल गया। बिन्दो दोपहर और रात को भी मेरे पास आने लगी। धीरे-धीरे यह किस्सा सबके कानों तक पहुँच गया, बिन्दो की शादी बाबू साहब के साथ हो रही है। कितना भला आदमी है परदेसी! भाग खुल गए छोकरी के...सारे गाँव में चर्चा फैल गई। बिन्दो का बीमार बाप भी मेरे पास आने-जाने लगा। गाँव वाले उससे डाह करने लगे।

बिन्दो के मिजाज बदल गए, कपड़े बदल गए, चाल-ढाल बदल गई।

बिन्दो के संपर्क से प्रभावित होकर मैंने कई प्रेम कहानियाँ भी लिख डालीं। मेरी वह कहानियाँ मेरी समझ के अनुसार उन कहानियों से किसी हालत में घटिया नहीं थीं, जिन्हें पढ़कर मैं नैनीताल आया था। भूख, ग़रीबी, कंगाली, अशिक्षा और इन सबसे परे वह यौवन और सौंदर्य, जिसका विक्रय कर युवतियाँ इन सबसे मुक्त हो जाती हैं। मैंने जो-कुछ देखा, जो कुछ अनुभव किया, सब लिख डाला। मेरी कहानियाँ पहाड़ी रमणियों के सौंदर्य तथा

भोलेपन की जीती-जागती तस्वीरें बन गईं।

मैं जा रहा हूँ, यह समाचार गाँव में दावानल की तरह फैल गया। मैंने सामान बाँध लिया और कमरे में बैठा बूटों के फीते बाँध रहा था।

तभी नागिन के-से वेष में बिन्दो ने प्रवेश किया—कहाँ की तैयारी है बाबूजी?

—अरे, बिन्दो! यह रुपए ले। मैं तो तेरा ही इंतजार कर रहा था। यह अपने बीमार बाप को दे देना इनाम?

—काहे का यह रुपया और इनाम, बाबूजी?

—हें-हें, इतना भी नहीं समझती?...फिर मैं आऊँगा, बिन्दो।

—हूँ! बिन्दो ने नागिन की तरह फुफकारा—यह मेरी मुहब्बत और इज्जत का हिसाब है, बाबूजी? कहकर बिन्दो ने कमर में बँधी हँसिया निकाल ली और दरवाज़ा रोककर खड़ी हो बोली—हिम्मत है तो चौखट लाँघो!

सौ रुपए का एक और नोट उसकी ओर बढ़ाते हुए मैंने कहा—इससे ज़्यादा की तो नहीं होगी न तुम्हारी इज्जत?

—मेरी इज्जत बहुत महँगी है, बहुत महँगी, बाबूजी!

मैंने दस का एक और नोट उसके हवाले किया।

बिन्दो अधिक न सह सकी। मुझे जी भरकर गालियाँ सुनाने के बाद वह बोली—मेरी इज्जत लूटकर, देखूँ तू कैसे जाता है!

मैं हक्का-बक्का हो गया। किसी तरह बोला—मैंने तुम्हें पैसे दिए हैं। और तू क्या कहती है?

—पैसे तूने मेरी गाय के दूध के दिए हैं। मेरे उस दूध के पैसे, जिसे कुछ महीनों बाद वह पिएगा, जो इस वक़्त मेरे पेट में है, उसकी क़ीमत कौन चुकाएगा? पानी तक नहीं माँग पाओगे, यहीं टुकड़े-टुकड़े करके रख दूँगी! देखूँ, तू कैसे जाता है! कहकर उसने अपनी हँसिया वाला हाथ ऊपर उठाया।

महाराजा काफूशाह का आत्मघात

ईसा की मृत्यु के उपराँत तीसरी सदी में मध्य हिमालय की तराई में एक छोटा-सा राज्य था। किंतु उस राज्य के नाम का पता नहीं चलता। किसी ने भी उसका उल्लेख नहीं किया। एक जगह वर्णन मिलता है कि तीसरी सदी के आरंभ में उस राज्य का (जिसकी राजधानी श्रीनगर थी) शासन-सूत्र कुँवर काफूशाह के पिता के हाथों में था।

काफूशाह जब सात-आठ वर्ष के थे तभी से उनको वैराग्य होने लगा था। देवी-देवताओं के मंदिरों में बैठे-बैठे हरि-भजन करते रहना उन्हें अत्यंत प्रिय था। उनकी ऐसी प्रवृत्ति देखकर उनके पिता बहुत चिंतित रहते थे।

कुँवर जब काफी बड़े हो गए तब भी उनकी यह प्रवृत्ति नहीं बदली। बूढ़े महाराज ने चिंतित होकर मंत्री से परामर्श किया और गंभीर विचार करने के उपरांत एक विशेष आज्ञा निकालकर राज्य की समस्त प्रजा के लिए यह अनिवार्य कर दिया कि वे अपनी अविवाहित कुँआरी कन्याओं को राजदरबार में लाएँ। महाराजा ने कुँवर काफूशाह को एक मंच पर आसीन कर दिया, और फिर सुंदिरयों की परेड शुरू हुई। एक-एक कर सुंदरियाँ उनके सामने आतीं और जिसे वे पसंद कर लेते, उसे बाईं ओर ले जाया जाता। शेष दाहिनी ओर की कतार में मिल जातीं, जहाँ से उन्हें अपने घर जाने दिया जाता।

इस्पानी इतिहासकार सिम्ती कहता है कि यह परेड एक सौ सात दिनों तक चली और इसकी वजह से पूरे राज्य में एक खलबली-सी मच गई। कुँवर काफूशाह द्वारा किसी सुंदरी का अपनी सेवा में ले लिया जाना, एक बहुत बड़ा सम्मान था। साथ ही जो परेड से लौट आती थीं, उन्हें अपने ऊपर ग्लानि होने लगती, और चारों ओर उन्हें तिरस्कृत नजरों से देखा जाता। इसका परिणाम यह हुआ कि ऐसी लड़कियों के माता-पिता, जो सचमुच सुंदरी होतीं, अपनी लड़कियों को तो सहर्ष परेड में भेजते, साथ ही वे यह भी कोशिश करने लगते कि उनके पास-पड़ोस, गाँव-मुहल्ले में जितनी भी काली या बदसूरत लड़कियाँ हों, उन्हें भी दरबार में पहुँचाया जाए ताकि वे तिरस्कृत होकर लौटें और इस तरह उनकी लड़कियों के सम्मान में तुलनात्मक वृद्धि हो।

महाराज ने प्रजा के नाम दूसरा संदेश भेजा जिसमें यह प्रकट किया गया कि उसे राजाज्ञा मान बद्रीनाथ की आज्ञा माना जाए। उस समय तक सभी हिमालय निवासी बद्रीनाथ

की पूजा करते थे।

कहते हैं कि रवाँई की प्रजा ने इस संदेश की सत्यता पर संदेह प्रकट किया। सभी गाँवों के मुखियों की एक सभा की गई और उसमें निश्चय हुआ कि एक प्रतिनिधि मंडल बद्रीनाथ के पास जाकर देवता से पूछ आए कि राजा के संदेश में सत्य का अंश कितना है।

मुखियों की सभा में यह भी निश्चय किया गया कि बद्रीनाथ जानेवाले लोग अपने साथ रवाँई प्रदेश की एक दर्जन श्रेष्ठ रहने दें सिर्फ सुंदरियों को भी लेते जाएँ। और यदि देवता का उत्तर राजाज्ञा को सही बता दे तो रवाँई प्रदेश की ओर से वे सुंदरियाँ राजदरबार में भेंट कर दी जाएँ।

मुखिया मंडल बद्रीनाथ पहुँचा। समाचार दरबार तक पहुँच गया था। दरबार में चिंता व्याप्त हो गई। वज़ीर ने एक चाल चली। प्रश्न का उत्तर देने के लिए मूर्ति के पीछे एक व्यक्ति को छिपा दिया गया।

मुखिया मंडल ने देवमूर्ति से प्रश्न किया—राजदरबार से जो आज्ञा निकली है और उसमें जो तुम्हारा नाम लिया गया है—क्या वह सचमुच तुम्हारी आज्ञा है?

मूर्ति मौन रही, पर पीछे से स्वर सुनाई दिया—वह मेरी आज्ञा है।

तुम हमारे देवता हो? दूसरा प्रश्न पूछा गया।

—मैं सबका देवता हूँ।

—तो तुम हमारी बोली में जवाब दो—सभी सुंदरियों को राजदरबार में भेज देने से प्रजा का क्या होगा?

यह प्रश्न उन्होंने अपनी बोली में पूछा जो अन्य भागों में बोली जाने वाली भाषा से सर्वथा भिन्न थी।

पीछे से उत्तर आया वह रवाँईवालों की बोली में नहीं, उसी भाषा में था जिसे राजा बोलता था—राजदरबार को केवल सुंदरियों की जरूरत है, प्रजा का काम चलाने के लिए उन्हें रखा जा सकता है जो बहुत सुंदर न हों।

मुखिया मंडल के सभी सदस्यों के चेहरे क्रोध के मारे तमतमाने लगे। उन्होंने फिर प्रश्न किया—क्या हमारे इलाके में कोई ऐसी भी युवती है जो सुंदरी न हो?

इस प्रश्न का कोई उत्तर न मिला। चूँकि यह सच था कि उस प्रदेश में कोई ऐसी युवती नहीं थी जो कुरूप हो—और इस बात पर, अपनी बेटियों, औरतों के सौंदर्य पर रवाँईवालों को सबसे अधिक नाज़ था। (आज दिन तक रवाँई अपने सौंदर्य की राशि के लिए प्रसिद्ध है।)

उन्होंने अंतिम प्रश्न पूछा—क्या तुम हमारी भाषा में नहीं बोल सकते?

—मैं दरबारी भाषा बोलता हूँ—मूर्ति की ओर से उत्तर मिला।

प्रसिद्ध चित्रकार तथा कवि मौलाराम ने ब्रजभाषा में लिखित अपने काव्य में देवता के मंदिर से लौटते हुए मुखिया मंडल के लोगों का बड़ा ही विचित्र वर्णन किया है—उनके

चेहरे तमतमाए हुए हैं। क्रोध के आवेश में वे आपस में भी एक-दूसरे से बात नहीं कर रहे हैं। उनके आगे-आगे एक दर्जन सुंदरियाँ चल रही हैं, जिनके मुख कुम्हलाए हुए हैं। मुखिया लोगों को नज़रें उठाकर उनकी ओर देखने का जैसे साहस नहीं हो रहा है।

श्रीनगर पहुँचने के लिए जब सिर्फ एक दिन का रास्ता बाकी रह गया तो मुखियों के साथ आई हुई सुंदरियों ने उनसे प्रश्न किया—हमें राज दरबार में कौन रखेगा?

—राजा का लड़का रखेगा। हम तुम्हें भेंट करेंगे तो बाकी कुँआरी कन्याओं की रक्षा हो जाएगी।

लड़कियों ने अलग से अपनी सभा की। एक लड़की ने इस बात पर शंका प्रकट की कि उन बारहों का जीवन दरबार में सुखी रहेगा। इतना तो उनको विश्वास था कि उनके अपनी नज़रों से देखते ही राजकुमार अब तक की पसंद की हुई सुंदरियों को अस्वीकार कर देंगे, पर वे इस बात पर विचार करने लगीं कि बारह सुंदरियों का एक साथ राजा की रानियाँ बन कर रहना कहाँ तक उचित होगा, चूँकि तब उनमें सौतिया डाह की आग भड़क सकती है, जिससे उन सबका जीवन संकटमय हो जाएगा।

उन्होंने निश्चय किया कि केवल एक सुंदरी राज-दरबार में भेजी जाए और बाकी सब लौट जाएँ। लड़कियों ने फिर अपनी गोष्ठी की और एक बहुत ही भयंकर निश्चय कर लिया। पर अपना नया फैसला उन्होंने मुखिया लोगों को नहीं बताया ताकि कोई नया विघ्न न पैदा हो सके।

श्रीनगर पहुँचे तो मुखियों ने उन्हें राजदरबार की ओर चलने को कहा। लड़कियों ने कहा कि हम जरा स्नान कर लें तो चलें। वे स्नान करने चलीं तो उन्होंने मुखिया से कहा कि राजकुँवर से कहो कि नदी तट पर आकर हमें स्नान करते हुए देखे और यदि उसे हम सभी पसंद आ गईं तो हम तत्काल उसके साथ चली जाएँगी, वर्ना जिसे वह पसंद कर लेगा उसे छोड़कर बाकी सब अपने-अपने घर चली जाएँगी।

मुखिया ने जब इस तरह के अटपटे सुझाव का कारण पूछा तो उन्होंने जवाब दिया—जिस प्रदेश को सौंदर्य का खजाना कहा जाता हो, उसके लिए यह अत्यंत अपमानजनक बात होगी कि बारह सुंदरियाँ दरबार में जाएँ और उनमें से किसी को अस्वीकृत होकर लौट आना पड़े। तब हम किसी को अपना मुँह कैसे दिखाएंगी? कौन जानता है कि कुँवर सबको पसंद न करें और हममें से कुछ को लौटा दिया जाए। अतः सबसे अच्छा यही है कि कुँवर हमें स्नान करते हुए देखें और पसंद कर लें।

मुखियों की समझ में बात आ गई। वे दरबार की ओर चल दिए। इधर सुंदरियों के सौंदर्य की चर्चा चारों ओर फैल चुकी थी और अलकनंदा के तट पर भीड़ जमा होती जा रही थी। लड़कियाँ तट पर पहुँची और उन्होंने जल के अंदर प्रवेश किया। किनारे खड़ी भीड़ की नज़रें गर्दन तक पानी में डूबी हुई सुंदरियों पर टिकी थीं। इसी बीच कुँवर काफूशाह भी पहुँच गए और एकटक उन्हें निहारने लगे।

लड़कियाँ गर्दन तक पानी में डूबी थीं। उनमें से एक ने कहा कि किनारे पर खड़ी

भीड़ के रहते वे कुँवर को अपना सौंदर्य कैसे दिखा सकती हैं। भीड़ को हटने की आज्ञा हुई। पर कोई व्यक्ति टस-से-मस नहीं हुआ। सैनिकों ने आकर प्रयत्न किया किंतु सफलता नहीं मिली।

तब लड़कियों ने काफूशाह से कहा—तुम इस भीड़ से हमारी रक्षा नहीं कर पा रही हो। अब हम स्वयं भीड़ को खत्म करेंगी।

इतना कहकर उन सबने अपने सिर पानी में डूबो लिए और थोड़ा दूर जाकर प्रकट हो गईं। भीड़ भी उसी ओर दौड़ी। काफूशाह के अंगरक्षक भी अपना कर्त्तव्य भूल भीड़ के साथ बह चले। काफूशाह ने इधर-उधर नजरें दौड़ाईं—भीड़ में खड़े लोग भागते जा रहे थे, और उनके पास कोई नहीं रह गया था; वे अकेले खड़े थे। काफूशाह भी दौड़ने को हुए तो एक सुंदरी ने अपनी गर्दन पानी से ऊपर निकाली और आवाज़ दी—अब उनके पीछे मत भागिए। वे आपके हाथ नहीं आ सकतीं। जो चीज़ हाथ से निकल जाए, बुद्धिमान लोग उसके पीछे नहीं भागते, और उसकी चिंता भी नहीं करते। अब यह बताओ तुम्हें मैं पसंद हूँ या नहीं?

नदी में बहती हुई सुंदरियों ने फिर अपने सिर पानी के अंदर कर लिए। उन्हें ऐसा करते देख भीड़ में खड़े अधिकांश लोग भी नदी में कूद पड़े और उन्हें खोजने के लिए गोते लगाने लगे।

लड़कियाँ थोड़ी-थोड़ी देर में अपने सिर ऊपर करतीं और जल में विलीन हो जातीं। पानी में कूदे हुए लोग उन्हें ढूँढ़ने की कोशिश करते और वे मछली की तरह हाथ से निकल जातीं। इसी तरह करते-करते ग्यारह सुंदरियों ने जल में समाधि ले ली और पानी में कूदे हुए लोगों में भी कोई बच नहीं पाया। अलकनंदा ने सबको हजम कर लिया।

इधर काफूशाह ने सुंदरी को जवाब दिया—सुंदरी! तुम मुझे जी-जान से पसंद हो।

—तुम मेरे लिए क्या कर सकते हो?

—मैं जान तक न्यौछावर कर सकता हूँ।

—मुझे क्या बनाकर रखोगे?

मैं तुम्हें अपनी रानी बनाकर रखूँगा।

इस पर उसने कुँवर से प्रश्न किया—तब तुम्हारी उन हजारों सुंदरियों का क्या होगा जिन्हें एक सौ सात दिनों तक तुमने पसंद किया है?

काफूशाह ने जवाब में कहा—वे सब युवतियाँ अस्वीकृत समझी जाएँगी और लौटा दी जाएँगी।

सुंदरी बोली कि यह भी ठीक है, पर क्या ऐसा नहीं हो सकता कि वह किसी राजा के लड़के से शादी करने के बजाय राजा से ही शादी करे। काफूशाह समझ नहीं पाए तो अपनी बात समझाते हुए उसने कहा—महाराज! अभी आप राजा नहीं हुए हैं। फिलहाल राज्य का संचालन आपके पिताजी के द्वारा हो रहा है।

समाचार सुनकर काफूशाह के पिता ने निश्चय किया कि वे वैराग्य ले लेंगे और

राजपाट काफूशाह को सौंप देंगे।

राज़्याभिषेक की तैयारियाँ होने लगीं। इसी बीच एक दिन रवाँई की उस सुंदरी रूपदेई को महाराज ने देख लिया। उसका सौंदर्य देख उस बुढ़ापे में भी वे अपनी सुध-बुध खो बैठे। इधर स्वयंवर की तैयारियां हो रही थीं, उधर बूढ़े महाराज ने आज्ञा दी कि उनके विवाह की भी तैयारियाँ की जाएँ। मंत्री ने आश्चर्यचकित होकर पूछा—धर्मरक्षक वह कौन भाग्यशालिनी है जिस पर श्रीमान् इस आयु में अपनी असीम कृपा का सिंधु उँड़ेल रहे हैं?

उत्तर में राजा ने कहा—काफूशाह को राजगद्दी दी जा रही है। रूपदेई का मूल्य एक राज्य के बराबर है। उसे हम रखेंगे। काफूशाह ने रूपदेई को देखने से पहले राज्य की माँग की, मैं रूपदेई को पाने के लिए राज्य का त्याग कर रहा हूँ।

मंत्री ने बद्रीनाथ के पास आदमी दौड़ाया और प्रश्न भेजा—क्या यही वह आपकी इच्छा थी जिसे आप काफूशाह के द्वारा सिद्ध करवाना चाहते थे?

देवता ने उत्तर में कहा—यह अपने आपसे पूछो या उस आदमी से पूछ लो जिसे मेरी मूर्ति के पीछे बैठाकर मेरे बदले जवाब दिलाया जाता है।

दरबार के झगड़े ने बढ़ते-बढ़ते भयंकर रूप धारण कर लिया। पिता और पुत्र के बीच होने वाले कलह के समाचार प्रजा के कानों में पहुँचने लगे। राज्य में महाराजा और कुँवर के समर्थकों के दो दल बन गए। चारों ओर से सिर फुटौवल के समाचार आने लगे। पर अब कोई किसी को रोकने वाला नहीं रह गया था। महाराज और कुँवर अपने विवाह और राज़्याभिषेक की तैयारी में लगे थे।

मंत्री ने सोचा कि पुत्र की चहेती से पिता विवाह करे, यह तो बहुत लज्जाजनक बात होगी। वह रूपदेई के पास पहुँचा और उससे बोला—एक तुम्हारे कारण इस राज्य के सर्वनाश के दिन आ रहे हैं।

—मैं बेबस हूँ।

—लेकिन इस संकट से किस तरह मुक्ति मिल सकती है—इस समस्या को सुलझाना अब तुम्हारे ही हाथ में है।

रूपदेई ने कहा कि वह राजा और कुँवर दोनों के संकट का निवारण कर देगी, किंतु अभी नहीं, समय आने दो।

राज्याभिषेक से पहले दिन की रात को रूपदेई ने अलग-अलग सेविकाओं के द्वारा संवाद भेजकर एक ही समय पर राजा और कुँवर को उसे दर्शन देने की बात की। निश्चित समय पर दो अलग-अलग दरवाज़ों से पिता और पुत्र रूपदेई के शयनकक्ष में प्रविष्ट हुए।

पिता और पुत्र ने एक-दूसरे को देखा। महाराज को संदेह हुआ कि काफूशाह उनका पीछा करते हुए किसी बुरी मंशा से आया है। कुँवर ने भी अपने पिता के बारे में ऐसा ही सोचा। दोनों ने एक दूसरे को लौट जाने को कहा और जब बात बहुत आगे बढ़ी तो वे इस निष्कर्ष पर पहुँचे कि जिसे रूपदेई कह देगी, वह लौट जाएगा।

अब रूपदेई की बारी आई। उसने दोनों को संबोधित करते हुए कहा—कृषक परिवार

में पैदा हुई इस साधारण लड़की को यह अधिकार नहीं हो सकता कि वह महाराजाधिराज और उनके कुँवर के सामने मुँह खोलकर बातें करे। चूँकि इसका दोष मेरे मत्थे मढ़ा जाएगा, इसलिए इतना निवेदन करना चाहती हूँ कि पिता और पुत्र की लड़ाई राज्य के लिए हो सकती हैं, औरत के लिए नहीं।

रूपदेई ने अभी अपनी बात खत्म भी न की थी कि बीच ही में महाराज बोल उठे—और राज्य मैं तुम्हें दे रहा हूँ।

इस पर काफूशाह ने रूपदेई की ओर देखा। वह मौन थी। वे उठकर चले आए।

अगले दिन स्वयंवर हुआ। महाराज ने अपने पुत्र काफूशाह को गद्दी दे दी।

उसके दूसरे दिन महाराज का विवाह होने को था। रूपदेई ने पुनः दर्शन पाने की इच्छा प्रकट की।

—धर्मरक्षक! उसने महाराज से कहा—मैंने कुँवर से तत्काल विवाह इसलिए नहीं किया था कि तब वे राजा नहीं बने थे।

—हाँ, इसलिए अब हमने बँटवारा कर लिया है। राजगद्दी एक पलड़े पर और तुम्हारा सौंदर्य दूसरे पलड़े पर।

रूपदेई ने फिर कहा—बद्रीनाथ की आज्ञा थी कि दरबार को सुंदरियों की भेंट की जाए।

—हमारी भी यही आज्ञा थी।

—धर्मपाल, जिन सुंदरियों को प्रजा के बीच से चुन-चुन कर दरबार में बैठाया गया, उन्हीं अभागिनों में मैं भी एक थी! यदि मेरा वर राजा नहीं हो सकता तो प्रजा के किसी भी झोंपड़े में मेरा स्थान बन सकता था।

—हम तुम्हें राजा की ही रानी बनाने जा रहे हैं।

—राजपाट तो महाराज ने काफूशाह को सौंप दिया है।

बूढ़े महाराज ने क्रोधावेश में कहा—मैं राजा का बाप हूँ।

—मैंने प्रतिज्ञा की थी भगवन्, कि मैं राजा से विवाह करूँगी; राजा के बाप से विवाह करने को मेरी कोई प्रतिज्ञा नहीं थी।

बूढ़े महाराज ने तुरंत प्रहरियों को आदेश दिया कि रूपदेई को उनके अंतःपुर में बंदी बनाकर रखा जाए। उन्हें भय था कि विवाह से पूर्व वह कहीं भाग न जाए।

इधर काफूशाह यह सोचकर कि कल उसकी शादी होगी रूपदेई के भवन की ओर गया। वह रूपदेई से अंतिम बार मिलने आया था ताकि उसे उसकी प्रतिज्ञा याद दिलाकर कहे कि वह राजा से नहीं, राजपुत्र से नहीं, राजपिता से विवाह कर रही है। पर रूपदेई तो कहीं और ही पहुँच चुकी थी।

काफूशाह ने अपने पिता के नाम एक पत्र भेजा। उसमें लिखा था—मैं तो पहले ही वैराग्य लेने की सोच रहा था, पर पता नहीं आपको किसने यह सीख दी जो आपने सुंदरियों को

बुलाया। मुझे अपने ऊपर ग्लानि आ रही है, और आप पर तरस। मेरे मन का बहलावा ढूँढ़ते-ढूँढ़ते आप अपना मन बहलाने पर उतारू हो गए। रूपदेई केवल राजा से विवाह कर सकती है—यह उसकी प्रतिज्ञा है। मैं उससे प्रेम करता हूँ। मैं नहीं चाहता कि उसकी प्रतिज्ञा टूटे। अतः मैं आत्महत्या कर रहा हूँ। आपसे निवेदन है कि विवाह से पूर्व पुनः राज़्याभिषेक कर शासन अपने हाथों में ले लें ताकि रूपदेई किसी राजा की रानी बन सकें

काफूशाह ने अलकनंदा में कूदकर आत्महत्या कर ली।

(काफूशाह ने वह पत्र प्राकृत में लिखा था। लंदन की इंडिया लायब्रेरी में वह अब भी सुरक्षित है। एक अंग्रेज मनोवैज्ञानिक ने पत्र की लिपि का अध्ययन करके कहा था—किसी निराश प्रेमी का पत्र है।)

पीपल के पत्ते

—देवी की कृपा होगी तो सबकुछ ठीक हो जाएगा, रामू ने अपनी बीवी से कहा।

रामू की बीवी रामी ने दोनों हाथ जोड़ लिए और आँखें बंद कर देवी की स्तुति की—माँ चंद्रबदनी, तेरे ही मुल्क की हूँ। मेरा घी पुल पार हो गया तो तेरी यात्रा करूँगी।

पीपल के वृक्ष से, जिसके नीचे वे दोनों देवी का ध्यान कर रहे थे, एक पीला पत्ता रामू की घी की कनस्तरी पर आ गिरा। रामू उसे अन्यमनस्क भाव से देखता रहा और क्षण-भर के पश्चात् उसने उस पत्ते को उठाकर मोड़ना शुरू किया। पास पड़े तिनकों से उसने एक को उठाकर पीपल के मुड़े पत्ते को लगाया और उस पर तंबाकू भरने लगा। रामी अपने मायके और मायके की देवी चंद्रबदनी का स्मरण करते हुए उस ओर निहारती रही जिधर उन्हें जाना था। दूर के पहाड़ की चोटी की ओर नजरें गड़ाए उसने कहा—यह कोस्यार का डाँडा[1] है, उसे पार कर लेने पर देवी के दर्शन हो जाएँगे। टिहरी से कितने मील है यह डांडा?

रामू ने अगेला[2] झाड़ा और जलते हुए कपास को पतबिड़ा पर, जो उसने अभी बनाया था, रख तंबाकू पीते हुए उत्तर दिया—टिहरी पुलिस थाने से सिर्फ तीन मील है कोस्यार का डाँडा। अभी पहुँच जाते हैं, बहुत वक़्त बाकी है अभी। पूरे चार रस्से घाम।

—चार तो नहीं पर तीन रस्सों के लंबाई के बराबर होगा। रामी बोली।

—तुझे क्या मालूम कि एक रस्सा घाम किसे कहते हैं, जनानी जात अंधियारी रात।

—तुम हमेशा यही कहा करते हो, जनानी हूँ, जनानी हूँ तो क्या कुछ जानती ही नहीं?

—तू जान ही क्या सकती है? अभी पाँच रस्सों की दूरी है सूरज भगवान को अस्त होने में।

—अच्छा नाराज मत होओ, तुम्हारी ही बात सही मान लेती हूँ।

—मान लेनी चाहिए, मैं तो तेरा मालिक हूँ।

---

1. पर्वत शिखर।
2. एक विशेष प्रकार का कंकर जिस पर लोहे के टुकड़े का वार करने से चिंगारियाँ निकलती हैं।

रामी कुछ न बोली। रामू ने पतबिड़ा का तंबाकू खत्म किया और उसे बुझाकर एक ओर फेंकते हुए कहा—गंगाड़[1] में बुझाओ न बुझाओ, सब बराबर, यहाँ किसी चीज़ पर आग लगेगी थोड़े ही। क्या धुआँ छाया है, कहीं घास का नाम नहीं, क्या रूखी धरती है।

—यहाँ की औरतें धन्य हैं। रामी बोली—बेचारी मवेशी कैसे पालती होंगी। देखो तो कहीं एक तृण नहीं दिखाई दे रहा है। मैं कहती हूँ कोई अपनी बेटी का गला काट दे पर यहाँ उसकी शादी न करे। इतना धुआँ तो यहाँ अभी है; भला गर्मियों में क्या हालत होती होगी! आजकल तो दस-बारह मील दूर जाकर घास लकड़ी लाई भी जा सकती है पर रूड़[2] पड़ने पर क्या किया जा सकता है।

—पीपल तक काट देते हैं, रामू ने घृणा प्रदर्शित करते हुए कहा। धर्म-कर्म जैसी कोई चीज़ नहीं रह जाती। रहे भी क्या। डंगर तो भूखों नहीं मारे जा सकते।

पीपल का नाम सुनकर रामी काँप गई। भयभीत स्वर में उसने कहा—हाय माँ! तुमने क्या कर दिया आज! तुमने पतबिड़ा पीपल के पत्ते का बनाया न?

—तो देख नहीं रही है, किसी और पत्ते का कहीं निशान नहीं? पीपल के पत्ते का न बनाता तो क्या करता? यहाँ के लोग तो पीपल के पेड़ को काटते भी हैं। मैंने काटा तो नहीं। एक पत्ता खुद ही टूटकर मेरी कनस्तरी पर आ गिरा। मैंने उसका पतबिड़ा बना लिया तो क्या कसूर किया?

रामी की समझ में कुछ न आया। अपने पति को उस भयंकर अपराध के दंड से मुक्ति दिलवाने के लिए उसने अपने मायके की ओर निगाहें फेर कर करबद्ध विनती की—पणमेश्वरी[3], गलती हो गई। सज़ा मत देना, देवी! मैं तेरी यात्रा करूँगी और तुझे बकरा चढ़ाऊँगी।

दोनों उठ खड़े हुए। रामू ने अपनी पीठ पर बोझा कसा और हाथ में घी की कनस्तरी ले ली। रामी पति के पीछे हो ली। चारों ओर की खुली घाटी के सौंदर्य को एकटक निहारते वे आगे बढ़ते रहे। रामू के पास बोझा ज़्यादा था और रामी माँ बनने वाली थी, इस कारण दोनों की चाल धीमी थी, वैसी जैसी किसी पर्वतवासी की नहीं होती।

गर्मी से रामू के हाथ की कनस्तरी में घी पिघल गया और ढक्कन से बाहर आने लगा। अधमरी कनस्तरी को सँभाल-सँभालकर ले जाने का प्रयत्न करते हुए रामू ने लंबी साँस खींचकर कहा—कमबख्त घी भी गल गया—कनस्तरी भी छकलने लगी है। आधा कनस्तरी घी है, देखें नदी पार कर पाता है या नहीं। रामी ने फिर हाथ जोड़ देवी की स्तुति की।

उसकी साँस फूली जा रहा थी। ऊँचे-ऊँचे पर्वत शिखरों पर वास करने वाले रामू और रामी इस वक़्त घाटी से गुजर रहे थे, जहाँ गर्मी उन्हें अत्यधिक सता रही थी। वे लोग

1. गंगा की घाटी
2. प्रचण्ड धूप
3. परमेश्वरी

थोड़ा और आगे बढ़े और एक मोड़ के खत्म होने के साथ सहसा राजधानी टिहरी दिखाई दी—दो मील दूर सफेद चमकीले मकान, ऊँचे टीले से राजमहल के शीशों की चमक।

—यहाँ राजा रहता है, राजधानी है। पत्नी बोली।

—और यहाँ पुलिस भी रहती है और घूसखोरी हाकिम भी। पति का उत्तर था।

—आहा! सुंदर-सुंदर कोठी और बँगले, राजसी ठाट-बाट, बड़े-बड़े लोग।

—जो अपनी मेहमानदारी के लिए मशहूर हैं।

—भगवान ही तो रहते हैं शहरों में, ठाठ की जिंदगी है इनकी।

—पैदा हम करते हैं और ठाठ ये करते हैं।

—दिन भर दफ्तर में बैठे रहो, काम नहीं, काज नहीं; न घास की फिकर, न लकड़ी की। खेती न बाड़ी, मौज की जिंदगी।

—और हम मेहनत न करें तो तो ये भूखों मर जाएँ।

—क्या शान से बैठे रहते होंगे कुर्सी पर? रामी वाक्य पूरा भी न कर पाई कि रामू ने क्रोधावेश में डाँटकर कहा—तू फिर आ गई अपने रास्ते पर? औरत को समझाने से काम नहीं चल सकता।

रामी फिर चुप हो गई।

मंद गति से चलते वे दोनों आगे बढ़ते रहे, वीरान खेतों को देखते, धूल भरे मार्ग को पार करते, धूप और गर्मी सहन कर अपने एक अदृश्य भविष्य की ओर, जो राजधानी में छुपा था, जिसमें राजा भी रहता था और पुलिस भी, जिसके बारे में उन दोनों के मन में अलग-अलग किस्म के खयाल थे, जिनमें राजमहल भी था और सुंदर कोठी भी।

टिहरी शहर में प्रवेश करने से पहले एक पुल पार करना होता है। यह भागीरथी और भीलाँगना नदी के संगम से थोड़ी दूरी पर है जहाँ आते-आते भीलाँगना का जल अपना अस्तित्व खो देता है और भागीरथी माई का जल कहलाने लगता है। पुल के दूसरे सिरे पर कठोर पर्वत-शिलाओं का समूह एक छोटे-से पहाड़ का रूप धारण किए है, जिसके सिरे पर राजमहल स्थित है। पुल के नीचे भागीरथी के जल प्रवाह को पार करने की कोशिश करना भारी जोखिम उठाने के अतिरिक्त कुछ नहीं।

इस पुल पर लोहे का एक द्वार लगा है, जिसे बंद कर देने पर शहर में प्रवेश पाना कठिन हो जाता है। द्वार के समीप पाँच या छह गज की दूरी पर एक छोटी-सी कोठरी है जिसे पुलिस की चौकी कहा जाता है। यह द्वार और कोठरी शायद उसी समय बना दिए गए होंगे जब पुल का निर्माण हुआ होगा। यह पुल केवल एक बार टूटा। नदी की प्रचण्ड लहरें सहसा ऊपर की ओर उठने लगी थीं और लोगों को लगा कि बाढ़ आ रही है। कुछ दिनों तक लोग लहरों के उत्थान को देखते रहे और तब एक दिन बाढ़ ने भयंकर रूप धारण कर लिया। शहरवासियों को आज्ञा हुई कि वे अपनी जान बचाने के लिए ऊँचे स्तर के हिस्सों में चले जाएँ। नदी की लहरें बढ़ती गईं। त्राहि-त्राहि मच गई। निरंतर पानी बरसता

रहा। न दिन में रुका न रात में। बादलों के गर्जन से सबके दिल दहलने लगे और तब एक नदी ने अपनी सीमा भंग कर दी और पुल को बहाकर ले गई। पुल का द्वार और कोठरी भी गायब हो चले।

जनता में फुसफुसाहट होने लगी—यह राजा के अत्याचारों के पाप का फल है।

उस वक़्त महाराजा विलायत में थे। उन्हें सूचित किया गया। वे लौट आए और उन्होंने गंगामाई की पूजा करवाई। ब्राह्मणों को दक्षिणा दी और तब गंगामाई संतुष्ट होकर अपनी पहले की सतह पर लौट आई। जनता की रक्षा हुई। अस्तु! यदि यह माना जाए कि गंगा का क्रोध के अत्याचारों के विरुद्ध था तो यह भी सच होना ही चाहिए कि अत्याचार इसी पुल के पास, इसी द्वार के पास पुलिस चौकी के अंदर हुए होंगे, जिसमें दो सिपाही आपस में बातें कर रहे थे।

बैजू बोला—कैरू, यार तू ही बता हम क्या कर सकते हैं। कोई साला घी लेकर आए तब न? घी का दर्शन ही दुर्लभ हो गया। जब से टैक्स लगा, घी एकदम गायब हो गया। पहले तो कुछ-न-कुछ किसी-न-कुछ भाव मिल ही जाता था। हमारा भी काम चल जाता था और हाकिमों की रसोई भी सज लेती थी। मैं कहता हूँ अगर टैक्स न लगता तो घी आता ही रहता। कौन रोक सकता था?

कैरू—चालाक हो गए भाई! पब्लिक मक्कार हो रही है। यह भी ठीक है कि कोई घी लाएगा ही क्यों जब घी की क़ीमत के बराबर टैक्स लग जाता है। शहर में कहीं एक बूँद नहीं रह गया घी।

बैजू—आज उसे कुछ दे पाते तो पल्ला छूटता। ऐसा अजीब थानेदार तो मैंने आज तक नहीं देखा। नौकरी भी वाहियात है। पुल पर बैठे रहो जैसे, हम और किसी काम के नहीं। पलटन की नौकरी भली, सुबह शाम परेड करो, दिन-भर बूट-पेटी चमकाओ। न खाने की फिकर, न लोगों को तंग करने की जरूरत।

मुसीबत है यार! कोई साला भी तो नहीं टपकता।

रास्ते की थकान से चूर, मंद गति से चलते राम और रामी पुल के समीप पहुँचे। पुल देखते ही रामी ने हाथ जोड़कर वंदना की—चंद्रबदनी माई तेरी यात्रा करूँगी, पणमेश्वरी, मुझे राजी-खुशी मायके आने दे।

कोठरी के अंदर बैठे सिपाहियों के कानों में ध्वनि गई। बिजली की तरह बाहर निकलकर कैरू ने पुल के पहले तख्ते पर कदम रखते रामू को आवाज़ दी—इधर आ। हरामी के, साला हाथ में घी लिये भागा जा रहा है।

रामू मूर्तिवत् हो गया। उसके सामने पुल था, पचास गज लंबा पुल, जिसे पार करते ही वह सब प्रकार की विघ्न-बाधाओं से दूर हो सकता था; नीचे नदी की वेगवती धारा शासक के-से स्वर में भयंकर गर्जन कर रही थी। पीछे से कोई बुला रहा था, शासन का अधिकार अपने स्वर में भर, जिसने उसे लौटा दिया। पीछे की ओर घूर-घूमकर वह

गिड़गिड़ाया–सिर्फ एक सेर है हुज़ूर, मेरी औरत स्वीली[1] होने वाली है।

–यह सब थाने चलकर बताना! पुलिस वाला कह रहा था।

'पुलिस थाना'–सुनते ही रामी पीपल के उसी पत्ते की तरह पीली होकर काँपन लगी जिसे मोड़कर उसके पति ने पतबिड़ा बनाया था। देवी का नाम लेकर उसने अपने आप से पूछा–पीपल के एक पत्ते का पतबिड़ा बनाने की इतनी सज़ा?

---

1. जच्चा

ताऊजी की याद

मेरे लिए तो यह निस्संदेह अजायबघर था। घर है कि कारखाना, अजीब बात है। कई काम एक साथ इस मकान में चल रहे हैं। सब लोग अपनी-अपनी जगह पर कार्यव्यस्त, और उनके बीच एक छोटे-से कद के ठिगने आदमी के घूमने का विचित्र ढंग और उसकी अजीब बातें।

इस आदमी ने हाल का धुला कोट और पैंट पहन रखा था। उसके बाल सफेद चाँदी की तरह चमकीले और छोटे थे, जिन पर उसने कंघी की थी, ऐसा लग रहा था। उन सबमें वह अकेला घूम रहा है। कभी चूल्हे के पास जाकर आग ठीक करता, कभी नाई के पास पहुँच जाता, कभी बढ़ई के पास।

मैं एक कोने पर खड़ा अजीब हरकतों को ध्यानपूर्वक देखता रहा। वह बीच का कमरा था, जिसके चारों ओर छोटी-छोटी कोठरियाँ थीं, जिनें एक-एक दो-दो आदमी दिखाई दे रहे थे। सब अपनी धुन में मस्त।

एक नौजवान बाल काट रहा था। वह आदमी उसके पास पहुँचकर थोड़ी देर खड़ा होकर गौर से उसकी व्यस्त उँगलियों को देखता रहा और तब सहसा बड़े ज़ोर से हँसने लगा। मैंने देखा उसके दाँत नहीं थे, और बिना दाँतों के उसका मुँह कुछ-कुछ बच्चे का-सा लग रहा था। वह हँसते-हँसते एक ओर मुड़ा और शीशा हाथ में उठाकर बोला—श्रीपत, देख लो अपनी सूरत, वाह बेटे, अंग्रेजी बाल बने हैं! कहो भंगू, मसूरी की माल रोड बना रहे थे क्या?

भंगू के हाथ से उसने कैंची छीन ली और स्वयं श्रीपत की हजामत करने लगा। थोड़ी देर तक बाल काटते रहने के बाद उसने भंगू को कैंची सौंपते हुए कहा—दोनों ओर घुमा लिया करो बालों को। तुमने तो आज इसे जोकर बना दिया था।

मैं चुपचाप खड़ा ध्यानपूर्वक उसकी ओर देख रहा था। वह बड़ी फुर्ती के साथ दौड़ा हुआ अँगीठी के पास गया और आग को एक लंबी टिन की नाली से फूँक मारते हुए चिल्लाया—ओ सुदामा, चले आओ! एक लंबे-चौड़े शरीर का नवयुवक उसके सामने आ खड़ा हुआ।

उस आदमी ने कहा—जाओ, पैसे जुटाओ, और नमकीन का इंतजाम करो। चाय

तैयार है।

सुदामा नाम का नौजवान सबके पास जाकर पैसे बटोरने लगा। कुछ देर तक वह पैसे वसूलता रहा और फिर ज़ोर से चिल्ला उठा—ताऊजी, यह श्रीपत पैसे नहीं दे रहा है।

वह आदमी श्रीपत को संबोधत कर पूछने लगा—क्या बात है श्रीपत, पैसे क्यों नहीं दे रहे हो?

—हैं नहीं ताऊजी।

—शहर में बाल कटवाता तो आठ आने देने पड़ते ताऊजी, कई लोगों के स्वर एक साथ सुनाई दिए।

—कल चार आने ले आना श्रीपत् उस आदमी ने पास आकर कहा।

—एकाएक उस आदमी की मुझ पर दृष्टि पड़ी।

यह किसका लड़का है? कहो बेटे! तुम कहां रहते हो?

पास खड़े एक बड़े विद्यार्थी ने मेरा परिचय दिया, और मुझसे बोला—ताऊजी को प्रणाम करो। मैं खड़ा रहा, न हाथ हिलाए, न नज़रें हटाईं, एकटक होकर उस आदमी की ओर देखता रहा जिसे लोग ताऊजी कहकर संबोधित कर रहे थे, और सोचने लगा, इसे प्रणाम करूँ? जो अभी नाई का काम कर रहा था, छिः।

मुझे स्थिर मुद्रा में देख ताऊजी मेरे पास आए और मेरी गाल पर चपत मारते हुए बोले—बेटे, तुम बहुत अच्छे हो! ताऊजी ने धीरे से मेरा हाथ पकड़ लिया और एक कोठरी में जाकर बोले—कुछ पढ़ाई करोगे बेटे? देखो, ये सब तुम्हारी तरह विद्यार्थी हैं।

मैं मूर्ख की तरह इधर-उधर ताकने लगा। मेरी ही आयु के कई लड़के उस कमरे में किताबें खोलकर बैठे थे।

—बैठो बेटे, पढ़ाई कर ही लो, यह किताब पढ़ो, चाय बनेगी तो तुम्हें पुकारूँगा, चले आना।

थोड़ी देर बाद ताऊजी की आवाज आई—चाय तैयार, नमकीन हाज़िर, आइए साहब, पीजिए साहब। हम सब दौड़े, रसोई के बाहर उसी बीच के कमरे में लोगों की भीड़ लगी थी। काम रुक गए थे और सब लोग अपने-अपने हाथ में कुछ विचित्र भाँति के बर्तन लिए थे।

गिलास सिर्फ दो के पास थे। एक के पास काँच का था, दूसरे के पास पीतल का। एक आदमी के पास प्याला भी था। बाकी सबके बर्तनों को देखकर हँसी भी आती थी और आश्चर्य भी होता था। काँच की चौड़ी कटोरी, बड़ा-सा कटोरा। पता नहीं, किस-किस तरह के बर्तन थे। एक-से-एक नमूने के बर्तन। मज़ेदार बात यह है कि वे बर्तन थे सब काँच के।

ताऊजी ने सबसे पहले मुझे बुलाया और एक काँच के गिलास में जिसका तले का आकार बोतल से मिलता-जुलता था, मुझे चाय दे दी गई। एक कागज के टुकड़े पर थोड़ी-सी आलू की पकौड़ी।

मेरे गिलास के ऊपरी हिस्से और तले को देखकर पता लगाना कठिन था कि वह गिलास है या नहीं, और है तो इतना विचित्र निर्माण किसके हाथों से हुआ। सब बाकी बर्तनों की भी यही हालत थी। एक लोटे से चाय पी रहा था, दूसरा कटोरी से, तीसरा तश्तरी से और चौथा पीतल के गिलास से।

मेरी जिज्ञासा को समझने में ताऊजी ने देरी नहीं की। फौज़ियों के मग से चाय पीते मेरे पास पहुँचकर बोले—बेटे चाय में चीनी तो ठीक है न?

मैं चुप रहा।

ताऊजी फिर कहने लगे—देखो बेटे, ये सब मेरे बेटे हैं। अपने बेटों के लिए, देखो, मैंने कितनी सुंदर-सुंदर चीज़ें बनाई हैं।

भंगू ने चाय खत्म कर गिलास धोकर रसोई में रख दिया। ताऊजी ने उससे गिलास मँगवाकर मुझे दिखाते हुए कहा—देखो बेटे, कैसा गिलास है। बताओ, किस चीज़ से बना होगा!

मैं सोच न पाया क्या जवाब दूँ। काँच का गिलास है, बनेगा कैसे?

—यह बोतल काटकर बनाया गया है। ताऊजी ने रहस्योद्धाटन किया—इस बोलत का गला टूट गया था।

मेरे लिए यह सब कुछ हैरानी पैदा करने वाली चीज़ थी। बोतल को काटकर गिलास, बोयाम को काटकर बड़ा कटोरा और टूटे गिलास को गले से काट कर काँच की कटोरी—चटनी के लिए। यही सब कुछ काम तो वहाँ होते थे। ऐसे ही ऊटपटाँग ईजाद करने के लिए तो वह भीड़ थी।

मैंने वहाँ बहुत कुछ देखा। टूटी मेज़ से बनी कुर्सी, लकड़ी की पेटी, लकड़ी की तख्तियों से बनी मेज़, टूटे बर्तनों के फूल के गमले, टूटे शीशे काटकर उसमें जड़े फ्रेम और तस्वीरें, तिकोने चित्र, इतनी सारी चीज़ें, बहुत से लोगों का जमाव और उन सबके आमोद-प्रमोद, हँसी-दिल्लगी, जीवन के केन्द्र-ताऊजी।

मैं रोज़ वहाँ आने लगा।

एक दिन मैं वहाँ गया। देखा तो ताऊजी एक कोठरी में लकड़ी के संदूक से बनी कुर्सी पर बैठे ध्यानपूर्वक ताश का खेल देख रहे हैं। चार आदमी ताश के खेल में व्यस्त हैं, और ताऊजी उनके खेल का निरीक्षण कर रहे थे। 'ट्वेन्टी नाइन' चल रहा था।

—दहला इक्के के बराबर होता है। एक ने कहा।

—इक्का हर हालत में दहले से बड़ा होता है। प्रतिद्वंद्वी पक्ष ने अपनी बात कही।

—दोनों ने प्वाइंट्स बराबर हैं, हाथ हमारा।

—बेईमानी से खेल नहीं चल सकता।

—बेईमानी का सवाल ही नहीं है, साफ-सी चाल को इतना भी नहीं जानते तो खेलने क्यों चले आए?

झगड़ा बढ़ता गया, ताश एक ओर रख दिए गए और वाक्‌युद्ध होने लगा।

गाली-गलौज, माँ-बहिन...।

—अबे ठहरो, मैं टिकट बेच आता हूँ, लड़ना ही है तो लड़ो। ताऊजी ने बीच-बचाव किया। सब शाँत हो गए। दूसरा खेल शुरू हुआ। आईंदा के लिए मान लिया गया कि इक्का दहले से बड़ा होता है।

तब ताऊजी की नज़र मुझ पर पड़ी—तुम आ गए बेटे, चलो दूसरे कमरे में चलें। हम दूसरे कमरे में पहुँचे। मुझे बैठाकर ताऊजी ने पूछा—आज तुमने कुछ पढ़ा?

—जी ताऊजी, गीता के पहले अध्याय के कुछ श्लोक याद किए।

—सुनाओ।

मैंने धर्म क्षेत्रे, कुरुक्षेत्रे शुरू किया तो उन्होंने मुझे रोक दिया।

वे अंग्रेजी अनुवाद सुनाने लगे—

"On the grounds of Kurkshetra
Gathered together
Eager for battle,
What did they do
O Sanjaya! my sons and the Pandvas?"

—ताऊजी, यह अनुवाद किसने किया है?

—मैंने ही किया है बेटे।

बाहर कमरे से आरी की कर्कश ध्वनि सुनाई दे रही थी। ताऊजी वहाँ चले गए और कुछ देर चुप रहकर उन्होंने कहा—हरंगू, यह आरी लकड़ी को काट रही है या लकड़ी आरी को?

हरंगू अपनी आरी देखने लगा। ताऊजी ने आरी उसके हाथ से लेकर गौरपूर्वक देखकर कहा—आरी तोड़ दी है तुमने। कभी इसे तेज़ तो कर दिया करो। बिना हथियार को ठीक किए लकड़ी का काम क्या तुम खाक करोगे? हरंगू रेती उठाकर आरी ठीक करने में लग गया। ताऊजी आगे बढ़े।

—इसे बीच से पकड़कर रगड़ो। ताऊजी ने एक लड़के को सलाह दी, जो एक टूटी बोतल की गर्दन अलग कर उसे साफ-सफाट करने में लगा था। ताऊजी दूसरी ओर चल दिए। एक नौजवान कपड़े पर कैंची चला रहा था।

—क्या है, कमीज़ काट रहे हो क्या?

—जी।

—तो क्या आज भी कोई फैशन चला रहे हो?

नौजवान चुप रहा। ताऊजी ने फिर दिल्लगी की—दोनों बाँहों की चौड़ाई में फर्क इतना रखो कि एक बाँह में हाथ डाली जा सके और दूसरी में तुम्हारा सिर।

नौजवान ने बाँहें गलत काट दी थीं। ताऊजी की कैंची चली, बाँहें ठीक कर के आगे बढ़ गए।

—ओ उल्लू, अमरूदों को पकने भी देगा या कच्चे ही खा जाएगा। देखो, हमारे पेड़

पर एक बंदर चढ़ा है। ताऊजी ने छोटा-सा कंकड़ पेड़ पर फेंककर कहा—उतर आ, यह बंदरपन ठीक नहीं।

शाम और सुबह को हम घूमने जाते। जहाँ चलती, टोली चलती। इससे कम तो कभी हो ही नहीं सकते थे।

एक दिन मुझे कुछ काम था, शाम को घूमने न जा सका। कुछ विलंब से मैं ताऊजी के घर पहुँचा। कहीं किसी का पता न था। एक आदमी भी वहाँ न दिखाई दिया।

मैं सीढ़ियों पर चढ़ गया और बड़े कमरे में पहुँचा। वहाँ भी कोई न था। बच्चों के कमरे की ओर गया, देखा, कोई नहीं है।

वे सब घूमने गए थे। मेरी आँखों में ताऊजी की सदैव हँसती सूरत नाचने लगी। बिना दाँतों के उनका पोपला मुँह, छोटी-छोटी आँखें, नाटा कद, छोटे-छोटे बाल और बच्चों की-सी हँसी।

मैं वहाँ बैठ गया। सामने की मेज पर मैंने देखा, चाबियों का एक गुच्छा पड़ा है। सोचने लगा, इस वक़्त कोई कुछ चुरा ले तो? आखिर ये मकान इस तरह चाट-बाट खुला छोड़कर क्यों जाते हैं? अगर मैं चाबी का गुच्छा चूरा लूँ तो? तो अच्छा होगा! ताऊजी परेशान होंगे। उनके चेहरे के बदले हुए स्वरूप को देखकर कितना मज़ा आएगा। अब जरा फिर रखें तो दरवाज़े इस तरह खुले!

मैंने चाबियों का गुच्छा उठाया और चलता बना।

चार दिन-रात ताऊजी ने परेशानी में बिताए। उनके भाई, जिनका परिवार था, और जो जायदाद की देख-रेख किया करते थे, इस बीच उन पर ही संदेह करने लगे।

हम बालक एक कोठरी में लेटे थे, ताऊजी के कमरे में अचानक उनके भाई ने प्रवेश किया—चाबी दे दो। ताऊजी ने आश्चर्यचकित स्वर में पूछा, मेरे पास होती तो खोजता क्यों?

—देखो, मैं यह सब नहीं जानता। तुम्हारे अपने बच्चे तो हैं नहीं, हमारे बच्चों की रोटी का ग्रास छीनकर कोई फायदा नहीं।

ताऊजी चुप थे। भाई के तानों को संभवतः वे उत्तर नहीं देना चाहते थे। उनके भाई कहते गए—जिसे कहीं जगह नहीं, उसे तुम्हारे घर जगह मिलती है। घर को धर्मशाला बना रखा है। नाई, धोबी, चमार और लुहार सबको इसी मकान में शरण मिल सकती है। सिर्फ दुनिया भर के लुच्चे-लफंगों के तुम ही माँ-बाप बन गए हो। हमारे बच्चों का पेट काटकर उन्हें खिलाते जाओ।

ताऊजी निरुत्तर थे। अपराधी थे। उनसे चाबी गुम हो गई थी। भाई कहते रहे—पता नहीं, किस-किस तरह के आवारा छोकरों को पालने का शौक चराया है। कुत्ते की तरह घूमते-घूमते जिन दो कौड़ी के छोकरों को शरण न मिले उनके लिए हमारा मकान खाली है।

—खबरदार, बच्चों के बारे में मत कहना। मैं सब कुछ सह सकता हूँ; बच्चों के लिए

एक भी कटु शब्द का प्रयोग होते नहीं देख सकता। बच्चे तुम्हारे भी हैं इतना तो खयाल करो। हमने सुना, ताऊजी और भाई में ज़ोरों से झगड़ा चलने लगा। हजार गालियाँ सुनाकर उनके भाई चले गए।

मुझे अपने ऊपर ग्लानि हो आई। ताऊजी के प्रसन्न चेहरे पर विषाद की रेखाओं का मैं कारण बना था। तत्काल मैं उनके पास पहुँचा। वे अजीब-सी हालत में थे। उनकी भाव-भंगिमा से स्पष्ट हो रहा था कि इतना अधिक दुख संभवतः पहली बार हुआ है।

मैंने चाबी का गुच्छा जेब से निकालकर ताऊजी के हाथ में रख दिया। वे न तो प्रसन्न हुए, न उनका भाव बदला। वे मेरी ओर एकटक देखते रहे। मैं उनसे नज़रें न मिल सका। उन आँखों में कुछ ऐसी चमक थी, जिस पर मैं देखने की हिम्मत न कर सका। मैं तुरंत वहाँ से चला गया।

चाबी का गुच्छा पाते ही ताऊजी अपने भाई के पास पहुँचे। चाबी मिलते ही भाई ने फिर कहना शुरू किया—अब कहाँ से मिल गई चाबी? कहते थे, नहीं है, खो गई। अब एक मिनट में कहाँ से मिल गई यह चाबी?

ताऊजी ने न बताया, पर उनके भाई को सच्चाई का पता चल ही गया। चाबी एक लड़का लेकर भाग गया था। फिर वे रोज़ आकर कहते—इन छोकरों को घर से निकाल दो।

हम तो नहीं निकले पर हाँ, हमसे बड़ी आयु के लोगों को न आने को विवश होना पड़ा। ताऊजी कुछ खोए-खोए से दिखाई देते। यदा-कदा उनको बुखार आदि आने लगा।

मेरी परीक्षा समाप्त हो गई और मैं वहाँ से चला आया।

दो महीने बाद जब मैं शहर पहुँचा तो मुझे किसी ने बताया ताऊजी मर गए। मैं छोटा-सा मुँह किए, हृदय में पीड़ा अनुभव करता सुदामा के घर पहुँचा।

उसने बताया—ताऊजी की भाई से लड़ाई चलती रही और बच्चों को अपने घर आने से वे इनकार न कर सके। फिर उनके भाई ने बच्चों को आने की मनाही कर दी। बेचारे सह न सके। कई दिन तक बीमार रहने के बाद वे चल बसे।

कुछ देर तक कमरे में मौत का-सा सन्नाटा रहा। फिर सुदामा ने अपनी बात पूरी की—मरते वक़्त तुम्हारे अलावा हम सब उनके पास थे। उन्होंने उस वक़्त तुम्हारा नाम लिया था।

—कुछ कहा था उन्होंने? मैंने पूछा।

—नहीं, बस सिर्फ नाम-भर लिया था। जा रहा हूँ, एक हजामत करनी है, हम तो अभी भी उनकी शिक्षा के बल पर पेट भर रहे हैं। आह! इतने किस्म के आदमी अब एक साथ कहाँ मिलेंगे? मुझे वह क्षण याद आया जब मैंने उन्हें चाबी का एक गुच्छा दिया था और वे एकटक, मुखमुद्रा बदले बिना मेरी ओर देखते रहे थे।

मैंने देखा उनकी आँखें डबडबा रही थीं। मैं खुद रो रहा था। इसका मुझे पता न चला।

यशपाल की चाय

देहरादून में मेरी किताबों की एक छोटी-सी दुकान थी। रोज कॉलेज से आने के बाद मैं ठीक चार बजे उसे खोलता। यही समय था जब देहरादून में सब घूमने की तैयारी करते और मुझे उस दुकान पर बैठे-बैठे सड़क पर चलते मुसाफिरों को गिनना पड़ता, क्योंकि उस ओर बहुत कम लोग आते थे। लेकिन इसका यह मतलब नहीं कि मैं उदास रहता था। मुझे हँसने का नित्य कोई-न-कोई ऐसा बहाना मिल ही जाता, जिसका स्मरण कर मैं रात के आठ बजे तक, याने जब तक दुकान बंद न कर दूँ, हँसता रहता। तेज़ी से साइकिल पर भागते हुए कितने ही व्यक्ति फिल्मी गाने सुना जाते। यह कार्य पैदल चलने वालों के कार्यक्रम में भी सम्मिलित रहता और उनके गाने का मैं अपेक्षाकृत बड़ा भाग सुन पाता, क्योंकि साइकिल वालों की अपेक्षा वे शीघ्र ही एक स्थान से नहीं निकल जाते थे।

कभी-कभी मेरे ग्राहक भी अजीब आ धमकते थे। एक तो प्रति सप्ताह आकर पुस्तकों का मूल्य पूछ जाता था। पुस्तकों को निकालता, उलटता, खोलता, मोल पूछता और चला जाता। मेरी ही दुकान के सामने एक और पुस्तक भंडार था काफी बड़ा। वहाँ का दुकानदार कितनी ही बार आकर मुझसे किताबों का मोल पूछा करता। इस भले आदमी पर भी मेरा यही संदेह था कि यह ग्राहक नहीं, दुकानदार है। 'किंतु तब पुस्तकों का मूल्य पूछने मेरे ही पास क्यों चला आता है? सामने का दुकानदार तो पड़ोसी के नाते आता है। यह मेरा कब का पड़ोसी', मैं सोचता रह जाता। इससे मैं तंग आ गया।

मेरी दुकान की लंबाई आठ व चौड़ाई सात फुट थी। इस कारण मैं किसी भी मित्र को पाँच मिनट से अधिक नहीं बैठने देता था। बैठता भी कहाँ? जो भी मित्र या परिचित आता उससे कुछ खास प्रश्न ही पूछता—क्या काम है?—घर आना।—कहो कब आओगे?—रात के आठ बजे बाद आ सको तो बहुत अच्छा हो।

किंतु जब कोई इतना कह देने पर भी हटने का नाम न लेता, तो मुझे पूछ ही लेना पड़ता—चाय पी? वर्ना जाओ चाय पी आओ, लो दो आना। दुकान पर दो छोटे-छोटे स्टूल थे। अधिकतर जो भी ग्राहक आते उनके भीतर आने की जगह न रहती। मेरे लिए ऐसे व्यक्ति को टालने के लिए दो आने देना अधिक लाभप्रद होता, क्योंकि कभी-कभी अच्छी पुस्तक बिक जाने पर इससे अधिक का लाभ होने की आशा रहती। किंतु दो आने दे देने

पर यदि बिक्री न होती, तो मुझे स्वयं बिना चाय के रहना पड़ता। ग़रीबी जो थी।

प्रतिस्पर्धा के डर से मैं प्रगतिशील पुस्तकें मँगाता। पहले तो कहीं देहरादून-भर में यशपाल, गोर्की, कृष्णचंद्र आदि की पुस्तकें देखने को नहीं मिलती थीं, किंतु जैसे ही मेरी दुकान को खुले कुछ दिन हुए और मैं अपनी रोटी कमाने लगा, सारे शहर का व्यापारी वर्ग मुझ पर झपटा। गोर्की और यशपाल ही नहीं, वे लेनिन और स्तालिन तक का साहित्य मँगाने लगे। पहले तो मुझे विश्वास रहता कि ये पुस्तकें शहर-भर में कोई नहीं बेचता, अतः कुछ कमा ही लूँगा। पर जब शहर के सच्चे व्यापारियों ने मुझ पर हमला किया तो मेरी तो कमर टूट गई। रूस में छपी पुस्तकों पर मूल्य नहीं लिखा होता, इसीलिए तो सामने का दुकानदार चट से मूल्य पूछने मेरे पास चला आता था। फिर संकट मुझे भी था; बढ़ाकर कहता तो उसे लाभ होता और घटाकर कहता तो वह कभी-कभी मुझसे पुस्तकें खरीदता भी था—अपने लिए नहीं, अपने ग्राहक के लिए—कमीशन पर और इस तरह मुझ जैसे दुकानदार पर टीकाचंदन लग जाता। एक-दो बार ऐसा हुआ भी।

मेरे ग्राहकों का रास्ता पलट गया। पहले जो मेरे ग्राहक थे, वे अब दिखाई ही नहीं पड़ते थे। कितने तो एक-एक, दो-दो आने मारकर लुप्त हो गए। तीन आने केवल एक पर थे जो लगभग रोज़ आकर कहता—कल ले आऊँगा। ग़रीब आदमी मालूम होता था वह और बहुत कम पढ़ा-लिखा। वह कितनी ही किताबें खरीदता भी था, पर पैसे देकर भी उस पर तीन आने रह ही जाते। उस पर संदेह करने के लिए मेरे पास कारण ही नहीं था।

बड़ी-बड़ी दुकानों पर जब मेरी वाली पुस्तकें पहुँचीं तो उनकी प्रतिष्ठा बढ़ी। प्रतिष्ठा का अर्थ मूल्य। मैं बारह आने शिलिंग के भाव से पुस्तकें बेचता, वे सोलह आने शिलिंग बिकने लगीं। फिर मेरी दुकान से खरीदते समय लोग रूस में छपी पुस्तकों पर गर्म होकर कहते—इतनी महँगी बेचते हो, कहाँ है कीमत? रूस में तो बड़ी सस्ती पुस्तकें छपती हैं। इच्छा होती कि कह दूँ—संभवतः आपने रूस में छपी पुस्तकें पढ़ी नहीं, जो उन पर मूल्य पूछा जा रहा है। पर यदि ऐसा कहता तो जो पैसे मिलते, उनके भी जाने का भय रहता। निदान सूची-पत्र ही दिखाना पड़ता। कई को बिना सूची-पत्र देखे चैन नहीं आता। कई बार जी में आया, कह दूँ, 'जनाब इतनी सस्ती तो बेच रहा हूँ, अब क्या मुफ्त दे दूँ', पर वाणी न खुल पाती।

अस्तु! मेरे सब ग्राहक अब लगभग सवा गुना मूल्य देकर पुस्तकें अच्छी-अच्छी सजी दुकानों से खरीदने लगे। पुराने ग्राहकों का आना बंद हुआ। बस, मेरी दुकान पर अवश्य आने वाले दो ही शेष रह गए थे, एक तो वही तीन आने वाला ग्राहक और दूसरा वही आदमी जो क़ीमत पूछकर भाग जाता था। कई बार जी में आया कि उसे भी कह दूँ कि बाबा तुम्हारा न ही आना भला। मुझे उससे डर लगता था कि कहीं कोई शहर का पुस्तक-विक्रेता न हो जो कभी मेरी रोटी छीन ले और सचमुच मैं उसे वैसे ही देखने लगा था।

ग्राहकों ने आना बंद किया। मैंने दुकान को खोले रखा। बाहर एक मूल्य सूची टाँगी,

जिससे कि लोग जान जाएँ कि ऊँची-ऊँची दुकानों में बिजली के चौंधिया देने वाले प्रकाश में उन्हें लूटा जाता है। पर कौन सुनता था, कौन देखता था।

पुस्तकें कम रह गईं। मैंने कुछ पुस्तकें मँगानी आरंभ कीं, जो कभी मेरी दुकान पर न बिकी हों। ग्राहक तो आते नहीं थे, इसलिए अब मैंने पुस्तकों को खुद पढ़ना शुरू कर दिया, समय काटने की दृष्टि से सही।

आखिर समाज में रहो तो बातें तो हो ही जाती हैं। एक दिन मैंने अपने एक मित्र को बता दिया कि मैं पुस्तकें पढ़ने लगा हूँ। बस फिर क्या था, मेरे मित्र ने मुझे इतनी पुस्तकों के नाम बता दिए मैं गिन तक न सका। सच्ची बात तो यह है कि इससे मेरी मैत्री केवल इसीलिए थी कि उसने बहुत सी पुस्तकें लगभग सभी विषयों पर पढ़ डाली थीं। मेरे इस मित्र का नाम था सुधीर। वह शेखी नहीं बघारता था, किंतु मुझे भी कुछ अच्छी पुस्तकें पढ़ाकर इन पर विचार कर लेना चाहता था और उसके विचार का भी एक ही ध्येय था—मनोरंजन। नीरस जीवन उसे पसंद न था।

सुधीर नित्य मेरी दुकान पर आने लगा। वह मेरी विवशताओं को समझकर ही शायद वहाँ अधिक देर नहीं रुकता था। आकर पूछता—वह पुस्तक पढ़ ली? यदि मैं हाँ कहता तो वह किसी दूसरी पुस्तक का नाम बता जाता और यदि मेरा उत्तर 'न' होता तो वह कहता—कल तक ज़रूर पढ़ लेना। इतना कहकर वह चला जाता।

उसने मुझसे बहुत-सी पुस्तकें पढ़वा ली थीं। दुकान की हालत जब खराब हुई तब से मैं पढ़ने लगा था वहाँ की किताबें—समय तो काटना ही था। फिर भी मेरा एक नियम था। मैं पुस्तकें कभी भी पढ़ने को घर नहीं ले गया, क्योंकि घर से पढ़कर लाने का अर्थ था ग्राहक को धोखा देना। यदि यह कह देता कि घर ले गया था, तो ग्राहक पूरे पैसे न देता। खैर, मैं दुकान पर बैठकर ही पढ़ता रहता।

एक दिन सुधीर ने दुकान पर आकर पूछा—क्यों, पढ़ लिया वह उपन्यास?

—कौन सा? मैंने प्रश्न किया।

—दादा कामरेड!

—नहीं!

—क्या कारण?

—समय नहीं मिला।

—बहुत बुरा किया, अवश्य पढ़ लेना, कहकर वह चल दिया।

—अच्छा अवश्य पढ़ूँगा, मैंने चिल्लाते हुए कहा।

मैंने 'दादा कामरेड' खोलकर पढ़ना आरंभ किया। पढ़ता रहा, पढ़ता रहा और इस बीच में न तो सड़क पर चलते साइकिल वालों के गानों के मधुर स्वर सुन सका, न पैदल चलनेवालों के गानों की ताक धिना-धिन। अंततः वहाँ पहुँचा जहाँ से यशपाल चाय पिलाने की रीति पूरी करते हैं। जिन्होंने यशपाल को पढ़ा है, उन्होंने यह भी ध्यान दिया होगा कि

यशपाल के पात्र मसूरी अधिक जाते हैं, और चाय तो यशपाल अपने पात्रों को इतनी अधिक पिलाते हैं, जिसका वर्णन ही नहीं किया जा सकता। मैं पढ़ ही रहा था कि मेरा एक दोस्त आ धमका। वह पूरे पंद्रह मिनट तक बैठा रहा। एक ओर बेकार की गप्पें लड़ाकर वह मेरी पढ़ाई में बाधा डाल रहा था, दूसरी ओर बैठने के स्थान का वही पुराना हाल था। इसको दो आने देकर विदा करना पड़ा। दो आने, जो अपने पास थे उसे दे दिए, तो अपनी चाय स्वभावतः रुक गई। उसने जाने के बाद मैंने पुस्तक उठाई और पढ़ना आरंभ किया।

भूखे आदमी के सामने जब खाने की महक उड़े तो वह और भूख अनुभव करने लगता है। प्यासे को पानी की याद दिलाने से उसकी प्यास बढ़ती है। शराबी के सामने शराब की रट लगाने से उसे सुख नहीं प्रतीत होता। यशपाल अपने पात्रों को चाय-पर-चाय पिला रहे थे। मैंने चाय नहीं पी थी और इस तरह अधीर हो गया था कि कहीं से उधार ही माँग लूँ। पर प्रश्न तो बिक्री का था। जब दिन भर कुछ नहीं बिका, दो आने खर्च हो गए, फिर यदि उधार लेकर चाय पीता तो क्षतिपूर्ति कैसे होती। निदान मन मारकर पढ़ता रहा।

किंतु यशपाल को चैन न आया। मेरे मुँह का थूक जम गया था, ओठों पर पपड़ियाँ सफेद हो गईं, खट्टी डकारें आने लगीं। फिर भी प्यासा मैं चाय न पी पाया और यशपाल बगैर ज़रूरत पात्रों को चाय पिलाते गए। किंतु इसके साथ-साथ यह भी था कि न मैंने पढ़ना छोड़ा, न यशपाल ने चाय पिलाना।

दुकान पर किसी आदमी की-सी आहट हुई। स्त्री के स्वरूप को देखने की याचना करते हुए यशपाल के हरीश को मसूरी छोड़कर मैंने सिर उठाया। क़ीमत पूछनेवाला आदमी खड़ा था।

—दादा कामरेड की क़ीमत क्या है? उसने पूछा। मैंने किताब को दाएँ हाथ में पकड़कर बड़े ढीले-ढाले स्वर में उत्तर दिया—चार रुपए।

—लाओ, वह बोला।

—क्या करते हो? मेरे मुँह से निकल पड़ा।

—नौकरी, डाकखाने में।

—नहीं, किताब का क्या करोगे?

—खरीदूँगा।

—क्या कहा?

—खरीदूँगा। चार महीने में मैंने चार रुपए इकट्ठे कर लिए हैं। आप संभवतः सोचते होंगे कि मैं रोज़ क़ीमत पूछ जाता हूँ, पर खरीदता कभी भी नहीं। पर, आज मैं ले जाऊँगा।

मुझे भरोसा न हुआ कि मैं जागा हूँ। उसे आँखें फाड़-फाड़कर देखने लगा। उस पुस्तक की मेरे पास केवल एक ही प्रति बाकी थी, वही जिसे मैं पढ़ रहा था। मस्तिष्क में कई विचार एक साथ आए—'सुधीर से क्या कहूँगा, क्यों नहीं पढ़ी? उसने कल ही कह

दिया था इसे पढ़ने को। कल पढ़ने लगता तो आज समाप्त हो जाती।'

—यदि न दूँ तो?

—बिना चाय के खट्टी डकारें आ रही हैं। दो आने का खर्चा भी हुआ है आज, फिर चार रुपए। एक का चौगुना-चार।

—लाओ, अपना दायाँ हाथ फैलाया। उसने चार चाँदी के सिक्के मेरे हाथ पर रख दिए। मैंने दायाँ हाथ उसकी ओर बढ़ाया। उसने पुस्तक छीनी और चल दिया।

थोड़ी देर बाद मैं वहीं पर बैठकर चाय पी रहा था। पर तब यशपाल के पात्र वहाँ नहीं थे। हरीश की याचना का पता नहीं क्या हुआ और फिर न मालूम वे कहाँ गए। मुझसे छीन लिए गए थे वे।

तब से मैंने यशपाल की कोई पुस्तक नहीं पढ़ी, क्योंकि उनके पात्र मुझे बेचैन कर देते हैं और मैं जानता हूँ कि वे और मैं कभी भी एक साथ चाय नहीं पी सकेंगे, जो यशपाल उन्हें आवश्यकता से अधिक पिलाते रहते हैं। न रहेगा बाँस न बजेगी बाँसुरी।

ग़लतफहमी

देहरादून में अकसर जब मेरे पास पैसे की कमी होती और मैं घर जाना चाहता तो मसूरी के रास्ते से होकर पैदल चलकर बहुत कम पैसों में घर पहुँच जाता था। देहरादून से चार आने का टिकट लेकर राजपुर तक बस द्वारा पहुँच जाता। वहाँ से पैदल 40 मील घर—टिहरी। ये 40 मील दो दिन में बखूबी पार हो जाते। पहाड़ी रास्ता है सीधा व सुंदर।

देहरादून से परीक्षा देकर छुट्टियों में मैंने घर जाना चाहा। मात्र पाँच रुपए बचे रह गए थे उस वक़्त। कुछ दिन तो घर से पैसे की प्रतीक्षा की, किंतु भूल की। जो कुछ शेष था भी वह खत्म हो पड़ा और तब एक दिन मेरे पास केवल एक रुपया और छह आने बचे रहे। संभवतः वे पैसे मैदानों इलाके के किसी छात्र के पास होते तो वह ट्रेन द्वारा तत्काल घर पहुँच जाने की उम्मीद रखता। किंतु मेरी तो दशा दूसरी थी। बस से आठ रुपए के करीब लग जाते थे और पैदल जाने के लिए भी ये पैसे नाकाफी थे।

आखिर जब एक रुपए और छह आने बचे तो मैंने पैदल ही चलने का निश्चय किया। रात-भर एक पिट्ठू (पीठ पर लगाया जाने वाला बड़ा थैला) एक काँधा (कंधे पर लटकाए जानेवाला छोटा थैला) को ठीक करता रहा। बिस्तर बाँधे, किताबें बाँधीं। देहरादून के मित्रों को, जिन्हें बिना सूचित किए जा रहा था, पत्र लिखे। एक पड़ोसी मित्र को दे दिए वे सब पत्र। बिना तनख्वाह का चिट्ठीरसाँ बन गया था वह बेचारा।

रात के ग्यारह बज गए। तब मुझे ध्यान आया कि अपनी मार्ग की खूराक, डबलरोटी भी खरीदनी है। आठ आने में एक डबलरोटी मिल जाती थी। उससे रास्ते में खाने की बचत हो जाती थी। सड़क के किनारे धारा (नाला) से पानी पिया व डबलरोटी चबाई। बस, भूख रुक जाती थी। भुने चने पर मेरा विश्वास नहीं, भले ही डबलरोटी की तुलना में आठ आने का चना अधिक आ सकता है। पर चना चना है और डबलरोटी डबलरोटी।

मैंने तुरंत किवाड़ बंद किए। दौड़कर बाज़ार पहुँचा। डबलरोटी की सब दुकानें बंद हो गई थीं—पलटन बाजार में। 'काश्मीरा' में गया। डबलरोटी थी नहीं, देहरादून के ख्याति प्राप्त 'क्वालिटी' में गया। रोटी नहीं थी, तब मैं हिम्मत कर रात के वक़्त 'इण्डियाना' में घुस गया, एक डबलरोटी के लिए। दिन में मैं कभी वहाँ नहीं गया था, न हिम्मत ही कर सका था कभी। शहर भर के सुपुरुष, अमीर सभी वहाँ जाते थे। सुना था कि बैरा

वहाँ एक समय की सर्विस के लिए एक रुपया ऐंठ लेता है। रोज़ जब मैं पैदल ही राजपुर रोड पर राजपुर की ओर टहलता रहता तो 'इण्डियाना' को बाहर से देख लेता। अंदर सारा हॉल भरा हुआ होता—पुरुषों से ही नहीं, ललनाओं से भी। प्रसन्न मुद्राएँ दिखाई देतीं—काँच के दरवाजों से।

इस वक़्त रात थी। मैं आज भी न जाता पर मजबूरी थी। खैर मैं गया तो काउँटर पर खड़ा हो गया। मुँह का थूक जम गया था मेरा व पैर सँभाल-सँभालकर रख रहा था मानो आग की लपटों में झुलसने का भय हो। तब तक बैरा ने आकर मुझसे कहा—क्या चाहिए?—एक ब्रेड, मैंने रुके हुए से स्वर में उत्तर दिया। मैंने नाइट ड्रेस का पायजामा व एक गंदी-सी कमीज पहन रखी थी। बैरा रोटी लेकर आया—इसकी स्लाइस काट दो, मैंने कहा।—कौन साब के लिए चाहिए? मैनेजर ने आकर पूछा।

मुझसे यह प्रश्न बर्दाश्त न किया जा सका। आखिर जब मैं पैसे देकर रोटी ले जा रहा था तो चाहे मैं किसी के लिए ले जाऊँ, इसे क्या प्रयोजन? और फिर क्या यह मुझे नौकर समझ बैठा है।

—खुद साब के लिए, मैंने उत्तर दिया।

—देखो, जुबान सँभालकर बात करो, मैनेजर ने एक मामूली नौकर के मुँह से 'खुद साब' सुनकर गुस्से से भरकर कहा।

मेरा खून खौल उठा।—होल्ड योर टंग यू...यू-ब्लडी ह्वाट डू यू थिंक योरस्यल्फ टु बी, मैंने उत्तर दिया।

मैनेजर के मुँह पर ताला पड़ गया। वस्तु-स्थिति समझकर मैंने फिर गर्म होकर कहा—हैड यू टेकन मी टुबी एनी सर्वेण्ट?

वह बोला—माफ करिए, ग़लतफहमी हो गई, बेग योर पार्डन।

—डज़न्ट मैटर, मैंने दिलेरी दिखाते हुए कहा। रोटी ली, कमरे में चल दिया। नींद तो नहीं आई पर हाँ, कमरे में आकर लेट गया। दूसरे दिन सुबह तड़के पाँच बजे उठा, सामान को अंतिम बार ठीक किया। हाथ-मुँह धोया, नहाया। सबसे पहली बस पकड़नी थी मुझे राजपुर के लिए। बाद में धूप हो जाती थी। आखिर रोडवेज के स्टेशन पर पहुँचा। टिकट लिया। बस पर चढ़ गया।

बस चलने लगी, पौने आठ बजे थे। मैं गवर्नमेंट रोडवेज की उस लंबी मोटर पर ड्राइवर की ओर मुँह किए बैठा था। मेरी सीट पर केवल दो आदमी बैठ सकते थे। मैंने दूसरे आदमी की जगह पर अपने दाएँ हाथ की ओर अपने पिट्ठू व काँधा रख दिए। कभी पिट्ठू गिरने लगता तो कभी काँधा। जैसे तैसे थामता रहा। तभी दिलराम बाजार में बस रुकी। दो लड़कियाँ बस पर आईं। मेरे दाएँ हाथ की ओर एक बुड्ढा बैठा था जिसकी बाएँ हाथवाली एक सीट खाली थी। एक तो उस पर बैठ गई। मैं काँधा व पिट्ठू की ओर, जिनका भार मेरे ऊपर आनेवाला था, देख ही रहा था कि दूसरी लड़की ने आकर काँधा को उठाकर मेरी गोद में रख दिया। चट से मैंने पिट्ठू भी अपनी गोद में ले लिया। वह

लड़की मेरी बगल में बैठ गई भार बनकर। मेरे कांधा व पिट्ठू के स्थान को घेरकर बैठी थी वह, जिन्हें कि मुझे अपनी गोद में रखना पड़ा था। बीस सेर सामान था कुल।

मेरी हालत खराब हो गई। दो-दो झोले, वे भी काँधा और पिट्ठू, बीस सेर वज़न गोद में लेकर मोटर के धक्के भी बर्दाश्त करने पड़ रहे थे। कोई और होता तो शायद बीस की जगह चालीस सेर गोद में ले लेता यदि एक कोमलाँगना बगल में बैठती। किंतु मुझे यह मंजूर नहीं था। तब उसने अपने बाएँ हाथ से मेरे घुटने को स्पर्श करना शुरू किया, वह मेरे और पास बैठ गई। बस से उसने मुझे ढकेल-सा दिया। मेरे खून में गर्मी पैदा होने लगी। आखिर मैं सहन न कर सका। जोर से मैंने दाएँ हाथ से एक धक्का-सा दिया। वह कुछ सहम-सी गई। मुँह बिचकाकर उसने मेरी ओर देखा।

खैर, बस रुक गई। राजपुर आ गया। मैं बाहर भागा। बाहर आकर मैंने पिट्ठू को पीठ पर लगाया व काँधा को कंधे पर। मैं सड़क पर चलने लगा।

अभी थोड़ी दूर भी न पहुँचा था कि एक आवाज़ सुनाई दी—कहाँ जाना है आपको? मैंने रुककर पीछे की ओर देखा। वही लड़कियाँ थीं। वे दोनों मेरे पास आईं तो मैंने उत्तर दिया—टिहरी।

—मसूरी होकर?

—हाँ।

—आप मसूरी तक बस द्वारा चले जाते तो जल्दी पहुँच जाते।

—जी मेरी तबीयत खराब हो जाती है उस सड़क पर, फिर पैदल भी तो बुरा नहीं है।

—हाँ, है तो ठीक ही।

—हम भी चल रही हैं आइए साथ चलें। मुझे यह प्रस्ताव भी अच्छा न लगा। मैं जानता था कि मैदानी लड़कियाँ मेरे बराबर न चल पाएँगी और मुझे देर हो जाएगी। यदि ठिकाने तक न पहुँच पाता तो रात में रहता कहाँ?

लेकिन मैं इस प्रस्ताव का विरोध भी न कर सका। आखिर ऐसा अवसर भी तो कम ही मिलता है। देर हो जाएगी तो क्या, कठिनाइयाँ तो सदा ही झेलनी पड़ती हैं। थोड़ा-सा मनोरंजन ही सही। मैं उनके साथ चलने लगा। राजपुर से चले थे सवा आठ बजे। तीन मील की दूरी पर एक होटल है जहाँ लोग अक्सर चाय पीते हैं। इस होटल में पहुँचते-पहुँचते हमें दस बज गए। रास्ते में उनसे मेरी कोई बात न हुई सिवा इसके कि कौन हूँ, क्या हूँ। उनसे मैंने यही नहीं पूछा कि आप कौन हैं, क्या हैं। पूछता मैं अवश्य किंतु मुझे तो मेरी अपनी ही आनेवाली विपत्ति ने घेर लिया था।

जब होटल के पास आए तो मैंने एक बार अपने-आपको उनके साथ आने के लिए जी भर कोसा। बिना पैसे के ऐसे ही होता है।—आखिर होटल के पास आ ही पहुँचे तो बैठना है क्या? मैंने प्रश्न किया।—हाँ-हाँ जरूर बैठना है, वे बोलीं।

—अरे आप लोग थक गई हैं वर्ना में तो मसूरी जाकर ही रुकता।

वे थक तो सचमुच गई थीं, जैसा कि उनकी मुखमुद्रा और चाल से लग रहा था। किंतु मेरा उत्तर व्यंग्य में था, जिसे वे सहन न कर सकीं। मैंने जान-बूझकर यह उत्तर दिया, था। बैठते तो चाय अवश्य पीते और तब मेरे पास पैसे तो थे नहीं देने को।

क्या उनको कहता, 'दीजिए पैसे।'

मेरे वाक्य का उन पर बहुत प्रभाव पड़ा। उस होटल से, जिससे कोई भी राहगीर बिना चाय पिए नहीं जाता, मैं और दो वे चले गए सामने से ही गुजरकर। होटलवाला चुप न रह सका—बाबू, चाय पीकर जाइए। मेरा खून सूख गया। उन्हें बल मिला।—हाँ-हाँ चाय पीकर चलें, एक ने कहा। लौट पड़ीं वे दोनों। मैं भी लौट आया। एक चाल फेल हो गई थी।

जब चाय पी रहे थे तो उनमें से एक ने कहा—अरे आप तो सिगरेट तक नहीं पीते!—नहीं, आदत ही नहीं है! मैंने उत्तर दिया। सिगरेट पीता तो मैं था पर पैसे नहीं थे। सिगरेट का नाम सुनकर मुझे याद आ गई, और तेज़ याद, लेकिन रहा चुप ही। दस आने तो मैंने झोले में बंद कर रखे थे ताकि खो न जाएँ, खर्च न हो जाएँ।

चाय खत्म हो गई। अपनी दशा का ज्ञान तो मुझे खूब था। चुपके से मैंने अपना पिट्ठू व काँधा उठाकर उनसे कहा—आप आइए मैं आगे...समझ गईं वे कि मेरा संकेत यह है कि मैं पेशाब करने जा रहा हूँ। आप थोड़ी देर में आ लीजिए। बिना सोचे ही उनके मुँह से निकल पड़ा—ठीक है।

मैं भी चल दिया। आगे एक मोड़ पर जाकर मैंने काँधा से रोटी का एक टुकड़ा निकालकर जल्दी-जल्दी चाब लिया। अभी-अभी चाय पी थी अच्छा मौका था। उन दोनों ने पता नहीं क्या सोचा मेरे बारे में। पैसे तो उन्होंने दिए ही होंगे। शायद यह सोचा हो कि मैं पैसा देना भूल गया। 'पैसे देते जाइए' वे कैसे कह सकती थीं। इतना 'असभ्य' तरीका कौन अपना सकता है।

थोड़ी देर बाद वे दोनों फिर मेरे साथ हो लीं। इस वक़्त उन्होंने मुझसे कुछ ऐसी बातें करनी आरंभ कीं जो, कभी किसी लड़की ने नहीं की थीं।—आप बैचलर हैं? देहरादून कहाँ रहते हैं आप? आपके डैडी कहाँ रहते हैं।

समय बीतता जा रहा था। मुझे ऐसा लग रहा था कि किसी ने मुझे बाँध दिया हो। उनकी चाल बहुत मंद थी। मैं कभी इतनी धीमी चाल नहीं चला था और फिर मुझे तो मसूरी से बीस मील और दूर जाना था उसी दिन। कद्दूखाल पहुँचना था मुझे।

और बातें भी की उन्होंने। उन्हें शायद अफसोस हो रहा था मेरे चाय के पैसे देने का। कभी होता नहीं है ऐसा कि अपरिचितों में लड़कियाँ पैसे दें। होटल या कैफ़े में भी पुरुष जाति स्त्री से कभी भी बिल का भुगतान नहीं करवा सकती। वे अपनी घड़ी चुपके से जाकर, बंधक रख सकते हैं, मैनेजर के हाथ-पाँव जोड़ सकते हैं किंतु नारी जाति के सामने कभी यह नहीं बता सकते कि उनके पास पैसा नहीं है। इसी सिद्धांत के आधार पर ऐसी लड़कियाँ अपनी जेबों में पैसे नहीं रखतीं। उन्हें हर एक जगह पैसे-ही-पैसे मिल

सकते हैं। बात तो दो आने की थी लेकिन हाँ इन दोनों को बहुत अखर गई। यहाँ तक कि यह इसे छह आने का मसला मानने लगी थीं याने अपने चार आने भी जोड़ लिए थे उन्होंने। वे भी तो मुझे ही देने चाहिए थे।

मैं सब समझ रहा था पर था खामोश। सहसा एक ने मेरी ओर दाहिने हाथ का झोला बढ़ाते हुए कहा—जरा झोला पकड़िए तो, हाथ खुजला लूँ। मैंने झोला हाथ में ले लिया। वह अपने दाहिने हाथ की हथेली खुजलाने लगी। लेकिन कब तक खुजलाती? मैं उसकी ओर टेढ़ी निगाह से देखता रहा। आखिर उसने हाथ खुजलाना बंद कर दिया और दोनों हाथ हिलाते हुए चलने लगी। मैं चुप न रह सका। जल्दी से झोला उसकी ओर बढ़ाते हुए मैंने कहा—लीजिए।—ओह आइ ऐम सॉरी, उसने बनावटी हँसी हँसते हुए कहा—मैं भूल गई थी माफ करिए।—जी मैं नहीं भूला था, मैंने जवाब दिया और हँसने लगा। थोड़ी देर तक वे दोनों भी हँसती रहीं। लेकिन उनके हँसने के तरीके से ज़ाहिर था कि वे जबर्दस्ती हँस रही हैं वर्ना इस वक़्त तो उन्हें हँसने की बजाय रोना चाहिए था।

—आपका दाहिना हाथ क्यों खुजला रहा है? मैंने कहा—लोग कहते हैं लेडीज़ के दाहिने हाथ में खुजली से कुछ नुकसान होता है।

—जी मैं इस पर विश्वास नहीं करती। उसने कहा। मैंने उत्तर दिया, विश्वास तो मैं भी नहीं करता पर लोग ऐसा ही कहते हैं। शायद आपके कुछ पैसा वगैरह खो जाएँ। लेडीज़ के बाएँ हाथ में अगर खुजली हो तो उन्हें पैसे मिलते हैं और दाहिने हाथ में खुजली होने पर खो जाते हैं।

—देखिए क्या होता है। उसने धीमे स्वर में कहा।

किसी तरह बातें करते-करते मसूरी पहुँचे। मसूरी शहर में राजपुर से आगे वाले पैदल के रास्ते को छोड़ते ही प्रिंस होटल मिलता है। होटल कहिए या रेस्तराँ। उस स्थान से मेरा रास्ता जुदा होना था। मुझे दाएँ हाथ को मुड़ जाना था उडस्टौक की ओर और उनको बाएँ हाथ मुड़ना था चार्लीविल जाने के लिए।

मैंने विदा लेनी चाही।

—उफ़, अभी तो इतनी चलकर आए और अभी जाने लग रहे हैं आप, बैठते भी नहीं। एक ने बनकर पूछा। पता नहीं क्या नाम था उसका। मैंने तो नाम तक न पूछा था डर-ही-डर में।

—यह भी क्या चलना हुआ। मैंने उत्तर दिया। मैं प्रिंस के पास पहुँच चुका था और पूरी तरह समझ गया था कि वे दोनों दो आने के दो रुपया बनाना चाहती हैं। काफी विरोध करने पर भी उन्होंने न छोड़ा।—आइए-आइए कहकर प्रिंस में घुसने लगीं, दरवाज़ा खोलकर एक ने थोड़ी लंबी आवाज में कहा, बाहर की ओर मुँह करके—अभी चले जाइए न।

मशीन के पुर्जे की तरह मैं अंदर चल दिया। तब बैरा आया, चाय आई, कुछ नमकीन डिशें आईं, कुछ और भी आया, तब मैंने धैर्य कर लिया और निश्चिंत होकर खा गया। काफी देर तक बैठे रहे। एक बज गया। सवा बारह बजे पहुँचे थे हम प्रिंस में। बीस मील

की मंजिल तय करनी बाकी थी। वैसे ही देर हो गई थी, अकेला होता तो मसूरी दस बजे पहुँच जाता। वे दोनों हटने का नाम न लेती थीं। आखिर मैंने कह ही दिया—लेट अस मूव। आइ ऐम गेटिंग लेट।

बैरी बिल ले आया। चतुर व कार्यप्रवीण बैरा ने बिल मेरे सामने रख दिया बड़े अदब से।

वे दोनों चुप थीं। मैंने अपनी हाथ की घड़ी पर देखा—डेढ़ बजे थे। वे दोनों आपस में बातें कर रही थी मानो मेरी ओर उनका ध्यान ही न हो।

मेरी नज़र बिल पर पड़ी। साढ़े तीन रुपए लिखे हुए थे। मेरे सामने कोई उपाय न रह गया था।

—यह पेमेंट कर दीजिए। मैंने कहा।—जी? उन दोनों ने ऐसे स्वर में कहा मानो सुना ही न हो। उन्हें विश्वास न हुआ कि एक लड़का, लड़की को कह सकता है पैसे दे दो।

—बिल दे दीजिए, मैंने पुनरावृत्ति की। उन्होंने बिल दे दिया, दो रुपए एक ने दिए और डेढ़ रुपया एक ने निकाला। हम तीनों बाहर आए। उनके चेहरे का रंग उड़ चुका था। यह सोचकर कि मैंने एक नई प्रथा का सृजन कर दिया है, मैं खुश था। उन्हें गुस्सा आ रहा था मुझ पर। शायद 'पहाड़ी या जंगली' आदि कह देतीं वे पर ऐसा कुछ न बोलीं!

—अच्छा मैं चलूँ। मैंने कहा। मेरे इस प्रश्न का उत्तर दिए बिना उनमें एक बोली—काफी ग़लतफहमी हुई। मैं सबकुछ समझ गया था।

—हुई तो। कहते हुए मैंने अपना रास्ता लिया।

घर की इज्जत

रौंका ने चने की बोरी महीपत के घर के आँगन में रखकर एक लंबी उसाँस ली। थोड़ी राहत मालूम हुई तो आवाज़ दी—यह चना है, सँभाल लीजिए।

महीपत की स्त्री घर के अंदर से दौड़ी आई। बोरी काफी भारी लग रही थी। बोली—जरा उठाकर नीचे के कमरे में रख दे। रौंका ने बोरी पर फिर से हाथ लगाया और उसे घसीटते हुए कमरे के अंदर दाखिल कर दिया। बाहर आकर बोला—कलजुग लगा है।

महीपत की स्त्री ने जल्दी से उसका वाक्य पूरा कर दिया—गाय-भैंस भूखों मरने लगे हैं। उसे डर था कि कहीं रौंका के मुँह से वह बात न छूट जाए, जो सच थी और जिसे वह कहने जा रहा था, कि दुर्भिक्ष फैला हुआ है और अनाज का मिलना मुश्किल हो गया है। और अब गाय-भैंस नहीं बल्कि आदमी दाने-दाने को मोहताज हो गया है और बड़े घरों में रहने वालों को भी चने खाकर गुजारा करना पड़ रहा है।

रौंका को भूख लग आई थी। उसकी बड़ी प्रबल लालसा हुई कि कुछ खाने को माँग ले। लेकिन जमाना खराब है। आजकल किसी ऐसे घर में खाना नहीं माँगना चाहिए, जहाँ अपनी आँखों से चूल्हा चढ़ता न दिखाई दिया हो। किसी के घर की पोल नहीं खोलनी चाहिए। ना जाने लोग किस तरह अपने दिन काट रहे हैं।

फिर भी पेट कम्बख्त पेट हैं। शरीर की मेहनत की कमाई पाने का अपना हक़ वह छोड़ना नहीं चाहता। चार मील से बोझा ढोता आया है, तो भूख लगेगी ही। कुछ ऐसा क्यों न किया जाए कि साँप भी मर जाए और लाठी भी न टूटे। पानी माँगकर देख लूँ। बोझ लेकर आ रहा हूँ, देख ही रही हैं। घर में कुछ होगा तो देंगी ही, नहीं तो पोल नहीं खुलेगी।

—प्यास लगी है, थोड़ा पानी। उसने कह ही दिया।

—पानी गरम है। सुबह का। अभी लाए नहीं। कहो तो वही दे दूँ।

अब एकदम इंकार भी कैसे करे, बोला—थोड़ा वही दे दीजिए।

खाली पानी पिया और आँगन से बाहर हो चला।

ढकी है तो लाख, ढकी नहीं तो खाक—कहावत पुरानी है, पर पुराने हो जाने से उसका एक अंश भी खंडित नहीं हुआ है। चारों ओर अकाल पड़ा है। पहाड़ों पर रहने वाले अमीर-गरीब सब पर एक जैसी काली छाया मंडरा रही है। चूल्हे कभी जलते हैं, कभी

नहीं जलते और जब जलते भी हैं तो अक्सर उन पर सिर्फ चने भुनते हैं। ग़रीब किसानों की हालत ज़रूर कुछ ज़्यादा खराब है। लेकिन ऐसा नहीं है कि बड़े कहे जानेवाले लोगों पर कोई प्रभाव पड़ा ही न हो। ग़रीब अच्छे हैं, जो चिल्लाकर कह सकते हैं कि अनाज नहीं मिल रहा है और वे और उनके बीवी बच्चे भूखों मर रहे हैं। बड़े लोग अपने घरों के दरवाज़ों और खिड़कियों पर से पतले पारदर्शी पर्दों को हटाकर गहरे, गाढ़े रंग के पर्दे डाल रहे हैं ताकि उनके घरों के अंदर किसी की निगाह न पड़ सके और उनकी प्रतिष्ठा के बारे में लोगों की ग़लतफहमी बरकरार रहे। पर्दे में, अकाल की देवी के बदले, लोगों को भ्रम हो सके, लक्ष्मी विलास कर रही है।

लोग नंगे हो रहे हैं। धोती पहनने वाले ग़रीब एक लंगोटी पहनकर गुजारा कर रहे हैं। और वे लोग जो अब तक महीन, कीमती वस्त्र पहनते आए थे, उनमें अचानक राष्ट्रीयता की भावना प्रबल हो उठी है और वे खद्दर-गाढ़ा धारण कर सादगी का सादगी का उपदेश देने लगे हैं।

सबको मालूम है कि किसके घर की क्या हालत है। लेकिन जिन घरों में मोटे पर्दों के कारण अंदर नहीं दिखाई देता, उनकी इज्जत सलामत है। ढकी तो लाख, ढकी नहीं तो खाक। दूसरे घर का भी पर्दा बदल गया है, लेकिन अपना शक नहीं मिटता। हो सकता है वहाँ अभी भी कुछ बाकी हो। वे दूसरों को धोखा देने की कोशिश कर रहे हैं और खुद धोखा खाए जा रहे हैं।

ये बड़े दयनीय लोग हैं। यह बहुत बुरा बकाल है। इसने चारों ओर संदेह का साम्राज्य फैला दिया है। लोग झूठ बोलने लगे हैं और उनकी बातें मीठी होने लगी हैं। लोगों में एक-दूसरे के प्रति सद्‌भावना और मिलने-जुलने की आदत में अचानक कई गुना वृद्धि हो गई है। जिसके घर कभी जाते नहीं, अब वहाँ जाकर हालचाल, कुशल-क्षेम पूछ आना, एक आम रिवाज़-सा हो गया है।

कहीं एक जून भोजन तो मिलेगा!

महीपत श्रेष्ठदार तीन दिन हुए दूसरे गाँवों में रिश्तेदारों की कुशल-क्षेम पूछने गए थे। अभी तक लौटकर नहीं आए। श्रेष्ठदारिनी ने चूल्हा जलाया और रौंका के लाए बोरे से थोड़े से चने निकालकर कड़ाही में भूनने जा ही रही थी कि आँगन में किसी के पाँवों की आहट सुनाई दी। शायद वे लौट आए—उसने सोचा और उत्सुकतावश बाहर आई।

रघुवीर ने पास आते ही पूछा—श्रेष्ठदारजी हैं घर में?

श्रेष्ठदारनी ने कायदे के अनुसार नमस्कार किया और बोली, वे तो परसों के गए हैं। तिमली से खबर आई थी कि देवीदत्तजी की तबीयत खराब है। रौली में सुना है पातू आजकल बंबई से छुट्टी पर घर आया है, माँग के राउत का लड़का इंजीनियरी इम्तहान में बैठा था, पास हो गया है, अब पढ़ाई करने जाएगा। ढुंग से उनके ममेरे भाई कई बार उलाहने भेज चुके थे—कभी मिलने नहीं आते....।

रघुवीर ने बीच ही में बात काट दी—तब तो अभी एक-दो दिन और लगेंगे उन्हें।

उसे कुछ और कहने का मौका दिए बगैर श्रेष्ठदारनी लक्ष्मी ने अपनी बात आगे बढ़ाई—क्या करूँ भैया! ये तो पता नहीं कैसी धातु के बने हैं। नाते-रिश्तेदार, मित्र-परिचित, सगे-संबंधी किसी के घर आना-जाना इन्होंने सीखा ही नहीं। पिछले साल मेरी ननद बिंदु का बच्चा हुआ। लाख समझाया पर खुद नहीं गए। अपने एक भाई को भेज दिया। अपने-पराए से मेल-मिलाप करने की इनके मन में लालसा तो ऐसी रहती है कि क्या बताएँ! लेकिन आलस्य के मारे घर छोड़कर बाहर निकलना पसंद नहीं करते।

—अपनी-अपनी प्रवृत्ति होती है।

—छिः! ऐसी प्रवृत्ति भी किस काम की। कई दिनों से रोज़ खुशामद कर रही थी। आज-कल करते रहे। परसों पता नहीं कैसी लहर आ गई। देवीदत्तजी की बीमारी की खबर सुनी और कहने लगे—मैं जा रहा हूँ। मैंने कहा—खाकर जाइए, पर फिर एक मिनट न रुके। अरे, मैं तो बातों-ही-बातों में रह गई, आपको बैठाया तक नहीं। आइए, ऊपर चलिए।

—ठीक है, ठीक है, ऊपर जाना ही क्या जरूरी है। मैं तो सड़क से ऐसे ही जा रहा था; सोचा, जरा मिलता चलूँ, हाज़िरी दे दूँ; वर्ना श्रेष्ठदारनी को पता चला कि मैं इधर से गुजरा और मिला नहीं तो नाराज हो जाएँगी। रघुवीर एक ही साँस में सब कह गया।

—आते नहीं, तो नाराज होने की तो बात थी ही। परियार साल आप, भाभी और बच्चों को लेकर इधर से गए; पर इतना मन नहीं हुआ कि एक मिनट के लिए हमसे भी मिल लें। लक्ष्मी ने पति की गैरहाज़िरी में घर का पूरा भार अपने ऊपर ले लिया और जबर्दस्त उलाहना देने लगी, कुछ अपनी ओर से, कुछ पति के बदले।

—उस दिन कुछ मौका ही ऐसा था। वर्ना यह कैसे हो सकता है कि मैं बिना मिले चला जाऊँ। अच्छा बहन, अब चलूँ। श्रेष्ठदारजी से मेरा नमस्कार कह देना।

ऐसे ही जाना था तो आपके आने की क्या जरूरत थी? आज रात यहाँ रहिए, तब छुट्टी मिलेगी।

नहीं, देखो, मैं दूसरी मर्तबा आऊँगा तो पूरे दो दिन रहूँगा तुम्हारे घर। इस वक़्त जरा जाना ज़रूरी है।

—कितने साल हो गए हैं जबसे आप एक रात भी यहाँ नहीं रहे। आप तो इधर का रास्ता ही नहीं लेते। पता नहीं, हम क्या छीन लेते हैं आपसे जो इस तरह चुपके-चुपके भाग जाते हैं। आज की रात ग़रीब बहन के हाथ का रूखा-रूखा खाकर काटनी होगी।

—कैसी बातें करती हो लक्ष्मी? तुम मुझे नाहक शर्मिंदा कर रही हो। मैं तुम्हारे लिए कुछ ले नहीं आ सकता तो ताने सुना रही हो। आज जाने दे, मैं वायदा करता हूँ कि दूसरी बार दो दिन ठहरने के लिए आऊँगा।

आप तो हमेशा ही ऐसा करते हैं और वह दूसरी बार कभी नहीं आती।

रघुवीर दो कदम पीछे की ओर हटा, जिससे ऐसा लगे कि वह सचमुच चला जा रहा है, और बोला—अच्छा श्रेष्ठदारजी से मेरा नमस्कार कह देना।

लक्ष्मी ने मुँह फुला लिया, जैसे वह सचमुच नाराज हो गई है। बोली—जाइए, मैं उनसे

यह भी न बताऊँगी कि आपने दर्शन दिए थे।

—तू तो बहुत जल्दी नाराज हो जाती है, कहते-कहते रघुवीर दो कदम आगे की ओर, लक्ष्मी के घर की ओर, बढ़ गए।

एक-दूसरे को भले लगने वाले इसी तरह के वाक्यों का आदान-प्रदान करते-करते अनायास दोनों बैठक के कमरे में पहुँच गए। तब लक्ष्मी ने कहा, मैंने तो चाय के लिए भी नहीं पूछा। बातों-ही-बातों में रह गई।

—चाय? बेवजह तकलीफ करने से क्या फायदा?

—कैसी तकलीफ! चाय बनाने में भी भला कोई तकलीफ होती है! मैं तो अभी चाय पीकर ही उठी थी जब आप आए। अभी दो मिनट में एक प्याला बना देती हूँ।

—तूने पी ली तो फिर रहने दे। मुझे भी दुकान पर शिबू मिल गया था। उसके साथ चाय पीनी पड़ी। ज़्यादा चाय पीने से कोई फायदा नहीं। वाहियात चीज़। अंग्रेजों ने हमको गर्म पानी पीना सिखा दिया है। पेट फूलने लगता है।

—भैय्या! एक प्याला पी लो न!

—नहीं भाई, तू नाहक परेशान होती है।

बातों का सिलसिला चलता रहा। खाने-पीने की चीज़ों की बातें। नाश्ते की कई चीज़ों का नाम ले-लेकर बहन अपने भैया से खाने का अनुरोध करती रही—अभी बना देती हूँ, दो मिनट में और भैया उत्तर में कहते—अभी चाय पीकर आया हूँ, कतई भूख नहीं है। और इसके साथ-साथ वे दोनों आगे आनेवाले एक-एक क्षण से घबरा रहे थे। लक्ष्मी डर रही थी कि किसी चीज़ का नाम लेने पर वह कहीं "हाँ" न कह दे, और रघुवीर घबरा रहा था कि कहीं ऐसा न हो कि कुछ भी न मिले। प्रत्येक विषय पर नपे-तुले, किंतु बेहद मीठे शब्दों का आदान-प्रदान करते हुए, वे दोनों आगे बढ़ते और फिर अपनी-अपनी सीमाओं पर आकर रुक जाते।

रघुवीर ने अभी-अभी जबर्दस्ती एक प्याला खाली चाय पी है। लक्ष्मी के चूल्हे में आग जल रही है और उस पर एक बर्तन रखा है। बर्तन के अंदर कुछ नहीं है, खाली पानी उबल रहा है। यह मेहमान, आज लगता है, यहीं रहने के पक्के इरादे से आया है। आजकल ऐसा बहुत हो रहा है। मर्द अपने संबंधियों से मिलने चले जाते हैं और कई-कई दिनों बाद लौटते हैं। लेकिन इसमें जितनी बचत होती है, इतनी ही मेहमान नवाजी करनी पड़ती है। घरों से मर्द गायब हैं और वहाँ मेहमान विराजमान हैं। घर की इज्जत मर्द की होती है, पर रहती है गृहलक्ष्मी के हाथों में।

जब गोधूलि वेला हो आई तो अपनी साड़ी के पल्लू के नीचे चनों से भरा हुआ एक बर्तन दबाए हुए, लक्ष्मी पड़ोसियों के घरों की खाक छानने चली।

लक्ष्मी की पड़ोसिन ने कहा—ये लोग कितने बेशरम होते हैं। भला आदमी देख रहा है कि तुम्हारा आदमी घर में नहीं है और चारों ओर अन्न का त्रास है, फिर भी जबर्दस्ती मेहमान बनकर आ गया। मैं तो समझती हूँ वह आज यही सोचकर आया था कि तुम्हारे

यहाँ डेरा पड़ेगा।

—मर्द भले होते हैं दीदी। घर की इज्जत को बनाए रखना हमारा काम है, वे जहाँ चाहें जा सकते हैं। हम कहाँ जाएँ? हमें तो इसी तरह घर में रहना पड़ेगा। औरतें बनी ही इसलिए होती हैं कि वे सबकुछ झेलती रहें। आटा होगा दीदी थोड़ा सा; मैं चने ले आई हूँ।

घर लौटी तो बर्तन में चने के बदले आटा भरा था और एक कटोरे में थोड़ी-सी दाल। दोनों पहले की तरह साड़ी के पल्लू के नीचे दबे हुए।

लक्ष्मी ने रघुवीर को भोजन कराया और खुद रसोई में जाकर चने चबाने लगी। एक रोटी बची रह गई थी, वह उसने रघुवीर को दिखाते हुए कुत्ते के आगे डाल दी—खाते-खाते मोटा हो गया है। भुने हुए चने मुँह के अंदर डालती और ज़ोर-ज़ोर से मुँह चलाने लगती। साथ में दाल के खाली बर्तन के अंदर बार-बार कलछुल चला देती ताकि उसकी आवाज़ ऊपर जाए और रघुवर को पता चले कि वह बर्तन से निकाल-निकालकर कटोरे में दाल रख रही है।

कि तभी रौंका ने आकर सूचना दी—श्रेष्ठदारजी गिरफ्तार कर जेल भेज दिए गए हैं।

लक्ष्मी अवाक् रह गई। अपनी तंगी से मजबूर होकर श्रेष्ठदारजी ने अपने लिए खद्दर के मोटे कपड़े सिलवा लिए थे। शहर में उन्हीं को पहनकर घूम रहे थे कि पुलिस ने राजद्रोही समझकर गिरफ्तार कर लिया। पूछा—खद्दर क्यों पहनते हो? तो उन्होंने जवाब दिया—अच्छा लगता है।

लक्ष्मी के जी में आया कि वह अभी शहर दौड़ी जाए और पुलिस को बता दे कि बेवकूफों! शहर में कहीं दूसरा कपड़ा नहीं रह गया है, जिसे लोग पहन सकें। लेकिन वह गृह लक्ष्मी है। घर से बाहर जवाब देना मर्दों का काम है। उसके पति ने जली हुई रस्सी की ऐंठ बताकर इसी घर की तो इज्जत रखने की कोशिश की थी—जिसकी इज्जत लक्ष्मी के हाथों में है।

रघुवीर के पास पहुँचकर उसने कहा—राजा का यह राज एक दिन खत्म हो जाएगा।

—ऐसा मत कहो, कोई सुन लेगा।

—खद्दर का कपड़ा कितना सुंदर लगता है...? लक्ष्मी फिर अपने घर की इज्जत बचाने के फेर में लग गई।

बच्चों का नया खेल

वहाँ के बच्चों को खेल का बड़ा शौक था। आज भी है। लेकिन जब कभी वे कोई नया खेल खेलते, कोई अपूर्व घटना घटित हो उठती है। ऐसी बात नहीं कि यह घटना बच्चों के इस खेल के कारण ही होती हो। उसके दूसरे कारण भी होते पर हाँ, वह घटती ज़रूर। उस पर्वतीय प्रदेश को झकझोर कर रख देने वाले, उसके चप्पे-चप्पे को हिलाता, बच्चे-बच्चे के अंदर एक नई जान फूँक देने वाला एक ऐतिहासिक काण्ड उस नए खेल के बाद अवश्यंभावी हो जाता।

अबोध बच्चों के खेल में यह परिवर्तन संभवतः आने वाली घटना का शकुन होता।

मुझसे पूर्व।

वे एक मैदान में एकत्रित थे। राज्य के सर्वोच्च शासक का पुत्र, पता नहीं कैसे उनके बीच पहुँच गया। शासक का दौरा हो रहा था और वह मैदान के समीप की उच्च अट्टालिका में डेरा डाले था। शासक का पुत्र, जो उन सब बच्चों से बड़ी आयु का था, उनके बीच पहुँचा था।

बच्चे चरवाहों का खेल खेल रहे थे। कुछ बच्चे भेड़ बने थे। कुछ गड़रिए और दो-तीन बूढ़े बने बैठे थे। कुछ कुत्तों की भूमिका निभा रहे थे और कुछ बाघ की।

वहाँ पर कुछ भेड़ें मरी पड़ी थीं।

गड़रिए मृतक भेड़ों को बड़े बूढ़ों के पास ले जाकर अफसोस प्रदर्शित करने लगे। बड़े-बूढ़ों ने सवाल पूछा,—भेड़ें कैसे मरीं?

—बाघ ने मार दिया। गड़रियों ने सर झुका कर उत्तर दिया।

—तुम कहाँ थे?

—हम सो रहे थे।

—और कुत्ते कहाँ चले गए थे?

—कुत्ते शासक के डेरे पर पहरा दे रहे थे।

—वह शासक कौन है?

—उस लड़के का बाप। गड़रियों ने उँगली दिखाकर शासक के बेटे की ओर इशारा किया।

शासक का बेटा उन्हें देखता रहा। वह वहाँ से कुछ दूरी पर खड़ा था।

बड़े बूढ़ों ने कहा—उस लड़के को पेश करो।

गड़रिए शासक के बेटे को लेने चले। वे एकदम नया खेल खेल रहे थे। उनके शासक का बेटा—भावी शासक, उनके बीच था। आज वे पुराना खेल नहीं खेलेंगे।

शासक के लड़के ने आने से आनाकानी की। उसने गड़रियों को माँ को गालियाँ सुनाते हुए एक गड़रिए को एक लात भी मार दी।

गड़रिए शासक के बेटे के बगैर बड़े-बूढ़ों के पास लौट आए। उन्होंने सारी घटना सविस्तार सुनाई।

बड़े बूढ़ों ने आज्ञा जारी की—उसे गिरफ्तार कर लिया जाए।

शासक के बेटे को, भावी शासक को, गिरफ्तार कर दिया गया। बड़े बूढ़ों के सामने उसकी पेशी हुई।

और जैसे ही उसे बूढ़ों के सामने लाकर खड़ा किया गया उसने एक बूढ़े को भी बूट की ठोकर मार दी।

गड़रिए देखते रहे गए। वे बूढ़ों की आज्ञा की प्रतीक्षा में थे।

बूढ़ों ने आज्ञा दी—सबको बुला लो, अभी कचहरी लगेगी। सब लोग वहाँ इकट्ठे हो गए। बूट की ठोकर खाने वाला बालक, जो एक वृद्ध बना बैठा था, भूमि पर लोट रहा था। उसके पेट पर चोट आई थी। गड़रियों की कचहरी की कार्यवाही शुरू हुई और इसके पहले कि कोई गवाहियाँ ली जा सकतीं और फैसला सुनाया जा सकता, चोट खाए बालक ने प्राण त्याग दिए।

शासक के बेटे को उन सबने चारों ओर से घेर लिया।

कचहरी में उसे अपना बयान देने का तुरंत आदेश हुआ। शासक के लड़के ने कोई बयान देने से इंकार कर दिया। न्यायाधीश ने फैसला सुनाया—फाँसी। इसने एक खून किया है।

—हमें फाँसी नहीं हो सकती, हमें अठारह खून माफ हैं। शासक के बेटे ने गर्जना की। हमें कोई गिरफ्तार भी नहीं कर सकता। हमें किसी अदालत में पेश नहीं किया जा सकता। हम शासक हैं।

न्यायाधीश ने पुनर्विचार किया और कहा—ये बातें हमारी अदालत में नहीं चलती। खून की एक ही सज़ा हमारी अदालत में है—फाँसी। अपराधी ने खून किया है, उसे फाँसी होगी। यही हमारा न्याय है।

और खेल ही खेल में बच्चों ने फाँसी का फंदा तैयार कर लिया। शासक का बेटा देखता रह गया।

उसकी आँखों में पट्टी बाँध दी गई। उसके हाथ-पाँव रस्से से जकड़ दिए गए। उसके मुँह पर पट्टी बाँध दी गई।

और वे बच्चे, जिन्होंने कभी सपने में भी फाँसी का फंदा नहीं देखा था, जिन्होंने कभी

अदालत की सीमा भी नहीं छुई थी, कोई शहर नहीं देखा था, जो तथाकथित सभ्यता से सैंकड़ों कोस की दूरी पर पैदा हुए थे, खून का दण्ड फाँसी ही सोच पा रहे थे।

वे उसे घसीटते हुए फाँसी के फंदे तक ले गए।

और फाँसी पर लटकाने से पूर्व उन्होंने उससे पूछा—तुम मरने से पहले, अपनी ज़िंदगी के इन आखिरी क्षणों में कुछ खाना-पीना चाहते हो?

शासक के बेटे को विश्वास नहीं हो रहा था कि वे उसे फाँसी पर लटका देंगे। उसने अपनी हेकड़ी दिखाते हुए जवाब दिया—कुछ नहीं, कमीने कहीं के, मेरे हाथ-पाँव खोलो, जल्दी।

उन्होंने उसे फाँसी दे दी।

और उसके कुछ साल बाद जब वे बालक बड़े हुए उस समय तक भयंकर क्रांति हुई। लोगों ने अपनी लोक-सरकार कायम कर दी। अपने न्यायालय, अपनी पुलिस, अपने हाकिम, अपनी पंचायतें, अपना राज।

लगातार दो महीने तक युद्ध चलता रहा। तब अंग्रेजी फौज शासक की सहायता करने पहुँची। बंदूकों से गोलियाँ चलाई गईं। तोपों से गोले फेंके गए। एक लंबी अवधि के सशस्त्र युद्ध के बाद पुराने शासक का शासन फिर से स्थापित हो पाया था।

लोगों का कहना था कि बच्चों के उस खेल में बने न्यायाधीश ने ही इस नई जनता की सरकार स्थापना की थी। वह अबकी बार जनता का सर्वोच्च सेनापति चुना गया था और जब उन्होंने अपने शासन की स्थापना की तो उसे उसका अध्यक्ष बनाया गया था।

पुराने शासक ने सत्ता पर कब्जा पुनर्स्थापित होने के बाद उसे मृत्युदंड दे दिया था।

यह दंड तो उसे बहुत पहले मिल जाना चाहिए था, जब उसने खून करने के दंडस्वरूप शासक के बेटे को मृत्युदंड दिया था। लेकिन उसे अपनी ज़िंदगी में कुछ और काम करने थे इसलिए उस वक़्त वह जीवित रह गया।

यक़ीन कीजिए। वह मेरा पिता था। मैंने उसे नहीं देखा। पर मेरी माँ उसके नाक-नक्श मुझे बताती है और मेरे पड़ोसी उस घटना को फ़क्र से साथ बयान करते हैं। मैं अपने पिता को मृत्युदंड दिए जाते वक़्त माँ के गर्भ में था।

बच्चों का दूसरा खेल।

उसमें मैं भी शामिल था। इसलिए खूब अच्छी तरह से याद है। उस खेल ने मेरी ज़िंदगी को एक नए मोड़ पर ला खड़ा किया।

हम लोग उसी मैदान में एकत्रित थे जिसमें कुछ साल पहले मेरे पिताजी ने फाँसी की सज़ा सुनाई थी।

मेरे पिता के समवयस्क, उस ज़माने के बालक, अब अधेड़ हो चुके थे। अब हम थे, जो बच्चे थे। नए ज़माने के नए बच्चे।

बच्चों को खेल का शौक रहता है। हमसे पहले जो बच्चे थे, उन्हें भी खेल का शौक

रहता था। हमारे बाद जो बच्चे होंगे, वे भी खेल के शौकीन होंगे।

वहाँ का बचपन खेल खेलता आया है। नए-नए खेल। अजीबोगरीब खेल।

हम अदालत नहीं लगा रहे थे। हम किसी को फाँसी की सज़ा भी नहीं दे रहे थे। हम अपने बूढ़ों से भेड़ों के मर जाने की शिकायत भी नहीं कर रहे थे। कुत्तों की गैरहाज़िरी भी हमारे खेल का विषय नहीं था।

हम दो दलों में बँटे थे। एक दल मोटर मार्ग बना रहा था और दूसरा टेलीफोन लाईन की व्यवस्था करने में व्यस्त था। हम कुदालें चला रहे थे।

और हमने अपने जीवन में कोई मोटर या किसी भी किस्म की गाड़ी, यहाँ तक कि भैंसागाड़ी भी, नहीं देखी थी। हमने टेलीफोन भी नहीं देखा था। उसका तार भी हमारे लिए एक अजूबा होता, हमने महज सुना भर था, 'कई सौ मील दूर बैठ कर लोग टेलीफोन पर आपस में बातें कर लेते हैं।'

और हमारे बुजुर्गों का कहना था कि यह सब अंग्रेजी जादू की करामात है। अंग्रेज बहुत बड़ा जादूगर है।

लेकिन हम उनकी बातें मानने को तैयार नहीं थे। हम अपने हाथों से मोटर मार्ग बनाना चाहते थे, अपने मुँह से टेलीफोन पर बात करना चाहते थे और अपने कानों से उस पर दूसरों की कही बातें सुनना चाहते थे।

हम सब मिलकर सोचने लगे—मुखिया किसको बनाया जाए। तय हुआ कि जो सबसे अधिक मेहनत करेगा वही दल का नेतृत्व करने के लिए चुना जाएगा।

काम शुरू हुआ। मैं मोटरमार्ग बनाने वाली टोली में शामिल था। मैंने ही सबसे अधिक काम किया। सबसे कड़ी मेहनत। और उन्होंने, मेरे साथियों ने, मुझे दल का नेता चुन लिया।

तब मैं पाँच बरस का था। मेरे साथी भी करीब-करीब मेरी ही आयु के थे। हम सब नया खेल खेल रहे थे। हमारी मोटर सड़क बनकर तैयार हो गई। अपने माता-पिताओं की सहायता से हमने उस पर चलने के लिए लकड़ी की गाड़ियाँ भी बनवा लीं और तब हमारी सड़क पर गाड़ियाँ दौड़ने लगीं। टेलीफोन की सूत के धागे की लाइन तो तैयार हो गई पर उसके काम न लिया जा सका। हम लोहे के तार जुटाने की कोशिश करने लगे।

लेकिन उससे पहले ही एक बात हो गई जिसे मैं तब तो न समझ पाया पर अब समझता हूँ।

हमारी मोटर सड़क के बनने का समाचार शासक के पास भी पहुँचा। अब तक हमारा गाँव प्रसिद्धि पा चुका था। राजकीय फ़रमान के तहत सरकारी कर्मचारियों के एक गिरोह ने हमारी मोटर सड़क तोड़ डाली।

टेलीफोन के खंभे, जो लकड़ी की छड़ियों के बने थे, वे भी उन्होंने उखाड़ कर फेंक दिए।

यहाँ कोई कृष्ण पैदा हो चुका था और कंस उसे बालकपन में ही मिटा देने के उपाय

करने लगा था। फिर हमारे गाँव में गिरफ्तारियाँ हुईं। मेरी माँ के भी बयान लिए गए। मेरी माँ, जो मेरा ही मुँह देखकर जीती थी।

इस दूसरे खेल के बाद जब हम युवक हुए तो मैंने अपने आपको शासक के प्रति विद्रोह करने वाले दल का नेतृत्व करते पाया।

मुझे निर्वासित कर शासक के राज्य से बाहर भेज दिया गया।

मेरे निर्वासन के पश्चात मेरी माँ मर गई और तब मेरी पत्नी ने एक बच्चे को जन्म दिया। मेरे बाप का पोता। वह घर से मेरी अनुपस्थिति के दौरान जन्मा।

मेरे लिए वह अत्यन्त हर्षसूचक समाचार था। किन्तु इस बार हमारे राज्य में जनता की सरकार अधिक दिन तक न चल पाई और अंग्रेजों के भारत से आने के बाद जो सरकार केन्द्र में सत्तारूढ़ हुई, उसने जबर्दस्ती हमारे उस राज्य पर कब्जा कर लिया।

मेरा निर्वासन जारी रहा।

मेरे विरुद्ध जारी निर्वासन-आदेश के वापिस न लिए जाने से विरोध में मेरे प्रदेश के किसानों ने विद्रोह कर दिया। जनता के आक्रोश से घबरा कर सरकार ने मुझे अपने घर आने की अनुमति दे दी।

विश्वास कीजिए, मैं उस दिन हर्ष से विह्वल होकर रो रहा था। एक लंबे अरसे के बाद मुझे अपनी मातृभूमि के दर्शन करने का अवसर मिल रहा था। कई दिनों तक पैदल चलते रहने के बाद मैंने अपने गाँव की सीमा में पाँव रखा। वही प्यारा गाँव, जहाँ मैं और मेरे पिता बचपन में अपने दोस्तों के साथ रहते थे। वही मैदान सामने आ गया, जहाँ हम अपने-अपने बचपन में खेलते आए थे।

मैदान इस बार भी बच्चों से भरा था। उन्हें वहाँ देखकर मुझे लगा कि मैं अभी वही बालक हूँ। मेरा जी उनसे मिलने को हुआ। पिछले दो महत्वपूर्ण और नए खेलों की मुझे याद हो आई। एक खेल जो मेरे पिता ने खेला था, दूसरा जो मैंने खेला था।

उस वक़्त मुझे सबसे बड़ा सत्य यही मालूम हो रहा था कि बचपन खेलता अवश्य है, कि बचपन हिलोरें लेता है। व्यक्ति नहीं, यहाँ बच्चे खेलते हैं। जो बच्चा होगा, वह खेलेगा ज़रूर। वे बच्चे बड़े हो जाते हैं। खेल फिर भी जारी रहता है। बच्चे खेलते हैं और यह मैदान खेलता है।

मैं उन बच्चों के बीच मैदान की आधी दूरी पार कर पहुँचा।

वे एक गोल घेरा बनाए बैठे थे।

मुझे अपने बीच देखकर वे हिले-डुले तक नहीं।

वे गड़रियों का खेल नहीं खेल रहे थे। वे किसी को फाँसी नहीं दे रहे थे।

वे टेलीफोन का तार लगाने की योजना पर भी विचार नहीं कर रहे थे। वे मोटरमार्ग भी नहीं बना रहे थे।

वे बैठे थे अपने युग का एक नया खेल खेलने के निमित्त। उनके बीच में एक सुंदर-सा बालक बैठा था।

मैं देखता रहा। बीच में बैठा बालक कह रहा था—साथियों! आज हम इसे जलाकर नष्ट कर देंगे। यह एक बहुत सुंदर खेल है। हर बुरी चीज़ को जला देना चाहिए। इतना कहकर वह खामोश हो गया। बच्चे एक-दूसरे का मुँह ताकने लगे। बीच में बैठे बालक ने फिर कहना शुरू किया—किसी को कुछ कहना है?

—मुझे कहना है। एक बालक का स्वर था—हमें इसका पुतला भी जलाना चाहिए।

—ठीक है, ठीक है। कई स्वर एक साथ सुनाई दिए।

वे एक पुतला बनाने में व्यस्त हो गए। बीच में बैठा बच्चा अपने हाथ में कुछ थामे था। मैंने उससे पूछा—कहो बेटे। तुम्हारे बाप का क्या नाम है?

मैंने उसे छाती से लगा लिया। वह मेरा बेटा था।

पुतला तैयार हो गया। आग जलाई गई। सभी बालक एक गीत गाने लगे और गाते-गाते उन्होंने वह पुतला आग में डाल दिया।

मैंने अपने बेटे से पूछा—तुम्हारे हाथ में क्या है?

उसके हाथ में अंग्रेजी में लिखी कोई किताब थी, जो मेरे बेटे का कहना था, कोई घुमक्कड़ उसे दे गया था। घुमक्कड़ विदेशी था।

और उस पुस्तक को जब बच्चों ने आग में डाला, मेरा मन एक नए तूफान की आशंका से भर गया। बच्चों का यह खेल किस चीज़ का शकुन है?

जलती हुई पुस्तक पर एक नंगी औरत का चित्र था।

लेखन—बनारस 1955, प्रकाशित—'नवज़्योति' जयपुर 28.5.2000

आग की लपटें

गाँव में तहलका मच गया। लोग अपने-अपने बेटों को छुपाने लगे। किसी ने जंगल की ओर पाँव बढ़ाए, कुछ पानी के धारे की ओर चल दिए। कुछ ऐसे भी थे जिन्हें उनके माँ-बाप ने घरों के अंदर बड़े-बड़े कोठारों (अनाज संग्रह के संदूक) में लुका दिया।

भर्ती करने वाला अफ़सर आया है। वह गाँव के सब नौजवानों को ले जाएगा। उन्हें लाम में भेजा जाएगा। बचकर कौन आता है वहाँ से? औरतें गंभीर हो गईं। युवतियों के चेहरों का रंग फीका पड़ गया।

सयाणे के घर पर गाँव के अन्य बूढ़ों से घिरा, एक कुर्सी पर आफीसर बैठा था। वह टिहरी रियासत में हाकिम नहीं, अंग्रेज गौरमैन्ट का हाकिम था। वहाँ पर एक भी युवक के न दिखाई देने पर आफीसर ने पूछा—तो सयाणे, तुम्हारे गाँव में एक भी जवान नहीं है?

—नहीं सरकार, यह तो बूढ़ों का गाँव है?

—किसी के भी जवान बेटे नहीं हैं?

—नहीं हैं मालिक, किसी के भी नहीं हैं। कहते-कहते सयाणे का स्वर मंद हो गया।

—तुम्हारे कितने लड़के हैं?

—एक ही है हुजूर। मेरा क्या है आपका ही है, भगवान का है।

—वह कहाँ है?

—दूसरे गाँव गया है सरकार, आज ही सुबह गया।

—तो गवर्मेंट को लिख दिया जाए कि तुम अपने गाँव से एक भी आदमी नहीं दे सकते?

—कुछ रहम करिए साहब, हमारे बच्चे लड़ना नहीं जानते। कोई जंगल की आग बुझाने को भी तो चाहिए।

—देखो भई सयाणे, माँ के पेट से तो कोई लड़ाकू नहीं पैदा होता। पर पलटन में सब कुछ सिखाया जाता है। कुछ ही दिनों में जाहिल से जाहिल नौजवान चुस्त फौजी बन जाता है। लड़ाई पर ऐसा तो है नहीं कि लगातार एक ही जवान को भेजा जाए। कभी किसी की बारी आती है, कभी किसी की। यह तो गवर्मेंट का काम है। सुंदर वर्दी, टोप,

कोट, पैंट, बंदूक और अच्छी खासी तनखा। सब कुछ लगातार मिलता रहेगा। खाने-पीने की फिकर नहीं होगी। जहाँ खाने का वक़्त हुआ अपना मग प्लेट लेकर लाइन में खड़े हो जाओ। पल्टन की जुम्मेदारी है कि हर जवान को खाना मिलेगा। चाय की जगह चाय, नाश्ते की जगह नाश्ता। लड़के का सारा भार सरकार के ऊपर आ जाता है। जरा सा जुकाम लगने पर फौरन विलायत से बड़े डाक्टर बुलाए जाएँगे। महीने की पहली तारीख को तनखा मिल जाया करेगी। जितना अपने माँ-बाप के नाम दर्ज करा देगा वह पैसा पोस्टमैन गाँव में तुम्हारे घर पर आकर दे जाया करेगा। पल्टन से उसी दिन तुम्हारे लिए मनीऑर्डर भेज दिया जाएगा। तुम देखोगे तो कहोगे कि किसका बेटा है। सुंदर खाना, बढ़िया खूराक, सरकार बहादुर का सब कुछ इंतजाम रहता है।

—कोई जंगल की आग बुझाने को तो चाहिए सरकार?

—आग तो गवर्मेंट बुझाएगी मालगुजार। तुम आग बुझाने की क्यों फिकर करते हो?

आफीसर ने अपने साथ के हाकिम से कहा—इसके बेटे का नाम लिखो।

—रणधीर सिंह, सयाणे के मुँह से खुद ही छूट गया।

—उम्र?

—पच्चीस वर्ष है मालिक।

—क्या बात है? हाकिम ने जोश में, खुशी के स्वर में, कहा—नाम रणधीर सिह उम्र पच्चीस साल। तो आज से तुम्हारा लड़का भर्ती हो गया। चालीस रुपए तनखा। वर्दी-कपड़ा मुफ्त। खाने पीने का कोई पैसा नहीं। साल में एक महीने की छुट्टी।

थोड़ी देर में गाँव के कुल लड़कों के नाम लिख लिए गए। उनकी गैर मौजूदगी में उन्हें पलटन में भर्ती कर दिया गया। सयाणे को हुक्म हुआ कि दूसरे दिन वह उन सबको आराकोट भेज दे। वहाँ उनकी मेडिकल जाँच की जाएगी और आगे की बातें समझाई जाएँगी।

गाँव की नवयुवतियाँ उस रात ठीक तरह से सो नहीं पाईं। उनके मन में यह बात ज़ोर मार रही थी कि कितना अच्छा होता कि उनके आदमी में कोई शारीरिक नुक्स निकल आता और डाक्टर उस नुक्स के आधार पर उसे भर्ती करने से मना कर देता।

कुलदेई को भेड़ों के मेले की याद आ रही थी। उसका आदमी जीत सिंह कितना मस्त होकर धनुष युद्ध में भाग लेता है? इलाके की छोरियों के दिलों को जीत लेता है। कईयों के दिल में डाह पैदा होने लगती है कि ऐसा हट्टा-कट्टा नौजवान उनके हिस्से नहीं आया। बाण लगते रहते हैं, बाणों का उसकी टाँग पर प्रहार जारी रहता है, पर वह हार नहीं मानता। लगातार मेले के बीचोबीच अपनी टाँग को झुलाता ही रहता है। उस युद्ध के लिए वह कितना लंबा पाजामा पहनता है? कई-कई हाथ लंबा, चूड़ीदार पाजामा।

कुलदेई ने करवट बदली और एक बार प्यार से आराम से सो रहे जीत सिंह के चेहरे पर हाथ फेरा। पूरी पट्टी में कोई ऐसा धनुर्धारी नहीं पैदा हुआ, जो धनुष युद्ध में जीतू को घायल कर देता। इतना घायल कर देता कि वह लँगड़ा हो जाता। पलटन का

डाक्टर उसे देखते ही लाइन से अलग हो जाने को कह देता। पलटन में भी अच्छे तगड़े नौजवानों की ही जरूरत होती है। कुलदेई को अच्छी तगड़ी रुपए की थैली नहीं चाहिए, शान-शौकत नहीं चाहिए, उसे अपना जीतू चाहिए। जीतू, जो लगातार उसके साथ रहकर गाँव जंगलों के अंदर अपनी छाप छोड़ता चले, जिसे देखकर इलाके की युवतियों के मन बिगड़ने-मचलने लगते हैं।

गर्मियों का मौसम। पाजूधार के तप्पड़ में भेड़ों का मेला लगा था। चारों ओर के गाँवों से भेड़-बकरियाँ लेकर लोग इस मैदान में आ पहुँचे। भेड़ें और उनके छोटे-छोटे मेमने मिमिया रहे थे। लगता था कि उनके स्वरों में करुणा भरी है। उनकी आवाज़ में वह खुशी और मस्ती नहीं थी, जो इससे पहले के मेले में रहा करती थी। जंगल में पेड़ों पर नई-नई पत्तियाँ अपनी कोमलता और हरियाली का आभास करा रही थीं। कलियों पर देखने से उनके सहज रूप से खिलकर फूल बन जाने की झलक मिलने लगी थी। खिली, अधखिली कलियों के बीच से रंग-बिरंगी पंखुड़ियों की कोमलता पूरे वन पर हावी होने लगी थी। और उस पूरे वातावरण में सबसे अधिक प्रभावी जो तत्व था वह था उनके पोर-पोर से निकलने-बिखरने वाली सुगंध का गाढ़ा घोल। हवा का अपना अस्तित्व समाप्त हो गया था और वह सुगंध उस पर हावी हो चली थी। ऐसे मादक वातावरण में उस तप्पड़ में जमा बच्चों, बूढ़ों और युवतियों के मन बुझे-बुझे से थे। वह मस्ती, जो इस मेले में रहती थी, गायब हो गई लगती थी। लोगों के मन में एक विचित्र भय व्याप्त हो गया था।

कई युगों से यह मेला लगता आया है। पर्वत-शिखर पर मील भर लंबा-चौड़ा यह मैदान, जिस पर हरी-हरी घास के अलावा केवल छोटी-छोटी झाड़ियाँ हैं और जिसके चारों ओर देवदार का सघन वन है, साल में एक बार अनगिनत भेड़ों की मधुर आवाज़ों से, कुत्तों की भूंकने की आवाज़ों से गूँज उठता है। उन कुत्तों के भौंकने की सामूहिक आवाज़ों से लगता है कि हिंसक पशु कोसों दूर चले गए हैं। युवतियों के शृँगार और गीतों की मधुर तानों से लगता कि सारी पृथ्वी का सौंदर्य और शृँगार और सुख इसी मैदान में आ कर जमा हो गया है। बूढ़ों की आपस में होने वाली दिल्लगी-ठहाकों से लगता है कि साथियों का अनुभव और अनेक मृत व्यक्तियों की सद्भावनाएँ मेले में भाग लेने के लिए वहाँ आ पहुँची हैं...। वृद्धाओं के चेहरों को देखकर लगता कि नई पीढ़ी के स्नानार्थ प्यार और दुलार के सोते फूट पड़े हैं और युवकों की मचलती टोलियों को देखकर कोई भी आकर्षित हुए बिना न रह सकता। लगता कि सारे प्रदेश की चंचलता और शक्ति, साहस और हिम्मत और धूर्तपन और यौवन मेले में भाग लेने चले आए हैं। मेला क्या लगता हर बुरी और भली चीज़ का, गीत और प्यार का, स्नेह और दुत्कार का, शक्ति और महत्वाकाँक्षाओं का विशाल पैमाने पर एक श्रेष्ठतर मिलन होता। भेड़ों का मेला तो एक बहाना होता। मेला किसी और चीज़ का होता था। साल में एक बार। गर्मियों के सुखद मौसम के आने पर। जब खेतों में गेहूँ के सोते हुए पौधों पर सोने की बालियाँ झूमने लगतीं और चारों ओर

खुशबू ही खुशबू फैली रहती।

इस साल यह मेला अपने समय से लगा है। पर मेले की रौनक गायब है। अब लग रहा है कि मेले की जान किसमें रहती थी। गाँव के सजीले नौजवान नहीं तो मेला लगा न लगा बराबर। औरतें आई हैं। हृदय में एक टीस अनुभव करती हुई, सरों पर लाल रूमाल बाँधे ढूँयाटुड़ी उदास-उदास सी घूम रही हैं। वे किसी पर भी नहीं देखना चाहतीं। उनकी नज़रें आज तिरछी नहीं हो रही हैं। उनका हाल देखकर बच्चे और वृद्धाएँ भी रोने को आतुर लग रहे हैं। उन्हें अपने बेटों की याद और तेज़ हो जाती है।

एक बड़ा सा गोला घेरा बनाकर हाथों में हाथ डाल स्त्री-पुरुषों ने नृत्य आरंभ किया और गीत शुरू हो गया :

हिटलर और अंग्रेज
राज करने के लिए आपस में लड़ रहे हैं।
अंग्रेज हमारा जबर्दस्ती बना मालिक है
और हमारे बच्चे
बिना वजह मर रहे हैं
तुम लड़ाई के मैदान में लड़ रहे हो।
हमारे मेले में धनुषयुद्ध कौन करेगा?
बच्चों, हमने तुम्हें याद किया
बेटों, हम तुम्हें भूल नहीं सकते।
देवी और देवता
लड़ाई के मैदान में चले गए हैं
वे युद्ध के दृश्य देख रहे हैं
हमारी मदद की कोई नहीं रह गया है
बच्चों, हमने तुम्हें याद किया
बेटों, हम तुम्हें भूल नहीं सकते।

नृत्य, गायन खत्म हुआ और धनुष युद्ध की तैयारियाँ होने लगीं। अभी रणधीर के पिता को अपने बेटे की गैरहाज़िरी में उसके बदले लड़ाई लड़नी है। पिछले सात वर्षों से उसका बेटा इस युद्ध में भाग लेने लगा था, अपने गाँव का प्रतिनिधि बनकर।

इस वर्ष बूढ़ों को फिर मैदान में कूदना पड़ा। रणधीर के पिता को लोग कंधों पर उठाकर युद्धस्थल पर ले आए। प्रतिद्वंद्वी पास के गाँव का सयाणा था जिसके बेटे को रणधीर ने कभी विजेता नहीं बनने दिया।

चारों ओर भीड़ जमा हो गई। तप्पड़ के बाकी हिस्से खाली हो गए। हलवाइयों की दुकानों पर इक्का दुक्का लोग दिखाई देने लगे। वे भी ग्राहक नहीं, दुकानदार। युवतियों ने अपने सरों पर रूमाल फिर से बाँधे, बुढ़ियाओं ने अपने-अपने बैठने के ठिकाने तलाश किए और वहाँ जम कर बैठ गईं।

तब, जब सब कुछ कायदे के अनुसार व्यवस्थित हो गया उपस्थित जनसमूह में अलग-अलग उम्र के लोगों-बच्चों ने, तप्पड़ के विस्तार में इधर-उधर फैली हुई ढूँयाटुड़ियों ने अपनी-अपनी सहेलियों के साथ एक दूसरी की कमर में हाथ डालकर अपनी-अपनी सहेलियों के साथ अपनी-अपनी खड़े होने की जगहें तय कर लीं और लोगों ने हिलना-डुलना बंद कर दिया। युद्धभूमि में, युद्धभूमि के मध्य में अपने प्रतिद्वंद्वी के सामने खड़े रणधीर के पिता ने अपना दायाँ पाँव ऊपर उठा लिया।

प्रतिद्वंद्वी ने पूछा—किसने कहा कि मुझसे युद्ध करो?

—जिह्वा ने।

—किसने कहा कि आज के मेले में भाग लो?

—जिह्वा ने।

—किसने कहा कि धनुषबाण लेकर जाओ?

—जिह्वा ने कहा, जिह्वा ने।

—किसने कहा भेड़ बकरियों को लेकर जाओ?

—जिह्वा ने।

—किसने कहा टाँग ऊपर उठा लो?

—जिह्वा ने।

—दिल क्या कहता है?

—दिल कहता है लड़ो, अपने गाँव की ओर से लड़ो, गाँव को विजयी बनाओ।

पूरी शक्ति के साथ एक तीर उठे पैर पर लगा। बूढ़ा गिर गया। लोग एक ओर ले गए। खेल में दूसरे योद्धा आ गए।

रणधीर का गाँव हार चुका था। आह! इतने जवान, बलिष्ट बेटे का बाप हार चुका था।

देवदारू के कोठार में बूढ़ा सयाणा अपने बेटे के लिए, जो फौज में था, कुछ न कुछ खाने की चीज़ें रखता रहता। यही रीत है। मगोज रखा जाता है घर के उस सदस्य के लिए जो घर पर मौजूद नहीं है। हर त्यौहार के वक़्त, भोजन शुरू करने से पहले, परिवार के घर पर अनुपस्थित सदस्य का स्मरण किया जाता है और उसके नाम से कोठार में उसके हिस्से का भोज्य पदार्थ रख दिया जाता है। कोई बात नहीं अगर वह दस साल बाद लौट कर घर आए। जब वह लौटेगा तो उसे बता दिया जाएगा—यह तेरा मगोज है।

आड़ू, खुमानी, चिलगोजे, सेब, नासपाती, अखरोट और अन्य कई फल उस कोठार में रख दिए जाते। मौसम के नए फल, नए कन्द, नए फूल, नए अनाज, नई दालें, नए आलू, देवदारू के उस कोठार में रणधीर का नाम लेकर रख दिए जाते।

परंतु अपना मगोज खाने रणधीर नहीं लौटा। उसके पिता, बूढ़े सयाणे को रणधीर के बहादुरी के साथ काम आने का शोक-समाचार उस वक़्त मिला जब वह जंगल की भीषण अग्नि की लपटों को अपनी नज़रों से ताकता हुआ असहाय होकर कर्राह रहा था। गाँव

से सभी बूढ़े उधर दौड़ रहे थे। गाँव में एक भी जवान नहीं दिखाई दे रहा था। वे सब लाम पर चले गए थे। बूढ़ों में केवल दो रह गए थे, जो उधर न जा सके। रणधीर का पिता और उसकी इज्जा।

काँपते हाथों से उन दोनों ने देवदारू के कोठार के अंदर रखी सामग्री को बाहर आँगन में ढोया। उस पर आग लगाई। कहते रहे—हमने तुम्हें याद किया था।

जंगल की आग भीषण रूप धारण करती प्रचण्ड होती गई। बूढ़ा बड़बड़ाने लगा—अब यह आग नहीं बुझेगी। मरना ही था तो गाँव की आग को बुझाते हुए मरता। इस आग को तू ही बुझा सकता था, ये नहीं बुझा सकते। सब बूढ़े हैं।

आँगन में बँधी गाय का बछड़ा राँभने लगा। रणधीर की विधवा की अंदर से सिसकियाँ सुनकर बूढ़ा कराहता रहा। अब यह आग नहीं बुझेगी। मेरा रणधीर तो मर गया, अब सब मरेंगे। अब आए कोई गौरमेंट इस आग को बुझाने।

कोठार के अंदर रखी सामग्री जलती रही। जंगल जलता रहा। धुएँ से सारे गाँव का वातावरण धूमिल हो गया। मनुष्यों का दम घुट रहा था। सामने के जंगल से जलती लकड़ियों के खुण्डों और वृक्षों से निकलने वाली चटाक-चटाक की आवाज़ें आकाश को भेदने लगी थीं।

—मर जाओ कम्बख्तों, बूढ़ा चिल्लाया—सब बूढ़े इसी आग में जलकर मर जाओ। यह लड़ाई की आग हमारे गाँव में मौत का संदेश लेकर आई है। इसे कोई नहीं बुझा सकता।

धीरे-धीरे किवाड़ खुले और रणधीर की विधवा कुलदेई बाहर निकल आई—मैं आग बुझाने जा रही हूँ।

—हमारे गाँव में औरतों को आग बुझाने नहीं भेजा जाता। आज तक किसी स्त्री ने आग नहीं बुझाई। जंगलों में बीड़ी तम्बाकू पीते-पीते औरतें आग लगा देती थीं पर उसे बुझाया हम करते थे। औरतें आग लगाती हैं, बुझाती नहीं।

और इससे पहले कि बूढ़ा कुछ और कहे, कुलदेई घर से निकली और जंगल की ओर दौड़ पड़ी। उसकी लटें खुली थीं और वह भागी जा रही थी — बेतहाशा।

लोग कहते हैं उसने उस दावानल पर काबू पा लिया था। उसने आग बुझा दी थी। वह आग की लपटों में कूद पड़ी थी। लपटों ने उसे झुलसा दिया था। लेकिन वह तक तक जुटी रही जब तक कि वह आग बुझ नहीं गई। मरने से पहले उसने कहा था—आग बुझ गई।

लेखन-बनारस 1959, प्रकाशित—'मजदूर जनता', कानुपर, 25.12.1259

समय की चोरी

चीणा इस गाँव में तीसरी फसल होती है। गेहूँ काट लिए जाने के बाद खेत खाली हो जाते हैं। धान की रोपाई गर्मियों के मौसम में नहीं की जा सकती। रोपाई के लिए पर्याप्त पानी की ज़रूरत होती है। आसमान के बरसे बगैर नदी-नालों में भी इतना पानी नहीं रहता कि रोपे गए धान के नन्हें पौधों की सिंचाई की जा सके। सभी खेतों का एकदम खाली रहना भी अच्छा नहीं लगता। इस गाँव के लोग गेहूँ की कटाई के फौरन बाद कुछ खेतों में चीणा की बुआई कर देते हैं। तीन महीनों में पक कर तैयार हो जाने वाला अनाज। खाने में मुलायम। लोग चीणा को भूनकर उसके बुखणे बड़े चाव से खाते हैं। घास लकड़ी लेने वन जाने वाली बहू-बेटियाँ चीणा के बुखणे अपनी जेबों में भरकर साथ ले जाती हैं। खुद भी खाएँगी, दो चार मुट्ठी सगी सहेलियों को भी देंगी। गेहूँ-चावल जैसा भारी अनाज नहीं, एकदम हल्का अनाज।

बहुत अच्छा लगता है चीणा खाना। मुलायम दाने। गर्मियों के मौसम के खत्म होने के फौरन बाद असाढ़ के शुरुआती दिनों में वनों में घास-पत्तियाँ इतनी बहुतायत में मौजूद नहीं रहतीं कि मात्र उन्हीं के सहारे पशुओं का पेट पाला जा सके। दिन-दिन भर रोपाई के खेतों में उलझी बहुओं को रात में घर पहुँचने पर इतना समय नहीं मिल पाता कि वे अपने पशुओं के लिए कहीं से भरपेट घास ला सकें। भैंस का पेट कौन भर सकता है? ज़िंदगी के अत्यधिक व्यस्त और चारे के भयानक अभाव के उन दिनों में अगर किसी के घर पर चीणा के चिणेठे हैं तो क्या कहने? उस परिवार के ठाठ हैं। घर पर रात में चीणा मांडी जा रही है। लड़के-लड़कियाँ, बहुएँ या मर्द जो भी घर पर हों, खड़े होकर चीणा माँड रहे हैं। हल्का पीलापन लिए उसके गोल-गोल चमकीले दाने एक ढेर में रखे जा रहे हैं। डंठल जिन्हें चिणेठे कहते हैं, अलग अलग पूलियों में बँध रहे हैं। ऐन वक़्त पर मवेशियों की भूख मिटाने में सहायक चिणेठे। घर के सब लोग, खाना बना रही बहू के अलावा, चीणा की मँडाई करने में व्यस्त हैं। दिन भर रोपाई करने के बाद थककर चकनाचूर हो गए लोग-लुगाइयाँ। उन्हें कल फिर रोपाई के काम में जुटना है। अपनी या पराई। इससे फर्क नहीं पड़ता। आज अपनी रोपाई में जो औरतें काम करने आईं, कल उनमें से किसी के खेत में रोपाई होगी। उनकी पडियाली लौटानी होगी। सारे गाँव की खेती में इसी तरह रोपाई करने हाज़िर होती जाऊँगी। आज मैं अपने खेत में नहीं जाऊँगी तो कल मेरे खेत में काम

करने कौन आएगी? किसी अकेले परिवार के वश की बात नहीं होती कि दूसरों की, अनेक दूसरे लोगों की तात्कालिक मदद के बगैर अपने खेतों में रोपाई पूरी कर सके।

खेत अलग-अलग लोगों के हैं? खेत बँटे हैं पर गाँव नहीं बँटा है। गाँव के कुल निवासी आपस में मिल-जुलकर काम न करें तो पूरे गाँव की खेती बंजर रह जाएगी। दिन भर रोपाई में रहो, रात में अपने घर पर चीणा की मँडाई करो। गाँव वालों के लिए आजकल रात, रात नहीं, दिन, दिन नहीं। वे रात-दिन एक किए रहते हैं।

डबली घर की अकेली नहीं, पर उसे घर-बाहर के कुल काम अकेले ही करने पड़ते हैं। मील भर दूर की खेती से दिन भर रोपाई के काम से थक कर घर लौटों। एक गिलास गरम चाय मिल जाय तो कितना सुख मालूम हो। घर पहुँचते ही सास का हुक्म होता है कि छाल्ला (नदी) से पानी ले आओ। नदी उतराई पर है। काफी दूर। पास-पड़ोस की बहुओं में किसी को इस ग़ैर वक़्त पर पानी लेने नहीं जाना पड़ता। उनके घरों में ननदें, देवरानियाँ-जेठानियाँ और खुद सास तक समय से पानी ले आती हैं। मुँह के आगे अँधेरा छाने लगा है। रात पड़ गई है। रात पड़े या न पड़े घर में पानी तो पहली ज़रूरत है। कपड़े भी धोने को हैं। बदन पर पहने कपड़ों से बदबू आने लगी है। कपड़ों को कभी बाद में देख लिया जाएगा। इस गाँव में रोपाई के खेतों में काम करने वाली औरत की लोहे की टाँगें होनी चाहिए, वज्र का सिर। घुटनों से नीचे तक पानी में, मिट्टी रले मटमैले पानी में, डूबे रहो। कमर सीधी करने की फुरसत नहीं मिल सकती। झुक कर रोपाई करते-करते कमर टूटने लगती है। धोती को ऊपर उठाकर कमर में अच्छी तरह लपेट लो। ऐसे कि वह नीचे खिसक कर पानी में तुम्हारे साथ रोपणी न लगाने लगे। खाली पेटीकोट पहने कमर झुका लो। इस वक़्त जेठ-ससुर को मत देखो। वे वहाँ मौजूद हैं, तो कोई बात नहीं। रोपाई की ज़रूरत है कि खाली पेटीकोट में कमर झुका लो। धान के बीज-पौधे एक हाथ की मुट्ठी में थाम लो और एक-एक पौधा लेकर मिट्टी में रोपते रहो। ऐसे रोपो कि उसकी मुलायम जड़ें गीली मिट्टी में खूब अच्छी तरह टेक लें और पौधा ढलने न पाए। उस वक़्त खेत मालिक या मालकिन के गुण-दोषों की याद मत करो। वे तिरछे-तिरछे चलते हैं, कोई बात नहीं। उनके दुर्गुणों की याद कर इन पौधों को तिरछा मत रोपो। सीधा रोपो और सीधाई में रोपो। कभी-कभार झुकी हुई कमर को सीधा करने का मौका मिलने पर तुम खड़ी होकर खेत पर एक नज़र डालती हो तो वहाँ अपने हाथों से रोपे गए पौधों को अलग से पहचान लेती हो। अनेक औरतें मिल-जुलकर धान की रोपाई करने में व्यस्त हैं। पानी-भरे खेत में थोड़ी-थोड़ी दूरी पर खड़ी होकर वे सब एक-एक पौधा रोपती हुई पीछे की ओर हटती आ रही हैं।

कुछ महीने पहले इसी खेत से औरतों ने गेहूँ काटा था। तब वे एक-एक कदम आगे की ओर बढ़ती जा रही थीं। गेहूँ-धान काटने वाले आगे की ओर बढ़ते हैं। पर धान रोपने वाले को पीछे की ओर सरकते आना पड़ता है। ऐसे ही जैसे कोई देवमंदिर की प्रतिमा के सामने से बगैर मुड़े, कदम-कदम पीछे की ओर चलता आए। कि देवता उसके पीठ

फेर लेने पर कहीं नाराज न हो जाए। धान के पौधों की भी वैसी ही इज्जत करनी पड़ती है। झुककर रोपो और पीछे हटो। पीछे हटो कि वे नन्हें पौधे अपने ही पाँवों से दबकर कुचल न जाएँ। इन्हें बहुत आशा के साथ रोपा जा रहा है। खेत मालिक-मालकिन के गुणों की किसे परवाह है? उनके गुण-दुर्गुण याद करने लगें तो पूरे गाँव की खेती बंजर रह जाएगी।

रोपाई जारी थी तो पानी बरसने लगा। तेज बरखा। नीचे का बदन तो गीला था, ऊपर का बदन भी भीग कर निचोड़ने को हो गया। सिर से कमर तक अपने बदन के कपड़ों को उतार फेंकने को जी करने लगा है। इस बरसात में कहाँ जाएँ? कहीं नहीं जा सकते। इसी खेत में रहना पड़ेगा। रोपणी के खेत में। ऐसा तो नहीं हो सकता कि कह दिया जाए—पानी बरसने लगा है, मैं कहीं ओट लेने जा रही हूँ, पानी के थमने पर लौट आऊँगी। पानी बरसे, न बरसे इस खेत की रोपाई आज ही पूरी होनी है। सरदर्द हो रहा है तो उसे भूल जाओ। बुखार है तो इस वक़्त उसकी परवाह मत करो। शरीर के किसी भाग में चोट-घाव है तो इस मौके पर उसकी तरफ देखो ही मत। यह रोपाई है। इस वक़्त घर पर कोई बड़ा सा बड़ा मेहमान आ जाए उसे भी रोपाई के काम में झोंक दिया जाता है। अच्छा किया आप आ गए, मैं खेत में रोपाई पर जा रही हूँ, आप घर की देखभाल कर लेंगे। और वह खाली घर की देखभाल करने वाला उतना ठाठ का मेहमान नहीं तो जोतो उसे भी रोपाई के खेत में। खेत मालिक के घर से खेत तक रोपाई के काम में जुटे लोगों के लिए कोई भोजन-पानी भी पहुँचा सके तो वह भी एक मदद है। बहुत बड़ी मदद।

पानी के थमते-थमते घर से रोटियों का टोकरा और दाल-दही-सब्ज़ियों के बर्तन लिए बच्चे खेत में चले आए। घर की वह बहू, जिसे रसोई बनाने का काम सौंपा गया था, खुद भी खेत में चली आई। जल्दी-जल्दी में हाथ धोकर रोपाई के खेत में मौजूद व्यस्त लोग बगल के खाली खेत में खाना खाने बैठ गए। अपनी उम्र और रिश्ते के रुतबे के हिसाब से कोई महिला खाना बाँटने में व्यस्त हो गई है। कटोरों में दाल, पत्तों पर सब्जी-रोटी। मोटी-मोटी रोटियाँ, रोपणी की रोटी। दो तीन लड़के आम के पेड़ों से कट्टे में आम भर लाए। आमों को एक बड़े बर्तन में डालकर उन्हें अच्छी तरह मसला गया। छिलके फेंक दिए गए। उसमें नमक-मिर्च मिलाया गया। यह अमवाणी है। गुठलियाँ अमवाणी के रस के साथ कटोरों में भर-भर कर बाँटी जा रही हैं। रोटियाँ कौन कितनी खा रहा है, कोई हिसाब नहीं। रोपणी के खेत की रोटियाँ आदमी नहीं खाता, खेत की माटी खाती है—कहावत पुरानी है।

डबली फिर से रोपाई करने लगी हैं। दिन ढलने वाला है। थकी हुई औरतें और भी जल्दी-जल्दी हाथ चलाने लगी हैं। इस रोपाई से फारिक होने के बाद उन्हें अपने घरों में कई काम निपटाने हैं। डबली की नजरें खेत के खाली हिस्से को देख रही हैं और उसके मन में अपनी भैंस का खयाल आ रहा है। भैंस के लिए घास ले जाना ज़रूरी है। इस खेत से खाली होते ही उसे कहीं वन में जाकर घास काटनी पड़ेगी। भैंस को नहीं समझाया जा

सकता कि आज रोपाई के खेत में ज़्यादा देर तक रहना पड़ा इसलिए आज घास नहीं लाई जा सकी। घर के आदमी को भूखा रखा जा सकता है, खूँटे पर बँधे पशु को भूखा नहीं रख सकते।

शाम को घास काटते हुए उसे घर पहुँचने की चिंता सताने लगी। उसे एक-एक कर, सिलसिलेवार, वे सभी काम याद आने लगे जो रात में सोने से पहले तक उसे पूरे करने हैं। घर पहुंचते ही घास का गट्ठर सर से उतारकर एक ओर रखना, बौंड (ऊपर) के कमरे में रसोई से बंठा हाथ में लेकर छाल्ला की ओर जाना, जल्दी-जल्दी बंठा रेत से रगड़कर साफ करना, बंठे में पानी लेकर घर पहुँचना, बाहर सगवाड़े से कठगल से जलाने के लिए लकड़ियाँ निकालते वक़्त देखभाल लेना कि वहाँ कोई कीड़ा (साँप) तो नहीं है, चूल्हे में लकड़ियाँ जलाकर चाय का पानी चढ़ाना। चाय बन जाए तो अपनी सास, ननद, ससुर को चाय देने के बाद खुद भी चाय का गिलास हाथ में लेकर उसे ठंडे पानी की तरह, हड़बड़ी में, गले से नीचे उतारने की कोशिश करना कि भैंस के दुहने का भी समय बीतता जा रहा है, ओबरे में बँधी भैंस के पास से पहले लैंप जलाने के लिए अपनी सास से मिट्टी का तेल माँगना, जिसे कि वह चीनी, चाय की पत्तियों की तरह ताले में बंद रखती है, दूध दुहने के लिए बाल्टी को धोकर साफ करना, भैंसवाड़े में पहुँचकर आले में जलता लैंप रखकर घास की पूलियाँ भैंस के आगे डालना, भैंस की थोर को खूँटे से खोल देना, जो खुलते ही अपनी माँ के पास पहुँचकर उसके थनों से चिपट जाती है। उसके थोड़ा-थोड़ा दूध पी लेने पर भैंस के थन नरम पड़ जाएँ तो उस थोर को जबर्दस्ती खींचकर फिर से उसके खूँटे पर बाँध लेना और तब भैंस को दुहने के काम में लग जाना। दूध लेकर रसोई में दुधेंडे पर औटाना, परात पर आटा निकालना, उसे गूँदने से पहले कोई साग काटना, उस साग को धोना और अपनी सास से छौंकने के लिए तेल माँगने जाना, जिसे कि वह ताले में बंद रखती है। साग को चूल्हे पर चढ़ाकर चूल्हे में जलती लड़कियों को ठाँसते रहना कि वे बुझ न जाएँ और आग लगातार जलती रह सके, आटा गूँदना और दूसरे कमरे में परिवार के दूसरे सदस्यों को गरम-गरम रोटियाँ बनाकर पहुँचाते रहना। उन सबके खा लेने के बाद अपने हाथ धोकर खाना-खाते-खाते दूध को उबालना। दूध के उबलते ही डबली की सास रसोई में पहुँच जाती है। वह दुधेंडे से दो गिलासों में दूध औटा लेती है। अपनी बेटी और बूढ़े के लिए। दोनों गिलास वह दूसरे कमरे में रख जाती है। तब रसोई में पहुँचकर सास की ओर से संक्षिप्त घोषणा होती है—मैं दूध नहीं पीऊँगी। मतलब साफ है—जो दूध बाकी है वह बाँटा नहीं जाएगा, अब किसी और को दूध नहीं मिलेगा। खुद अपने लिए उसका इंतजाम पक्का रहता है। बड़े वाले गिलास में अपने बूढ़े के लिए जो दूध ले जाती है, उसमें सास का अपना हिस्सा भी शामिल रहता है। घास काटते-काटते डबली का हाथ रुक जाता है। वह घास किसके लिए काट रही है? उसे तो दूध की एक बूँद कभी चखने तक को नसीब नहीं होती। फौरन ध्यान आता है—वह घास अपनी भैंस के लिए काट रही है, जो उसके परिवार की एक सदस्य है। किसी के गुण-दोष के आधार पर सोचकर काम

करने लगे तो वह कोई भी काम नहीं कर सकती। भैंस जब तक उसके खूँटे पर बँधी है उसके लिए घास काटनी ही पड़ेगी। भैंस दूध दे तब भी, दूध न दे तब भी। और भैंस का तो कोई कसूर नहीं। वह तो दूध दे ही रही है। उस दूध में सास उसका हिस्सा नहीं देती, इसमें भैंस का क्या दोष? डबली फिर तेज़ी से घास काटने लगी है। सोचने का क्रम जारी है। सास ने बचे हुए दूध में कुछ कल सुबह की चाय के लिए रख दिया है। उसके बाद दुधेंडा लकड़ी की बनी परोठी में औटा लिया। दही जमाई जा रही है। डबली के हिस्से उस दही का अंश भी नहीं आता। बाद में, किसी रात में, उस दही को मथने का काम डबली को ही करना होता है। दोनों हाथों से रस्सी के सिरे खींच-खींच कर परेड़े के अन्दर मथनी के घूमने से "घुर्र घुर्र, घुर्र घुर्र" का गहरा शब्द गूँजने लगा है। जैसे कोई बाघ गर्जन कर रहा हो। तब तक सास सोती रहती है। जब उसे लगता है कि अब मथनी काफी चल चुकी है और मक्खन लगने वाला है, उस मौके पर वह उस कमरे में आ धमकती है। परेड़े के अंदर हाथ डालकर वह जाँच करने लगती है कि मथी जा रही मट्ठा-मक्खन की क्या स्थिति है। मक्खन लग जाने पर सास डबली को छुट्टी दे देती है। उसे हुक्म देता है कि वह सोने चली जाय। डबली को नहीं मालूम वह मक्खन कौन खाता है। मक्खन बाज़ार में बेचा जाता है या घर का कोई सदस्य खाता है। डबली ने कभी जानने की कोशिश भी नहीं की। वह अपने नाम की डबली है। जो चीज़ खुले में उसे न बताई जाय उसके बारे में वह कभी जासूसी नहीं करती। उस वर्जित पदार्थ का एक छोटा-सा अंश वह अपनी जीभ पर रख कर चोरी से उसका स्वाद चख ले, यह तो वह कभी कर ही नहीं सकती। कभी-कभार उसकी छाँछ उसे पीने को मिल जाती है। उस को भी उसने कभी चोरी से नहीं पिया।

रात में रोटी खा लेने के बाद डबली ने बर्तन माँजे। उन्हें सहेज कर रख दिया। उसके सोने का समय हो गया है। उस वक़्त उसकी सास वहाँ पहुँच कर एक नया काम अढ़ा जाती है कि चीणा कल से कटी रखी है, इसे माँड देना। अकेली डबली। रात आधी बीत चुकी है, वह चीणा माँडने में लगी है। उनींदी आँखों में जलन होने लगती है। उनसे पानी छूटने लगता है। दिमाग चकराने लगता है। जमुहाइयाँ आने लगती हैं। डबली का मन करता है कि वह चीणा के अनमँडे ढेर के ऊपर फैल जाय और यूँ ही एक छोटी-सी नींद ले ले। पर वह उस डर के मारे बैठती-लेटती नहीं कि वह जानती है कि वह एक पल के लिए आराम करने लगेगी तो उसे ऐसी घनघोर नींद आ घेरेगी कि वह फिर हरगिज जाग नहीं पाएगी। तब चीणा कौन माँडेगा?

चीणा जो माँड-माँड कर ढेर में जमा की जा रही है, एक नरम अनाज है। चीणा के कई उपयोग होते हैं। उसे भून कर बुखणे के रूप में खाते हैं। पीस कर आटा बनाते हैं। उस आटे की रोटियाँ खाई जाती है। रोटियों के साथ मक्खन या घी हो तो क्या कहने? मोटी-मोटी, मीठी-मीठी रोटियाँ। उस रोटी का बगैर साग के कोरा ग्रास भी मीठा लगता है। पर पीसने से पहले उस चीणा के दाने को ओखली में कूटना-फटकना होता है। और

चीणा को भात की तरह पकाकर भी खाते हैं। सभी तरह के, कई-कई तरह के उपयोग हैं चीणा के। नरम, पीली, चमकीली चीणा। पर उसके उपयोग से पहले डबली के हाथों की, उसके पाँवों की मेहनत की बार-बार ज़रूरत होती है। डबली की आँखें बंद हो रही हैं। उनमें खुला रहने की शक्ति शेष नहीं। पर वह सोने नहीं जा सकती। थम भी नहीं सकती। चीणा माँडते-माँडते उसके पाँव आपस में ही उलझने-टकराने लगे हैं। पाँव भी थक कर चकनाचूर हो गए हैं। डबली उनको, अपने दोनों पाँवों को ठीक-ठीक चलाने की कोशिश कर रही है। ऐसे कि जैसे वे उसके अपने नहीं, किसी और के पाँव हों। डबली को लग रहा है कि उसके हाथ अलग हैं, आँखें उसकी अपनी नहीं, पाँव किसी और के हैं, डबली कोई अलग चीज़ है, और उसके शरीर के विद्रोह करने वाले विभिन्न अवयवों का एकदम अलग अस्तित्व है। वह उन्हें, उन सबकी मर्जी के खिलाफ़ जबर्दस्ती जोत रही है। डबली उन्हें जोत रही है, डबली को उसकी सास जोत रही है। सास, जो इस वक़्त अपने बिस्तर पर मज़े में नींद ले रही है।

गहरी नींद में सो रही डबली को लग रहा है कि उसके दरवाज़ों पर कोई दस्तक दे रहा है, साँकल बजाए जा रहा है। डबली की नींद काफ़ूर हो गई है। उसकी सास किवाड़ों पर साँकल बजा रही है, जैसे कि डबली को जगाने के लिए वह हमेशा बजाती है। डबली बिस्तर छोड़ कर खड़ी हो गई। अंधेरे में वह दरवाज़े की ओर लपकी। उसने दरवाज़ा खोला। सास ने बताया कि आज भण्डारी के तिदोणिया में रोपणी है। उसकी पडियाली लौटानी है। तिदोणिया गाँव की लंबी सार के आखिरी छोर पर है। उस ओर कोई वन नहीं, जहाँ से घास काट कर लाई जा सके। उस खेत में जाने से पहले डबली को अपने घर के कुल काम निपटाने हैं। छाल्ला से सद्दा पानी लाना पहला काम। भैंस-थोर को घास देना। पानी लाने के बाद चाय बनानी है। भैंस का दूध भी निकालना है। कमरों को झाड़ू से साफ करना। कलेवा पकाना, खिलाना और उसके पकाने-खाने के बर्तनी को माँजना। घर में पानी कम पड़ जाए, या सास का वैसा आदेश हो, तो एक और बंठा पानी छाल्ला से भर लाना। काम ही काम हैं। झुममुसे में पानी भरने छाल्ला की ओर जा रही डबली को अभी से शाम को घास लाने की चिंता होने लगी है। तिदोणिया की रोपाई से निपटने के बाद घास लेने जहाँ भी जाएगी, वह जगह इतनी दूर होगी कि वहाँ से घर लौटने पर पानी लेने वह तभी जा सकेगी जब रात पड़ जाएगी। आसमान में तारे चमकने लगेंगे। इस गाँव में सिर्फ रोपणी लगाने के लिए नहीं, ज़िंदा रहने के लिए लोहे की टाँगें और वज्र का सिर होना चाहिए।

डबली को पातीण लेने भेजा गया है। बरसात के मौसम में मवेशियों के नीचे जमीन बहुत गीली हो जाती है। उस गीली जमीन में पशुओं के खुर सूखे में रह सकें इस बात की व्यवस्था करनी होती है। फर्श पर लगातार खड़े रहने वाले पशु के खुरों में औरतों के पाँवों की तरह रोग लग सकता है। कादई लग सकती है। बरसात का विशेष रोग। दिन-दिन भर रोपाई के खेतों में डूबी रहने वाली औरतों के पाँवों में, उँगलियों-अँगूठों के बीच बहुत ज़ोर की खुजली होने लगती है। उसके बीच का माँस सफेद होकर छलनी बनकर गलने

लगता है। खुजली ऐसी कि एक बार खुजलाना शुरू करो तो मज़ा आने लगता है और तब हाथ को रोका ही नहीं जा सकता। खुजलाते-खुजलाते उस जगह से खून बहने लगता है। कई औरतें काँटों, आलपिनों, सूईयों की नोक से खुद ही खून निकालने लगती हैं। कहती हैं इससे आराम मिलता है। बरसात के मौसम में वन में तुँगला बहुतायत से उगता-फैलता है। छोटे पत्तों का पौधा-झाड़ी, जिसकी हर चीज़ मजबूत होती है। लकड़ी, पत्ता, कोयला। पशुओं के नीचे बिछाये गये उसके पत्ते बाद में सड़ जाने पर खाद का काम करते हैं। पत्तों का समूह—पातीण, जिसे पशुओं के नीचे गोशाला-भैंसवाड़े में खूब मोटी तह बनाकर बिछा दिया जाता है। दुधारू भैंस का विशेष ख्याल रखना पड़ता है। उसके खुरों पर रोग लगने पर मुसीबत हो जाती है। औरत के पाँवों की कादईं कोई बात नहीं। काम करेगी तो रोग झेलना ही पड़ेगा। भैंस के खुरों की रोग से रक्षा करने के लिए डबली कादईं से ग्रसित अपने पाँव की उँगलियों को बरसात से भींगी धरती पर आगे सरका रही है। डबली के मन में आया है कि आज पातीण लेने वह अकेले जाएगी। पास-पड़ोस के दूसरी बहुओं से अलग। उसका किसी से कोई झगड़ा नहीं पर इस वक़्त उसका अकेले जाने का मन हो रहा है। वह किसी से बात नहीं करेगी, किसी को उसके घर की, उसकी सास-ननद-देवरानी-जेठानी की बात नहीं पूछेगी। किसी को अपनी कोई बात नहीं बताएगी, जैसा कि वह कभी किसी को नहीं बताती। वह दूसरों की सुन लेती है, अपनी कोई बात नहीं बताती। दूसरों से सुनी बातों का प्रचार भी नहीं करती। बातें सुनकर वह चुगली भी नहीं करती, चटकारे भी नहीं लेती। आज वह अकेले में पातीण काटेगी और अपने मन में अपनी ज़िंदगी के बारे में विचार करती रहेगी।

डबली ने तुँगले के पत्तों से लदी शाखें जल्दी-जल्दी काटीं और उनको जमा कर एक भारी-भरकम बोझा अपनी रस्सी से बाँध, उसे एक ओर रख दिया। उस बोझे को देखकर उसे अपने ऊपर हँसी आ गई—इस तरह तो सिर्फ भालू पत्तों को दँदोड़ता है। वह जितना ढो सकती है उससे ज़्यादा बड़ा बोझा उसने बाँधकर एक ओर रख दिया है। इस भार को अभी से घर ले जाकर वह क्या करेगी? घर पहुँचते ही उसे दूसरे कामों में जोत दिया जाएगा। रात तक, देर तक उसे जुते ही रहना है। वह अभी घर नहीं जाएगी। घर ऐन वक़्त पर ही पहुँचेगी। डबली के चारों ओर खुला वन है। खुला और शाँत। कोई देखने वाला नहीं कि वह क्या कर रही है, क्या नहीं कर रही है। कोई अन्य घसियारिन इधर नहीं, जो उसकी इस तरह वक़्त की चोरी करने की शिकायत उसके घर तक पहुँचा सके। पातीण का बोझा एक ओर रखकर डबली सोचने लगी है कि अब वह क्या करे। बरसात के दिनों, ऐसे मौके पर जब पानी नहीं बरसता और बादल भी आकाश से थोड़ा छितरा कर सूरज की किरणों का धरती पर पहुंचने का रास्ता साफ कर देते हैं उस वक़्त की गर्मी ज़्यादा ही परेशान करने लगती है। डबली एक सुरू (नागफनी) के पेड़ की छाँव में बैठ गई है। वह घर नहीं जा रही है। वहीं बैठी रहेगी। उसका दिमाग एकदम शांत है। इस वक़्त उसे किसी भी चीज़ की चिंता नहीं। छाँह में बैठकर वह आराम कर रही है। उसे

कुछ भी नहीं करना है, सिर्फ आराम करना है। आराम, जो उसे ज़िंदगी में कभी मयस्सर नहीं होता।

लेकिन वह डबली है। आराम कैसे कर सकती है? उसके दिमाग में एक दूसरी बात ने ज़ोर मारा है। उसे दोपहर के भोजन के बाद घर से फिर से घास लेने भेजा जाएगा। इस वक़्त उसने काफी आराम कर लिया है। इतना आराम, जितना वह कभी नहीं कर पाती। अब कुछ ऐसा इंतजाम करना चाहिए कि बाद में घास काटने के लिए उसे जो समय मिले उसे भी आराम से काटा जा सके। डबली बाघिन की-सी फुर्ती से उठी। उसने जंगल में फैली हरी घास पर अपनी दराँती फेरनी शुरू की। वह कौन-सा काम है जो डबली के वश का न हो? गाँव भर में चर्चा रहती है कि डबली के बराबर तेज़, सख्त और साफ काम करने वाली कोई दूसरी बहू नहीं हो सकती। डबली घास काटने लगी तो काटती ही चली गई। पूलियाँ बनाकर वह उन्हें जगह-जगह रखने लगी। डबली को घास काटने में आनन्द आ रहा है। निर्जन वन में अकेली डबली। वह घास काट रही है, यह बात किसी को नहीं मालूम। घास की पूलियों को उसने एक सुरू के पेड़ तले जमा कर दिया। सहेजकर रख दिया है। अब मन ही मन वह देवता से पुकार करने लगी है कि कोई उसकी घास की चोरी न करे। गाँव में एक से एक उस्ताद घसियारिनें हैं। घास के तिनकों पर किसी का नाम तो लिखा नहीं होता। हे सदाशिव! मेरी घास की पूलियों की तू ही रक्षा करना।

पातीण का बोझा सर पर उठाए डबली बहुत प्रफुल्लित होकर अपने घर की ओर बढ़ रही है। आज उसके पास काफी वक़्त था, जिसे उसने अपनी मर्जी के मुताबिक बिताया। वह चाहती तो बैठे रहने के बजाय वहाँ पर सो भी सकती थी। वन में बहुत सी बहुएँ सो भी जाती हैं। पर वह नहीं चाहती कि उसके बारे में गाँव भर में यह बात फैले कि वह जंगल में जगह-जगह सोती रहती है। खाना खाने के बाद उसे घास लेने भेजा जाएगा तो वह अपनी सहेलियों को ज़ोर देकर उधर ही ले आएगी जहाँ वह घास रखी है। फिर से मनौती करने लगी है कि कोई उसको घास की दौलत को चुरा न ले। सहेलियों को जमीन पर बैठाकर वह उनसे खूब बातें करेगी। ऐसे कि जैसे उनके पास और कोई काम करने को न हो। और अगर कोई बहू अपनी सास के बारे में कहने लगे कि देरी हो रही है, मुझे घास काटनी है, पूरी घास न ले जाने पर मेरी सास मुझे खा जाएगी तो डबली कहेगी–तुम्हें कुछ घास मैं दूँगी, अभी बैठो, कुछ देर और बात कर लें। किसी भी सहेली को वह अपनी जमा घास पहले नहीं दिखाएगी। पर ईश्वर! कोई उसे चुराकर न ले जाए। मेरी घास की रक्षा करना।

घर की बटिया पर चलते हुए बीच-बीच में डबली के मन में यह बात भी ज़ोर मार रही है कि उसने बहुत बड़ी चोरी की है। उसने समय चुराया है। लेकिन उसकी खुशी का कोई ठिकाना नहीं।

लेखन– देहरादून 21.7.97, प्रकाशित–'जनसत्ता' 1998

कुँवारीधार बोलेगी

सन् 1942 ई.।

उसे बैलों पर गुस्सा आने लगा था। बैल भाग रहे थे। उसकी कोशिश थी कि वे चलें। धीरे धीरे चलें। उन्हें घास नहीं चरनी है, धरती के गर्भ से मिट्टी के बड़े-बड़े ढेले निकालने हैं। घास चरने में भी जगह-जगह रुकना पड़ता है। ये तो उतनी देर भी नहीं लगा रहे हैं। नए-नए बछड़ों की जोड़ी को शुरू-शुरू में कंधों पर जुवा रखकर खेत में खाली घुमाया जाता है। खुले वन में स्वच्छंद चरने, विचरण करने, कुलाँचें भरने वाला बछड़ा समझ नहीं पाता कि उसे जबर्दस्ती बाँधकर इस तरह क्यों घुमाया जा रहा है। घूमने में उसे कोई हर्ज नहीं मालूम होता। पर बँधने में उसे अपनी आज़ादी छिन गई लगती है। पहले अकेले बछड़े को रस्सी से बाँधकर घुमाया जाता है। बाद में एक और बछड़े को उसके साथ खड़ा कर उसकी जोड़ी बना ली जाती है। हलिया बछड़ों को पहचानता है और निर्णय लेता है कि कौन बायें रहेगा किसको दाहिनी ओर रखा जाना ठीक होगा। तब उस जोड़ी के कंधों पर जुवा रखकर उसे साथ-साथ चलने का अभ्यास कराया जाता है। शुरू-शुरू में हलिया उन्हें मारता नहीं। लीक छोड़कर इधर-उधर भटक रहे किसी बछड़े को धीरे से पुचकारता है, लाठी नहीं चलाता। सोठी (किसी पेड़ की एक बारीक शाखा) को धीरे से उसकी पीठ पर छुआ भर देता है। ऐसे कि बछड़े को लगे कि हलिया सोठी से नहीं, खुद अपने हथेली के प्यार-भरे इशारे से उसे बाईं या दाहिनी और चलने को कह रहा हो।

बहुत अनमना लगता है बछड़े को जानवरों के झुंड से अलहदा कर दिया जाना। गायें-बछियाएँ जंगल में घास चरने लगी हैं। दूर-नज़दीक वनों से उनकी घंटियों की आवाजें सुनाई दे रही हैं। बछड़े को बाँध दिया गया है और खेतों में घुमाया जा रहा है। उसके हिसाब से बेवजह घुमाया जा रहा है। अब बँधे-बँधे घूमने का उसे अभ्यास होने लगा है। बछड़ों को ऐसे ही साधा जाता है। तब एक दिन खाली जुवे की जगह उसके कंधों पर हल रख दिया जाता है। उस दिन उसे हल लगाने का अभ्यास कराया जाता है। बछड़े के कंधों पर रखे हल का फल कठोर धरती को चीरता हुआ जमीन पर, उसकी सतह से नीचे-नीचे आगे बढ़ने लगता है। हल खींचते हुए बछड़े की कुछ-कुछ समझ में आने लगता है कि उसे रस्से से बाँध कर इस तरह क्यों फिराया जाता था। आगे की ज़िन्दगी कठोर होगी उसे आभास

होने लगता है। दो चार सींव हल लगा कर बछड़े को हल से खोल दिया जाता है। बछड़ा बहुत खुश होता है। लेकिन यह बात उसकी समझ में आने लगती है कि उसे आने वाले दिनों में यों ही दो चार सींव खोदने मात्र से छुट्टी नहीं मिलने वाली है। यह पूरा खेत, यह लंबा-चौड़ा खेत उसे पूरा खोदना होगा, एक-एक सींव करके जोतना होगा। अब वह पूरी तरह समझ गया है कि गाय बछियाओं में और उसमें क्या फर्क है। गाय-बछियाएँ वन में चर रही हैं, बछड़ा है कि अपना पूरा ज़ोर लगाकर धरती को हल के फल से चीरने में लगा है। रुकता है तो हलिया उसकी पीठ पर सोठियाँ बरसाने लगता है। उसे सोठियों की मार सहने का भी अभ्यास होने लगा है। सोठी जहाँ लगती है वहाँ दर्द होता है। उसे सहलाएगा कौन?

बाद में, कुछ ही दिनों के बाद एक ऐसा भी दिन उसकी ज़िन्दगी में आता है जब खेत में ले जाए जाने से पेश्तर घर पर ही उसके मुख पर बारीक रस्सियों से बुना छींका बाँध दिया जाता है। हल लगाते वक़्त वह बायें-दायें घास के तिनकों की ओर या किसी उगी हुई फसल-वनस्पति की ओर न लपके। और लपक भी जाए तो उसे चर न सके नुकसान न पहुँचा सके। इस बात की पक्की व्यवस्था कर ली जाती है। उससे बाकायदा हल लगवाया जाता है। सुबह की अकड़ दोपहर होते-होते काफूर हो जाती है। पूरा खेत उसे जोतना होता है। खेत की जुताई करते-करते बछड़ा थक जाता है, थककर चकनाचूर हो जाता है। उस वक़्त उसकी तबियत करती है कि उसे खुला छोड़ दिया जाए। वह स्वच्छंद होकर घास चरना चाहता है, जी भर पानी पीकर अपनी प्यास बुझाना चाहता है। दोपहर में अपने थके हलिया के साथ उसके आगे-आगे घर लौटते बछड़ों, बैलों के पाँव सीधे नहीं पड़ते। उन्हें घास की तलाश रहती है, उन्हें पानी की तलाश रहती है। उन्हें अपने खूँटे पर पहुँचने की, खूँटे पर आराम करने की इच्छा होती है।

और रात में वे सोते हैं तो उन्हें अहसास रहता है कि कल, रात खुलने से पहले, झुसमुसे में उनके मुख पर फिर से छींका बाँध दिया जाना है और उन्हें जोत दिया जाना है। हलिया धूप के तेज़ होने से पहले खेत के काफी बड़े हिस्से को जोत देना चाहता है। धूप हलिया को भी परेशान करती है। लेकिन हल लगाए बगैर, जमीन को सींव-दर सींव पूरा जोते बगैर चैन नहीं मिल सकता, छुट्टी नहीं मिल सकती। इंसानों को ज़िन्दा रहने के लिए, ढोर डंगर के जीवित रहने के लिए ज़रूरी है कि हलिया और उसके बैल धरती पर हल लगाने का काम पूरा करें। दुनिया के चलते रहने के लिए ज़रूरी है कि खेतों से साल-दर-साल, फसल-दर-फसल धान-गेहूँ की बालें उपजती रहें, दूसरे अनाजों की बालें उगती रहें, जिन्हें खाकर इंसान ज़िन्दा रहते हैं और उनसे डंठल पत्तियाँ भी मिलती रहें, जिन्हें खाकर इंसान के पालतू पशु ज़िन्दा रहते हैं। ज़रूरी है कि खेतों में हल चलता रहे। हल नहीं चलेगा तो दुनिया में भूख पैदा हो जाएगी। जबर्दस्त भूख। और सब कुछ ठप्प हो जाएगा। दुनिया का चाल-चलन ठप्प हो जाएगा। हल नहीं चलेगा तो पिरथी उलट जाएगी। हल का सींव-दर-सींव खींचा जाना, धरती के गर्भ को चीरते जाना जरूरी है। उस काम

में कोई भी जुटे—फजीतू या उससे कम उम्र के हलिया लड़के या बूढ़े कमजोर लोग : बैल हों या बछड़े हों या बूढ़े ढाँगे हों, जो कठोर धरती पर हल खींचने में अपनी ताकत लगा अपनी देह को मिटा दें—यह कोई सवाल नहीं, कोई खींचे, पर उस हल को, धरती की गहराइयों में दबे उसके नुकीले, सख्त लोहे के फल को सींव-दर-सींव खींचता रहे, यह ज़रूरी है।

और यह भी ज़रूरी है कि जो भी हलिया उन बैलों को हाँक रहा हो, जोड़ी बैल को बाएँ-दाएँ जोड़ने के बाद, वह हल की मूँठ अपने हाथ से पकड़ ले। पकड़ ले और अपनी पूरी ताकत के साथ उसे दबाता रहे। इतने ज़ोर के साथ कि हल का फल धरती के गर्भ के अंदर दबा रहे, डूबा रहे, छिटके नहीं, ऊपर न चला आए। दूसरे हाथ से वह बैलों की रस्सी भी थामे। रस्सी, जिसके इशारे से वह बैलों को हाँकता है। ज़रूरत पर रोकता है, ज़रूरत पर घुमाता है। कभी बाएँ, कभी दाएँ, कभी उल्टे। और जब रस्सी की ढील या उसकी खींच से बैल हलिया का इशारा न समझें या थककर जिद करने लगें और लीक छोड़कर चलने लगे तब हलिया सोठी के ज़ोर से उन्हें जबर्दस्ती अपनी मर्जी के मुताबिक चला सके—हल के लगाए जाने की ज़रूरत होती है कि ऐसा भी हो।

बैलों की तेज़ चाल से फजीतू को झुँझलाहट हो रही है। उसके हाथ में सोठी है पर वह उन्हें सोठी मार नहीं सकता। उसके जी में आ रहा है कि वह उनको कितना मारे। मार-मार कर उनकी चमड़ी उधेड़ दे। सोठी लगने से वे और तेज़ दौड़ने लगेंगे। और उसकी ज़रूरत है कि वे धीरे-धीरे चलें। उसकी हल्की सोठी का इशारा समझें। कदम-कदम पर इशारा समझें। हर कदम पर उसे मौका दें कि वह हल के फल को धरती में और गहरे डुबा सके। इतना गहरा डुबा सके कि खेत के अंदर से महीन, भुरभुरी मिट्टी न निकले, बड़े-बड़े ढेले उलटने लगें। खूब बड़े-बड़े ढेले। जमीन में फल गाड़ने की कोशिश में उसके हाथ-पाँव काँपने लगे हैं और बैलों को भी अपनी पूरी ताकत लगानी पड़ रही है। बैल खिंचते जा रहे हैं, पीछे की ओर खिंचते जा रहे हैं। हलिया उन्हें आगे नहीं जाने दे रहा है। फजीतू एक ओर हल की मूठ को दबा कर उसके फल को धरती की अदृश्य गहराइयों में डुबाने की चेष्टा कर रहा है दूसरी ओर एक जोड़ी जवान बैलों की साँझी ताकत से अकेले जूझ रहा है और उनकी बेतहाशा चाल पर काबू करने की कोशिश कर रहा है।

उसे खेत में इस वक़्त सिर्फ तीन प्राणी हैं—एक हलिया और उसके दो बैल। फजीतू के मन में यह बात आ रही है कि उसके बैलों का जीवन उसकी ज़िन्दगी से बेहतर है। वे हल लगा रहे हैं। खेतों के पूरा जोत दिए जाने के बाद उन्हें अगली फसल की जोत तक कोई काम नहीं करना है। लेकिन उसे ज़िन्दगी में कोई फुरसत नहीं मिल सकती। उसे रोज़ प्रतापसिंह के घर पर हाज़िरी देनी है। घर पर, जंगल में, खेत में हर जगह सब काम उसके बगैर रुके रहते हैं। वह उन कामों को छोड़कर, प्रतापसिंह का घर छोड़कर, कहीं दूसरी जगह नहीं जा सकता।

कल शाम प्रतापसिंह ने उसे कितना डाँटा था। फजीतू जैसे ही उस घर में पहुँचा, उसकी घरवाली घर के अंदर से आँगन में निकल आई। प्रतापसिंह ऊपर की मंजिल में तिवारी पर बैठा हुक्का गुड़गुड़ा रहा था। आँगन से उसकी औरत ने अपने पति से कहा—फजीतू खेतों में धान की रोपाई के लिए हल लगा रहा है।

फजीतू, क्या बोल रही है यह?

—महाराज, ढेले निकाल रहा हूँ।

—ढेले निकाल रहा है तू? खेत को देख कर लगता है कि वहाँ पटेला चलाया गया हो। पूरे खेत में कहीं एक ढेला नहीं दिखाई देता। ऐसा ही हल लगेगा तो गेहूँ का एक पौधा नहीं जमेगा इस साल। मैं परसों गई थी कुँवारीधार। देख आई तेरा काम। खेतों की मिट्‌टी महीन हो गई है।

प्रतापसिंह के हुक्के की गुड़गुड़ाहट बंद हो गई थी। प्रतापसिंह खामोश हो गया था। प्रतापसिंह गुस्सा हो गया था।

फजीतू मुँह नहीं लगता। वह मुँह नहीं लग सकता। सवर्ण लोगों की, बिट्ठों की जुबान से जो कुछ निकलता है वही सच होता है। अंतिम सच। उसी बोल को सच होना चाहिए। वे जो कुछ भी बोलें, उसे सच मान लेना उसका स्वभाव हो गया है। बिट्ठ। मालिक। उनकी बात काटना उसने सीखा ही नहीं। बात काटेगा तो उसे भारी कीमत अदा करनी पड़ सकती है। ऐसे मौकों पर जब प्रताप को गुस्सा आने लगता है फजीतू गर्दन झुका लेता है और हाथ जोड़कर खड़ा हो जाता है। तब मालिक के मुँह की ओर देखने की वह जुर्रत नहीं कर सकता। उस वक़्त वह हाथ जोड़े खड़ा था, उसे कँपकँपी छूटने लगी थी।

फजीतू के मन में यह बात आई थी कि वह सच बोल दे। बोल दे कि जमीन एकदम सूखी है इसलिए ढेले ज़्यादा नहीं निकल सकते। हल लगाने पर मिट्टी टूट-टूटकर बाहर निकलती है। वहाँ लाल मिट्टी नहीं है। लाल मिट्टी का गुण होता है कि पानी पड़ने पर उसमें चिपक पैदा हो जाती है और पानी न पड़े तो उसकी सूखी परतों को हल से तोड़ना मुश्किल हो जाता है। फिर भी हल का फल जमीन के अंदर घुस जाए तो उससे ढेले निकल ही आएँगे। लेकिन कुँवारीधार की मिट्टी में चिपक है ही नहीं। एकदम भुरभुरी मिट्टी। कि उसे हल के फल से ढेलों के रूप में निकालना बहुत मुश्किल होता है। लेकिन अपने मन में उठने वाली इन बातों को उसने मन में ही सोचा और मन में ही पी गया। जुबान से कुछ बोले यह कैसे हो सकता है? पिरथी उलट जाएगी।

हल चलाते हुए फजीतू को प्रतापसिंह और उसकी घरवाली का गुस्सा याद आने लगा। उनके बोल याद आने लगे। खेत में ढेले नहीं निकलेंगे तो वे क्या करेंगे? फजीतू का क्या करेंगे, यह बात नहीं उठी थी। उनके बीच ऐसी बात कभी उठ नहीं सकती, बोली नहीं जा सकती। उसे बोले जाने की जरूरत नहीं। फजीतू की मजाल कि वह पूछ ले कि तुम क्या करोगे? क्या कर लोगे? वे जो चाहें, कर सकते हैं। मार कर किसी ढंगार की

ऊँचाई से गहराई में फेंक दिया जाय या कहीं खेत के किनारे पर गहरे गाड़ दिया जाए तो उसकी खबर या शिकायत सैकड़ों मील दूर बसे राज-दरबार में तो कभी पहुँचनी नहीं है। महाराजा टिहरी-गढ़वाल अपनी राजधानी नरेन्द्रनगर में रहता है। नरेन्द्रनगर यहाँ से पता नहीं कितनी दूर है। लोग कहते हैं कि सात दिन लगते हैं कुंवारीधार से नरेन्द्रनगर पहुँचने में। फजीतू के ज़िन्दा या मुर्दा जमीन में गाड़ दिए जाने की, मार दिए जाने की खबर सात दिन की दूरी तक पहुँचाने वाला कोई नहीं। न है, न हो सकता है, न होगा।

कुँवारीधार इस ऊँचे पहाड़ का माथा है। पहाड़ी की ऊँची चोटी पर एक लंबा-चौड़ा मैदान। समतल मैदान। चौड़ाई कम, लंबाई ज़्यादा। पहाड़ की चोटी पर एक सिरे से दूसरे सिरे तक फैला हुआ। इस लंबे-चौड़े मैदान के एक तरफ, पीछे की ओर, घना जंगल शुरू होता है। जंगल में काफी दूर अंदर जाने के बाद एक और विराट पर्वत खड़ा है। जंगल के बीच में एक डाक बँगला बना है। डाक बँगले में कोई रहता नहीं। फजीतू की याद में कोई हाकिम उस डाक बँगले में नहीं ठहरा। न रात में न दिन में। फजीतू के पुरखों की कई-कई पीढ़ियाँ पहले, बहुत पुराने ज़माने में, कहते हैं, वह बँगला अंग्रेजों ने बनवाया था। तब यह जंगल अंग्रेज सरकार के पास था। उस बीते ज़माने में उस बँगले में अंग्रेज लोग ठहरने आते थे। 1857 के बाद भारतीय जनता के डर से कई अंग्रेज रियासत के अंदर आने लगे। महाराजा की ओर से उनको पूर्ण सुरक्षा प्रदान की जाती थी और विशेष स्वागत किया जाता था। इस स्वामिभक्ति से खुश होकर अंग्रेज सरकार ने महाराजा को वह विशाल वन क्षेत्र रियासत टिहरी गढ़वाल को लौटा दिया था। कुँवारीधार के उस डाक बँगले में उसके बाद से कोई ठहरने नहीं आता। दिन के वक़्त गाँव के कई लोग, लड़के, लड़कियाँ, घासियारिनें उस बँगले के अंदर भी चले जाते हैं। बँगले का ताला लगा रहता है। ताला खींचने से खुल जाता है, पटकने से बंद हो जाता है। ताले की यह तरतीब गाँव के सभी लोगों को मालूम है। लोग ताला खोल कर बँगले के अंदर चले जाते हैं। कुछ साहसी लोग वहाँ रखी कुर्सियों पर बैठ भी जाते हैं। डरते-डरते। वहाँ के बाथरूम के अंदर एक चमकीली साबुनदानी है। उसे देखकर लोग आश्चर्य प्रकट करते हैं। साबुनदानी के तीन हिस्से हैं। एक है ढक्कन जिसे उठाने के लिए उसके बीच में एक मोटा बटननुमा गोला बना है। ढक्कन के नीचे वह हिस्सा है जिस पर साबुन रखा जाता है यानी उस पर साबुन रखने की जगह बनी है। उसके नीचे एक कटोरानुमा चीज़ है। वह क्यों बनी है, लोग नहीं जानते। कई लोगों ने उसकी उपयोगिता के बारे में कई-कई ढंग से अपने-अपने विश्लेषण पेश किए। अंग्रेज को गए युग बीत गए हैं। पर उसकी सफ़ेद, चमकदार साबुनदानी के बारे में कुँवारीधार के लोग आज भी नहीं जानते कि उसका क्या मतलब है। लोगों ने साबुनदानी को हमेशा वैसा ही देखा है। लोगों की याद में उसके अंदर कोई साबुन किसी ने नहीं देखा। लोगों ने सुना ही है कि साबुन नाम की एक चीज़ होती है। उसे बदन पर रगड़ने से बदन साफ हो जाता है। लोग गर्म पानी से नहाते हैं। कपड़े धोने हों तो वे छोई लगाते हैं। राख उबाल कर, उसमें कपड़े डालकर उन्हें पानी से धो लेते हैं। गर्म कपड़ों को मोटी बिछी

बर्फ की सतह के ऊपर फैला कर उन्हें बर्फ से धो लेते हैं।

ऐसा नहीं है कि अब राजा के हाकिमान के दौरे नहीं होते। जँगलात विभाग के हाकिम तो हर साल आते हैं। डिविजन हर साल आता है। कभी-कभी तो साल में दो बार भी आ धमकता है। लेकिन वे लोग वीरान इलाके में बने कुँवारीधार के डाक बँगले में ठहरने की हिम्मत नहीं करते। वे रात्रि निवास के लिए रेंज दफ्तर में चले जाते हैं। उनके दौरे की जानकारी पूरे गाँव को, और पूरी पट्टी को, हो जाती है। गाँव वालों को उनकी बेगार करनी होती है। जब राजा के अहलकारों की बेगार लगती है तो उसमें सवर्णों को भी झोंक दिया जाता है। कुँवारीधार के बँगले में कोई हाकिम नहीं ठहरता। न गढ़वाली, न देशी।

कुँवारीधार से दूसरी दिशा में, जहाँ खेतों का सिलसिला खत्म होता है, वहाँ पर फजीतू और उसके भाई-बंधों के आठ-दस घरों का छोटा-सा गाँव बसा है। उस बस्ती के बगल में, पहाड़ी की उस आकाश-छूती ऊँचाई पर कुदरत का एक अजूबा है—पानी का एक कुवाँ। कुँवारीधार के निवासी इसी कुएँ का पानी पीकर ज़िन्दा हैं। सवर्ण लोग उस पानी को छूते तक नहीं। कुएँ के पास से नीचे घाटी में जाने का रास्ता शुरू हो जाता है, जो पब्बर नदी के किनारे बने रणाकोट तक चला जाता है। कुएँ के पास खड़े होने से दूर-दूर तक फैली पहाड़ी रियासतों के इलाके दिखाई देते हैं। शिमला के विस्तृत पहाड़ और उनके हरे-भरे उच्च शिखर। जुब्बल, क्योंठल और रामपुर बुशहर। दाहिने हाथ की ओर फतेपर्वत का इलाका है, जिसे कई वर्षों तक अपने अधिकार में रखने के बाद अंग्रेजों ने महाराज टिहरी-गढ़वाल को लौटा दिया था। रियासत जुब्बल के चरागाहों में छोटी-छोटी सफेद गाली गाएँ चरती हुई दिखाई देती हैं। फजीतू रोज सुबह शाम को उन दृश्यों को देखता है। लेकिन उन सब को देखने न देखने से उसकी ज़िन्दगी पर कोई असर नहीं पड़ता। उसे उस वक़्त बहुत जल्द आने वाले दिनों में बर्फ की मार के खयाल ने, प्रतापसिंह के गुस्से की चिन्ता ने और अपने बैलों की चाल ने परेशान कर दिया है। वह अपनी पूरी ताकत लगाकर धरती के गर्भ के अंदर, उसकी अनदेखी गहराइयों में हल का फल घुसेड़ देना चाहता है। वह उन गहराइयों के अंदर सोई मिट्टी को उलट देना चाहता है कि बड़े बड़े गोल पत्थरों जैसे मिट्टी के ढेले हल की हर सींव के साथ खेत में जमा होने लगें।

कि उसका मालिक प्रतापसिंह खुश हो जाए।

उसका गुस्सा गायब हो जाए।

कि वह खुश होकर हुक्के को ज़ोर-ज़ोर से गुड़गुड़ाने लगे।

फजीतू अपने मालिक की खुशी के लिए ज़िन्दा है। उसका जीवन मालिक को खुश रखने, उसे सुखी रखने के लिए अर्पित है। मालिक नाखुश, जीवन बेकार।

रुको मेरे बैलों। मेरी बात समझो। हमें जमीन सिर्फ जोतनी नहीं है, उलटनी है। उससे मिट्‌टी नहीं निकालनी है, ढेले निकालने हैं। जैसे भारी भरकम गोल पत्थरों को कोई नदी किनारे से उठा कर लाए और उनका ढेर लगा दे। हमें, तुम दोनों को और मुझे, मिलकर

हल के फल से वैसे ही बड़े-बड़े मिट्टी के ढेले हल की हर सींव के साथ इस खेत की लंबाई-चौड़ाई में जमा करने हैं। ढेले, जिनके नीचे, आने वाले हिमपात के बाद, गेहूँ के बीज के दाने आसरा ले सकें और गर्मी पा सकें। परत-दर-परत जमा बर्फ के ढेर गेहूँ के उस नन्हें से दाने को अपनी शीत की ऐंठन से जला न सकें। गेहूँ के दाने उन बड़े ढेलों के नीचे निर्विघ्न सुरक्षित रह सकें। बर्फ की नमी गेहूँ के दानों के अंदर से नए अंकुर पैदा कर दे। ढेले उन अंकुरों को, अंकुरों को जन्म देते उन दानों को सुरक्षित रख सकें। ऐसे बड़े-बड़े ढेले। मालिक ठीक कहते हैं। मिट्टी महीन हो जाएगी तो खेत में छिड़के गए गेहूँ के बीज बर्फ की शीत की ऐंठन में नष्ट हो जाएँगे। उन पर अंकुर नहीं फूट पाएँगे। फसल उगेगी ही नहीं। तुम कम्बख्त बैल। तुम्हारी समझ में यह छोटी-सी बात क्यों नहीं आ रही है? डिविजन का, अहलकारों का दौरा होता है तो मालिक को भी उनकी बेगार करनी होती है, मैं बेगार ढोता हूँ। पर मालिक, मालिक है। वह बहुत बड़ा ढेला है। उसकी छत्रछाया में मैं सुरक्षित रहता हूँ। अपने को सुरक्षित महसूस करता हूँ। कितनी बड़ी विपदा आ जाए, बर्फ की कैसी भी भारी जबर्दस्त मारक परतें जमा हो जाएँ पर मेरे मालिक की ओट मेरी रक्षा करती आई हैं। रक्षा करती रहेंगी। तुम्हारी समझ में यह बात क्यों नहीं आती है?

फजीतू हल चलाता है तो धरती के अंदर प्रकंपन होता है। लकड़ी के हल की मूँठ पर वह प्रकंपन महसूस करता है। उसके बैलों की चाल और लोहे के फल के निरंतर चलने से धरती के गर्भ में हो रहे घर्षण की अनुगूँज फजीतू के हाथ से पकड़ी हल की मूँठ के जरिए एक संगीत पैदा करती है। एक अविरल संगीत। धरती के गर्भ के अंदर से पैदा हो रही एक लय। हल को थाम रहे दाहिने हाथ के द्वारा वह प्रकंपन फजीतू के पूरे शरीर को झंकृत कर देता है। तब उसके अपने अंदर से भी अनायास एक गीत के बोल फूट पड़ते हैं, लोक गीत के बोल। कहीं, पता नहीं कहाँ, एक जीतू बगड्वाल था। वह हल लगा रहा था और हल लगाते-लगाते अपनी जोड़ी बैल के सहित धरती के गर्भ के अंदर लोप हो गया था। धरती के गर्भ के अंदर से आज भी जगह-जगह जीतू के गीतों की धुन सुनाई देती है। जब-जब कोई हलिया हल चलाता है धरती के गर्भ के अंदर से एक संगीत की लय सुनाई देने लगती है। दोपहर होने को आ रही है। तेज़, बहुत तेज़ ध्वनि में धरती के शाँत वातावरण को तोड़ने वाली झींगुरों की सम्मोहक लय एक स्वरलहरी के रूप में प्रवाहित होने लगी थी। फजीतू भी हल की मूँठ थामे गाता जा रहा था। पूरे वन में, समूचे वातावरण में एक अद्‌भुत, एक मधुर, एक विराट महासंगीत का साम्राज्य व्याप्त हो गया था।

फजीतू हल की मूँठ को दबाए चला जा रहा है। डाक बँगले की सफ़ेद साबुदानी का नीचे का कटोरा पता नहीं क्यों बनाया गया है। अंग्रेज जा चुका है। उसकी तरकीब को पहाड़ी बंगाणी लोग नहीं समझ पाते। बेमतलब तो बना नहीं होगा वह कटोरा। होगी कोई गहरी बात। कोई रहस्य की बात। फजीतू कोशिश कर रहा है कि वह कुँवारीधार के खेत की अदृश्य गहराईयों को भेद जाए। हल के फल को वह कहीं गहरे, और गहरे डुबा देने

की कोशिश में खुद भी जमीन के अंदर धँसता चला जा रहा है। बैल जवान हैं। अब वे बछड़े नहीं रहे। उनका वश चले तो वे क्या कर जाएँ। फजीतू है कि उनकी साँझी ताकत से लोहा लेने लगा है। वह अपने हल के फल को रणाकोट की गहराई तक डुबा देने की चेष्टा करने लगा है। रणाकोट के केशरसिंह राणा शराब नहीं पीते। यह बात पूरी दुनियाँ जानती है। जो शराब नहीं पीता वह दूध पीता है। उसे देवता का दोष नहीं होता। पौबासू देवता उसे दूध पीने की आज्ञा देता है। पौबासू महाराज! तेरी बलि जाऊँ महाराज। मेरी जोत में ढेले निकल आएँ। बड़े-बड़े ढेले। इतने बड़े कि गेहूँ के बीज उनके नीचे दबे रहें। ज़िन्दा दबे रहें। बसंत के आने पर जब बर्फ पिघलने लगे तो पूरे खेत में गेहूँ के नन्हें-नन्हें पौधे अपने सर उठाने लग जाएँ। इधर-उधर पेड़ों की शाखें रंग बिरंगे फूलों से लदी दिखाई दें। उधर प्रतापसिंह के खेतों में गेहूँ की बालियाँ झूमने लगें। सोने की बालियाँ। कुंवारीधार पर बैसाख के बीतने और जेठ के शुरू होने पर ऐसे ही नज़ारे दिखाई दें। कुंवारीधार पर हवा का एक झोंका चले तो लगे कि चारों ओर सोना ही सोना बिखरा पड़ा है। प्रताप सिंह की घरवाली के बदन पर सोना कितना अच्छा लगता है! सोना अच्छा लगता है कि उस सोने में प्रतापसिंह की घरवाली का बदन अच्छा लगता है? कुँवारीधार के वन में जगरौ के कितने पौधे दिखाई देने लगते हैं? लोग उसके चौड़े-चौड़े पत्तों को तोड़-तोड़कर घर ले जाते हैं और उसका साग बनाकर खाते हैं। है कोई जगरौ के पौधे का मुकाबला करने वाला दूसरा पौधा? उसके स्वाद में, जी करता है कि कितना खा जाऊँ। बरसात के मौसम में धरती के सीने पर म्यौले उगते हैं। चिट्टे, सफेद, म्यौले। पानी के बंठे जितने बड़े। इतने चिट्टे चमकीले कि एक मील दूर से ही दिखाई दे जाएँ। एक अकेला म्यौला कुँवारीधार की समूची बस्ती का साग का काम दे सकता है। और उसका स्वाद? उसके स्वाद का कोई मुकाबला नहीं। मांस झख मारेगा उसके सामने। बैलों! तुम मेरी मदद करो। मैं आज धरती के अंदर ही अंदर रणाकोट की गहराई तक पहुँचकर ढेले निकालूँगा। मुझे प्रतापसिंह को खुश करना है। इतना खुश कि वह तिवारी पर बैठकर अपना हुक्का ज़ोर-ज़ोर से गुड़गुड़ाने लगे।

कुँवारीधार में, उसके लंबे-चौड़े खेतों के सिलसिले में, फजीतू का, फजीतू के भाइयों का, उसकी बिरादरी का एक भी खेत नहीं। वे कुल खेत सवर्णों के हैं। वहाँ से मील भर नीचे बसे जाखू गाँव के निवासियों की संपत्ति। रियासत के अंदर जमीन का असली मालिक महाराजा होता है। उसकी इजाजत से लोगों के पास जमीन रहती है। वे खायकर कहे जाते हैं। खायकर का नाम खाते में चढ़ा होता है। फजीतू और उसकी बिरादरी के लोग खायकरों के उन खेतों पर हल लगाने के और खेती के दूसरे काम करने के जिम्मेदार होते हैं। फसलें उगाने और उन्हें काट छाँटकर, छान-फटककर खायकरों के घरों तक पहुँचाने के जुम्मदार होते हैं। उनमें पैदा होने वाली फसलों पर उनका कोई अधिकार नहीं होता। कुँवारीधार के खेत जाखू गाँव से दूरी पर हैं। दूरी पर, और गाँव की पीठ पर। घर-आँगन के अंदर

से जाखू से अपने खेत नहीं दिखाई देते। अपने खेतों में उगने वाली फसलों को, खेती के हालात को देखने के लिए मील भर की चढ़ाई चढ़नी होगी। पहाड़ों में कई गाँव ऐसे होते हैं कि जिनके खेत घरों से दूर होते हैं। फिर भी उन खेतों के मालिक अपने घरों के अंदर से ही चौकसी रख सकते हैं। उन घरों और खेतों के बीच कभी-कभी एक घाटी भी पड़ती है। गहरी घाटी। फिर भी वे आमने-सामने होते हैं, और घरों से खेत, खेतों से घर आसानी से दिखाई पड़ जाते हैं। जाखू गाँव के खायकरों ने कुँवारीधार में अपनी कृषि-भूमि के छोटे-छोटे टुकड़ों पर अपने पुश्तैनी सेवकों को स्थाई तौर पर बसने की इजाजत दे दी है। कुँवारीधार की उनकी खेती की वे लोग लगातार चौकसी कर सकते हैं। खेती किसानी का काम करने और आने-जाने में समय भी बर्बाद नहीं होता। पूरी खेती दासों के हवाले करके जाखू गाँव के लोग आराम से अपने गाँव में रहते हैं। कभी-कभी राजा के अलहकारों की बेगार में जोते जाने के अलावा वे अपने सभी काम फजीतू की बिरादरी से करवा लिया करते हैं।

कुँवारीधार की जमीन पर हल चलाता फजीतू अपने हल समेत जमीन में धँसने लगा है। वह जाखू गाँव की गहराई तक और उसके बाद उसके नीचे पब्बर के तल तक पहुँचकर मिट्टी को भी उलट देगा। वह रणाकोट के केसर सिंह राणा से मिलकर आएगा, जो दूध पीता है। उसने अपने बैलों की चाल को नियंत्रित कर लिया है। बैलों की समझ में नहीं आ रहा है कि वे क्या करें? आगे बढ़ें या पीछे की ओर लौटें। बैल पूरा ज़ोर लगाकर भी एक कदम आगे नहीं बढ़ पा रहे हैं। पता नहीं उनका हल किस गहरी खाई के अंदर जा फँसा है। फजीतू ने बड़े-बड़े ढेले निकाले हैं। उन ढेलों के तल पर गेहूँ के दाने आराम से सोए रहेंगे। गेहूँ का दाना अपनी शक्ल में औरत के बदन की तरह होता है। उस दाने के अंदर बीज अंकुरित होगा। कुछ दिन बाद वह धरती के सीने से बाहर निकलने की कोशिश करेगा। उत्तर दिशा के कोने से उगने वाली सूरज की किरणों की गर्मी कुछ ही दिनों में खेतों में जमी बर्फ की परतों को पिघला कर उसका पानी बना देगी। कभी बर्फ टूटेगी, कभी गेहूँ का दाना फूटेगा और इतनी भरपूर फसल पैदा होगी कि प्रतापसिंह अपनी तिवारी में बैठकर ज़ोर-ज़ोर से हुक्का गुड़गुड़ाने लगेगा।

बाद में, बहुत बाद में जब फजीतू घर नहीं लौटा, उसकी औरत खेत में पहुँची। समूचे खेत में ढेले ही ढेले बिखरे पड़े थे। नई जोत के जैसे ढेले। फजीतू के हाथ में हल की मूँठ थी। उसके नीचे हल का पूरा हिस्सा जमीन के अंदर धँसा था, ऐसे कि जैसे कोई किसी नदी के दलदल में धँस जाए। उसके बैल खड़े थे। वे आगे नहीं बढ़ रहे थे। उनकी आँखें बाहर निकलने को हो रही थीं। और फजीतू अपनी लँगोट की करदोड़ तक, कमर तक, जमीन के अंदर धँसा था। वह सीधा तनकर खड़ा था। खेत की मिट्टी ने उसके बेबस शरीर को थाम लिया, उसे गिरने नहीं दिया। उसके सामने विराट आकार का एक ढेला था। ढेले ने डाक बँगले को उसकी नजरों से ओझल कर दिया था। ढेले के नीचे फँसे हल को, उसके

फल को खींच कर बैल आगे नहीं बढ़ पाए थे। फजीतू कुछ बोल नहीं रहा था। लेकिन बैलों पर उसकी पकड़ लगातार जारी थी। उनकी रस्सी फजीतू की हथेली में फँसी थी। उसे छुड़ाया नहीं जा सकता था। उस पर मुर्दा-मूँठ पड़ गई थी।

उसकी स्त्री को मालूम था कि फजीतू कुछ नहीं बोलेगा। कुँवारीधार बोलेगी।

लेखन-गडोग, शिमला में डा. रघुवीर सिंह पिर्टा के निवास पर 24.8.1996,
समाप्त–देहरादून 28.8.1996, संशोधित-नोएडा 9.9.1996
प्रकाशित आजकल, 1997

बहुओं का ईमान

पारोती ने चोरी किए दूध का कटोरा मुँह से छुआ ही था कि पिरमू आ पहुँचा। दोनों ने एक दूसरे की ओर देखा और असमंजस में पड़ गए। पारोती के हाथ का कटोरा हाथ में ही रह गया। मुँह की घूँट मुँह में ही रह गई। निगलने की सुध नहीं रही। उसकी काँपती नजरें पिरमू के चेहरे पर जा टिकीं। उसका शरीर सिकुड़ कर इस तरह काँप रहा था, जैसे पूस के महीने, धूप निकलने से पहले कोई बिल्ली ठण्डे पानी से भींगकर ठिठुर रही हो।

पिरमू एक पलक के लिए उसे देखता रहा। रसोईघर के अँधियारे कोने पर, जहाँ दो दीवारें आपस में मिलती थीं, हाथ में दूध का कटोरा लिए उसकी माँ खड़ी थी—अपने पुत्र से भयभीत।

—माँ! दादी ने कहा है कि धान कूटकर सोना। पिरमू ने उस वक़्त वहाँ आने का उद्देश्य बताया। धान कूटने की बात से वह चौंकी नहीं, विरोध नहीं प्रकट किया, कुड़बुड़ाई भी नहीं। उसने अपने पिरमू को पास बुलाकर धीरे से उसके कान में कहा—बेटा, दादी से मत कहना, माँ दूध पी रही थी।

—नहीं कहूँगा।

—ले, तू पिएगा थोड़ा सा दूध?

—नहीं। तू पी ले, मैंने पी लिया है।

पारोती ने कटोरे का दूध खत्म किया और पिरमू के सर पर हाथ रखकर उसे अपना दुखड़ा सुनाने लगी—बेटा, आज तेरी दादी ने पेट भर खाने को भी नहीं रख छोड़ा। दिन भर काम से थककर लौटती हूँ, फिर खाना खुद ही बनाना पड़ता है। और इतना करने पर भी भरपेट खाना नहीं मिलता।

पिरमू माँ की ओर टुकर-टुकर ताकने लगा।

—मत कहना पिरमू!

—नहीं कहूँगा।

—मेरे लाडले कम से कम तू तो देगा मुझे सुख, कह कर पारोती ने उसे सोने को भेज दिया। खुद धान का टोकरा उठाया और ओखली की ओर चल दी। उसकी उनीदीं आँखें इस तरह दर्द कर रहीं थी कि जैसे उनमें छोटे-छोटे कंकर भर गए हों।

सख्त धान को कूट-कूटकर उससे सफ़ेद चावल के दाने बिलगाकर पारोती जब सोने को जाने लगी तो पास पड़ोस के किसी भी घर में रोशनी नहीं दिखाई दे रही थी। सामने के पहाड़ पर बसे माजफ गाँव के नत्थू के घर रात में सबसे देर तक उजाला बलता रहता था। आज वहाँ भी अँधेरा है। पता नहीं कितनी रात बीत चुकी है। पारोती कमरे में पहुँची। वह वैसे ही लेट गई। लेटने से पहले उसने कमरे में रोशनी भी नहीं की। न तो उसने दिया जलाया और न ही बिस्तर को झाड़कर ठीक से बिछाया। जो नींद नर्म गद्दे पर लेटे बिना न आए वह नींद कैसी? नींद वह, जो सख्त, चुभते पत्थर पर सुला कर भुला दे।

पारोती को लगा कि उसे सपना हो रहा है। दूर कहीं से उसे कोई बुला रहा था। हली, उठती नहीं अभी? जब तक घास कमरे के भीतर न आ जाए तब तक ठकुराइन की नींद नहीं टूटेगी क्या आज? वह चौंक गई। उसकी सास थी जो उसे पुकार रही थी। वह आवाज़, जिसे सुनकर किसी के हरण करने के लिए आई मौत को खुद अपने ही प्राणों की फिकर होने लगे। उसने ठीक से सुनने की कोशिश की—उसकी सास का ही स्वर था। उसे भयंकर सपने आते थे, लेकिन वे कभी झूठे नहीं होते थे। यह सपना भी सच था। सुबह का सपना, जो कभी झूठा हो नहीं सकता है। वह घास काटने चली।—जल्दी लौट आना घास लेकर, सास का फरमान था। चारों ओर अँधेरा था, लेकिन उसे न तो भूत का डर था न बाघ का। 'मार के आगे भूत नाचे' लोग ठीक की कहते हैं। उसके अंतर में उसकी सास के शब्द थे। बाघ से भी भयानक। भूत से भी विकराल।

घास काटने को हुई तो आँखों ने इंकार कर दिया। भींच-भींचकर आखिर उन्हें कैसे खुला रखा जा सकता है? वह सो गई। प्रगाढ़ निद्रा में लीन।

पड़ोस की बुढ़िया खुणी ने उसे हाथ खींचकर जगाया। पारोती उठी। खुणी को सामने देखकर उसके पाँव पकड़कर बोली, जी, हाथ जोड़ती हूँ, पाँव पड़ती हूँ। मेरी सास से मत कहना। कल रात बहुत देर तक धान कूटना पड़ा। सो नहीं पाई थी।

खुणी ने वादा किया—नहीं कहूँगी। वह अपने घास का गट्ठर उठाकर अपने घर चली गई।

घर की ओर जाते वक़्त खुणी के मन में उथल-पुथल मची हुई थी।—पारोती की सास से कहूँ या न कहूँ? किसकी भली बनूँ, पारोती की या उसकी सास की?

खुणी की आजकल कोई बहू नहीं थी। दो बहुएँ उसका घर छोड़कर मायके में ही रहने लगी थीं। खुणी के स्वभाव के कारण। उसकी उम्र काफी हो चुकी थी और शरीर सूख कर सूखी मिर्च की तरह हो गया था। शरीर में जब तक खून रहता है तब तक गहरी नींद आती है। जब खून सूखने लगता है और मौत के दिन करीब आने लगते हैं तो महानिद्रा से पहले नींद गायब होने लगती है। रात-रात भर लेटे-लेटे वह करवटें बदलती रहती और भोर होने से पहले वन में चली आती, घास-लकड़ी लेने।

अपने घर जाने से पहले खुणी पारोती की सास के पास चली गई। बोली—बहुओं का कोई ईमान नहीं होता। अभी तक सो रही थी वह झाड़ी के नीचे।

सास ने उस दिन पारोती को करछी की मार दी। उसके हिस्से का खाना भैंस को खिला दिया गया।

पिरमू ने दादी के संदूक से रोटियाँ चुराकर माँ को दीं। वे रोटियाँ पिरमू के लिए रखी गईं थीं। वह रोज शाम को भूख-भूख चिल्लाने लगता था। दादी उसके लिए कुछ न कुछ रखती ज़रूर। उस दिन शाम को दादी ने संदूक खोलकर देखा—रोटी गायब। पूछा—कहाँ गई। पिरमू ने कहा—मैंने खा ली। दादी कुछ न बोली। उसके लिए किसी चीज़ की कमी नहीं करती थी। पिरमू को उसकी दादी इतने प्रेम से खिलाती-पिलाती थी कि कभी-कभी पिरमू को माँ के बजाए अपनी दादी अधिक प्रिय लगने लगती थी।

एक दिन की बात है। सोने से पहले दादी का कोई फरमान लेकर पिरमू माँ के पास गया। वह रसोई में नहीं थी। पिरमू चिल्लाया, माँ!

माँ ने किसी दूसरे कमरे से आवाज दी—यहाँ आओ।

पिरमू वहाँ चला गया। उसकी माँ हाथ में दिया लिए वहाँ खड़ी थी। उस कमरे में एक छोटी-सी खिड़की थी। खिड़की से होकर दूसरे कमरे में जाया जा सकता था जिसके दरवाज़े पर बाहर से ताला लगा था।

पारोती की सास ने उस रात उसे फिर किसी अपराध में करछी की मार की सज़ा दी थी। गाँव की दूसरी सासों की तरह उसकी सास पीठ पर नहीं मारती थी। वह पेंट की मार मारती थी। पारोती भूखी थी और वह उस दूसरे कमरे से कुछ खाने के लिए निकालने की कोशिश कर रही थी। पर वह खिड़की थी बहुत छोटी। और उस रास्ते पारोती दूसरे कमरे में नहीं जा सकती थी।

पिरमू खिड़की पर चढ़ गया। दूसरे कमरे में पहुँचकर उसने धीरे से कहा दिया, उजाला दिखाओ। पारोती ने खिड़की से हाथ डालकर वहाँ दूसरे कमरे में दिए को रोशनी दिखाई।

पिरमू ने वहाँ एक संदूक से कुछ निकाल कर इधर माँ को थमाया। संदूक को बंद कर वह खिड़की के पास चला आया। खिड़की के पास रखे संदूक पर चढ़ कर उसने खिड़की की चौखट को अपने दाहिने हाथ से पकड़ा ही था कि बिच्छू ने काट दिया। दर्द के मारे उसमें इतनी शक्ति नहीं रह गई थी कि खिड़की पर चढ़ पाता। दरवाज़े का ताला खुलवा कर उसे निकाला जाता तो चोरी खुल जाती और उसका परिणाम भयंकर होता। पारोती ने रोते-रोते खिड़की से हाथ का सहारा दिया। उसके हाथ को अपने दाएँ हाथ से पकड़ कर वह किसी तरह खिड़की पर चढ़ आया। पारोती ने उसे झट से नीचे उतारा। रसोई के कमरे में पहुँचते ही पिरमू चीखने-चिल्लाने लगा। चोरी वाले कमरे में रहते हुए माँ को दादी की सज़ा से बचाने के लिए वह किसी तरह दाँत ऐंठकर चुप रहा। लेकिन उसे अपने समूचा हाथ किसी कुल्हाड़े से कटता लग रहा था और अपनी पूरी ताकत से वह हाय-हाय करने लगा।

उसका बाप दौड़ा आया। दादी भी दौड़ी आई। सब आए पर चोरी की वारदात का किसी को कोई पता नहीं चला। बिच्छू ने उसे चोरी करते हुए काटा था, यह भेद कोई नहीं जान सका।

पिरमू जवान हो गया। माँ-बाप ने उसका विवाह कर दिया। उसकी प्यारी दादी मर गई। घर में प्यारी दादी का स्थान उसकी माँ ने ले लिया। दादी की एक खासियत यह भी थी कि वह खुद भी बहुत कम खाती थी। लगता था कि दादी भूखी रहती है। घर में कोई नई चीज़, जैसे कोई मिठाई या किसी घर से कोई विशेष पकवान, आती तो दादी नाती-नतनों को बाँटती। पिरमू के बाप को देती पर खुद खाने में उसे कोई रुचि नहीं रहती थी। बहू को देना तो दादी ने सीखा ही नहीं था। जो कुछ बच जाता उसे घर के बच्चों के लिए सँभाल कर रख देती। ज़्यादातर चीज़ों को ताले में बंद करके रखती थी।

हल से थक कर एक दिन पिरमू घर लौटा। वह हुंक्का गुड़गुड़ाने लगा। तभी पारोती चिल्लाई—पिरमू!

पिरमू अपनी माँ के पास गया। पारोती ने उसके सामने कपड़े में लिपटी मिठाई की एक पोटली रख दी—देख ले अपनी महारानी के हाल। वह गुस्से में थी।

पिरमू कुछ न समझ पाया। पारोती ने उसे समझाते हुए शिकायत की—यह मिठाई कल तेरी कुँवरानीजी के संदूक से बरामद हुई। ये हाल हैं।

पिरमू मिठाई की ओर ताकता रह गया। तभी उसकी माँ ने कहा—बहुओं के ईमान का भरोसा नहीं होता।

पिरमू ने अपनी माँ के मुख की ओर देखना चाहा। पर हिम्मत नहीं हुई। कपड़े पर रखी मिठाई को ही देखता रह गया। अपने बाएँ हाथ की उँगलियों से वह दाहिने हाथ की तर्जनी को सहलाने लगा था।

एकाएक उसने हाथ को एक झटका दिया और चिल्ला उठा—बिच्छू, बिच्छू।

लेखन बनारस, 1956
प्रकाशित 'राष्ट्रवाणी' पुणे नवंबर 1956

ओवरकोट

ट्रेनिंग समाप्त करके जब धरमसिंह के नौजवान बेटे करमसिंह को सरकारी नौकरी मिली तो उसने एक काला ओवरकोट सिलवाया जिस पर सिर्फ एक जेब थी। कई दिनों तक बाप व बेटे में इस बात का झगड़ा होता रहा। पिता के अनुसार कोट पर एक जेब रखना अपशकुन को न्यौता देना था। कपड़े पर जेब की वही सजावट होती है जो मकान पर आले की। मुंशी धरमसिंह सदैव कहा करते।

गाँव के लोगों व रिश्तेदारों की भी यही राय थी। एक तो ओवरकोट, याने कोट का पिता और उस पर भी केवल एक जेब। यह तो सर्वनाश की निशानी के अलावा कुछ हो ही नहीं सकता। दरजी ने भी डरते-डरते कह ही दिया था—सरकार ऐसा तो आज तक किसी ने....।

—मैं किसी की नहीं मानता, कह कर करमसिंह ने कोट पहन लिया था। मंगलवार का दिन था। घर में कुछ बूढ़े बैठे थे। जिनमें एक ने यह श्लोक पढ़ ही दिया—

डाढ़े-फाटे रवि-शशि वार
मरना होवे शनि-मंगल वार
बुद्ध-बृहस्पति-शुक्कर वार
वस्तर पहनो बिना विचार

और कुछ ही दिनों के बाद करमसिंह तो नहीं पर हाँ, उसके पिता मुंशी धरमसिंह सचमुच मर गए।

अब कोट की उस इकलौती जेब ने अपना कार्य करना प्रारंभ कर दिया।

करम सिंह को जीवन में पहली बार तनख्वाह मिली। पहली तनख्वाह। उस दिन जब वह अपने गाँव गया तो माँ-बहन के लिए कपड़े, घर के लिए नमक-तेल व अन्य सामान और जरूरत की सभी चीज़ें ले जाना चाहते हुए भी नहीं ले जा सका। तनख्वाह कम थी, बहुत कम। उसके अधिक उसे लोगों का देना था। कुछ देर वह सोचता रहा और तब यकायक उसे अपनी पत्नी की याद हो आई जो माँ बनने वाली थी और जिसे घर में दासी की तरह रखा जाता था। होटल में चाय पीते-पीते उसने सोचा—उसे मिठाई कितनी पसन्द है और उसे मेरे घर में कितना दुःख उठाना पड़ता है। पहली कमाई से दो लड्डू तो खिला

दूँ।

उसने मिठाई खरीद ली। घर पहुँचा तो अपने कमरे में दाखिल हुआ। रूमाल में बँधी मिठाई उसने ओवरकोट की जेब में रख दी ताकि उसकी माँ या बहन को संदेह होने पर तलाशी लेने पर, वह न मिले। ओवरकोट की जेब की ओर किसका ध्यान जाएगा? उसने सोच कर ही कदम उठाया।

वह सोचता रहा कि उसने चोरी की है। अपनी माँ और बहन से छुपा कर उसने मिठाई सँभाल ली है। लेकिन जब ये भी ऐसा ही करती हैं, फिर? ये भी तो उसकी नज़रों में कोई चीज़ नहीं पड़ने देतीं। यही सोचते-सोचते बुलाए जाने पर वह रसोई के अंदर दाखिल हो गया।

वहाँ बैठे उसे बार-बार अपनी पत्नी के ऊपर होने वाले अत्याचारों की याद आती, चोरी से अपने द्वारा छुपाकर रखी गई मिठाई की याद आती और यह भी संदेह होने लगता कि कहीं कोई उसे देख न ले। यह संदेह इसलिए पक्का होता गया कि उसकी बहन शारदा रसोई से गायब हो गई थी।

—खाना खा ले बेटा, तू सोच क्या रहा है?

—कुछ नहीं माँ, मैं सोच रहा हूँ कि इस सब्जी को मेरी थाली में पहुँचते-पहुँचते कितना लंबा समय लगा होगा, कितने लोगों की मेहनत लगी होगी।

—हूँ, क्या बक रहा है?

—जरा सोचो माँ, कभी इस सब्जी का बीज बोया गया होगा, फिर कोंपल फूटा होगा। फिर इकपत्ती, दुपत्ती, तिपत्ती उगी होगी और तब पौधा बड़ा हुआ होगा। किसी ने पानी दिया होगा, किसी ने काटा होगा। किसी ने दुकान पर पहुँचाया होगा। किसी ने हमारे घर पहुँचाया होगा। तुमने उसे काटा, धोया और पकाया होगा, और मैं खा रहा हूँ। लगा है न लंबा समय?

—तू उल-जलूल न बका कर। मुझे डर लगता है।

—कितनों की मेहनत पर हम ज़िन्दा हैं, यह सोच कर भी तुम्हें डर लगता है माँ?

—करमू, तू फिर वैसी ही बातें कर रहा है। मुझे तेरी बातें सुन-सुनकर डर लगता है। जबसे तूने काला ओवरकोट पहना तू अजीब-अजीब बातें करने लगा है।

ओवरकोट, करमसिंह को याद आई और वह तुरंत हाथ धोकर अपने कमरे की ओर चला गया।

शारदा पीछे के दरवाज़े से भागी। वह ओवरकोट की जेब में पड़े रूमाल से सिर्फ एक लड्डू निकाल पाई। करम सिंह ने देखा वह हड़बड़ाती हुई जा रही है और दीवार पर टँगा ओवरकोट हिल रहा है। पर वह कुछ न बोल सका। अधिकारपूर्वक स्वर में पूछ न सका—तुमने कोट की जेब में हाथ क्यों डाला। डर था कि कहीं वह माँ से न कह दे। शारदा ने अपने को चोर माना और वह भी पूछ न सकी—यह मिठाई किसके लिए लाए हो भय्या?

उसके दूसरे दिन मूल के दुर्समय में करमसिंह की स्त्री ने एक बच्चे को जन्म दिया। पुरोहित ने कहा—दस साल तक इसका पिता इसका मुँह नहीं देख सकता।

शारदा ने अपनी माँ से कहा—अगर उस काले कोट की मिठाई न खाई होती तो ऐसे दुर्लग्न पर बच्चा न जनती।

माँ-बेटी ने मिल जुलकर और अलग-अलग इस बात का प्रचार किया और फिर रिश्तेदारों की टोली ने काले कोट की उस इकलौती जेब पर तीव्र प्रहार किए।

नवजात शिशु और उसकी माँ को पुरोहित और रिश्तेदारों के सुझाव पर नाना के घर भेज दिया गया। उसके बाद पुरोहितजी नित्य मंगलपाठ करने लगे ताकि दुर्लग्न में जन्म बच्चा करमसिंह का कोई अमंगल न कर सके। वे अमंगल के स्थान पर नित्य मंगल को न्यौता देने लगे।

मंगल आया। उसने आते ही कार्य भार ग्रहण कर लिया। घर पर आमंत्रित करम सिंह को मिली दूसरे महीने की तनख्वाह पुरोहितजी को भेंट कर दी गई, ताकि मंगल वहाँ से भाग न सके।

कर्जा बढ़ता गया

तीस दिन पूजा-पाठ करने के बाद जब पुरोहितजी लौटने को हुए तो करमसिंह की बूढ़ी माँ ने कहा—महाराज, जरा करमू की जन्मपत्री तो देख लीजिए, इसे कुछ धन-वन भी मिलेगा या कर्जा ही बढ़ता रहेगा?

पुरोहितजी ने पत्रा खोला, जन्मपत्री खोली, स्लेट निकाली, अश्वनी, भरणी, कृत्तिका इत्यादि को बार-बार उँगलियों पर दुहरा कर गिनती की। कुंडलियाँ बनाईं और तब घोषणा की कि धन आएगा अवश्य पर इस घर में लक्ष्मी का अधिक दिन तक रहने का योग नहीं, क्योंकि ग्रहों की मित्रमंडली संकटग्रस्त दिखाई दे रही है। करमसिंह के ग्रह बहुत अच्छे हैं, वे कोई पीड़ा नहीं पहुँचाएँगे, ग्रहों को कोई दुःख नहीं, किन्तु यही दुःख सबसे बड़ा है कि उन ग्रहों के मित्र क्लेश भोग रहे हैं। किसी का सुख तभी स्थायी रह सकता है जब उसके सगे-संबंधी, अपने-पराए सभी सुखी हों।

—और, पंडितजी ने कहा—लक्ष्मी इस घर में वास करने जा रही हैं पर वह भोग्या के रूप में नहीं, बेटी के रूप में आएँगी। घर में जो कुछ है, उसे साथ लेकर जाएँगी। कन्या का रूप होगा।

पच्चीस वर्ष बाद।

एक छोटे-से सरकारी क्वार्टर के कमरे में करमसिंह आरामकुर्सी पर बैठा था। कमरे में शहर के प्रसिद्ध व्यापारी जेठा सेठ को प्रवेश करते देख उसने कहा—सेठ साहब, वह काम मुझसे नहीं हो सकेगा।

—हुजूर के दरबार में अगर अर्जी खारिज हो गई तो दुनिया में खड़ा होने को जगह कहाँ मिलेगी सरकार? इतनी-सी भूमिका बाँध कर जेठा सेठ ने करमसिंह के काले

ओवरकोट की जेब में हाथ डाल दिया।

—अब इससे काम नहीं चल सकता सेठजी।

—हुज़ूर, यह तो पान-सुपारी है, कहते हुए जेठा सेठ ने एक बार फिर डिप्टी साहब की जेब में अपना हाथ डाला।

—आप लोग मज़बूर कर देते हैं।

—दया रहे सरकार, हम तो आपके आसरे ज़िन्दा हैं। पूरी बस्ती मुँह खोले हमें काटने दौड़ती है। ज़िन्दा चबा डालने को लपकने लगते हैं सब लोग। हुज़ूर की, ऐसे में जरा भी नज़र हट जाए तो हम जमींदोज हो जाएँगे सरकार। आप हमारे माई-बाप हैं सरकार।

जेठा सेठ कमरे से जा चुका था।

चूड़ीदार पाजामा और बंद गले का कोट पहने एक व्यक्ति ने कमरे में आकर नमस्कार किया।

—नमस्कार, आओ। घर में सब कुशल तो हैं?

—दया है आपकी।

—दया भगवान की है भाई।

कई मिनट तक दोनों मौन रहे। डिप्टी करमसिंह अपनी फाइलों में डूबा रहा और नवागन्तुक चतरसिंह, जो उसके बहनोई के ममेरे भाई के साले के चाचा का लड़का था, अपने विचारों में डूबा रहा।

तब चाय आई और दोनों का मौनव्रत भंग हुआ। वार्ता की शुरुआत करमसिंह ने ही की। उसने चतरसिंह के परिवार के सदस्यों के बारे में पूछताछ की।

परिवार के सदस्यों की व्यक्तिगत कुशल क्षेम के बाद अंतिम प्रश्न था—छोटे कहाँ है आजकल?

—बरबादी के लक्षण हैं भाईसाहब वह तो कहीं भाग गया है। चतरसिंह ने एक लंबी साँस खींचकर कहा। नानक सेठ की गाँव वाली दुकान पर चिपका दिया था आपने। साले को दुर्बुद्धि बैठ गई। अब मिलेंगे उसे कहीं हलुवा-पूरी।

चतरसिंह ने अपनी बात समाप्त की और उसे लगा कि उसे मुक्ति मिल गई है। बस इस वक़्त इतना ही कहना था। यही तो वह बात थी जिसे कहने के लिए वह इस वक़्त यहाँ आया था। उसकी सूरत बिल्कुल उस मरणासन्न व्यक्ति की जैसी हो गई जिसे लंबी बीमारी और असहनीय कष्टों के बाद मौत के जबड़े में पहुँचने के अलावा कहीं सुख मिलता नहीं दीखता और जो चिल्ला-चिल्लाकर कहता है—मौत तू आती क्यों नहीं। आ, मुझे ले जा। छुटकारा दे, मुझे पीड़ा से बचा। चतरसिंह ने सिर झुका लिया।

करमसिंह की जुबान बेलगाम हो गई।—मरने दो सालों को। भाग गया है तो भाग जाने दो। हो जाएँ साले बर्बाद। मुझे कोई मतलब नहीं। मैंने तो तुझसे पहले ही कह दिया था कि वह उल्लू का पट्ठा खाने कमाने लायक हो ही नहीं सकता। सेठ का कर्जा क्या उसका बाप देगा अब? उसकी आवाज़ सारे घर को थर्राने लगी।

—सेठ ने नोटिस दे दिया है, कहते-कहते चतर सिंह को जैसे साँप ने काट खाया हो।

—नोटिस दे दिया है तो मनौती करो, इकतारा बजाओ अब। कमीने की औलाद। जाओ सालों सब भाग जाओ। मकान पर ताला डलवा दो। जमीन की कुर्की करवा दो...।

—चिरंजीव। एक वृद्ध का प्रवेश।

—फूफाजी प्रणाम। बहुत दिनों के बाद आए आप। करमसिंह ने मृदु स्वर में कहा।

चतरसिंह ने भी बुजुर्गवार को प्रणाम किया और चुपके से उठ कर बाहर चल दिया। वृद्ध और करमसिंह एक दूसरे की कुशलक्षेम पूछते रहे। बात ही बात में नई पीढ़ी के नौजवानों पर आ गए और नए युग के छोकड़ों की खोटी-खरी आलोचना होने लगी। उनकी आदतों की, उनके दुर्व्यसनों की, उनके वाहियात खर्चों की आलोचना।

—ज़माना खराब है, फूफाजी, ये छोकड़े आज जितना खर्च करते हैं कल कमाने वाली उम्र होगी तो माँ-बाप से मिलने वाली रकम का दसवाँ हिस्सा भी पैदा नहीं कर पाएँगे।

—अजी क्या बताएँ, मेरी तो कुछ समझ में ही नहीं आता। जमाना खराब क्या, रहने लायक ही नहीं रहा। वृद्ध ने साँस रोक कर, काँपते हाथों से अपनी जेब से एक कागज निकाला और उसे करमसिंह की ओर बढ़ाते हुए कहा—देखिए, मैं तो पागल हुआ जा रहा हूँ।

करमसिंह ने पत्र खोला।

देहरादून

पूज्य दादाजी,

आपका पत्र मिला। यह जानकार प्रसन्नता हुई कि आपका स्वास्थ्य आजकल ठीक है। आपके लिए इस आयु में ज़्यादा परिश्रम करना ठीक नहीं। मुझ अभागे को छोड़कर जबसे पिताजी स्वर्ग सिधारे मुझे अपना जीवन निरर्थक लगता है। केवल आपकी ही आशा है। ईश्वर आपको लंबी आयु दे ताकि मैं कभी आपके चरणों में बैठकर आपकी सेवा करने का सुअवसर पा सकूँ।

जाड़े का मौसम है। हमारे कॉलेज में सभी लोग गर्म कपड़े पहनते हैं। दुनिया में ग़रीब का कोई पूछने वाला नहीं होता। जिन लोगों के पास पैसा नहीं उन्हें यहाँ कभी नहीं आना चाहिए। ऐसी पढ़ाई किसी काम की नहीं जिसके लिए आत्मसम्मान का बलिदान कर कदम-कदम पर क्रोध और निरादर के घूँट पीने पड़ें। ट्यूशन मिलती नहीं। बड़ी मुश्किल से एक मिली भी तो उससे बीस रुपए माहवार से ज़्यादा नहीं मिल पाते। इससे अधिक तो, आप जानते ही हैं, खाने पर ही खर्च हो जाता है।

मैं गर्म कोट तो खैर नहीं बना सकता, अगर आप कुछ रुपए भेज सकते तो एक ठण्डा कोट या स्वैटर बना लेता। अभी तक किताबें भी नहीं खरीद सका। सब किताबों को खरीदने की तो मेरी सामर्थ्य नहीं लेकिन कुछ तो खरीदनी ही पड़ेंगी।

जूता फट गया है और आजकल नंगे पाँव भी नहीं रहा जाता। एक जूता भी खरीदना

ही पड़ेगा। दस, बारह रुपए का आ जाएगा।

पिछले महीने आपने जो चालीस रुपए भेजे थे उनका और ट्यूशन से मिले बीस रुपयों का हिसाब इस प्रकार है :

30 रुपए का खाना, 15 रुपए ट्यूशन फीस कॉलेज में दी, 1 रुपए दवाई की फीस, 2 रुपए बिजली की फीस, 4 आना सोशल सर्विस फीस, 3 रुपए इम्तिहान फीस, 5 रुपए खेल की फीस, 3 रुपए पुस्तकालय फीस।

कुल 59 रुपए 4 आना।

नाई, धोबी वगैरह किसी का भी इस महीने हिसाब नहीं किया जा सका। इस बढ़ते हुए खर्च को रोकने के लिए मैंने इस महीने से एक वक़्त का खाना बंद कर दिया है। शाम को चने चबा लेता हूँ। आप चिन्ता न करें।

आप जितना भेज सकते हैं, भेज दीजिए। किसी तरह यदि बी. ए., कर पाया तो जीवन को संकटमुक्त समझूँगा।

दादाजी और माँ को मेरा प्रणाम।

आपका पोता

सुमेर

करमसिंह ने पत्र पढ़ा और एक ओर रख दिया।

—करमसिंह, बेटा, मेरी नाव तुमने ही पार लगानी है। इस सुमेर को तुमने ही पढ़ाया है। इतना पढ़ा दिया तो अब पूरा ही कर दो। वह भी तुम्हारे ही मत्थे है। कुछ महीनों की ही बात है उसके बाद साले जो चाहे करें। पर पहले इस भवँर से तो बाहर निकले। वृद्ध के स्वर में बहुत-से भाव एक साथ भरे थे, भिक्षा, करुणा, चातुर्य।

करमसिंह मौन रहा। माथा पकड़कर उसने एक लंबी साँस खींची और सिगरेट निकालकर कश मारने लगा।

कुछ देर तक सिगरेट फूँकने के बाद उसने चतरसिंह को अंदर बुलाया।

—सेठ का कितना बाकी है।

—दो सौ इक्कीस रुपए।

खूंटी पर टँगे ओवरकोट की ओर इशारा करके करमसिंह ने कहा—देखो, इसकी जेब में कुछ रुपए होंगे। चतरसिंह ने ओवरकोट की जेबों में से नोटों के दो पुलिन्दे निकाल कर उसे दिए।

करमसिंह ने दो सौ इक्कीस रुपए गिन दिए। उन्हें चतरसिंह के हाथ पर रखा। बोला—अब मेरी सामर्थ्य नहीं रह गई देने की। ज़िन्दगी बीत गई लोगों की मांगें पूरी करते-करते। किसे तो दूँ? कोई चाचा का है, कोई मामा का। कोई अपने सालों का है तो कोई अपने भाई-बन्धों का रिश्तेदार। इस बूढ़ी अवस्था में पाप करना पड़ रहा है। नरक भोगना ही पड़ेगा। वह तो खैर अपना कोई नहीं रहा वर्ना सब भूखों मरते। मारे-मारे फिरते।

अच्छा ही हुआ जो वह मूलू भी नहीं रहा। हरि इच्छा प्रबल है।

चतरसिंह रोना चाहता था। पर वह रोया नहीं। अपने को जब्त कर वह वहाँ से चल दिया।

इसके बाद सुमेर के नाम कालेज के पते पर मनीआर्डर किया गया। कूपन पर लिखा—

प्रिय सुमेर, शुभाशीष तुम्हारे पत्र से चिन्ता हुई। एक वक़्त का भोजन बंद मत करो। तंदुरूस्ती सबसे पहली चीज़ है। एक पूरे बाँह का स्वेटर भेज दूँगा। पुस्तकें जो भी जरूरी हों, खरीद लेना। तुम्हारा चाचा करमसिंह।

यह संयोग की ही बात थी कि जिस दिन करमसिंह की पेंशन का समाचार आया, सुमेर वहाँ मौजूद था। रोज़ की तरह करमसिंह अपने दफ्तर से लौटा पर उसने अपना काला ओवरकोट न पहना।

दूसरे दिन सुमेर सिंह को विदा करने से पहले करमसिंह ने उसे रोक कर कहा—एक मिनट के लिए मेरे साथ चलो। वह सुमेर को अपने कमरे में ले गया। खूँटी से लटका काला ओवरकोट उतार कर उसने सुमेर के हाथ में दिया—एक यही बाकी है बेटा, जिसने मेरा साथ नहीं छोड़ा। इसे मैंने उस दिन बनवाया था जिस दिन मेरी नौकरी लगी थी। तबसे आज तक कोई मेरे साथ नहीं रहा। मेरी माँ, तुम्हारी चाची, मूलू सब चल दिए। एक यही बाकी है बेटा, जिसने मेरा साथ नहीं छोड़ा।

—जीवन भर इस कोट की जेब में कितने हाथ डाले गए यह बताना मुश्किल है। अब मेरी नौकरी खत्म हो गई है। अब इसकी जेब में मेरा हाथ नहीं जा सकता। यह कोट मैं तुम्हें सौंप रहा हूँ।

सुमेर कोट को लेकर वहाँ से जाने लगा।

—एक बार इसे मेरे सामने पहन लो बेटा, करमसिंह बच्चे की-सी आवाज में बोला।

कुछ दिन बाद करमसिंह ने संन्यास ले लिया। जीवन में किए गए पापों का प्रायश्चित कर उन से मुक्ति पाने के लिए। और वह कहाँ गया, किसी को भी न पता चला। लोग कहते हैं कि वह हिमालय की चोटी पर केदारनाथ की ओर जाते देखा गया था।

कहते हैं सुमेरसिंह उस कोट को तब तक पहनता रहा जब तक उसकी नौकरी समाप्त नहीं हो गई। वृद्ध हो जाने पर उसने वह कोट अपने बेटे को पहना दिया। और इतनी लंबी आयु बीत जाने पर भी वह कोट न तो फट ही पाया, न उसमें किसी दूसरी तरह का परिवर्तन ही हो सका। उसे कीड़ों ने भी नहीं काटा। हाँ, रोज़-रोज़ पड़ने वाले अनगिनत हाथों के दबाव से उसकी जेबें कुछ लंबी और ढीली अवश्य हो गईं।

लेखन-गुर्टू होस्टल, बनारस, प्रकाशित 'कहानी' 1955

छूट

कौंरा छूट पाना चाहती थी। विधवा कौंरा। आठ साल पहले उसका पति मर गया था। उसे बीमारी ने मारा था। इक्कीस दिन तक वह बीमार रहा। डाँडे की धार को पार कर तीन बार बैद आया था। बैद ने उसका खाना बंद करवा दिया था। पानी भी बंद करवा दिया था। बैद कहता था कि उसे पानी देने से अतिसार हो जाएगा। उसके अंदर बोलने तक की ताकत नहीं रह गई थी। कौंरा को देखते ही वह अपना हाथ उठाकर उसे अपने होठों तक ले जाता। हाथ की अँजुली को होठों पर लगाकर पानी पीने का इशारा करता। वह बोल नहीं पाता था। दो घूँट पानी की याचना करता था। कौंरा के सास-ससुर, जेठ-जेठानी उसे समझाते—उसे पानी मत देना। पानी पिएगा तो अतिसार हो जाएगा। बैद की दवा की गोलियाँ बेअसर हो गई थीं। सत्ता मरने से पहले एक बार जी भरकर पानी पी लेना चाहता था। एक दिन उसने अपनी पूरी ताकत लगाकर जुबान खोलकर कहा—दो घूँट पानी पिला दे मैं तिसोगा[1] नहीं मरना चाहता। मरने के बाद मेरा प्रेत जलधाराओं में डोलने लगेगा। कौंरा पसीज गई। उसने पीतल के गिलास में पानी भरा। वह गिलास उसकी ओर बढ़ा दिया। लेटे-लेटे पूरा गिलास पानी पी डाला। फिर उसने आँखें मूंद लीं। फिर उसने आँखें नहीं खोलीं। घर में रोना-धोना हुआ। घर वाले सत्ता को उठाकर नदी किनारे ले गए। कुछ दिन बाद दुनिया अपनी चाल से चलने लगी। सभी लोग अपने-अपने कामों में जुट गए। कौंरा अकेली छूट गई। सोलह साल की विधवा कौंरा।

कई बार उसने कोशिश की कि उसे छूट मिल जाए। गाँव की सभी औरतें अपने-अपने पतियों के साथ रहतीं। कौंरा का जेठ सौकारू उसे छूट नहीं देता था। वह देवर होता तो कोई बात नहीं होती। कौंरा उसकी औरत के तौर पर रह लेती। पर जेठ, जेठ होता है उससे कोई दूसरा रिश्ता कायम नहीं किया जा सकता। क्या होता है? कि पाप होता है। पाप नहीं होना चाहिए। आदमी-औरत को पापी नहीं बनना चाहिए। कौंरा का ससुर भी दुनिया से जा चुका था। जेठ-जेठानी के घर में कौंरा जानवर की तरह से पिसती। कौंरा उस घर को छोड़कर कहीं और चले जाना चाहती थी। वह अपनी गृहस्थी के अलग बसाने के ताने-बाने बुनती। वह कल्पना करती कि किसी नौजवान ने उसे अपनी

1. प्यासा

औरत बना कर अपने घर में रख लिया है। अपने पति के साथ वह घास-लकड़ी लेने वन में जाती है। हर वक़्त उसी के साथ रहती है। कभी-कभी वह सपने देखती। सपने में कौंरा को वह नौजवान दिखाई देता जो उसका पति होता। सपना खत्म होता तो वह फिर अपने को अकेला पाती। गहरी रात में उसके जेठ-जेठानी बगल के कमरे में दरवाजा भिड़ कर सोए होते। कौंरा के लिए पति के साथ ज़िन्दगी बिताना एक सपने की चीज़ हो गई थी।

उसने अपनी बई से कहा—मुझे उस घर से छूट दिला दो। बई ने उसके बाप से कहा। कौंरा के बाप चैतू ने अपने छोटे भाई बिस्सा से कहा यह कौंरा बोल रही है मुझे छूट दिला दो।

—ऐसा सुंदर घर क्यों छोड़ना चाहती है दिदा वह? क्या नहीं है वहाँ? सभी कुछ तो है। दो जोड़ी बैल, छः भैंसें, एक गाय, छः आवास मकान। ऐसा सजीला डँडियाला गाँव में और किसी के घर तो दूर, पट्टी में कहीं और दिखाई नहीं देता।

चैतू ने अपनी स्त्री को बताया—बिस्सा राजी नहीं हो रहा है, कहता है कि ऐसा सुंदर घर अब नहीं मिल सकेगा कौंरा को।

कौंरा की बई ने बात को खोलकर कहा—कौंरा के ससुरालियों ने जितना धन हमें ब्याह के वक़्त दिया था वह लौटाना पड़ेगा। बिस्सा इसी डर से हामी नहीं भर रहा है। कौंरा के घर में सभी कुछ है, पर वह तो नहीं है जिसके नाम पर वह घर में दाखिल हुई थी।

अंग्रेजों ने गढ़वाल को विभाजित कर दिया। बारह वर्षों तक गढ़वाल पर राज करने के बाद गोरखे हारकर कबके वापिस नेपाल जा चुके थे। अलकनंदा का पूर्वी हिस्सा और माल घाटी, जौनसार, बाबर और बंगाण-फतेपर्वत अंग्रेज की थाली में परोसे गए। जो हिस्से बाकी बचे वे महाराजा गढ़वाल को सौंप दिए गए और उसे एक नया नाम दिया गया—महाराजा टिहरी गढ़वाल रियासत। अंग्रेजों ने महाराजा को कहा कि वह श्रीनगर खाली कर दे और अपनी राजधानी कहीं और बसा ले। घर से हजारों कोस दूर बंगाल के सिगौली में सन् 1815 ई. में संधि पर हस्ताक्षर करने वाले राजा के समक्ष और कोई चारा शेष नहीं बचा था। उसने टिहरी गाँव में अपने लिए एक नया राजमहल बनवाया और श्रीनगर छोड़ कर टिहरी में जा बसा।

अविभाजित परिवार के दो भाई चैतू और बिस्सा श्रीनगर के बजाए टिहरी की तरफ जा रहे थे। उन्हें राजा के पास अर्जी पेश करनी थी—कौंरा की छूट की अर्जी।

अगली पेशी पर कौंरा का जेठ सौकारू भी कछेड़ी में हाज़िर हो गया। वह कौंरा को छूट दिए जाने की अर्जी का विरोध कर रहा था। हमने अपनी बाँद का भारी मोल दिया है। उसने तन पर हमारे गहने-तगादे भी हैं।

—अपने गहने-तगादे वह रख ले और हमारी नंगी बेटी हमारे हवाले कर दे, बिस्सा ने अर्ज की।

—उसने जो नगदी दौलत तुम्हें दी है उसका क्या होगा? हाकिम ने पूछा।

सवाल सुनकर बिस्सा का मुँह सूख गया। सौकारू के मुकाबले कोई दूसरा धनवान बीसों कोस तक नहीं था। चैतू-बिस्सा के पास धन तो था ही नहीं। वे उम्मीद लगाए थे कि छूट मिल जाने पर वे कौंरा को किसी नए आदमी के पास बेचकर अपनी वह रकम वसूल कर लेंगे, जिसकी अदायगी करने पर कौंरा को सौकारू के घर से छूट मिल सकती थी। लेकिन इतनी बड़ी धनराशि अदा करने की हैसियत किसकी हो सकती है?

—बाँद हाज़िर है? हाकिम ने पूछा।

—बाँद ससुराल में है पृथ्वीनाथ।

हुक्म हुआ कि अगली पेशी पर बाँद को अदालत में पेश किया जाए।

—बाँद को उसका जेठ हाज़िर कर सकता है मालिक।

—वह मेरी बहू है मालिक। मैं उसे अपने साथ टिहरी नहीं ला सकता। भावज होती तो ले आता।

—तुम उसे बाप के घर छोड़ आओ। उसका बाप उसे कछेड़ी में ले आएगा और पेश करेगा।

—हमारी बाँद कछेड़ी में नहीं आ सकती मालिक। हमारी नाक कट जाएगी।

हाकिम ने थोड़ी देर तक उसकी बात पर विचार किया। फिर हुक्म सुनाया—बाँद को पेश किया जाए।

सौकारू दोनों हाथ जोड़कर खड़ा हो गया—पृथ्वीनाथ! मेरे घर की बाँद कछेड़ी में पेश नहीं हो सकती। उसकी छूट मंजूर कर दी जाए। तब चैतू की बेटी बनकर वह जहाँ चाहे चली जाए। हमारी औरतें अपने घर गोठ से बाहर नहीं जा सकतीं।

—गहने? हाकिम ने पूछा।

—गहने पृथ्वीराज, उसका बाप चाहे तो लौटाए, चाहे न लौटाए।

लेकिन मैं उसे अपने घर से बगैर गहने-कपड़े के न जाने दूँगा। बाप के घर पहुँचने के बाद वह जो चाहे कर ले।

हाकिम ने कौंरा के तलाक की अर्जी मंजूर कर ली। उसने गहने या नगदी को वापिस करने की कोई शर्त नहीं लगाई थी।

कौंरा ने कहा—मैं इस घर को छोड़कर अब कहीं नहीं जा सकती।

संतानहीन सौकारू अपने वंश को आगे बढ़ाने-चलाने के लिए अपने घर में कौंरा के लिए एक झनौता ले आया था—लुगथ्या। लुगथ्या कौंरा का पति बनकर सौकारू के ही घर पर रहने लग गया था। अपने पितृकुल से उसने संबंध विच्छेद कर दिए थे। कौंरा के गर्भ से जन्म लेने वाली उसकी संतान को सौकारू के कुल के सदस्य के रूप में मान्यता मिलेगी। लुगथ्या को सौकारू और उसकी घरवाली की आजन्म वैसी ही सेवा सुश्रुषा करनी होगी जैसा कि उसका मृतक भाई और उसकी स्त्री कौंरा करते।

लेखन-देहरादून 29.12.93 प्रकाशित,'पहाड़'

धारा और जाल

यह कहानी छिंदवाड़ा के मछिंदर नाथ की स्मृति को अर्पित की जा रही है, जो हिंदी कथा के आकाश में एक पुच्छल तारे की तरह प्रकट हो कर, हमसे सदा के लिए विदा हो गए। वि. सा. नौ

मेरे कमरे की उत्तर वाली खिड़की से थोड़ी ही दूरी पर नदी बहती दिखाई देती है। नदी में हम लोगों को नहाने की मनाही है। यह बात मेरी समझ में नहीं आती कि पुरखों ने नदी के इतने करीब मकान क्यों बनाया जबकि वे भली भाँति जानते थे कि इसमें हमारे परिवार का कोई व्यक्ति नहा नहीं पायेगा। शायद वे स्वयं नहाते हों। लेकिन यह बात मैं अन्दाज के आधार पर कह रहा हूँ। प्रमाण मेरे पास कुछ नहीं है।

हम लोगों को नदी से पानी घर लाकर स्नान-गृह में नहाना होता है। पीने के लिए भी पानी घर ले आते हैं और गिलास से पीते हैं। कुछ समय पहले मेरे पिता ने मेरे लिए एक चाँदी का गिलास खरीद लिया था और कहा था—तुम इस गिलास से पानी पिया करो!

—और नदी?

यह सुनकर मेरे पिता क्रुद्ध हो उठे—नदी-वदी कुछ नहीं, पानी पीना हो तो गिलास से पिया करो।

—मेरा मतलब नहाने से था, मैंने सहम कर कहा।

—नदी में नहाना कोई अच्छी बात नहीं, लोग डूब जाते हैं।

—लेकिन डूबते तब हैं जब बरसाती बाढ़ आती है।

—वैसे भी डूब जाते हैं। नदी का क्या भरोसा? कौन कब डूब जायेगा, नहीं कहा जा सकता। बाढ़ में डूब जाने पर तो पता भी नहीं चलता।

—लेकिन आजकल तो पानी एकदम साफ है, तल के पत्थर तक दिखाई दे रहे हैं, मैंने नदी की ओर देखते हुए कहा।

—हर बात में बक-बक नहीं किया करते। मेरे पिता ने मुझे डाँटते हुए कहा—लोग आजकल भी डूब सकते हैं। नदी के पास जाओ ही मत।

मुझे अपने कमरे को व्यवस्थित ढंग से रखना बहुत पसन्द है। कोई मित्र आ जाए और किसी चीज़ को उलट-फेर दे, तो उसके कमरा छोड़ते ही मैं उसे ठीक करने में लग

जाता हूँ। मेरे कमरे को देखकर लोगों को हैरत होती है। अपने कमरे की हर चीज़ को यथा-स्थान रखने की इस आदत के कारण में रात-विरात अंधियारे में भी ज़रूरत पड़ने पर कोई चीज़ साफ निकाल सकता हूँ। जब मुझे गिलास मिला, तो उसके लिये भी मैंने एक स्थान चुन लिया। सिरहाने के पास खिड़की पर, हाथ की पहुँच के अन्दर।

गाँव में तीन चार जने ऐसे भी हैं, जो नदी पार कर जाते हैं। उसके बहते, निर्मल शीतल जल में तैरते हैं, डुबकियाँ लगाते हैं और घण्टों वहीं पड़े रहते हैं। इन लोगों से सारा गाँव थर्राता है। और, लोगों का कहना है, कि ये बड़े ख़तरनाक आदमी हैं। इस विषय में मैंने कभी सोचने की तकलीफ नहीं की। मैं तो अपनी खिड़की पर बैठा उन्हें नदी की लहरों को काट कर पार जाते देखता रहता हूँ और पता नहीं क्यों, मुझे इसमें बड़ा मज़ा आता है। उन्हें देखते रहना भी एक सुख है। कभी वे किसी ऊँचे पत्थर से छलाँग मारेंगे, कभी डुबकी यहाँ लगायेंगे और निकलेंगे कहीं और, कभी हाथ-पाँव चलाना छोड़ लहरों के ऊपर बहते जायेंगे, कभी सूर्य की ओर मुँह करके दोनों हाथ जोड़ लेंगे और पाँवों से पानी को काटते रहेंगे। ये सब दृश्य किसी को भी लुभा सकते हैं। और जब मैं इन्हें ऐसी बहादुरी के साथ नदी की प्रचण्ड लहरों को चीर कर पार होते देखता हूँ, तो मेरी समझ में नहीं आता कि लोग उन्हें ख़तरनाक क्यों कहते हैं।

एक दिन उन्हें ऐसी ही तैरता देख रहा था। प्यास लगने पर मैंने अपना गिलास उठाया। एक घूँट पिया, तो तबीयत फीकी हो गयी। गिलास का पानी गरम-सा लगा। मेरे सामने ठण्डे पानी की निर्मल धारा बहे और मैं कमरे में बैठा गिलास का गर्म पानी पिऊँ, यह बात मुझे मूर्खतापूर्ण लगी। कमरे की गर्मी भी बढ़ने लगी और मेरे जी में आया कि नदी के ठण्डे पानी में एक गोता लगा आऊँ।

यह पता लगाने कि कहीं मेरे पिता तो मुझे नहीं देख रहे हैं, मैं उनके कमरे में गया। वे सो रहे थे। उसे उचित अवसर समझ, मैं गिलास को खिड़की पर छोड़ नदी की ओर लपका।

तट पर पहुँचने पर मुझे जो अपूर्व सुख मिला, वह अवर्णनीय है। जी में आया कि किनारे खड़ा-खड़ा सारी नदी सोख जाऊँ।

मैंने कपड़े उतारे और छलाँग मारने की तैयारी में नदी की ओर मुँह करके खड़ा हो गया। तभी अचानक मेरी नंगी पीठ पर एक लचलचाती बेंत का प्रहार हुआ। दर्द के मारे कराहते हुए मैंने पीछे घूमकर देखा। मेरे पिता हाथ में बेंत लिये खड़े थे। उन्होंने दूसरी बेंत न मारी, मुँह से कुछ बोले भी नहीं। मैंने चुपके से अपने कपड़े उठा लिये और घर की ओर चल पड़ा। हम दोनों के बीच कोई वार्तालाप न हुआ। दोनों अपने-अपने खयालों में डूबे, एक-दूसरे की ओर न देखने की कोशिश करते हुए घर चले आये। सच्ची बात तो यह है कि हम दोनों में एक-दूसरे की ओर देखने का साहस न रह गया था।

घर पहुँचकर मैं सीधा अपने कमरे में दाखिल हुआ। देखा, गिलास खिड़की के नीचे लुढ़का पड़ा है। पानी से फर्श भींग गया है। मेरी माँ ने आकर बताया कि मैं जो गिलास

खिड़की पर छोड़ गया था, वह शायद हवा के झोंके से लुढ़क गया था। उसका गिरना सुन मेरे पिता नींद से हड़बड़ाकर उठ बैठे थे। मेरे कमरे में आये, तो देखा, मैं गायब हूँ।

उस दिन मुझे पता चला कि हर चीज़ को यथा-स्थान रखने के बारे में और अधिक सकर्त रहने की जरूरत है। अगर गिलास खिड़की पर न रखता, तो मेरी पीठ को बेंत की सज़ा न मिलती और मैं तैर भी लेता। खिड़की पर रखा गिलास जैसे देख रहा था कि मैं नदी-तीर जा रहा हूँ और उधर से आने वाले एक ही झोंके से वह भूमि पर लुढ़क गया।

मैंने गिलास को उठाकर उसके स्थान पर रखा और उससे बातें करने लगा—मेरे प्यारे गिलास। तुम्हें लुढ़कने की क्या जरूरत थी? मैं मानता हूँ कि तुम्हें मेरे लिए एक अच्छी सी रकम देकर खरीदा गया है और मुझे तुमसे पानी पीना चाहिए, लेकिन अगर यदा-कदा मैं नदी की ओर चला जाऊँ तो इससे तुम्हारी क्या हानि होती है? तुम्हें चोट आ गई है, यह अफसोस की बात है। और फिर तुम यह क्यों नहीं सोच सकते कि तुम गिलास हो, चाँदी के हो, मैं मानता हूँ। लेकिन तुम्हें तो कोई भी खरीद सकता था। तुम्हें बनाते वक़्त कारीगर ने यह कभी नहीं सोचा होगा कि तुम मेरे ही घर आओगे। उसका काम तो तुम्हारा निर्माण कर देना था, किसके लिये, यह उसे मालूम न था। हाँ, इतना वह ज़रूर जानता रहा होगा कि तुम्हें कोई खरीद कर ले जायेगा।

गिलास के उत्तर की प्रतीक्षा में मैं क्षण भर मौन रहा। धातु का गिलास भला क्या उत्तर देता। सामने से नदी की लहरों का गरजता हुआ स्वर सुनायी दिया।

उससे कोई उत्तर न पा, मैंने खीजकर फिर कहना शुरू किया—नदी की लहरों का शोर सुन रहे हो? देखो, इस स्वर में संगीत है, जो कितने ही कवियों की वाणी को मुखरित करता है। तुम्हारी समझ में यह बात नहीं आयेगी। खैर! मैं चाहता हूँ, कि तुम बातें करो।

गिलास से कोई आवाज़ न आयी। धत् तेरे की। कहते हुए मैंने उसे एक धक्का दिया। गिलास फर्श पर जा गिरा। गिरते वक़्त एक आवाज़ हुई, जैसे वह रो उठा हो। मुझे अपने ऊपर ग्लानि हो आयी। गिलास से भला कहीं उत्तर मिलता है? हृदय में पीड़ा का अनुभव करते हुए मैंने उसे ऊपर उठाया, उस पर एक निशान और पड़ गया था। उसमें मैंने पानी भरा और फिर यथा-स्थान रख दिया।

मैंने चाहा कि नदी की ओर देखूँ, पर गिलास के दो-दो घावों से नज़रें हटाने की हिम्मत न हुई। नदी से अब भी संगीत-लहरी प्रवाहित हो रही थी। गिलास अब भी चुप था। तब मैं गिलास को मनाने के लिए उसे धीरे-धीरे अपने नाखूनों से बजाने लगा। गिलास से भी एक संगीत फूट पड़ा। मैंने आँखें बन्द कर लीं और उसे बजाने में तन्मय हो गया। गिलास से विभिन्न प्रकार के स्वर निकल रहे थे, और मुझे लग रहा था कि मैं किसी निर्जन स्थान में किसी सुन्दरतम वाद्ययन्त्र से अपने मन के माफ़िक राग निकाल रहा हूँ। फिर अनजाने में बेसुध-सा होकर गीत गाने लगा।

मुझे गाते सुन मेरे पिता चिल्लाये—तुम्हें हो क्या गया है? सारे घर को सर पर उठा रहे हो। गिलास कोई बाजा है, जिसे तुम इस तरह बजा रहे हो? गिलास पानी पीने के लिये

है, बजाने के लिये नहीं।

गीत, संगीत रुक गये। लेकिन अपने पिता की टोकाई मुझे बहुत बुरी लगी, इतनी बुरी कि उसके बाद मैं जीवन भर कभी गाने-बजाने की सोच तक न सका। उसके बाद मैंने कभी कोई गीत न गाया। गिलास से सिर्फ पानी पीता रहा, उससे कोई कोमल स्वर न निकाल सका।

मैंने फिर न गाया, लेकिन नदी की लहरों के संगीत को मेरे पिता बन्द नहीं कर सकते थे। अपनी खिड़की पर बैठा मैं घण्टों उसका संगीत सुनता रहता। कभी-कभी प्रबल इच्छा होती कि गिलास में पानी भरकर उसे बजाऊँ, पर पिताजी के डर का ख्याल आते ही मैं उसे भूल जाता। उस वक़्त मेरा दुःख जैसे सौगुना, हजार गुना बढ़ जाता। मन मारकर अन्दर के आँसू अन्दर ही पीते हुए मैं नदी की स्वर लहरी सुनता रहता।

इस तरह कुछ दिन बीते। इस बीच अपना मन बहलाने के लिये मैं गिलास को जेब में लिये फिरने लगा ताकि जहाँ प्यास लगे पानी पिऊँ और गिलास भी अपने घाव भूल सके।

पूरे चाँद की रात थी। हमारे घर में सबने पूर्णमासी का व्रत लिया था। रात सत्यनारायणजी की कथा हुई। विविध भाँति का भोजन बना। हम सबने खूब डट कर खाया। गर्मियों का मौसम, दिन-भर के भूखे, ज़्यादा खा लिया था। सो प्यास बढ़ने लगी। मैं गिलास से पानी पीता रहा। पानी गर्म हो गया था और मेरे सोने के वक़्त तक तो पानी खत्म हो गया। घर भर में पानी की एक बूँद न रह गयी। मन मारकर लेट गया।

कुछ देर करवटें लेता रहा। बार-बार गिलास को उठाकर देखता, तो रोता! आसमान में पूर्णमासी का चाँद सोलहों श्रृंगार करके मुस्कराने लगा। मेरी खिड़की के अन्दर भी उसकी चमकीली किरणें झाँकने लगीं। थोड़ी ही देर में वे मेरे कमरे के अन्दर चली आयीं। उसी चाँद की किरणें नदी की लहरों पर भी चमकने लगीं। पहाड़ों पर, खेतों के लहलहाते धानों पर, एक ही चाँद की किरणें चमक रही थीं। उस वक़्त मुझे लगा कि हम-सब किसी एक ही ज़्योति के दर्शन कर रहे हैं, जिससे हमें प्रकाश, जीवन और शीतलता मिल रही है। मैं कभी नदी की ओर देखता, कभी अपनी ओर, कभी चाँद की ओर।

देखते-देखते कुछ समय तक मैं अपनी प्यास भूल गया। लेकिन कब तक भूलता। धीरे-धीरे मेरा गला सूखने लगा और मेरी बगल में रखा गिलास उसे मिटाने का कोई उपक्रम तक करने को तैयार न हुआ। उलटे उसे रीता देखकर मेरी प्यास और भी बढ़ने लगी, जैसे कि होता ही है।

मेरे लिये लेटे रहना अब असम्भव हो गया। उठकर तुर्गनेव का 'पहला प्यार' पढ़ने के लिये, जिसका कुछ अंश मैंने दिन में खत्म किया था, मैंने लैम्प जलाना चाहा। लेकिन इस डर से कहीं मेरे पिता रात के इस बेवक़्त लैम्प को जलते देख नाराज न हों, जैसा कि वे एक-दो बार हो चुके थे, मैं चाँद की किरणों के प्रकाश में ही उसे पढ़ने लगा।

मोहब्बत के चाँद की जोत हो, तुर्गनेव का-सा साहित्य हो, पूरे चाँद की रात हो, और

रात्रि के मध्य में मदमाती, बलखाती किसी पहाड़ी नदी का स्वर हो, तो मुझे लगता है कि स्वर्ग मिल गया, जीवन की सर्वोत्तम चीज़ मिल गयी।

मैं पढ़ता रहा, काफी देर तक। पता नहीं, कितने घण्टे तक पढ़ता रहा। 'पहला प्यार' के नायक ने रात के वक़्त अपनी प्रेमिका के घर से अपने पिता को आते देखा और मेरी खिड़की से चाँद की किरणें हटकर दूसरी ओर सरक गईं। मैंने पुस्तक बन्द कर दी और नदी की ओर देखने लगा। वहाँ अब भी चाँद, हजारों, लाखों चाँद खेल रहे थे। अचानक मुझे लगा कि अगर अपनी प्यास मैंने अभी न मिटायी, तो मैं जीवित न रह सकूँगा, और कल सुबह इस चारपाई से, जिस पर मैं बैठा हूँ, मेरी लाश ही उठेगी।

मैं नदी की ओर भागा। किनारे पर पहुँचा, तो ख़याल आया, क्यों न पानी में उतर लिया जाये। दो गोते भी मार लूँ। जरा अन्दर घुस कर साफ, ठण्डा पानी भी पी लूँ। यह अवसर आखिर बार-बार तो नहीं आएगा।

मैंने चाँद की ओर देखा, वह मुस्करा रहा था। मैंने जल्दी-जल्दी अपने कपड़े उतारे और पानी में उतर गया।

डुबकी लगाने के लिये एक हाथ से नाक पकड़ कर मैंने साँस रोकी ताकि नाक के अन्दर पानी न भरे। सहसा पानी के अन्दर मेरे पाँवों से कोई टकराया। मैं आशंका से भर उठा। पीछे की ओर घूमकर देखा, तो मेरे पिता पानी के अन्दर से ऊपर उठ रहे थे। आँखें फैलाकर मैंने फिर उधर देखा तो वे गायब हो चुके थे। थोड़ी देर में मैंने उन्हें किनारे पर देखा और फिर घर की ओर जाते हुए। मेरा ख्याल है कि उन्होंने मुझे नहीं देखा होगा, क्योंकि ऊपर उठते वक़्त मेरी ओर उनकी पीठ थी।

घर पहुँचकर मैं बीती हुई घटना के बारे में सोचने लगा। मेरे पिता, जिन्होंने मुझे नदी-किनारे देख बेंत से पीटा था, स्वयं रात के उस बेवक़्त...आखिर इसका मतलब क्या है?

उस घटना को भूल सकना मेरे लिए असम्भव था। आज कई दिनों के बाद मैंने अपने कमरे की दशा पर विचार किया, हर चीज़ अपने स्थान से हट गयी थी। मुझे यह सोचकर ताज्जुब होता है कि क्या सचमुच मैं इतना बेसुध हो गया था, जो कमरे की मेरी आँखों के सामने ही, ऐसी हालत हो गयी। चारों और गंदगी, हर चीज़ अव्यवस्थित, धूल की पर्तें जमी हुई।

कमरे का सामान ठीक तरह सँवारकर मैं खिड़की पर जा बैठा। वहाँ एक मकड़ी जाला बुनने में व्यस्त थी। नदी का दृश्य कुछ-कुछ धुँधला सा दिखायी दे रहा था। दरवाज़े की ओर देखा, एक मकड़ी हवा में लटकती हुई, वहाँ भी तेज़ी से जाला बुन रही थी।

मैंने चाहा कि उन्हें हटाकर उनके जाले तोड़ दूँ, ताकि मेरा रास्ता साफ रहे, किन्तु तभी मेरी पत्नी ने सकुचाते हुए मेरे पास आकर कहा—अब इस घर में एक खिलौना आने वाला है, जी! और उसने सर झुका लिया।

मैं मकड़ी के जाले की ओर देखता रहा, और अपनी पत्नी के शब्दों पर सोचता रहा, सोचता रहा।

मूक बलिदान

वह पाँच भाइयों की अकेली बहिन थी। उसके पिता उसे बचपन में लाड़-प्यार कर, उसे छोड़ मृत्युशय्या पर लेट चुके थे। अब उसके जीवन का भार उसके भाइयों पर ही था।

उसके गाँव के पास ही गंगा नदी कलकल नाद करती हुई अविराम गति से बही जाती थी और बह रही थी। एक दिन जब वह सहेलियों सहित गंगास्नान करने गई तो उसकी एक सहेली बोल उठी, "देखो बहिन! गंगा में सब का अन्त हो गया पर गंगा का अन्त कोई न कर सका।" "ठीक कहती हो बहिन।" सुबोधिनी बोली।

सूर्यममणि ने मैट्रिक पास कर लिया है। इस साल वह प्राइवेट ही इण्टर का इम्तिहान देगा। उसकी दो बहिनें और पाँच भाई हैं। पिता जी भी अपने समय के एक उच्च अधिकारी थे, अब पेन्शन ले रहे हैं। दो बड़े भाई सरकारी सर्विस पर हैं और शेष तीन अभी पढ़ाई कर रहे हैं। सारे कुटुम्ब में सुख और समृद्धि है।

एक दिन सुबोधिनी के बड़े भाई सूर्य के घर किसी कारण जा पहुँचे। बात ही बात में उन्होंने सूर्य और सुबोधिनी को वर व वधू बनाने का प्रस्ताव रक्खा। सूर्य के पिता जी ने स्वीकृति दे दी। यह भी तय हुआ कि 20 तारीख को बारात वरगृह से जायेगी।

षोड़शी सुबोधिनी नित्य नये 2 स्वप्न देखती। वह दुलहिन बनेगी, ससुराल जायेगी, वहाँ पर अपना परिवार नहीं होगा। हाँ, एक दूसरे परिवार से उसका सम्बन्ध जुड़ जायेगा और वहाँ होंगे पति देवर, जेठ, सास, श्वसुर, ननद आदि।

20 तारीख को बारात को तैय्यारियां होने लगीं। शहनाइयां बज उठीं, ढोल और नगारे बज उठे। नाई ने घर जाकर सन्देश सुनाया। शहर के बड़े-बड़े व्यक्ति मेहमान बनकर आये।

पालकी उठी और चल दी। पैसों की बौछार हुई। कंगालों के बच्चों व हरिजनों ने पैसे उठाये। बाजे भी अपना-अपना राग अलापने लगे। माँ ने आकर आशीर्वाद दिया।

इधर सुबोधिनी के बड़े भाई साहब ने मेहमानों को ठहराने का खाशा इन्तजाम कर रक्खा था। एक बड़े कमरे में जोकि मीटिंग हॉल (सभा गृह) जैसा मालूम होता था; मेहमान ठहराये गये। दो रेडियो व एक ग्रामोफोन रक्खा था। गैसों की रोशनी से वह रात्रि दिन के समान मालूम होती थी। अतिथियों ने सर्वप्रथम चाय पी, फिर सिगरेट व सिगार का

धुआँ सारे कमरे में फैल गया। तत्पश्चात् सबने भोजन किया व पान आदि चाय सिगरेटों का धुआँ उड़ा, सभी सो गये।

दूसरे ही दिन सुबोधिनी को अपना घर छोड़कर परगृह जाना था, उसे सूर्य को अपना पति बनाना था। सूर्य को अपने घर जाना था हँसी और उत्साह के साथ सुबोधिनी जैसी पत्नी को लेकर।

दूसर दिन भी आ गया। रात खुल गई।

सूर्य के दोनों अनुज भी बारात में आये थे। उनके ही रिश्तेदार का एक लड़का गोविन्द प्रसाद भी वहां उनके साथ एक मेहमान की हैसियत से आया था। आना न चाहता था परन्तु उसके माता पिता की इज्जत व रिश्तेदारी उसे ढकेल ले गई। सूर्य के दोनों अनुज उसे चिढ़ाने लगे, "तू कंगाल है। देखो तो उसके कपड़े। अजी, बाल देखो! वाह साहब मेहमान हैं, पर इनके दाँत देखो। अजी देखो पैर पर जूता भी नहीं है।" ये रिमार्क गोबिन्द पर कैसे जाने लगे। गोबिन्द बच्चा ही था। उसके मुँह से निकल पड़ा, '"इस अमीरी ठाट का शीघ्र अन्त हो जायगा, तब चिढ़ाना मुझे।" चम चम दो थप्पड़ उसके मुँह पर कस दिये गये और उसके बदले मैं उसके मुँह से एक आह निकल पड़ी।

वर वधू पक्ष के पण्डितों ने पूजा की। वधू शर्मा रही थी। घूंघट की ओट से वह देख रही थी अपने पति का गौर शरीर, लम्बा चेहरा। पूजा पाठ का नाटक समाप्त हुआ। परंतु जीवन-नाटक समाप्त होने में अभी विलम्ब था।

अतिथियों ने सुबह का भोजन किया। बारात ने वापिस जाने की तैयारियां कीं। सुबोधिनी रोने लगी। मातृभूमि का स्नेह उससे आंसू चाहता था, अन्तिम आंसू। गांव की सहेलियों ने जाकर हमदर्दी प्रकट की। बहन कल तो वापिस आना है, कोई बात नहीं। ससुराल कौन नहीं जाती? बड़े और छोटे भाइयों की आंखों से अपनी इकलौती बहन के लिये प्रेमाश्रु टपक पड़े। माँ भी छाती से लगा कर रोई। सारी सहेलियाँ रो उठीं, सारा परिवार रो उठा, सबके सब रो उठे। वे आँसू खुशी के थे लेकिन किसे मालूम था कि ये ही आँसू रञ्ज के भी होंगे।

हरिजनों ने वर-वधू की डोला, पालकी उठायी और चल दिये। हजारों रुपयों का दहेज साथ चला। सोना, चाँदी, कपड़े आदि बहुत सी चीज़ें दहेज में चले। बारात सूर्य के घर पहुँची। सभी मेहमान अपने 2 घर चल दिये।

शहर की युवतियाँ वधू को देखने आईं। कोई कहती "भाभी तो बहुत सुन्दर है" तो कोई कह उठती "इनका स्वभाव बड़ा सीधा साधा है।" याने सबने चन्द मिनटों के लिये बहू की तारीफ के पुलिन्दे बाँध दिये। थोड़े ही दिनों के बाद सूर्य और सुबोधिनी अपने को एक दूसरे का समझने लगे। अभागे सूर्य इससे स्नेह न कर, यह थोड़े ही दिन की मेहमान है।

एक दिन सुबोधिनी अपने कमरे में बैठी थी तो उसने अपनी सास को कहते सुना "यह नई बहू तो चाहती है कि सूर्य घर से बाहर ही न निकले। उसे पढ़ने भी नहीं, देती। इस साल वह कभी भी पास नहीं हो सकता। यह न तो काम करती है न सूर्य को पढ़ने देती है। दहेज में इसके ताँबे के बर्तन आये।"

सुबोधिनी ने वाक्य सुने। वह चुप हो गई। सूर्य पूछने लगा, "तुम क्या सुन रही थीं।" "कुछ नहीं आप पढ़ते जाइये।" वह बोल उठी।

वही सास जोकि नववधू के आने से पहले घर का प्रत्येक कार्य स्वयं करती थी आज चुपचाप बैठी है। परन्तु उसे चैन नहीं, उसे आराम नहीं। उसकी बड़ी बहुवें बहुत बड़े-बड़े घरानों की बेटियां हैं, पढ़ी लिखी हैं। अतः उनको तो वह कुछ नहीं बोल सकती। परन्तु सुबोधिनी की आलोचना करती रहती है, चुगली करती रहती है, इसे डांटती रहती है।

शाम को सुबोधिनी की सास ने उसे तांबे के बर्तन दिखा कर कहा—"देख यह सोने के बर्तन बड़ी बहू का है, ये दूसरी का है।" इस तरह उसके हृदय पर व्यर्थ में आघात करने में उसे लज्जा नही आ रही थी।

शक्ति से बाहर शारीरिक कार्य करने पर सुबोधिनी को ज्वर हो गया। सूर्य तीन दिन से घर नहीं आता व खाना भी घर पर नहीं खाता। किसी मित्र के घर पर ही खाना खा लेता है। सुबोधिनी की तबियत बहुत खराब हो पड़ी। सूर्य पढ़ाई करने किसी यूनिवर्सिटी में जा रहा है। घर में बीमार पड़ी सुबोधिनी की उसे जैसे कोई गर्ज ही न हो।

माता पिता से उसने सुबोधिनी का उचित इलाज न करने पर लड़ाई कर दी और बिना उन्हें पूछे पढ़ाई करने चल दिया। उसे पूर्ण विश्वास था कि वह एफ. ए. में पास हो ही जायेगा। जाते समय वह अपनी पत्नी को कहता गया। "अपने स्वास्थ्य का ध्यान रखना। मेरी परवाह मत करना।" दोनों की आँखों से प्रेमाश्रु टपक पड़े। सूर्य चल दिया।

सुबोधिनी का अन्तिम समय आ गया था। ससुराल में किसी ने उसकी परवाह न की और मायके भेज दिया। मायके वालों ने भी उसकी तबियत थोड़ी अच्छी हो जाने पर पुनः उसे ससुराल भेज दिया।

मेरा सभी जगह अपमान, पतिगृह में भी और पितृ-गृह में भी। क्या मेरा कहीं भी अधिकार नहीं, क्या मुझे कहीं भी स्थान नहीं? ईश्वर अपनी गोदी में तो स्थान देगा।" वह अपनी चारपाई पर लेटे-2 सोच रही थी कि सास ने आकर टोका "अभी क्यों आईं कौन नौकरी करेगा तेरी। तेरे घर में जगह नहीं थी।" उसकी सास ने देखा वह आंखें बन्द कर चुकी थी, उसने एक अन्तिम साँस ले ली थी, एक लम्बी साँस, मृत्यु सूचक साँस।

गंगा नदी अभी भी बह रही है उसी गति के साथ, उसी ध्वनि के साथ। वहाँ सचमुच एक दिन सुबोधिनी का अन्त हो गया परन्तु उसका अन्त न हो सका, न हो सकेगा। फिर दशहरा आया, फिर सहेलियाँ गंगा तट पर स्नान करने गईं। परन्तु सुबोधिनी को इस दूषित

समाज ने पिछले ही वर्ष नहला लिया था, यौवन की प्रथम घड़ियों में ही सदा के लिये, जीवन भर के लिये।

सूर्य का रिजल्ट आया। वह फर्स्ट क्लास में पास हो चुका था। घर में मिठाई बंट रही थी और सास बोल रही थी ''दूसरी शादी का प्रबन्ध करो।''

प्रकाशित-गवर्नमेंट प्रताप इण्टर कॉलेज मैगजीन-1951

कानून की बेटियाँ

(अन्तॉन चेख़व को समर्पित)

लखनऊ स्टेशन पर इन्तजार करते-करते मुसाफिर थक गये। जिस गाड़ी को छः बजे शाम को पहुँचना चाहिये था वह दस बजे रात तक भी नहीं आई। बहुत-से मुसाफिर लौट कर अपने अपने घरों को चले गये। जिन्हें ज़रूरी जाना था वे रूके रहे। आखिर सवा दस बजे नाइन अप हावड़ा दून एक्सप्रेस ने लखनऊ का प्लेटफार्म पवित्र किया। शापित स्टेशन पर पत्थर बने हुये यात्रियों को नया जीवन मिला।

जनाना डिब्बे में कुछ हसीन लड़कियों के सेवकों ने प्रवेश किया। वे उनके बिस्तर लगाते रहे और सामान को यथास्थान रखने में मशगूल हो गए। लड़कियाँ एक बार डिब्बे के अन्दर गईं, अन्दर जाकर देखा भाला, सेवकों को कुछ हिदायतें दीं और फिर उतर कर प्लेटफार्म पर आ गईं। वे गिनती की चार थीं, आपसी बातों में खो गईं। अगल बगल के कम्पार्टमेन्ट्स के मुसाफिर उनके ठहाकों की आवाज़ों में खो गये। लेकिन इस बात की ओर शायद लड़कियों का कतई ध्यान नहीं गया। उन्होंने किसी की ओर आँख तक उठाकर नहीं देखा।

गाड़ी को लखनऊ का प्लेटफार्म छोड़ना नहीं लग रहा था। लोग तंग आ गये। जाड़े का मौसम, जनवरी की शुरूआत। ग़रीब लोग सर्दी के मारे काँप रहे थे। मिलने जुलने वालों ने भी छुट्टी ले ली। वे स्टेशन से कभी के जा चुके थे। पर गाड़ी के सिगनल की बत्ती लाल ही रही।

यात्री बार-बार सिगनल की बत्ती की ओर देखते और निराश होकर फिर अपनी नज़रें दूसरी ओर घुमा लेते। ख़ैरियत यह थी कि लड़कियाँ अभी तक प्लेटफार्म पर खड़ी थीं और अनजाने में ही कहकहे बाँट रही थीं।

जनाना डिब्बे के बगलवाले डिब्बे में दो पुलिसवालों ने प्रवेश किया। दोनों वर्दी पेटी में थे। शायद कहीं ड्यूटी पर जा रहे थे। एक बुढ्ढा नीचे की बर्थ पर रजाई के अन्दर कछुए की तरह गर्दन छुपाये बैठा था। पुलिसवालों ने कड़कती आवाज़ में उसे ठीक से बैठने को कहा। कछुआ डर के मारे अपना सर अन्दर छिपा लेता है, बुढढे ने डर के मारे अपनी गर्दन बाहर निकाल ली और इससे पहले कि वह अपनी रजाई ठीक कर सके, दोनों

पुलिस वाले उसकी बगल में जम कर बैठ गये।

बुढ्ढे ने रजाई उठाई और फर्श पर बैठ गया। उसने फिर अपनी गर्दन अन्दर छुपा ली।

गाड़ी चलने लगी। पुलिसवालों ने एक कम्बल बिछाया और उसी पर दोनों अपने को एडजस्ट करने लगे। अनावश्यक विलब से थके माँदे मुसाफिर खामोश थे। डिब्बे में कोई फुसफुसाहट नहीं हो रही थी। जो दूसरे आ रहे थे, उन सवारियों के चेहरों पर खिन्नता के चिह्न नज़र आ रहे थे। हरेक के मन में एक अजब बेचैनी थी। वे लोग ऊँघने लगे, जिनके पास बैठने की जगह नहीं थी और जो सीटों पर बैठे थे वे आँखें बन्दर कर कुछ आराम पाने की कोशिश में लग गये। लेटे हुए लोगों को नींद आ गई और वे सो गये। पुलिसवाले अपने को एडजस्ट करने में उलटते-पलटते रहे।

कि अचानक गाड़ी रूक गई।

लोगों ने बाहर झाँक कर देखा। सन्नाटा। वीरान प्रदेश। घना अंधकार। बाहर कोई सिग्नल नहीं, कोई बत्ती नहीं। इससे पहले कि डिब्बे में बैठे मुसाफिर अपनी-अपनी अटकलबाज़ियाँ लगाते, रहस्य का उद्घाटन हो गया—जनाना डिब्बे में एक मर्द घुस बैठा है और पर्दा किये बैठा है। डिब्बे की जनाना सवारियों ने उसका घूँघट हटाना चाहा पर उसने विरोध किया। सवारियों ने चेन खींची और गाड़ी रोक ली।

दोनों पुलिसवाले और डिब्बे के करीब-करीब सभी यात्री चौंक कर उठे बैठे सिवा उन लोगों के जिन्हें नींद आ गई थी। इस घटना पर बातें होने लगीं।

एक बुजुर्ग बोले—शोहदे और क्या करेंगे? उन्होंने कस कर मरम्मत कर दी होती तो अच्छा होता।

एक दूसरा यात्री—लेकिन वह तो घूंघट काढ़े बैठा था। उसने उनका क्या बिगाड़ लिया?

तीसरा यात्री—अजी साहब, जनाना सवारियों में किसी से आशनाई होगी उसकी, वर्ना इस तरह डिब्बे में कोई चढ़ सकता है भला?

पुलिसवाला, जिसकी तोंद नई-नई बढ़ रही थी, बोला—"हो सकता है बेचारा गाड़ी के छूटने के बाद चढ़ा हो और उसी डिब्बे में जा पहुँचा हो।"

बुजुर्ग बोले—अजी नहीं साहब! वह ज़रूर किसी शरीफ लड़की को भगाने के मकसद से दाखिल हुआ होगा।

दूसरे पुलिसवाले ने अपनी बात कही, मर्द तो साहब, कभी औरत को नहीं भगाता। हम रोज़ ऐसे केस देखते हैं। सैकड़ों केस देख चुका हूँ पर आज तक कभी ऐसा नहीं हुआ कि मर्द ने औरत भगाई हो। जब भागती है औरत ही मर्द को भगाती है। औरत की मर्जी न हो तो मर्द तो उससे बात तक नहीं कर सकता।

डिब्बे में एक और मनचला युवक बैठा था। उसने अपनी बात कही—'अजी औरतें मर्दों के डिब्बे में आकर बैठ जाती है तो कोई कुछ नहीं बोलता। पर एक मर्द अगर जनाना

डिब्बे में बैठ गया तो बस कुहराम मच जाता है। मैं पूछता हूँ आज़ादी क्या सिर्फ औरतों के लिये हुई है। मर्द का कोई पूछने वाला नहीं?

एक मुसाफिर नीचे उतर कर जनाना डिब्बे के बाहर चला गया था। उसने लौटकर बताया—वह यात्री मर्द नहीं, औरत थी और उसके कारण चूँकि लड़कियों को पाँव फैलाने की जगह नहीं मिल रही थी इसलिये उनका उससे झगड़ा हो गया और उन्होंने जंजीर खींच ली।

औरत-मर्द के सनातन सम्बन्धों पर बहस करने वाले डिब्बे में बैठे हुए मुसाफिरों को इस समाचार से एक सदमा-सा लगा।

डिब्बे में एक मिनट तक पूर्ण शान्ति रही। फिर अचानक रूकी हुई बहस चालू हो गई।

तोंदवाले पुलिसवाले ने कहा—बड़ी विचित्र छोकरियाँ हैं। इनके दो-दो हण्टर लगाये जायें तो ठीक हो जायें। बताईये भला, वह ग़रीब औरत रात के इस बेमौके कहाँ जायेगी?

—उसे तो उतार दिया गया है। बाहर से लौटकर आनेवाले यात्री ने सूचना दी।

डिब्बे के फर्श पर अपनी रजाई के बीच कछुआ बने हुये बूढ़े ने अपनी गर्दन बाहर निकालकर पुलिसवालों की ओर ताका और फिर कछुआ बन गया। उसे झपकियाँ आ रही थीं।

उस बुढ़िया को यहाँ बुला लीजिये साहब, बुजुर्ग ने खिड़की के पास बैठे हुए एक नौजवान से कहा—बेचारी इस जंगल में कहाँ भटकती फिरेगी।

—वह दूसरे डिब्बे में बैठा दी गई है, दूसरा नौजवान बोला।

पुलिसवाले ने फिर अपनी बात कही—दरअसल उतारना तो चाहिए था उन छोकड़ियों को ही। रात भर जाड़े पाले में बाहर रहतीं तो होश ठिकाने आ जाता।

—लेकिन उन्होंने चेन खींच कैसे ली साहब? पहला यात्री बोला।

दूसरा यात्री—हाँ! और चेन खींची तो फिर बुढ़िया को जनाना डिब्बे से कैसे उतार दिया गया। ऐसा तो कोई कानून नहीं है।

—विदाउट टिकट रही होगी! कोई बीच में ही बोला।

—टिकट न होता तो उसे दूसरे डिब्बे में कैसे बैठाया जा सकता था? तीसरे यात्री ने तर्क पेश किया।

पुलिसवाले ने फिर अपना गुस्सा प्रकट किया—आजकल की लड़कियाँ हुकूमत जताना चाहती हैं। ये समझती हैं कि कानून कोई चीज़ ही नहीं है। वे जो चाहें कर सकती हैं। लखनऊ यूनिवर्सिटी में देख लीजिये, पुलिस के नाकों दम किए रहती हैं।

गाड़ी चल दी और टिकट चेकर कम्पार्टमेन्ट में दाखिल हुआ। वह लोगों के टिकट देखने लगा।

एक नौजवान ने चेकर से पूछा—वे लड़कियाँ कौन हैं साहब? उसने आहिस्ता से जवाब दिया—एस. पी. साहब के घर की हैं।

डिब्बे में खामोशी छा गई।

पुलिसवाले आपस में बातें करने लगे। तोंदवाले ने दूसरे से कहा—अरे यार! मैं तो पहले ही समझ गया था कि ज़रूर साहब की घर की लड़कियाँ है। कितनी मर्दाना लड़कियाँ हैं।

दूसरा बोला—और किसी की क्या मजाल हो सकती है कि जंजीर खींच कर गाड़ी रोक ले। बुढ़िया उनके सोने की जगह पर बैठ गई होगी वर्ना वे उसे उतारती ही क्यों। बदतमीज़ बुढ़िया जमीन पर नहीं बैठ सकती थी। जब से आज़ादी आई है तब से सबके दिमाग चढ़ गये हैं। हर ऐरा गैरा अपने को बादशाह समझने लगा है।

जमीन पर बैठे हुए बूढ़े ने अपना सर बाहर निकाल कर खाली नज़रों से उन्हें ताका और फिर अपनी गर्दन अन्दर कर दी। डिब्बे में खामोशी छा गई।

खाई और खून

डॉ. नरेन्द्र पसीने से लथपथ बिस्तर पर पड़े रहे, उठकर बत्ती जला देने का उन को साहस नहीं हो रहा था। उनके समूचे शरीर का एक-एक रोआँ खड़ा हो गया और अत्यन्त भयभीत होकर वे बीती हुई बातों पर सोचने लगे। उन्होंने अभी-अभी एक सपना देखा था।

वे अपनी फुलवारी में टहल रहे थे। शाम ढलती जा रही थी और सूर्य अस्त हो गया था। लेकिन पता नहीं कहाँ से सूर्य की तीन किरणें उनकी आँखें के सामने चमक रही थीं। वे जिधर को मुँह फेरते किरणें उसी ओर चमकने लगतीं। पहली किरण गुलाब के फूल पर पड़ रही थी, दूसरी काँटें पर और तीसरी जड़ पर। उन्होंने आसमान में सूर्य को देखने की कोशिश की लेकिन वह डूब चुका था। वे डर गये और अपने घर की ओर लौटे तो किरणें भी उनके आगे-आगे चलने लगीं। तभी उनके पीछे से उनकी स्त्री चिल्लाई—ठहरो, ठहरो हम भी आ रही हैं। उन्होंने पीछे मुड़कर देखा, उनकी स्त्री एक गन्दी देहाती युवती का हाथ पकड़े उनके पास चली आई।

—मैं इसे अपनी बहू बनाऊँगी, वह बोली और उनके साथ चलने लगी। लड़की ने घूँघट कर लिया और पीछे-पीछे चलने लगी।

वे कुछ ही कदम आगे बढ़ पाए थे कि सामने से उनका लड़का कुँवर एक अत्यन्त रूपवती लड़की के हाथ में हाथ दिए आता दिखाई दिया। वह इनके पास आया और सर झुका कर खड़ा हो गया।

फूल और काँटों पर पड़ने वाली दोनों किरणें सहसा दोनों लड़कियों के सर पर चमकीं और अस्त हो गयीं। कुँवर और उसकी माँ ने एक दूसरे की ओर देखा और दोनों दो विपरीत दिशाओं में भाग खड़े हुये। वे दोनों बेतहाशा दौड़ रहे थे। दोनों लड़कियाँ एक दूसरे के करीब आईं। दोनों ने बड़े ज़ोर से आपस में सर टकराये और उनसे खून की बूँदें टप-टप करके धरती पर टपकने लगीं। गुलाब के पौधे की जड़ पर पड़ने वाली किरण, जो अभी शायद गायब नहीं हुई थी, वहाँ से हट कर उस स्थान पर हिलने लगी जहाँ खून टपक रहा था और यकायक ये दोनों लड़कियाँ उसी खून में समा गईं। सूर्य की वह किरण उस रक्त-रंजित धरती पर चारों ओर नाचने लगीं।

इस सपने का क्या अर्थ लगायें यह डॉ. नरेन्द्र सोच नहीं पा रहे थे। जीवन में यह

दूसरा स्वप्न था जिसने उन्हें इतना भयभीत किया। यकायक वह पहला सपना इस तरह याद हो उठा जैसे बिल्कुल अभी-अभी हुआ हो।

कई साल पहले जब उनका विवाह न हुआ था। एक रात को उन्होंने अपने को एक विचित्र परिस्थिति में पाया। आसमान को छूने वाले दो ऊँचे-ऊँचे पहाड़ों की चोटियाँ आमने-सामने खड़ी थीं। हजारों हजार फीट ऊँची उनकी चोटियों के बीच एक बहुत लम्बा, लकड़ी के तख्ते का पुल लगा था, जिसके बीच में खड़े वे तय नहीं कर पा रहे थे कि किधर जायें। नीचे हजारों फूट की दूरी तक शून्य और दूर कहीं पर्वतों की घाटी थी, चौड़ी खाई की तरह, जिधर देखने से ही जी बैठने लगा था।

अकेले तख्ते के उस असख्य फुट लम्बे पुल के सहारे, जो दोनों पर्वतों की चोटियों को मिला रहा था, किसी एक ओर भी चले जाना नामुमकिन था। वह काँप रहा था और उस पर बैठकर चलते-चलते भी उसे हरगिज़ पार नहीं किया जा सकता था।

वे जिधर भी जाने की कोशिश करते पुल आसमान में उछलने लगता। नीचे शून्य को देखकर वे और भी भयभीत हो उठे ओर आँखें मूँद लीं। थोड़ी देर में आँखें खोलकर एक ओर नज़रें दौड़ाई तो देखा एक साँप बड़ी तेजी से तख्ते पर दौड़ा आ रहा है। काँपकर दूसरी ओर भागे तो उधर से भी एक साँप लपकता दिखाई दिया। तख्ते से उन्होंने शून्य में छलाँग मार दी और दोनों साँप भी उन्हीं के पीछे कूद पड़े।

सपने खत्म हुए और जीवन की सच्ची घटनायें याद आने लगीं। माँ ने शादी की बात शुरू की एक ऐसी अनपढ़ गँवारू लड़की से, जिसकी मैने कभी सूरत भी नहीं देखी थी। नाम तक तक नहीं सुना था। तब मैं विश्वविद्यालय से नया-नया ग्रेजुएट होकर निकला था। मन में अरमान थे, दिमाग में कविताएं भरी रहती थीं, जवानी का खून था, आँखों में बहुत सी सूरतें तैरा करती थीं, और तब मुझे मीठे-मीठे सपने आया करते थे। इसलिए माँ के उस प्रस्ताव पर मैंने हँस दिया था। मेरी तो नज़रें कहीं और थीं। मैं किसी गँवार लड़की से शादी नहीं, किसी उपन्यास की नायिका से या किसी कविता की कड़ी से मोहब्बत करना चाहता था। मुझे तो उस दिन का इन्तज़ार था, जब रात के अँधियारे में ऊपर से किसी कमरे की खिड़की खुलती, कोई चेहरा वहाँ से झाँक कर कहता—"इतनी रात बीते तुम यहाँ कैसे?" और तब मैं जवाब देता—"हजार दीवारें मुझे नहीं रोक सकतीं, बस तुम्हारी नज़रों की इनायत चाहिये।" एक बार फिर इस धरती पर कोई शेक्सपियर पैदा होता और वह रोमियो जूलियट को फिर से लिखने बैठता।

माँ कुछ देर तक मुझे समझाती रही और मैं उसकी बातों पर हँसता रहा। लेकिन जब वह निराश लौट गई तो मैं अनायास ही उसकी बातों पर गम्भीरता पूर्वक सोचने लगा। वह मेरी माँ थी, जिसे मैं दुनिया में सबसे अधिक प्यार करता था, जिससे मुझे दुनिया में सबसे अधिक प्यार मिलता था। मेरी आँखों के सामने उसका हड्डियों का ढाँचा उभर आया। वे चित्र उभर आये जिन्हें मैं भुलाने की कोशिश करता आया था। दादी उसे

झिड़कियाँ देती थीं, गालियाँ देती थीं। उसके साथ दासी का जैसा व्यवहार करती थी और उससे सख्त मेहनत करवाती थी। माँ की वह मूर्ति–टप-टप आँखों से आँसू गिर रहे थे। मुँह में कच्चे चावल भरे थे, जिन्हें कि उसने नाश्ते के अभाव में दादी से चुराकर अपनी जेबों में भर लिया था, जिन्हें देखकर दादी उसे गाली दे रही थी, माँ का मुँह बन्द था, आँखें के आँसू थमते नहीं थे और सर पर गोबर का भारी टोकरा उठाये वह खेतों की ओर चली जा रही थी। उस वक़्त माँ को देखकर मैं भी रो उठा था और रात को जब वह अपने मुलायम हाथों से मुझ सुलाने के लिये थपकियाँ दे रही थीं, मैंने उससे कहा था–"माँ तुम रो क्यों रही थीं?" तो उसने मेरा चुम्बन लेते हुए कहा था–"अब नहीं रोऊँगी बेटा।" –अब क्या हो गया? मैंने प्रश्न किया तो माँ ने हँसते हुए कहा–"अब तेरी बहू आ जाएगी बेटा मेरे कामों में वह मदद किया करेगी।"

ज्यों-ज्यों मैं बड़ा होता गया उसका वह विश्वास बढ़ता गया। वह सुनहरे भविष्य के सपने देखने लगी। कभी-कभी वह काम से बुरी तरह थक कर आती और मैं उसकी ओर देखता तो कह उठती–बेटा, कब तक इस तरह जिऊँगी? इस वक़्त कोई घर में होती तो मेरी यह हालत न हो पाती, कोई दो रोटी देने का सहारा होती, एक लुटिया पानी की मदद देती।

मैं माँ की कही बातों पर सोचने लगा और मुझे लगा कि मैं उसी आसमानी कच्चेपुल पर खड़ा हूँ जिस पर रात को स्वप्न में खड़ा था। एक ओर मेरी माँ का सुखी भविष्य, हमारे खेतों में लहलहाते सोने की बालें थीं और मेरा उदास चेहरा था। दूसरी ओर मेरे उन सुनहरे सपनों की दुनिया थी, जिन्हें पूरा करने के मैंने मंसूबे बाधे थे और मेरी बूढ़ी माँ का झुर्रियों से भरा क्लान्त मुख था, जिसकी एक-एक रेखा से उसके बीते दुर्दिनों की गिनती की जा सकती थी।

हम दोनों में एक न एक के सुख का बलिदान करना आवश्यक हो उठा। मेरी हरी भरी सुन्दर दुनिया, जिसमें से किसी सुशिक्षित सुन्दरी के साथ रहता, उसके लिये काँटों की झाड़ी होती और उसकी पसन्द की हुई गाँव की अशिक्षित लड़की अगर मेरे घर में आती तो वह उस मखमली बिछावन पर अपने गन्दे नंगे पाँवों के कीचड़ के धब्बे लगाती हुई आती, जिसे मैंने किसी नवागन्तुक अतिथि का सत्कार करने के लिये बिछाया होता।

मैंने पुल से छलाँग मार दी और अपने सुखों का बलिदान कर बैठा। मेरी माँ की बहू ने घर में प्रवेश किया। वह आई और मेरे कमरे के दिये की बाती बुझ गई।

हम दोनों एक दूसरे के लिये नहीं बने थे। उसमें और मुझमें पूर्व और पश्चिम का अन्तर था। वह घूँघट काढ़े रहती, मुझे उससे खीझ होती। किसी के सामने वह मुझसे बात न करती और मैं जल उठता। दिन भर कार्य में व्यस्त रहने के कारण उसके शरीर से पसीने की बदबू आती और मैं मुँह फेर लेता। वह खेतों की मिट्टी में काम करती, मैं पुस्तकों में डूबा रहता। मैं कवितायें लिखता, जिन्हें वह पढ़ न पाती। मेरा साहित्य उसके लिए ऊटपटाँग चीज़ होता। मैं गीत गुनगुनाता, जिन्हें वह समझ न पाती।

मैं उसे अपने साथ शहर लिवा लाया। सोचा कुछ सीख जायेगी। लेकिन वह बदल न पायी। जैसी की तैसी रही। उस दिन जब मुझे पी-एच. डी. की डिग्री मिली मैंने उससे कहा—आज मुझे डाक्टरेट मिल गई है।

—क्या मिल गई है? उसने अपनी नासमझी का प्रदर्शन किया।

—आज मैं डाक्टर हो गया हूँ। मैंने उसे समझाया।

—तो अब पढ़ाना छोड़ दो, अस्पताल खोलो कहीं।

—आदमियों का नहीं, किताबों का डाक्टर बना हूँ मैं।

—किताबों को कौन सा हैजा होता है, जो तुमने किताबों की डाक्टरी ली?

इस तरह की ज़िन्दगी किसी तरह कटने लगी। मेरी कविताओं की प्रशंसा करते हुए कुँआरियों के पत्र आते, लेकिन वे मुझे सन्तोष न दे पाते। मेरा जी होता कि इन हजार कुँआरियों के 'कुर्बान हो जाऊँ' के पत्रों के पुलिन्दे न आते एक बार वह अपनी जुबान से कुछ कह देती। लेकिन वह भला कविता क्या समझती।

मेरी अनुपस्थिति में वह मेरा कोई मित्र घर पर आ जाता और नौकर घर से कहीं सौदा लेने चला गया होता तो वह चाहे खटखटाते-खटखटाते दरवाज़े तोड़ डालता, अन्दर से कोई उत्तर नहीं आ सकता था—"घर पर नहीं है।" लोग अपनी बीवियों को सभा-सोसायटियों में ले जाते और मैं घर पर लौट आने पर भी उसे बता न पाता कि किस तरह से जलसे में शरीक होकर आ रहा हूँ।

कई बार मेरे जी में आया कि मैं उसे डाँट दूँ। कम से कम अपने मन की व्यथा तो कम हो जायेगी। मैंने उसके रहते-रहते दूसरा विवाह भी करने की ठानी। लेकिन बार-बार मेरे दिमाग में विचार आता कि वह निर्दोष है, और मैं चुप हो जाता। मैं जानता था कि डाँटने से उसे दुःख होगा, और वह मेरे घर परवश होकर आई थी। वह जैसे मेरे घर आई वैसे किसी के भी घर जा सकती थी। इसीलिये उसे दुखाने में कोई लाभ न था।

जब-जब मैंने अपनी घुटन और पीड़ा उसे बताने की तैयारी की मैंने अपने को उसी पुल पर खड़ा पाया जिस पर एक बार स्वप्न में खड़ा था और कई बार मुझे उस पुल से छलाँगें मारनी पड़ीं, अपने को ज़ब्त करना पड़ा। मैंने आज तक उसे महसूस न होने दिया कि मुझे उसके तौर तरीको से, व्यवहार से घृणा है।

पड़ोस के बच्चे के रोने की आवाज़ से डा. नरेन्द्र के खयालों का सिलसिला टूट गया। उन्होंने उठकर बत्ती जलाई और किसी किताब को लेकर पढ़ने लगे।

दूसरे दिन उनके घर पर एक सज्जन आए। अपना परिचय देते हुए उद्देश्य बताया—आपके लड़के के हाथ में अपनी लड़की का हाथ पकड़ाना चाहता हूँ।

—वह शादी खुद तय कर ले, मेरा यह इरादा है।

—लड़की ग्रेजुएट है, घर गृहस्थी के कामों में निपुण है। आप चाहें तो स्वयं देख सकते हैं।

—लड़के लड़की आपस में एक-दूसरे का चुनाव कर लें, इसे ज़्यादा बेहतर प्रक्रिया

समझता हूँ।

—ठीक है, लेकिन आप अन्दर जाकर भी तो पूछ आइये। वे चाहें तो खुद लड़की देखने चल सकती हैं।

डॉ. नरेन्द्र ने अन्दर जाकर अपनी पत्नी से सारी बातें कह सुनाईं

—हम गाँव की लड़की से ही उसकी शादी करेंगे। पत्नी बोली।

मैं तो कहता हूँ वह अपनी वधू खुद चुन लेगा, नरेन्द्र ने सुझाव दिया—"आज भेज दें उसको ही, लड़की को देख आएगा।"

—नहीं नहीं, हमें तो शहरी लड़की से शादी करनी ही नहीं।

—लड़की गाँव की हो या शहर की मुझे कोई एतराज नहीं। कुँवर की मर्जी होगी तो गाँव से भी रिश्ता हो सकता है। उनकी ज़िन्दगी सुख से कटनी चाहिए। उन्होंने मुँह दूसरी ओर फेर लिया।

पत्नी ने प्रश्न किया—तुम तो नहीं गए थे अपनी वधू का चुनाव करने। तुम्हारी-हमारी ज़िन्दगी क्या सुख से नहीं कटी? और वह उत्तर की प्रतीक्षा करने लगी।

डॉ. नरेन्द्र की आँखों के सामने अस्त सूर्य की वह तीसरी किरण नाचने लगी, जो गुलाब के पौधे की जड़ से हटकर रक्त-रंजित भूमि पर चमकने लगी थी, जिसमें दो कुँआरी लड़कियाँ समाईं। उनके सामने एक ही प्रश्न था—इस बार किस के सुख का बलिदान? लड़के के या पत्नी के?

सेवक-ए-हिन्द

मई का महीना। गर्मियों का मौसम। देहरादून शहर में रेलवे स्टेशन के बाहर बनाए गए रोडवेज के पर्वतीय अड्डे पर यात्रियों की जबर्दस्त भीड़ दिखाई दे रही है। आजकल लगता है पूरा हिन्दुस्तान पहाड़ों की तरफ भागा चला आ रहा है। भारत के कोने-कोने से बदरी-केदार-गंगोत्री-यमुनोत्री की ओर आने वाले तीर्थ यात्रियों का रेला। मैदानों की गर्मी से निजात पाने के लिहाज से मसूरी-चकराता-नैनीताल अल्मोड़ा जैसे रमणीक पहाड़ी पर्यटन स्थलों की ओर आने वाले मध्यमवर्गीय सैलानियों के जत्थे, जिनकी टैक्सियों में सफर करने की हैसियत नहीं होती और छकड़ा बसों में धक्के खाते हुए भी मज़ा लेते रहने का अहसास करते रहते हैं। रोज़ी-रोटी कमाने के लिए विभिन्न मैदानी इलाकों में फैले हुए प्रवासी पर्वतवासियों को भी अपने गाँव-घर की सुध लेने के लिए यही मौसम रास आता है। स्कूली बच्चों की लम्बी छुट्टियाँ हो जाती हैं। गर्मियों के मौसम की शुरुआत होते ही बड़े शहरों में पानी की तंगी होने लगती है। घरों में आने वाली बिजली भी उन दिनों वहाँ आँख मिचौनी करने पर उतर आती है। ऐसे में कुछ दिनों के लिए अपने पहाड़ी गाँव चले जाएँ। गर्मी की मार से भी बचा जा सकेगा और कम से कम पानी जैसी चीज़ के लिए तो नहीं तरसना पड़ेगा। कुछ दिनों के लिए चोर-उचक्कों की बेहूदा, जेब कतरने वाली हरकतों से भी बचे रहेंगे। अपने इलाके में, अपने पहाड़ी लोगों के बीच जैसे चाहो वैसे रह लो। हरियाली से भरपूर देव-भूमि उत्तराखण्ड। दोपहर के वक़्त कहीं अँधेरे कमरे में पहुँच कर आराम करने की कोई ज़रूरत नहीं। पानी के धारे के पास चले जाओ, जहाँ आधा गाँव जमा हो जाता है। लोग अपनी भैंसों को भी अपने साथ ले आते हैं। भैंसे छोटे-छोटे तालाबों-पोखरों के पानी में डूबी हैं और अपने बदन की गर्मी दूर करने लगी हैं। उनके मालिकान किनारे पर खड़े छितराए हुए पेड़ों की छाँह तले जमे हैं और ताश का खेल खेलने में मस्त हैं। अपने पैतृक गाँव में कुछ दिन आराम से, निश्चिंत होकर, शान्तिपूर्वक रहा जा सकेगा। ऐसे ही ख़याली पुलाव बनाते हुए नौकरी-धंधों में लगे हुए पर्वतवासी सपरिवार घर की ओर उमड़ने लगते हैं। घर की बदली हुई हकीकतों से एकदम बेखबर।

अड्डे पर लगी भीड़ में जवान-अधेड़ लोग और औरतें, बच्चे, बूढ़े लोग भी। रेलवे स्टेशन से सटे हुए एक बेहद छोटे और सँकरे घेरे के अन्दर सीमित कर दिए गए इस अड्डे

पर जगह यों ही बहुत कम है। मसूरी, टिहरी, उत्तरकाशी, पौड़ी, श्रीनगर, गोपेश्वर, चमोली आदि पहाड़ी जगहों की ओर प्रस्थान को तैयार गाड़ियों को भी टेढ़े-मेढ़े लगा कर वहीं खड़ा करना होता है। यात्रियों को भी अपने साजो-सामान के साथ वहीं पर मौजूद रहना पड़ता है। बगैर किसी बेंच के। चाहे खड़े रहो, चाहे अपने ही सामान के ऊपर सहारा लेकर बैठ जाओ। जब तक अपने इलाके की बस न आ जाय और लम्बी लाइनों में खिसकते-खिसकते खिड़की पर पहुँच कर टिकट हाथ में न आ जाय, अपने बच्चों और असबाब की हिफाजत करते हुए वहीं मौजूद रहना यात्रियों की मजबूरी हो जाती है। टिकट की खिड़कियों के बाहर अनियंत्रित भीड़ जमा हो गई थी। सामने तीन खिड़कियाँ दिखाई दे रही थीं। तीनों के कपाट बन्द थे। यह पता लगाना कठिन हो रहा था कि बन्द खिड़कियों में किस खिड़की से कहाँ का टिकट लिया जा सकेगा।

गर्मियों की मार के शुरू हो जाने पर रोज़-रोज़ पहाड़ों की दुरूह चढ़ाइयों पर धुआँ छोड़ती, धूँ धूँ धूँ धूँ कर घाटियों-चोटियों में महानाद कर उन्हें कँपाती-थर्राती गाड़ियों को वर्कशाप का मुँह देखना दुश्वार हो जाता है। उचित और सही वक़्त पर किसी भी तरह की मरम्मत के बगैर दिन-रात भागती-दौड़ती गाड़ियाँ हाँफने लगती हैं। अड्डे से रोज़ जितनी बसें यात्रियों को लेकर निकलती हैं वे सब की सब अपने गन्तव्य स्थानों से उसी दिन की शाम को या कि दूसरे दिन, जैसा कि समय-सारिणी के अनुसार उनका लौट आना निर्धारित हो, अपने सही समय पर लौट नहीं पातीं। अपने लम्बे सफर के अधबीच में ही कई बार वे टें बोल जाती हैं। कल रात तक कौन गाड़ी लौटी थी और कौन रास्ते में ही रूकी रह गई, बुकिंग की खिड़की पर बैठनेवाले बाबू लोगों को इस बात की जानकारी नहीं हो पाती। कल रात जो गाड़ी लौटी होगी उसके कन्डक्टर ने लेखा में जाकर अपनी बुकिंग का पैसा जमा किया होगा। जो बस रास्ते में ही रूक जाती है उसके बारे में बुकिंग वालों को फौरी जानकारी नहीं हो पाती। और कई बसें ऐसी भी होती हैं जिन्हें वर्कशाप में पहुँच जाने के बाद भी मिस्त्रियों के इन्तज़ार में खड़ा रह जाना पड़ता है। लिहाजा जब तक कोई बस उस अड्डे पर पहुँच नहीं जाती, बुकिंग की खिड़की को बन्द ही रखना पड़ता है। और बेवजह सवालों का मुकाबला करने के लिए, जानकारी से नावाकिफ इन्क्वायरी बाबू अपनी जगह पर मौजूद नहीं रहता। वहाँ रहने के बजाय कहीं इधर-उधर टरक जाता है। अगर किसी तरह वहाँ पर आ ही गया तो वह झुँझलाते हुए जवाब दे देगा—अब क्या कहा जा सकता है? उसके मुख से निकलने वाला यह वाक्य जवाब है कि परेशानी यात्री से पूछा जाने वाला एक उल्टा सवाल है? डाँट खाकर वहाँ से हट आए बेबस यात्री अपनी बस के बारे में मालूमात हासिल करने के लिए अब और किसके पास जाएँ? और यह भी ज़रूरी नहीं है कि किसी राह की एक बस अड्डे पर आ लगी है तो उसके बाद उस ओर जाने के लिए जिस दूसरी बस की बारी हो वह भी अपने निश्चित समय पर अड्डे पर आ ही जाय। हो सकता है वर्कशाप से मरम्मत से निकल कर वह आज आ ही नहीं पाए। कोई बड़ा पार्ट टूट गया तो हो गया बराबर। लोकल खरीद की नहीं जा सकती। स्थानीय अधिकारियों

को उतना अख्तियार नहीं दिया जा सकता। एक पार्ट के अभाव में गाड़ी खड़ी रहे तो खड़ी रहे। यह कोई बनिए की दुकान तो है नहीं। प्राइवेट ट्रांसपोर्टर स्पेयर पार्टस पहले से अपने पास जमा करके रख लेते हैं। उन्हें नफा कमाना होता है। रोडवेज सरकारी अधिष्ठान है। गाड़ी के खड़े रह जाने से घाटा होगा तो सरकार का होगा। अपनी जेब से तो किसी को कुछ नहीं भरना पड़ेगा। इस तरह की अनिश्चितता के कायम रहते यात्रियों की आपाधापी और चिन्ताएँ और भी बढ़ जाती हैं। जो बस आई है किसी न किसी तरह उसी में बैठने, ठेल-ठाल कर घुस जाने की कोशिश करो। आगे का कोई भरोसा नहीं। भविष्य किसी ने नहीं देखा आज तक। एक घंटे बाद का भविष्य भी नहीं।

अव्यवस्था और अनिश्चितता के ऐसे हालात में बुकिंग की उन खिड़कियों के बाहर खड़े लोग अपना मतलब हासिल करने के लिए अन्दर घुस कर टिकट बाबू को परेशान न कर सकें इसके लिए वहाँ के कर्मचारियों ने खास इन्तजाम कर लिया था। आने-जाने के एकमात्र दरवाजे को बन्द कर उस पर भीतर से चटकनी ठोंक दी गई थी। जिसे टिकट लेना हो, बस के बारे में कोई भी बात करनी हो या कोई और छोटी-सी जानकारी भी लेनी हो वह भीड़ के बीच से रास्ता बनाते हुए अपनी कतार से, अपनी बारी पर आगे बढ़े और खिड़की के बाहर खड़ा होकर वहीं से बात करे। जबकि खिड़की खुल जाय।

टिकट की किसी भी खिड़की का छोटा-सा कपाट अभी तक खुला नहीं था। लोगों ने बन्द कपाटों वाली तीनों खिड़कियों के बाहर अपने ही अंदाज से लम्बी-लम्बी कतारें लगा ली थीं और चौकस नज़रों से देखने लगे थे कि कोई कतार को तोड़ कर उनसे आगे बढ़ने की कोशिश तो नहीं कर रहा है। जो सपरिवार थे उन्होंने अपने परिवार के एक-एक सदस्य को अलग-अलग खिड़की पर लगी कतार में खड़ा कर लिया था ताकि जहाँ से भी उनके गंतव्य स्थान का टिकट मिले उन की वहाँ मौजूदगी कायम रह सके।

अस्त-व्यस्त यात्रियों की उस भीड़ के बीच मजबूत जिस्म का एक हट्टा-कट्टा, गोरे, उजले रंग का आदमी लाइन में खड़े लोगों के चेहरों पर बहुत गौर से अपनी खोजी नजरें फेरता हुआ दो कतारों के बीच, लेकिन कतारों से बाहर-बाहर, बेझिझक आगे की ओर बढ़ता जा रहा था। एक कतार थी जिसमें काफी पीछे एक बूढ़ा आदमी खड़ा था। बूढ़े के चेहरे पर झुर्रियाँ थीं और उसके हाव-भाव से लग रहा था कि वह अकेला है। उसके पास पीठ पर लादे जाने वाला एक बड़ा-सा पिट्ठू भी जमीन पर रखा था, जिसे वह ज़्यों-ज़्यों आगे बढ़ता, खींच-खींच कर अपनी बराबरी पर कर लेता था। हट्टा-कट्टा आदमी बूढ़े के पास पहुँचा और वहाँ जा कर खड़ा हो गया।

—कहाँ जाना है?

—भटवाड़ी।

अचानक वह खिड़की खुली जिसके बाहर लगी कतार में वह बूढ़ा व्यक्ति खड़ा था। भीतर से एक आवाज़ सुनाई दी—भुक्खी, भटवाड़ी, उत्तरकाशी।

आम यात्रियों को सुनाने के लिए कही गई वह एकमात्र आवाज़ सब लोगों ने एक

साथ सुनी। आवाज़ के फैलते ही वह कतार हरकत में आ गई। पीछे खड़े लोग अपने से आगे वाले को धकियाने लगे। कोई मुक्के के बल पर, कोई छाती के सहारे। बाकी दोनों कतारों में खड़े कई लोग वहाँ से बाहर निकल कर इस कतार में शामिल अपने प्रतिनिधि के हाथ में पैसा पकड़ाने लगे।

—अकेले हो? और तो नहीं है कोई साथ में।

—और कोई नहीं।

—आओ, मेरे साथ चलो।

बूढ़े ने जमीन पर धरा हुआ अपना पिट्ठू अपने पास खींच लिया और ताकत का इस्तेमाल कर उसे अपनी पीठ पर उठाया। कतार से बाहर निकल कर बूढ़ा उस आदमी के पीछे हो लिया। वे दोनों बस पर पहुँचे। वह आदमी खाली हाथ था। उसके कंधे पर सिर्फ एक झोला लटक रहा था, जिसमें, लग रहा था, कोई ज़्यादा सामान नहीं हे। जोश में सीढ़ियाँ फाँदता हुआ वह सीधा बस के भीतर पहुँच गया। वहाँ से पीछे की ओर घूम कर उसने नीचे खड़े बूढ़े को अपना भारी पिट्ठू ऊँचा किया। हट्टे-कट्टे आदमी ने बूढ़े के हाथ से बहुत आसानी से वह बोझा अपने हाथ में अन्दर ले लिया। खाली हाथ हो जाने पर बूढ़ा भी सीढ़ियाँ चढ़ता हुआ बस के अन्दर पहुँच गया।

—यहाँ आओ, इस सीट पर बैठ जाओ। उसने आगे की एक सीट की ओर इशारा किया।

—और टिकट?

—तुम बूढ़े आदमी, कहाँ परेशान होओगे? मैं कहता हूँ, ऐसा करो, टिकट का पैसा मेरे पास दे दो। ठीक? भटवाड़ी तक जाना है न तुम्हें?

—भटवाड़ी नहीं, उससे कुछ पहले मनेरी तक जाना है।

—कोई बात नहीं। मनेरी तक का ही पैसा दे दो। लाओ।

—और जो कोई और आ जाएगा इस सीट नम्बर का टिकट लेकर?

—उसकी चिन्ता मत करो। मैं तुम्हें ऐसे थोड़े ही बैठा रहा हूँ। लाओ, निकालो पैसा।

बूढ़े ने अपने गर्म कोट के अन्दर की जेब से पैसे निकाले, एक-एक नोट को खोल-खोल कर जुदा करते हुए दो बार उनकी गिनती की और उस आदमी की ओर बढ़ा दिए। पैसे लेने के बाद उस आदमी ने अपने कंधे पर लटक रहा झोला उतार लिया। झोले को उसने बूढ़े के पास वाली सीट पर रखा और बाहर चला गया। बाहर पहुँच कर वह उस खिड़की के बाहर खड़ा हो गया।

—मेरा बैग भी देखते रहना, हाँ।

—मेरी जिम्मेदारी।

—मैं आता हूँ अभी।

वह यात्रियों की उस भीड़ की ओर बढ़ चला, जो टिकट की खिड़कियों के बाहर मोर्चा जमाए थी। बस के अन्दर बेफिक्र हो कर अ. ो की सीट पर बैठा बूढ़ा बहुत गौर

से उस आदमी को जाता देखता रहा।

वह आदमी टिकट-घर के दरवाज़े के बाहर पहुँचा। दाहिने हाथ की हथेली के सहारे बहुत धीरे-से उसने बन्द दरवाज़े पर दस्तक दी। किवाड़ थोड़ा-सा खुला। उसके अन्दर घुस जाने के बाद फिर पहले की तरह बन्द हो गया। अन्दर से चटकनी के लगाए जाने की कर्कश आवाज़ बाहर तक सुनाई दी। खिड़की के अन्दर से कुर्सी पर बैठ कर यात्रियों को टिकट दे रहे बाबू की पीठ की ओर खड़े होकर उसने आवाज़ दी—मैं स्वतंत्रता सेनानी, मेरे साथ एक सहवर्ती।

अपने काम में व्यस्त टिकट बाबू ने उसकी ओर देखे बगैर 'सुन लिया, समझ लिया' की मुद्रा में गर्दन हिलाई। मतलब साफ था कि स्वतंत्रता सेनानी वाली आरक्षित सीटों के नम्बर के टिकट और किसी यात्री को नहीं दिए जाएँगे। बाबू की गर्दन के झटके देख लेने के बाद सेनानी उस कमरे से बाहर निकल आया।

बस के अन्दर अपनी सीट पर बैठे हैरान बूढ़े ने उसे दरवाजे के भीतर घुसते हुए देखा था, अब उसे बाहर निकलते हुए देखने लगा। बाहर निकल आने के बाद सेनानी आराम से मटरगश्ती करने लगा। अब तक बस के भीतर हलचल मचने लगी थी। कई लोग टिकट लेकर बस के भीतर आने लगे थे और आगे या पीछे की ओर अपनी सीटों के नम्बर तलाश करने लगे थे और कुछ लोग उन पर बैठने भी लगे थे। ऐसे लोग बस के अन्दर तक पहुँच गए या उस भीड़ में अभी इन्तजार में बाहर ही खड़े परिजनों को ज़ोर-ज़ोर की आवाज़ें दे-दे कर अपने पास बुलाने में लगे थे। कोई आगे, कोई पीछे की ओर। कुछ लोग छत पर चढ़ कर वहाँ अपना सामान अटाने की कोशिशें करने लगे थे। बस की छत पर पहले से ही काफी-काफी सामान रखा हुआ था, खूब जमा कर। बाज़ार का माल और बोरियों और टोकरों में भरी-बँधी हुई सब्ज़ियाँ। सब्ज़ियों के ये टोकरे और माल देहरादून के थोक विक्रेता पहाड़ के विभिन्न स्थानों के छोटे, खुदरा व्यापारियों की रात में टेलीफोन पर आई माँगों के अनुसार रोडवेज की बसों पर चढ़ा लेते हैं। छत पर बाजार के उस माल के अटा दिए जाने के बाद यात्रियों के सामान को रखने के लिए वहाँ कोई जगह नहीं बच पाती। बेबस यात्रियों को अपनी अटैचियाँ, झोले और दूसरा माल-असबाब बस के भीतर अपने ही साथ रखना पड़ता है जिससे बस के अन्दर-बाहर आने-जाने के लिए कोई जगह बाकी नहीं बच पाती।

बूढ़े को बहुत देर से ज़ोर की पेशाब आ रही थी। लेकिन वह अपनी सीट को छोड़ कर बाहर जाने का साहस नहीं जुटा पा रहा था। कारण? उसके दिमाग में यह बात बैठ गई थी कि उसके पास वाली सीट पर उस भले और रोबीले आदमी का झोला रखा है और बगैर किसी मेहनत के आराम की सीट पर जाने की मेहरबानी के एवज़ में वह उस झोले की हिफाजत करते रहने का वचन दे चुका था। न जाने कैसे ज़रूरी और कैसे-कैसे कीमती माल रखे हों हल्का-सा दिखाई दे रहे इस झोले के अन्दर? और आज के ज़माने में किसी का क्या भरोसा? हलका झोला देख कर कोई यों ही उठा ले और चम्पत हो जाय?

नीचे बेफिक्र होकर मटरगश्ती करता हुआ सेनानी एक बार बूढ़े के करीब आ लगा। बाहर से खिड़की के पास खड़े होकर उसने पूछा—ठीक हो न?

—तुम भीतर आ जाते तो मैं जरा बाहर जाना चाहता था।

—कोई चीज़ छूट गई बाहर?

—चीज़ नहीं छूटी, जरा पेशाब करने जाना था।

—बाहर निकल आओ।

—लेकिन तुम्हारा झोला?

—मैं यहीं खड़ा हूँ, देखता रहूँगा।

बस के भीतर यात्रियों की भीड़ और ठसाठस भरे सामान के बीच से किसी तरह रास्ता बनाता हुआ बूढ़ा वहाँ से बाहर निकला। कुछ देर बाद वह फिर अन्दर आ गया और अपनी सीट पर बैठ गया। उसका साथी अभी बाहर ही खड़ा था लेकिन उसका झोला अपनी जगह पर मौजूद था। झोले को अपनी जगह पर सही-साबुत मौजूद देख कर बूढ़े को खुशी हुई कि किसी ने उसके साथ छेड़खानी नहीं की।

ड्राइवर और सेनानी अपनी-अपनी तरफ से अपनी-अपनी सीट पर करीब-करीब एक ही साथ बैठे। गाड़ी रवाना हो गई। कन्डक्टर अपनी सीट पर बैठ कर आवाज़ें लगाने लगा—टिकट का पैसा बढ़ाते रहिए। बस के अन्दर मजबूरी में खड़े-खड़े सफर कर रहे कई बेटिकट यात्री दूसरी सवारियों के ज़रिए अपने पैसे कन्डक्टर तक पहुँचाने लगे।

सबके टिकट बना लेने के बाद कंडक्टर ने आवाज़ दी—कोई बगैर टिकट तो नहीं रह गया भाई गाड़ी के अन्दर? तब उसने सेनानी को आवाज़ दी—जरा अपना पास भेज दीजिए। सेनानी ने अपना बस-पास पीछे खड़े किसी यात्री को थमाया और ज़ोर से कहा—एक सहवर्ती। कन्डक्टर ने पास का नम्बर नोट किया, टिकट वापिस भेजा और फिर से आवाज़ लगाई—और तो कोई बगैर टिकट नहीं रह गया है भाई, गाड़ी के अन्दर?

ऋषिकेश तक मैदान में चलते रहने के बाद गाड़ी चढ़ाई के रास्ते पर चलने लगी। घने जंगल के बीच से टेढ़ी-मेढ़ी, सँकरी पहाड़ी राह पर बढ़ती जा रही गाड़ी के भीतर आराम की एक अगली सीट पर अपने सहवर्ती के साथ बैठे स्वतंत्रता सेनानी के मस्तिष्क में अचानक एक पिछली घटना की यादें उभरने लगीं। ऐसा ही सुबह का वक़्त था। अंग्रेज लेफ्टिनेंट जॉन के नेतृत्व में गढ़वाल बटालियन की उनकी फौजी टुकड़ी बर्मा के ऐसे ही पहाड़ी जंगल में एक गहरी गोलाकार खाई के अन्दर से आगे की ओर बढ़ती जा रही थी। खाई के चारों ओर घना जंगल था और ऊँची पहाड़ियाँ थीं। वे उस खाई से बाहर निकल सकें उससे पहले उन्हें दुश्मन की साफ हिन्दी लहजे में हैन्ड्स अप करने की ललकार सुनाई दी। उन्होंने चौंक कर देखा। वे चारों ओर से उनकी ओर संगीनें तान कर पोजीशन लिए हुए गढ़वाली सिपाहियों के घेरे में आ चुके थे। वे ललकारने वाले सिपाही हाथ में एक तिरंगा झंडा लिए थे। जंगल में गूँजते हुए नेताजी सुभाषचन्द्र बोस और भारत माता की जय के बुलंद नारे खामोश अंग्रेजी फौजी टुकड़ी को आतंकित करने लगे थे। उसके बाद

वे ललकारने वाले फौजी गढ़वाली में बोलने लगे। भारत की आज़ादी के लिए हमारे साथ आ मिलो। आज़ाद हिन्दी फौज भारत को आज़ाद करने वाले सिपाहियों की फौज़ है। आज़ाद हिन्द फौज में शामिल हो जाओ। उन ललकारने वालों में उनका वह चटनी सिपाही भी शामिल था जिसे रात के मौके पर उनकी यूनिट की ओर से जापानी दुश्मन सिपाहियों की टोह लेने के लिए उस जंगल की ओर भेजा गया था। अपने चटनी की आवाज़ उन सबने पहचानी। वे लोग कह रहे थे कि नेताजी अंग्रेज की गुलामी को खत्म कर भारत को आज़ाद करना चाहते हैं। जो हमारे साथ नहीं आएँगे वे सबके सब मार दिए जाएँगे।

सड़क के टेढ़े-मेढ़े पहाड़ी घूमों पर डोलती-इतरानी गाड़ी पर सफर कर रहे सेनानी को वह घटना साफ-साफ याद आ रही है। खाई के ऊपर से थर्रा देने वाली फौजी आवाज़—अपनी बन्दूकें जमीन पर रख दो, हाथ खड़े करो। सिर्फ पाँच मिनट। तुम्हें पाँच मिनट का वक़्त दिया जा रहा है। जॉन गढ़वाली समझता था। गढ़वाली पल्टन में रहते हुए उसने गढ़वाली बोलना भी सीख लिया था। अपने चटनी को उनके साथ मिल गया देख वह मौके की नाजुकता को भाँप गया। जॉन ने अपने हाथ खड़े कर दिए और अपनी टुकड़ी को भी हैंड्स अप कर देने का खुद ही हुक्म दे दिया। उस हुक्म के मुताबिक सभी फौज़ियों ने अपने हाथ उठा कर आत्मसमर्पण कर दिया था।

तब हमला करने वाले आज़ाद हिन्द फौज के सिपाही नीचे उतर कर उनके पास आ गए थे। उनके बीच जो अफ़सर था उसने गढ़वाली में यह बात कही कि गढ़वाली पल्टन होने के नाते वह उनकी कोई तलाशी नहीं लेना चाहता। लेकिन उन तमाम लोगों को तिरंगे झंडे को हाथ में लेकर मुल्क के प्रति वफ़ादारी की कसम उठानी होगी। और जहाँ तक लेफ्टिनेन्ट साहब का सवाल है, साहब को वे युद्धबन्दी बना रहे हैं।

तिरंगे झंडे को सलामी देते हुए उन सबने आज़ाद हिन्द फौज का राष्ट्रगान गाया था—

शुभ सुख चैन की बरखा बरखे, भारत भाग है जागा।
पंजाब सिन्ध गुजरात मराठा, द्राविड़ उत्कल गंगा।
बिन्ध्य हिमाचल जमुना गंगा, उच्छल जलधि तरंगा।
तेरे नित गुण गाएँ, तुझसे जीवन पाएँ।
गाएँ प्रेम की गाथा।
सूरज बन कर जग पर चमके, भारत नाम सुभागा।
सुबह सबेरे पंछि पखेरू, तेरे नित गुण गाएँ।
बास भरी भरपूर हवाएँ, जीवन में रूत लाएँ।
सब भेद और फर्क मिटा के, सब गोद में तेरी आके।
गूँथे प्रेम की माला
सूरज बन कर जग पर चमके भारत नाम सुभागा।
सबके मन में प्रीति बसाए, तेरी मीठी वाणी।
हर सूबे के रहने वाले, हर मज़हब के प्राणी।

सब मिल कर हिन्दी पुकारें, जय आज़ाद हिन्द के नारे।
प्यारा देश हमारा।
सूरज बन कर जग पर चमके, भारत नाम सुभागा।

सेनानी को वह गाना नहीं आता था। उससे पहले उसने वह गीत कभी सुना भी नहीं था। लेकिन उसके गाए जाते वक़्त वह सुर से सुर मिलाने की कोशिश करता रहा। फौरन बाद उन तमाम लोगों ने वहीं पर तिरंगा हाथ में लेकर फौज़ियों की तरह, कायदे में, नई कसम ले ली थी। सेनानी को कुछ साल पहले का वह मौका याद आ रहा था जबकि गढ़वाल राइफल्स में उसे रंगरूट से सिपाही बनाया जा रहा था। उसे रेजिमेंटल हैडक्वार्टर लैंसडाउन के मैदान में ली गई अपनी कसम याद आने लगी थी, जिसका आशय यह था कि खुश्की में, हवा में या पानी में, या जहाँ कहीं भी मौका आएगा, मैं बादशाह के प्रति अपनी वफ़ादारी निभाऊँगा और, ज़रूरत पड़ने पर, अपनी जान तक को कुर्बान करने में पीछे नहीं रहूँगा। अब वफ़ादारी बदल रही थी। तिरंगे झंडे को अपने हाथ में लेकर सेनानी ने अंग्रेज बादशाह की जगह अपने मुल्क हिन्दुस्तान के प्रति वफ़ादार रहने की कसम ले ली थी। और दूसरे फौजियों के साथ उसने आज़ाद हिन्द फौज, नेताजी सुभाषचन्द्र बोस और भारत माता की जय के नारे भी लगाए थे।

जॉन को छोड़कर बाकी सभी लोगों ने वहीं पर अपने नाम आज़ाद हिन्द फौज में लिखवा लिए थे। अपने-अपने हथियारों के साथ वे लोग वहाँ से आगे बढ़ने लगे। जॉन की पिस्तौल जब्त कर ली गई थी। निहत्थे कर दिए गए जॉन के आगे-आगे चलने के लिए दो सिपाही तैनात कर दिए गए। मौके पर सबसे बड़े हाकिम सूबेदार कठणसिंह ने सेनानी पदमसिंह को खुली संगीन लेकर खुली जॉन के पीछे-पीछे मार्च करने का हुक्म दिया। आर्डर यह दिया गया था कि दुश्मन क़ैदी भागने की कोशिश करे तो उसे गोली मार दी जाय। और पदमसिंह के पीछे एक और सिपाही सुगाणसिंह को तैनात किया गया था। उसका आर्डर यह था कि दुश्मन क़ैदी के भागने की कोशिश करने पर अगर पदमसिंह उस पर गोली चलाने में गफ़लत करे तो जॉन के पीछे तैनात लैंसनायक पदमसिंह को गोली से उड़ा दिया जाय।

इस तरह अपने ही अंग्रेज अफ़सर की पीठ पर संगीन तान कर सेनानी पदमसिंह कुछ देर तक उस जंगल में चलता रहा। उसे लग रहा था कि वह एक अंग्रेज अफ़सर को नहीं, खुद बादशाह सलामत को अपने पहरे पर मार्च करवा रहा है। उसी पोजीशन में चलते हुए वे लोग कुछ देर बाद आज़ाद हिन्द फौज के एक कैम्प में पहुँचे। वहाँ पहरा बदल गया। क़ैदी लेफ्टिनेन्ट जॉन को जापानी सिपाहियों के पहरे में एक जापानी जीप में बैठा कर वहाँ से कहीं ओर ले जाया गया। पदमसिंह अपने हाकिम से ठीक तरह से विदाई भी नहीं ले सका। फिर भी पहरा बदले जाने पर उसने अपनी ज़िन्दगी में आखिरी बार उसे सैल्यूट किया था। दुश्मन के अफ़सर को भी सैल्यूट करना पड़ता है। उसके बाद जॉन का क्या

हुआ, उसे नहीं मालूम।

लाम में जापान, इटली और जर्मनी की हार हो गई थी। जीतने वाले अंग्रेज ने आज़ाद हिन्द फौज के कुल सिपाहियों और उनके बड़े से बड़े अफ़सरों कैप्टन लक्ष्मी सहगल, ढिल्लों और शाहनवाज़ तक को क़ैद कर लिया था। उन के खिलाफ़ और आज़ाद हिन्द फौज के कुल सिपाहियों-अफ़सरों के खिलाफ़ मुकदमा कायम किया गया।

उस मुकदमे का फैसला आज़ाद हिन्द फ़ौज के सिपाहियों के हक में हुआ था। उन्हें सेना से अलग कर दिया गया था। लेकिन अंग्रेज ने उनमें से जिनका पेंशन का हक बनता था उनका पेंशन देने का हुक्म जारी कर दिया था। कुछ समय बाद हिन्दुस्तान को आज़ादी मिल गई। देश में काँग्रेस की हुकूमत कायम हो गई।

अनेक बहादुर सैनिकों जो सोते हुए जवानों के अन्दर नेताजी सुभाषचन्द्र बोस का जोश भर देने वाला अमर वाक्य 'तुम मुझे खून दो, मैं तुम्हें आज़ादी दूँगा के जादुई प्रभाव में आकर आज़ाद हिन्द फौज में शामिल हो जाते थे, के शौर्य की प्रशंसा करते हुए नेताजी उन्हें 'सेवक-ए-हिन्द' जैसे खिताब देकर सम्मानित करते थे। आज़ाद भारत की सरकार ने आज़ाद हिन्द फौज के तमाम देशभक्तों को स्वाधीनता संग्राम में उनके महान योगदान के लिए स्वतंत्रता सेनानी का सम्मान प्रदान किया। पदमसिंह को भी मासिक स्वतंत्रता सेनानी पेंशन मिलने लगी। राज्य सरकार ने स्वतंत्रता सेनानियों को रोडवेज की बसों में अपने एक सहवर्ती के साथ आजीवन मुफ्त यात्रा करने की सुविधा प्रदान कर दी। अंग्रेज़ की फौज में नौकरी करने के एवज़ में फौजी पेंशन उसे अलग से मिलती है।

वह बस, जिसमें सेनानी पदमसिंह यात्रा कर रहा था, अपने सही समय पर चम्बा पहुँच गई। गर्मियों के मौसम में स्थानीय यात्रियों की भीड़ हर स्टेशन पर किसी तरह सीट पाने के लिए थमती हुई बस के पीछे-पीछे भागने लगती है। बस के रूकते ही सड़क पर खड़े यात्रियों की भीड़ बस के अन्दर घुसने लगी। अन्दर की ओर बढ़ती आ रही भीड़ का बहादुरी से मुकाबला करता हुआ सेनानी पदमसिंह किसी तरह नीचे उतर गया। वह फिर बस पर नहीं चढ़ा। बस आगे बढ़ी। कन्डक्टर ने चम्बा में बस पर चढ़ आए नए यात्रियों के टिकट बनाए। अन्त में उसने ज़ोर की आवाज़ लगाई–कोई बगैर टिकट तो नहीं रह गया गाड़ी के अन्दर? नए काटे गए टिकटों को उसने अपने वे-बिल में दर्ज किया। तब खड़े होकर सवारियों की गिनती की। एक सवारी ज़्यादा निकल रही थी। उसने फिर से दुहराया–कोई बगैर टिकट तो नहीं रह गया भाई, गाड़ी के अन्दर?

कहीं से कोई जवाब नहीं।

तब कन्डक्टर सेनानी वाली सीट पर बैठे बुड्ढे के पास आया और उससे कहा–बाबा, तुम्हें कहाँ जाना है?

–मनेरी।

–मनेरी को तो कोई टिकट ही नहीं कटा है बाबा। जरा अपना टिकट दिखाना तो।

–टिकट सेनानीजी के पास है।

—सेनानीजी तो उतर गए हैं। वे तो नहीं हैं अब बस के अन्दर।

बूढ़ा परेशानी में पड़ गया। वह समझ नहीं पा रहा था कंडक्टर कह क्या रहा है।

कंडक्टर ने उससे कहा—मनेरी तक तो तुम्हें बगैर टिकट नहीं ले जाया जा सकता। तुम्हें टिकट बनवाना होगा। पैसा बढ़ा दो।

—पैसे मैंने सेनानीजी के पास दे दिए थे।

—वह बात तुम सेनानीजी से समझ लेना। अभी यहाँ से मनेरी तक का किराया देना पड़ेगा।

—सेनानीजी को खोजने मैं कहाँ जाऊँगा?

—यह मैं कैसे बता सकता हूँ? मुझे तो अपनी नौकरी बचानी है। अगले ही मोड़ पर कोई चैकिंग वाला मिल गया तो मैं तो मारा जाऊँगा। तुम यहाँ से मनेरी तक के टिकट के पैसे दे दो।

बूढ़े यात्री को किराया दे कर चम्बा से मनेरी तक का टिकट बनवाना पड़ा। देहरादून से चम्बा तक वह तीन घंटे में पहुँच गया था। मनेरी पहुँचने में अभी पाँच मिनट का सफर बाकी था।

सेनानी ने चम्बा में उतर कर एक होटल में भोजन किया। भोजन से निपटने के बाद फिर सड़क पर आ गया। अब वह देहरादून की ओर जाने वाली रोडवेज के इन्तजार में सड़क पर खड़ा हो गया। चिरबटिया-देहरादून सर्विस अभी चम्बा नहीं पहुँची थी। उसके इन्तजार में कई लोग खड़े थे। उस भीड़ में खड़े एक आदमी को धीरे से हाथ पकड़ कर वह एक तरफ ले गया।

—तुम कहाँ जाओगे?

—जाना तो देहरादून है, पर भीड़ देख रहे हो? आजकल के मौसम में गाड़ी तो पहले से ही भरी हुई आती है। पता नहीं सीट मिल पाती है या नहीं।

—सीट की चिन्ता मत करो। तुम मेरे साथ रहना। बैठने की सीट न भी मिले खड़े होने की जगह तो मिल ही जाएगी।

—आजकल और क्या चाहिए? खड़ा हो जाने की जगह भी मिल जाय तो धन्यभाग।

—ऐसा करो, तुम टिकट का किराया मेरे पास दे दो। मैं अपने आप लेता हूँ तुम्हारा भी टिकट। देहरादून तक का किराया सेनानी ने उस आदमी से लेकर अपनी जेब में डाल दिया। गाड़ी आई। सेनानी ने उस बस में अपने सहवर्ती के साथ देहरादून तक की यात्रा की। देहरादून पहुँच जाने के बाद सहवर्ती ने सेनानी के प्रति आभार प्रकट किया।

देहरादून-उत्तरकाशी के रास्ते में एक सुरम्य स्थान आगराखाल पड़ता है। दोनों ओर से आने-जाने वाली बसें आम तौर पर यहाँ चाय-पानी के लिए रूकती हैं। चाय पीते हुए रोड़वेज़ के कुछ ड्राईवर-कंडक्टर सेनानी की करतूतों के बारे में बातें करने लगे। यात्रियों से पैसे लेकर उन्हें आधे रास्ते में बे-टिकट छोड़ देता है। जिससे जान न पहचान उसे

सहवर्ती बताता है।

—इस बारे में शिकायत करनी चाहिए।

—सेनानी की शिकायत कोई सुनेगा हमारा अफ़सर? और शिकायत मिल जाने पर यह उसका क्या बिगाड़ लेगा? अब तो ज़माना ऐसे ही लोगों का है।

एक दिन सेनानी पदमसिंह रास्ते के किसी स्टेशन पर बस में सवार हुआ। वह अकेला था। गाड़ी पर खूब भीड़ थी। कंडक्टर ने सेनानी वाली सीट पर बैठे यात्री को दूसरी जगह भेज दिया और वह सीट खाली करवा दी। बहुत आदरपूर्वक उसने सेनानी को वहाँ बैठा दिया। कुछ देर बाद वह सेनानी के पास आया और धीरे से बोला—पीछे बैठी एक सवारी को मैंने आपका सहवर्ती बना दिया है जी। आगे कोई जाँच करने वाला पूछे तो कह देना मेरे साथ है। आपसे मैं समझ लूँगा।

—वह आदमी कौन है? मुझे उसकी सूरत दिखा दो।

कंडक्टर ने पीछे की सीट पर बैठे एक आदमी की ओर इशारा कर दिया, जिसे शायद उल्टियाँ आ रही थीं और उस वक़्त बस से बाहर की ओर देखता जा रहा था।

और तब उसने ज़ोर से आवाज़ लगाई—और तो कोई बगैर टिकट नहीं रह गया है भाई, गाड़ी के अन्दर?

एक बेनाम आदमी की कहानी

जब वह बहुत छोटा था तो कहते हैं कि लोग उसे झुंतू का नाती कह कर पुकारते थे। यह बात आज की नहीं है, कल की भी नहीं है और परसों की भी नहीं है। यह बात आज से बहुत-बहुत साल पहले की है यानी उसे ज़माने की जिसके बारे में अब गांव के एक-दो बुजुर्ग ही बता सकते हैं। ऐसे लोग, जब सूरज के दादा को झुंतू का नाती कहा जाता था, जो उसे ज़माने के किस्से बता सकते ज़्यादातर मर-खप गए हैं।

और सरजू का दादा–यह नाम भी तो उसे कुछ ही साल पहले मिला। उससे पहले लोग उसे इस नाम से भी नहीं पुकारते थे।

उसके नाम। जन्म से मृत्यु की इस देहली तक पहुँचते-पहुँचते उसने न जाने कितने नाम बदले। उसने नहीं, लोगों ने न जाने उसके कितने नाम बदले। उसने कितने नाम खोये और कितने पाये। आज भी उसका कोई नया नाती पैदा हो जाय तो शायद उस नवजात के नाम के अनुसार उसका भी नाम बदल जायेगा। लेकिन अब ऐसा नहीं होने का। अब तो वह स्थायी तौर पर सरजू का दादा हो गया है। अब नए नाती भी हो जायें तो क्या फर्क पड़ता है? सरजू का दादा तो वह रहेगा ही।

उसका अपना कोई नामकरण हुआ था नहीं इस विषय में किसी को कोई जानकारी नहीं। उसका वह नाम, जो शायद उसके माता-पिता ने उसे दिया होगा, उसे कोई नहीं जानता। उन जीवित बूढ़ों को भी नहीं मालूम जो बचपन में भैंसों की पीठ पर चढ़ कर उसके साथ खेल खेला करते थे और खुले खेतों में नंगे घूमते-फिरते थे। उन्होंने उस वक़्त भी उसे और किसी नाम से नहीं पुकारा, बस सिर्फ झुंतू का नाती ही उसका नाम था।

यह भी एक सत्य है कि सरजू का दादा इतना बूढ़ा हो आया पर आज तक किसी ने उसका असली नाम नहीं पूछा। सरकारी कागजों की बात नहीं मालूम, वहाँ उसे किस नाम से दर्ज किया गया है। वहाँ उसका नाम हो तो, आम आदमी को उसकी कोई जानकारी नहीं।

उसके नामों में सबसे पहला नाम था झुंतू का नाती। झुंतू एक ग़रीब किसान था जिसके पास जमीन के नाम पर चार टुकड़े खेतों के थे, छोटे-छोटे। झुंतू का एक भाई और था जो उससे छोटा था और उस वक़्त उसका विवाह भी नहीं हुआ था जब वह मर गया।

छोटे बेटे के मर जाने के कारण बाप को झुंतू की बड़ी चिन्ता रहती। वह उस परिवार का एकमात्र सहारा रह गया था। जब वह आठ वर्ष का हुआ तो उसका विवाह कर दिया गया। ऐसा इसलिए किया गया कि एक तो उस ज़माने में समाज की रीति ही ऐसी थी और फिर पंडित ने भी ऐसा सुझाव दिया था। पंडित ने ऐसी राय बहुत सोच-विचार कर दी थी। झुंतू अपनी किस्मत से जीवित न रह सके, और उसकी दुलहन के भाग्य में अखण्ड सौभाग्यवती होना लिखा हो, तो वह अपने भाग्य से उसे बचा लेगी। दुलहन की तकदीर की तदबीर के अलावा और किसी का सहारा था नहीं। रोग-बीमारियाँ इतनी होती थीं कि उनकी गिनती नहीं की जा सकती थी। एक बुखार तीसरे दिन आता था, एक था जो चौथे दिन की मियाद पर हाज़िर हो जाता था। एक का नाम एकुंदरा होता था, एक का नाम चौथा। जर-बुखार तो रोज की बात थी। पेट की पीड़ा बहुत तीव्र हो उठती या सीने का दर्द असह्य हो जाता उसे शूल चुभना कहा जाता। हैजा तो आम बात थी। अतिसार भी होता था। सरदर्द के कई रूप होते। अधकपालिया भी होता था जिसमें दर्द के मारे रोगी को लगता कि जान निकली जा रही है। बच्चों के रोगों का अपना ही रूप होता। शिशुओं के पेट में ऐसा दर्द उठता है कि वे एक झटके में दम तोड़ देते। कहा जाता इसे जोंक हो गई है। अ-बोलाँदा बच्चा। वह अपने रोग के बारे में कुछ भी खुलासा नहीं कर सकता था। इन सब बीमारियों का उपचार भी पंडितजी ही करते थे। घरेलू जड़ी-बूटियों के सहारे रोग को भगाने की कोशिश की जाती। टोना-टोटका भी करना पड़ता। लिहाजा पंडितजी की बात कि झुंतू को गृहस्थ आश्रम में, समय से पहले, समय से काफी पहले, प्रवेश करवा दिया जाए, उसके बाप ने देववाणी मान कर स्वीकार की थी। और उसने वह आदेश सहर्ष स्वीकार किया था। अनमने भाव से नहीं। बेहद खुशी के साथ।

झुंतू का विवाह जिस कन्या से किया गया उसका नाम जंती था। उस वक़्त उसकी आयु सात वर्ष थी। तब तक उसका एक भी दाँत नहीं टूटा था। कन्या के गृहस्थ आश्रम में बगैर दाँत टूटे प्रवेश वर्जित हैं—ऐसा पंडितजी ने कहा था। यह नियम पंडितजी के घर का नियम नहीं, एक शास्त्रसम्मत नियम था। धर्माचार्यों ने इन गूढ़ विषयों पर गंभीर अध्ययन व मंत्रणा की थी और आने वाली पीढ़ियों के लिए वे ग्रंथ लिख कर छोड़ गए थे। पंडित लोग उन ग्रंथों के भाष्यकार मात्र थे और उनकी विधियों के अनुसार समाज को संचालित करते रहने का गुरूतर भार अपने कंधों पर महसूस करते थे। लब्बो-लुबाब यह कि विवाह से ठीक पहले, कन्या के स्नान कराये जाने की विधि से पूर्व सात वर्षीय जंती का एक दाँत जबर्दस्ती तोड़ दिया गया था। दो औरतों ने उसे पकड़ कर जमीन पर गिरा दिया था और उसके रोना शुरू करते ही एक मजबूत दिल की औरत ने उसके दाँत पर एक मजबूत धागा बाँध कर उसे दो झटके ऐसे दिए थे कि दाँत जंती का जबड़ा छोड़ कर जमीन पर आ गिरा था। उस ज़माने में दस साल की बेटी घर में अविवाहित रह जाती तो उसके माँ-बाप का खाना-सोना हराम हो जाता था।

झुंतू और जंती की बारात विदा हुई। रास्ते में एक जगह बहुत खड़ी चढ़ाई थी। उस

पर चलते-चलते बाराती थक गए। चढ़ाई के खत्म होने के बाद एक समतल मैदान मिला। डोला-पालकीहारों ने दूल्हे के बाप से विश्राम करने की आज्ञा माँगी। वे जरा ज़्यादा ही थक गए थे। लेकिन वे हरिजन थे और बगैर इजाजत रूक नहीं सकते थे। दूल्हे का बाप भी थका था पर वह खुशी में थकान भूल-सा गया था। उससे इजाजत मिलते ही डोला-पालकी को जमीन पर धर दिया गया और बारातियों ने पतबिड़े सुलगा कर तम्बाकू का धुआँ उड़ाना शुरू कर दिया।

झुंतू कुछ देर तक जमीन पर धरी पालकी के अन्दर बैठा रहा। उसे वहाँ अकेले बैठे रहने में कोई तुक नहीं मालूम हो रहा था। कोई अकेला क्यों बैठा रहे जबकि पालकी चल नहीं रही है? वह अपनी पालकी से बाहर निकल आया। उसका हमउम्र उस बारात में कोई था नहीं। उस ज़माने में ससुराल पक्ष की गहरी चालों को होशियारी से, बगैर धैर्य खोए मुकाबला करने के लिए बहुत बुजुर्ग और अक्लमंद-सयाने लोगों को बाराती बना कर ले जाने का कायदा था। झुंतू जमीन पर रखे डोला के पास चला गया। डोले का एक परदा उठाकर उसने अपनी दुलहन को कहा—आओ, खेले खेलें। जंती फौरन डोले से बाहर निकल आई। वे दोनों खेल खेलने लगे। खेलते-खेलते से दोनों वहाँ से दूर चल दिए। बाराती लोग तम्बाकू खत्म कर चलने को हुए तो पता लगा कि दूल्हा राजा गायब है। कुछ बुजुर्गों ने अंदाज लगाया कि वह लघु-शंका करने गया होगा। तब किसी को दुलहन का परदा उठाने की सूझी। यह पता लगाने पर कि दुलहन भी डोले से फरार है सब लोग बहुत हैरान और परेशान हो गए और डोला-पालकी वहीं छोड़ कर उन दोनों की तलाश में निकल पड़े।

झुंतू और जंती खेलते-खेलते बहुत दूर निकल गए। ऐसे खुले घूमने का उन्हें ज़िन्दगी में कभी मौका नहीं मिलता था। वे दोनों बहुत खुश थे। वे एक ऐसे पहाड़ पर जा पहुँचे जहाँ से काफी दूर नीचे झुंतू का गाँव दिखायी दे रहा था। झुंतू ने जंती को अपना गाँव दिखाया और उसे निमंत्रण दिया—चल, हमारे घर चलते हैं। जंती फौरन तैयार हो गई। दोनों दूल्हा-दुल्हन खेलते-घूमते घर पहुँच गए। इस बात पर इस वक़्त गाँव भर में काफी हंगामा मचा था। गाँव की कुछ बुढ़ियाओं ने जंती को धिक्कारते हुए आश्चर्य में हाथ झाड़ते हुए कहा था—हाय हाय! ऐसी निर्लज्ज।

यह कहानी सरजू के दादा के दादा-दादी की है जिनके पहले बेटे का नाम सिद्धू था। सिद्धू बहुत मेहनती आदमी था। जमीन से ज़्यादा ध्यान वह अपनी गाय-भैंसों का रखता था जिनसे एक बार उसका गोठ भर गया था। जब आँगन-गोठ में उन सबके लिए जगह पूरी नहीं हुई तो एक अलग भैंसवाड़ा बनाना पड़ा।

सिद्धू असली भैंसिया था। भिनसार से रात में सोते-सोते तक उसे अपने मवेशियों की चिन्ता रहती। गाँव के पास ही ज़ंगल था। जंगल खूब घना था। वहाँ घास-लकड़ी काटने पर कोई पाबंदी नहीं थी। सिद्धू की गाय-भैंसे ऐसी बनी रहतीं कि उनके रग-पुट्ठे शीशे की तरह चमकते रहते और सिद्धू खुद भी वैसा ही बना रहता। मस्त। दुनिया की फिजूल की चीज़ों से जैसे उसे कोई मतलब न हो। गायें खूब दूध देती थीं, घर में घी भरा रहता

था। उनका गोबर खेतों में खाद के काम आता। खेतों में खूब उपज होती। सिद्धू ने कुछ खेत नए भी बना लिए थे।

लेकिन सिद्धू के ये ठाट-बाट बहुत दिन नहीं चल पाए। एक दिन एक अँग्रेज आया और उसने राजा से वह जंगल ठीके पर ले लिया, जिसमें सिद्धू रहता था। जंगल बन्द कर दिया गया। चार साल के अन्दर ही सिद्धू की बादशाहियत खत्म हो गई और अँग्रेज की बादशाही चलने लगी। सिद्धू को अपनी गाय भैंसों में ज़्यादातर बेच देनी पड़ीं।

उन्हीं दिनों जब सिद्धू दाने-दाने को तरसने लगा था, उसके घर वह लड़का जन्मा जिसे घर-बाहर 'झुंतू का नाती' के नाम से पुकारा जाने लगा। बाप के रहते बेटे की कोई पूछ नहीं करता और सिद्धू का बाप अभी ज़िन्दा था। बल्कि ज़िन्दा नहीं, वह मरने को तैयार था। जंगल के छिन जाने से उसे गहरा मानसिक आघात लगा था और वह ऐसे सूखने लगा जैसे निचोड़ा हुआ नींबू। झुंतू का नाती एक दुबला-पतला बच्चा था। कृषकाय। उसे देख कर सभी लोग आश्चर्य कर बैठते क्योंकि वह इतना कमजोर था ऐसा लगता था कि उसने कई दिनों से खाना न खाया हो। दरअसल सिद्धू की ग़रीबी का दोष बहुत से लोग इसी बालक के मत्थे मढ़ते। उनका कहना था कि वह अभागा पैदा हुआ है। भाग्यवान अपने सौभाग्य के बल पर दूसरों का भी उद्धार करता है लेकिन अभागा दुर्भाग्य बाँटता है। झुंतू का नाती ऐसा ही अभागा पैदा हुआ जिसके जन्म लेते ही उसके बाप की और घर भर की तकदीर फिर गई है।

झुंतू के नाती की किस्मत ने दूसरी चोट की। उसका दादा मर गया। धीरे-धीरे लोग उसे भूल गए। झुंतू के नाती को अब एक नया नाम दे दिया गया—सिद्धू का बेटा। नाम कतई गलत नहीं था। नाम में कोई खराबी नहीं थी। नाम एकदम ठीक था। अगर वह झुंतू का नाती था तो सिद्धू का बेटा भी था ही। इसमें उज्र-एतराज करने की कोई बात नहीं थी और कोई बात माना कि हो भी तो एतराज करने वाला वहाँ कौन था। सिद्धू का जीवन संकटमय होता गया। उसकी परेशानियाँ बढ़ती गईं। मवेशी खत्म हुए, गोठ खाली हो गया। गोबर गायब हो गया। जमीन भी रूठने लग। उसके पास अपने बाप के मुकाबले दुगुने खेत थे लेकिन उन सबमें मिला कर भी उतना अनाज पैदा नहीं होता था जितना उसके बाप के ज़माने में सिर्फ चार खेतों में पैदा हो जाता था। भूखे आदमी से बहुत दिनों तक काम नहीं करवाया जा सकता। खाद न मिले तो खेत भूखे रह जाते हैं और उनकी उपज घट जाती हैं। सिद्धू के खेतों में वैसे ही पतले, कमजोर गेहूँ के दाने पैदा होने लगे जैसा उसका बेटा था—कमजोर, शक्तिहीन, जिसे देख कर दया आती थी। लोगों ने इसका दोष भी सिद्धू के बेटे के मत्थे मढ़ा। सभी लोग कहते थे कि सिद्धू का यह बेटा धरती की हर चीज़ को अपनी तरह बना देगा फीका, तेजहीन, दुर्बल। ऐसी मंद किस्मत लेकर वह दुनिया में आया है।

सिद्धू को अपना बेटा बेहद प्यारा था। अपने बेटे सभी को प्यारे होते हैं। वह उसे लोगों की नजरों से बचा कर रखता था। उसके कंठ में और बाहों पर न जाने कितने ताबीज

बँधवा लिए थे। उसका खयाल था कि कुछ ग्रहों की चाल खराब है, जिसके कारण उसे बेटे की दशा ठीक नहीं रहती। ब्राह्मण-पुरोहितों ने भी ऐसा ही कहा बताते हैं। ग्रहों को संतुष्ट करने के अनेक उपाय किए गए और सिद्धू के बेटे के कंठ और गले पर कई-कई ताबीज लटकने लगे।

सिद्धू ने अपने बेटे का विवाह करने की सोची। भले काम में कोई बाधक नहीं बनता। गाँव वालों ने उसके विवाह में पूरा सहयोग दिया। विवाह के लिए सिद्धू के पास खर्चा नहीं था। इस शुभ कार्य के लिए कर्जा लेने में उसने कोई बुराई नहीं समझी। सभी लोग कर्जा लेकर अपने काम निपटाते हैं। उसने साहूकार से कर्जा लिया और अपने बेटे के लिए बहू ले आया।

बहू ऐसी थी कि देखकर चाँद शरमाये। नाम भी था चंदा। गाँव भर में उसकी प्रशंसा होने लगी। वह क्या आई कि सिद्धू के बेटे का नाम ही बदल गया। उसे एक नए नाम से सम्बोधित किया जाने लगा—चंदा का घरवाला।

उस दिन सिद्धू का बेटा बहुत रोया था, जब लोगों ने उसे चंदा का घरवाला कहना शुरू किया। उसे यह बात बहुत खटकने लगी थी कि कल की आई छोकरी का नाम लोगों को ज़्यादा प्रिय हो गया है बजाय उसके अपने नाम के, जिसे लोग जानते ही नहीं है और शायद जानना भी नहीं चाहते।

वह चंदा का घरवाला बन ही गया। उसने यह नया नाम भी स्वीकार कर लिया। यों उसके स्वीकार करने न करने की कोई स्थिति पैदा होने की नौबत नहीं आनेवाली थी। बात लोगों के स्वीकार करने की थी सो लोगों ने वह नया नाम बहुत आसानी से साथ, जैसे कि वह एक बहुत मामूली, महत्वहीन परिवर्तन हो, अंगीकार कर लिया था। गाँव के मामूली से मामूली आदमी ने, अपने दिमाग में, अपने स्मृति-पटल पर चंदा का घरवाला कहे जाने पर सिद्धू के बेटे की सूरत को याद करना शुरू कर दिया था। उन पर इससे कोई फर्क नहीं पड़ने वाला था। फर्क पड़ रहा था तो झुंतू के नाती की सेहत पर, जो यह सोच-सोच कर पतला होने लगा था कि एक नितान्त अपरिचित, उसी के साथ नत्थी, कल को आई छोकरी लोगों के दिमागों में यूँ छा गई है कि उसने उसे गायब कर दिया है।

उस सुंदरी को, अपनी बीवी को वह बहुत प्यार करने लगा था। वह उसे जी-जान से प्यार करने लगा था। आ, गाँव वालों की याद पर तू काबिज हो जा। मुझे कोई एतराज नहीं। मुझे सिर्फ तुझसे मतलब है। बस, तू मुझे याद रख। अपने घरवाले के रूप में याद रखना—मेरा घरवाला, चंदा का घरवाला। यह भी तो एक किस्मत की बात थी कि गाँव के कई छोकड़े जिसकी एक झलक पाने को और दो जुबान बात करने को तरसते हों, वह उसका घरवाला था—छाती का भौंरा।

बहुत प्यार करने से और ज़्यादा प्यार पैदा होता है। फल यह हुआ कि चंदा माँ बन गई। उसकी गोद में एक सुंदर-सा बच्चा खेलने लगा, जिसे चंदा बेहद प्यार करती थी।

उसने उस बेटे का नाम ही प्यारा रख दिया। जिस दिन उसका नामकरण हुआ उसी दिन से चंदा के घरवाले का नाम भी बदलने लगा। वह नया नाम तत्काल, बच्चे का नामकरण होते ही गाँव भर के निवासियों की यादों में समा गया। गाँव वालों ने चंदा के घरवाले को असली गृहस्थी मान लिया और वे अब उसे प्यारा का बाप कहने लगे।

प्यारा के बाप को यह बात भी बहुत बुरी लगी थी कि जिस बालक को धरती पर आए अभी कुछ ही दिन हुए हों, उसे उसके बाप के मुकाबले दुनिया अधिक महत्व देने लगी है। पर दुनिया पर किसका वश चल सकता है? वह खुद इस विषय में कर ही क्या सकता था?

तबसे वह प्यारा का बाप ही बना रहा। उसने प्यारा को पाला पोसा, बड़ा किया और उसके लाड़-प्यार में वह यह बात भूल गया कि नाम के मामले में तो वह उसका प्रतिद्वंदी पैदा हुआ है। अपने पुत्र में उसे अपना रूप दिखायी देने लगा। पिता और पुत्र में भला क्या अन्तर हो सकता है? वह अपनी हँसी-खुशी अपने प्यारे बेटे पर न्यौछावर करने लगा। पुत्र के दुलार में चंदा भी अपने को भूल गई। गाँववालों ने उसके बारे में चर्चा करना भी छोड़ दिया। दोनों पति-पत्नी अपने बेटे के हँसने पर हँसते, उसकी खुशी से खुश होते।

बेटे को काँटा चुभता तो चंदा दर्द के मारे चीख उठती।

शुक्ल पक्ष के चाँद की तरह प्यारा बढ़ने लगा। बड़ा होकर वह बहुत होशियार निकला। अपने बाप के घर-गृहस्थी के सभी कामों में वह हाथ बँटाने लगा। धीरे-धीरे उसने घर भर का भार अपने ऊपर ले लिया और घर-बाहर की किसी भी चीज़ के बारे में लोग उसके बाप के बजाय प्यारा को ही पूछने लगे। यह देख कर प्यारा का बाप बहुत खुश हुआ कि पाँच-साल कोस में लोग उसकी होशियारी की कद्र करते हैं। उसने एक दिन प्यारा का विवाह कर दिया।

कुछ दिन पहले की बात है। अपने किसी काम से मैं प्यारा के गाँव जा पहुँचा। गाँव के एक बूढ़े के घर पर मुझे रात काटने का मौका मिला। वहीं मुझे प्यारा के बाप की यह कहानी सुनने को मिली।

इस कहानी का अंतिम अंश इस प्रकार है। प्यारा के बाप का अभी कुछ समय पहले नया नामकरण हुआ है--सरजू का दादा। जाहिर है कि सरजू प्यारा के बेटे का नाम है, जिसकी उम्र भी ज़्यादा नहीं, उसे तीसरा या चौथा साल चल रहा है।

गाँव में मैं एक बूढ़े के घर पर बैठा था। एक बूढ़ा एक बालक को कंधे पर बैठाए उधर से गुजरा। मेरे मेजबान ने उसे आवाज़ दी—सरजू के दादा, बैठो, तम्बाकू पीते जाओ। सरजू का दादा कुछ देर वहाँ बैठा रहा। उसने तम्बाकू पिया। उसके वहाँ से जाते ही मेरे मेजबान ने मुझसे कहा—यह आदमी, जो अभी यहाँ से गया है, उसकी सूरत अच्छी तरह याद कर लो।

—क्यों, इसमें क्या बात है?

—वह बात मैं तुम्हें बाद में बताऊँगा। फिलहाल तुम इतना याद कर लो कि यह सरजू का दादा है।

—सरजू कौन है?

—सरजू वही है जो उसके कंधे पर सवार था।

रात में खाना खाने के बाद मेरे मेजबान ने सरजू के दादा के नामों का इतिहास सुनाते हुए अपनी बात खत्म की—अब असली बात मैं आपको बताता हूँ। सरजू के दादा के जन्म के बाद उसके नामकरण का वक़्त आया तो पुरोहितों ने इस प्रकार राय दी थी—"बालक का कोई नाम न रखा जाए, नाम रखने से बहुत अ-भाग होगा। इसका नाम ज़रूरत के अनुसार बदलता रहना चाहिए।" तो यह बहुत अभागा निकला, मेरे मेजबान ने अपनी बात एक लम्बी साँस खींच कर खत्म की।

—दूसरे लोगों से यह किसी मायने में, किसी बात में अलग नहीं। जैसी दूसरों की ज़िन्दगी कटती है वैसी ही ज़िन्दगी वह भी जीता आया। इसमें दुर्भाग्य की क्या बात है?—कैसी बात करते हैं आप भी? बूढ़ा ग़मगीन होकर कहने लगा—इतनी लम्बी ज़िन्दगी बिताने पर भी उसे एक नाम न मिल सका इससे बड़ा दुर्भाग्य और क्या हो सकता है? नामकरण माँ-बाप करते हैं, इसका नामकरण लगातार दूसरों की ओर से होता रहा। यह ज़िन्दगी भर दूसरों के दिए नाम ढोता रहा।

चाची मछली

तेज़ धार से बहने वाली उस नदी में बड़ी बड़ी विशालकाय मछलियों के साथ-साथ छोटी-छोटी मछलियाँ भी रहती थीं; बड़ी मछलियाँ निर्भय होकर घूमती थीं, और छोटी मछलियाँ हर समय डरती रहतीं। बड़ी-बड़ी मछलियाँ कभी भी आकर उनके जीवन का अन्त कर सकती थीं।

यह रोज़ का किस्सा था। बड़ी बड़ी मछलियाँ रोज़ आकर छोटी मछलियों को निस्सहाय देखकर उन पर झपट बैठतीं और उनमें कितनों को ही निगल जातीं। इनकी उदरपूर्ति मुर्दा इन्सानों, भैंस और गायों की तैरती लाशों और नदी में बहने वाले असंख्य मांसयुक्त शरीरों से न हो पाती और अपनी भूख मिटाने के लिये ये मछलियाँ अपनी ही जाति की इन मछलियों को भी निगलने में नहीं हिचकती थीं।

छोटी-छोटी मछलियों को खा जाने वालों में केवल मछलियाँ ही नहीं थीं। असंख्य साँप भी उस नदी में रहते थे, जो मौका पाकर इन्हें निगल जाते। बड़ी-बड़ी मछलियों को देखकर वे साँप दूर से ही भाग खड़े होते। लेकिन इन छोटी, बेबस मछलियों को खाने निगल जाने के लिये वे भी हावी हो जाते थे।

छोटी मछलियाँ सोच न पातीं कि आखिर करें तो क्या करें। नदी के बीचें या किनारों पर वे बड़े बड़े पत्थरों के नीचे ही दुबक कर दिन रात बैठी रहतीं। अगर कभी कोई बाहर निकल जाती तो नहीं कहा जा सकता था कि वह मछली बच कर लौट भी आयेगी या नहीं। भूख से व्याकुल होकर जब वे उन छेदों से बाहर निकलतीं, जो बहुत छोटे होते और जिनके चारों ओर उनकी जान के दुश्मन घूमते रहते, तो इसी आशा के साथ कि या तो उनका अपना पेट भरेगा या किसी और का, उनके शरीरों से। बाहर निकल कर वे इधर उधर देखतीं, यदि कोई न दिखाई देता वे खुले जल में आ जातीं। तभी कोई बड़ी मछली उनका पीछा करने लगती। जान को जोखिम में समझ कर वे इधर उधर भागने लगतीं। तभी दूसरी ओर से कोई दूसरी बड़ी मछली दीख पड़ती। उधर से भी वे अपना रास्ता मोड़तीं और किसी दूसरी दिशा की ओर चली जातीं। उस ओर भी थोड़ी ही दूर चलने पर साँप दिखाई देते। साँपों से अपनी रक्षा करने के लिये वे अपने छेदों की ओर लौट जातीं। भूखे

पेट वे उस वक़्त यहीं सन्तोष कर लेतीं कि इस वक़्त बची रहेंगी तो कभी न कभी फिर बाहर आकर अपना पेट भर ही लेंगी। जहाँ इतनी देर तक भूख सही वहाँ थोड़ी देर और सही।

छोटी मछलियाँ लौट पड़तीं। साँप पीछा करते। मछलियाँ तेज भागतीं। साँप पीछा न छोड़ते। दौड़ कर मछलियाँ अपने छेदों के अन्दर जाने की कोशिश करतीं तो तभी पत्थरों के नीचे उनके छेदों के बाहर बड़ी मछलियाँ उन्हें निगल जातीं। छोटी मछलियों को खाने के लिए तैयार रहते वे साँप भी, जो बड़ी बड़ी मछलियों से अपने जीवन की रक्षा करने में कोई कसर बाकी नहीं रखते थे और वे बड़ी बड़ी मछलियाँ भी जो साँप, आदमी, गाय व भैंस और कई जानवरों को खाकर भी अपनी उदरपूर्ति कर सकती थीं।

बड़ी मछलियाँ छेदों के बाहर खड़ी रहतीं और अगर मांस का कोई टुकड़ा छेद के द्वार तक आकर अन्दर जाने लगता तो वे उसे निगल जातीं। यह छोटी मछलियों के भोजन की लूट थी ताकि भूख से व्याकुल होकर वे बाहर निकल जायें और तब बड़ी मछलियाँ उन्हें खा सकें।

यह रोज़ का नियम था। रोज़ छोटे छेदों के अन्दर से असंख्य मछलियों के झुण्ड के झुण्ड, एक दूसरे के सहारे पर चलते हुये, एक दूसरे की साँस का अनुभव करते हुये बाहर आते और रोज़ बड़ी मछलियाँ और साँप उन्हें निगल जाते। छोटी मछलियों के परिवार में अपने सभी सदस्यों को शाम को लौटा न देख मुहर्रम छा जाता। बची हुई मछलियाँ छाती पीटने लगतीं, रोने और चिल्लाने लगतीं। बाहर खड़ी बड़ी मछलियाँ उनके रोने-चिल्लाने की आवाजों से प्रसन्न होतीं।

एक दिन छेद के अन्दर छोटी मछलियाँ ऐसे ही रो रही थीं। पूर्णिमा की रात थी। छेदों के बाहर चाँद की किरणों का प्रकाश हो रहा था। ये बेचारी भीतर ही भीतर अंधकार में अपने अपने भाग्य को कोस रही थीं, रो रही थीं अपनी किस्मत पर। तभी बाहर खड़ी एक बड़ी मछली ने मीठे शब्दों में पूछा—क्या हो गया है मेरे बच्चों तुम क्यों रो रहे हो?

—क्या करें चाची, छोटी मछलियों ने अन्दर से जवाब दिया—हमारी किस्मत फूट गई। रोज हमें खाया जा रहा है। हमारे छोटे-छोटे मासूम बच्चे, भाई, बहन, मित्र और परिवार के अन्य सदस्य रोज़ ही बाहर जाते हैं और लौट कर नहीं आते।

बड़ी मछली बोली—मेरी पुत्रियों, मैं तुम्हारी माँ के समान हूँ। आओ और मुझे अपना पूरा दुःख दर्द सुनाओ। आओ तो सही मेरी बेटियों, बाहर आओ। तुम तो दिन रात इसी छेद में पड़ी रहती हो। देखो बाहर क्या चाँदनी छिटकी है। आज शरद की पूर्णिमा की रात है। इतनी सुन्दर रातें कम आती हैं। आओ, आज तुम और हम थोड़ी देर एक साथ बैठें।

छोटी मछलियाँ विचारमग्न हो गईं। सबसे छोटी मछली ने बाहर जाने के प्रस्ताव का विरोध किया—यह सब उसकी चाल है, वह बोली—वह हमें निगल जाना चाहती है।

—"छीः तुम भी क्या कहती रहती हो—एक मछली ने व्यंग्य किया, जो कुछ कोई कहता है सब चाल है। तुम्हारे पास दिमाग भी है या नहीं।"

सबसे छोटी मछली फिर बोली—मैं न तो स्वयं जाऊँगी न और किसी को जाने दूँगी।

उस मछली ने फिर कहना शुरू किया—तुम समझती क्यों नहीं, आज शरद की पूर्णिमा की रात है और चाची बाहर थोड़ी देर हमारे साथ रहना चाहती है। आहा कितना सुन्दर है बाहर।

सबसे छोटी मछली ने फिर कहा—यह सुन्दर रात हमारे लिये नहीं, हम निर्बलों असहायों के लिये नहीं, यह तो मोटी मोटी भक्षक मछलियों और सुन्दर चमकते हुए साँपों के लिए है। हमारे लिये यही अँधियारा है अगर हमें जीवित रहना है। अगर बाहर गये तो बड़ी मछलियाँ और साँप अपनी सुन्दर रात हमारे मासूम शरीरों को खाकर मनायेंगे। मनाने दो उन्हें अपनी सुन्दर रात। हमारे लिये हमारा अँधियारा ही ठीक है।

सभी छोटी मछलियाँ चुप थीं। बाहर खड़ी बड़ी मछली ध्यानपूर्वक इनके वाद-विवाद को सुनती रही कान लगा कर। वह इस ताक में भी हर वक़्त रहती थीं कि छोटी मछलियाँ आपस में क्या बातें करती हैं। वह हमेशा जासूसी करती थी। यह उसकी आदत थी।

उनकी बातों को सुनकर बड़ी मछली फिर बोली—यही तो कमी है हमारे मत्स्य परिवार में। एक का दूसरे पर विश्वास नहीं, तभी तो तुम्हें खाने के लिये साँप उतारू रहते हैं। हम तुम्हें बचायें कैसे? कभी तुम अपने सुख दुःख हमें बताओ, हमारे पास आती-जाती रहो, मिलती रहो तभी तो हमें तुम्हारी मुसीबतों का पता चल सकता है। हमें क्या मालूम कि तुम सुखी हो या दुःखी।

कुछ देर तक सारा मत्स्य परिवार खामोश रहा। फिर बड़ी मछली ने रूठते हुए से स्वर में कहा—याद रखो ये तुम्हारी अच्छी आदतें नहीं हैं। यही घर की फूट है जिससे और लोग तुम्हें खाने आ धमकते हैं। हमसे डरती हो, हम पर विश्वास नहीं तो जाओ जो जी में आए करो। अगर कोई साँप कभी पीछा करे तो फिर हमसे मत कहना।

इतना कहकर वह फिर चुप हो गई।

फिर छोटी मछलियों ने चाची मछली के शब्दों पर विचार किया। सबसे छोटी मछली फिर भी अपने विचार पर अटल रही।

एक और मछली बोली—चाची नाराज हो गई हैं। तभी तो वे हमें खाती हैं। सचमुच अगर हम उन्हें अपने सुख दुःख सुनाती रहें, उन्हें मिलती रहें तो वे हमें क्योंकर खाने लगीं। वे तो नाराज होकर खाती हैं और उनकी नाराजगी इसी बात की है कि हम उन्हें पराया समझती हैं। वे तो बेचारी कोशिश करती हैं कि मत्स्य परिवार की रक्षा की जाये। पर रक्षा हो कैसे? जब हमारे अपने ही बीच इस सरीखी सदस्यायें मौजूद हैं। उसने सबसे छोटी मछली की ओर इशारा किया।

सबसे छोटी मछली फिर भी अटल रही, उसने वही वाक्य दुहराया।

बड़ी मछली इन्हें बाहर न आते देख बोली—जाने दो अब मैं ज़्यादा नहीं कहूँगी। भलाई करके ऐसा ही होता है। चलो, मैं दुश्मन ही सही। लो अब मैं चली, मुझसे ज़्यादा नहीं रूका जाता।

वह जाने लगी। उसे जाते देख छोटी मछलियों में कुछ बहुत डर गईं और उसके पीछे भागने लगीं। वे दौड़ कर कहने लगीं—चाची सुनो तो, हमसे गलती हो गई। चाची माफ कर दो, तुम्हारे ही बच्चे हैं।

सबसे छोटी मछली ने छेद के अन्दर ही रहने का निश्चय किया। कुछ औरों ने भी उसकी बात मान ली और बाहर न निकलीं। बाकी सब चल दीं।

बड़ी मछली छोटी मछलियों के साथ हो ली। उनसे वह पूछती रही कब कितनी मछलियाँ गई थीं, कब कितनी।

छोटी मछलियाँ उसे अपना दुःख दर्द सुनाते हुये रो उठतीं। उनकी आँखों की ओर देखकर चाची मछली बड़े सान्त्वना के ढंग से कहती—अब रोने से क्या होता है पगलियों! वे लौट तो नहीं सकते अब। परमेश्वर की ऐसी ही इच्छा होगी। अब रोने से कुछ नहीं होता।

चलते-चलते ये मछलियाँ अपने ही छेद की तरह के एक छोटे छेद के पास पहुँचीं। इनकी ही तरह की छोटी मछलियाँ वहाँ भी रहतीं थीं। इन्हें एक मोटी-ताजी मछली के साथ जाते देख छेद के अन्दर से एक मछली चिल्लाई—कहाँ जा रही हो तुम लोग? तुम्हारा दिमाग खराब हो गया है क्या? यह तो तुम्हें खा जायेगी।

—सुनो, सुनो इस छेद वाले क्या कह रहे हैं, बड़ी मछली के साथ चलने वाली एक मछली बोली।

—सुन लो, बड़ी मछली ने रूठकर कहा—सुन लो वे क्या कह रही हैं। मैं पूछती हूँ। इस छेद वालों से तुम्हारा सम्बन्ध ही क्या है? तुम्हारे दुश्मनों में से ये भी हैं, जानते नहीं क्या? ये तुम्हें बर्बाद कर देना चाहते हैं। ये विदेशी हैं। मैं तुम्हें बहुत बार समझा चुकी हूँ कि तुम्हारी भलाई मेरे अलावा कोई नहीं कर सकता। तुम देखते नहीं, तुम्हें बचाने के लिये मैं हर वक़्त तुम्हारे छेद के बाहर पहरा देती रहती हूँ। मैं तो तुम्हारे ही छेद की मछली हूँ। मुझमें और तुममें फर्क ही क्या है, सिवा इसके कि तुम छोटी हो और मैं बड़ी और तुम छेद के अन्दर रहती हो मैं बाहर।

छोटी मछलियों में कुछ इस छेद के अन्दर घुस गईं। अन्दर जाकर वे बुदबुदाईं—ये हमारी ही तरह हैं। छेदों के अन्दर रहने वाली मछलियाँ हैं। आओ, आओ, ये सच कह रही हैं। बड़ी मछलियों से ज़्यादा हमारी शुभचिन्तक ये छोटी मछलियाँ हैं जो हमारी ही तरह के छेदों में रहती हैं, जिन्हें हमारी ही तरह साँप और बड़ी मछलियों का ख़तरा सदा बना रहता है। उनसे अपनी रक्षा करनी पड़ती है। जिनका जीवन हमारी तरह बीतता है।

वे छेद के अन्दर चल दीं। छेद के अन्दर की छोटी मछलियों ने उन्हें अपने साथ आने दिया। वे उनके साथ घुल-मिल गईं।

शेष मछलियाँ बड़ी मछली के साथ चल दीं। चलते-चलते वे काफी दूर पहुँच गईं। तब बड़ी मछली ने कहा—कितनी सुन्दर रात है आज। चाँदनी छिटकी है। पानी कितना साफ है देखो। तुमने ऐसी रात कभी नहीं देखी होगी।

—कभी नहीं देखी चाची, कभी नहीं देखी। सबने एक स्वर में उत्तर दिया।

बड़ी मछली उन्हें और आगे ले जाकर कहने लगी—आज शरद की पूर्णिमा की रात है। हम बड़ी मछलियाँ आज अपना त्यौहार मनाती हैं। साल में एक यही दिन होता है जब हम सारी नदी की सब बड़ी मछलियाँ एक साथ मिलकर किसी त्यौहार को मनाती हैं। आज हम उत्सव मना रही हैं। चारों ओर से बड़ी मछलियाँ आई हैं और हम सब एक साथ बैठेंगे, घूमेंगे और भोजन करेंगे।

—आहा, इनमें कितना मेल है! बड़े लोगों की बात ही ऐसी होती है। लड़ती तो हम ही हैं छोटी मछलियाँ। छोटी मछलियों का समुदाय कह उठा।

वे सब एक ऐसे स्थान पर पहुँच चुके थे जहाँ पानी रूका हुआ-सा लगता था, तालाब की तरह। बड़ी मछली ने फिर कहना शुरू किया—आज ही वह दिन है जब हम बड़ी मछलियाँ स्वदेशी और विदेशी का भेदभाव भूलकर एक हो जाती हैं।

वे तालाब के अन्दर पहुँच गये। बड़ी मछलियों ने चाची मछली को धन्यवाद देकर छोटी मछलियों को खाना शुरू कर दिया।

—यह क्या कर रहे हो तुम लोग? एक छोटी मछली चिल्लाई।

—हमारा उत्सव है बेटी—चाची मछली बोली—इधर न तो साँप हैं और न मरे हुए जानवरों व आदमियों की लाशें। क्या करें? त्यौहार तो मनाना ही है। हमारे मेहमान आये है। वे नाराज़ हो जायेंगे। तुम चिन्ता न करो बेटी, यह शरीर दूसरे की भलाई के लिये ही बना है। तुम्हें स्वर्ग में जगह मिलेगी। इन्द्र की अप्सरायें तुम्हें गाने सुनायेंगीं। तुम्हारी कीर्ति और यश संसार में फैल जायेगा। फिर तुम्हारा शरीर है ही क्या? छोटे से मांस के शरीर की रक्षा के लिये अधिक प्रयत्न करना अधर्म है। इतना कहकर चाची मछली ने उसे भी निगल लिया।

किसी तरह एक छोटी मछली वापस लौट आई और उसने हरेक छेद के अन्दर रहने वाली छोटी मछलियों को आगाह करके कहा—सावधान! बड़ी मछलियों के पंजे में न फँसना। हम तुम एक हैं।

वह दन्तुरित मुसकान

टिहरी बाँध प्रशासन की मेहरबानी से मुझे टिहरी स्थित अपने भवन को खाली कर देना पड़ा। मात्र कुछ किताबें और पुराने कागजात वहाँ से निकाल पाया। उन पुराने कागजात के ढेर में सन् 1964 में लिखित (अब तक अप्रकाशित) यह कहानी भी उपलब्ध हुई, जिसका संबंध मेरी बेटी रश्मि से है, जिसे दो वर्ष पूर्व एक रोग ने हमसे छीन लिया। यह कहानी बेटी रश्मि की याद को समर्पित की जा रही है—विद्यासागर नौटियाल।

चौदह महीनों की लम्बी नज़रबन्दी से छूट कर मैं अपनी नन्हीं बिटिया के पास जा रहा हूँ। सन् 1962 में भारत-चीन सीमा विवाद के शुरू होते ही नवम्बर में एक दिन अचानक गिरफ्तार कर मुझे जेल में डाल दिया गया था। कोई आरोप नहीं, कोई मुकदमा नहीं। कोई सबूत नहीं, कोई गवाही नहीं। नागरिक अधिकार बट्टे खाते में।

इमरजेंसी। अपनी गिरफ्तारी के खिलाफ़ आप किसी अदालत में याचिका दाखिल नहीं कर सकते।

मेरे लिए वह एक भयंकर दिन था। भयंकर इसलिए नहीं कि मैं जेल आने से घबड़ाया था बल्कि एक दूसरी बात थी, जिसके कारण वह अचानक गिरफ्तारी मुझे खल गई थी। बात यह थी कि मेरी नन्हीं मुन्नी रश्मि उन्हीं दिनों एक वेदनामय, लम्बी बीमारी से उठी थी। मैंने उस के निर्जीव ढाँचे में एक बार पुनः जीवन को संचरित होते देखा था। उस समय तीन व्यक्तियों के प्राण मिल कर एकाकार हो गए थे। उस की माँ तथा मेरे हृदय की धड़कनों को वह निरीह बालिका संचालित करने लगती। जब उस का दिल बैठने लगता तो हमारे भी दिल बैठ जाते और उसमें प्राणों का संचार होते देख हमारे भी प्राण लौट आते।

उस दिन मैं अपने गाँव मालीदेवल से पैदल चल कर चार मील की दूरी पर बसे टिहरी शहर गया था। दूसरे दिन गाँव लौट आने की योजना थी। लौटना इसलिए भी आवश्यक था कि मैं रश्मि के लिए कुछ टॉनिक तथा दवाइयाँ ले जाना चाहता था जिनसे उसकी खोई हुई शक्ति लौट आए। वह सूख कर हड्डियों का ढाँचा रह गई थी।

वह टॉनिक और दवाएँ मेरी बेटी रश्मि के पास आज दिन तक नहीं पहुँच पाई हैं। आज चौदह महीनों के बाद जब मैं उसे अपनी गोदी में उठाने को लपकता हुआ चला जा

रहा हूँ अचानक मुझे वह दिन स्मरण हो आता है जिस दिन मुझे उससे छीन लिया गया था। वह आजकल अपने मामाकोट (ननिहाल) में है। उसका मामाकोट मेरे गाँव से दूर है। अभ सुबह है और मैं टिहरी शहर में गाड़ी पर चढ़ रहा हूँ। लेकिन, लेकिन टिहरी शहर से गाड़ी पर चढ़ने की सोची जाय तब तो पहुँच गए रश्मि के पास। आखिर अट्ठाईस तीस मील दूर से ही यात्रा प्रारम्भ करने की बात पर विचार किया जाना जरूरी है? मुनिया को मिलने जाना है? तो फिर सीधे वहीं क्यों नहीं पहुँच जाते जहाँ वह एक आँगन में अपनी माँ की उँगली पकड़े खड़ी हुई उस राह की ओर टकटकी लगाए देख रही है, जो वहाँ से आती है जिधर से कभी एक दिन उसके पिता आ सकते हैं।

नहीं भाई, नहीं! एकदम आँगन में भला कैसे पहुँचा जा सकता है? आसमान से थोड़े ही टपका जा सकता है। अच्छा, तो मोटर को ब्रेक लगा और पीछे बैठा कन्डक्टर चिल्लाया-उतरिये। मैं उतरा और कंडक्टर से अपना झोला माँगा। झोले में क्या भरा है? क्यों ऐसी जल्दबाजी मचा रहे हो जी? गाड़ी से हट तो जाओ, तब सोचना कि झोले में क्या रखा है। हाँ तो गाड़ी फिर स्टार्ट हुई और पीछे खड़ा कंडक्टर लपक कर उसमें जा चढ़ा। गाड़ी वहाँ से आगे बढ़ गई। पहाड़ी, कच्ची सड़क पर वह धूल का एक अम्बार छोड़ती जा रही है। मेरे हाथ-पाँव, नाक व मुँह धूलि-धूसरित हो गए हैं। मेरे आगे-पीछे एक गर्द का अम्बार फैल गया है। गाड़ी का शोर मुझसे निरन्तर दूर और दूर होता जा रहा है।

मोटर सड़क के समानान्तर एक पतली पहाड़ी नदी बह रही है। पिछले दो मील से नदी तथा सड़क के बीच का फासला बहुत कम रहता आया है। कहीं बीस फुट, कहीं चालीस फुट, कहीं सौ फुट। इसे नदी क्यों कहा जाय, सीधे-सीधे नाला कहो, नाला। कुछ भी कहो इस नाले से मैं बहुत घनिष्ठ रूप से जुड़ा हूँ। इस नाले के उस पार से उस गाँव की सीमा प्रारम्भ होती है, जो मेरी पत्नी का मायका है। मेरी मुनिया का मामाकोट, जहाँ कि आजकल वह रह रही है। मैं सड़क से नीचे उतर कर आर-पार के दो पत्थरों पर जमा दिए गए लकड़ी के एक स्लीपर पर अपने को संतुलित करता हुआ नाला पार कर आया हूँ और अब घराट (पनचक्की) के बाहर फैले एक सघन वृक्ष के नीचे खड़ा हो गया हूँ।

घराट के पास एक जलधारा है। मेरी ससुरालवाले इसी धारा का पानी पीते हैं। घराट के बाहर कुछ लोग बैठे चिलम पी रहे हैं। धारा के नीचे एक गागर लगी है। उसमें पानी भर रहा है। उसके इर्द-गिर्द कुछ महिलाएँ खड़ी हैं। मैं उन सबकी ओर देख कर हाथ जोड़ देता हूँ। वहाँ एकत्र सभी स्त्री-पुरुष मेरे नमस्कार का उत्तर देते हैं। वे सब मेरे संबंधी हैं। रश्मि की माँ उन स्त्रियों के बीच मौजूद नहीं है, जैसा कि मैंने सोचा था कि शायद वह वहाँ हो। ठीक है, वह रश्मि के पास होगी।

मैं उन लोगों के प्रश्नों के उत्तर देने लगा हूँ। बातें कुछ लम्बी होने लगी हैं। ऐसी जगह बैठने लगोगे तो पहुँच गए अपनी बिटिया के पास। अच्छा। मैंने वहाँ से जल्दी-जल्द छुट्टी ले ली। अब एक दूसरे छोटे नाले को पार कर मैं चढ़ाई चढ़ने लगा हूँ। इस स्थान से मुझे चार फर्लांग की चढ़ाई का रास्ता और पार करना है, जिसके बाद मैं उस घर के

आँगन में जा पहुँचूँगा जहाँ इस वक़्त मेरी बेटी खेल रही होगी।

ज्यों-ज्यों मैं नजदीक पहुँचता जा रहा हूँ मेरे कदम धीमे पड़ने लगे हैं। मुझमें कौतूहल जाग उठा और अत्यन्त उत्सुक होकर मैं कल्पना करने लगा हूँ कि रश्मि कैसी होगी और क्या कर रही होगी। पहले यह बताओ कि इस वक़्त वह कितनी बड़ी होगी। जिस समय मैं उससे अलग हुआ था, उस वक़्त उसकी आयु दो बरस थी। तो अब वह तीन, सवा तीन साल की हो गई होगी। पर वह होगी कितनी बड़ी? जितनी डाक्टर सुमन की लड़की थी। नहीं, उतनी बड़ी कैसे हो सकती है? डाक्टर सुमन की लड़की खूब हृष्ट-पुष्ट थी और रश्मि तो हड्डियों का ढाँचा रह गई थी। पर बच्चे बहुत जल्दी विकास करते हैं। फिर भी वह उतनी बड़ी कैसे हो सकती है। तो उतनी बड़ी होगी जितनी ओम की लड़की थी। ओम की लड़की? अरे हाँ, ओम की छोटी बिटिया—गुड्डो। नहीं जी, गुड्डो चार बरस की थी और रश्मि तो अभी सिर्फ सवा तीन साल की हुई है। सवा तीन या चार में कोई विशेष अन्तर नहीं होता। अन्तर नहीं होता? अन्तर हो जाता है? ठीक! याद आ गया। रश्मि इस समय ठीक उतनी बड़ी होगी जितना बड़ा उस समय मेरा भतीजा युगल था। इसे यों कहना चाहिए कि रश्मि इस समय विकास की उस सीढ़ी पर खड़ी है जिस पर आज से चौदह महीने पूर्व मैंने जुगल को देखा था।

मैं दरअसल बैठ गया हूँ और एकान्त में सोचने लगा हूँ।

कि रश्मि कैसी होगी।

युगल क्या करता था? शैतानी करता था और क्या करता था? सुबह मेरे कमरे में आएगा। उसे आते देख मैंने आँखें बन्द कर ली हैं और मन की आँखों से देख रहा हूँ कि वह ठुमकता हुआ मेरी चारपाई के पास आ गया है। मैं उसकी पदचाप भी सुन रहा हूँ। मैंने पहले ही अपना हाथ रजाई के अन्दर दाखिल कर लिया था। रजाई का एक कोना जरा-सा ऊपर उठा और उसके अन्दर एक नन्हीं, मुलायम हथेली दाखिल हो गई। मैंने अपना हाथ उसकी हथेली से छुआ दिया है ताकि उसे मेरा हाथ खोजने में कठिनाई न हो। मेरी एक उँगली पकड़ कर जुगल ने प्रथम शब्द का उच्चारण किया है—चाचाजी उठो।

—जुगलजी प्रणाम। मैंने कहा।

—चिरंजीव! मेरा भतीजा मुझे आशीर्वाद दे रहा है। फिर उसे जैसे अपनी भूल याद हो आई और वह शरमा जाता है और फिर हाथ जोड़ कर कहता है—चाचाजी प्रणाम।

मैं उसे उठा कर अपने सीने से लगा लेता हूँ।

रश्मि भी उतनी ही बड़ी होगी। सामान्यतः एक विशेष आयु के बच्चों की बढ़त एक ही जैसी होती है। किन्तु वह बाद की कल्पना है। पहले तो यह प्रश्न है कि वह इस समय घर के किस स्थान पर होगी और क्या कर रही होगी। क्या बज रहे हैं? दस बजे हैं। हाँ, दस तो बज गए हैं पर अभी उस घर में धूप नहीं आई। जाड़ों में वहाँ सवा ग्यारह बजे से पहले सूरज उगता ही कब है? दस बजे हैं तो उसकी माँ रसोई में होगी। माँ रसोई में है तो रश्मि का उसके बूढ़े—नानाजी (नाना के पिता) गोदी में ले कर घुमा रहे होंगे, नहीं

जी, वे घुमा कहाँ रहे होंगे, वे तो अभी हुक्का पी रहे होंगे। जाड़ो में कहाँ घूमेंगे? रश्मि अपने बूढ़े नानाजी की नज़रों के सामने घर के आँगन में खेल रही है।

जूते हैं उसके पाँव में? जूते कौन पहनाता है उसे? जब मैं नहीं हूँ तो उसके लिए जूते भला कौन खरीद कर लाएगा? सर्दी कुछ अधिक है। बच्ची के पाँव ठंड के मारे लाल हो गए होंगे। मेरे झोले में उसके लिए एक जूता भी तो है।

इस मुल्क में कितने लोग ऐसे हैं जिनके बच्चे जूते पहन सकते हैं? यह बड़ा बेतुका प्रश्न इस समय बेमौके उठ खड़ा हुआ है। छोड़ो भी। इधर-उधर की बातें सोचने में क्या लाभ? मेरे विचार रास्ते में ही उलझते जा रहे हैं। उलझने में क्या लाभ? मैं सीधा उस आँगन के छोर पर जा पहुँचा हूँ जहाँ मेरी नन्ही बच्ची खड़ी है।

ठिठक कर हम दोनों एक-दूसरे को देखते हैं। मैं उसकी ओर लपक कर उसे अपनी गोदी में उठा लेता हूँ और उसे चूमने लगता हूँ। वह बड़ी हैरत से मुझे देखने लगी है। पहचान नहीं रही है लेकिन मेरी बाँहों के घेरे से निकलने का भी वह कोई उपक्रम नहीं करती। वह मेरी गोद से चिपकी है।

क्षण भर बाद मैंने उसके सर्द पाँवों को सहलाते हुए प्रश्न किया—माँ कहाँ है बेटी?

मेरे इस प्रश्न का वह कोई उत्तर नहीं देती। हैरान नजरों से वह मेरे मुख की ओर ताकती जा रही है। मेरी आवाज़ सुन कर उसकी माँ रसोई से बाहर निकल आई है और उसे मेरी गोद में देख अचम्भित होकर प्रश्न करती है—कौन है बेटी?

रश्मि अब भी खामोश है।

—किसकी गोद में गई है बेटी? माँ ने प्रश्न दुहराया।

उसकी माँ ने दाँतों तले उँगली दबा ली है और अत्यन्त विस्मित हो कर कहा— गज़ब है। अद्‌भुत है यह लड़की। इसे किसने यह ज्ञान दिया कि ये तेरे पिताजी हैं।

—ज्ञान कौन देता है? मैंने कहा, ज्ञान स्वयं उपजता है।

—ये बी माता के करतब हैं, उसकी माँ कहती है।

बी माता। बच्चों की जीवन संगिनी, जो प्रत्येक शिशु के भीतर बसी रहती है। गढ़वाली समाज की यह एक विचित्र कल्पना। बी माता शिशुओं की दूसरी माँ है, जो उनके अबोध हृदय में लगातार विराजमान रहती है। बच्चा मुस्कराता है तो बी माता उससे वैसा करवाती है, और जब वह रोता है तो बै माता ही उसे रूलाती है। बी माता आवश्यकतानुसार बाल-जीवन का संचालन करती रहती है। बी माता अजन्मा है। वह प्रत्येक शिशु के साथ जन्म लेती है और तब तक उसके साथ रहती है जब तक कि वह अपने तईं चलने-फिरने नहीं लगता। बी माता हर तरह का ज्ञान उसके भीतर भरती रहती है।

—रश्मि की अब बी माता वाली उम्र नहीं रही। मैंने गर्व से कहा।

और सहसा मुझे याद आया कि मेरी जेब में उसके लिए कुछ है। दो-एक छोटे-छोटे टुकड़े मिठाई के हैं जो मैंने मोटर पर चढ़ने से पहले अच्छी तरह याद करके अपनी जेब में रख लिए थे। बच्चों के पास खाली हाथ जाना कितना बुरा लगता है? और फिर उस

बच्ची के पास जो रोज अपने ही मन से 'पिताजी प्रणाम' की अनगिनत ध्वनियाँ वायु में मिश्रित करती रहती है—जैसा कि उसकी माँ ने अपने असंख्य पत्रों में लिखा था। "हर समय पूछती रहती है कि मेरे पिताजी कहाँ हैं, जब तक उत्तर न दो तब तक पूछती ही रहती है। और अपने ही मन से 'पिताजी प्रणाम, पिताजी प्रणाम' की रट लगाए रहती है।"

मैंने अपनी जेब से मिठाई का एक टुकड़ा निकाल कर उसकी नन्हीं हथेली पर रख दिया। आनन्दित होकर वह उसे तोड़-तोड़ कर खाने लगी। दुलार भरी दृष्टि से उसे देखते हुए उसकी माँ ने उसकी ओर अपना हाथ फैलाया—दे बेटी।

बेटी ने एक बार अपने पिता की ओर देखा जिसकी कृपा से उसे वह टुकड़ा प्राप्त हुआ था। उस दृष्टि में एक मूक प्रश्न था कि पिता की क्या आज्ञा है।

— दे दे बेटी, माँ को दे दे। मुझसे इशारा पाकर उसने अपनी हथेली में शेष रह गए टुकड़े को मुँह के अन्दर डाल दिया। हम दोनों निराश हो गए। बिटिया कंजूस निकलेगी।

नहीं जी! मेरी बिटिया कंजूस नहीं हो सकती। वह बहुत फैयाज़ होगी। उसने मिठाई के टुकड़े को मुँह के अन्दर दबा कर दो भागों में बाँट लिया और एक टुकड़ा उँगली से बाहर निकाल कर अपनी माँ की ओर बढ़ा दिया।

हम दोनों हतप्रभ-से रह गए। यह बिटिया है कि जादू का करिश्मा?

"इकबाड़ा सर्किल, नम्बर एक बैरक, ग्यारह क़ैदी ताला जँगला लालटैन सब ठीक है साहब।" पहरे पर खड़े नम्बरदार का तीव्र, गगनभेदी स्वर रात्रि के अंधकारमय सन्नाटे को चीरता हुआ वातावरण को प्रकम्पित कर देता है। अब एक-एक कर सभी बैरकों के पहरेदार यही बात दुहराने लगे हैं।

—नम्बर दो बैरक तिरासी क़ैदी, ताला जँगला लालटैन सब ठीक है साहब।

—नम्बर तीन बैरक साठ क़ैदी, ताला जंगला.... ।"

ताले, जँगले, लालटीनें सब ठीक हैं। लगता है एक मैं ही हूँ जो ठीक नहीं हूँ।

पर मेरे ठीक होने न होने की आवाज़ कौन लगाता है?

मनहूस

रोज़ खाना खा कर मैं पानवाले पंडित की दुकान पर चला आता था। पंडित की दुकान एक नहर के ऊपर थी। इस नहर में पानी कभी-कभी आता था। जब आस-पास के किसी साहब को अपने बगीचे के लिए सिंचाई की ज़रूरत पड़ती। नहर तीन फुट गहरी व चार फुट चौड़ी थी और पंडित की दुकान करीब बारह फुट लम्बी और आठ या दस फुट चौड़ी। दुकान क्या थी, झोंपड़ी थी।

रात को जब मैं होटल से खाना खा कर लौटता तो पंडित की दुकान पर आ जमता। दो, तीन और कभी चार घंटे तक मैं वहाँ बैठा रहता और फिर अपने कमरे में जाकर सो जाता। दूसरे दिन सुबह अपने दफ्तर में जा कर काम करने लगता। मैं क्लर्क था।

पंडित की दुकान पर मुझे वही सुख मिलता जो किसी प्रेमी को अपनी प्रेमिका से मिलने पर। पंडित, पंडित की स्त्री, पंडित की बिटिया और पंडित का तोता सभी मुझे भैय्या कहते थे। इनके अलावा पंडित के परिवार के सदस्य थे—एक मोटा, ताज़ा, सुफेद चूहा और एक छोटा-सा खरगोश।

मेरे आ जाने पर रामायण खुल जाती और पंडित पढ़ना शुरू कर देता। उस के स्वर में भक्ति की भावना होती। बिटिया और पंडिताइन भी पास बैठ जाती। मैं चारपाई पर बैठा रहता। ग्राहक कम ही आते थे। और जब आते तो पंडित पढ़ते-पढ़ते ही पुकार उठता—बिटिया, पान दे।

एक दिन पंडित ने मुझसे कहा—भैय्या, तुम हमारे यहाँ बैठते हो, अपने आदमियों के बीच नहीं।

—मेरे आदमी तो तुम ही हो पंडित।

—हाँ, हाँ, बिटिया ने हँस कर कहा—कितने साफ रहते हैं तुम्हारे आदमी? वाह क्या कमरा सजा है। बड़ी सुन्दर जगह है भैय्या।

बिटिया बड़ी गन्दी रहती थी। पंडित से भी ज़्यादा। बिटिया करीब चौदह साल की होगी।

मैंने कोई जवाब न दिया। चुप हो रहा।

पंडित की दुकान पर मैं इसलिए जाता था कि वहाँ मुझे सभी कुछ मिल जाता था।

गाना पंडित सुना देता था, भजन गा-गा कर। पान बिटिया खिला देती थी। तोता 'राम राम' कह देता था। पंडिताइन बड़ी इज्जत करती थी। पड़ोस के लोगों में अगर पंडित को किसी से प्यार था तो मुझसे। और मुझे पंडित से। मेरी साख पर पंडित को विश्वास था और पंडित की साख पर मुझे।

एक दिन पंडित ने फिर कहा—भैय्या, तुम यहाँ पर मत बैठा करो। यह बड़ी मनहूस जगह है। इस जगह पर बैठ कर कोई नहीं पनपा। सात आदमी खप गए हैं यहाँ पर।

—यहाँ रहते तो तुम हो पंडित। नुकसान होगा तो तुम्हारा होगा। मेरा क्या बिगड़ेगा?

—नहीं भैय्या, यहाँ कोई खुश नहीं रह पाया। बहुत ही रद्दी जगह है।

मैंने फिर कहा—रद्दी होगी तो तुम्हारे लिए होगी।

पंडित मुझ से नाराज नहीं रहता था। मुझे तो वह बहुत प्यार करता था पर उसे बुरा लगता था कि एक क्लर्क उस की दुकान पर बैठा रहे। वह कहा करता था तुम लोग कोई हमारे साथ बैठने के लायक थोड़े ही हो।

फिर भी मैं पंडित की दुकान पर चला ही जाता था। और जाता भी कहाँ? सामने डी. ए. वी. कॉलेज के प्रोफेसर रहते थे। दूसरी ओर एक वकील साहब। मेरी कोठरी के पीछे एक डाक्टर साहब रहते थे और दूसरी ओर इनकम टैक्स ऑफीसर। इसी तरह के साहब लोगों से मौहल्ला भरा था। किस के घर जाता? पंडित मेरे जाने पर खुश रहता था और मैं पंडित की दुकान जाने पर। कोई बूढ़ा या अधेड़ तो मैं था नहीं जो किसी और जगह चला जाता। दिन भर काम से थक कर आता और दुकान पर पहुँच जाता। मैं बीस बरस का था। और पंडित चालीस वर्ष का। पंडित न तो मुझे हर वक़्त अपने साथ देख सकता था और न मेरे बगैर रह सकता था। कहता था—इस जगह न रहो, और चाहता था कि मैं वहीं रहूँ। अगर कभी शाम को न आया तो फौरन कमरे में चला आता। पूछता—तबियत तो खराब नहीं है? मेरे ना कहने पर कहने लगता—हाँ, तो अब गरीबों के यहाँ आना छोड़ दिया है न?

रात को खाना खा कर मैं जिस होटल से लौटता था वह मेरे कमरे से दो फलाँग की दूरी पर था। होटल के मैनेजर को हम जोशी कहा करते थे। बड़ा सीधा-सादा आदमी था। न उसे सौदा खरीदना आता था न मुनाफा कमाना। सात आठ लोग ही दुकान की देखभाल करते थे। उन में मैं भी था। और लोगों में चार विद्यार्थी थे, तीन क्लर्क। सौदा अभी पैसे नहीं मिले, लाना हो तो अलाँ जाएँगे, पैसा वसूलने फलाँ जाएँगे। यह रोज़ का धन्धा था। जोशी को कुछ कहते तो वह रोनी सूरत बना देता। मैंने जोशी को कभी हँसते नहीं देखा।

विद्यार्थियों में एक बड़ा अजीब लड़का था—प्रताप। उस के साथी उसे प्रतापी कहते थे। और मैं परतापी। किसी की कोई चीज़ पसन्द आ गई, ले कर छोड़ता। कोई लड़की देख ली, पीछा करने लगता। तबले का उस्ताद था और हारमोनियम का शौकीन। सितार

को लड़कियों की चीज़ कहता था। खर्चा डट कर करता था। मार-पीट करने में भी नम्बर एक था। ''बड़े अमीर घर का है'' उस के दोस्त कहते थे।

खाना खाते वक़्त परतापी सारे होटल को सिर पर उठा देता। छोटा-सा होटल था। एक समय में दस आदमी मुश्किल से बैठ सकते थे। परतापी यहाँ इसलिए खाता था कि मन माफिक नौकर मिल जाते थे। म्यूज़िक कॉलेज से तबला घर ले जाना हो तो जोशी को भेज देता। कहीं से लड़ाई करके आता तो जोशी को डाँट देता या नौकरों को पीट बैठता।

औरतों को वह बड़ी भद्दी-भद्दी गालियाँ देता था। 'औरत और जूता', वह हर वक़्त कहा करता, 'बराबर है साहब, बराबर है।

मुझे वह मनहूस लगता था।

एक दिन उस ने मेरी घड़ी देख ली। परतापी के डर के मारे मैं उसे जेब में रख देता था। हाथ पर घड़ी बँधी देख उस ने कहा—बड़ी अच्छी घड़ी है। मुझे दे दो।

—नहीं भाई, मैं इसे नहीं दे सकता।

—मुफ्त माँग रहा हूँ क्या? अरे दाम दूँगा।

—बेचने का तो कोई इरादा नहीं है।

—अजी, तुम साठ ले लो।

—भाई साहब, मैं बेच नहीं रहा हूँ।'

—सहतर अस्सी...वह बोलता गया।

मैंने हाथ धोए और पंडित की दुकान पर दौड़ा आया। परतापी ऐसे मौके पर कमजोर आदमी को कभी-कभी पीट भी बैठता था। परतापी मुझ से नाराज हो गया। आखिर मैंने सोचा कि होटल ही छोड़ दूँगा। परतापी ने इसे अपनी बेइज्जती समझी कि उसे घड़ी न दी जाय। पैसों को भी ठुकराया जाय यह उसे पसन्द नहीं था।

गर्मियों के दिन थे। रात के ग्यारह बजे मैं दुकान से आ कर चारपाई पर लेटा ही था कि किसी ने आवाज़ दी। मैं सीधा बाहर निकल आया। परतापी खड़ा था।

—होटल में कल सुबह खाने को कुछ नहीं बच रहा है।

—तो मैं क्या करूँ?

मैं उस के साथ बाहर सड़क की ओर जाने लगा।

—पैसे दो।

अभी पैसे नहीं मिले।

—तो भूखे रहेंगे कल सुबह सब लोग?

हम गली पार कर पंडित की दुकानपर पहुँच चुके थे। पंडित सो गया था और जोशी और परतापी के तीनों दोस्त खड़े थे। मुझे देख कर जोशी ने रोनी सूरत बना ली और उन तीनों ने मुँह फेर लिए।

परतापी मुझे धमकाता रहा। पर मेरे सामने कोई चारा ही नहीं था। आफिस का हिसाब गड़बड़ हो जाने की वजह से दो महीनों से तनख्वाह नहीं मिली थी। मैं कर ही क्या

सकता था, सिवा चुप रहने के।

—अच्छा तो सुनो। उस ने फिर कहा।

—क्या है?

—तुम अपनी घड़ी दे दो। कल सुबह उसे बेच कर खाना खा लेंगे। जब वे पैसे खत्म हो जाएँगे तो तब की तब देख लेंगे। कोई और पैसे दे देगा तब तक। फिलहाल घड़ी के पैसे मैं दे दूँगा।

जोशी बुत बने खड़ा था। मेरा शरीर सुन्न हो गया। वह घड़ी मेरी एक बहिन ने दी थी। मेरी बहिन ने कहा था—भैय्या, इसे तब तक साथ रखना जब तक मेरी याद रहेगी। वह नहीं रही, उस की याद ही बाकी थी।

—कुछ दिनों में मेरी तनख्वाह मिल ही जाएगी, मैंने कहा।

—पर हम कल सुबह क्या खायेंगे?

—पैसे तो हैं न तुम्हारे पास?

—पैसे हैं। पर पैसे घड़ी ले कर दूँगा। ऐसे ही कैसे दे सकता हूँ?

मैं कमरे में गया। घड़ी ले कर लौटा।

—एक आने के टिकट की ज़रूरत पड़ेगी, मैंने खुद ही कहा—रसीद लिखनी पड़ेगी।

—टिकट मेरे पास है।

बिजली के खम्भे के नीचे, पंडित की दुकान के पास, रात के बारह बजे मैंने 'घड़ी बेच दी' अपने हाथ से लिख दिया। आकर कमरे में लेट रहा।

इस घटना के कुछ समय बाद एक दिन अचानक पंडित को भी हुक्म हुआ कि दुकान उठा ले। पंडित की जगह पर कोई अपना सर्वेंट्स क्वार्टर बनाना चाहते थे। दुकान के पीछे वाले साहब के नौकर पंडित की दुकान वाली जगह पर आने वाले थे। पंडित ने झोंपड़ा उठाया। एक-एक ईंट उठाई। तब कुछ बाकी न रहा सिवाय पंडित परिवार के। सभी चीज़ों को, ईंटों को, पत्थरों को बेच कर पंडित-परिवार जाने की तैयारी में था—बिहार, अपने गाँव, जहाँ उन का एक खेत था। देहरादून से कई सौ मील दूर। तभी मैं भी पहुँच गया। झोंपड़े की जगह अब समतल जमीन थी। सड़क की ही तरह। बिटिया ने लाल धोती पहन ली थी। पंडिताइन बिटिया के झूले की रस्सी को सामने के पेड़ से खोल कर उस से बिस्तर बाँधने लगी। पंडित मुझ से बात करने लगा।

बातें करते-करते पंडित बोला—भैय्या, तुम्हारी घड़ी इसीलिए गई कि तुम इस जगह पर बैठते थे।

—नहीं, नहीं, ऐसा मत सोचो।

—न सोचूँ भैय्या? मैं तो उखड़ ही गया। आठ आदमियों को उठा चुकी है अब तक यह जमीन। नौवाँ भी नहीं रहेगा। मेरी हाय पर कोई नहीं रहेगा।

पंडित की आँखों से, लग रहा था, आँसू निकल आएँगे। उस की रोज़ी का कोई सहारा नहीं रह गया था।

थोड़ी देर चुप रह कर उस ने फिर कहा—भैय्या, अब वहाँ पर मत बैठना।

—नहीं बैठूँगा।

—राम राम भैय्या।

मैं राम राम का उत्तर न दे सका। दोनों हाथ जोड़ दिए। बिटिया कुछ बोली। मुझे सुनाई दिया भैय्या, मेरी घड़ी तब तक अपने पास रखना जब तक मेरी याद रहेगी।

मैं फिर भी चुप रहा।

—भैय्या, बिटिया ने फिर कहा—सुना नहीं क्या? मैं कह रही हूँ इस जगह पर अब तुम अकेले रह गए हो। आते ही रहना जब तक यहाँ हो।

मैंने सिर हिला दिया।

पंडित-परिवार चल दिया। मैं देखता रहा। सब से आगे पंडिताइन थी—खरगोश का पिंजरा हाथ में लिए, सर पर बोझा उठाए। बीच में पंडित था—चूहे का पिंजरा उठाए। और सब से पीछे थी बिटिया—तोते का पिंजरा लिए।

तभी जोशी सोदे को सर पर रखे मेरे सामने से गुजरा। क्रास रोड पर पहुँच कर पंडिताइन ओझल हो गई। फिर पंडित ओझल हुआ। और मेरे सामने से परतापी साइकिल पर एक लड़की का पीछा करते हुए गुजर गया। मेरी ओर उसने एक तीखी हास्यास्पद दृष्टि डाली। बिटिया ने पीछे मुड़ कर देखा और गायब हो गई। उस मनहूस जगह पर मैं वैसे ही खड़ा रहा। न इधर जा सका, न उधर।

24-25 अप्रैल 1953 को रात के 11 से 2 बजे के बीच भगवानदास होस्टल, काशी हिन्दू विश्वविद्यालय में लिखित।

प्रकाशित कल्पना 1954 या 55

छलाँग मत लगा

घर में पौणा (पाहुन) आया है।

तेरा मामा आया है। मामा से बड़ा कोई पौणा नहीं होता। तेरे लिए इससे बड़ी खुशी की कोई बात नहीं हो सकती थी कि तेरा मामा आया है। उसने चाय अकेले बैठ कर पी। तेरे घर पर उसे चाय अकेले बैठ कर पीनी पड़ी।

घर का मालिक चाय पीने के लिए कमरे से बाहर नहीं आ सका।

वह कमरे के अन्दर औंधा होकर लेटा है।

—क्या बीमार है?

—नहीं, बीमार तो नहीं है।

वह बीमार नहीं है। वह रोग के ग़म से अन्दर जा बैठा है। उसने दुनिया की हर चीज़ से नाता तोड़ लिया है। पलँग पर एक बोतल है, जो उसके साथ लेटी रहती है। उसकी सहचरी। इस बोतल के अलावा और किसी चीज़ से उसका मतलब नहीं रह गया है।

बोतल नाम सत्य है।

तेरे दो लाल है। मक्खन जैसे कोमल। वज्र जैसे कठोर।

इनके जन्म पर तूने खुशियाँ मनाई थीं। अपने देवी-देवताओं का सुमिरन किया था। अपने नारी जीवन को धन्य माना था। तूने इनके नाम हीरा और मोती रखे थे। जुड़वाँ भाई। हीरासिंह और मोतीसिंह।

गाँव के लोग इन जुड़वाँ भाइयों को पहचान नहीं पाते। इन दोनों की सूरत शक्लें एक जैसी लगती हैं। उन पर तेरी अनुआर आती है। वही नाक-नक्श। वही गोरा बदन। वही हँसता हुआ मुख। और वे तेरी तरह वज्र के बने हुए हैं। नाँग-भूख में ढले हुए। एक हीरा, एक मोती। तेरी ज़िन्दगी की अनमोल दौलत। तेरी आश। तेरे भविष्य के सहारे। गाँव के लोग उन्हें पहचान नहीं पाते। इनमें हीरा कौन है, मोती कौन है।

घर में आए हुए पाहुने मामा ने भी नहीं पहचाना। उसे मालूम है कि हीरा-मोती हैं। पर कौन हीरा है, कौन मोती है वह नहीं बता सकता। ऐसे हैं तेरे लाल। एक जैसे, खिलखिला कर हँसते हुए दो चेहेरे।

अभी वे छोटे हैं। स्कूल में पढ़ रहे हैं। पर तू अभी से उनके बारे में तरह-तरह के

सपने बुनने लगती है। एक ही दिन, एक ही समय पर दोनों की बारातें साथ-साथ जाएँगी।

कहीं किसी घर में दो जुड़वाँ बहने हैं। गुलाबी और फ्यैली। फूले हुए बुराँस जैसी उदंकार। तेरे हीरा-मोती की बारातें उसी घर में पहुँच गई हैं। वो जुड़वाँ भाई दो जुड़वाँ बहनों को ब्याह लाए हैं।

तेरे गाँव की औरतें उन दोनों बहुओं को नहीं पहचान पातीं, कौन गुलाबी है, कौन फ्यौंली है। वे उलाहना करती हैं। हमारी आधी ज़िन्दगी तेरे हीरा-मोती को पहचानने में बीत गईं, अब बाकी ज़िन्दगी तेरी बहुओं को चीन्हने में खप जाएगी।

पर ये सब तेरे मन के सपने हैं। तू ऐसी बातें अपने मन में सोचती रहती है। असलियत कुछ और है। पलँग पर औंधा पड़ा तेरा आदमी तेरे इन सुहावने सपनों को बोलत में भर-भर कर गटकता जा रहा है। फ्यौंली और गुलाब की पँखुड़ियाँ हर रोज कुचली जाती हैं। सपनों को, तेरे हसीन सपनों को एक बोतल चकनाचूर कर देती है।

हीरा-मोती ने तेरे मामा से छुप कर चुपके से तेरे कान में बताया है—कल हमें स्कूल में फीस जमा करनी है। एक सौ चालीस रुपए। तेरे पास भुनी भाँग भी नहीं है। रुपयों की माँग सुन कर तू रोना चाहती है। फूट-फूट कर रोना चाहती है। ज़िन्दगी तुझे क्या-क्या करतब दिखा रही है? पर तू रो नहीं सकती। बाहर बरामदे में तेरा पाहुना बैठा है। तेरा मामा बैठा है। तुझे रोते हुए देख तेरे मामा को बेहद तकलीफ होगी। मामा से बड़ा कोई पाहुना नहीं होता।

तेरे कुल गहने बिक गए हैं। तेरे आदमी ने उन्हें बेच दिया है। गहनों को बेच-बेच कर वह बोतलें लाता रहा। लाता रहा और उन्हें खाली करता रहा। अब तेरा घर रीता हो गया है।

कई बार मेरे मन में आता है कि मैं कहीं भाग जाऊँ। कहाँ भागूँ? भाग कर कहाँ जाऊँ?

औरत भाग कर कहाँ जा सकती है? औरत जाएगी तो समाज उखड़ जाएगा। उसके कुल की इज्जत भाग जाएगी। बेटा भाग जाता है तो माँ-बाप को दुःख होता है। वे उसकी तलाश करते हैं। पर बेटे का भागना एक मामूली बात होती है। बेटे को पहाड़ी घर पर कुछ नहीं मिलता तो वह भाग जाता है। भाग कर देश चला जाता है। पर बेटी भाग जाए तो? ऐसा नहीं होता। बेटी नहीं भागती। बेटी की ज़िन्दगी में भी ऐसी घड़ियाँ आती हैं, जब वह भाग जाना चाहती है। पर वह नहीं भागती।

मोती ने रात में तेरे सोए हुए मामा की जेब से रुपए चुरा लिए हैं। तुझे मालूम हो गया है। स्कूल की फीस के लिए मोती ने तेरे मामा की जेब पर डाका डाला है। मामा को इस बात का पता तब चलेगा, जब वह तेरे घर से चला जाएगा। जब वह दूर चला जाएगा।

तेरे घर पर तेरे मामा की जेब पर डाका पड़ा है।

मामा से बड़ी कोई मेहमान नहीं होता। हीरा-मोती उस रकम को लेकर स्कूल चले

गए हैं, जो उन्होंने तेरे मामा की जेब से चुराई है। वे अब फीस देंगे।

मामा ने विदा ले ली है।

तेरा आदमी अभी भी बेसुध पड़ा है। वह मरा नहीं है। पर उसका इस तरह ज़िन्दा रहना भी किसी काम का नहीं है। बेटों के स्कूल चले जाने के बाद तेरे मन में वेग उठ रहा है। तू ऐसी बेबस, दर्द-भरी ज़िन्दगी से छुटकारा पाने को तड़पने लगी है। तू घर से निकल कर नीचे घाटी में बह रही गंगा मैया में छलाँग लगा कर अपनी ज़िन्दगी खत्म करने का संकल्प ले रही है।

ऐसा मत कर। तेरे जैसे हजारों घरों में नारियाँ शराब के कारण परेशान हैं। तू अकेली नहीं है। उठ! और अपने आदमी की बगल में लेटी बोतल को तोड़। छलाँग मत लगा। उठ मेरी बहन, इस दैंत को भगा, जिसने हरे-भरे पहाड़ों को एक रेगिस्तान में बदल दिया है, इस दैंत को भगा।

प्रकाशित - जनसत्ता।

अपनी पारी मौन

यह कहानी सन् 1956 में लिखी गयी थी। अब तक अप्रकाशित रही और गाँव के खुले चरागाहों में गाय-बछड़ों का त्यौहार ग्वैरछू आज भी मनाया जाता है। लेकिन उसे मनाने वाली अनब्याही ग्वालिनों को निकट भविष्य में अपने बेचे जाने का प्रश्न सबला और मैना की तरह अब नहीं कचोटता। यह भी सच है कि बेटी का बेचा जाना गढ़वाली समाज में अब एक सामान्य घटना नहीं मानी जाती। विद्यासागर नौटियाल।

आज ग्वैरछू है—ग्वालों और गायों का त्यौहार जो वर्ष में एक दिन मनाया जाता है।

सबला सुबह से भोजन सामग्री जुटा रही थी। जब घर से बाहर और अपने मकान से दूर खाना बनाना हो तो एक-एक चीज़ सोच-सोचकर साथ ले जानी होती है। कहीं ऐसा न हो कि जंगल में पहुँचकर जब खाना बनाने के लिए अपनी पोटली खोलें तो पता चले, कोई खास चीज़ लाना भूल गये। जैसे नमक, जैसे कोई खटाई की चीज़, जैसे गुड़, चीनी या कि एक माचिस ही। या यह बात मन में आयी कि शायद कोई और ग्वाले-ग्वालिने वह चीज लेते आयेंगे, और अब पता चल रहा है कि उस चीज को कोई भी नहीं ला पाया। अब बना लो खाना, मना लो ग्वैरछू। लड़कों का क्या? वे तो जैसे घरों में रहते हैं, वैसे ही वन में रहने की उनकी आदत होती है। काम के वक़्त नदारद, खाते वक़्त सबसे आगे। अरे, लाओ, जरा यह सब्जी दिखाओ, मैं चखकर देख लूँ कि इसमें नमक कम तो नहीं या ज़्यादा तो नहीं पड़ गया। ग्वालों का क्या, वे तो हर जगह मस्ती मारते रहेंगे। जिम्मेदारी तो लड़कियों को उठानी पड़ती है, घर के अंदर भी, घर के बाहर भी। घर छूट भी जाता है, पर जिम्मेदारियाँ उनका पीछा नहीं छोड़तीं।

माँ सुबह से उसे समझाने में लगी है। चूल्हे पर बैठने वाली बहू को तीन लोकों का ध्यान रखना होता है। आटे के गोले को हाथी पर अलट-पलटकर पाथी जा रही रोटी का, तवे पर गर्म हो रही रोटी का और चूल्हे की लकड़ियों और उनकी आँच में सेंकी जा रही रोटी का। सतर्क नज़र। तीनों लोकों का ध्यान एक साथ। आटा गीला हो गया, आटा अधगुँदा रह गया, रोटियाँ किसी काम की नहीं बनेंगी। चूल्हे पर ठीक आँच नहीं, लकड़ियाँ नहीं जल पा रही हैं, कोयले गर्म नहीं हैं, तब भी रोटियाँ बेकार हो जायेंगी। खाने वाला अपनी शर्म छुपाने के लिए कह देगा—रोटियाँ बहुत अच्छी बनी थीं। पाथी जा रही रोटी

बाँकी–तिरछी न हो, बीच में मोटी और किनारों पर पतली न हो, बेडौल न हो। रोटी एकरूप, सुंदर, सजीली और तवे की गोलाई के माफिक गोल हो, सब ओर से एक जैसी। तवे पर गर्म हो रही रोटी, जिसे दोनों और से गर्म करने के लिए ठीक समय पर करवट बदलायी गयी हो। वह तवे पर इतनी गर्म हो जाये कि उसे अंगारों पर रखा जा सके। उसकी सूरत पिघलते हुए आटे के गोले जैसी न हो। ऐसा नहीं कि कहीं से पकड़ने पर उँगलियाँ उसके गीले आटे के अंदर धँसने लगें और जलते अंगारों पर, चूल्हे की खुली आँच पर उसे डाला जाय तो वह अधपकी न रहे और जलने भी न लगे। उस पर कहीं दाग भी न लगे हों। वह आँच पर पड़ते ही सुंदर तरीके से फूल उठे। रोटी है कि एक फूली हुई पूरी है। खाने वाले को ताजा-ताजा परोसें तो उसे यह तय कर पाना मुश्किल हो जाये कि रोटी को किस ओर से तोड़ा जाये। रोटी को जिधर से भी तोड़ो, तेज़ी के साथ उसकी भाप, गर्म-गर्म भाप, उसे तोड़ने वाली उँगलियों को झुलसाने लगे। खाने वाला दंग रह जाये। ऐसी सुंदर रोटी को बनाने वाली बाँद (दिव्य सुंदरी) कैसी सुंदर होगी।

और रसोई में बैठी बाँद तभी भली लगती है जब उसकी जबान चटोरी न हो। दाल-सब्जी का नमक चखने के बहाने औरों को परोसने से पहले अपनी जीभ जरा-सी लंबी की और सुस्वादु पकवान चुपके-चुपके अपने ही मुँह के अंदर भरने लगीं। वाह रे घर की बहू। ऐसी बाँद किस काम की? नमक के कम या ज़्यादा होने न होने की जाँच करनी है तो जरा-सी, एक या दो बूँदें दाल जलते कोयलों पर डालकर देख लो। जलती आग बता देगी, नमक कैसा है। कम है कि ज़्यादा है, कि नमक की अति कर दी गयी है या, कि डालना ही भूल गये। चूल्हे की आग रसोइये की सहायक होती है। उस आग से उठने वाला धुआँ और भाप बता देंगे कि नमक की मात्रा कम है कि ज़्यादा है। रसोइया उसका नाम, जिसके हाथ काम करते हों, आँखें खुली रहती हों और मुँह बंद रहता हो। आँखें बंद हो रही हैं और मुँह कुछ न कुछ चबाने में, जुगाली करने में लगा है। वाह रे रसोइये! तेरे हाथ की बनी रसोई कौन खायेगा?

सोच-सोचकर जमा की गयी चीज़ों को उसने एक पुरानी चादर में बाँध लिया और उस पोटली को अपने सिर पर रखकर अपनी गाय-बछिया को खूँटों से खोलने लगी। बछिया को ओबरे के अंदर गाय से इतनी दूरी पर बाँधा जाता है कि मौके का फायदा उठाकर, मालिकान की गैर-मौजूदगी में, वह अपनी माँ के थनों से दूध न चूसने लगे। उसने पहले बछिया खोली, फिर गाय का दावाँ उसके गले से हटाया। तभी उसे दो-तीन चीज़ों की याद हो आयी, जिन्हें वह रखना भूल गयी थी। थाली, गिलास और पानी का बड़ा बर्तन रखना वह भूल गयी थी। आँगन से सीढ़ियाँ चढ़कर वह लपककर घर के अंदर गयी और उसने ये सब चीजें और दो छन्ने–काँसे के बड़े-बड़े कटोरे, जिनमें दाल या सब्जी रखी जा सके, अपनी पोटली खोलकर उसके अंदर धरे। पानी की पतीली उसके अंदर अँट नहीं रही थी। उसे उसने हाथ में ले लिया।

सिर पर पोटली, बायें हाथ में पानी की खाली पतीली और दाहिने हाथ में एक

पतली-सी सोटी लिये वह अपनी गाय-बछिया के पीछे-पीछे आँगन से बाहर निकली।

उसे जाते देख माँ को अनायास प्यार उमड़ आया। उसकी चाची से बोली—कैसे मटक-मटककर चल रही है।

—मटककर चलने की यही तो उमर है, दीदी। कल हाथ पीले हो जायेंगे तब तो नहीं मिलेगी उसे ग्वैरछू मनाने की छूट।

सबला ने सुन लिया। पीछे घूमकर उसने एक नज़र अपनी माँ-चाची को देखा और सकुचाकर आगे बढ़ गयी। अपनी झेंप मिटाने के लिए उसने धौली और गौरी को धीरे से एक-एक सौंटी मारी। —कमबख्त कहीं की। तुम क्यों इधर-उधर तक रही हो? आज तो तुम्हारा ही दिन है। उसने ज़ोर से माँ-चाची को सुनाते हुए कहा और फिर आहिस्ते से बोली, —तुम भी चलो मटक-मटककर। तुम्हें किसने मना किया है?

चाची ने उसकी आखिरी बात नहीं सुनी, लेकिन यों ही तंग करने की गरज से बोली, —अच्छा, ठहर जा, अभी भेजती हूँ खरीदार। तब नखरे दिखाना भूल जायेगी।

सबला चुप नहीं रही। उत्तर दिया,—जो आयेगा, उसे वही नदी में धकेल दूँगी। ग्वैरछू के दिन खरीदार का क्या काम?

गौरी-धौली को लेकर सबला चरागाह पहुँची। ग्वाले-ग्वालिनों की भीड़ वहाँ पहले से जमा थी। सबने सबला से आग्रह किया कि भोजन बनाने-बनवाने का भार वह अपने ऊपर ले ले। गौरी-धौली गाय-बछड़ों की जमात में शामिल हो गयीं।

आग और पानी—इन दो चीजों के बगैर खाना बनाने की बात सोची भी नहीं जा सकती। आग चूल्हों में जलायी जायेगी। चूल्हे बनाने के लिए बड़े-बड़े पत्थर सबला के वहाँ पहुँचने से पहले ही ग्वालों ने जमा कर लिये थे। दो-तीन लड़कियों को पानी के बड़े बर्तन देकर कहा गया, 'तुम पानी ले आओ।' वे पानी लेने चल दीं। दो ग्वाले खुद ही पत्थरों को जमीन पर ठीक तरह से जमाकर चूल्हे बनाने लगे। चूल्हों को चालू करने के लिए लकड़ी की भी जरूरत होगी। कुछ लड़के-लड़कियाँ आसपास के जंगल से जलाऊ लकड़ियाँ लेने चले। दो लड़कियों को चावल—घर-घर से लाये गये चावलों, को साफ करने पर लगा दिया गया।

सबला इस बात को समझ रही थी कि आज और सब चीजें, कुल पदार्थ, आसानी से बना लिये जायेंगे, पर चावलों को ठीक-ठीक पका लेना सबसे टेढ़ा काम साबित होगा। चावलों को पकाना, भात पकाना कोई आसान काम नहीं होता। बीस घरों से बीस तरह के चावल लाये गये हैं। कोई एक किस्म का चावल हो तो कोई बात नहीं। पानी उसी हिसाब से डाल लिया जाये। पर जहाँ रिख्वा और हंसराज, गरड़ा और खंडूवा, चाइन और बासमती एक ही पतीली में, सब के सब एक साथ पकाने हों, वहाँ पानी की मात्रा किस हिसाब से तय की जायेगी?

यह गाँव चावल पैदा करता है। फिर भी कई घर ऐसे हैं, जो करीब-करीब पूरे साल कंट्रोल की दुकान से खरीदकर राशन का चावल खाते हैं।

सबला चावलों को पकाने के लिए पतीली में डाले जाने वाले पानी की मात्रा की समस्या पर बहुत गंभीरता से विचार करने लगी। उसे अपनी माँ की तीन लोक वाली बात याद आ रही थी। लेकिन उसे लग रहा था कि तीनों लोकों की सतर्क निगरानी के बाद भी यह ज्ञान प्राप्त नहीं हो सकता कि बीस घरों से लाये गये बीस किस्म के चावलों को एक साथ कैसे पकाया जाय। इसके लिए एक चौथे लोक के ज्ञान की आवश्यकता होगी। कैसे पकाया जाये कि चावल जलें नहीं, कि भात के दाने कच्चे न रहें, कि चावल ऐसे बनें कि भात गीला न रहे, भात के दाने अलग-अलग गिने जा सकें, पके भात के गोले न बनें कि कोई पूछ बैठे—यह भात पिंडदान के लिए बनाया था क्या? पके हुए भात को पतीली से निकालने के लिए ताछ अंदर डाला तो मालूम हुआ, वह पतीली के अंदर ऐसे घुसता जा रहा है कि उसमें भात नहीं, हलवा धरा हो। भात पक जाये पर इतना नहीं कि गल उठे। उसका कोई अंश पतीली के तल पर पड़ने वाली आँच में जलने न लगे। पूरी पतीली का भात एक जैसा हो। कहीं कच्चा, कहीं पक्का न रहे। रोटी का, खूबसूरत बाँद के हाथों बनायी जाने वाली रोटी का, लोकगायकों ने गीत बनाया है। पर सुंदर भात का गीत बनाना वे शायद भूल गये। सबला को मालूम है, भात कैसे बनाते हैं। सुंदर-सुस्वादु भात, जिसे खाकर खाने वाले की तबीयत खुश हो जाये। पर भाँति-भाँति के चावलों को एक साथ पकाने की कला उसे नहीं आती। और ग्वैरछू का भात ऐसा भी नहीं बनना चाहिए कि वह खिचड़ी बन जाये। साल में एक दिन तो यह त्यौहार मनाया जाता है। ग्वाले-ग्वालिनों का, उनकी गाय-बछियों का त्यौहार। आज खाना बने तो ऐसा बने, जो खाने वाले याद रखें कि उस दिन हमने कितना अच्छा भोजन किया था।

ग्वाले-ग्वालिनों ने मिलजुलकर आपस में कुल कामों का बँटवारा कर लिया। तीन-चार लड़कों को गाय-बछियाओं की निगरानी का काम, ग्वालों का असली काम सौंपा गया। हलवा-पूरी बनाने की जिम्मेदारी भी बाँट दी गयी। कामों का बँटवारा हो जाने के बाद सब लोग अपना-अपना फर्ज निभाने चले।

उनका गाँव चारों ओर खेतों से घिरा है। पूरब की ओर जहाँ खेतों का सिलसिला खत्म होता है, वहीं से चरागाह की शुरुआत हो जाती है। एक लंबा-चौड़ा मैदान, जिसमें असंख्य पेड़ खड़े हैं। पीछे की ओर मैदान की चौड़ाई में एक ऊँची-सी पहाड़ी, जो इसी चरागाह का हिस्सा है। पहाड़ी की चोटी से एक जलधारा निकलती है, जो चरागाह के बीचोंबीच बहती हुई नीचे नदी में पहुँचकर उसके जल में मिल जाती है। यह बड़ी अच्छी जमीन है, और शायद उर्वरा भी होती, यदि इसमें कुछ पैदा करने की कोशिश की गयी होती। गाँव में पानी की बहुत कमी है। पीने का पानी नदी से लाना होता है, जो काफी दूर, गाँव के एक छोर पर है। खेतों को सिंचाई का पानी तो कतई नहीं मिल पाता। सचमुच यदि इस चरागाह में खेती की जाये और यहाँ की जलधारा से भूमि की सिंचाई की जा सके तो यह मिट्टी सोना उगलने लगेगी।

लेकिन यह चरागाह है। गाँव का पंचायती चरागाह। बहुत पहले एक आदमी ने

सरकार से इसे अपने नाम मंजूर करा दिये जाने की कार्रवाई करनी चाही। तब समूचे गाँव ने उसका विरोध किया था। जमीन अच्छी है तो क्या हुआ? चरागाह तक में खेती होने लगेगी तो मवेशी कहाँ जायेंगे? यह भूमि बची रहेगी तो पशुधन की रक्षा होगी। उन पशुओं का भी कुछ हक बनता है। उन्हें भी जगह चाहिए। इस गाँव में अब ऐसा कोई भू-भाग बाकी नहीं, जो किसी को खेती के लिए दिया जा सके।

चरागाह की जमीन पर ग्वालों का भोजन बनने लगा। यों तो भोजन गाँव में कहीं भी बनाया जा सकता है, लेकिन आज गायों का त्यौहार है। अपना त्यौहार वे उसी भूमि पर मनायेंगे, जिसकी बदौलत उनकी गायों के जीवन की रक्षा होती है, जो युगों से ग्वालों की क्रीड़ास्थली रही है। आज का दिन सिर्फ गायों की पूजा का नहीं, उस भूमि की पूजा का भी दिन है, जिससे उनका ऐसा घनिष्ठ संबंध है।

सबला एक चूल्हे के पास बैठी पूरियाँ सेंक रही थी। पास बैठी मैना पूरियाँ बेल रही थी। एक अद्‌भुत जोड़ी। दोनों हमउम्र और स्वभाव में भी एक जैसी। जब तक विवाह नहीं, तभी तक का तो साथ है। पराये घर जाने पर फिर कहाँ भेंट हो पाती है? वर्षों के बाद कहीं मिलना होता भी है तो कितने दिन साथ रहा जा सकता है? गाँव की लड़कियाँ जब बड़ी होने लगती हैं, और जब उनके मँगेतर आने लगते हैं, तो सखी-सहेलियों की आपस में घनिष्ठता बढ़ने लगती है। सबला और मैना भी पिछले कुछ समय से एक प्राण दो शरीर बनकर रहने लगी थीं। बेटी के जीवन का सुख तभी तक का होता है, जब तक वह माँ-बाप के घर पर रहती है। और उसकी मियाद चार दिन की होती है।

—सबला, तुम्हारी गौरी कितना दूध दे रही है आजकल?

—गौरी? गौरी की बात मत पूछ। गाय नहीं, कामधेनु है। दिन में तीन बार दूध देती है। समझी?

—तेरे ही दहेज में जायेगी।

—चल हट, दहेज में तू ही ले जाना उसे। तेरे ही लिए तो पाल रही हूँ। सबला कुछ देर चुप रही फिर बोली—मैना, आज सुबह मैं घर से चली तो चाची ने कहा—अभी खरीदार भेजती हूँ।

—किसका खरीदार? मैना ने प्रश्न किया,—तेरा या गौरी—धौली का?

सबला चिढ़ गयी—तेरा। मैना का खरीदार। गौरी-धौली को जो आज खरीदने आयेगा, मैंने चाची से कहा, उसे नदी में धकेल दूँगी।

—और जो तेरा खरीदार आया तो?

—तो उसे भी धकेल दूँगी। सबला ने कह तो दिया, पर उसके मन में एक टीस-सी उठने लगी। अचानक वे दोनों गंभीर हो गयीं। वे लाख टालने की कोशिश करें, पर उनकी बिक्री तो होगी ही। कौन बेटी है, जो लगातार माँ-बाप के घर रह सके?

शादी की बात सुनते ही ये लड़कियाँ काँपने लगती हैं और इनके मन अजीब आशंकाओं से भर जाते हैं। न जाने कैसा घर होगा, कैसा वर होगा, सास कैसी होगी,

जमीन-जायदादद होगी भी या नहीं होगी, अनेक आशंकाओं से भरे मन को कँपा देने वाले इस तरह के सवाल सबला, मैना के मन में बार-बार उठते रहते थे। वे सचमुच बेची जाने को थीं। माँ-बाप उन्हें पाल-पोसकर बड़ा करने पर जो खर्चा कर रहे थे, वह खर्चा बाद में, उनके विवाह के वक़्त, विवाह से पहले, उनकी ससुराल वालों से वसूला जाना था। जैसे गायें बिकती हैं, जैसे भैंसे बिकती हैं, जैसे दूध देने वाली बकरियाँ या काटे जाने के लिए जवान हृष्ट-पुष्ट बकरे बेचे जाते हैं, जैसे किसी चीज की नीलामी होती है और उसकी बोली बोली जाती है, ठीक उसी तरह कुँवारी कन्याओं का भी मोल-भाव होता है। इसमें घर नहीं देखा जाता, इसमें वर नहीं देखा जाता—जवान है, कि अधेड़ है, कि एकदम बूढ़ा खूसट है—इसमें सिर्फ पैसा देखा जाता है। ज़्यादा रकम बेटी के बाप को कौन दे सकता है—असली बात यही होती है, जिस पर विचार किया जाता है। इसमें बेची जाने वाली बेटी की बात कोई नहीं पूछता। उसे पूछे जाने का कायदा ही नहीं है। बाप जिस घर चाहे, बेटी को भेज दे; उसे चाहे जैसे वर के हवाले कर दे। इस बारे में कोई कुछ नहीं कह सकता।

—मर्द बहुत बुरे होते हैं मैना! सबला ने खामोशी के उस वातावरण को तोड़ते हुए अपने मन में उठने वाली बात प्रकट की। जिसका होना निश्चित है, उसके बारे में बात करने से आखिर कब तक डरा जाये?

—नहीं, बुरे नहीं होते, ताकतवर होते हैं। वे घर के मालिक होते हैं। उन पर परिवार को चलाने की जिम्मेवारी होती है।

—लेकिन मेरी समझ में एक बात नहीं आती कि लोग अपनी संतान को पाल-पोसकर उसे बेच देने का साहस कैसे करते हैं?

यह तो जग की रीत है। अपनी बेटी बेची और दूसरे की खरीद लाये। इसमें साहस की क्या बात है? बेटी बिकने के लिए होती है। इसीलिए उसे बेचा और खरीदा जाता है। मेरे बाबा ने मेरी दीदी का ब्याह किया, जो पैसे मिले, उनसे एक गाय खरीद ली और अपने लिए एक दूसरी औरत भी खरीद लाया, जो मेरी मौसी माँ है।

—बेटी का जनम ही बुरा होता है।

—सुना है, पिछले जनम में जो पाप करता है, उसे अगला जनम बेटी का मिलता है।

—हम सबने पाप किये होंगे?

—और नहीं तो क्या? जितनी औरतें हैं, उन सभी ने कुछ न कुछ पाप किये होंगे।

अचानक उनका ध्यान भंग करती हुई एक आवाज़ सुनायी दी—हली ग्वालिनों, क्या गुप-चुप बातें हो रही हैं? कहते-कहते एक युवती उनके पास चली आयी। पास आकर बोली—मायके का सुख लूट लो मेरी ननदो, जब तक पराये घर नहीं गयीं, तभी तक का ग्वैरछू है।

पारो उनकी गाँव की भावज है। सुंदर, नौजवान। जब वह इस गाँव में आयी थी, बेहद वाचाल थी। उसे दो हजार में खरीदा गया था। स्वभाव की बेहद तेज और किसी

की बात बर्दाश्त न कर सकने वाली। उसके मायके वाले कहा करते थे—पता नहीं, कैसे दिन काटेगी कहीं। लेकिन मर्द ताकतवर होते हैं और वे अड़ियल घोड़े, कामचोर बैल और वश में न आने वाली औरत—इन सबको वश में कर सकते हैं और उन्हें दुधारू गाय की तरह सीधा कर सकते हैं। पारो के पति ने उसे बहुत जल्दी साध लिया था। ज़िंदगी में पतिगृह की शुरुआत के अकेलेपन में पारो ने अपने पति की यह धौंस भरी धमकी सुनी थी—मेरा बाप दो हजार रुपये नकर देकर तुझे लाया। वह पारो से हाड़तोड़ मेहनत करवाता। काम करते-करते जब उसकी देह दर्द करने लगती तो वह उसके हाथ-पाँव बाँध देता और फिर खूब पिटाई भी करता। पहले-पहल वह गुर्राती थी और हल्ला भी मचाती थी। पर बाद में उसने देख लिया कि उसकी मदद करने वाला उस गाँव-बस्ती में कोई नहीं। मर्द न औरत। पास-पड़ोसी उसकी चीख-चिल्लाहट से कतई अप्रभावित रहते। जैसे कुछ हो ही न रहा हो। धीरे-धीरे उसकी चीखें बंद होती गयीं और अब तो वह बहुत सीधी हो गयी है। अब वह अपने पति की किसी भी बात का प्रतिकार नहीं करती। मर्दों की मातहती में रहने का एक अलग ढंग होता है। वह उस ढंग से पूरी तरह परिचित हो गयी है और अब उसकी अभ्यस्त हो चुकी है।

गाँव की सभी बहुएँ पारो की तरह उस कायदे से परिचित रहती हैं, जिसके अनुसार उस गाँव-समाज में औरत नामक जानवर को अपनी ज़िंदगी गुजारनी होती है। वे सब बिका हुआ माल हैं। जिसकी कीमत जितनी अधिक अदा की जाती है, उसके साथ उतना ही सख्ती का व्यवहार किया जाता है। पारो का मर्द जब नशे में होता है और उसके हाथ-पाँव बाँधता रहता है, उस वक़्त वह खूब तेज आवाज़ में चिल्लाकर कहता है—दो हजार रुपये दिये थे, दो हजार! अच्छा, और ज़्यादा खाना चाहिए तो अपने बाप से माँग ले।

दो हजार का कर्जा लिया और एक लड़की खरीद ली, जिसे लेकर गृहस्थी बसायी जा सके। अब वह कर्जा लौटाया जाना चाहिए मय सूद-ब्याज। मय गाँठ-खुलाई। उस कर्ज को अदा करने के लिए हाड़तोड़ मेहनत की जाती है। पारो का मर्द कर्ज की चिंता और खेतों की मिट्टी में डूबा रहता है। लेकिन ये खेत ज़्यादा पैदावार नहीं दे पाते। कभी बाढ़ आती है, कभी अवर्षण होता है। और जब ऐसा कुछ भी नहीं होता, उस वक़्त भी धरती की उपज नहीं बढ़ती। मिट्टी को जितना पीटा जा सकता है, वे उसे पीटते रहते हैं। लेकिन बेजान चीज। उसे क्या दर्द महसूस होगा? वह कहाँ से ज़्यादा पैदावार होगी? अच्छी खाद, अच्छे बीज और अच्छी सिंचाई के अभाव में मिट्टी कितनी मेहरबान हो सकती है?

पारो उनके पास पहुँची तो एक बार रुकने को हुई पर फिर वह आगे की ओर बढ़ गयी। वह उनके पास निश्चय और अनिश्चय के बीच खड़ी हो गयी। उसे देखकर वे दोनों लड़कियाँ उसके मन की बात भाँप गयीं। मैना बोली,—बैठो बौजी।

—बैठूँगी नहीं, मेरे यहाँ बैठने की खबर मेरे घर पहुँचने से पहले वहाँ पहुँच जायेगी।

—ऐसी भी क्या जल्दी है? थोड़ी देर में घर पहुँचोगी तो पिरथी उलट नहीं जायेगी।

पारो अनमने भाव से जमीन पर बैठ गयी बोली—पिरथी उलटेगी नहीं, रूठ जायेगी।

वे सब समझती थीं। ससुराल की बहू है वह। कोई देख लेगा कि ग्वालों के साथ वन में ग्वैरछू मना रही है और घर जाकर सास को खबर कर देगा तो घर पहुँचते ही उसकी मरम्मत शुरू हो जायेगी। और...और जिसे सास के करछुल से नपा-तुला खाने को मिलता हो, एक बार ग्वैरछू के स्वादिष्ट पदार्थों को देखकर उसकी जबान पर पानी तो आयेगा ही। पर ना बाबा...किसी ने उसे खाते हुए देख लिया तो उसका मर्द उसकी दुर्गति कर देगा।

पारो ने सोचा, रुक ही गयी हूँ तो पूछ ही क्यों न लूँ? उसने अपनी जबान खोलकर पूछ ही लिया, गाय-पूजा नहीं हुई अभी तक?

—अभी हो जाती है, रुको थोड़ा, आज ननदों का हाथ देखकर जाना। सबला उसे अपने हाथ की बनी चीज़ें खिलाने को आतुर लग रही थी।

पारो को वहाँ और ज़्यादा बैठे रहने का साहस नहीं हुआ।—देर हो जायेगी। कहते-कहते वह फिर वहाँ से जाने को हुई।

—सुनो तो! मैना ने झट से दो पूरियाँ और कुछ हलवा एक पत्ते पर निकाला और उसे पारो के हाथ में थमाते हुए बोली, "लो, जरा चखकर देखो, कोई कसर तो नहीं रह गयी है।"

—लेकिन गाय-पूजा?

—गाय-पूजा होती रहेगी। पहले मनखी—पूजा (मनुष्य-पूजा)। सबला ने इधर-उधर ताकते हुए कहा।

मैना को खयाल आया कि पारो बेचारी के मन में कहीं यह भाव न आये कि ये लड़कियाँ हलवा-पूरी देकर उसकी बेबसी का मजाक उड़ा रही हैं। उसने बात को मजाक के लहजे में बदलते हुए कहा—मनखी न गाय, पहले भावज-पूजा।

अंदर से वे तीनों डरी हुई थीं। पारो अपने कारणों से। सबला और मैना के डर का कारण उन्हें उदास भी करने लगा था। प्रकट रूप में वे अपनी बात नहीं कह पा रही थीं। पर पारो हड़बड़ी में अपने मुँह के अंदर एक-एक ग्रास भरती तो सबला और मैना के दबे हुए मन में कहीं यह बात घर करने लगती कि हो सकता है, यह हमारी ज़िंदगी का अपने मायके में आखिरी ग्वैरछू हो। इसके बाद? इसके बाद का समय किसने देखा? हो सकता है, अगले साल किसी अनजान गाँव के चरागाह में मुझे टुकुर-टुकुर ताकते हुए पारो की तरह ज़िंदगी बितानी पड़े।

पारो खा रही थी और वे दोनों बहुत ध्यानपूर्वक उसे ताक रही थीं। कायदे को तोड़कर गायों की पूजा करने से पहले उन्होंने ग्वैरछू के लिए बनाया गया खाना पारो को खिला दिया था। ससुराल की बहू। उसकी इच्छाएँ अतृप्त रहती हैं। उसकी तृप्ति करने से बड़ा कोई पुण्य नहीं हो सकता।

भोज्य पदार्थों की तारीफ करती पारो अपने सिर पर घास का गट्ठर उठाये चरागाह से बाहर निकल गयी। शायद अपने मन में उसने अपनी उन दोनों अविवाहित ननदों को आशीष दी थी—ससुराल में तुम्हारी ज़िंदगी ऐसी न बीते, जैसी यहाँ मेरी बीत रही है। सबला

और मैना ने उस मूक आशीष की ध्वनि अपने मन की गहराई में महसूस की थी। शायद इसकी आशीष से ससुराल में मेरी जिंदगी सुखी हो सके।

रसोई के स्थान से दूर-दूर सुनायी देती गायों की घंटियाँ धीरे-धीरे पास आने लगीं। सूरज, जो अब तक उन्हें तिरछी नज़रों से देख रहा था, अब उनके सिरों के ऊपर पहुँचकर सुखद गर्मी देने लगा था। नये-नये ग्वाले, जिन्हें अपरिचित गायों के बड़े-बड़े सींगों से डर मालूम होता था, उनके बछड़ों को पीट-पीटकर ठीक राह पर चलने का हुक्म देने लगे थे, जो लग रहा था, लीक छोड़कर अपनी राह खुद बनाने की धुन में हैं। धीरे-धीरे वे घंटियाँ और पास आने लगीं और अंत में एक स्थान पर पहुँचने पर उनकी आवाज़ें बंद हो गयीं। गायों ने चारों ओर से रसोई को घेर लिया। सबला और मैना ने और कुछ दूसरे ग्वाले-ग्वालिनों ने गायों की पूजा की। गाय-बछड़ों ने भोज्य पदार्थों का स्वाद लिया।

उसके बाद सबसे पहले बच्चों को खाना परोसा गया। बच्चों के खाते-खाते कुछ लड़कियों ने एक गीत गाना शुरू कर दिया :

बाँद बोलण बल जौनपुर की।
छोटी माँगियालो जब कुई।
रोटी हराणिया ना रखो जब कुई,
रोटी बिचबकुली ना रखो जब कुई,
रोटी पतली ना रखो जब कुई,
रोटी डंकियाणा ना रखो जब कुई,
रोटी फुकेण ना देवो जब कुई,
रोटी कचकची ना रखो जब कुई,
मेरी छुमा फुलका उतारो जब कुई,

अभी बच्चे खा ही रहे थे कि सबला का बाप अपनी उम्र के एक बुढ्ढे को लेकर उधर आ पहुँचा। सबला ने अपने बाप को और उसके साथ आये बुढ्ढे को अपने हाथ का बना भोजन 'थोड़ा-थोड़ा चखने को' दिया। उस बुड्ढे ने खाने की बेहद तारीफ की—'सचमुच ग्वैरछू का खाना बना है।'

चरागाह के उस हिस्से में गौरी, सबला के आगे जमीन पर लेटी जुगार कर रही थी। धौली अन्य बछड़ों के साथ इधर-उधर उछल-कूद मचा रही थी। गौरी को दूर से देखकर किसी को भ्रम हो सकता था कि कोई संगमरमर की मूर्ति धरती पर धरी है। गौरी की अपनी सफ़ेदी के लिए इलाके में शोहरत थी।

बूढ़े ने सबला के बाप से सवाल किया—यही है तुम्हारी गाय?

—यह भी कोई बताने की बात है? सबला के बाप ने अहंभाव से जवाब दिया।

सबला को काटो तो खून नहीं। वह तुरंत वहाँ से उठी और एक पेड़ की आड़ में चली गयी। मैना भी उसके पीछे-पीछे वहीं पहुँच गयी।

सबला बोली—तू कह दे, हम अपनी गाय नहीं बेचते।

—तू ही क्यों नहीं कह देती?

—मैं जो कह सकती तो तुझसे क्यों कहती?

—मैं भी नहीं कह सकती। मैना ने सबला को कह तो दिया पर फिर वह असमंजस में पड़ गयी। वह अवाक् सबला का मुँह देखती रह गयी। उसे लगा कि सबला रो उठेगी। सबला की आँखें डबडबा रही थीं।

—चल, मैं कह देती हूँ। मैना ने उसे ढाढ़स बँधाया, 'इस बुड्ढे को सचमुच नदी में फेंक देना चाहिए।' वह धीरे-धीरे कहती जा रही थी—हमारे ग्वैरछू के दिन चला आया गया खरीदने।

मैना की बात सुनकर बल्लू ने सबला से कहा—बेटी, दुगुने पैसे मिल रहे हैं।

सबला ने अपना मुँह दूसरी ओर फेरकर कहा—गौरी फिर नहीं मिलेगी, बाबा।

सबला बल्लू की बहुत प्यारी बेटी थी। उसकी कही बातों को वह कभी काटता नहीं था। उसके सिर पर बेहद कर्ज़ा था। बल्लू को उस कर्ज़ का ध्यान आया और गौरी के मोल के मिल रहे पैसों का भी। उसे अपनी नजरों के सामने दुगुने रुपये दिखायी देने लगे। लेकिन जब उसने अपनी सबला का उदास मुख देखा तो गर्दन झुका ली और धीरे से कहा—जाओ सेठ, हमारी गाय बिकाऊ नहीं है।

बल्लू सबला को बेहद प्यार करता था। उसकी मर्जी के खिलाफ़ वह कोई काम नहीं करता था। वह जिस काम के लिए मना कर देती, पिता का प्यार कभी उसे होने न देता। सबला को वह अपने घर की शोभा कहता था।

लेकिन घर पहुँचते-पहुँचते जब बूढ़े सेठ ने गाय का सौदा बनते न देख सबला का ही मोल-भाव करना शुरू कर दिया तो बल्लू भूल गया कि सबला उसकी प्यारी बेटी है, जिससे पूछे बगैर वह कोई काम नहीं करता। शादी के बारे में बेटी की राय लेने की रीत समाज में नहीं है। शादी मर्द और औरत के गुप्त संबंधों का नाम है और उसके बारे में कोई बेटी अपने बाप से कुछ नहीं कह सकती। यह ऐसा मामला है, जिस पर घर की कुँवारी बेटी को किसी से कुछ नहीं कहना चाहिए। बाप जिस घर में भेज दे, जहाँ भेज दे, उसे चुपचाप चले जाना चाहिए। गाय की तरह सिर झुकाये, नहर के पानी की तरह बिना शोर किये।

एक समवयस्क बूढ़े से बल्लू अपनी बेटी का मोल-भाव कर रहा था—अरे सबला को तो तूने देख ही लिया है। वह तो मेरी दस हजारिया बाँद है।

प्रकाशित - कथन - दिसम्बर 2000

उस चिड़िया के बोल

ऊँचे पहाड़ की गोलाकार चोटी के चारों ओर बसे गाँव के आकाश में रात खुलते ही उस चिड़िया की दर्दभरी आवाज़ों की टीस फैल जाती है। खुली हवा में फैल रही वे आवाज़ें औरतों के दिलों पर चोट करने लगती हैं। एक नये दिन की शुरुआत होने लगी है। घाटी में मीलोंमील फैले विराट पर्वत के सर्वोच्च शिखर के चारों ओर छितराए हुए घरों के रसोईघरों में सुलगाई, जलाई जा रही गीली-सीली लकड़ियों से निकलते काले धुएँ की लीकें पेड़ों की ऊँचाइयों से भी और ऊपर, खुले आकाश में पहुँच जाती हैं और वहाँ पहुँच जाने के बाद औरतों के दुःख-दर्द की तरह वहाँ की हवा में घुल-मिल कर एकाकार होने लगती हैं। चिड़िया की चोंच से रह-रह कर लगातार बाहर निकल आने वाली इकहरे स्वर में सुनाई दे रही अफसोसजनक पुकारें "हे बई! क्या त करौं! हे बई! क्या त करौं!" (माँ! मैं क्या तो करूँ!) नागधार की औरतों को कुछ ज़्यादा ही परेशान कर देती हैं। खास कर युवती बहुओं को, जो सासुओं के भयंकर दबाव में रहती हैं और जिन के घरों के काम कभी पूरे नहीं हो पाते। औरतें उस चिड़िया को नहीं पहचानतीं, हवा में फैल कर शान्त वातावरण को और उनके कमजोर दिलों को हिला, कँपा देने वाली उस की दर्दभरी आवाज़ को पहचानती हैं। पेड़ की डाल पर उस के घने पत्तों के बीच छुप कर अपनी पीड़ को प्रकट करती हुई एक नन्हीं-सी, बेचैन चिड़िया। सुभागा को कई बार इस बात पर ताज्जुब होता है कि माँ-बाप ने उस का नाम सुभागा क्या सोच कर रखा होगा? सुभागा न कहते, अभागा कह देते तो क्या फर्क पड़ता, जब उस का विवाह इस नागधार में ही करना था? भाग तो उसी दिन फूट गए थे जिस दिन पाँच हजार की रकम ले कर बाप ने नागधार के कम्मू से उस का सौदा कर लिया था। गाँव का सब से बड़ा निकाजू। खेतों-जंगलों में औरत कमाती है, वह बेशर्म निठल्ला बहुत मजे में खाता रहता है।

एक बहू थी। किसी गाँव में, किसी घर की, कोई बहू। उस का नाम, उस के मायके-ससुराल के घर-परिवारों के नाम, उस के गाँव का नाम अब किसी को नहीं मालूम। बहुत पुराने ज़माने की बात बताते हैं लोग। किस ज़माने की, किस राजा के राज की बात होगी, यह भी कोई नहीं बता सकता। गाँवों की औरतों को सिर्फ इतनी-सी बात मालूम है कि वह किसी घर की एक अकेली बहू थी, जिसका न कोई देवर था, न जेठ था। खेती

की जमीन पर उस ज़माने में भी गाँव की दूसरी औरतों से सहयोग लिये बगैर काम नहीं चलता था। एक-दूसरे के कामों में आपसी सहयोग करने की प्रथा को गढ़वाली लोग 'पडियाली' कहते हैं। दूसरों के खेतों में काम करने की मदद। खेती के विकट कामों को मिल-जुल कर निपटाने की बहुत पुराने ज़माने से गढ़वाली समाज में चली आ रही एक प्रथा। तू आज मेरे खेत में पडियाली कर ले, तेरे खेतों में काम करने की ज़रूरत होगी तो उस दिन हमारे घर से कोई औरत तेरी पडियाली लौटाने चली आएगी। तुम्हारे घर से दो औरतें आएँगी तो हमारे घर से भी दो आ जाएँगी तुम्हारे काम के दिन। बराबरी की बात होती है। पडियाली एक उधार मानी जाती है। उधार, जिसे हर हालत में लौटाना होता है। धान की रोपाई या कोदे की फसल में गुड़ाई का काम निपटाना अकेले परिवार के वश का हो ही नहीं सकता। ऐसे मौके पर पडियाली करने के लिए कुछ दूसरे घरों की औरतों को बुलाना पड़ता है। खेती के ज़्यादातर काम पडियालिनों की मदद के बगैर किए ही नहीं जा सकते। उस कहानी के ज़माने में भी अकेली सास-बहू के वश की बात नहीं हो सकती थी कि कुल खेतों की गुड़ाई वे ख़ुद ही निपटा लें। कोदे की फसल की गोड़ाई जल्दी से जल्दी पूरी कर लेनी होती है। कोदा मोटा अनाज होता है। कहते हैं कि कोदे को सब कुछ मोटा चाहिए। कोदा कहता है, "बड़ा झड़ जमदौं, बड़ा भाड़ पकदौं, बड़ा घर खयेंदौं।" यानी मोटी झड़ी में जमता हूँ, बड़े भाड़ में पकता हूँ, खूब बड़े कुटुम्ब में खाया जाता हूँ। उस का पौधा बारिश की मोटी झड़ी में उगता है। खूब मोटा पानी नहीं बरसेगा तो खेतों में खड़े कोदे के पौधे के डंठल सूख कर मर जाएँगे। मोटा पानी बरसता रहेगा तो कोदे के पौधों के घने, हरे बुरदे (पौधों के फूटते गाछ) खेत के रकबे को पूरी तरह ढँक देंगे। कुछ दिन बाद उन पर बालियाँ झूमने, सजने लगेंगी। कोदे की बालें कभी नीचे की ओर, धरती की ओर नहीं देखतीं। एक कोदा ऐसा होता है जिस की बालें लम्बी होती हैं, दूसरी किस्म के कोदे की बालों को देख कर लगता है कोई मजबूत आदमी अपनी मुट्ठियाँ ताने है। उन की गर्दन कभी नहीं झुकती। वे अपना सर ऊँचा किए हमेशा आसमान को ताकती रहती है। कटाई करते वक़्त कोदे की अधपकी बालियों को आग में रख कर थोड़ा-सा भून लो, हथेलियों को आपस में रगड़ कर उनसे बीज निकालो और उन्हें चबाना शुरू कर दो। कैसा मज़ेदार स्वाद होता है उन ताजा-भुने बीजों का! और उन के साथ जरा-सा सरसों का तेल और नमक भी मिला दिया जाय तो क्या कहने! चूल्हे में मोटी आग, खूब तेज आँच नहीं जलेगी तो कोदे की रोटी कच्ची रह जाएगी। कोदे के आटे से पतली रोटियाँ नहीं थेपी जा सकतीं। मोटे टिक्कड़ बनते हैं, टिक्कड़। मामूली आँच पर नहीं सेंका जा सकता कोदे का टिक्कड़। हलकी आँच पर गेहूँ के फुलके सेंके जाते हैं। हौले-हौले अलटो, फिर पलटो। जल्दी-जल्दी। आँच पर एक तरफ रख देने से भी ठीक तरह से सिंक जाता है गेहूँ का फुलका। मामूली देरी करोगे तो चपाती जल जाएगी। सिंकने के बाद फूल कर वह अपने पेट का आकार भी बदल लेगी। कोदे का रोट ऐसे नहीं सेंका जा सकता। कोदे की रोटी को कच्चा नहीं रखना है तो खूब मोटी आँच पर उसे सिंकने रहने दो। चूल्हे में आँच को

ज़रा तेज ही रहने दो। कोदे का रोट कहीं-कहीं थोड़ा-सा जलने भी लगे तो कोई बात नहीं। खूब करारी सेंकनी होती है कोदे की मोटी रोटी। उसे नरम रखने पर उस का पूरा ज़ायका नहीं आएगा। कोदे की बात ही अलग होती है। कोदे की रोटी जितनी देर तक चूल्हे के भाड़ में तपेगी खाते वक़्त उतनी ही स्वादिष्ट मालूम होगी। काले आटे का मोटा टिक्कड़। घर में मक्खन है तो उस के साथ खाने पर उस के स्वाद के क्या कहने! मक्खन नहीं है तो घी के साथ खाओ। वह भी नहीं तो ज़रा-सा नमक निकाल लो। उस के साथ खा जाओ। उस नमक में हरे धनिये की पत्तियाँ या लहसुन पिसी हों तो मज़ा आ जाएगा। और चटनी है तो वाह-वाह! किसी भी साग की कोई जरूरत ही नहीं।

गेहूँ का, उस के आटे का और उस की रोटी का साहब लोगों का जैसा उजला, सफेद रंग होता है। कोदा साहब लोगों की अनाज नहीं होता। गरीब आदमी का अनाज माना जाता है। काला, मोटा अनाज। गेहूँ के मुकाबले उसके अनाज का दाना भी बेहद छोटा होता है। कोदे का अकेला दाना हथेली में ले लो तो उस पर ठीक से नज़र भी नहीं पड़ सकेगी। छोटा अनाज, छोटे आदमी का अनाज। फिर भी उसे मोटा अनाज कहा जाता है। कोदे की रोटी में दम होता है। कोदे की रोटी में दम होता है। गेहूँ की कई रोटियाँ मिल कर भी जवान बेटी-बहुओं की भूख नहीं मिटा सकतीं। कोदे की दो ही रोटियाँ काफी होती हैं। दो रोटियाँ खा लीं। पेट गम्म। लगेगा कुछ खाया है। अब खेत में पहुँच कर कस कर काम किया जा सकता है। जंगल में पहुँच कर घास-लकड़ी लेने के लिए पहाड़ी ढलानों से टक्कर ली जा सकती है। ऐसी शक्ति भर देता है औरतों के अन्दर पहाड़ी आदमी के जीवन का असली रक्षक अनाज कोदा।

कोदे का गरीब आदमी तो अपना अनाज मानते ही हैं। लेकिन आदमियों के अलावा बलिष्ठ भालू की भी उसकी उगती-पकती फसलों पर नजरें लगा रहती हैं। भालू भी कोदे की बालों को बहुत चाव से खाता है। भालू सबसे ज़्यादा जिस खेत का नुकसान करता है उस का नाम है कोदाड़ा—कोदे का खेत। शायद वह भी कोदा खाकर बलिष्ठ हो जाता है।

उस दिन पन्द्रह औरतें आई थीं उन के खेत पर पडियाली करने। खेत पर पहुँचते ही अपने कुटले हाथ में ले कर वे कोदे की गुड़ाई करने लगी थीं। कोदाड़े में खूब घास-खड़ (खर-पतवार) भरा था, जिसे उखाड़ने में बहुत मेहनत करनी पड़ रही थी। बहुत महीन मिट्टी वाले या सिंचित खेत में लोग कोदा नहीं उगाते। असिंचित, गए गुजरे खेत में भी उगा लिया जाता है कोदा। जहाँ सिंचाई की व्यवस्था हो उस खेत में कोदा नहीं, धान के पौधे रोपे जाते हैं। कोदाड़े के पूरे रकबे में मिट्टी के साथ-साथ खूब पत्थर भी भरे रहते हैं। गोल-चपते, छोटे-बड़े, किस्म-किस्म के, अलग-अलग आकारों के पत्थर। घास-खड़ के बीच दिखाई न देने वाले उन पत्थरों से बचाव करते हुए, खूब तेज़ हाथ से, चलाना पड़ता है कुटला। फिर भी लकड़ी की बेंट पर जमाये गये कुटले के लोहे की सख्त नोक कोदे के बुरदों और गीली

मिट्टी के नीचे लुके हुए पत्थरों से टकराने लगती है। बार-बार टकराता रहता है कुटला। छुक-छुक, खन-खन। उस वक़्त वह चोट पत्थर पर नहीं लगती, गुड़ाई कर रही औरत के दिमाग पर पड़ने लगती है। अचानक पानी बरसने लगता, कोदाड़े की मिट्टी, उस में उगे हुए कोदे के बुरदे, उन को घेर कर खड़े घास-खड़ और औरतों के बदन भींग कर तर हो जाते। थोड़ी ही देर बाद वहाँ तेज़ धूप खिलने लगती। सूरज की प्रचण्ड किरणें धरती को, उन पडियालिनों के तन-बदन को और उन के गीले कपड़ों को इस कदर तपाने लगतीं कि वे फिर से सूखने लगते। उन भीगे कपड़ों से और उस गीली धरती से निकलती हुई गर्म भापें आपस में मिलने लगतीं, एक बन कर हवा में फैलने लगतीं। इस वक़्त इस धूप-पानी की उन औरतों को नहीं, कोदे के उन पौधों को जरूरत है। खूब उमस हो रही थी। घास-खड़ से निजात पा रहे कोदे के बुरदे मोटे पानी और मोटी धूप से मिलने वाली गर्मी को पी-पी कर अपना आकार और ताकत बढ़ाने लगे थे। पडियालिनों के भींगे बदन पर कोड़ों की तरह पड़ने लगी थी गर्मी की मार। लेकिन उन्हें उस वक़्त अपने तन-बदन की तरफ देखने की फुरसत तो दूर, कोई होश तक नहीं थी। औरतें खुश थीं कि उन पौधों को पानी मिल रहा है। अपने तन-बदन की उन्हें कतई परवाह नहीं थी। वे कोदे की फसल के बहुतायत में पैदा होने की कल्पना, कामना करने लगी थीं। गुड़ाई करने से हाथ नहीं रोके जा सकते थे। कोदा, एक मोटा अनाज, जिसे हर चीज़ मोटी चाहिए। उस के पौधों के घने बुरदे अपनी जड़ों के आसपास की मिट्टी के गुड़ाई से खोद लिए जाने से और अपनी जड़ों और डंठलों पर जबर्दस्त बोझ बने सख्त, मोटी घास-खड़ के उखाड़ फेंके जाने से अपने को खुला-खुला महसूस करने लगे थे। कोदे के मोटे पौधे तब खुल कर साँस लेने लगे थे। उखाड़े जा रहे घास-खड़ की जड़ों को घाम सुखाने लगा था। जिस की जड़ों पर घाम लग जाता है उस का ज़िन्दा रहना मुश्किल हो जाता है। घास-खड़ के उन पौधों के साथ भी ऐसा ही होने लगा था। कोदाड़े की मिट्टी में औरतों के बारिश के पानी से गीले हो उठे बदन के भीतर से पसीना भी बहने लगा था। मिट्टी और पानी और उन के सर से पाँव तक से पसीजते पसीने और उन सब से उठती गर्म-गर्म भापें आपस में घुलने-मिलने लगी थीं। काम करती हुई औरतों की ताकत कम होती जा रही थी और हवा, पानी और धूप और खुलेपन की खूराक पा कर कोदे के नन्हें पौधों की ताकत बढ़ती जा रही थी। लगता था कि वे नन्हें पौधे दूसरी चीज़ों से मिल रहे अनेक जीवन-रक्षक रसों-तत्वों के अलावा अपनी गुड़ाई कर रही औरतों की खपती हुई ताकत को भी अपने भीतर जज़्ब करने लगे हैं। ताकत कहीं जा नहीं रही थी। ताकत कोदाड़े के अन्दर मौजूद थी। कोदाड़े में काम पर जुटी औरत के तन से खारिज हो कर वह सीधे-सीधे पौधों के तन के अन्दर घुसने, समाने लगी थी। कोदाड़े के भीतर उस वक़्त ज़िन्दगी का एक अजीब खेल खेला जा रहा था। काम ज़रूरी था। काम जारी था। सामूहिक तौर पर किया जा रहा काम। काम को हरगिज़ रोका नहीं जा सकता था।

कोदाड़े में काम करने वाली औरतों का भूख के मारे बुरा हाल होने लगा था। उस

वक़्त जो कुछ भी मिल जाय, वे उसे खाने को तैयार थीं। पत्थर को हजम कर जाने वाली भूख उन्हें बुरी तरह सताने लगी थी।

तब कोदाड़े की मालकिन सास ने अपनी बहू का काम बीच में रूकवा कर कहा था—ब्वारी! तू अब घर जा और झटपट रोटियाँ ले आ बना कर।

सास से आदेश मिलते ही तेज़ी से कुटला चला कर गुड़ाई कर रही बहू ने अपना हाथ रोक दिया था और वहाँ से घर चली गई थी। घर खेत से काफी दूर था। खेत में काम करने वाली सभी औरतों ने छोटी-सी ब्वारी को जाते हुए देख लिया था। वे आश्वस्त हो गई थीं कि कुछ देर में बहू खाना ले कर खेत पर पहुँच जाएगी। उसे जाते देख गुड़ाई कर रही औरतों के हाथ और तेज़ी से चलने लगे थे। काम को जल्दी निपटाना है। उसे निपटा लेने के बाद अपने-अपने घरों में पहुँच कर वहाँ उन का इन्तज़ार कर रहे तरह-तरह के कामों को भी ठिकाने लगाना है। अकेले। बगैर किसी पडियाली के। जीना है तो काम तो करना ही है। जब तक ज़िन्दा हैं, काम करते रहना पड़ेगा।

कोदाड़े में पडियालिनों के लिए खाना लाने पठाई गई बहू कोई कामचोर औरत नहीं थी। उसे अपनी जुम्मेदारियां का भलीभाँति अहसास था। ठीक चाल से चढ़ाई की राह पर चलती हुई वह घर पहुँची। खेत में भात तो ले नहीं जाना था। ऐसे मौके पर घर से बहुत दूर भात ले जाने का रिवाज़ नहीं है। सब के लिए रोटियाँ बनाई जानी थीं। रोटियाँ और सब्जी। गेहूँ की रोटियाँ। कौन पडियालिन कितनी रोटियाँ खाएगी यह बात कोई नहीं बता सकता। जो जितना खा सके। खेत में काम करते वक़्त रोटियों को मनुष्य नहीं खाता, खेत की मिट्टी खाती है। घर पहुँचते ही उस ने चूल्हे पर आग जलाई और एक बड़े पतीले पर आलू रख दिए उबालने को। फिर एक परात को धो कर उस पर आटा निकाला और गागर से एक बड़े पतीले में पानी औटा कर अपने धोरे रख लिया। वह आटा गूँदने की तैयारी करने लगी। थकान के मारे उस का बदन टूटने लगा था। थोड़ा सुस्ताने लगी। तभी उस के दिमाग में यह बात आई कि पहले आलू छील लिए जाएँ। उबलते आलुओं में एक को उस ने चिमटे से बाहर निकाल कर देखा। आलू अभी अध-पके थे। उन के ठीक तरह से पकने में थोड़ा कसर थी। चूल्हे में लकड़ियों को ठाँस कर उस ने आँच को चौकन्ना किया। उस की आँखें मूँदने लगीं। कई दिन हो गए थे, जब से वह ठीक तरह से सो नहीं पाई थी। खेती का काम ही ऐसा विकट होता है। कब रात पड़ती है और कब रात खुल जाती है कुछ पता ही नहीं लगता। आटा गूँद लेने के लिए उस ने पतीली से थोड़ा-सा पानी परात में डाला। तब पता नहीं कैसे उस के मन में यह बात आई कि आलू पक जाएँगे तो पहले उन्हें छील लिया जाय। उन्हें छीलने के बाद सब्जी कड़ाही पर चढ़ा दूँगी। आटा उसके बाद गूँद लूँगी। जब तक सब्जी पकती है उतनी देर में आटा भी गूँद लूँगी और सहूलियत से रोटियाँ बनाने के लिए उन की गोलियाँ भी बना लूँगी। एक बार फिर से उस ने चूल्हे पर जलती लकड़ियों को ठाँसा। तब जहाँ पर बैठी थी, चूल्हे के धोरे, वहीं नंगे फर्श पर, घुटनों के बल पाँवों को मोड़ लिया और लेट गई। लेटते ही उसे गहरी नींद

ने आ घेरा। उस के बाद क्या हुआ उसे कुछ पता नहीं चला।

कोदाड़े में गुड़ाई का काम कर रही पडियालिनें भूख के मारे तड़पने लगीं। कुछ देर तो किसी ने कुछ नहीं कहा। वे घर की ओर से खाना ले कर आ रही बहू की बाट जोहती रहीं। लेकिन जब दोपहर बीत गई और फिर दिन भी ढलने को आ गया तो वे सब चिन्तित हो गईं। गुड़ाई का काम भी पूरा होने पर आ रहा है। घर लौटने का वक़्त हो रहा है। सब को बहुत तेज़ भूख सता रही है। घर पर ज़रूर कोई बात हो गई है आज। अब तक तो उस ब्वारी को आ ही जाना चाहिए था। सब से ज़्यादा घबड़ा गई उस की सास।

घबड़ाई हुई सास ने आखिर एक पडियालिन को मुँह खोल कर कहा—ब्वारी, आज कोई बात हो गई है घर पर, जो मेरी ब्वारी अभी तक नहीं आई। तू ऐसा कर, हमारे घर जा और उसे देख क्या कर रही है वह तब से। वह कैसी रोटियाँ बना रही है तब से! कहीं उसे साँप ने तो नहीं डँस लिया? धारे से पानी लाते वक़्त फिसल कर ढंगार में तो नहीं गिर गई? भाग तो नहीं गई है मेरा घर छोड़ कर?

कोदाड़े से पठाई गई वह युवती उस घर में पहुँची। सीधे ओबरे में, जहाँ रसोई बनाई जाती थी। बाहर से आवाज़ लगाती हुई अन्दर गई—हली! क्या कर रही है यार तू? कैसी रसोई बना रही है तू आज तब से?

चूल्हे के पास घुटनों को मोड़ कर लेटी हुई छोटी-सी बहू रसोई से दूर, घास-लकड़ी के जंगलों से दूर, कोदाड़े से दूर, पानी के धारे से दूर किसी सुन्दर, विचित्र, मायावी, लुभावने स्वप्न-लोक में विचरण कर रही थी। रसोईधर के बाहर से दी जा रही उस लम्बी आवाज़ ने उस के कानों के भीतर डंक मारा। उस की नींद भाग गई। हड़बड़ा कर जागी तो उस के होश उड़ गए। एक झलक में उस ने अपने चारों ओर देखा। चूल्हे के अन्दर डाली गई लकड़ियाँ कब की बुझ चुकी थीं। चूल्हा भी सो रहा था। परात में रखा आटा उसके सामने अन-गुँधा पड़ा था। उसे याद आया कि उसे तो सास ने कोदाड़े से घर भेजा था कि तू घर जा और रोटियाँ बना कर ले आ। वह बहुत घबरा गई। कोदाड़े में काम कर रही इतनी सारी पडियालिनें। वे सब की सब भूखी हैं।

बई! मुझे क्या हो गया बई आज? मैं इतनी गहरी नींद कैसे सो गई? अब क्या होगा? मेरी सास मुझे ज़िन्दा नहीं छोड़ेगी। रात में घर पहुँच कर मेरा आदमी अपनी माँ से मेरे इस तरह बेखबर हो कर सो जाने की बात सुनने के बाद मुझ से कोई बात नहीं करेगा। वह मुझे कुछ नहीं पूछेगा, मुझे कोई मौका नहीं देगा कि मैं अपनी कोई बात कह सकूं, कोई कारण, कोई बचाव, कोई बहाना, कोई सफाई। खेती, घर-गृहस्थी के कामों में उलझी मैं कितने दिनों से ठीक से सो नहीं पाई थी। मैं जान बूझ कर नहीं सोई। मेरा सोने का कोई इरादा नहीं था। मैं सोना नहीं चाहती थी। पर मेरी आँख लग गई। मैं कुछ कहना भी चाहूँ तो मेरी कोई बात वह सुनेगा ही नहीं। हमेशा ऐसा ही होता है। उस की माँ के मुँह से निकली बात शुरुआती बात होती है। और आखिरी बात भी उसी की होती है।

मुझ से तो कुछ पूछा ही नहीं जाता। गालियाँ देता हुआ वह घर के भीतर से एक मोटा डंडा उठा लेगा और दोनों हाथों से उसे पकड़ कर मुझे कूटना शुरू कर देगा। जैसे खलिहान में बिछाए गए किसी अनाज को उस के अन्दर से दाना निकलने के लिए कूटा जाता है। बहू को अपनी आपबीती, अपनी ज़िन्दगी की पिछली घटनाएँ खूब अच्छी तरह याद आने लगी हैं। शरीर के जिस अंग पर भी चोट लग जाए। सर, हाथ, पाँव, पीठ, कमर। कैसी भी चोट लग जाय। औरत का बदन अलग किस्म का बदन होता है। औरत का बदन कोई आदमी का बदन नहीं होता। औरत, औरत होती है। हाथ-पाँव टूट जाएंगे, कोई बात नहीं। कुछ दिन में ठीक हो जाएगी। एक औरत मर भी जाएगी तो कोई बात नहीं, दूसरी ले आई जाएगी। उस की मार से मेरी रक्षा करने वाला कोई नहीं होगा। सास धीरे से अपनी बात कह कर उसे उकसा देगी। उसे उकसाने के बाद जानबूझ कर वहाँ से हट कर किसी अलग जगह पर चली जाती है। ऐसे कि जैसे उसे कुछ पता ही न हो कि उस का बेटा डंडे से किस की हड्डियाँ तोड़ने में लगा है। वह बहुत डर गई थी। वह काँपने लगी थी। डर के मारे उस का हलक सूख गया। डर के मारे हाथ-पाँव ढीले पड़ गए। डर के मारे उस के दिमाग ने सोचना, काम करना ही बन्द कर दिया। उस की साँसें रूक गईं। डर के मारे–हे बई! क्या त करौं? हे बई! क्या तू करौं? कहते-कहते उस ने प्राण त्याग दिए। कोदाड़े से उसे देखने के लिए भेजी गई बहू घर के आँगन से रसोई के भीतर प्रवेश कर रही थी तो वह ब्वारी एक छोटी-सी चिड़िया बन कर उस के सर के ऊपर से फुर्र से ओबरे से बाहर निकल आई और हवा में तैरने लगी। उस के मुँह से–हे बई! क्या त करौं? हे बई! हे बई! क्या त करौं? की कातर, दर्दभरी चीखें निकलने लगीं। कुछ औरतों नें, जो उस वक़्त अपने घरों के अन्दर मौजूद थीं, उस आवाज़ को सुना और उसे ठीक तरह से पहचान कर कहा कि यह तो उस ब्वारी की आवाज़ लग रही है। क्या बात हो गई आज, जो वह ऐसा विलाप करने लगी है? घबड़ा कर वे अपने घरों से बाहर निकल आईं और उस घर की ओर देखने लगी। ब्वारी का कहीं अता-पता नहीं था। ब्वारी, जो हमेशा चुप देखी जाती थी। एकदम खामोश रहती थी। जिस के मुँह से कभी कोई आवाज़ नहीं निकलती थी। गाँव के कई मर्द लोग अपनी ज़िन्दगी में पहली बार उस की आवाज़ सुन रहे थे। छोटी-सी चिड़िया ऐसे ही बोल रही थी। कोई जैसे सचमुच औरत बोल रही हो। घबराई हुई, भयानक परेशानी की मारी कोई बेबस औरत। और उस की आवाज़ हू-ब-हू उस बहू की आवाज़ थी, जिस का, घुटने-मुड़ा हुआ जमीन पर पड़ा शरीर मुर्दा हो चुका था। आखिरी वक़्त पर बेचारी अपनी टाँगें तक पसार नहीं पाई। अपने आप में सिमटी रह गई।

और आज भी उस की वह दर्दभरी आवाज़ रात खुलते-खुलते गाँव के वातावरण को, उस की हवा को कँपाने लगती है और उन औरतों को परेशान करने लगती है, जिन के भीतर दोनों सीधे पाँवों पर खड़े हो कर अपने दोनों हाथों से पहाड़ों की चोटियों-घाटियों में काम करते रहने की ख्वाहिश मौजूद रहती है। जिन के भीतर ज़िन्दा रहने की एक ललक

कायम रहती है। घसियारिनों, लकड़हारिनों, पनिहारिनों को और खेत-खलिहानों-जंगलों-घाटियों में काम करती हुई कुल बेटियों और बहुओं को उस छोटी-सी चिड़िया की आवाज़ें दुखाने, डराने, सताने लगती हैं।

आजकल गाँव के किसानों में असली जाड़ा शुरू होने से पहले खेतों में गेहूँ बोने की आपाधापी मची है। ये दिन बैठे दिन नहीं हैं। लोग जल्दी से जल्दी बुआई के काम से फारिग हो जाना चाहते हैं। सुभागा के निकम्मे पति से इतना भी नहीं होता कि वह अपने खेतों में गेहूँ की बुवाई कर ले। रात खुलती है और चाय-पानी पी कर वह आराम से घर से बाहर निकल जाता है। वह घर पर सिर्फ इसलिए आता है कि रात में मुफ्त का खाना खाने के बाद अपनी खूबसूरत, कमसिन, रस-भरी औरत के साथ हमबिस्तरी कर उस की जवानी का सुख लूट सके। खेती के काम से उसे कोई मतलब ही नहीं रहता। उसे घर के किसी भी काम से कोई मतलब नहीं रहता। ज़िन्दगी भर टोकते-टोकते अब उस की माँ भी उस के स्वभाव से तंग आ चुकी है। अब उस ने भी कुछ कहना छोड़ दिया है। सुभागा की सास ने खेतों में हल लगाने का काम करने के लिए एक हलिया तय किया है। बैल अपने हैं। अपने बैल न होने पर खेतों में हल लगवाना और भी मुसीबत का काम हो जाता है। दुगुने दाम माँगने लगता है हलिया। बैलों को सुभागा पाल लेती है। बैल तगड़े हैं। वह उन्हें खूब खिला-पिला कर तैयार रखती है। अपने करीबी लोगों के खेतों में हल लगाने के लिए बैल मँगनी पर भी देने पड़ते हैं। ऐसे दिन, जब हल नहीं लगाना होता उन्हें रोज़ वन में पहुँचा दिया जाता है। लेकिन उन के वन में चर कर आ जाने से काम नहीं चलता। घर पर भी घास देनी पड़ती है बैलों को। जब हल लगाएँ तब भी, न लगाएँ तब भी। इस मामले में बैलों की ज़िन्दगी औरत की ज़िन्दगी से हर हालत में ज़्यादा बेहतर होती है। साल के बारह महीने हल नहीं लगाना होता। खेतों में बैलों के काम करने के महीने सीमित होते हैं। महीने नहीं, दिन। इतनी खेती किस के पास हो सकती है जो महीनों तक बैलों को खेतों में जोते रख सके? जितने दिन हल लगाना होता है, बैलों के लिए वे बड़े विकट दिन होते हैं। गारा-पत्थरों से भरे हुए उन खेतों की पूरी लम्बाई-चौड़ाई में हलिया द्वारा अपनी पूरी ताकत से काठ के मूँठ को पकड़ कर जमीन की गहराई के भीतर धँसाए जा रहे लोहे के फल को सींव-दर-सींव खींचते-खींचते अच्छे-से-अच्छे बैल भी टें बोल जाते हैं। हल लगाते हुए खेत की मिट्टी उलटनी होती है। गहरी जुताई करनी होती है। तब डाला जाता है वहाँ पर बीज। मिट्टी नहीं उलटेगी तो बीज नहीं जमेगा। पथरीले खेतों की मिट्टी को उलट देने वाले अपने बैलों को तगड़ा बनाये रखने का सुभागा खूब खयाल रखती है। पूरा ध्यान रखती है। बैल कमज़ोरी दिखाएँगे तो खेती बंजर रह जाएगी। इन बैलों को घर पर खिलाने के लिए उसे जंगल से भी घास काट कर लानी होती है। रात में खुद सोने से पहले नीचे ओबरे में जा कर बैलों के आगे घास डालना उस की आदत का हिस्सा बन चुका है। और जिस दिन उन्हें हल लगाने जाना हो उस दिन सुबह तड़के उठ कर कोई और काम करने

से पहले उन्हें घास देनी होती है। जो बैल भूखे हों, वे हल कैसे लगा सकते हैं?

सुबह और दोपहर को बोलने वाली छोटी-सी चिड़िया कल बहुत देर तक, शाम-शाम तक 'हे बई! क्या त करौं! हे बई! क्या त करौं!' की अपनी दर्दनाक आवाज़ को गाँव की हवा में घुलाती-मिलाती रही। सुभागा को उस का वह स्वर बहुत अन्दर तक, दिल की भीतरी तहों तक उदास कर देता है। उसे सुन कर सुभागा का रोने को जी करता है। लेकिन अपने तन-मन के चाहे जैसे भी हाल हों, घर-गृहस्थी के काम तो रोके नहीं जा सकतै।

सुभागा को अपने हलिया हयातसिंह की आवाज़ सुनाई दी—ब्वारी! आज इन बैलों को घास नहीं दी थी? उस आवाज़ को सुन कर वह हड़बड़ा कर जागी। दिन खुलने को था। दौड़ कर नीचे गई। हयातसिंह बैलों को गोशाला से खोल कर बाहर आँगन में ले आया था।

—ये बैल भूखे हैं! इन को घास नहीं दी थी आज?

—घास दी थी जी! बहुत सुबह दे दी थी घास। पूरी घास खा गए होंगे।

उसने बैलों को पानी दिया। पानी पी लेने के बाद बैल घर के आँगन से निकल कर हलिया के आगे-आगे खेत की ओर जाने लगे। बैल! सुभागा खूँटे से उन का उस तरह चले जाना देख नहीं पा रही थी। बई! कल रात मुझे कैसी नींद ने आ घेरा?

देहरादून, लिखित, प्रकाशित, 'काँची' 2003, 17 जून, 2003,

इस गाँव की बुनियादें

(टिहरी बाँध प्रशासन की कृपा से टिहरी नगर से जबरन वहाँ से अपनी सम्पत्ति और किताबों-कागजात आदि को बाहर निकाल लाने की प्रक्रिया में 1955 में काशी में लिखित (अब तक अप्रकाशित) यह कहानी भी पुराने कागजात में प्राप्त हुई।)

यह हरगिज़ नहीं हो सकता कि अन्दर का पानी बाहर चला जाय। ऊपरी मंजिल है, इसलिए इतना ग़नीमत है कि जमीन पर जमा हो गए पानी के बाहर से भीतर आ जाने की कोई सूरत नहीं। वर्ना मेरा यह कमरा भी पानी-बरसात के मौसम में कैसा हो जाता इसकी मैं कल्पना तक नहीं कर सकता। यूँ भी जब पानी बरसने लगता है ते हमें कमरे के अन्दर सोने के लिए माचिस जला-जला कर कहीं सूखे कोनों की तलाश करनी होती है। ऊपर, छत से टप-टप करके गिरती पानी की नियमित धारों-बूँदों से मिट्टी के फर्श को बचाने के लिए घर के कुल बर्तनों को एक-एक कर उन के नीचे रख देना पड़ता है। परातें, तसले, भगोने, पतीलियाँ, कलसे, गडवे, लोटे, थालियाँ, गिलास, छन्ने। और अन्त में कटोरे। और दूध, दही, मक्खन रखने या मट्ठा करने के काम में लाए जाने वाले लकड़ी के बर्तन भी, जो इस वक़्त खाली हों और चुप बैठे हों—परेड़ा, फुरवा। घर में जितने, और जिस तरह से बर्तन-भाँडे मौजूद हैं उन सब को अपने नियमित काम से एकदम अलग काम करने के लिए ऊपर से टपकती बूँदों से मिट्टी के सूखे फर्श को, अपने भरसक, गीला होने से बचाने के काम में झोंक दिया जा रहा है। घर पर आई इस संकटकालीन स्थिति में यह नहीं देखा जा रहा है कि उस बर्तन-भाँडे का निर्माण दरअसल किस तरह के कामों को करने के लिए किया गया। कुल बर्तन-भाँडे कमरे के अलग-अलग हिस्सों में, अपनी-अपनी जगह पर एक नए किस्म का फर्ज निभाने के लिए तैनात होते जा रहे हैं। घर के अन्दर अलग-अलग जगहों से ला-ला कर उन्हें टपकती बूँदों के नीचे धरा जा रहा है। वे पूरे फर्श पर फैल गए हैं। ज़्यों-ज़्यों वे भरते जाते हैं उन्हें खाली करते रहना पड़ता है। और ऐसा करने पर भी फर्श के टूट जाने का खतरा बना रहता है। जो बड़े भाँडे हैं उन के भीतर गिरने वाली पानी के छींटे उतनी जल्दी फर्श पर नहीं पड़ते। लेकिन थालियों, गिलासों और कटोरों की क्या मजाल कि वे उन छींटों को अपने भीतर रोके रख सकें और बाहर न

गिरने दें? मिट्टी के इस ऊँचे-नीचे फर्श पर पहले से ही अनेक गड्ढे मौजूद हैं, जिन में छोटे बर्तनों से छींटों का पानी भर जाता है। पानी भर जाने पर हमें अँजुलियों में ले कर उसे बर्तनों के अन्दर डालना पड़ता है। फिर एक-एक कर उन बर्तनों को बाहर ले जा कर उलटते रहना पड़ता है।

बड़ा अजीब मकान है यह। एक अकेले कमरे से बढ़ते-बढ़ते यह एक मकान के रूप में वैसे ही फैल गया जैसे किसी के शरीर पर लाइलाज दाद फैल जाता है। पहले यह एक कमरा था, फिर उस के ऊपर एक कमरा बना कर उसे दुमंजिला बना दिया गया। इस के बाद पहले उस कमरे के बायीं ओर एक कोठरी बनी, फिर दाहिनी ओर। तब दोनों कोठरियों के ऊपर चिनाई की गई और वे दोनों भी दुमंजली बना दी गई। मूल कमरे के पीछे की ओर एक कमरा जोड़ा गया। एक कमरा आगे की ओर। बाद में बरसों में कभी, एक-एक कर, उन दोनों के ऊपर खुले बरामदे बना दिए गए। फिर ऐसे ही क्या-क्या बनता-जुड़ता-बढ़ता गया। लेकिन जो भी बना एक-एक करके बना। और आज वह मूल कोठरी एक अंधकारमय कोठरी है, जिस के भीतर कभी सूरज की किरणें नहीं झाँक सकतीं, हवा नहीं जा सकती, जिस के अन्दर भरी हुई सीलन की एक अजीब-सी बदबू वहाँ से कभी बाहर नहीं निकल सकती। लाख धूपबत्ती जलाएँ, पूजा-पाठ के बहाने लाख होम-हवन कर लें।

यह मेरे पिता की जीवन भर की कमाई है। मूल कमरा दादा बना कर छोड़ गए थे। पैबन्द पिता ने लगाए। साल-साल, दो-दो साल में, जब-जब वे थोड़ा-सा धन संचित कर पाते, किसी तरह के साधन जुटा पाते इस मकान-नुमा चीज़ पर एक-एक कर पैबन्द लगते रहे। और इस तरह बढ़ते-बढ़ते आज यह अठारह कमरों-कोठरियों वाला मकान खड़ा है। नौ कमरे-कोठरियाँ ऊपर, नौ नीचे की मंजिल में।

धामू, जिस ने इस की बुनियाद खोदने से ले कर अठाहरवीं कोठरी तक की चिनाई की, और इसे एक अकेले कमरे से पूरे मकान की शक्ल में बदला, अब इस की ही तरह बूढ़ा हो गया है। ज़िन्दगी में पता नहीं कितनी बार वह इस की छत पर चढ़ा होगा। वह खुद भी चाहे तो इस बात की गिनती नहीं कर सकता। छत पर एक-एक पठाल उस की जोड़ी, बिछाई हुई है। उन के खोटों और नुक्सों से वह पूरी तरह वाक़िफ है। उन के बारे में हम से ज़्यादा जानकारी उसे रहती है। मकान की छत पर जब भी कोई नुक्स दिखायी दे—बुलाओ धुमू को। और हर बार जब उस ने छत पर चढ़ कर छतबन्दी की, उस के वहाँ से हटते ही हमारे परिवार के सदस्यों ने मकान की शुद्धि-पूजा की। पूजा-पाठ-हवन से शुद्ध कर दिए गए मकान पर उस के बाद धुमू के प्रवेश पर पाबन्दी लग जाती। वह उसे छू नहीं सकता। उस के छू देने भर से मकान अशुद्ध हो जाएगा।

गाँव की समतल धरती के किनारे ज़रा-सा ऊँचे, एक उठे हुए टीले पर फैला यह विशाल भवन मेरे दादा की कल्पना से परे की चीज़ होती। पिता को यह अत्यन्त प्रिय है। चाचा इसे पसन्द नहीं करते। वह कई बार इस विषय में घुमा-फिरा कर अपने विचार प्रकट

कर चुके हैं। और जहाँ तक मेरा प्रश्न है मुझे तो इसे देख कर घृणा होती है। इस मकान के अन्दर रहना मैं बर्दाश्त नहीं कर पाता। मेरा बस चलता तो इसे कभी का उखाड़ कर इस के स्थान पर एक छोटा-सा, सुन्दर घर बनवा लेता। मकान चाहे इकमंजिला हो चाहे दुमंजिला, पक्का हो या कच्चा उस में आखिर कुछ तो ऐसा होना चाहिए जो अच्छा लग सके। अपने को अच्छा लगे, अपनों को अच्छा लगे और गाहे-बगाहे घर पर आ पहुँचने वालों को भी देखने में अच्छा लग सके। मसाला पीसने की पत्थर की टेढ़ी-मेढ़ी सिल की तरह, जो बेतरतीब फैला हुआ हो वह भी कोई मकान है? एक मंजिल में नौ कमरे न हों, चार ही हों पर वे कमरे तो लगें। उन के भीतर घुसने पर गुफाएँ तो याद न आएँ। मैं कहता हूँ तीन ही कमरे हों पर कम से कम उनके दरवाज़े तो हमारी इच्छानुसार खोले या बन्द किए जा सकें। और हमारी ज़रूरत के मुताबिक खुले या बन्द रह सकें। यह भी कोई मकान है जिस का एक भी दरवाज़ा अपने बूते नहीं टिक सकता? आप उन्हें खुला रखना चाहें तो उन के नीचे छोटे-बड़े पत्थर अटकाने पड़ेंगे। वर्ना वे खुलते ही फिर से अपने आप बन्द होने लगेंगे। हर बार चूँ चूँ चूँ चूँ की कर्णकटु आवाज़ अलग से।

अपने इस मकान के बारे में मैं परेशान हूँ। यहाँ रह कर मैं कुछ भी काम नहीं कर सकता। जब आसन ही शुद्ध न हो तो मंत्र कहाँ से शुद्ध होगा? मेरे चाचा मकान के बारे में उतना खुल कर नहीं कहते हैं। वे पिता का अदब करते हैं और अपनी सीमाओं के अन्दर रहते हुए जितना कुछ कह सकते हैं, उतना कह कर सब्र कर लेते हैं। पूरी बात को खोल कर कह देने से वे पिता की भावनाओं को ठेस नहीं पहुँचाना चाहते। घर के अन्दर किसी से भी कही गई बात का आखिर परिवार के हरेक सदस्य को पता तो चल ही जाता है। पिता को इस मकान से बेहद लगाव है। यह बात सभी को अच्छी तरह मालूम है। इस मसले पर मेरी पिता से कई बार झड़पें भी हो चुकी हैं। लेकिन क्या किया जाय, हम गाँव के लोग हैं। किसी चीज को अचानक कैसे बदल सकते हैं?

मेरे पिता को बहुत पहले से मालूम था कि मुझे उनका बनाया मकान पसन्द नहीं है। पर यह बात उन्होंने मेरी जुबान से कभी नहीं सुनी थी। उन्हें यह बात या तो माँ बतलाती थीं या मेरी बहनें। उन्हीं के द्वारा मुझे उस बात को सुन लेने के बाद दिया गया पिता का जवाब भी मिलता था। पिता के उत्तर में बेहद नाराजगी भरी रहती थी। एक दिन ऐसा हुआ कि मैं पिता से किसी विषय पर बातें कर रहा था तो अचानक मकान का ज़िक्र आ पड़ा। बेहद तल्खी से उन्होंने जवाब दिया--तुम्हें तो राजमहल चाहिए, वह मैं कहाँ से बनवा सकता हूँ?

मैं वहाँ से उठ कर अपने कमरे में चला गया और चारपाई पर लेट गया। उल्टी छत की टेढ़ी-मेढ़ी, बेतरतीब बिछाई गई कड़ियों-लकड़ियों-पटेलों की ओर नज़र फेरते हुए मेरे दिमाग में पिता के कहे शब्द घूमने लगे। मैं सोच नहीं पा रहा था कि आखिर क्या बात है कि मेरे पिता को मकान की दीवारों को टेढ़ापन नज़र नहीं आता, इसके दरवाजों का भोंडापन खलता नहीं है, बरसात के पानी से हमारे परिवार की रक्षा करने में असमर्थ

इस की छत को उखाड़ कर नए सिरे से छतबन्दी करने का जी नहीं होता और कमरों के अन्दर के उस कच्चे फर्श पर रहम नहीं आता जिस पर साल-दर-साल बरसाती पानी की मोटी-मोटी बूँदों के कोड़ों की असहनीय मार से किसी चेचकरू चेहरे के मानिन्द अनगिनत गड्ढे पड़ गए हैं।

माँ खाना खाने को बुलाने आईं तो मैंने कह दिया मेरा खाने को जी नहीं कर रहा है। वे समझ गईं कि ज़रूर कोई बात हुई होगी। रसोई में पहुँच कर उन्होंने पिता से पूछा तो शायद मालूम हों गया कि मकान को ले कर कुछ बहस हो गई थी। मेरा खाना खाने को जी नहीं हो रहा है यह बात सुन कर पिता भी शायद कुछ चिंतित हो गए।

अगले दिन खाना खाते वक़्त पिता ने खुद ही बात छेड़ दी—मकान की छतबन्दी करने के लिए आज धुमू से कहना पड़ेगा। यह बात उन्होंने माँ से कही पर दरअसल सुना मुझे रहे थे।

धुमू का नाम सुनते ही मेरे तन-बदन पर आग लग गई। इस के अलावा कोई दूसरा नाम नहीं सूझता मेरे पिता को? इसी बुड्ढे की वजह से इस मकान की यह हालत हुई है। मैंने चाहा कि तत्काल अपना विरोध प्रदर्शित कर दूँ कि धुमू को अब मैं मकान पर हाथ नहीं लगाने दूँगा पर पिता के क्रोध का ख्याल आते ही चुप हो जाना पड़ा। बड़ी मुश्किल से वे छत की मरम्मत करवाने को राजी हुए। कहीं वह भी न रूक जाये।

धुमू आया और उस ने छत की मरम्मत का काम शुरू कर दिया। उसे छत पर बैठ कर मरम्मत करते देखना मेरे लिए असह्य हो गया। मैं उसे देख नहीं सकता हूँ। मेरे मन में आया कि वहाँ से चलता बनूँ और तब तक घर न लौटूँ जब तक धुमू अपनी पीठ उकड़ूँ किए वहाँ बैठा दिखायी देता है। पर इतनी आज़ादी मुझे कभी मिलने को नहीं थी। पिता ने मुझे बुला कर कहा—अब तुम अपनी मरजी के मुताबिक छतबन्दी करवा लो। धुमू को बताते रहो। वह वैसा करेगा जैसा तुम कहोगे। और सुन बे धुमू, इस बार छत से एक बूँद भी पानी टपका तो समझ ले आइन्दा के लिए तेरा काम खत्म। जैसा यह बताए वैसे ही करते रहना। इसे तुम्हारा काम कतई पसन्द नहीं आता।

धुमू ने सुन लिया। पिता की बात का उस ने कोई जवाब नहीं दिया। वहाँ से हटने लगा तो बुदबुदाया—पीढ़ियों से मकान बनाते आए हैं। पुरखों ने कभी कुछ नहीं कहा। अब कहते हैं मकान बनाना नहीं आता।

धुमू के ये शब्द मुझे डंक जैसे लगे। गुस्से के मारे मैं उस की और अपनी सात पीढ़ियों को गाली देने को था पर पिता सामने खड़े थे। मन मसोस कर रह जाना पड़ा।

हमारे मकान पत्थर की पठालों से छाये जाते हैं। धुमू ने एक कोने की पठालें उखाड़ीं और फिर उसी पुराने ढर्रे पर उन्हें बिछाने-जोड़ने लगा। ढलुवा छत पर पठालों की चिनाई वह नीचे से ऊपर की ओर कर रहा था। कड़ियों-पटेलों के बने जाले के ऊपर वह एक पठाल रखता। यों ही नहीं रखता। ठीक तरह से जमाता। तब उस पठाल के ऊपरी सिरे के एक हिस्से पर थोड़ी-सी गीली मिट्टी का लेप करता और उस गीली मिट्टी के सहारे उससे

ऊपर एक दूसरी पठाल को जमा देता। उस पहली पठाल के अगल-बगल में भी इसी तरतीब से और पठालें जमाता रहता। पठालों को बिछाता हुआ वह नीचे से ऊपर की ओर बढ़ता जा रहा था। इस तरह पूरी छत की नए सिरे से मरम्मत होने लगी थी। मैंने उसे टोका—इस तरह काम नहीं बनने का।

—और किस तरह किया जाय? उस के उपेक्षापूर्ण जवाब से लग रहा था कि भवन निर्माण के अपने कौशल की श्रेष्ठता पर वह मन ही मन गौरव का अनुभव कर रहा है।

—सुनो, पठालों को इस तरह बाहर-बाहर मत चिपकाओ। जरा अन्दर धँसाओ, मजे में। ऐसे कि जो पानी ऊपर से रिसता हुआ आए वह सीधे नीचे की ओर बह जाय, उसे भीतर घुसने का रास्ता न मिले। छेदों को भी ठीक तरह से बन्द करते जाओ ताकि वे खुले न रह सकें।

उस ने अपने हाथ का मिट्टी चिपकाने का मँझोला एक ओर रख दिया और हैरान नजरों से मुझे ताकते हुए बोला—तब तो हो चुकी छतबन्दी।

—क्या मतलब?

—ठाकुरजी, छत का लबल भी देख रहे हैं? किनारे के लबल का भी तो ख्याल रखना पड़ता है। पठालों की सिस्त (सीध) जिस तरह की होगी और किनारे की दीवारें जैसी छोटी-ऊँची होंगी उसी हिसाब से उन्हें बिछाना पड़ेगा। उस से ज़्यादा तिरछे में तो पठालों को नहीं बिछाया जा सकता।

—किनारे की दीवारों की बुनावट भी तो तुम्हारे हाथ की कारस्तानी है?

—पूरा मकान ही मेरे हाथ की कारस्तानी है।

—भाई, तुम्हारी अक्ल पर शायद पत्थर पड़े रहते हैं, जो तुमने इस तरह की दीवारें बनाई हैं। अब क्या फायदा होगा इस छत की मरम्मत करने से, जो तीसरे ही दिन अन्दर फिर पानी चूने लगेगा?

(गाँव के रिश्ते से वह मेरा भाई होता था हालाँकि उम्र में वह मेरे पिता की बराबरी का था।)

—पत्थर तो मालिक, मेरी अक्ल पर सचमुच पड़े रहते हैं। मेरी तो कहिए पूरी देह पत्थर की हो गई है। पत्थरों को जोड़-जोड़ कर ही तो हवेलियाँ खड़ा करता आया हूँ अब तक।

—हवेली का बाप। अपना वाक्या पूरा किए बिना ही मैं वहाँ से नीचे उतर आया। धुमू बूढ़ा आदमी है। मैं शायद कुछ ज़्यादा बोल गया था। आखिर उम्र का भी तकाजा होता है। विशेष कर हमारे गाँवों में, जहाँ हर बुड्ढे को नमस्कार करना होता है चाहे वह किसी भी जाति का हो।

—जिस मकान की बुनियाद ही ग़लत पड़ी हो उस की छत की मरम्मत करवाने से कोई फायदा नहीं। मैंने अपने पिता से शिकायत की।

पिता मेरी परेशानियों को समझते थे। बोले—बुनियाद ठीक रखने के लिए तो पूरा

मकान नए सिरे से बनाना होगा।

—वही तो मैं भी कह रहा हूँ।

—पर तुम्हें तो तब भी संतोष नहीं होगा?

मैं चुप रहा। पिता ने बात खुद ही आगे बढ़ाई—बुनियाद उखाड़ें, चाहे नया मकान बनवाएँ, काम तो फिर भी धुमू ही करेगा। और उस का काम तुम्हें पसन्द आएगा नहीं।

—किसी दूसरे राज को बुला लिया जाय। शहर से ले आएँगे किसी को।

पिता को ऐसा लगा कि जैसे मैंने कोई अनहोनी बात कह दी ही। मुझे समझाते हुए बोले—तब तो हमें शहर में ही जा कर बसना पड़ेगा। गाँव में नहीं रह सकते।

—शहर में ही जा कर रहना होगा?

—हाँ। मैं जो कुछ बोल रहा हूँ सोच कर कह रहा हूँ। जब तक इस गाँव में रहना है बाहर से किसी को नहीं बुलाया जा सकता। शहर की बात और होती है। वहाँ कोई किसी का नहीं होता। जिसे पैसा दिया जाय वह काम करेगा। यहाँ का चलन और है। यहाँ के हर आदमी से हमारे संबंध हैं। उन रिश्तों को तोड़ कर यहाँ नहीं रहा जा सकता। गाँव के राज, मजदूर, पंडित, पुरोहित, नाई, सेवाकार इन में किसी को नहीं छोड़ा जा सकता। एक को छोड़ दें तो सब से नाता टूट जाएगा। यहाँ के रिश्ते बड़े जटिल हैं। जन्म से मृत्यु तक हम इन लोगों के साथ बँधे हैं। सब का ख्याल रखना पड़ता है—भाई-बान्धव, नाते-रिश्तेदार, अड़ोस-पड़ोस के लोग, जो पैदा होने से ले कर घाट तक के साथी होते हैं। गाँव-देहात की इस धरती में हमारी जड़ें बहुत गहरी होती हैं। उन्हें काट दें तो उखड़ जाएँगे। इन बातों पर ठण्डे दिल से सोचा करो।

इसके कुछ दिन बाद एक घटना हुई। गाँव के ढोल बजाने वाले पिरमू को एक ठाकुर ने माँ-बहन की गालियाँ दीं और जूतों से भी मारा। पिरमू को गुस्सा आया और उस ने भी एक हाथ चला दिया। बस, फिर क्या था। चारों तरफ से सवर्ण लोग कूद पड़े। उन्होंने पिरमू को मारते-मारते अधमरा कर दिया।

—अनहोनी बात, अब डोम भी हाथ चलाने लगेंगे बिट्ठों पर!

लहुलुहान पिरमू मेरे घर के दरवाजे पर खड़ा था। वह मेरे पिता से पुलिस के लिए चिट्ठी लिखवाने आया था। सर से रिस कर बहती हुई खून की धाराएँ उस के मुख और बदन पर चमक रही थीं।

—तूने हाथ क्यों उठाया? पिता ने उस से प्रश्न किया।

—मालिक, वे मुझे कोई कसूर बताए बगैर पीटने लगे, माँ-बहन की गालियाँ देने लगे और जूतों से मारने लगे तो हुजूर, एक हाथ मैंने भी चला दिया।

पिता की दृष्टि में पिरमू का वैसा करना उचित नहीं था। बोले—सुन बेटा पिरमू, तू इस गाँव में ढोल बजाता है, देवता के मेंदिर में भी और बार-त्यौहार के दिन गाँव वालों के दरवाजों पर भी। तेरा पेशा ही यही है। उसी के बल पर तू यहाँ अपने बच्चों का पेट पाल रहा है। जमीन के नाम पर कहीं एक बालिस्त तेरे पास नहीं। अगर तू पुलिस बुलाता

है तो कल ही गाँव वाले तुझे अपनी दी हुई जमीन से बेदखल कर देंगे, जिस पर तेरी झोंपड़ी बनी है। तेरी जगह पर वे दूसरा बाजगी बुला कर उसे बसा लेंगे। तेरे पास गाँव का जो ढोल है वह तुझसे छीन लिया जाएगा। ढोल बजाने के अलावा कोई दूसरा काम तुझे नहीं आता। तब तू कहाँ जाएगा और क्या खा कर अपना पेट पालेगा?

पिरमू लौट गया। पर मेरे दिमाग में उस के टिहरी न जा सकने की विवशता की बात ज़ोर मारने लगी। इस गाँव में उस की भी जड़ें बहुत गहरी हैं। वह भी एक डोर से बँधा है जिसे वह किसी हालत में तोड़ नहीं पाएगा। इस गाँव में रहते हुए मैं एक अच्छा मकान नहीं बना सकता, पिरमू मनुष्य की जैसी ज़िन्दगी नहीं जी सकता। इस गाँव की बुनियाद कौन उखाड़ेगा?

प्रकाशित 'कादम्बिनी', जून 2003

सन्निपात

(टिहरी-गढ़वाल मध्य हिमालय का एक बड़ा राज्य था। भारत की आज़ादी के दिन इस राज्य की जनता को आज़ादी नहीं मिल पाई थी। यहाँ की प्रजा 14 जनवरी 1948 को स्वतंत्र हो पाई। आज़ादी हासिल कर लेने के बाईस वर्षों तक यहाँ की जनता सामन्ती कानूनों की चक्की में पिसती रही। रियासत के अन्दर भूमि का स्वामित्व शासक का होता था, किसान लोग उस पर सिर्फ हल लगा सकते थे। औरत को सिर्फ अपने जीवन काल तक मृत पति की सम्पत्ति पर कायम रहने का अधिकार था बतर्शे उस के पति के भाई उसे वहाँ से न हटायें। विधवा औरत को मृत पति की सम्पत्ति के ज़िंदा वारिसान से न्यायालय में दावा दायर कर, छूट लेनी पड़ती थी। उस छूट का फैसला पाए बिना विधवा किसी अन्य पुरुष से विवाह करे तो उस व्यक्ति पर कानून की वही धारा लागू होती थी, जो किसी स्त्री का अपहरण करने वाले पर लागू होती। राज्य में ब्राह्मण, खसिया व शूद्रों के लिए अलग-अलग कानूनी दण्डों का प्राविधान था। खसिया लोग अपने को ठाकुर नहीं लिख सकते थे। ठाकुर से तात्पर्य होता है—पंवारवंशी—महाराज का बिरादर और चार अन्य विशिष्ट, उच्चकुलीन जातियों के राजपूत। रियासत के ज़्यादातर गाँवों की पुलिस व्यवस्था पटवारी के पास रहती थी। 27/10/1960 को मैंने यह कहानी लिख कर पूरी कर ली थी। इसे कहीं प्रकाशनार्थ नहीं भेजा। इस पर संशोधन कार्य जारी रहा, जो आज पूरा हो रहा है।

यह कहानी में अपने दिवंगत पिता नारायणदत्त नौटियाल को समर्पित कर रहा हूँ।)
विद्यासागर नौटियाल
देहरादून, 30.4.2001

सरोज़ को सन्निपात हो गया है। सारा गाँव परेशान है। जिस कमरे में उसे रखा गया है वहाँ दिन भर भीड़ लगी रहती है। गाँव की औरतें फुरसत के वक़्त अपने घरों पर नहीं बैठतीं, सरोज को देखने चली आती हैं। सरोज के पिता के रिश्तेदार खबर सुनते ही याद करने चले आते हैं। एक कोने पर सरोज का बिस्तर लगा है और शेष सारे कमरे में याद करने वाले शुभचिंतकों के चिन्तित चेहरे एक-दूसरे की ओर ताकत रहते हैं। बीमारी

ख़तरनाक है, पर कभी-कभी उसी ऊल जलूल बातें सुनकर उपस्थित लोग हँसते-हँसते लोट-पोट होने लगते हैं। कुछ लोग हँसते हैं, कुछ रोते हैं।

सरोज का मुँह बन्द नहीं किया जा सकता। वह दिन भर कुछ न कुछ बकती ही रहती है। सन्निपात रोग की ऐसा है। खा खा खा खा खा खा, मैं तुम सबरी खा जाऊँगी। मैं काली माई हूँ। खा खा खा, कहते-कहते वह रज़ाई के नीचे दबे हुए अपने दोनों हाथों को झटका देकर छुड़ाती है और पास बैठे किसी व्यक्ति की ओर हमलावर हो उठती है। वे मारे डर के बाहर भागने लगते हैं।

फिर थोड़ी-सी देर के लिए वह शान्त हो जाती है। कमरे में बैठी हुई औरतों में कानाफूसी शुरू हो जाती है, जो धीरे-धीरे बहस का रूप धारण कर लेती है।

—मैं कहती हूँ देवी का दोष है। इसे न कोई सन्निपात है न कोई और बीमारी। देवी को बकरा देकर देखें, लड़की ठीक होती है या नहीं। एकदम निरोग हो जाएगी।

—ज़रूर देवी का ही दोष है। इस घर में तो नास्तिक बसते हैं। देवी-देवताओं का तो यहाँ कभी कोई हिस्सा लगता ही नहीं। अपना हिस्सा तो वे माँगेंगे ही। अभी समय है, लड़की की जान बचाई जा सकती है। राम, राम! कैसी सुशील लड़की थी, किसी के सामने जुबान खोलते हुए घबराती थी। अब देखिए कैसी काली बनी है? प्रचण्ड, बेशरम होकर चटर-चटर करती रहती है। लाज हया छोड़ दी है।

—हाँ, मैं काली हूँ। मैं काली हूँ। मेरी पूजा करो नहीं तो मैं तुम सबको खा जाऊँगी। खा खा खा खा खा खा।

—सुन रहे हो, कहाँ गए सरोज के पिता? बेटा, मेरी बात मान ले। काली माई को बकरा चढ़ा दे। नहीं तो वह पूरे गाँव को खा जाएगी और तुम्हारी सरोज को तो खैर ले कर ही जाएगी। देवी-देवताओं का भी कुछ मान करना चाहिए—एक बुढ़िया का स्वर।

गाँव के दो आदमी बकरे की तलाश में निकल पड़े हैं। चालीस पचास रुपये तक का लेते आना, सरोज का पिता उन्हें हिदायत देता है।

काली माई बकरा हजम कर गई पर सरोज का रोग नहीं मिट रहा है।

औरतों में विचार विमर्श जारी है।

मैं तो पहले ही कहती थी काली नहीं है, सरोज की माँ हे। सरोज की माँ, जो भादों की बाढ़ में बह कर गायब हो गई थी। खुद मरी थी कि किसी ने मार कर फेंक दिया था। फेंका था कि फिंकवा दिया था। लाश तक का पता नहीं लगा था। इसके पिता ने दूसरी शादी तो कर ली पर उसकी पूजा नहीं करवाई। ऐसा भी कहीं किया जाता है? उसकी आत्मा कहीं रास्ते में फँसी होगी। न स्वर्ग की ओर जा पाती होगी, न नर्क की ओर। भटकते-भटकते यहीं लौट आती होगी। उसे पूजना भी तो ज़रूरी है ताकि उसकी आत्मा को संतोष मिल सके। नहीं तो फँसी हुई आत्मा बहुत बेरहम होती है। आज सरोज को ले जाएगी, कल किसी और को लेने गाँव-बस्ती में हाज़िर हो जाएगी। फिर किसी और पर लग जाएगी।

—मैं भी यही कह रही हूँ। ये लोग तो मानते ही नहीं है। उसकी पूजा नहीं की गई तो वह सारे गाँव पर मुसीबत ढा देगी। बेचारी! अपनी बेटी का मोह उसकी आत्मा को चैन नहीं लेने देता। बिना पूजा लिए वह जाएगी नहीं। इस घर में तो धर्म-कर्म नाम की चीज रह ही नहीं गई।

"सरोज फिर बकने लगी है—खा खा खा खा खा। मैं सरोज की माँ हूँ। भादों में मरी थी। मेरी आत्मा रास्ते में अटकी है। मेरी पूजा दो, नहीं तो मैं अपनी बेटी को अपने साथ ले जाऊँगी। मेरी सरोज मेरे साथ चलेगी। मैं अपनी सरोज के अपने साथ ले जाऊँगी। मेरी सरोज मेरे साथ चलेगी। इसे नहीं छोड़ूँगी। मेरी सरोज, मेरी सरोज, मेरी सरोज।

—लो, वह खुद अपने मुँह से कह रही है कि मैं सरोज की माँ हूँ। फिर भी ये लोग उसका विश्वास नहीं करते। लड़की को गँवा देंगे तब चैन मिलेगा।

—राम रखवाला है। कितनी शर्मीली लड़की थी, कैसे मुँह खोल कर बातें कर रही है।

—वह कोई अपने वश में थोड़े ही है। जो कुछ उसकी मरी हुई माँ चाहती है, वही प्रकट कर रही है। कितनी दमदार औरत थी बेचारी। बिना पूजा पाए कहीं भटकती होगी।

सरोज का बाप पंडितों को बुला कर उनके सामने प्रतिज्ञा करता है—मेरी सरोज बच गई तो मैं तेरी पूजा दूँगा। तुझे रास्ते में नहीं रखा जाएगा। मैं सप्ताह करूँगा ताकि तेरी आत्मा को छुटकारा मिल सके। तू सरोज को छोड़ दे।

सरोज की माँ भी मान गई है। पर सरोज शांत नहीं होती। गाँव की औरतें भी शांत नहीं होती। अब गणित करने वाले के पास आदमी भेज कर प्रश्न करवाया जाता है। उत्तर आया है कि दोष काल भैरव का है जिसका उस घर में लगातार तिरस्कार होता रहा है। काल भैरव एक भेड़ की बलि चाहता है।

काल भैरव को भी संतुष्ट कर लिया गया। उसे एक भेड़ की बलि दे दी गई।

पर सरोज का सन्निपात ज़्यों का त्यों है। उसकी स्थिति में कोई अन्तर नहीं आ रहा है।

गाँव के लाग तंग आ गए हैं। सरोज की चौबीसों घंटे चौकसी करनी पड़ती है। कभी-कभी जब वह आवेश में आती है तो अच्छे-अच्छे पहलवानों की गिरफ्त से एक धक्के में मुक्त हो जाती है। और फिर वह खड़ी हो जाती है। साक्षात काली की तरह खड़ी हो जाती है। तब वह अपने बाल नोचने लगती है। वह दूसरों पर हमला कर बैठती है और कमरे से बाहर भागने की चेष्टाएँ करने लगती है। रात दिन हर समय दो तगड़े व्यक्तियों को उसे दबा कर रखना होता है। रात-रात भर जगे रहने की भी आखिर कोई हद होती है। एक दो दिन की बात हो तो कोई जगा रहे। पर कई दिन बीत गए हैं। सरोज ने कई बार अपने मरने की तिथियाँ भी घोषित कीं। वे घोषित तिथियाँ भी बीतती गईं। मिलने-जुलने वाले, परिवार के लोग और रिश्तेदार सभी लोग तंग आ चुके हैं। कम्बख्त न मरती है, न ठीक होती है।

गाँव के भले लोगों के लिए सरोज एक समस्या बन गई है। उन सबके वह बेधड़क होकर किस्से सुनाने लगती है तो कई लोग जमीन में गड़ने लगते हैं। भगवान! यही सब सुनने के लिए तूने मुझे अब तक ज़िन्दा रखा? कल की छोकरी, कब-कब के किस्से सुनाने लगी है? तब इसका जन्म भी नहीं हुआ था। इसका बाप नंगा घूमता था। वह ग्वाला बन कर जंगल में कहीं दूसरे छोकरों के साथ खेल रहा था। ठाकुर शिवदत्त सिंह की उमर उस वक़्त मुश्किल से चौबीस-पच्चीस रही होगी। थोड़ा-बहुत इधर-उधर देखने झाँकने की उमर। कोई अनहोनी बात नहीं हुई थी। भरी जवानी में शिवदत्त ने उस निर्जन वन में घास काट रही बिसला को धर दबोचा था। वह अपनी रक्षा नहीं कर पाई थी, लेकिन उसके रोने की आवाज़ें, असहाय बिसला की उस वीरान वन में दर्दभरी चीत्कारें प्रेमसिंह को सुनाई दीं तो वह तत्काल घटनास्थल पर जा पहुँचा था।

गाँव के लोगों की याद में घूमने वाली वह कथा कभी किसी ने इस तरह खोल कर नहीं कही थी। जानते सब थे। राजा की बिरादरी के किसी सदस्य को देखकर आम लोग थर्राने, काँपने लगते थे। औरतें ज़्यादा ही डरती थीं। राज-परिवार के ठाकुर किसी भी तरह का अपराध कर लें, उन्हें गिरफ्तार नहीं किया जा सकता था। उनके खिलाफ़ कोई मामला कहीं भी दर्ज नहीं किया जा सकता था। उन्हें किसी भी अदालत में तलब नहीं किया जा सकता था। गढ़वाली कहावत 'बड़ा कु मार्यूं टसि-टसि रोऊ' यानी जो बड़े की मार खाए वह अन्दर ही अन्दर रोए—टिहरी-गढ़वाल रियासत की प्रजा पर पूरी तरह लागू होती थी। किसी भी तरह के विरोध या प्रतिरोध की तो कल्पना ही नहीं की जा सकती थी। सदियों से ऐसा ही चला आ रहा था। लोग जुल्म सहते थे और खामोश हो जाते थे।

लिहाजा बिसला ने किसी तरह हाथ-पाँव मार कर, छीना झपटी करते हुए अपने को शिवदत्त के चंगुल से छुड़ाने की जो असफल कोशिशें की थीं, उन्हें प्रतिरोध नहीं माना जा सकता था। और प्रेमसिंह ने तेज गति से वहाँ पहुँच कर जो कुछ किया था, उसे विरोध नहीं माना जा सकता था। प्रेमसिंह उस घटना का महज एक गवाह बन कर रह गया था।

बात के फैल जाने का कोई संगीन ख़तरा शिवदत्त को परेशान नहीं कर सकता था। बात फैल भी जाती तो शिवदत्त का उससे क्या बिगड़ जाता? गाँव-बस्ती-इलाके का कोई भी आदमी उसका कुछ भी नहीं बिगाड़ सकता था। ऐसी घटना के बाद लोग अपनी बेटी-बहुओं को ही डाँटने लगते थे। वह निपट अकेली क्यों हो गई थी? उसने वन में दूसरी घसियारिनों का साथ क्यों छोड़ा? ठाकुर के उस ओर आने की आवाज़ सुन कर वह पहले ही वहाँ से भाग क्यों नहीं गई? कुल मिला कर ऐसी घटना के बाद लोग अपने घरों के अन्दर, दबी आवाज़ में अफसोस ज़ाहिर करते और उसके बारे में किसी और से जिक्र तक करना ठीक नहीं समझते थे। हमलावर या अत्याचारी के पास, उसके माता-पिता के पास, उसके परिवार के किसी सदस्य के पास, उसकी ठकुराइन के पास कितने ही विनम्र शब्दों में किसी भी तरह की शिकायत करने की बात तो सोची भी नहीं जा सकती थी।

प्रेमसिंह छोटा था लेकिन वह उस घटना का चश्मदीद गवाह बन गया था। अगर

किसी और व्यक्ति ने, जो ठाकुर परिवार से अलग किसी अन्य बिरादरी का सदस्य होता, वह अपराध किया होता तो उसके खिलाफ़ नरेन्द्र हिन्दू लॉ के तहत मुकदमा दर्ज किया जाता और उस हालत में प्रेमसिंह की गवाही बहुत महत्वपूर्ण साबित होती।

—पुर पुर पुर पुर पुर पुर। हगने लगी हैं रंडियाँ। गाँव के छुरिया सुअर को देखते ही काँपने लगती हैं। दस्त लग जाते हैं रंडियों को। शिवदत्त गाँव के अन्दर एक खुला साँड है, उसे कौन रोक सकता है? शिवदत्त ने प्रेमसिंह को देख लिया है, वह शिवदत्त के सामने खड़ा है। आँखें चौड़ी करके खड़ा है। खड़ा है तो खड़ा रहे। देखता है तो देखता रहे। शिवदत्त ने तो उसे वहाँ नहीं बुलाया था। वह बिसला को छोड़ नहीं रहा है। शिवदत्त किसी को नहीं छोड़ता। शिवदत्त ने गाँव-बस्ती में किसी को नहीं छोड़ा है। अधेड़ कीर्ति बन्द कमरे में अपनी सास से सवाल पूछ रहा है—हाँ, तेरी बेटी बहुत छोटी है पर उसका ब्याह तूने मुझसे किस लिए किया था? जब तक वह उमर पर आती है मैं खुद बूढ़ा हो जाऊँगा। तेरी बात मान कर मैं अभी उसे छू नहीं रहा हूँ। वह मेरी माँ के साथ जाकर सो रहती है। शादी करने के बाद भी मैं अकेला रहता हूँ। रात भर बिस्तर पर उलटता-पुलटता सोने की, नींद लाने की कोशिश करता रहता हूँ। मेरी तो ज़िन्दगी बेकार हो गई है। मैंने तेरे पास उसकी देह का मोल जमा किया है। तेरी बेटी का मैंने अभी कुछ भी नहीं किया है। उससे मेरा अभी कोई रिश्ता नहीं। मैं एक मूर्ख, बदकिस्मत आदमी हूँ, जो सिर्फ पालने के लिए तेरी बेटी को अपने घर ले गया। मैं तुझसे वह रकम भी नहीं माँगूँगा, जो उसकी शादी मुझसे करने के लिए तूने मुझसे ऐंठी है। मैं तेरी बेटी को, तू कहेगी तो, वैसे ही लौटा दूँगा। तेरे घर लाकर छोड़ दूँगा। तू उसका किसी और से रिश्ता तय कर सकती है। उस आदमी से भी कुँआरी का मोल ऐंठ लेना, जो अब उसे ले जाएगा। इलाका जानता है कि तेरी बेटी अभी वैसी ही है। मुझे तेरी छोटी-सी कुँवारी कन्या नहीं चाहिए, एक जवान औरत चाहिए। एक भरी-पूरी औरत। तेरी जैसी जवान। जवानी से भरी हुई एक खूबसूरत औरत। तेरी जैसी खूबसूरत। मुझे तेरी ही ज़रूरत है। सिर्फ तेरी। ड्राइवर कीर्ति ने अपनी सास को ही दबोच लिया है। अकेला कमरा। रात का अँधियारा। गाँव सो रहा है। पूरा गाँव सो रहा है। पर पूरे गाँव को पता है कीर्ति क्या कर रहा है। गाँव जाग भी जाय तो कर ही क्या सकता है? सास का मालिक मर चुका है। अपनी गाड़ी को बेड़ू के बड़े पेड़ के नीचे खड़ा कर कीर्ति रोज़-रोज़ अपनी जवान सास के पास चला जाता है। सरोज को तो मैं साथ लेकर जाऊँगी। अकेले में मुझे बहुत डर लगता है। खा खा खा खा खा खा खा। पुर पर पुर पुर पुर पुर पुर।

कमरे में बैठे मर्द-औरत एक-दूसरे की ओर नहीं देख पा रहे हैं। वे आपस में नज़रें बचाने लगे हैं। सरोज को उन सबसे कोई मतलब नहीं। वह अपनी बात कहती जा रही है—जंगल में एक बकरी को शायद बाघ ने पकड़ लिया है। ग्वैर छोरे एक बकरी की काँपती आवाज़ सुन कर भाग कर उधर जाते हैं। कोई बाघ नहीं। करमू अपनी लँगोट ढीली कर एक बकरी पर चढ़ बैठा है। कसरी ने अपनी माँ से कहा वह रात में अपनी सास के साथ

सोती है। उसकी माँ ने कसरी की सास को चिट्ठी भेजी है। कसरी की सास का आदमी कुछ कर नहीं पाता था। कुछ साल बीत जाने के बाद कसरी की सास की सास घोर चिन्ता में डूब गई। अकेला बेटा। कुल पर ढक्कन लगने की नौबत आ रही है। विधवा औरत। वह करे तो क्या करे। गाँव की एक बेवा औरत के पास जाकर उससे अपनी बात कही। रिश्ते में बहू। उससे अपना दुखड़ा रोने लगी। वह बहू अभी जवान थी। दूसरे घर जाना चाहती थी। पर उसके जेठ ने उसे छूट देने से मना कर दिया था। जेठ चाहता था वह दूसरा विवाह न करे, उसी घर पर रहे। और आजीवन उसकी गुलामी करती रहे। उस बेवा बहू ने कसरी की सास की सास की बात मान ली। कहा वह उसके बेटे की जाँच कर लेगी पर इलाज भी कर लेगी। 'देवर को दस रात तक मेरे पास भेजते रहना।' अपनी माँ के कहने पर देवर ने दस रातें जवानी के रस में लबालब, हरदम मचलती उस खूबसूरत भावज के साथ बिताईं। उन दस रातों में नाकामयाब ज़िन्दगी और अपने अंधकारमय भविष्य पर लगातार अफसोस की भावना में झुलस रहे, निस्तेज, आत्मविश्वास गँवा बैठे, औरत के पास आते ही उसकी देह से घबड़ा जाने वाले हुए झेंपू देवर पर उसने असीम प्यार उँडेल दिया और उसे चेताया कि औरत क्या चीज़ होती है, कि औरत मर्द से क्या चाहती है। अपनी कसमसाती, रेशमी, खुली देह सौंप कर उसने उसकी जवानी को, उसके अन्दर सोये मर्द को जगा दिया, कुछ गुर सिखाए, कुछ खिलाया, कुछ पिलाया। पुर पुर पुर पुर पुर पुर। खा खा खा खा खा खा। तुम सबको खा जाऊँगी। बहुत खुश होकर वह कसरी की बुढ़िया सास के पास गई थी और उससे कहा था—जी! कोई कमज़ोरी नहीं। अब वह मर्द है। पूरा मर्द। ठोस मर्द। मैंने उसके अन्दर हिम्मत भर दी है। सख़्त पत्थर को फोड़ देने लायक हिम्मत। औरत का बदन उसके सामने अब कोई चीज़ नहीं। वह औरत के पास जाने से घबराएगा नहीं। उसके अन्दर ऐसी ताकत जाग गई है कि कोई एक अकेली औरत अब उसे बर्दाश्त न कर सके, उसे थाम भी न पाए। पर उससे कहना, अपनी मरजाद पर रहे। गाँव की बहू-बेटियों की ओर से कोई शिकायत नहीं आनी चाहिए। अपनी ज़िंदगी से पूरी तरह हताश हो गई नवयौवना बहू की तब दुनिया ही बदल गई। उसके अंग-अंग से यौवन-रस रिसने लगा। वह एक रात के लिए अपने पति से जुदा होने को तैयार नहीं होती थी। मायके जाती तो जबर्दस्ती उसे भी साथ ले जाती। एक बेटे के जन्म लेते ही उसके पति की मौत हो गई। अपनी जिंदगी के बाकी दिन, भरी जवानी में बेवा हो गई कसरी की सास ने, सिर्फ बेटे को देख कर, उसकी आश में बिताए। लाड़ के मारे उसने बेटे को जल्दी ब्याह दिया पर उसे कभी दुलहन के साथ नहीं सोने दिया। उसे दुलहन के अभी कच्ची उम्र की होने की बात सोच कर उस पर तरस आता था और अपने बेटे पर भी विश्वास नहीं होता था। उसे अपने मर्द के शादी के बाद के शुरूआती दिन भी बार-बार याद आते रहते थे जब पूरी-पूरी रात आँखें फाड़ कर, अंधेरे में, शून्य नज़रों से, छत की ओर ताकते हुए वह इस चिन्ता और अफसोस में काट देती थी कि मैं किसके पल्ले डाल दी गई, मेरे माँ-बाप कैसी गलती कर बैठे? अब मेरा क्या होगा? अब मैं क्या करूँ, कहाँ

जाऊँ, अपनी बात किसे बताऊँ कि मेरा दुख दूर हो सके? उन दिनों की याद भी उसे पीड़ा देती थी। वह बहू को अपने साथ ही सुलाती रही। वह अपने बेटे के बड़ा होने, उसके मर्द बनने के सुन्दर, सुखद, रसभरे दिनों के इन्तज़ार में, जी रही थी। समधिन की चिट्ठी मिली तो गाँव की एक नई बहू के पास जाकर उसने वह चिट्ठी पढ़वाई। समधिन ने लिखा था कि मैंने अपनी बेटी सास के साथ सोने के लिए नहीं ब्याही थी। अब उसका माथा ठनका। उसके मन में भय जागा कि घास-लकड़ काटने जंगल जाने पर, गाँव के खेतों के बीच, पानी के धारे के पास, घर से बाहर किसी भी निर्जन स्थान पर, रात-बिरात अकेली रहने पर वह किसी दीगर नौजवान से नज़रें लड़ाकर उसे अपना तन न सौंप बैठे और उसी की होकर न रह जाए। गाँव-बस्ती बहुत खराब है। यहाँ किसी का भी परतीत नहीं किया जा सकता। उसने उसी रात बहू को बेटे के कमरे में भेज दिया। वहाँ नई-नवेली के इन्तज़ार में बेताब बैठा, प्रतिपल उसके आने की बाट जोहता बेटा, उसके कमरे में पाँव रखते ही बिदकने का स्वाँग भरने लगा। उसे अपनी सास की चिट्ठी की जानकारी हो गई थी। उस चिट्ठी के बारे में किसी ने वन में सुना था, किसी को जलधरा पर मालूम हुआ था, किसी को खेतों में जानकारी मिली थी। वह गाँव, जहाँ की ज़िंदगी में कभी कोई घटना नहीं घटती थी, उसके ठहरे हुए वातावरण को एक चिट्ठी ने, कागज के एक छोटे-से टुकड़े ने हिला कर रख दिया था। गाँव के खुले खेतों में फैली, पकी हुई, सुनहरी, लुभावनी फसल के बीच उस दिन उसी अद्‌भुत चिट्ठी की चर्चा होती रही थी। औरतें उस चिट्ठी पर आपस में रस ले-लेकर विचार करतीं। कसरी को वे सब निर्लज्ज कहने लगी थीं। ऐसी बात कभी किसी के सुनने में नहीं आई थी कि किसी दुलहन ने मुँह खोल कर अपने पति के साथ न सुलाए जाने की शिकायत की हो। सहेलियों से गुपचुप ढंग से उस चिट्ठी की चर्चा करते हुए हर बहू को अपना दिन याद आने लगता, एक-एक कर अपनी रात की पूरी घटनाएँ, आपबीती याद हो उठती। चिट्ठी की चर्चा के बहाने वे आपस में अपने-अपने भेदों का खुलासा करने लगतीं। चिट्ठी का ज़िक्र आते ही हर उम्र की औरत को, हर सास को, हर बहू को, हर विवाहित बेटी को साफ-साफ याद आने लगता था किस तरह धोखे से, बगैर बताए, अपने साथ सुलाने का झाँसा देकर, दब-दब कर मुस्कराती कुछ अनुभवी युवतियों की टोली ने, उसे अगुवा कर एक कमरे के अन्दर पहुँचा दिया था और, वह घूम कर पीछे देख सके, उससे पहले ही, बाहर से दरवाज़े को खींच कर उस पर कुंडी चढ़ा दी थी और उस घबराई हुई, कम-उम्र, अकेली दुलहन को वहाँ बन्द कर दिया था। कुछ देर बाद दूल्हे ने कुंडी खोली थी। दरवाज़े को खोल कर वह कमरे के अन्दर चला गया था और दुल्हन के देखते-देखते उसने अन्दर से साँकल-चटकनी लगा कर दरवाज़ा अच्छी तरह बन्द कर दिया था, इतनी मज़बूती से बन्द कर दिया था कि घबराई हुई दुलहन, उसके पल्ले से, छूटकर, कोशिश करने पर भी वहाँ से बाहर न भाग सके। सबके साथ ऐसा ही हुआ था, ऐसा ही होता था। ऐसा ही होता आया था। दुलहन के कमरे की कुंडी को औरतें चढ़ाती थीं, दूल्हा खोलता था। उस कमरे के दरवाज़े को औरतें बाहर से बन्द कर जाती थीं, बाद

में दूल्हा उसे अन्दर से बन्द करता था।

उस शाम वह शहर से घर आ रहा था। गाँव की बटिया पर कुछ देर उसे अकेला पाकर एक युवती हँस हँस कर देवर से उस चिट्ठी के बारे में पूछताछ करने लगी। भावज ने उस मासूम, नातजुर्बेकार देवर को आँखों में आँखें डाल कर, हौले-हौले, मज़ा ले-लेकर, धीमी, प्यारी आवाज़ में चिट्ठी के आने की बात बताई थी और उसमें लिखी हुई असली बात की जानकारी भी दे दी थी। उसे चिढ़ाते हुए यह भी कहा था कि आज की रात तो तुम्हें बहुत अच्छी, मनपसन्द चीज़ मिलने वाली है। अकेले होने का पूरा फायदा उठाते हुए वह बेशरम यह भी पूछ बैठी थी कि आज तक तुमने पहले कभी किसी और के साथ...?

सास के कहने पर सकुचाई दुलहन दबे पाँव उसके कमरे में पहुँची तो वह हल्ला मचाने लगा—यह कौन आ गया है यहाँ? बहुत तेज़ आवाज़ में वह गुमसुम, घबराई दुलहन से कहने लगा—तेरी यहाँ ज़रूरत नहीं, तू अपने मायके चली जा। उसका हल्ला सुन कर उसकी माँ घबड़ा गई। उसे अपने बेटे पर, उसकी मर्दानगी पर भी सन्देह होने लगा। एक बार उसके मन में यह चिन्ता जाग उठी कि नई-नवेली दुलहन को कमरे से बाहर निकालने वाले इस बेटे का भी अपने बाप की तरह गाँव की किसी बहू से इलाज करवाने की नौबत तो नहीं आएगी। पर उसने कसरी को उस क़मरे से हटाया नहीं। बाद में उसका वह कम उमर बेटा कसरी के बढ़ते बदन के साथ-साथ दिन दूना, रात चौगुना बड़ा होने लगा। देवी और दुर्गा उन दोनों बहनों ने नदी में छलाँग नहीं लगाई थी। गाँव के भले आदमियों—तारा, मंघा, चैतू और कुत्ता के दरवाले-मतवाले लाड़लों—झाँपा, उदतू, सुरू और शंकी ने रात भर उन्हें खराब करने के बाद गला दबा कर मार डाला था और फिर उनकी लाशों को गंगाजी में डाल आए थे। उनकी विधवा माँ को उसके घर जाकर उन्होंने धमकी दी थी—"जुबान खोलेगी तो तेरी भी वैसी ही गति कर देंगे। पटवारी हमारे नीचे, डी. एम. हमारे साथ, विधायक हमारी मुट्ठी में।"

सरोज पूरी तान से एक गीत गाने लगी है—सूपा भरी लैण/मायासुरी देबेसुरी/दुई होली बैण/सची बोदू मायासुरी/दुई होली बैण। बाखरा की खूटी/औतू औतू तबलाणि/बेंदुली नी फूटी/मायासुरी देबेसुरी/ बेंदुली नी फूटी।

अपने शरीर को दबा कर बैठे लोगों को सरोज ने एक झटके से हटा दिया। दबाब क्या चीज़ होती है? कैसा दबाव? वह अपने कपड़े उतारने लगी है। लोग उसे वैसा करने से रोक रहे हैं। लोग हार रहे हैं। उनकी सामूहिक शक्ति जवाब देने लगी है। खा खा खा खा खा खा खा। पुर पुर पुर। एक बौंड है, एक ओबरा है। बौंड के कमरे में वे खाना भी बनाते हैं, सोते भी हैं। ओबरे में भैंस बँधती है। कीर्ति की सास ने अपनी बेटी को मायके बुलाया है। दिन के वक़्त, अभी जब कीर्ति वहाँ नहीं, वह बेटी को यह भेद बता रही है कि जब मेरा ब्याह हुआ उस वक़्त मैं बारह साल की थी। तू जितनी आज है, उस से दो साल छोटी। तेरी दादी ने मुझे एक रात भी अपने साथ नहीं रखा। पहली ही रात

अँधेरे ओबरे में बन्द कर तेरे बाप के हवाले कर दिया था। तेरे बाप की पहली औरत मर गई थी। हमको तब ओबरे में भैंस के पास सुलाया जाता था। बौंड के कमरे में तेरे दादा-दादी सोते थे। तेरे दादा-दादी चले गए, तेरा बाप चला गया, हमारी ज़िंदगी नहीं बदल पाई। पीढ़ियाँ बीत गईं लेकिन इस मकान पर हम एक कमरा तक नहीं बढ़ा सके। वही बौंड है, वही ओबरा है, वही आँगन है, वही सीढ़ी है। तेरी दादी बताती थी, उसके सास-ससुर ज़िन्दा थे, तो वे बौंड के कमरे में और तेरी दादा-दादी ओबरे में सोते थे। इस घर में अन्दर आने वाली हर नई बहू अँधेरे ओबरे में, गीले फर्श पर, भैंस के गोबर-मूत की दुर्गंध सूँघते हुए सुहागन बनी, वहीं उसकी चूड़ियाँ बजीं, वहीं उसकी जवानी बीती।

रात में खाना खाने के बाद दोनों माँ-बेटी बर्तन धोने नीचे आँगन में गईं। बेटी सीढ़ियाँ चढ़ कर धुले बर्तनों को दोनों हाथों से थामे अन्दर जा रही थी। उसके पीछे-पीछे चल रही माँ भीतर नहीं गई, ऊपरी सीढ़ी पर रूक गई। कमरे के अन्दर पहुँची बेटी की पीठ उसकी ओर थी। अन्दर बैठे कीर्ति को, बेटी की नज़रों से बचा कर, उसने हड़बड़ी में हाथ से इशारा किया—बाहर निकल, बाहर। झटपट। बेटी जमीन पर झुक कर बर्तनों को एक तरफ धरने में लगी थी। काँपते हाथों का बेसब्र इशारा पाकर कीर्ति बाहर लपका। माँ ने दरवाज़ा खींचा और बाहर से साँकल चढ़ा दी। खा खा खा खा खा खा। तुम सबको कच्चा चबा जाऊँगी। अपनी सरोज को मैं अपने साथ लेकर जाऊँगी। मेरी सरोज, मेरी सरोज। सीढ़ियाँ उतर कर वे दोनों नीचे आँगन में चले आए। तब धीमी आवाज़ में उसने कहा—तूने अपना धीरज और विवेक गँवाया, दुनिया के कायदों-रिवाज़ों को तोड़ डाला, तेरी-मेरी उम्र में उतना ज़्यादा फर्क नहीं था, रिश्ते में तो फर्क था? तूने एक पवित्र रिश्ते की भी परवाह नहीं की। मेरी बेबसी और ग़रीबी का नाजायज़ फायदा उठाते हुए मुझ विधवा पर जबर्दस्ती कर बैठा। बेटी के एवज़ में तू मेरी देह से अपना काम चलाता रहा। मेरी देह तेरा काम चला सकती है, पर तेरा कुल नहीं चला सकती। अब ऐसा कर, तू अपना वंश चला। आज से मैं तेरी सास, तू मेरा जँवाई। किवाड़ को धीरे से, जरा-सा उघाड़ कर भीतर जा, अन्दर ठीक तरह से कुंडी चढ़ा और उसे थाम ले। वह डर के मारे बाहर न निकल भागे। मैं ओबरे में जा रही हूँ।

—बिस्तर?

—वहाँ मैंने गीली ज़मीन पर दिन में पत्ते बिछा दिए थे, एक कामली भी वहाँ पत्तों के बीच छुपा कर रख आई थी।

माँ दन्ती, बेटी भन्ती है।

दर्शनू कह रहा है एक बार किसी बैद को भी दिखा देना चाहिए। यह कोई भूत-भूतनी नहीं, कोई देवी-देवता नहीं, कोई मसाण या छाया नहीं, सीधा-सीधा रोग है, जिसे कोई अच्छा, जानकार बैद कुछ ही दिनों में ठीक कर सकता है। मरता क्या न करता? बैद को पाँच मील दूर से बुला लाने प्रेमसिंह ने अपने साले को भेज दिया।

किरपा बैद आया है, कमरे में भीड़ कुछ ज़्यादा हो गई है। बैद ने नाड़ी देखने के लिए सरोज का हाथ थामा। सरोज पूरी तान के साथ गाने लगी है—

दौंसा बीमार ह्‌वैगे
माड़ू बैद बुलावा

इनो बैद हम नी चैंदो
नाड़ि छोड़ि चुँगनि देंदो

अचंभित लोग एक-दूसरे की ओर देख कर गंभीर बनने और अपनी हँसी को जबर्दस्ती रोकने की कोशश करने लगे हैं। बैद ने सरोज की जाँच पूरी कर ली है। वह कुछ खाने की दवाइयाँ दे गया है, कुछ अगली बार ले आने की बात कह गया है। बैद के आने न आने से बेखबर सरोज गाती जा रही है।

दौंसा बीमार ह्‌वैगे
माड़ू बैद बुलावा

किरपा बैद ने सरोज की बीमारी के बारे में यह बात बताई कि उसका शरीर ठंडा हो गया है और मस्तिष्क शून्य। उसके शरीर में जितनी गर्मी पैदा की जा सके उतना सरोज के दिमाग के लिए अच्छा रहेगा।

गाँव के ज़्यादातर लोग किरपा बैद की इस बात से सहमत नहीं हो पा रहे हैं। बैद के वहाँ से जाने के बाद लोग आपस में उस बारे में बातें करने लगे हैं। उनके ख़याल में सरोज के दिमाग में गर्मी भर गई है। वही गर्मी उसके दिमाग से निकलने वाली उसकी ऊल जलूल बातों में प्रकट होती है—ऐसा लोगों का विचार बन रहा है।

किरपा बैद तीसरे, चौथे दिन सरोज के पास लगातार आने लगा है। उस दिन सरोज को देखने के बाद वह गाँव से लौट रहा था कि मातबर ने आवाज़ देकर उसे रोक लिया—पंडितजी प्रणाम। आइए, चाय पीकर जाइए।

उस प्रणाम ने बैदराज को मातबर के घर के अन्दर पहुँचा दिया।

मातबर घबराया हुआ है। उस वक़्त घर पर अकेला है। वह अन्दर से चाय बना कर लाया। किरपा बैद से वह सरोज के स्वास्थ्य के बार में जानकारी लेने लगा है। सरोज के बारे में वह हमदर्दी जताने लगा है।

—पंडितजी, मातबर अपने घर पर बैठे बैद को पूछ रहा है—गाँव के लोगों के बारे में इतनी सारी बातें वह कैसे बता रही है? कल की छोकरी! उसकी कही बातों में कुछ बातें सच भी हो सकती हैं?

—वे सब सुनी हुई बातें हैं, गाँव की याद में वे बातें अभी तक ज़िन्दा हैं। इन फालतू लोगों की यादें ऐसे ही ज़िन्दा रहती हैं। पीढ़ियों की, शताब्दियों की यादें। लोग आपस में न जाने क्या-क्या बातें कहते रहते हैं। वह तो बच्ची है। आज से चालीस-पचास साल पहले किसने क्या किया था, किसने क्या कहा था। कहा, किया भी था या नहीं, अब किसके पास कोई सबूत बचा है? पर बच्चों के कानों में झूठी-झूठी बातें ठूँस कर उनके मुख से

जो चाहे कहला दो।

—पर उसके वैसा कहने से गाँव की इज्जत तो मिट्टी में मिल रही है पंडितजी, गाँव-बस्ती में ऐसा कौन भला आदमी बचा है, जिस पर उसने कोई न कोई तोहमत न लगाई हो? जिसे कलंकित न किया हो?

—तुम्हारे बारे में भी कुछ बोल बोले?

—मेरी घरवाली यही बात जानने के लिए दिन-रात वहीं पड़ी रहती है। न जाने कब क्या बोल जाय। हमारी तो नींद-भूख गायब है आजकल। वैसे गुरुजी, बहाना उसकी याद करने का होता है, पर सरोज जाये चूल्हे-भाड़ में। उसके बचे रहने से हमारा कोई भला नहीं होने को है, बुरा ही होगा। बल्कि गुरुजी! आप से क्या छुपाना? गाँव के कई भले लोग रोज़-रोज़ सुबह-शाम कुलदेवता से उसकी जीवन-लीला को खत्म कर देने की प्रार्थना करते रहते हैं। ऐसी दुष्ट डायन तो जितनी जल्दी इस संसार से विदा हो उतना हमारे जैसे लोगों का भला होगा। बोलिए, मैं गलत कह रहा हूँ?

—भाई, बात तुम ठीक कह रहे हो। उसकी वैसी बातों के कहे जाने से, उन बीती, दबी हुई घटनाओं के उघड़ने, खुलासा हो जाने से समाज में अनुशासनहीनता फैलती है, भले, शरीफ आदमियों की प्रतिष्ठा कम होती है, लोगों में बड़े-छोटे का फ़र्क घटने लगता है। लोग उद्धत होने लगते हैं।

—पंडितजी, आप इलाके के पुराने और माने हुए आदमी हैं। हम लोग तो आपके चरणों की धूल भी नहीं। हम सब आपके पीछे हैं। आपके खड़े रहने से हमको भी सहारा मिलता है। जब आपके आने पर वह छोकरी माडू बैद वाला गीत गाने लगेगी तो बोलिए, हमारी क्या हालत होगी? ऐसे बकत पर तो हमें यह देख कर आश्चर्य होता है कि सब कुछ जानते-समझते हुए भी आप उसे ज़िंदा रखने की कोशिश में लगे हैं। मौत के जबड़ के अन्दर से उसे जीवित लोगों की दुनिया में वापिस लाने के प्रयास में अपनी जान लगा रहे हैं। गुरुजी! आप धन्य हैं, कहते हुए मातबर ने किरपा बैद के पाँव पकड़ लिए।

पेशे की बात है ठाकुर साहब, वर्ना दिल से मैं भी आप जैसे लोगों के साथ ही रहता हूँ।

किरपा बैद के चाय पीते-पीते मातबर पड़ोस में सोहबत के घर जाकर उसे बुला लाया है। सोहबत के वहाँ पहुँचते ही वे तीनों आपस में गंभीर मंत्रणा करने में व्यस्त हो गए हैं।

—कुछ ऐसा उपाय करो गुरुजी कि यह रोग हमेशा के लिए मिट जाय। हमारा तो गाँव में रहना मुश्किल हो गया है। मेरे दादाजी ने जबसे उसके वाक् की बात सुनी, उन्होंने उसी दिन से बिस्तर पकड़ लिया। खाना-पीना सब बन्द। उसकी जुबान पर किसी का नियंत्रण तो रहता नहीं। उसे सन्निपात हुआ है, जो चाहे बोल ले पर उसका सन्निपात हमें भोगना पड़ रहा है। उसी दिन से हमारे घर में कुहराम मचा हुआ है। उसके बाप प्रेम ने बीते ज़माने की उन घटनाओं की बाते, उस ज़माने की बातें जब वह दाने-दाने को मोहताज,

फटे हाल में घूमता था, कभी उस की माँ को बता दी होंगी। उस ने अपनी बेटी को बताया होगा।

—ठाकुर साहब, यह बात कौन जानता था कि ऐसा बुरा ज़माना भी आएगा जब बद्रीनाथ की गद्दी हिल उठेगी। देवता के साक्षात् अवतार हमारे धर्मराज महाराजा का राज खत्म हो जाएगा और उनकी जगह सौणू-बैसाखू-छँछरू-भादू राज करने लगेंगे? इस छोकरी का बाप प्रेमसिंह एक निहंग ग़रीब आदमी का बेटा था। नीचे के बदन पर एक लँगोट के अलावा उसके के कुल के लोगों ने, उसकी सात पीढ़ी के पुरखों ने कभी कोई सुलार-पैजामा नहीं देखा। उसका नाड़ा कैसा होता है और उसे कहाँ बाँधा जाता है यह बात वे नहीं जानते थे। मैंने और मेरे पुरखों ने पीढ़ी-दर-पीढ़ी आप लोगों का, आपके पुरखों का नमक खाया है। हम लोग आपके दिए अन्न पर, आपसे मिली भीख पर पले हैं। मैं इस उम्र में आकर नमकहरामी नहीं कर सकता। मैं प्रेमसिंह के बाप की नहीं, उसके दादा, परदादा की बात भी जानता हूँ। इलाके के ठाकुर लोगों, साहूकारों की ज़मीन पर हल चलाते हुए किस तरह प्रेमसिंह का बाप अपना और अपने भूख से तड़पते परिवार का पेट पालने में लगा रहता था। आप समझते हैं कि मैं उन दिनों की याद को बिसार सकता हूँ? उसकी औरत तो खुद ही बिकने को तैयार बैठी लगती थी। उस डायन ने रंग-रूप ऐसा ग़ज़ब का पाया था कि किसी भी भले घर का नौजवान ग़लत रास्ते पर जाने को तैयार हो उठता। आपने प्रेमसिंह के चेहरे पर कभी गौर से देखा है ठाकुर साहब? किसकी अनुआर आती है उस पर? डिप्टी साहब की हू-ब-हू सूरत है कि नहीं? माफ करना, मुझे ये बातें आप लोगों के सामने खुल कर बोलनी पड़ रही हैं। आपकी और मेरी उम्र में एक पीढ़ी का फ़र्क है। डिप्टी साहब अकेले चले आए थे। सीधे घर के अन्दर पहुँचे। जूते उतारे और अन्दर जाकर चारपाई पर जा बैठे। वहाँ गन्दे चीथड़े बिछे थे। वह भीतर पहुँची तो उन्होंने कहा—दरवाज़ा बन्द कर दे। उसका आदमी उस वक़्त घर पर नहीं था। शाम को घर लौटने पर उसे इतने बड़े आदमी के अपने घर आने और ऐसा काम कर जाने की बात मालूम हुई तो साले की घिघ्घी बँध गई। अपनी औरत से कहने लगा किसी से कहना मत। वह बोली मैंने तो कई औरतों को बता दिया है। पेशे की बात न होती तो मैं तो कुछ और कर बैठता। मुझे मालूम है इन गीदड़ों के आज़ाद हो जाने के बाद भी, रियासत की सीमाओं के अन्दर अभी तक असली राजसत्ता आपके ही कुल के पास है। ज़िले का कोई हाकिम आपके हुक्म का विरोध करने की जुर्रत नहीं कर सकता। आप लोगों की इच्छा के अनुसार मैं उसका सफाया कर ही दूँ तो मुझे कोई सज़ा नहीं हो सकती। रियासत की सीमाओं के अन्दर किसी अदालत की यह हिम्मत नहीं हो सकेगी कि वह आपके इशारे के खिलाफ़ जा सके। हम पर आपका साया बना रहे, मैं तो प्रभु से यही याचना करता रहता हूँ।

—गुरुजी, कहते-कहते सोहबत एक बच्चे की तरह फफक-फफक कर रोने लगा। बात मातबर ने आगे बढ़ाई—अब अगर आप हम सबके घरों से लाशें घाट पर जाने से रोकना चाहते हैं तो एक ही उपाय है—इस सरोज नामक रोग को हमेशा-हमेशा के लिए

मिटा दो। अब हालत ऐसे हो गए हैं कि या तो वह ज़िंदा रहे या हम।

सोहबत ने कठोर स्वर में अपनी बात कही—बात ज़िन्दा रहने की नहीं है गुरुजी, बात अब मरने की है। या तो वह मरे या हम सबकी लाशें उठें। आपको यही फैसला करना है कि आप किसे मार सकते हैं। आप लोगों को जीवन दान करते हैं, आप उसे नहीं मार सकते। वैसा करना आपके पेशे के खिलाफ़ है तो गुरुजी, मेरी विनती स्वीकार कर आप हम सबको कोई ऐसी दवा दे दीजिए कि हमें इस संसार से आसानी से विदा मिल जाय। मैं आपसे ज़हर नहीं माँग रहा हूँ, दवा माँग रहा हूँ। आसानी से मरने की दवा। हम तड़प-तड़प कर न मरें, किसी भयंकर सोच के कारण न मरें। हम आपके पवित्र हाथ की दी हुई दवा लें और हमें इस बदनामी की ज़िंदगी से मुक्ति मिल जाय। आहा!

—आज तो मैं वहाँ से चला ही आया हूँ। अब परसों आना है। तब तक देखें उसके रोग के क्या लक्षण प्रकट होते हैं।

—आप खर्चे की चिन्ता मत करना गुरुजी, खर्चा मैं दूँगा। हमें भी कभी आपकी सेवा करने का सौभाग्य मिलना चाहिए। रोग शैय्या पर घायल पड़े हुए ठाकुर शिवदत्तसिंह का पोता सोहबतसिंह आज बैद को घेरने की पूरी तैयारी में आया था। बैठक खत्म हो गई। बैदराज अपने गाँव की ओर, सोहबतसिंह अपने घर की ओर चल दिए।

बसन्ती! वह घबराई हुई है। अपने घर की ओर आते हुए उसके पाँव सीधे नहीं पड़ रहे हैं। वह बाँके-तिरछे, उल्टे कदमों से अपने घर की ओर, अपने आदमी मातबर के पास दौड़ी आ रही है। मर्द की बात होती तो कोई कह बैठता—आज, लगता है, इसने कुछ ज़्यादा ही चढ़ा ली है।

वह हाँफ रही थी। उसके मुँह से बोल नहीं निकल पा रहे थे। वह अपने आपे में नहीं लग रही थी।

—आज एक बार वह डायन तुम्हारा जिकर करने लगी, पर फिर कुछ और बकने लगी।

—क्या बोल रही थी मेरे बारे में? बेहद घबड़ाए हुए स्वर में मातबर ने पूछा।

—बोल रही थी—उसका सर्वनाश कर दूँगी, जिसने मेरी जान लेकर मुझे नदी में बहाया था।

—नाम लिया उसने?

—नाम नहीं लिया, गोल बात बोल गई। पर वहाँ पर बैठे सभी लोग उसकी बात सुन कर मेरी ओर देखने लगे थे। और मैं बहुत घबड़ा गई थी।

करमा बैद की दवाओं से भी कोई फायदा होता नहीं लग रहा है। परिवार के लोगों की परेशानी बढ़ रही है। अब कुछ लोग डाक्टर को बुलाने पर ज़ोर देने लगे हैं। बेटी की जान से बड़ी तो कोई चीज़ नहीं। खर्चा तो हो ही रहा है। अपने मन में इस बात का मलाल तो नहीं रहेगा कि हमने एक बार डाक्टर को नहीं दिखाया था।

टिहरी से डाक्टर को लिवा लाने दो लोग भेज दिए गए हैं।

शहर से कोट गाँव पैदल आना पड़ता है। वहाँ कोई मोटर मार्ग नहीं। पाँच मील पैदल चल कर आया डाक्टर थक गया है। खड़ी चढ़ाई के पाँच मील। मरीज को देखने के बाद डाक्टर ने उसे एक इंजेक्शन लगाया है। लोग बता रहे हैं, सरोज कई दिन हो गए, सो नहीं पाई है।

कई दिन हो गए, गाँव नहीं सो पाया है। पूरा गाँव उनींदा है। सरोज के रोग ने पूरे गाँव को बेचैन कर दिया है। वहाँ के अनेक निवासियों की नींद-भूख गायब है। सरोज बीमार है कि पूरा गाँव बीमार है? आजकल कुछ समझ में नहीं आता लगातार खामोश रहने वाले गाँव के कई भले-भले लोग आपस में एक-दूसरे के बारे में क्या-क्या बकने-बोलने लगे हैं। सीधे मुँह कोई बात नहीं करता। जिसे देखो, वह ऊल जलूल बकता रहता है। सरोज को सन्निपात हुआ है कि पूरा गाँव सन्निपात की चपेट में है?

डाक्टर नौजवान है। रिफ्यूजी। उसके माँ-बाप पाकिस्तान के दंगों में जान बचा कर किसी तरह भारत आ लगे थे। पाकिस्तान के बनते ही वहाँ के लोगों को भी पता नहीं क्या हो गया था। सन्निपात जैसा ही कोई रोग रहा होगा। डाक्टर आम जनता की सेवा करना चाहता है। वह रोगों से लड़ना चाहता है। उसी सेवाभाव के कारण वह पाँच मील की खड़ी चढ़ाई चढ़ने को सहर्ष तैयार हो गया। वर्ना पहाड़ की ऊँची चोटी पर बसे इस गाँव में कौन डाक्टर आने को तैयार होता है? आज तक और किसी डाक्टर ने देखा है यह गाँव? फीस? फीस क्या चीज होती है? कितनी फीस दे सकता है कोई इस चढ़ाई को पार करने के लिए?

रिफ्यूजी डाक्टर रोगों के कारणों की खोज करना चाहता है, उनकी जड़ों तक पहुँचना चाहता है। टिहरी अस्पताल के बाकी डाक्टर लोग कहते हैं कि वह पागल है। जिस गाँव के लोग चाहते हैं उसे बुला कर अपने घर ले जाते हैं। इन्कार तो वह कहीं जाने को करता ही नहीं।

कमरे में जमा लोगों से डाक्टर जसराज पूछ रहा है कि सरोज क्या-क्या बकती रहती है, किस तरह की चीज़ें बोलती हैं, किन चीज़ों के बारे में बोलती है? कोई बात है, जो गाँव से बाहर वाले को, पाकिस्तान से कोट गाँव में चले आए एक रिफ्यूजी को बताई जा सके? जिससे न कोई जान, न पहचान, नाता, न रिश्ता। जो हमारे गाँव का, न गली का। कोई बात, एक भी बात, ऐसी है जो उसे बताई जा सके? ऐसी बातें जो सरोज अपने मुख से उगलती रहती है। गाँव के गुप्त भेद, गाँव-बस्ती के भले लोगों की इज्जत-आबरू पर बट्टा लगने की बात। क्या करेगा वह उन बातों को जानकर? उन गड़े मुर्दों को उखड़ने से उसे क्या मिलने वाला है?

उसने मरीज को देख लिया है, अब अपनी फीस ले और यहाँ से चलता बने। गाँव के मामलों में हर किसी की बेवजह दखल देने की आदत अच्छी नहीं लगती। लोग खामोश हैं। जड़वत् बैठे हैं।

—क्या कहती है वह? डाक्टर ने अपना प्रश्न एक बार फिर वहाँ बैठे लोगों के सामने पेश कर दिया है।

—ऊल जलूल बकती रहती है डाक्टर साहब?

—किस तरह की बातें करती है?

—भौं कुछ बोलती है।

फ्रंटियर में, मुल्क पाकिस्तान के फ्रंटियर प्रांत में जन्मा डाक्टर जसराज आम आदमी से निकटता कायम करने की कोशिश में गढ़वाली भी सीखने लगा है। पर वह अभी तक 'भौं कुछ' का अर्थ नहीं जान पाया।

—भौं कुछ? भौं कुछ माने क्या? डाक्टर ने हैरान होकर नया प्रश्न किया है।

—सरोज के रोग का इतिहास जानने से पहले जसराज डाक्टर को गढ़वाली के भौं कुछ शब्द का ठीक-ठीक अर्थ जानना होगा। सरोज की आँखें बन्द हैं। उसका मुँह भी बन्द है। लोगों को लग रहा है डाक्टर की दवा कुछ असर दिखाने लगी है। डाक्टर पूछ रहा है—क्या हम किसी दूसरे कमरे में जाकर बात नहीं कर सकते? इसे थोड़ा आराम न करने दें?

डाक्टर के सवाल से परेशान लोग सरोज क्या-कुछ बकती रहती है इसका खुलासा करने की हिम्मत नहीं जुटा पा रहे हैं। वे अलग कमरे में जाने से भी घबड़ा रहे हैं। न जाने गाँव का कौन हलका छोकरा अपने मन में बातें न पचा सके और अपने को महत्वपूर्ण साबित करने के लिए बक-बक करने लगे? लोग असमंजस में हैं।

डाक्टर उठने लगा है। उसके साथ और कई लोग, बँटे हुए गाँव के सभी धड़ों के लोग, भी वहाँ से बाहर निकलने की तैयारी में जमीन से उठ खड़े हुए। डाक्टर का ख़याल है अलग कमरे में शायद लोगों से कुछ ठोस जानकारी मिल पाएगी।

डाक्टर को इस बात का ज़रा भी आभास नहीं कि वहाँ बैठे लोगों मे अगर किसी एक की जुबान से कोई एक भी बात निकल आई तो अंजाम अच्छा नहीं होगा। और तब वहीं पर, मौके पर, कोई कांड घटित न हो जाय इस संभावना से भी इनकार नहीं किया जा सकता। राजाशाही के ज़माने की बातें, लोगों की यादों में पीढ़ी-दर-पीढ़ी ज़िन्दा बातें, जिनका अभी तक किसी ने जिक्र नहीं किया, सिवाय सरोज के, आखिर उन बातों की खुलेआम चर्चा कोई कैसे कर सकता है?

सरोज ने आँखें खोलीं और एक बार वहाँ उपस्थित डाक्टर को देखा। लोग ऐसा समझ रहे हैं। पर सरोज न जाने किसे देख रही है, वह न जाने कहाँ देख रही है। डाक्टर को मालूम है, सरोज उसे नहीं देख रही है।

उसका रोग पता नहीं उसे क्या-क्या नज़ारे दिखा रहा है।

सरोज जो कुछ देख रही है, बतलाने लगी है। डाक्टर फिर से अपने स्थान पर बैठ गया है। लोगों ने उसकी कोई मदद नहीं की, उन्होंने उसके सवालों का कोई जवाब नहीं दिया। कोई बात नहीं। सरोज खुद ही उसकी जिज्ञासा शान्त कर देगी।

—काली कलकत्ते वाली, ब्रह्मा की बेटी इन्दर की साली। बटिया से अलग हटो! मैं आ रही हूँ। खबरदार, खबरदार। खाऊँ, तेरे वंश को कच्चा चबा जाऊँ। जिसने मुझे मारा उसके वंश का नाश करूँगी। रूड़[1] पड़ी है। वन में कहीं घास का तृण नहीं दिखाई दे रहा है। औरतों के सामने अपने गोरू को ज़िन्दा रखने की समस्या खड़ी हो गई है। बुरी बात यह है कि चारों ओर बणाँग[2] लगी है। दसों दिशाओं में धुआँ दिखाई दे रहा है। पानी के धारे सूख गए हैं। गाँववालों के सामने पीने के पानी की समस्या भी विकराल रूप धारण कर खड़ी हो गई है। अबके जाड़ों में लोगों ने राजा का राज खत्म कर दिया। राजा के खास अहलकार पदमदत्त रतूड़ी के कौड़िया[3] के बागीचे पर एक जिमदार ने जौलंगी गाँव के जिमदार ने कब्जा कर लिया है। पदमदत्त अब जरा इस बागीचे के अन्दर घुस कर देखे। वह राज गया, जब दरबार की इजाजत के बगैर प्रजा के लोग खेतों में फलों के पेड़ नहीं उगा सकते थे। पदमदत्त, जँगलात महकमे का सबसे बड़ा हाकिम। राजा के राज में किसानों पर भयंकर जुल्म ढोने वाले हाकिमों में उसकी गिनती की जाती है। तिलाड़ी का ढंढक[4] उसी की मेहरबानी से हुआ था। विलायत से पढ़ कर लौटे पदमदत्त ने ओहदा सँभालने के बाद वन विभाग के कायदे-कानून में तब्दीली करवा दी थी। तब रियासत के तमाम दूसरे वनों की तरह कौड़िया के मीलों तक फैले जंगलों में घसियारिनों पर सख्ती बढ़ने लगी थी। रूड़ पड़ने पर घास के संकट के दौरान आरक्षित वन में दराँतियाँ लेकर प्रवेश करने वाली घसियारिनों की वन विभाग के कर्मचारी दराँतियाँ जब्त कर लेते। उन्हें बेइज्जत भी किया जाता। उन पर भारी-भारी जुर्माना ठोंक दिया जाता। जुर्माने की रकम जमा करने उनके घरों के मर्द लोगों को रेंज दफ्तर के चक्कर काटने पड़ते। जौलंगी, काफलपाणी, डाबरी, सेमवालगाँव, किरगिणी, बेरगिणी, बमणगाँव, सेलूर आदि अनेक गाँवों की घसियारिनें सदियों से इसी वन में घास काटती रही हैं। बीस गाँवों का साझा वन। इस साल जँगलात विभाग के खिलाफ़, भूतकाल में बनाए गए उसके सख्त कायदे-कानूनों के खिलाफ़, लोग अपना गुस्सा जंगलों पर उतारने लगे। आज़ादी मिल गईं, अब जो चाहे कर लो। अब कोई जँगलाती तुम्हें गिरफ्तार नहीं कर सकता। तुम्हारे घरों की घसियारिनों की दराँतियाँ अब वह जब्त नहीं कर सकेगा। लोगों ने कौड़िया के जंगलों में आग लगाना शुरू कर दिया। तबियत से आग लगाने का सिलसिला शुरू हो गया है। आने वाले दिनों में कभी आसमान

1. भयंकर गर्मी

2. दावानल

3. किसान

4. विद्रोह । 30 मई सन् 1930 को टिहरी-गढ़वाल रियासत के खाँईं प्रान्त के किसानों ने चरान-चुगान घास-लकड़ी संबंधी अपने वन-अधिकारों की रक्षा में सामन्ती शासन के खिलाफ यमुना किनारे तिलाडी मैदान में विद्रोह की शुरुआत की थी, सामन्ती हुकूमत ने फौज को बुला कर उस विद्रोह को कुचलने की कार्यवाही की थी। निहत्थे किसानों पर गोलियाँ चला कर अठारह किसानों को मौके पर ही शहीद कर दिया था, सैंकड़ों लोगों को टिहरी जेल में ठूँस कर उन्हें भी लम्बी-लम्बी सज़ाएँ दी गई थीं। उनमें से अनेक लोगों की जेल में ही मृत्यु हो गई थी।

पानी बरसायेगा तो आग के जलाए हुए इन खाकी हो उठे वन क्षेत्रों में बहुत अच्छी घास पैदा होगी। हरी-भरी, कोमल घास। ये भोले-भाले, नाजानकार लोग ऐसा मानते हैं। इन पर रहम कर, रहम कर, रहम कर मेरे मेहरबान! तेरे सफेद घोड़े को सलाम मेरे मेहरबान! तेरे सलीमशाही जोड़े को सलाम मेरे मेहरबान! सरोज ने बोलना बन्द कर दिया है। वह एकदम खामोश हो गई है। उसकी आँखें मूँद गई हैं।

डाक्टर जसराज समझने की कोशिश कर रहा है। सरोज के मुख से निकलने वाली बातों से वह गढ़वाली शब्द भौं कुछ का अर्थ भी समझ लेना चाहता है। डाक्टर कौड़िया के जंगलों में, उनके विस्तार में फँस गया लग रहा है। किस चीज के बारे में बोल रही है? उसने सवाल किया है।

—भौं कुछ बोल रही है।

—लेकिन वह गाली तो किसी को नहीं दे रही है?

—हमेशा गाली कहाँ देती है? गाली नहीं देती, वह तो भौं कुछ बोलती रहती है। यह बात साफ हो रही है कि भौं कुछ का मतलब गाली नहीं होता। सिर्फ गाली नहीं होता। भौं कुछ का मतलब काफी कुछ होता है। डाक्टर उसका ठीक-ठीक अर्थ समझने की चेष्टा कर रहा है।

सरोज की आँखें खुल गई हैं। उसने फिर बोलना शुरू कर दिया है—रूढ़ की मार से परेशान रेंजर आजकल टिहरी घाटी में अपने दयारा स्थित मुख्यालय को छोड़कर अस्थाई तौर पर कौड़िया के रेंज दफ्तर में आकर रहने लगा है। बणाँग ने उसे खासा परेशान कर दिया है। रेंजर ने इलाके के गाँवों के सयाणों और भले-भले, मान्य लोगों की कौड़िया रेंज दफ्तर में बैठक बुलाई है। आग पर काबू पाना ग्रामवासियों की हमेशा से जुम्मेदारी रही है। राजा का राज होता तो जँगलाती आग बुझाने के लिए के भले-भले लोगों की बैठक नहीं बुलाते, गाँववालों को खुद ही आग बुझाने जलते वनों में पहुँच जाना होता। जो शख़्श गैरहाज़िर पाया जाता उस पर जुर्माना ठोंक दिया जाता। जिस राह चलते मुसाफिर को वन में आग दिखाई दे जाय उसके लिए कानूनी तौर पर लाजमी था कि वह आग को बुझाने के काम में मदद करे। रेंजर सयाणों की बैठक में वनों के जलाए जाने पर चिन्ता प्रकट करते हुए उन्हें बता रहा है—इन जंगलों का मालिक पहले राजा होता था, अब राजपाट जनता के हाथों में आ गया है। लिहाजा वनों की मालिक अब जनता है। मालिक आप लोग हैं। वनों की रक्षा का भार अब आपके ऊपर है।

राजा के राज में इस तरह की बैठकें कभी होती नहीं थीं। सभाओं में क्या कहा जाय और कैसे कहा जाय इस बात का कायदा अभी सयाणों को नहीं मालूम। उन्हें सिर्फ अहलकारों के द्वारा सुनाए गए हुक्म का पालन करना आता है। रेंजर की हाँ में हाँ मिलाते हुए उन्होंने भरोसा दिलाया है कि वे आग पर काबू पाने में मदद करेंगे। नए राज में वे घबड़ाए हुए लग रहे हैं। वे बोल रहे हैं हम अपने गाँवों की औरतों को समझाएँगे, उन्हें

जंगलों का नुकसान करने से मना करेंगे।

लेकिन जंगल की ओर समूहों में बढ़ रही घसियारिनों को इस बात के बारे में कुछ भी नहीं मालूम कि कौड़िया के रेंज दफ्तर में उनके गाँव-घरों के मर्द लोग वनों को आग से बचाए रखने के लिए, उसमें उगने वाली घास पर किसानों के अधिकारों की रक्षा करते रहने के बारे में किस तरह का फैसला कर रहे हैं, और किस-किस तरह के वायदे करके घसियारिनों पर बंधन कसने लगे हैं। काफलपाणी की बस्ती को पीछे छोड़ कर वे वालखा-खाल से भी आगे बढ़ गई हैं। बस्तियाँ पीछे छूट गई हैं, अब वे सब वन के अन्दर हैं। घने वन के अन्दर। इस वन में घसियारिनों पर, औरतों पर सदियों से ज़ोर जुल्म होते आए। अब आज़ादी आई है। नया राज आया है। बड़ी मुश्किल से आया है। अब यहाँ, कौड़िया के जंगलों में, वे मर्दों की नहीं चलने देंगी।

अलग-अलग गाँवों की घसियारिनें रोज इसी वन में आती हैं। वे आपस में सबको जानती-पहचानती हैं। अपनी-अपनी उम्र के अनुसार उनकी दोस्ती का दायरा बढ़ता रहता है। आज दमयन्ती के मन में सुबह से ही कुछ अजीब बातें उठ रही हैं। आज़ादी का मतलब क्या होता है? क्या सिर्फ मर्द ही आज़ाद हुए? उस आज़ादी से औरत का भी कुछ लेना-देना है कि नहीं है? यह आज़ादी औरत को, आदमी की तरह, एक इन्सान मानती है कि नहीं मानती? वन में पूरे-पूरे दिन औरतों को रहना पड़ता है। दराँतियाँ, औरतों पर जबर्दस्ती करके, उनके हाथों से छीनी जाती हैं। उस वन की आग के बारे में, वहाँ की घास के बारे में उनसे क्यों नहीं पूछा जाता? यह कैसी आज़ादी आई है, जिसमें औरत गुलाम की गुलाम रह गईं? हमें सिर्फ घास काटनी है और भैंस का गोबर साफ करना है?

वालखा-खाल पार करते ही दमयन्ती ने राह चलते-चलते गाँव-गाँव की जवान बहू-बेटियों की एक जबर्दस्त भीड़ जमा कर ली है। वह उन्हें कुछ समझा रही है। कौड़िया में रेंजर के शिविर कार्यालय में सयाणों की भीड़ जमा है। सयाणों की मंजिल रेंजर-दफ्तर है। वे अपनी मंजिल पर पहुँच कर बैठ गए हैं। घसियारिनों की मंजिल अभी और आगे हैं, अभी काफी दूर है। उन्हें अपनी मंजिल पर पहुँचना है। घसियारिनें चलते-चलते रास्ते के नीचे, वन-चौकी में बैठे सयाणों को एक हिकारत भरी नज़र से देखती हुई वहाँ से और आगे बढ़ गईं। पानी के गधेरे के पास पहुँच कर वे रूक गई हैं। कौड़िया के बाँज के घने जंगलों को समविभाजित करता हुआ यह गधेरा सबकी प्यास बुझाता है। इस गधेरे में काफी पानी बहता रहता है, बाँज की जड़ों का ठंडा पानी। पानी, जिसके बारे में पूरे गढ़वाल के कोने-कोने में गीत गाए जाते हैं—ठंडो पाणी पी जा छुमा बाँज की जड़्यों कू। जमीन पर झुक कर पानी पी लेने के बाद घसियारिनें उठीं। तब दमयन्ती ज़ोर से चिल्लाई—हम मर्दों के नीचे, और उसके साथ वहाँ जमा युवतियों की भारी भीड़ ने नारा लगाया—नहीं रहेंगी। हम मर्दों के नीचे—नहीं रहेंगी। हम मर्दों के नीचे—नहीं रहेंगी।

बूढ़ी औरतें, माताएँ और सासें घबड़ाने लगी हैं। इन छोरियों का क्या हो गया है? ये क्या बोल रही हैं? ऐसा कभी हुआ है? ऐसा हो सकता है? मर्दों के नीचे नहीं रहेंगी।

तो कहाँ रहेंगी?

उनकी बातों की परवाह न कर दमयन्ती का और उसके साथ सैकड़ों दूसरी घसियारिनों का कौड़िया के जंगल में नारा लगातार गूंजता जा रहा है—हम मर्दों के नीचे, नहीं रहेंगी।

जंगल में इस तरह का नारा कभी नहीं लगाया जाता था। जंगल में इससे पेश्तर कोई नारा लगाया ही नहीं जाता था। जंगल में औरतें रहती थीं, घसियारिनें रहती थीं। वे कोई नारा कैसे लगा सकती थीं? उनकी क्या मजाल थी कि वे नारा लगाने लगें? और वह भी वन में?—हम मर्दों के नीचे, नहीं रहेंगी। हम मर्दों के नीचे, नहीं रहेंगी।

उन नारों की बुलन्द आवाज़ रेंजर के साथ मीटिंग में बैठे सयाणों को भी सुनाई देने लगी है। साफ-साफ सुनाई दे रही है। राजा के ज़माने के सयाणों की समझ में भी उस नारे का मतलब नहीं आ रहा है। कैसा कठिन जमाना आ गया है? आज़ादी का यह मतलब उनकी समझ से एकदम बाहर है। कम पढ़े-लिखे, बहुत कम पढ़े-लिखे, उमरदार सयाणे। औरतें तो हमेशा से, हजारों वर्षों से मर्दों के नीचे रहती आई हैं। उनकी जगह वहीं बनी हैं। औरत भी आज़ाद हो जाएगी? आपस में भयभीत होकर वे एक-दूसरे को ताकने लगे हैं। आज़ादी टिहरी शहर को पार कर कौड़िया के बॉज-बुरास-चीड़-देवदार-अँयार- मौरू के जंगलों में फैलने लगी है। अब सबको आज़ादी है। आज़ादी को भी आज़ादी है। वह जहाँ चाहे, वहाँ फैले। शहर में फैले, गाँव में फैले, जंगल में भी फैलती है तो फैल जाय। बेशक फैले। जब अपना राजा नहीं रहा तो लोग जो कर सकें, वो करें, जैसा चाहे वैसा करें। सब कुछ बर्दाश्त हो जाएगा। पर औरत का आदमी के ऊपर चढ़ बैठना, उसके ऊपर हो जाना? आदमी नीचे और औरत उसके ऊपर! यह कैसे सहा जाएगा? आज़ादी का यह रूप कैसे बर्दाश्त होगा? आज़ादी की यह कैसी बणाँग फैलने लगी है बद्रीनाथ? कहाँ चला गया बद्रीनाथ? तू भी राजा के हटते ही कहीं लोप हो गया है?

भन्ती ओबरे का किवाड़ खटखटा रही है। ज़ोर-ज़ोर से खटखटा रही है। ओबरे के अन्दर दन्ती पर उसका कोई असर नहीं हो रहा है। उसकी ओर से न कोई जवाब आ रहा है न कमरे के अन्दर उसके उठने या खड़े होने का कोई लक्षण मालूम हो रहा है। भन्ती तो, लगता है, आज किवाड़ को उखाड़ ही फेंकेगी। वह बहुत घबड़ाई हुई मालूम हो रही है, ऐसे कि जैसे उसकी पीठ पर कोई बाघ छलाँग लगाने को तैयार बैठा हो।

दन्ती को उठ कर किवाड़ खोलना ही पड़ा है। भन्ती अन्दर पहुँची और अपनी माँ से लिपट गई। माँ असमंजस में है। उसने बेटी को मजबूती से भींच लिया है। दोनों के मुख से कुछ भी, कोई भी बोल नहीं निकल पा रहे हैं। दोनों रोने लगी हैं। एक-दूसरी से ज़ोर से लिपटी रोने लगी हैं।

बहुत देर के बाद दन्ती के मुख से बोल फूटा—मेरी भन्ती! और कुछ नहीं किया जा सकता।

—मैं वहाँ नहीं सो सकती।

—वह हमें पाल रहा है। उसके डर के कारण तेरे ताऊ की मुझे इस मकान-जमीन से बाहर निकालने की हिम्मत नहीं हो पाई। उसने कई बार मुझे बाहर धकेलने की कोशिशें कीं। तब मैंने कीर्ति से तेरा ब्याह बहुत छोटी उम्र में कर दिया था। तेरे ब्याह के बाद उसकी हिम्मत नहीं हुई कि मुझे यहाँ से चले जाने को कह सके।

—जमीन मेरे बाप की है।

—तेरे बाप की जमीन तब तक थी जब तक वह खुद ज़िन्दा था। अब यह जमीन न तेरी है, न मेरी है।

—राज बदल गया है, अब तो जमीन भी हमारी होगी, मकान भी हमारा होगा।

—राज बदला है, राजा को हटा दिया गया है। पर राजा के ज़माने के कानून तो नहीं बदले? जमीन जायदाद पर मरे हुए आदमी की विधवा का और उसकी बेटी का आज भी कोई हक नहीं बनता। जायदाद जब भी मिलेगी, बेटे को ही मिलेगी, बेटा नहीं होगा तो मृतक के भाई-बन्द उसके वारिस होंगे। मैंने कीर्ति से तेरा रिश्ता न किया होता तो आज तक पता नहीं तेरी और मेरी क्या गति हो जाती। कहाँ तू होती, कहाँ मैं होती? हम दोनों आज तक ज़िन्दा भी रह पातीं कि नहीं।

दन्ती अँधेरे ओबरे में फर्श पर बिछाए गए पत्तों के बिछौने पर अपने पास बैठी अपनी काँपती हुई बेटी की पीठ थपथपा रही है। वह उस का बदन सहलाने लगी है। बेटी ने अपनी माँ को बहुत ज़ोर से जकड़ लिया है। इस वक़्त बेटी का पूरा भय, उस के कंपन का पूरा दर्द, माँ के शरीर के अन्दर भर गया है। उस माँ को लग रहा है कि बन्द किवाड़ों के भीतर फर्श पर एक बिछौने जैसी चीज के ऊपर निपट अंधकार में वह किसी अजनबी देह की मजबूत गिरफ्त में जकड़ी छटपटा रही है। उस निर्दयी की हरकतों से उसकी रक्षा करने वाला वहाँ कोई नहीं। वह अपनी भयभीत बेटी को चूमने लगी है। ज़ोर-ज़ोर से चूमने लगी है। वह अपने को भारी संकट में महसूस कर रही है। दन्ती रोती जा रही है, लगातार रोती जा रही है। उसे पता नहीं क्या-क्या याद आ रहा है, क्या-क्या याद आने लगा है। कितने बुरे, कितने विकट दिनों की, उन दिनों से जुड़े अपने पुराने लोगों और घटनाओं की रह-रह कर यादें आने लगी हैं। इसी अँधेरे ओबरे में, इसी स्थान पर भन्ती के जन्म लेने की पुरानी याद से लेकर कुछ देर पहले बौंड के कमरे में अचानक किवाड़ को भिड़ कर उसे बाहर खड़े कीर्ति के हवाले कर देने तक की ताज़ा घटनाओं की यादें।

दन्ती फूट-फूट कर रोने लगी है। वह अपनी रूलाई को चाहते हुए भी रोक नहीं पा रही है। दन्ती को अपना फर्ज़ पूरा करना है। वह माँ है। जन्मदात्री माँ। पर इस वक़्त एक सास का फर्ज़ भी उसे ही निभाना होगा। एक कठिन फर्ज़। उसने भन्ती को अपने साथ सो जाने को कहा। भन्ती अपनी विश्वासपात्र माँ के साथ गीले फर्श पर बिछाए गए उन पत्तों के बिछौने के ऊपर आश्वस्त होकर लेट गई है। अपनी माँ के साथ वह अपने को बहुत सुरक्षित महसूस करने लगी है।

तब अपने पसीजते, धड़कते दिल को मज़बूत करती हुई दन्ती पत्तों के बिछौने से उठ खड़ी हुई। पलक मारते ही वह ओबरे से बाहर निकल आई और एक झटके से किवाड़ को खींच कर उसने बाहर से साँकल चढ़ा दी। दनादन सीढ़ियाँ चढ़ कर वह बौंड के कमरे में जा पहुँची। कीर्ति को डाँटते हुए बोली—तू उसे बन्द करने के अन्दर भी नहीं थाम सका?

कीर्ति खामोश। वह कुछ भी बोल नहीं पा रहा था।

दन्ती ने कहा—तू बन्द कमरे में भी पकड़ नहीं सकता? बौंड में नहीं थाम पाया, अब नीचे ओबरे में जा। अब मत भागने देना उसे। इन पर रहम कर, रहम कर, मेरे मेहरबान! तेरे सफेद घोड़े को सलाम मेरे मेहरबान! तेरे सलीमशाही जोड़े को सलाम मेरे मेहरबान!

रिफ्यूजी डाक्टर रात भर सरोज के पास बैठा रहा। आज की रात वह भी नहीं सोया। रात भर वह उस कमरे में जमे, सभी धड़े के लोगों की बातें सुनता रहा। और सरोज क्या कुछ कहती जाती है, यह भी गौर से सुनता रहा।

डाक्टर जल्दी में लग रहा है। उसे टिहरी के सरकारी अस्पताल में पहुँच कर अपनी हाज़री देनी है। उसे सरकारी काम करना है। वह फिर आने की बात कह गया है।

गाँव की सीमा के पास मातबर के मकान के बाहर डाक्टर के इन्तज़ार में खड़े मातबर और सोहबत उससे सरोज के रोग के लक्षण पूछने लगे हैं—क्या हाल हैं डाक्टर साहब?

उसके पास फालतू गप्पें मारने का समय नहीं। फिर भी, जाते-जाते, उस ने अपनी बात बता दी है—सब के हाल भौं कुछ हैं।

प्रकाशित 'लोर्का'

धाध

जहाँ-जहाँ तक नज़रें जा सकती थीं लोग दौड़ते हुए नज़र आ रहे थे। बेतहाशा। सभी उम्रों के लोग। बच्चे भी और बूढ़े भी। जवान और अधेड़ तो थे ही, कुछ लड़कियाँ और युवतियाँ भी उस भीड़ में शामिल हो गई थीं।

बूढ़ा फतरू अपने खराब स्वास्थ्य के कारण पिछले कई बरसों से अब कहीं मजूरी वगैरह के काम पर नहीं जाता। घर पर ही रहता है। लगातार। उसने अपने गाँव के देहाती बाज़ार में जाना भी छोड़ दिया है, जोकि उसके घर से करीब आधा मील की दूरी पर है। उसका बेटा गोबरसिंह चंडीगढ़ में नौकरी करता है। गाँव में रह रहे अपने माँ-बाप के लिए हर महीने वहाँ से मनीआर्डर भेजता रहता है। फतरू को, पिछले कुछ सालों से चलने-फिरने में बहुत तकलीफ़ होने लगी है। पाँव जमीन पर रखता है तो टखने दर्द करने लगते हैं। बहुत तेल मालिश की। घरेलू दवाओं से कोई फायदा न होने के बाद कई तरह की आयुर्वेदिक दवाओं का भी सेवन कर लिया। कुछ अंग्रेजी दवाएँ भी लीं। लेकिन किसी तरह का सुधार नहीं हो सका। रत्ती भर भी नहीं। गोबरसिंह ने छुट्टी पर घर आने पर अपने पिता से कई बार आग्रह किया कि वह उसके साथ चंडीगढ़ चला चले। वहाँ बहुत बड़ा अस्पताल है। एक से एक जानकार डाक्टर। घुटनों की तकलीफ़ को जड़ से मिटा देंगे। फत्तू कहता है अब क्या ठीक करवाने हैं घुटने। बुढ़ापा तो अपने में एक रोग है। वो ज़माने गुजर गए जब वह पहाड़ों पर काखड़ की तरह दौड़ लगाया करता था। और अपनी बुढ़िया को घर पर अकेले छोड़ कर चंडीगढ़ जाने का भी फतरू का मन नहीं करता। इस उमर में दोनों को साथ रहना चाहिए। कुछ हो हुवा गया तो आखिरी समय पर दोनों एक-दूसरे को देख तो सकेंगे। मिट्टी के सहारे पत्थर, पत्थर के सहारे मिट्टी।

उस वक़्त वह ऊपरी मंजिल में बनी अपनी तिवारी पर बैठा सुबह की चाय के साथ हुक्का गुड़गुड़ा रहा था। ओबरे में चलने वाले रसोईघर से हमेशा की तरह उसकी बुढ़िया सुबह के वक़्त चाय के साथ उसका हुक्का भी सजा कर लेती आई थी। हुक्के को राख से माँजने-धोने के बाद वह वहाँ रख गई। फिर साज पर तम्बाकू भर कर उसने उसके ऊपर धधकते हुए कोयले रखे और उस गरम-गरम मिट्टी की साज को ताज़ा पानी से भरे हुक्के के सिर पर जमा दिया। फतरू चाय भी पीता रहेगा और तिवारी पर बैठे-बैठे हुक्का भी

गुड़गुड़ाता रहेगा। सुबह की चाय के साथ वह हमेशा तम्बाकू पीते रहने का आदी है।

उधर गाँव की सड़क पर अचानक हल्ला फैल गया था। ऐसा शोर, जो इससे पहले ज़िन्दगी में कभी नहीं सुना। ऐसी दौड़, जो पहले कभी नहीं देखी। लोग भाग रहे थे और भागते-भागते अपने-अपने मुँह से विचित्र आवाज़ें भी करते जा रहे थे। ऐसे कि जैसे वे अपने आपे में न रह गए हों। कुछ लोग अपने मुँह में उँगली दबा कर उसके जोर से सीटियाँ भी बजाते जा रहे थे। पता लगाना काफी मुश्किल बात थी कि कहीं क्या हो गया है और लोगों के अपने तन-बदन की परवाह न कर इस तरह 'मुट्ठियों पर थूक लगा कर' दौड़ लगाने का क्या मतलब हो सकता है। फतरू के लिए तो पता लगाना और भी मुश्किल बात थी। अपने आँगन से होकर सरपट दौड़ लगा रहे गिरधारी पर उसकी नज़र पड़ी।

गिरधारी के साथ फतरू के ताल्लुक अच्छे नहीं हैं। काफी समय पहले से दोनों की आपस में बोलचाल नहीं। दुआ-सलाम तक नहीं। ऐसे ताल्लुक के कारण गाँव के आखिरी छोर पर रहने वाले गिरधारी की फतरू के आँगन के रास्ते आवाजाही बन्द है। फतरू की निगाहों से बचने के लिए वह उस राह से हट कर थोड़ा लम्बी राह पर चलता है। दुष्ट जन की सूरत जितना कम दिखाई दे उतना अच्छा। ऐसे आदमी की सूरत देखने के बजाय थोड़ा लम्बी राह पार कर लेना ज़्यादा बेहतर। मन साफ रहता है। उसमें बुरे विचार नहीं आते। कहीं मंगल काम पर जाते हुए तो और भी ज़रूरी होता है कि ऐसे लोग आँख के सामने न पड़ें। गिरधारी दूर के रास्ते से आवा-जाही करता है। उसके आँगन में नहीं आता। लेकिन आज हड़बड़ी में और इस हालत में उधर आ लगा है तो जरूर कोई खास बात है। कोई अनहोनी बात। कहीं कुछ हो गया है। भागते हुए गिरधारी को फतरू ने आवाज़ दे कर पूछ ही लिया—अरे, क्या हुआ, क्या?

—काखड़ आया है, काखड़। चालीस बरस के गिरधारी ने फतरू की ओर देखे बगैर दौड़ते-दौड़ते कहा।

भागता हुआ एक काखड़ उधर आ लगा है। वह गाँव की सीमा में चला आया है और घाटी में बह रही भीलाँगना नदी की तरफ भाग रहा है। और उसे मार गिराने के लिए लोग उसका पीछा करने लगे हैं। उसे मार गिराना अपनी सामूहिक जिम्मेदारी समझते हुए एक पूरा का पूरा गाँव उसका पीछा करने लगा है। जंगल से बस्ती की ओर निकल आया है। यहाँ आदमियों की बस्ती में, लोगों के बीच क्यों चला आया? अब आ गया है तो उसे ज़िन्दा नहीं छोड़ा जाना चाहिए। बड़ी मुश्किल से हाथ आता है ऐसा सुन्दर शिकार। घेर लो उसे। बच कर जाने न पाए। उसकी बोटी-बोटी बाँटी जाएगी। उन सब लोगों के बीच बाँटी जाएगी जो उस अभियान में शामिल हो रहे हैं। पूरी घाटी के गाँव-गाँव के लोग। चाहे जितने भी लोग हों। इसे सिन्नी (सिरनी) बाँटना कहा जाता है। यह समाज का नियम है। इसका उल्लंघन हो ही नहीं सकता। कितनी ही छोटी बोटी क्यों न बनानी पड़े, पर मिलेगी सबको। रीठे की दानी? अजी, चाहे उसके भी टुकड़े करने पड़ें। सिन्नी के बाँटे जाने में किसी को बिराया नहीं जा सकता, (छोड़ा नहीं जा सकता)। सिन्नी माने सिन्नी।

गर्मियों का मौसम। कई दिनों से आसमान से पानी का एक छींटा नहीं बरसा। लोगों के सामने पीने के पानी की समस्या खड़ी हो गई है। कुल जलधाराएँ सूख गई हैं। बहुत विकट गर्मी पड़ने लगी है। लोगों को भविष्य में आसमान से पानी बरसने की आशा है। जंगलों-चरागाहों में घास की अच्छी, नई कोंपलों के उगाए जा सकने की तैयारी में, उन्होंने चारों ओर के वनों में आग लगा दी है। धरती पर सूखे पत्तों के बिछौने के फैले रहने पर नई कोंपले ठीक तरह से नहीं उग सकतीं। वहाँ की सूखी घास, झाड़ियाँ, लताएँ और पेड़ धू-धू कर जलने लगे हैं। आग की लपटें विकराल गति से पीछे की ओर से, पहाड़ के शिखरों की ओर से दूसरे जंगलों और इन्सानी बस्तियों की ओर बढ़ती चली आ रही हैं। चारों दिशाओं में प्रचण्ड आग फैलती जा रही है।

जंगलों में छुप कर शान्तिपूर्वक रहने वाले जंगली जानवर संकट में पड़ गए हैं। अपनी जान बचाने के लिए वे सब वहाँ से सुरक्षित इलाकों की ओर भागने लगे हैं।

संकट के ऐसे मौके पर जंगल के बाघ जैसे हिंसक जानवर आफत के मारे वहाँ से पलायन कर रहे पशुओं पर हमला नहीं करते। बेबस हिरन बाघ के एकदम पास आकर, उससे सट कर खड़ा हो जाय, बाघ तब भी हिरन पर हमला नहीं करेगा। यह प्रकृति का नियम है, जो किसी क़ानून की किताब में नहीं लिखा रहता, उसके खून में मौजूद रहता है। उस का उल्लंघन हो ही नहीं सकता। वन के कुल जानवर इस नियम से बँधे होते हैं। किसी पशु को यह बताए जाने की ज़रूरत नहीं पड़ती कि इस वक़्त वे सब एक आसन्न संकट से घिरे हैं।

गिरधारी से काखड़ के इधर आने की सूचना मिलते ही फतरू ने चाय-भरा गिलास जमीन पर धर दिया और उत्साहित होकर अपनी जगह पर उठ खड़ा हुआ। तिवारी के एक कोने पर पड़े जूतों के भीतर बहुत हड़बड़ी में उसने अपने पाँव फँसाए और नीचे आँगन में जाने के लिए सीढ़ियाँ उतरने लगा। ओबरे के एक अँधेरे कोने पर बने चूल्हे पर रसोई बना रही उसकी बहरी बुढ़िया को कोई खबर नहीं लग पाई। फतरू गिरधारी के पीछे-पीछे दौड़ पड़ा। ऐसा मौका बार-बार नहीं आता। वह अपने आप नहीं दौड़ रहा था, जंगल से इंसानी बस्ती की ओर भागता आ रहा एक हिरन उसे दौड़ाने लगा था।

फतरू गिरधारी की बराबरी पर नहीं दौड़ सकता था। लेकिन अपने घुटनों की पीड़ा को भुला कर वह किसी बच्चे की तरह दौड़ लगा रहा था। उसका ध्यान, इस वक़्त, सिर्फ हिरन पर केन्द्रित था। भागते हुए हिरन को वह एक बार अपनी आँखों से देख लेना चाहता था। और उसे घेरने के काम में अपने गाँव-बस्ती के लोगों की सच्चे दिल से मदद करना चाहता था। इस वक़्त जिससे जितना बन पड़े, उसे हिरन को घेरने, मार देने के काम में शामिल होना चाहिए।

जंगल के हिंश्र जानवरों के घेरे से सुरक्षित तौर पर इंसानी बस्तियों की ओर भाग आने वाले काखड़ को मालूम हो चुका था कि इतने सारे लोग उसका पीछा क्यों कर रहे हैं। आग की प्रचण्ड लपटों को वह बहुत पीछे छोड़ आया था। लेकिन अब उसे जान के

असली लाले पड़े थे। पीछा करती लोगों की भीड़ से अपनी रक्षा करने के लिए उसने नदी में छलाँग पूरी कर उसके दूसरी ओर चले जाने की सोची। लेकिन नदी के उस पार भी, उसकी पूरी लम्बाई में जहाँ-जहाँ तक नज़रें देख सकती थीं, उसका वध करने के लिए वैसे ही हरकतज़दा लोगों की वैसी ही भीड़ मुस्तैद दिखाई दे रही थी।

नदी के दोनों तटों पर रहने वाले कुल लोग इस मौके पर अपने तुच्छ भेदभावों को भुला कर सामूहिक तौर पर एक हिरन की धाध खेलने में जुटे हैं।

देहरादून, 25 अप्रैल 2003, प्रकाशित 'सहारा समय', 7 जून, 2003

पाँव की जूती

बरसों के बाद वह अपने ज़िले में लौट रही थी। माँ की बीमारी का समाचार मिलने पर वे दोनों गाँव आ रहे थे। टिहरी-गढ़वाल रियासत के एक बहुत ग़रीब घर में जन्मा उस का पति देवीसिंह अब हिमाचल प्रदेश में सरकारी अफ़सर है। पति ग्रेज्युएट है। उस ने सर्विस में बहुत जल्दी तरक्की पा ली। अधिकारी बन गया है। अब उन का रूतबा बढ़ गया है। अब विभाग के मातहत कर्मचारी, उन के परिवार के लोग और दूसरे लोग शारदा को मेम साहब कहने लगे हैं। शिमला में अपने घर पर वह हमेशा अच्छे, साफ-सुथरे कपड़े पहने रहती है। अपने गाँव से शिमला पहुँचने के कुछ ही दिन बाद उसे लगा था कि वहाँ सलवार-कमीज पहनना ज़रूरी होता है। धोती-ब्लाउज पहनने का वहाँ की औरतों का चलन नहीं है। उस ने अपने लिए सलवार-कमीज बनवा लिए थे। जैसा देश वैसा भेष।

शिमला से हड़बड़ी में चले थे। घर से शिमला जाने के बाद पहली बार घर लौट रहे थे। पति के नाम एक तार आया था। लाल रंग एक का कागज दे गया था पोस्टमैन। उस पर सिर्फ इतना लिखा था—तुम्हारी माँ बीमार है जल्दी घर पहुँचो। तार के द्वारा संदेश भेजना भी इतना आसान नहीं होता। कभी-कभी तार के अपने ठिकाने पर पहुँचने में भी काफी समय लग जाता है। टिहरी से मीलों दूर बसे एक अलग-थलग गाँव में बैठ कर वहाँ से बाहरी दुनिया को तार नहीं भेजा जा सकता। घर से निकल कर टिहरी जाना पड़ता है। फिर वहाँ के डाकघर में लगाया गया तार फुरसत से चलता हुआ जब भी ठिकाने पर पहुँच सके। शरीर बूढ़ा हो जाता है तो उसकी शक्ति पर ज़्यादा भरोसा नहीं किया जा सकता। कब जवाब दे जाय। घर से दूर रहने पर ऐसे समाचार मिलते हैं तो मन कई तरह की चिन्ताओं-आशंकाओं से भर जाता है। जाने अब कैसी हालत होगी माँ की। शारदा को चलते वक़्त बहुत जल्दबाजी में फैसला करना पड़ा था कि रास्ते की रेल और बसों की यात्राओं के लिए, और गाँव में पहुँच कर वहाँ पहनने के लिए, किस तरह के कपड़े अपने साथ ले चले। बरसों से ट्रंकों में बन्द पड़ी साड़ियाँ उस ने बाहर निकाल ली थीं। उसके गाँव-पट्टी में औरतें घाघरा और आँगड़ी पहने रहती हैं। सर पर घास-लकड़ी के भारी-भारी गट्ठर लिए हुए भागीरथी के तट से दैंतखाल की चोटी तक चार मील की खड़ी चढ़ाई-उतराई को चींटियों की तरह पार कर जाने वाली औरतें। घर पहुँच जाने पर भी वह अब वहाँ घाघरा

और आँगड़ी नहीं पहनेगी। गाँव-जंगल में काम करने वाली औरतों का पहनावा! लेकिन शिमला की तरह कुर्ता-सलवार भी वह नहीं पहन सकेगी। वैसे कपड़ों को पहन लेगी तो गाँव और पट्टी रैका के औरत-मर्दों के बीच उस की ठट्ठा होने लगेगी। कपड़ों को निकाल-निकाल कर अटैची में रखते हुए शारदा दिमागी तौर पर तीन अलग-अलग जगहों में भटकने लगी थी। वह कभी हिमाचल प्रदेश की निवासिनी बनती, कभी टिहरी-गढ़वाल रियासत की सड़कों, शहरों में घूमने लगती और कभी पट्टी रैका की घसियारिनों के बीच शामिल हो जाती। प्रतापनगर की पैदल सड़क को पार कर हरी घास की तलाश में दैंतखाल की विकट चढ़ाई पर उस की चोटी की ओर लपकती हुई। इन तीन जगहों में औरतों को तीन तरह के रूप धारण करने पड़ते हैं। जहाँ पहुँच जाओ, वहीं का हो कर रहना पड़ता है। मेम साहब है तो शिमला में है, रैका पट्टी के गाँवों में पहुँच जाने पर तो उसे वहीं की बहू-बेटियों की तरह दिखाई देना चाहिए।

एक बार ऐसा हुआ कि हिमाचल के काँगड़ा जिले में शिमला से वह भी अपने पति के साथ दौरे पर चली गई। पति के दौरे पर चले जाने पर हर बार उसे घर पर अकेला रहना पड़ता था। वह काँगड़ा साड़ी पहन कर चली गई। वहाँ की औरतों के लिए वह एक तमाशा बन गई। औरतें उस पर नज़र पड़ते ही साड़ी ब्लाउज का उस का पहनावा देख आश्चर्य से आँखें फाड़ने लगतीं। उस से मिलने आई एक हम-उम्र युवती अपने को रोक नहीं पाई। बहुत शर्माते हुए उस ने शारदा से पूछा था—मेम साहब! आप के यहाँ की औरतें साड़ी के नीचे तो कुछ नहीं पहनती हैं न?

—नीचे पेटीकोट रहता है।

—पेटीकोट भी तो खुला ही रहता है। बँधा तो कुछ नहीं रहता?

—हम लोग ऐसे ही पहनते हैं।

—उसे नंगा नहीं मानते आप के यहाँ? शरम की बात नहीं होती मेम साहब?

और अब उसे एकदम दूसरी, पलटी हुई स्थिति के लिए अपने को तैयार करना पड़ रहा है। रैका पट्टी में साड़ी तो चल जाएगी पर कुर्ता-सलवार को देख कर वहाँ की औरतें कितना ताज्जुब करने लगेंगी। आँखें फाड़ती हुई औरतें उस पर हँसने लगेंगी, मर्द उस की ओर देखने के बजाय नज़रें कतराने लगेंगे। जवान औरत के तन पर कुर्ता और सलवार! वह भी मायके में नहीं, ससुराल में? ऐसी बेपरदगी! इस ज़िन्दगी में न जाने अभी और क्या कुछ देखना बाकी है? राजा का राज क्या गया कि घर की बेटी-बहू नंगी होने लगी हैं। उस राज में लाज शरम होती थी। अब तो सब कुछ बेपरदा हो चला है।

पाँच साल पहले अपने गाँव से शिमला के लिए प्रस्थान करते वक़्त वह जिन कपड़ों में गाँव से बाहर निकली थी, उस दिन उस का जो पहनावा था, उन कपड़ों को, उस पहनावे को वह कहीं पीछे छोड़ आई है। बहुत पीछे। ऐसे कि जैसे कोई किसी अनचाही चीज से निजात पाने के लिए उसे किसी बहती नदी के पानी में डाल दे। घर से निकलते वक़्त सास ने आगाह किया था—अपनी मरजाद पर रहना। वह मर्यादा कपड़ों में बँधी रहती है। कपड़ों से ढँकी रहती है। पहनावे को बदल देने पर मर्यादा उघड़ जाती है। और मर्यादा

को बचाए रखने का भार औरत के ऊपर होता है। सिर्फ औरत के ऊपर। एक औरत के लिबास बदलते ही उस के पूरे समाज की मर्यादा खतरे में पड़ गई लगती है। औरत ने कपड़े बदले और समाज बेपरदा हो गया। किसी समाज की सभ्यता का पता उस की औरत को देख कर लगता है। मर्द लोग तो जिस तरह के चाहें कपड़े पहन लें। उन के कपड़ों पर कोई उँगली नहीं उठा सकता। जिस लिबास में गाँव से बाहर निकली थी उसी भेष में वह अब अपने घर लौट नहीं सकती। और शिमला में वह जिस लिबास में रहती आई है, सलवार-कुर्ते में, उसे पहन कर अब वह अपने गाँव में भी नहीं लौट सकती। हर जगह का अपना-अपना चलन होता है। उन कपड़ों के बदले वह धोती-ब्लाउज पहन लेगी। उतना तो चल जाएगा। लोग जानते हैं कि बाहर से आ रही है, जहाँ आँगड़ी-घाघरी नहीं पहने जाते। धोती-ब्लाउज तो औरतें टिहरी में भी पहनती हैं। लेकिन पाँवों में पहने जाने वाले चप्पलों-जूतों का क्या होगा? जिस इलाके में औरत के पाँव नंगे रहते हैं, वहाँ के तमाम लोगों के बीच वह अकेली औरत ठक्क, ठक्क चप्पलें पहन कर घर के आँगन में पहुँच जाने की हिम्मत कर सकेगी?

शिमला से रेल की यात्रा शुरू कर परसों रात बस से वे ऋषिकेश पहुँच गए थे। रात एक होटल में गुजारी। सुबह ऋषिकेश से जिस बस में सवार हुए उस में गुड़, नमक, मिर्च-मसाले और दूसरे किस्म का बाज़ार का माल भी भरा था। अपर क्लास में छः यात्री बैठे थे। वे मजे में थे। उन की पीठ की ओर, ऊँची और निचली श्रेणियों को सु-विभाजित करने के लिए, लकड़ी की बल्लियाँ लगी थीं। बल्लियों के वहाँ लग जाने से कोई आदमी बस के अन्दर ही अन्दर आगे से पीछे या पीछे से आगे नहीं आ-जा सकता था। लोअर क्लास के यात्रियों को बस के एकदम पीछे पहुँच कर वहाँ से अन्दर घुसना होता था। ऐसे कि जैसे वे किसी अँधेरी गुफा के भीतर प्रवेश कर रहे हों। सुबह देवीसिंह के बुकिंग के खिड़की पर पहुँचने से पहले अपर क्लास के कुल टिकट बिक चुके थे। ड्योढ़ा किराया पड़ता था अपर का। किराए की कोई बात नहीं थी। देवीसिंह की देने की हैसियत थी। इच्छा भी थी कि उन को अपर क्लास की सीट मिल जाय। पर नहीं मिल पाई। अपर की सीटें भर चुकी थीं। ऋषिकेश से टिहरी के लिए दिन भर में मुश्किल से एक या दो बसें चलती थीं। पहली बस तैयार हो रही थी। दूसरी बस का कोई भरोसा नहीं था कब तक चल पाएगी। चलेगी भी या नहीं चलेगी।

देवीसिंह और शारदा को पीछे, लोअर में ही घुस जाना पड़ा। वहाँ बैठने वाले यात्रियों की संख्या की कोई सीमा नहीं होती थी। जितने भी ठूँसे जा सकें। आदमी के ऊपर आदमी चढ़ जाता है। चार लम्बी-लम्बी बेंचें लगी थीं, जिन पर यात्री आमने-सामने मुँह करके बैठते थे। अगर किसी यात्री को उल्टी आ जाय तो वह सामने की बेंच पर बैठ यात्रियों की गोद में उलटी कर बैठता था। बस आगे की ओर भागती थी, बेंचों पर बैठे यात्रियों के मुँह सड़क के दाईं-बाईं दिशाओं में रहते थे। आगे की ओर देखने के लिए गर्दन को टेढ़ा करना पड़ता था। कुछ ही देर वैसा करने पर गर्दन दर्द करने लगती।

बस के अन्दर लोअर की सीटों के बीच कुछ बाज़ार का माल भी भरा था। इतना शुक्र था कि आज बेंचें वहाँ से हटाई नहीं गई थीं। वर्ना माल ज़्यादा हो जाने पर बेचें हटा ली जाती हैं और यात्रियों को उसी माल के ऊपर जहाँ भी जगह मिल सके वहीं बैठना पड़ता है। कुछ यात्री बस के भीतर लबालब भरे उस माल के ऊपर लेट भी जाते हैं। ऐसे कि जैसे वे किसी गुफा के अन्दर लेटे हों। माल और उल्टी छत के बीच बैठने के लायक जगह वहाँ पर बची ही नहीं रहती। साहसी, ज़रूरतमन्द यात्रियों को वहाँ तक रेंग कर जाना पड़ता है।

आज लोअर में बेंचों के बीचोंबीच माल के बोरे डाल दिए गए थे। सवारियों को अपनी टाँगें उसी माल के ऊपर अटकाते-टिकाते हुए बस के भीतर अपने शरीर को नियंत्रित करने की मजबूरी झेलनी पड़ रही थी। रास्ते में कुछ ही देर के बाद दो-तीन लोगों को उल्टियाँ आने लगी थीं। उन के सामने की सीट पर और पड़ोस में जो लोग बैठे थे वे परेशान होने लगे थे कि अपने को उल्टियों की गंदगी, बदबू और भद्दे दृश्य की भयावहता से कैसे बचाए रखें। और ऐसा कौन सा उपाय करें कि उन उल्टी करने वालों की देखादेखी उन्हें खुद भी उल्टियाँ न आने लगें।

सँकरी, कच्ची मोटर सड़क पर गाड़ी के चलने से उड़ने वाली गर्द-मिट्टी ने बस के भीतर बन्द सवारियों की सूरतें बदल डाली थीं। धीमी गति से चलती हुई गाड़ी ने शाम के वक़्त यात्रियों को टिहरी के मोटर अड्डे पर पहुँचाया तो सब ने राहत की साँस ली। धूल-गर्द से भरे उन यात्रियों को उस वक़्त ठीक से पहचानना मुश्किल हो रहा था। उस भयंकर यात्रा में देवीसिंह की हालत खराब हो गई थी। अधिकारी बनने के बाद उसे हिमाचल में सरकारी जीपों से चलने की आदत पड़ गई थी। शारदा और भी ज़्यादा परेशान और पस्त थी। बस अड्डे से एक मील ऊबड़-खाबड़ राह पर पैदल चल कर वे किसी तरह टिहरी शहर में पहुँचे। उन के साथ चल रहे नेपाली मजदूर ने उन का सामान जीतराम उनियाल के डेरे पर पहुँचाया और मजदूरी ले कर विदा हो गया।

वे दोनों टिहरी शहर के सेमल-का-तप्पड़ में अपने गाँव के एक आदमी जीतराम के घर पर चले गए थे। यों ठीक-ठीक कहा जाय तो जीतराम उन के गाँव का नहीं था। वह उन के पड़ोस के गाँव का निवासी था। लेकिन गाँवों से दूर निकल आने पर उन के निवासियों के दिलों में आपसी फासले खुद ही कम होने लगते हैं। कुछ दूर चले जाने पर पड़ोस के गाँव के आदमी को भी अपने ही गाँव का आदमी माना जाने लगता है। कुछ और दूर चले जाने पर इलाके का आदमी अपने घर का आदमी बन जाता है। काफी दूर पहुँच जाने पर अपने ज़िले का निवासी अपना आदमी हो जाता है। और बहुत दूर चले जाने पर पड़ोसी जिलों के निवासियों से भी आत्मीयता बढ़ने लगती है।

जीतराम के डेरे पर जाना उन की मज़बूरी थी। उन्हें मालूम था कि कचहरी के चपरासी जीतराम का परिवार उस के साथ टिहरी में नहीं रहता, गाँव में रहता है। लेकिन टिहरी शहर में वह उन का सब से नज़दीकी आदमी था। दोनों के गाँवों के खेत आपस

में मिले हुए हैं, घास-लकड़ी का जंगल एक है। आपसी रिश्ते तो उस खेती से और उस जंगल से बनते और मजबूत होते हैं। उस जंगल में पहुँच जाने वाली कुल बहू-बेटियाँ आपस में एक-दूसरे की हर छोटी-बड़ी चीज़ से अच्छी तरह परिचित रहती हैं। मैत्री भाव से भरी होती हैं। जंगल में घूमने वाले बाघ-भालू कब किस पर हमला कर बैठें? कब किस का पाँव फिसल कर बेबस देह पहाड़ी चट्टानों से टकराने लगे? उस इलाके की औरतों के आपस में विदा होते वक़्त एक-दूसरे को रस्मी तौर पर ताकीद करने की परंपरा हैं—"ठुरि ना ह्वा" (ढंगार में लुढ़क मत जाना हाँ!)। ऐसी विकट ज़िन्दगी के आसन्न खतरे उन सब को एक-दूसरे के करीबतर ले आते हैं। जितने ज़्यादा खतरे, उतने मजबूत रिश्ते। अपनापन घना होता जाता है। उन रिश्तों को तोड़ कर ज़िन्दा नहीं रहा जा सकता। वहाँ के निवासियों को आपसी व्यवहार में बहुत दूर की बात सोचनी पड़ती है। जीतराम के डेरे पर हाज़िर न होने पर उस के कई मतलब निकाले जाने लगेंगे। पता तो देर-सवेर लग ही जाता है, फलाँ के बेटा-बहू हिमाचल से आए और गाँव जाते हुए रात टिहरी में रूके थे। किस्से-कहानियाँ फूटेंगी। टिहरी शहर की उस साधारण घटना का ज़िक्र पट्टी के खेतों में, पानी के धारों पर, दैंतखाल के लम्बे-चौड़े वनों में सुनाई देने लगेगा। किसी एक मुँह से अनेक दूसरे कानों तक और फिर कानों से सुनी हुई बातें कुछ और कानों के अंदर उँडेली जाने लगेंगी। किस्से अपनी बहुमुखी यात्राएँ शुरू करने लगेंगे। जुबानें और कान बदलते-बदलते नमकीन, रसीले बनते हुए किस्से। हिमाचल में बहुत बड़ा ऑफीसर है। बड़े आदमी हो गए हैं। नाते-रिश्ते, आपसदारी इतनी जल्दी भूल जाते हैं लोग। चपरासी आदमी के यहाँ आने में अपनी बेइज्जती समझी होगी! अपने माँ-बाप को भी भूल जाएँगे? उस पटवारी ने किसी राहगीर से कहा था—पीछे से एक बोझी आ रहा है, उसे कहना ज़रा जल्दी आओ। वह भारवाहक, नौकरी पर चिपके, घर से अपनी तैनाती की जगह पर पहले-पहल जा रहे पटवारी का बाप था, जो बेटे की नौकरी लग जाने पर बेहद खुश होकर उस का बिस्तर पीठ पर लिए खुद ही घर से चल दिया था। पता नहीं कहाँ की बात है। पता नहीं किस आदमी का किस्सा है और न जाने किस ज़माने की बात है। लेकिन लोग आज भी बाप-बेटे के बीच कोई ऐसी-वैसी बात हो जाने पर फौरन से अपनी जुबान से वही किस्सा बयान करने लगते हैं। किस्से ऐसे ही फूटते हैं और लोगों के बीच पहुँच कर उन के दिलों में ज़िन्दा रहते हैं। किस्सों को जानने वाले लोग मर जाते हैं, वे किस्से नहीं मरते। किस्से अगली पीढ़ियों की सम्पत्ति बन जाते हैं। वे आगामी पीढ़ियों की जातीय स्मृति का हिस्सा बन जाते हैं। किस्से कहावत का रूप धारण कर लेते हैं।—एक पटवारी था। सरकारी नौकरी के घमंड में उस ने अपने बाप को ही बोझी बना दिया था। बस इतना कह देने भर से काम चल जाता है। कहाँ का, किस नाम का पटवारी था—यह जानने-बताने की ज़रूरत ही नहीं पड़ती। अपने को ऐसा किस्सा न बनने देने के लिए समाज में बहुत बच कर चलना पड़ता है। इस तरह के कई सवाल शारदा के मन के अन्दर खुद ही उठ रहे थे और शिमला से चलने के बाद रास्ते भर एक-एक कर उन सब का जवाब तलाशने की वह कोशिश करती

जा रही थी। उस के पति को चपरासी के डेरे पर जाने की बात जँच नहीं रही थी। पड़ोसी नहीं, चाहे अपने ही गाँव का क्यों न हो, है तो फोर्थ क्लास। लेकिन गाँवों की वह नज़दीकी? वह कोई अलग, स्पष्ट, ठीक-ठीक राय नहीं बना पा रहा था। वह कोई निर्णय नहीं कर पाया और अन्त में अपना पल्ला झाड़ कर उस ने फैसला शारदा पर ही छोड़ दिया था। शारदा को जैसा ठीक लगे वैसा ही कर लिया जाएगा। किसी होटल में ठहरना हो तो वह उस के लिए भी तैयार था। डाक बँगले में भी जा सकते हैं। पर वहाँ जाने से पहले तो कचहरी में जीतराम मिल जाएगा। बात घूम फिर कर वहीं की वहीं लौटती आ रही है।

—इन घरेलू मामलों की गज़ेटेड ऑफीसर तू ही है। मैं ऑफीस का साहब हूँ, यहाँ का नहीं। तू जैसा ठीक समझती है, फैसला कर दे।

बन्द दरवाज़े के बाहर खड़े हो कर वे नेपाली मज़दूर की मज़दूरी का भुगतान कर रहे थे कि ठीक उसी वक़्त जीतराम बाहर से वहाँ आता दिखाई दिया। वह ज़्यादातर अपने साहब की कोठी पर ही रहता है। उस की मेम साहब घर पर कोई काम नहीं करतीं। कभी-कभी तो रात में भोजन कराने के बाद बिस्तर में लेट गए साहब के सिरहाने वह जब दूध का गिलास भी रख देता है तब अपने डेरे पर लौट पाता है। उस के बाद वह अपने लिए खाना बनाता है। मेम साहब कभी उसे ऐसा नहीं कहती कि तुम अकेले आदमी हो, आज खाना यहीं खा लो। सर्विस के तीन साल और बाकी हैं। जीतराम किसी तरह इन बाकी तीन बरसों को किसी झंझट के बग़ैर सही-सलामत गुजार लेने की सोचता रहता है।

जीतराम, देवी और शारदा को अपने डेरे पर आया देख बहुत खुश हुआ था। मग्न हो गया था। देवीसिंह रिश्ते में उसे चाचा कहता है। उन को अपने डेरे पर देख कर उसे गर्व हुआ कि मेरा भी एक भतीजा गज़ेटेड ऑफीसर है। हमारी पट्टी ने भी हाकिम पैदा किए हैं। ऐसा शरीफ नौजवान! कल वह अपने मोहल्ले में मिलने-जुलने वालों को देवीसिंह के बारे में बताएगा।—वह चाहता तो उस के ठहरने का डाक बँगले में इन्तजाम किया जा सकता था। लेकिन नहीं, बहू को ले कर वह सीधा चला आया मुझ ग़रीब के डेरे पर।

जीतराम ने चाय बना कर उन्हें दी। वे दोनों चाय पी ही रहे थे कि जीतराम रसोई से बंठा उठा कर बाहर निकलने लगा। शारदा ने देख लिया। वह चाय का गिलास छोड़ कर बाहर निकली।

—क्या कर रहे हैं जी? यह बंठा रहने दो। पानी मैं ले आऊँगी।

—तुम थकी हो ब्वारी। मैं अभी आता हूँ दो मिनट में।

तब तक देवीसिंह भी कमरे के अन्दर से बाहर निकल आया।—चाचा, यह अच्छी बात नहीं। हमारे रहते हुए बंठा उठा रहे हो। यह हमारे लिए बहुत शरम की बात होगी।

—तुम इतनी दूर से थके-माँदे आ रहे हो। थोड़ा आराम करो।

लेकिन देवीसिंह ने उस के हाथ से बंठा छीन लिया।

शारदा हाथ में बंठा ले कर भीलाँगना नदी के आछरी घाट की ओर चल दी।

घर के भीतर पहुँचते ही शारदा ने पूछा था—जी की तबियत कैसी होगी जी अब?

—तबियत तो ब्यारी, एक बार बहुत बिगड़ गई थी। हरीसिंह रात के मौके पर यहाँ आ पहुँचा तुम्हारे लिए तार करने को। उसे साथ ले कर रात में ही मैं डाकघर गया। पोस्टऑफिस में बताया कि तार भेजना जरूरी है। रात में तार लिया नहीं जाता। सुबह को रात खुलने के बाद तारघर खुला। अर्जेंट तार के पैसे दिए। तार डाकखाने में देने के फौरन बाद हरीसिंह यहाँ से गाँव लौट गया था। बहुत घबड़ाया हुआ था। कह रहा था पता नहीं चाची का मुख देखने को मिलेगा कि नहीं मिलेगा।

उस के बाद फिर कोई खबर मिली घर से?

—खबरें रोज ही मिल रही हैं। कल दिन में भौजी ने अपने हाथ से आधा कटोरा दाल पी लिया था। रतनसिंह आया था कोर्ट में। वह बता रहा था अब ठीक हो रही हैं। नागराजा ने पुकार सुन ली तुम्हारी।

—हम तो जी, बहुत हड़बड़ी में निकले शिमला से। कालका तक टैक्सी से आए कि किसी तरह गाड़ी पकड़ लें।

उस रात खाना बनाने से ले कर बर्तन धोने तक उस घर के कुल शाम शारदा ने ही किए। जीतराम बार-बार मना करता रहा। लेकिन रास्ते की थकान से बुरी तरह घायल होने के बावजूद शारदा ने जीतराम को रसोई के भीतर आने ही नहीं दिया। जीतराम को शारदा का कुल कामों को खुद ही निपटा देना अखरने लगा था, अच्छा नहीं लग रहा था। उस के मन में बार-बार यह बात ज़ोर मार रही थी कि शारदा एक मेम साहब है। अफ़सरों की बीवियों के मिजाज के बारे में वह जानता भी था, फोर्थ क्लास के अपने दूसरे कर्मचारी भाइयों से सुनता भी था। शारदा के उस रात के व्यवहार ने उस के अन्दर खुशी की एक नई जोत जगा दी। वह अपने को बेहद गौरवान्वित महसूस करने लगा था।

रात खुलते ही वक़्त देवीसिंह और शारदा ने अपने गाँव की यात्रा शुरू कर दी। शारदा ने अपनी चप्पलें उतार कर एक पुराने कपड़े में लपेटीं और एक बैग में रख लीं। उस ने ब्रेप सोल पहन लिए। टिहरी से अपने गाँव तक की विकट चढ़ाई का उसे खयाल था। शिमला से प्रस्थान करते समय अपने सामान के साथ उस ने क्रेप सोल भी रख लिया था। भूरे रंग का, मोटे कपड़े का जूता, जिसे ऊपर से फीतों से बाँधा जाता है। नीचे रबड़ का सोल लगा रहता है। राह चलने में मदद करता है क्रेप सोल। पाँव सीधा पड़ता है उसे पहन कर। शिमला में वह बगैर चप्पल के कभी नहीं रहती। घर के अन्दर भी नहीं। और कहीं दौरों पर जाती है तो पैदल चलने के लिए क्रेपसोल को भी अवश्य साथ रख लेती है। वहाँ जूता पहनने में कोई लाज नहीं आती। आफीसर की घरवाली है। सभी मेम साहबें जूते-चप्पल पहने रहती हैं।

जीतराम ने कहा कि वे एकाध हलके बैग अपने हाथों में ले लें और अपना बाकी सामान वहीं छोड़ दें। वह सामान गाँव की ओर जाने वाले किसी खच्चर-वाले को सौंप दिया जाएगा। शारदा और देवीसिंह ने अपने-अपने हाथ में एक-एक बैग ले लिए और जीतराम के डेरे से निकल गए। सेमल-का-तप्पड़ से टिहरी शहर की चढ़ाई और फिर भादू-की-मगरी

से उतराई को पार कर लेने के बाद वे भीलाँगना नदी के तट पर पहुँच गए। वहाँ उन्होंने कंडल का पुल पार करना था। अब वे आठ मील की विकट चढ़ाई का सामना करने के लिए अपने को तैयार करने लगे थे।

वे दयाराबाग पहुँचे। रास्ते में आने-जाने वाले लोग और विद्यार्थी दिखाई देने लगे। ज़्यादातर टिहरी के स्कूलों में पढ़ने वाले विद्यार्थी और कुछ गाँव के दुकानदार, जो टिहरी से माल-सौदा लेने जा रहे थे। कुछ खच्चर। कुछ और दूर गए तो पहाड़ों के ढलानों पर घास काटने को जा रही औरतों के झुण्ड सड़क पर दिखाई देने लगे। शारदा बहुत ग़ौर से उन घसियारिनों को देखने लगी। एक-एक घसियारिन को। पहाड़ी गावों में बड़े-छोटे सभी परिवारों की औरतें घास काटती हैं। तन पर पहने गए कपड़े बता देते हैं कौन घसियारिन छोटे या बड़े, सेठ, बहुत ग़रीब या औसत खाते-पीते कैसे घर से आई है। शारदा उन सब के चेहरों पर नज़रें गड़ाती जा रही थी। लेक़िन मुखों से ज़्यादा वह उन के पावों की ओर टकटकी लगा कर देखने लगी थी। ग़रीब घसियारिनों से अपना ध्यान हटा कर वह खाते-पीते घरों की दिखाई देने वाली बहू-बेटियों का जायज़ा लेने लगी थी। सूरत शक्ल से, कपड़ों और पाँव के जूतों को देख कर वह बाकायदा मेम साहब लग रही थी। घसियारिनों में कई ऐसी भी थीं जो चौंकती नज़रों से शारदा को देखतीं और फिर अपने साथ चलती औरतों से उस के बारे में कुछ फुसफुसाहट करने लगतीं। उन में किसी को यह आभास नहीं हो सकता था कि वह उसी इलाके की, उन्हीं के बीच की एक महिला है। अपनी बोली में वे उस के बारे में कई तरह की बातें करने लगतीं।

—ठाठ हैं भगवान के, हाथ हिला कर चल रही है।

—प्रतापनगर जा रहे होंगे घूमने को।

—सामान-बिस्तरा खच्चर ला रहा होगा पीछे से।

शारदा सुन रही थी। समझ भी रही थी। लेकिन उस ने उन को अपना परिचय देना ठीक नहीं समझा।

देवीसिंह कुछ समझ नहीं पा रहा था कि शारदा अपनी राह से नज़रें हटा कर उन घसियारिनों के बीच किस चीज की तलाश करने लगी है।

—अपनी जान-पहचान की कोई घसियारिन मिल सकती है इन के बीच, ऐसा देख रही हो?

—सभी घसियारिनें अपनी जान-पहचान की तो हैं।

—तब ऐसे क्या देख रही है एक-एक के मुख पर नज़रें टिका-टिका कर?

—मैं उन के मुख पर नहीं, पाँवों की ओर देख रही हूँ।

—कोई खास बात है उन के पाँवों में?

—पाँच साल हो गए घर से गए हुए। देख रही हूँ इस बीच हमारी घसियारिनों के पहनावे में कोई बदलाव तो नहीं आया।

—कैसा बदलाव आएगा यार? लिपस्टिक लगा कर चलेंगी अब घसियारिनें तेरी तरह?

—लिपस्टिक मेम साहबें ही लगाती रहें। देख रही हूँ कि किसी के पाँवों में जूते-चप्पलें तो नहीं आ गए कहीं से।

उस की बात सुन कर देवीसिंह गंभीर हो गया। बात सही थी। वह हिमाचल प्रदेश में नियोजन विभाग का अधिकारी था। टिहरी रियासत की तरह हिमाचल प्रदेश में भी पहले सामन्ती शासन था। आज़ादी हासिल कर लेने के बाद हिमाचल प्रदेश की जनता के जीवन में बहुत तेज़ी से सुधार आया है। टिहरी-गढ़वाल की राजाशाही का खात्मा करने के बाद इतने साल बीत गए हैं। टिहरी को संयुक्त प्रान्त में विलीन करने के इतने बरसों के बाद भी ग्रामीण औरत के पाँव नंगे हैं। यह सीधे-सीधे हमारी योजना की विफलता है।

घसियारिनों के झुण्ड के झुण्ड दिखाई देते रहे। उन का रास्ता काटते हुए वे जंगल की ओर चली जातीं। सब के पाँव नंगे थे। कोई एक भी महिला ऐसी नहीं थी जो नंगे पाँव न चल रही हो। अभी कुछ ही समय पहले शारदा भी इन औरतों की तरह नंगे पाँव घास-लकड़ी लेने जंगल जाती थी। वह डर रही थी कि रास्ते भर मिलती जा रही औरतों में कोई उसे यह न पूछ बैठे कि उस का घर कहाँ है। तब तो बहुत जल्दी उस के बारे में पूरी बात खुल जाएगी।

देवीसिंह के गाँव जाने के दो रास्ते थे।

एक रास्ता मदन-नेगी से फूटता था। गाँव की पगडंडी। और दूसरी बटिया मदन-नेगी के बाद तीन मील की दूरी पर धारकोट से जुदा होती थी। धारकोट मदन-नेगी से तीन मील आगे था। चढ़ाई का रास्ता। वे अभी टिहरी-प्रतापनगर मार्ग पर चल रहे थे। प्रतापनगर—किसी ज़माने में टिहरी रियासत की राजधानी। ऊँचे पर्वत शिखर पर बसाया गया एक छोटा-सा नगर। वहाँ से टिहरी शहर, दो विपरीत दिशाओं से वहाँ पहुँच कर संगम के बाद एक दूसरे की बाँहों में खो जाने वाली भागीरथी और भीलाँगना नदियों की घाटियाँ और चारों ओर की पर्वत श्रेणियों के दूर-दूर तक के खूबसूरत नज़ारे दिखाई देते हैं। देवीसिंह के गाँव की दूरी जिधर की बटिया से भी जाएँ करीब-करीब बराबर थी। उन्होंने तय किया कि वे मदन-नेगी से ही मुख्य सड़क को छोड़ कर बटिया पकड़ लेंगे।

कंडल पुल से तीन मील की चढ़ाई पार कर वे आखिर मदन-नेगी पहुँच गए। एक दुकान के बाहर लगी बेंच पर बैठ गए। नदी-तल से काफी ऊँचाई पर बसे मदन-नेगी में सरसरी हवा चल रही थी। वह हवा सरसों के तेल में तली जा रही अनछिले आलुओं की गरम-गरम पकौड़ियों की खुशबू को भी अपने साथ बहाए ले जा रही थी। वह खुशबू अनायास उन की नाकों के भीतर घुसने लगी थी। बेंच पर बैठ कर वे अपनी थकान मिटाते हुए चाय और उस के साथ उन गरम पकौड़ियों का आनन्द लेने लगे।

अब उन्हें मुख्य मार्ग से हट कर गाँव की ओर जाने वाली बटिया पकड़नी थी। चाय पीते हुए शारदा लगातार अपने जूतों की ओर देखती जा रही थी। उसके मन में अचानक एक द्वंद्व शुरू हो गया था कि वह इन जूतों को पहन कर गाँव में जाय या न जाय। वह

सुबह से घसियारिनों के पाँवों को बहुत ग़ौर से देखती रही। उसे कोई भी औरत ऐसी नहीं दिखाई दी, जिस के पास जूते या चप्पलें हों। औरत की हालत टिहरी ज़िले में सब जगहों पर एक जैसी है। और जहाँ तक रैका पट्टी की बात है वह तो देवभूमि भी नहीं, रागस-भूमि है—राक्षस की भूमि। वह रागस, जिस के नाम से रैका का वैसा नाम पड़ा, पता नहीं कब का मर-खप चुका होगा। लेकिन उस भूमि में रहने वाले लोग आज भी राक्षस का जैसा जीवन बिताने को मजबूर हैं। सचमुच पत्थरों और काँटों से अटी हुई उस विकट भूमि में देवता और देवियाँ क्यों रहने लगे? मलाई-मक्खन, फल-फूल, सूखे मेवों और दूध-दही का भोग लगा कर आराम की ज़िन्दगी बिताने वाले देवता और उनकी देवियाँ, जिनके हाथ मैले न पाँव मैले, जिन्हें ज़िन्दा रहने के लिए कोई काम नहीं करना पड़ता, वे वहाँ क्या करने आएँगे? वे देवियाँ एक दिन के लिए रैका आ लगें तो हमेशा-हमेशा के लिए वहाँ से भाग खड़ी होंगी। दुबारा भूल कर भी उधर आने का नाम नहीं लेंगी।

शारदा के मन में अचानक यह प्रश्न कौंधा कि देवियाँ देव-लोक की मेम साहबें होती होंगी?

राक्षस की भूमि रैका में वह मेम साहब बन कर कैसे जा सकती है? गाँव की औरतों के आँखें फाड़ कर उसे देखने के दृश्य! मरदों के मुखों पर अचानक छा जाने वाली गंभीरता के भाव। और उन सब की बात छोड़ो, पाँवों में जूते देख कर खुद उस के अपने सास-ससुर क्या सोचने लगेंगे उस के बारे में? उन के मुखों पर खिंच जाने वाली घोर उदासी, हैरानी और बेबसी की रेखाएँ! कदम-कदम पर उड़ाई जाने वाली खिल्ली। वह झेल सकेगी उन तमाम चीज़ों को?

देवीसिंह चाय-पकौड़ी के पैसों का भुगतान करने बेंच से उठ कर दुकान के भीतर गया। शारदा ने उस बीच हड़बड़ी में अपने पाँवों से जूते उतारे। अपने बैग के भीतर से उसने चप्पलों वाली पोटली को बाहर निकाला और उसे खोल कर जूतों को भी हड़बड़ी में उसी पोटली में बाँध दिया। देवीसिंह ने भुगतान किया और बाहर निकल आया। तब शारदा अन्दर पहुँची। अपने हाथ की पोटली को दुकानदार की ओर बढ़ाते हुए उस ने कहा—इसे रख देना जरा सँभाल कर। मैं लौटते वक़्त ले लूँगी।

रागस की भूमि पर, काँटों-भरी राह पर, वह रागस की तरह चलती जा रही थी।

लेखन, देहरादून, 31 जुलाई, 2003

अभाजा

जम्बू आजकल बेहद खुश था। बहुत लम्बे समय के बाद, न जाने कितने-कितने बरसों के बाद उस के परिवार में ऐसा शुभ अवसर आ पाया था कि वे दीवाली मना सकें। बड़ी बिरादरी है। पिछले कई बरसों से उस बड़े कुल में लगातार किसी न किसी की मौत होती आ रही थी। कभी कोई बूढ़ा मरता, कभी कोई बुढ़िया दादी या अधेड़ चाची चल बसती। कुछ लोग तो ऐसे भी थे, जो अचानक भरी जवानी में ही चले गए। छोटे या बड़े किसी भी विवाहित सदस्य की मौत पर कुल के तमाम सदस्यों को लाज़मी तौर पर शोक मनाना पड़ता है। उस शोक की अवधि के जारी रहते बड़ों के साथ बच्चे भी त्यौहारों की खुशियाँ मनाने से वंचित हो जाते हैं। बिरादरी में किसी की भी मौत हो जाने पर शोक मनाने की परंपरा है। परंपरा निभानी पड़ती है। वह मरने वाला आदमी या औरत भला या बुरा किस तरह का व्यक्ति था और उस से तुम्हारे या तुम्हारे परिवार के दूसरे सदस्यों के व्यक्तिगत संबंध कैसे थे, शोक मनाने के मामले में इस बात पर कोई विचार नहीं किया जाता। सम्बन्ध जैसे भी रहे हों। चाहे उस से तुम्हारी बोलचाल तक बन्द क्यों न रही हो। उस से कोई फर्क नहीं पड़ता। था तो वह तुम्हारे कुल का एक सदस्य। उसकी मौत हो जाने के बाद साल भर तक तो शोक मनाना ही पड़ेगा। सभी को मनाना पड़ेगा। वार्षिक श्राद्ध न हो जाने तक उस बीच पड़ने वाले सभी त्यौहारों के मनाए जाने पर, परिवार में किसी भी शुभ कार्य के संपन्न किए जाने पर रोक लग जाती है। परंपराओं का मजबूत ताला समस्त तीज-त्यौहारों की खुशियों को सख्ती से बन्द कर देता है। मौसमों के बदलने पर, सूरज की उत्तरी या दक्षिणी यात्राओं के साथ, चाँद के घटते या बढ़ते हुए रूपों के साथ, हवाओं के धरती पर गर्म, वेग या सर्द सरसराहट के साथ, दिशाओं-फ़िज़ाओं की मान्यताओं का मुकुट पहने हुए त्यौहार बारी-बारी से आते रहते हैं। और कई बार ऐसा भी होता है कि वे त्यौहार गाँव में आते हैं पर कुछ परिवारों के बीच नहीं पहुँच पाते। उन परिवारों की खुशियों पर किसी की मौत के साये में बलात् एक पाबन्दी जड़ी रहती है। उन की बेबसी में त्यौहार उन घरों में प्रवेश नहीं पा सकता।

जम्बू की बिरादरी में इधर के अनेक बरसों के त्यौहारों की खुशियों पर लगातार ढक्कन लगाते रहने की शुरुआत मंगलानन्द कर गया था। उस साल परंपरा की सख्ती

के कारण लोगों को मजबूरी में मंगलानन्द के लिए भी शोक मनाना पड़ा था। वह जब तक जीवित रहा गाँव-बस्ती-बिरादरी के लोगों को दुःख देता रहा। सभी को सताता, पीड़ित करता रहता था। अपने सगों का भी कतई लिहाज़ नहीं करता था, अपने स्वभाव का मारा मंगलानन्द। उसे पता रहता था छोटे भाई के नाती की नव-विवाहिता छोटी-सी बहू सर पर बंठा उठाए सुबह-सुबह धारा पर पानी लेने जाती है। बहू के उस ओर पहुँचने से पहले अपना टाट-पलाम खोल कर वह सँकरी बटिया के बीच में टट्टी करने बैठ जाता था। और भी कितनी ही बातें। दुष्ट व्यक्ति की उस तरह की बातों की याद न करना ही बेहतर। लोग इन्तज़ार में रहते थे कि हमारी इस सुन्दर धरती पर से कब हो पाएगा इस दुर्जन का प्रस्थान। लेकिन उस के सामने पड़ जाने पर खौफ़ के मारे लोगों का उस के बारे में ढब ऐसा हो जाता था : मुँह के बाहर—जी! हाँ जी! और मन के भीतर—बुड्ढा रोज-ब-रोज तगड़ा होता जा रहा है। मर भी तो नहीं रहा है! और मंगलानन्द अच्छी तरह जानता था कि लोग उस के बारे में क्या सोचते हैं। कैसा-कैसा सोचते रहते हैं। खुद भी कह देता था—इस ज़िन्दगी में कोई भला काम तो मैंने किया नहीं। एक मुहावरा भी सुनाता रहता था गाँव वालों को—कर्मी-धर्मी यहीं सड़ेंगे, पापी-पापी पर उतर गए।

और बड़ी मुश्किल से, लोगों की बरसों-बरसों की मनौतियों और बहुत लम्बे इन्तज़ार के बाद, गया तो बिरादरी के तमाम तीज-त्यौहारों को भी हमेशा के लिए अपने साथ ले कर चला गया। तीज-त्यौहार के मौके पर लोग मन मसोस कर रह जाते हैं और याद करने लगते हैं—अपनी ग़रीबी में जैसे-तैसे जो भी त्यौहार मनाए, वे तभी तक मना लिए जब तक वह ज़िन्दा था। अजन्मे बच्चों तक की खुशियों पर पाबन्दी लगा गया मंगलानन्द। मेरे जाने के बाद भी घनी पीड़ा और उदासी में ही रहना मेरे सगों! जो दुष्ट-जन होता है वह मरने के बाद भी अपने-परायों को पीड़ा ही पहुँचाता रहता है।

उस के बाद, मंगलानन्द के चले जाने के बाद लगा कि मौत ने कुनबे का घर देख लिया है। मौत का उस बिरादरी में स्थायी डेरा पड़ गया। जब तक किसी एक दादा, चाचा, ताई के वार्षिक श्राद्ध की तिथि करीब आती दीखती और लोग अपने मन में, या आपस में बातें करते हुए, खुश होने लगते, कि अब थोड़े ही दिनों की बात और है, बार-त्यौहार खुलने ही वाले हैं, उस से पहले ही बिरादरी का कोई दूसरा आदमी मुर्दा बन कर परंपराओं की मान्यता-प्राप्त जबर्दस्ती के साथ शवयात्रियों के कंधों पर सवार हो जाता—चलो, ज़रा मुझे घाट तक पहुँचा दो। और किसी एक साल की अवधि के अन्दर कभी दो मौतें नहीं हुईं। हर साल एक मौत होने लगी थी। सिर्फ एक मौत। तरतीबवार। पकी हुई उम्र के बुजुर्ग भी अकेले ही अकेले गए। साथ-साथ भी नहीं, थोड़े दिनों या कुछ महीनों के फासले पर आगे-पीछे भी नहीं। इस हिसाब से जाते रहे कि त्यौहारों पर लगे हुए ढक्कन खुलने न पाएँ। लेकिन उन बाद के बरसों में मरने वालों में किसी पर भी कभी बदी का दोष नहीं लगा। मौत चाहे जिस की भी हुई हो दोषी मंगलानन्द ही गिना जाता रहा। ऐसी बात कभी किसी की जुबान से नहीं निकली कि सुरतू दादा के, बंती दादी के, हीरा चाचा के,

जित्ती ताई के, प्यारू भाई के या क्वाँरा भौजी के जाने से हमारे त्यौहारों पर स्थायी रोक लग गई। रोक तो मंगलानन्द ही लगा गया था। आदि रोक। नाम मंगलानन्द का ही लिया जाता रहा। देखो! अपने पीछे एक-एक कर कितने लोगों को बुलाता जा रहा है? साल-दर-साल। चैन नहीं लेने देगा। कभी खुलने नहीं देगा हमारे त्यौहार।

मौत पर किसी का वश नहीं रहता। न किसी के बुलाने पर आ सकती है, न किसी के रोके रूक सकती है। और ज़िन्दगी के उपजने पर भी किसी का वश नहीं रहता। मंगलानन्द के जाने के बाद से अब तक बिरादरी में अनेक नए बच्चे जन्म ले चुके हैं। जल्दी-जल्दी बढ़ते हुए वे खूब बड़े होने लगते। छोटी दीवाली के दिन दूसरी बिरादरियों के बहुत सारे बच्चे मिल-जुल कर जंगल में पहुँच जाते। वहाँ वे काँच की तरह पारदर्शी और चमकदार, मामूली गोंद से ज़्यादा चिपकदार लीसे से भरी हुई चीड़ की सुर्ख, लाल लकड़ी जमा करने में जुट जाते। आग के छूते ही आसानी से झरझरा कर जल उठने वाली उस लकड़ी को दळी कहा जाता है। ढेर सारी दळी की लकड़ी को जमा कर लेने के बाद वे पहाड़ के ढलानों, झाड़ियों और पेड़ों पर घोड़े की रास के मानिन्द लटकती हुई भैंसलगले की मजबूत लताओं को काट-काट कर जमा कर लेते। घर पहुँचते ही छिलकों की छोटी-छोटी गड्डियाँ बना ली जातीं। फिर उन गड्डियों को भैंसलगले की मजबूत, हरी लताओं की डोरी से कस कर बाँध लिया जाता तो दीपावली की रात को जलाए जाने के लिए भैले तैयार हो जाते। घर के हरेक मर्द सदस्य के लिए एक-एक भैला। तेजी से झरझरा कर आग उगलते हुए और घने अंधकार को चीर कर तेज रोशनी के घेरे बनाते-फैलाते हुए उन भैलों को लता की डोर के सहारे अपने सरों के ऊपर, अपने आगे और पीछे की ओर, जमीन पर उछल-उछल कर आनन्द लेते हुए अपने पाँवों के नीचे-से घुमाने लायक फुर्तीले, सयाने और मजबूत हो जाते हैं बच्चे। अग्नि-पुंजों से जीवंत खेल खेलने वाले बच्चे। लेकिन मंगलानन्द की मेहरबानी से उन में से अनेक बच्चों के जीवन-काल में उन की बिरादरी में कभी कोई त्यौहार नहीं मनाया जा सका। गाँव भर में होली का त्यौहार मनाया जाता। दीवाली का पर्व मनाया जाता। जन्माष्टमी और शिवरात्रि के व्रत रखे जाते। गाँव भर में दूसरी बिरादरियों के बच्चे, औरतें और मर्द लोग उन त्यौहारों को खूब धूमधाम से, बहुत उत्साहित हो कर मनाते। झूम-झूम कर मनाते। लेकिन त्यौहार की खुशियों से वंचित बुघाणा (बहुगुणा) बिरादरी के बच्चों को अपने घरों में यही बताया जाता रहता कि अभी हमारे कुल में अ-भाजा (मृत्यु-शोक) जारी है। जब इस शोक की अवधि समाप्त हो जाएगी, जब कभी स-भाजा हो पाएगा, तब मना पाएँगे हम त्यौहार। अपने बुजुर्गों से साल-दर-साल वैसी सूचना पा कर उदास बच्चे और भी मायूस हो जाते।

सात बरस के निधि ने कभी अपने पिता से प्रश्न किया था—कब होगा बाबा हमारा अ-भाजा खत्म?

—जब अपने कुल में कोई मौत नहीं होगी बेटा।

सवाल सीधा था। जवाब उस से भी सीधा।

कुल में कोई मौत न हो सके—यह बात बच्चों के वश में नहीं थी। मौत को कुनबे में आ कर किसी आदमी को बलात् छीन ले जाने से रोकने के लिए बच्चे कुछ भी नहीं कर सकते थे। माँ-बाप की नज़रों के सामने ठुमक-ठुमक कर चलने वाले बच्चे सतीश, हरीश और दिनेश, भेड़-बकरियों-गाय-बछड़ों को ले कर जंगल में पहुँच जाने वाले ग्वाले तोता, रामकृष्ण, हरिकृष्ण, रामचन्द्र, वेदप्रकाश और चंदू और हल को कँधे पर उठा कर बैलों को हाँकते हुए खेतों की ओर जाने वाले लड़के हीरालाल, दर्शनलाल, निधि और गोपाल दत्त। वे सब के सब मिल कर भी कुछ नहीं कर सकते थे। किसी की मौत हो जाने के बाद बच्चे सिर्फ अपने सर मुंडवा सकते थे। उन के पास कोई ऐसा उपाय नहीं होता था कि वे अपने कुनबे के लोगों में किसी एक की मौत को भी रोक सकें। सीधे यमराज के पास पहुँच कर अपनी फ़रियाद पेश करते हुए कह सकें—इस साल हमें त्यौहार मनाने दिया जाय। लिहाजा बच्चों की उदासी और खीज और मायूसी साल-दर-साल बढ़ती जाती थी। हर त्यौहार के मौके पर उन्हें मन मसोस कर रह जाना पड़ता था। लोग त्यौहार मनाते, बुघाणों के बच्चे टुकुर-टुकुर ताकते रहते और अपने ताज़ा-ताज़ा मुंडे हुए सरों पर अपनी नन्हीं हथेलियाँ फेरते हुए उस आदि पुरुष के बारे में सोचने लगते जो उन के तमाम त्यौहारों को एक पोटली में बाँध कर अपने साथ लेता चला गया था।

पहाड़ों में दीवाली को त्यौहारों का त्यौहार माना जाता है। एक के बजाय दो-तीन दिनों तक मनाए जाने वाला त्यौहार। उड़द की दाल के सरसों के तेल में तले जाने वाले पकौड़े दीवाली के विशेष पकवान होते हैं। जिस वक़्त घरों के बच्चे जंगल के अन्दर लकड़ी और लताओं की तलाश करते रहते हैं घरों के अन्दर उन की माँ-बहनें और पर्व पर विशेष तौर पर वहाँ आई हुई रिश्ते की दूसरी महिलाएँ दीपावली के पकवानों को बनाने की तैयारियाँ करने लगती हैं। जाड़ों की शुरुआत होते ही दिन छोटे होने लगते हैं। वे साबुत उड़द की दाल को किसी बड़े बर्तन में रख देंगी और उस में इतना पानी डाल देंगी कि दाल ठीक तरह से भीग जाय। उस बर्तन को बाहर कहीं घाम के पास रख देंगी। घरों के मर्द लोग और लड़के-बच्चे बसौले-दराँतियाँ ले कर आँगन में बैठ जाएँगे। वे दळी की लकड़ियों को काटते-फाड़ते हुए उनकी गड्डियाँ बना लेंगे और उन्हें भैंसलगले से बाँध कर भैले तैयार करने लगेंगे। उधर रसोई में महिलाएँ उड़द की दाल को धोने-पीसने के काम में लग जाएँगी। उस दाल से सरसों के तेल में पकौड़े तले जाएँगे। कुछ अपने परिवार के लिए, कुछ गाँव के उन परिवारों में बाँटे जाने के लिए जो अपने अ-भाजा के कारण दीवाली का त्यौहार नहीं मना पा रहे हैं। उन घरों में पकौड़े नहीं बनेंगे, त्यौहार नहीं मनाया जाएगा। फिर भी गाँव-बस्ती में त्यौहार आया है और लोग खुश हैं। त्यौहार मनाने वाले लोग पकौड़ियाँ भेज कर उन सब के बीच अपनी खुशी बाँटने लगे हैं। पूरे गाँव में, उस हर घर में, पकौड़ियाँ भेजी जाएँगी जिस का अ-भाजा है।

अब की बार चार-पाँच घरों को छोड़ कर बुघाणों के परिवार के साथ पूरा परसारी गाँव दीपावली का त्यौहार मनाने में व्यस्त है। कुछ ही देर के बाद जंगल से लड़के-बाले

दळी की लकड़ी और भैंसलगले के गट्ठर ले कर लौट आएँगे। घरों के आँगन में अभी दाल भींग रही है। उसे पीसने का काम कुछ ही देर बाद शुरू हो जाएगा। फिर भैले तैयार हो जाएँगे और घरों के भीतर तली जाने वाली पकौड़ियों की खुशबू हवा के साथ घुल-मिल कर समस्त निवासियों को मस्ती में झुमाने लगेगी। घरों के बच्चे दौड़ते-फुदकते हुए अ-भाजा वाले घरों में पकौड़ियाँ बाँट आएँगे और तब खाना खा लेने के बाद गाँव के कुल निवासी राजसेरा के लम्बे-चौड़े खेतों में जमा हो जाएँगे। भैलों के दोनों सिरों पर आग लगा दी जाएगी। उन जलते हुए भैलों को हाथों में उठा कर बच्चे और तमाम दूसरे लोग हवा में घुमाने लगेंगे। मस्ती में झूमते-झूमते हुए बच्चे ज़ोर-ज़ोर से गाने लगेंगे—

पैली बग्वाळी को भैलोटो / पैली बग्वाळी को भैलोटो।

नदी के उस पार नदी-तल से पहाड़ों की चोटी तक फैले हुए सामने के गाँवों में, उसी वक़्त पर, उसी तरह के लोग अपने-अपने भैले घुमाने लगेंगे। और तब लगेगा कि धरती से आकाश तक फैले हुए पूरे के पूरे पहाड़ जगमगाने लगे हैं और वहाँ रहने वाले लोग भैले घुमा-घुमा कर दीपावली का उत्सव मना रहे हैं।

परसारी में भी खबर आई है। दाल जो पीसी नहीं गई अब धोई-दली-पीसी नहीं जा सकती। गोरू को खिलानी पड़ेगी कुल पिसी-अनपिसी, भिगोई हुई दाल। जो भैले बनाए जा रहे हैं वे जैसे हैं, वैसे ही रहेंगे, अधूरे छोड़ दिए जाएँगे। अब भैले नहीं बनाए जा सकते। जो बना दिए गए हैं, वे रात में जलाए नहीं जाएँगे। परसारी को, और टिहरी-गढ़वाल रियासत की समस्त प्रजा को अ-भाजा मनाना पड़ेगा। कि राज-परिवार में कोई ग़मी हो गई हैं। आज की रात घरों के चूल्हे नहीं जलेंगे। आज की रात लोगों को भूखे सो जाना होगा। पूरे एक साल तक कोई त्यौहार नहीं मनाया जा सकेगा। जो कोई अपने घर में किसी भी तरह का उत्सव मनाने की कोशिश करेगा वह सज़ा का हकदार होगा।

अगले कुछ दिनों के बाद रियासत के कुल बच्चों-लड़कों-मर्दों को अपने सर मुंडवा देने होंगे। तेरहवीं न हो जाने तक किसी भी घर की रसोई में दाल नहीं छौंकी जा सकेगी, हल्दी और मसालों और तेल का इस्तेमाल नहीं होगा। लोग अपने कपड़े नहीं हो धो सकेंगे। बदन पर साबुन नहीं लगा सकेंगे।

औरतें अपने बालों को कंघी नहीं करेंगी और सरों पर तेल नहीं लगा सकेंगी।

उस रात सत्रह बरस के निधि ने अपने पिता से प्रश्न किया था—कब होगा बाबा हमारा अ-भाजा खत्म?

पिता के लिए उस सवाल का जवाब दे पाना उतना आसान नहीं था। वहाँ घरों की दीवारों पर भी मुखबिरों के कान लगे होते थे।

लिखित देहरादून 13.9.2003 से 19.9.2003
प्रकाशित - सहारा समय 25.10.2003

मुलज़िम अज्ञात

(चीफ़ ज्यूडीशियल मजिस्ट्रेट टिहरी-गढ़वाल राजेन्द्रनाथ के सामने एक मामले में सुदूर देहाती इलाके से आई दस महिला अभियुक्तों की ओर से एक अर्जी पेश हुई जिसमें प्रार्थना की गई थी कि अगली पेशियों पर, जब तक कि अदालत कोई दूसरा आदेश पारित न कर ले, उनकी व्यक्तिगत हाज़री माफ कर दी जाय। वकील सरकार ने उस अर्जी के स्वीकृत किए जाने पर लिखित रूप में घोर आपत्ति प्रकट की। बाद में वह उस अर्जी के विरोध में काफी देर तक बहुत ज़ोर से, और काफी कुछ बोलता रहा। तब राजेन्द्रनाथ ने बहुत धीरे से कहा--कोर्ट साहब! प्रतापनगर के पहाड़ की जिस ऊँची चोटी से एक लम्बा फासला तय करती हुई ये घरबारी महिलाएँ यहाँ तक आई हैं, आप अगर एक मर्तबा वहाँ चले जाएँ तो अगले तीन दिनों तक थकान के मारे बिस्तर से हिल नहीं पाएँगे। इन महिलाओं को अपने तुतलाते, दुधमुँहे बच्चों को और अपनी गाय-भैंसों को अपने घरों पर यों ही, बेहिफ़ाजत छोड़ कर यहाँ आना पड़ता है।

मजिस्ट्रेट को वैसा बोलते सुन मेरी आँखें डबडबा आईं। वे आँसू उन बेबस महिलाओं की दयनीय स्थिति के कारण नहीं, यह सोच कर उमड़ने लगे थे कि अभी इस देश की न्यायपालिका में इतनी गहराई तक विचार करने वाले इन्सान ज़िन्दा हैं। अपनी वकालत की लम्बी अवधि के दौरान मैं किसी हाकिम इजलास को पहली बार उस तरह की बात बोलते सुन रहा था। इस मुल्क की सड़कों पर बैठने वाले आम आदमी के हक में बोलने वाले सुप्रीम कोर्ट के विचारपति वी. आर. कृष्ण अय्यर के कई फैसलों के अंश मुझे यों ही कंठस्थ हो जाते थे। "The magistrate, in the instant case, should be given the benefit of doubt for not having realized that the words 'We the people of India' in the constitution of India meant not only the property owners of this country but also the butcher, the baker and the pavement dweller."}

(लेखक के वकालत के संस्मरण-अंश)

पहाड़ पर एक घने जंगल के बीच बसा हुआ एक अकेला मकान। नीचे घाटी में एक नाला बहता है, जिस पर कोई पुल नहीं लगा है। नाले को पैदल पार करना होता है। फिर घने जंगल में एक किलोमीटर तक खड़ी चढ़ाई चढ़ लेने के बाद ही किमलू अपने घर पहुँच पाता है। किमलू और उसके परिवार के दूसरे लोग, यानी उसकी घरवाली और दस बरस का बेटा। सिर्फ तीन ही लोग हैं उसके परिवार में। पास-पड़ोस भी कोई नहीं। युगों से

उसका परिवार ऐसे ही रहता आया है। इसी अकेली जगह पर। पानी के एक निजी श्रोत के पास। उसी जल-धारा के सहारे, जिसे वे धारा कहते हैं। दिन-रात निकलते रहने वाले पानी की धारा का मोह उसके पुरखों को वहाँ खींच लाया था। और उस पानी का लोभ ऐसा आकर्षक था कि उनके मन में कभी यह बात नहीं आई कि बस्ती से बेहद दूर, अकेले में बसे इस मकान को छोड़ कर कहीं और जा बसें। जंगली जानवरों से उन्हें कोई खतरा नहीं मालूम होता। शायद जंगली जानवर भी पीढ़ियों से उन्हें पहचानते आए हैं। पिछली कई पीढ़ियों से ऐसा भी होता आ रहा है कि उनके कुल में एक आदमी का एक से ज़्यादा बेटा पैदा नहीं हुआ। न आबादी बढ़ी, न जायदाद बँटी। कल रात उनके घर पर एक घटना ऐसी हो गई कि उसने उन्हें हिला कर रख दिया। आधी रात में कोई उनके घर का दरवाज़ा पीटने लगा—दरवाज़ा खोलो भाई। कौन रहते हैं इस घर में?

—क्यों खोलो दरवाज़ा?

—मुसाफिर हैं, रास्ता भटक गए हैं। मुसीबत के मारे हैं।

—कहाँ से आ रहे हो?

—जंगल से आ रहे हो?

—जंगल से। शिकार करने गए थे। वही फँस गए रात में।

काफी चौंकाने और हैरान कर देने वाली बात थी। वे लोग अपना पता-ठिकाना भी नहीं बता रहे थे। यह भी मालूम नहीं हो पा रहा था कि वे कहाँ से आए और अब उन्हें कहाँ जाना है। कह रहे थे सब बात अन्दर आकर बता देंगे।

अन्दर-बाहर दोनों ओर से काफी देर तक बकझक चलती रही। आखिर में अपने द्वार के बाहर खड़े भटके हुए और पस्त मुसाफिरों पर तरस खाकर, अपनी घरवाली के मना करते रहने पर भी, किमलू ने उजाला बाला और दरवाजा खोल दिया। दो लोग घर के भीतर पहुँचे। दोनों नकाबपोश। उनकी आँखें तक दिखाई नहीं दे रही थीं। एक ने घर के लोगों पर बन्दूक तान ली और दूसरा उनको धमकाते हुए गढ़वाली में बोला—चुपचाप अपने पलंग पर बैठ जाओ सब के सब।

वे तीनों पलंग के ऊपर बैठ गए।

—अपने संदूक की चाभी दो।

—संदूक पर कोई ताला नहीं लगा है।

उन्होंने लकड़ी के संदूक का ढक्कन उघाड़ कर उसे दीवार के सहारे अटका दिया और संदूक की तलाशी लेने लगे। तलाशी का काम करते हुए उन में से एक ने घर की मालकिन को कहा—तुम्हारी यहाँ कोई ज़रूरत नहीं। तुम ऐसा करो, रसोई में जाओ और हमारे लिए पहले चाय ले आओ बना करे। फिर खाने में जो भी जल्दी बन सकता हो रोटी चाहे भात, बना लो। हमें बहुत भूख लगी है।

बन्ता कमरे से बाहर जाने लगी। तब उन्होंने किमलू को पूछा—चाय तो तू भी पी लेगा?

—मैं नहीं पिऊँगा।

—रात की बात है यार, पी ले एक गिलास।

—नहीं, रात में चा पीने से मुझे नींद नहीं आती।

—और तेरा बेटा?

—इसे चा देते ही नहीं।

बन्ता बाहर निकल गई। उन दोनों में एक बोल रहा था, दूसरे ने एक बार भी अपने मुँह से कोई आवाज़ नहीं निकाली।

—तुम दोनों पलँग पर बैठे रहो चुपचाप। वहाँ से हिलने की कोशिश मत करना।

—समझ रहे हो न?

—समझ रहा हूँ।

किमलू की घरवाली बन्ता की सोने की नथ, कुल ज़ेवरात और उसकी ज़िन्दगी भर की कमाई नकद बारह हजार रुपए संदूक में रखे थे। कुछ चाँदी के ज़ेवरात भी थे। सब कुछ को अपने कब्जे में लेकर उन दोनों ने चाय पी।

—क्या बना रही हो खाने के लिए?

—रोटियाँ बना रही हूँ।

—दही और घी तो होगा घर में?

—है। लेती आऊँगी।

खाना खा लेने के बाद वे दोनों उस घर से बाहर निकल गए।

उनके आँगन में पहुँचने के बाद एक आवाज़ आई—हमारा पीछा करने की कोशिश मत करना।

किमलू ने उसका कोई जवाब नहीं दिया।

तब दुबारा आवाज़ सुनाई दी—समझ रहे हो न?

—हाँ, समझ रहा हूँ।

उसके बाद रात के घने अँधियारे में वे दोनों उस जंगली राह में खो गए जैसे कोई बाघ लम्बी छलाँग लगा कर गायब हो जाता है।

उनके चले जाने के बाद बन्ता ने अपने आदमी से कुछ नहीं कहा। यह भी नहीं कहा कि उसने अपरिचित लोगों के लिए घर का दरवाज़ा क्यों खोल दिया। दोनों को अपने-अपने मन में इस बात का अहसास हो रहा था कि दरवाज़ा खोला न जाता तो लुटेरों के हाथों तोड़ा जा सकता था। बन्ता घटना के बीत जाने के बाद अपने आदमी के मत्थे कोई दोष नहीं मढ़ना चाहती थी। वह समझ रही थी कि वैसा करने से उसके आदमी का दुःख और कई गुना बढ़ जाएगा।

सुबह के वक़्त किमलू सड़क पर पहुँचा। चाय के होटल में रोज़ मिलने-जुलने वाले आस-पास के गाँवों के लोग उसकी लटकी हुई सूरत देखते ही भाँप गए कि उसके साथ कोई बात हो गई है। कोई अनहोनी बात। घटना के बारे में सुनने वाले आँखें फाड़ कर

ताज्जुब करने लगते। हर सुनने वाले को ऐसा लगने लगता कि घटना एक किमलू के साथ नहीं हुई, पूरे समाज के साथ हुई है। वह उन सबका सामूहिक, पेचीदा मसला बन गया। वीरान जंगलों में एक-दूसरे से दूर-दूर बने घरों में बेख़ौफ़ रहने वाले सीधे-सादे पहाड़ी लोग अपने घरों के अन्दर सुरक्षित कैसे रह सकेंगे?

शेरसिंह ने पूछा—किमलू, तो तूने क्या सोचा? थाने जा रहा है रिपोर्ट लिखाने?

—अब क्या करूँ! रिपोर्ट तो लिखानी ही पड़ेगी।

रामसिंह—रिपोर्ट नहीं लिखवाएगा तो पूरे इलाके में आतंक फैल जाएगा।

दशरथ—आज तेरे साथ ऐसा हुआ, कल चारों ओर की सभी बस्तियों में भी यही सब होने लगेगा।

सितानू—देश में गुंडों का राज कायम हो गया है।

देबू—सबसे बुरी बात यह है कि दोनों लुटेरे गढ़वाली थे।

शिवसिंह—वही तो जुल्म की बात है। अब अपने ही घर में ऐसे लुटेरे पैदा हो गए तो किसका भरोसा करें, किस का न करें?

हरीराम—और तू बोल रहा है तेरी बहू ने खाना भी बनाया उनके लिए?

किमलू—अपने घर पर भूखा तो नहीं रखा जा सकता किसी को?

हरीराम—साले खा-पी भी गए और लूट कर भी ले गए ज़िन्दगी भर की कमाई। जमाना ऐसा आ गया है कि कोई बाप अपने बेटे का भरोसा नहीं कर सकता। अपनी माँ के खसम।

शिवसिंह—उनकी माँओं को क्यों गाली देनी हैं? उन्होंने थोड़े ही सिखाया होगा उनको कि तुम चोरी-डाके का काम करना। ये तो सब बाहर से सीख कर आते हैं, देश की तरफ से।

पातीराम—थाने तो तू जा रहा है पर यह बता पैसे कितने रखे हैं तूने अपनी जेब में?

किमलू—खाने के पैसे हैं मेरे पास।

शिवसिंह—किस के खाने के?

—अपने खाने के। ये पैसे मेरी कोट की जेब में थे, जिसकी तलाश लेना वे भूल गए।

रामदत्त—अरे! तू कैसा सीधा आदमी है? वे तलाशी लेना भूले नहीं बल्कि उनका पेट ज़रूरत से ज़्यादा भर गया था। जितना हाथ लग गया, वे उससे फूल गए होंगे अपने मन में। खूब ऐश करेंगे तेरी लूट के पैसों से।

शिवसिंह—तू बोल रहा है तेरी जेब में अपने खाना खाने भर के पैसे हैं। एक दिन अपने घर के बजाय तू होटल में खाना खा लेगा तो उस से खुश हो जाएगी पुलिस और लिख लेगी पुलिस तेरी रिपोर्ट?

किमलू ने कोई जवाब नहीं दिया। वह खाली नज़रों से वहाँ पर मौजूद लोगों की ओर देखने लगा।

तब शिवसिंह ने बात समझाई—बात यह है किमलू! तू मनुष्यों के बीच तो रहता नहीं। तू रहता है जंगली जानवरों के बीच। आदमियों के समाज में रहने के कायदों से तू एकदम नावाकिफ है। तेरे खाना खा लेने से थाने में तेरी रिपोर्ट नहीं लिखी जाएगी। वहाँ ऐसा पूछने वाला कोई नहीं होगा कि तू यहाँ भूखे पेट आया कि होटल से खाना खाकर आया है। जब तक थाने को रकम नहीं खिलाएगा, वहाँ तेरी कोई पूछ करने वाला नहीं होगा। तेरी जेब में अपने खाने भर के नहीं, पुलिस को खिलाने के लायक पैसे होने चाहिएँ।

—मेरी जो ज़िन्दगी भर की कमाई हुई रकम थी, उसे वे ले गए। गहने भी जो थे सब लूट लिए। मेरे घर से अपना पेट भर कर गए, मुझे नंगा-भूखा बना कर चंपत हो गए।

शिवसिंह—तू यह बात हम से कह सकता है। और सिर्फ हम समझ सकते हैं तेरी बात और तेरी पीड़। लेकिन पुलिस के लिए तो इस तरह की बातों का कोई मतलब नहीं होगा कि साहब! मेरे पास जो कुछ था उसे तो वे लूट ले गए।

लोग चिंतित थे। बगैर किसी के कुछ कहे शिवसिंह ने अपनी जेब में हाथ डाला और पचास रुपए का एक नोट उसकी ओर बढ़ाया। और उसके बाद वहाँ पर खड़े या बैंच पर बैठे लोगों में करीब-करीब सभी लोगों ने अपनी-अपनी तरफ से जो भी दे सकते थे, उसे दे दिया। यह कोई कर्ज़ा नहीं, सहायता दी जा रही थी। दरअसल उस वक़्त पैसे से उसकी मदद कर लोग खुद अपना जीवन सुरक्षित करना चाहते थे। अपना और अपने बाल-बच्चों का भविष्य उन्हें असुरक्षित लगने लगा था। लोगों से उस तरह दान के पैसे लेते हुए किमलू की आँखों में आँसू छलक आए।

शिवसिंह के दिमाग में एक बात यह भी आ रही थी कि किमलू तो ज़िन्दगी में कभी थाने नहीं गया। पुलिसवालों के साथ कैसे बात की जाती है इस बारे में इसे कुछ भी नहीं मालूम। ऐसे में इसका अकेला कीर्तिनगर थाने में जाना ठीक नहीं हो सकता। इसकी मदद करने के लिए इसके साथ गाँव-बस्ती के किसी जानकार, तजुर्बेकार आदमी को भी भेजा जाना चाहिए। समस्या यह थी कि भेजा किसे जाय। हर किसी को तो भेजा नहीं जा सकता। साथ में जाय तो ऐसा आदमी जाय जिसे शहर में रहने वाले अहलकारों से बात करने का सलीका हो।

अचानक सामने की पहाड़ी पगडंडी पर अपने गाँव की ओर से आता हुआ भौंपालू दिखाई दिया। उसे आता देख शिवसिंह खुश हो गया। उसके मन में उठ रही समस्या हल होती नज़र आने लगी।

—तेरी किस्मत बहुत अच्छी है किमलू। तुझे अकेले थाने में भेज देने को मेरा मन गवाही नहीं दे रहा था। पर वह देख सामने से भौंपालू नीचे की ओर उतर रहा है। बस अब तेरा काम बन गया समझ ले। तू पाँच मिनट रूक जा।

भौंपालू ऐसे ही कामों का माहिर माना जाता है। पुलिस थाना, कचहरी, सरकारी दफ्तरों में जो काम करवाना होता है, उसे करवाने के लिए लोग अपने साथ भौंपालू को

ले जाते हैं। एक जानकार आदमी। वह अकसर शहर में ही पड़ा रहता है। शहर के कुल हाकिमान को जानता है। उससे भी बड़ी बात यह कि हाकिमान भी उसे जानते हैं। वकीलों के तो वह गाँव से लेकर बाजार तक के कुल पतों से वाकिफ़ है। रास्ते और खाने पीने के खर्चे के अलावा लोग खुद ही उसे कुछ ऐसी रकम भी दे देने का ध्यान रखते हैं कि उसके घर पहुँचने पर घरवाले यह न पूछने लगें कि तू दिन भर (या कई-कई दिनों तक) बिराने काम के लिए फालतू बन कर कहाँ-कहाँ और क्यों भटकता रहता है।

सड़क के चायखाने में जमा लोगों की भीड़ उस वक़्त सामने के पहाड़ की पगडंडी पर टकटकी लगा कर भौंपालू का उतरते आना देखने लगी थी।

भौंपालू उस ओर की पहाड़ी पर पूरी उतराई उतर गया। नाले के पास पहुँच कर उस ने अपने जूते उतार कर हाथ में ले लिए, पैजामा गले में डाला और पानी में पैदल चल कर नाला पार किया। अब वह वहाँ से ऊपर की ओर, चढ़ाई की राह पर चलने लगा था। उसे अच्छी तरह दिखाई दे रहा था कि चायखाने पर खड़े बहुत सारे लोग लगातार उसकी ओर देखते जा रहे हैं। बाकी दिन ऐसा नहीं होता।

आखिर वह चायखाने पर पहुँच गया। और लोगों से और शिवसिंह से रामाकृष्णी हुई। शिवसिंह ने पूछा—भौंपालू! आज तू कीर्तिनगर जा रहा है?

—नहीं! मैं आज अपने बेटे कीं ससुराल जाने की सोच रहा हूँ। काँडीखाल की तरफ।

कीर्तिनगर के विपरीत दिशा में जाने की यह बात उसने अपना भाव बढ़ाने के लिए कही थी।

—आज तो तुझे अपनी दिशा बदलनी पड़ेगी भौंपालू। यह किमलू परेशानी का मारा आया है सुबह-सुबह।

—किमलू के साथ क्या हो गया चाचा?

—किमलू को तू ज़िन्दा लोगों में शामिल मत समझ। इसकी खाल हमारे साथ है, प्राण कहीं और हैं इस वक़्त। किमलू के घर पर आज रात डाका पड़ गया। सब कुछ लुट गया बेचारे का।

—डाका? चाचा तुम क्या बोल रहे हो?

—अब मैंने क्या बोलना है? ऐसा कर, तू इसे अपने साथ लेता जा। पूरी बात इसी से पूछ लेना रास्ता चलते-चलते।

जानकार आदमी भौंपालू, किमलू को साथ ले कर कीर्तिनगर की ओर चला।

कीर्तिनगर पहुँचे तो दोपहर हो चुकी थी।

—ऐसा करते है किमलू भाई! पहले पेट पूजा कर लेते हैं। टाइम भी हो गया है, भूख भी लग रही है। और सबसे बड़ी बात यह है कि जब हम तेरे काम के लिए लिखा-पढ़ी शुरू करने लगेंगे तो फिर खाने की क्या, दम मारने तक की फुरसत नहीं मिलेगी।

किमलू को वह उस होटल में ले गया जहाँ मछलियाँ बनती थीं। पहाड़ी नदी के ठंडे

पानी में पकड़ी गई स्वादिष्ट मछलियाँ। किमलू के ऐसा कहने पर कि वह मछली नहीं खाएगा, सिर्फ दाल-भात खाएगा, भौंपालू बोला—तू निरमांसी कब से हो गया किमलू?

—निरमांसी नहीं। पर आज तबियत नहीं कर रही है।

—जैसी तेरी मरजी।

भौंपालू ने खाना परोस रहे नौकर को आवाज़ दी—एक प्लेट मछली ले आना बेटा।

—आधी-आधी दो कि एक?

—एक ही जगह! एक प्लेट।

खाना खाते वक़्त किमलू को याद आ रहा था कि सुबह चायखाने में लोगों ने उसे चंदा दे कर विदा किया था। भौंपालू के वहाँ पहुँचने से पहले जिससे जितना बन सका, वहाँ पर मौजूद सभी लोगों ने उसकी मदद की थी। लेकिन वहाँ पर यह बात भौंपालू को बता नहीं पाया। वे वहाँ से हड़बड़ी में चले थे। और रास्ते में भी भौंपालू ने उसे नहीं बताया कि मेरी जेब में पैसे नहीं थे, लोगों ने चन्दा करके दिए।

—अब हमें पहले कोर्ट जाना पड़ेगा।

—कोई काम है वहाँ?

—मेरा कोई काम नहीं। यही काम। तेरा काम।

—लोग कह रहे थे पुलिस के पास चले जाना सीधे।

—लोगों ने ठीक ही कहा। पर पहले कोर्ट में जा कर मामले की रिपोर्ट भी तो लिखवानी पड़ेगी। पुलिस थाने में जुबानी कुछ नहीं चलता। कागज पर लिख कर देंगे, तभी वे कोई कार्रवाही करेंगे। और सुबह की बात तो है नहीं, जो किसी वकील के घर पर जाकर बात कर लें। इस वक़्त कचहरी चल रही है। वकील लोग वहीं पहुँच गए होंगे सब।

थाना, पुलिस, कचहरी या दफ्तर के बारे में किमलू कुछ भी नहीं जानता था। वह भौंपालू के साथ-साथ कचहरी चला गया।

भौंपालू को एक मुस्तगीस के साथ कचहरी परिसर में प्रवेश करते हुए पेड़ों के नीचे छोटे-छोटे तख़्त डाल कर बैठे हुए सभी वकीलों ने देखा।

भौंपालू दाताराम वकील के तख़्त पर पहुँचा।

—और भाई भौंपालू! राजी-खुशी? आज कैसे?

—पंडितजी! अब हमारा गाँव में रहना मुश्किल हो गया है।

—क्या हो गया?

—होना क्या है पंडितजी! आधी रात में डाका पड़ने लगा है हमारे घरों में।

—डाका? इन पहाड़ों में डाका? तू तो कानून जानता है भौंपालू भाई! चोरी बोल, चोरी! डाका इन शान्त घाटियों में आज तक पड़ा कभी?

—आज तक नहीं पड़ा था पंडितजी। पर अब हो गई है शुरूआत।

किमलू से घटना का विवरण सुन लेने के बाद वकील ने, अपनी ओर ताक रहे अर्जीनवीस को कहा—लिखो।

वकील अपने तख्त पर बैठा था। भौंपालू भी उसी तख्त पर बैठ गया, किमलू उनके पास नंगी जमीन पर।

दाताराम बोलता रहा और अरायजज़नवीस लिखता रहा। लिख लेने के बाद उसने कार्बन कापियों पर से आलपिन हटा कर उन्हें अलग कर दिया। तब उसने किमलू को कहा—ले दसखत कर दे।

भौंपालू ने मदद की—अँगूठा लगाएगा। उस कागज पर और उसकी कार्बन कापियों पर भौंपालू की अँगूठा निशानी लगवाई गई।

वकील ने कहा—अब कागज पक्का हो गया है। डाकू? उन डाकुओं के पुरखे भी बच कर कहीं भाग नहीं पाएँगे।

वकील ने ठप्पा लगा कागज भौंपालू के हवाले कर दिया।

—ले जजमान, अब थाने चले जा।

—पंडितजी, यह पहले ही ग़रीब आदमी था। अब कल रात के बाद तो पूरी तरह नंगा हो गया है। इसकी हालत ऐसी नहीं कि आपकी कुछ भी सेवा कर सके। आप ऐसा समझ लीजिए आप इस पर तरस खाकर इस की रिपोर्ट एकदम मुफ्त में लिख रहे हैं। बताइए, आपको यह निहंग कितनी फीसदी दे दे?

—भौपालसिंह, तुम रोज़ के आदमी हो। तुम्हें मालूम है मैं कितनी फीस लेता हूँ। पर इस जजमान की डाकुओं ने लूट कर दी। और साथ में तू भी आया है तो इससे मैं नाम मात्र की फीस लूँगा। ऐसा करो, बीस रुपए लिखवाई के, एक सौ मेरे दिलवा दो।

कागज को हाथ में लेकर वे दोनों कचहरी से थाने की ओर चल दिए। रास्ते में किमलू बोला—एक बात है। तुम्हें बता नहीं पाया। आज मैं घर से चला तो मेरी जेब में सिर्फ बीसेक रुपए थे। लूटने वालों ने मेरी जेब की तलाशी नहीं ली। वही पैसा लेकर मैं यहाँ आ रहा था। होटल में शिवसिंहजी को इस बात का पता लग गया कि मेरी जेब एकदम खाली है। तब उन्होंने अपनी ओर से मुझे पचास रुपए दे दिए और उसके बाद वहाँ पर और जितने लोग खड़े थे उन सबने भी तुम्हारे वहाँ पहुँचने से पहले अपनी-अपनी ओर से जो मदद कर सकते थे, कर दी थी। तब मैं यहाँ के लिए चला।

—तूने गिने होंगे कितने रुपए हुए हैं कुल?

—नहीं। मैंने गिने नहीं।

—यह तो तूने ठीक नहीं किया।

—तो अब गिन लेते हैं।

—हाँ यार, हमें पता तो रहना चाहिए हमारे पास कुल रकम है कितनी। साहब लोगों से उसी हिसाब से बात की जा सकती है।

वे दोनों वहीं एक बड़े पेड़ की घनी छाँह में बैठ गए।

किमलू ने अपनी जेब से कुल रुपये बाहर निकाले और बोला—भौंपालू भाई, इन पैसों को अपने ही पास रख लो।

—ना, ना! ऐसा काम मैं नहीं करता। खर्चा तो तेरे ही साथ से होगा पर जरा गिन लें।

—लो, इन्हें तुम्हीं गिन लो।

भौंपालू ने गिनती करने के बाद बताया—तीन सौ सैंतीस रुपए हैं।

—इन्हें अपनी जेब में रख लो भौंपालू भाई।

—नहीं, मैं नहीं रखूँगा। इन्हें तुम अपनी जेब में रख लो। मेरा अंदाज है कि इस रकम से काम नहीं चलेगा। सौ पचास के नोट पर तो उनकी निगाह ही नहीं ठहरती। हजारों में लेने की कु-आदत पड़ी रहती है। पर चल कर देखते हैं। नहीं मानेगा तो मैं उससे ऐसा बोल दूँ कि साहब, बाकी सेवा यह बाद में कर देगा?

—मैं कुछ नहीं जानता इन मामलों में। मैं तुम्हारे हवाले हूँ। जैसा ठीक समझो, वैसा कर लो। बातें करते-करते दोनों थाने पहुँच गए।

थानेदार वीरेन्द्र चौधरी मेरठ का जाट था। उसने भौंपालू के हाथ से कागज ले लिया और बहुत ध्यान से उसे पढ़ा। उसके बाद किमलू से उसने घटना का पूरा ब्यौरा सुना। उसने रपट दर्ज करने को मोहर्रर को कह दिया। भौंपालू के सवाल—सेवा-पानी के जवाब में उसने कहा—उसकी कोई ज़रूरत नहीं। ऐसे आदमी की सेवा करने का फर्ज़ हमारा बनता है। तुम इसको लेकर घर चले जाओ। गवाही के लिए बुलाए जाने पर इसे थाने भेज देना।

दोनों बहुत खुश हो कर थाने से बाहर निकले। शहर से वापिस जाने से पहले भौंपालू ने किमलू से कहा—तेरी किस्मत बहुत अच्छी है। मेरी ज़िन्दगी में आज पहली बार ऐसा हुआ है कि किसी पुलिस के अफ़सर ने बगैर पैसा लिए काम कर दिया हो। यार, एक अद्धा ले लें? रात में घर पर ज़रा थकान मिटा लूँगा।

—कितने दे दूँ?

—मेरे खयाल में ऐसा कर, तू मुझे सौ रुपए दे दे। अभी तो तुझे गवाही के लिए भी यहाँ आना पड़ेगा। तेरे-मेरे बीच का हिसाब तब देख लेंगे बाद में।

किमलू ने उसे सौ रुपए दे दिए। रुपए लेकर वह 'अभी आता हूँ' कहता हुआ पुल से होकर नदी पार चला गया। वहाँ से आधे घंटे बाद लौट कर आया तो उसके कदम टेढ़े-मेढ़े चल रहे थे।

तीन दिन बाद किमलू के पास खबर पहुँची कि उसे गवाही के लिए कीर्तिनगर थाने पर बुलाया गया है। भौंपालू को साथ ले कर वह कीर्तिनगर पहुँचा। मालूम हुआ कहीं दूर देहात में कोई कत्ल का केस हो गया और थानेदार चौधरी को अचानक वहाँ चले जाना पड़ा। गवाही की नई तारीख की फिर से खबर भेज दी जाएगी, ऐसा बताया गया।

उस दिन भौंपालू ने किमलू से सिर्फ पचास रुपए की माँग की।

नई तारीख की सूचना आई।

—मैं तो आज अपने समधी के पास जाने की तैयारी कर रहा था। पर अब तुझे अध-पंथ में छोड़ कर नहीं जाया जा सकता। अधर्म की बात हो जाएगी।

दोनों फिर थाने पर पहुँचे। चौधरी ने किमलू के बयान दर्ज किए।

—कल या परसों तू अपनी घरवाली और बेटे को लेकर आ जाना यहाँ। उनके बयान भी दर्ज करने होंगे।

—घर पर ताला लगा कर उन दोनों को एक साथ कैसे ला सकता हूँ साहब? मेरा मकान एकदम अकेली जगह पर है। गाय-भैंस सब भूखे रह जाएँगे।

गाय-भैंस के भूखे रह जाने की बात जाट दारोगा को बहुत वाजिब बात जँची। एक मिनट चुप रहने के बाद वह बोला—भौंपालसिंह! मैं आऊँगा किमलू के घर पर। वहीं इसकी घरवाली और बच्चे के बयान भी दर्ज कर लिए जाएँगे।

—किस दिन आएँगे साहब?

चौधरी ने अपने आने का दिन तय करके बता दिया।

गाँव की ओर जाने से पहले भौंपालू ने किमलू से कहा—आज मैं बहुत-बहुत खुश हूँ। दारोगा ने तेरी कुल परेशानियाँ दूर कर दी हैं। तेरे घर पहुँच कर वहीं बयान लेगा। मैंने तो ऐसी बात कभी सोची भी नहीं थी।

—हाँ, मैंने भी नहीं सोची थी। ऐसा देवता आदमी!

—आज मैं सचमुच खुश हूँ। तू ऐसा कर मुझे एकाध सौ रुपए दे दे। आज की खुशी में मैं एक पूरी बोतल भी ले जाऊँगा और साथ में कुछ मछलियाँ भी ले चलता हूँ घर पर पकाने के लिए।

थानेदार चौधरी किमलू के घर पहुँच गया। चाय के होटल पर किमलू और भौंपालू उसका स्वागत करने के लिए मौजूद थे। किमलू के घर पहुँचते ही चौधरी की नज़र आँगन में खड़ी भैंस पर पड़ी। कुछ देर खड़े होकर वह उसे देखता रहा। तब उसने अपनी बात कही—तेरी भैंस तो मुझे बीमार लग रही है किमलू?

—पता नहीं साब।

—क्या पता नहीं है? अरे साफ दिखाई दे रहा है तमस खा गई है। इलाज करवा ले इसका। स्टॉकमैन कहाँ रहता है यहाँ का?

जवाब भौंपालसिंह ने दिया—जानवरों का अस्पताल कीर्तिनगर में है साब। वहीं होगा कोई पशुओं का कोई कम्पाउण्डर।

—कीर्तिनगर से इधर कोई नहीं?

—एक था साब। जानवरों का कम्पाउण्डर। वह बन्दूक ले कर जंगल-जंगल घूमता रहता था। कच्ची-पक्की, जो भी मिल जाए चढ़ा लेता था। हर वक़्त पिए रहता था। जानवरों के साथ-साथ वह आदमियों का भी इलाज करने लगा था। हमारी तरफ आदमियों का कोई डाक्टर तो है नहीं। उसकी घर-घर से माँग आने लगी। इंजेक्शन तक लगा देता था मरीज को। उसकी इतनी चलत हो गई कि उसने सरकारी नौकरी से इस्तीफा दे दिया और आदमियों का इलाज करने लगा।

—वह डाक्टर कभी तुम्हारे घर पर आया था किमलू? तुमने उसे देखा था कभी?

—ना साब, मैंने उसे कभी नहीं देखा। वह मेरे घर क्या करने आता? लोगों से सुनता था एक पशु डाक्टर है, जो आदमियों की डाक्टरी करने लगा है।

—और शिकार भी करता रहता था?

जवाब भौंपालू ने दिया—जंगलों में ही पड़ा रहता था साब।

चौधरी ने घटनास्थल का कागज पर एक कच्चा नज़री नक्शा तैयार किया। किमलू के बच्चे और उसकी माँ के बयान दर्ज किए।

—अब क्या होगा साब? मेरा माल उड़ाने वाले कभी पकड़ में आएँगे साब? मेरा माल और रकम बरामद होंगे कभी?

—अपने भरसक कोशिश करूँगा कि डाकू हाथ लग जाय। पकड़ में आ जाएँगे तो गवाही और शिनाख्त के लिए तुम्हें बुलवा लूँगा। तुम उनको पहचान लोगे?

—हमारे सामने उन्होंने अपने चेहरे उघाड़े ही नहीं।

—उन्होंने तुम्हारे घर पर खाना खाया।

बन्ता ने खुलासा किया—खाना खाते वक़्त उन्होंने हमारी तरफ पीठ कर ली थी। उनकी सूरत तो हम देख ही नहीं पाए।

—कैसे कपड़े पहने थे?

—दोनों लुंगी पहने थे। ऊपर से चादरें ओढ़ी थीं।

—सूती चादर कि ऊनी?

—सूती चादरें थी साब।

—कैसी कद-काठी के लोग थे?

—एक तो साब, बिलकुल ऐसी ही कद-काठी का था जैसे भौंपालू भाई है। इतना ही लम्बा। इनका जैसा मोटा। और दूसरा इनसे ऊँचाई में कम लग रहा था। ज़रा कम।

—जो आदमी भौपालू जैसा लग रहा था उसकी आवाज़ पहचान सकते हो किमलू?

—उसके मुँह से तो एक भी जुबान नहीं निकली साब। बोलने-डाँटने-धमकाने का काम वह दूसरा डाकू ही करता रहा साब।

चौधरी ने भौपालू को कहा—भौंपालू! अब तू ही आ रहा है पकड़ में। मेरे हाथ डाकू पड़ गए तो ठीक। नहीं मिलते तो लगता है अब तुझे ही गिरफ्तार करना पड़ेगा। कद-काठी के हिसाब से तेरी शिनाख्त हो ही गई है।

कमरे के अन्दर हँसी की एक लहर फैल गई।

कुछ दिन तक उस घटना का इलाके में आतंक फैला रहा।

लोग आपस में बातें करते हुए सरकार और पुलिस को खरी-खोटी सुना कर अपना रोष प्रकट कर लेते। बाद-बाद में उसके बारे में लोगों की याद धीमी पड़ने लगी। किमलू कीर्तिनगर नहीं गया। वह कभी-कभार भौंपालू मिल जाता तो उसी के पास अपना दुखड़ा सुना लेता। क्या किया पुलिस ने? कुछ भी तो नहीं किया। उसकी समझ में यह बात पक्की

तौर पर बैठ गई थी कि अब उसकी डकैती के मामले में पुलिस की ओर से किसी किस्म की कार्रवाही नहीं हो सकेगी। वह पूरी तरह निराश हो चुका था।

अचानक एक दिन किमलू को टिहरी के ज्यूडीशियल मजिस्ट्रेट की अदालत से एक केस में हाज़िर होने की सूचना मिली। तहसील का चपरासी, जो समन लेकर आया था, उसने कोई कागज किमलू को नहीं दिया। उसने एक कागज पर किमलू की निशानी अँगूठा लगवा दी और अदालत में तय तारीख की जुबानी सूचना दे दी। इलाके में यह खबर फैल गई कि किमलू के मामले में कोई बहुत सख्त कार्यवाही होने लगी है और सुनवाई टिहरी में होगी।

भौंपालू पर फिर ज़ोर पड़ने लगा कि वह नाजानकार किमलू की मदद करने के लिए उसके साथ सुनवाई की मुकर्रर तारीख पर टिहरी चला जाय।

भौंपालू की मौजूदगी में चायखाने पर लोग आपस में बातें कर रहे थे।

शिवसिंह—भौंपालू! ऐसा सुना है टिहरी का कोर्ट अब वहाँ से हटा कर नई टिहरी भेज दिया गया है।

भौंपालू—हाँ, मैंने भी ऐसा ही सुना।

हरीराम—पहले से तो कुछ पता नहीं था इस बारे में?

पातीराम—टिहरी में तो सुना जा रहा था वहाँ के सब वकील अपने बसाए जाने की व्यवस्था होने से पहले कोर्ट को नई टिहरी ले जाए जाने के खिलाफ़ हड़ताल कर रहे हैं और धरना दे रहे हैं?

सितानू—परसों तेजरामजी टिहरी से लौट कर बता रहे थे वकील लोग जज की कोठी पर धरना दे रहे हैं।

देबू—और जज कहाँ गया?

भौंपालू—जज आधी रात में टिहरी से नई टिहरी भाग गया। अब अदालतें वहीं लगने लगी हैं।

रामसिंह—टिहरी से नई टिहरी जाने में कितना टाइम लगता है?

भौंपालू—टिहरी से वहाँ जाने में एक घंटा लगता है। पर वहाँ के लिए कोई बस नहीं मिलती। कभी-कभी आधा-आधा दिन बस के इन्तज़ार में खड़ा रहना पड़ता है।

दशरथ—अदालत-कचहरी में जाने वालों को अब बहुत मुश्किल हो जाता होगा?

भौंपालू—जो बस नई टिहरी ले जाती है वह सवारियों को कछेड़ी से एक किलोमीटर नीचे छोड़ देती है। तब आगे का रास्ता लोगों को खड़ी चढ़ाई पर चलते हुए पार करना पड़ता है।

कसरू—कोई ऐसा भी बता रहा था कोर्ट में पेशी खत्म हो जाने के बाद लोगों को फिर नई टिहरी से टिहरी आने के लिए भी आसानी से गाड़ियाँ नहीं मिलतीं। और जब तक टिहरी पहुँचो तब तक वहाँ से बाहर की ओर जाने वाली गाड़ियाँ छूट चुकी होती हैं।

रामसिंह—और टिहरी लौट कर हर हालत में रात टिहरी में ही गुजारनी पड़ती है?

पातीराम—पहले हम लोग सुबह अपने घरों से टिहरी जाते थे, दिन भर काम करवाने के बाद शाम की गाड़ी से अपने घर लौट आते थे।

भौंपालू—अब पहले दिन टिहरी जाओ। दूसरे दिन नई टिहरी में दफ्तर-कछैड़ी में काम करवाने के बाद फिर टिहरी आकर वहीं डेरा डालो। नई टिहरी बहुत ऊँचाई पर बसा है। वहाँ रात गुजारने का कोई साधन नहीं। तब तीसरे दिन से पहले अपने घर नहीं लौटा जा सकता।

पातीराम—टिहरी बाँध में जिनके घर-बार डूबेंगे उनका तो कुछ न कुछ इन्तजाम हो जाएगा। लेकिन बाकी लोग ताज़िन्दगी यों ही धक्के खाते रहेंगे। सबसे ज़्यादा मुसीबतें हमारी ही बढ़ती जाएँगी।

घर से चल कर सड़क पर। वहाँ से मोटर सड़क तक भी पैदल। अपने मददगार भौंपालू को साथ ले कर चल रहे किमलू ने टिहरी की बस पकड़ी। रात किसी होटल में गुजारी। भौंपालू किमलू को ले कर एक वकील तेजसिंह के पास गया। वकील को पूरा किस्सा बताया कि किस तरह रात के अँधियारे में किमलू के घर पर डाका डाला गया था। और अब कल की पेशी है। वकील ने फीस लेने के बाद कल कोर्ट में मिलने को कहा।

कोर्ट में पहुँचे। वकील केस के बारे में पता लगाने के लिए कोर्ट के कमरे में गया। कुछ देर बाद लौटा। मालूम हुआ कि उस केस में फाइनल रिपोर्ट लग गई है। पुलिस किसी मुलज़िम का पता नहीं लगा सकी। लिहाजा फाइनल रिपोर्ट लगा कर केस को समाप्त करने के लिए अदालत से प्रार्थना की जा रही है। और साथ ही यह भी बताया कि इससे पहले दो बार पेशियाँ लगी हैं जिन पर किमलू हाज़िर नहीं आया। इसलिए आज उसे जमानत पेश करनी पड़ेगी। किमलू की कुछ भी समझ में नहीं आ रहा था कि वकील साहब क्या बोल रहे हैं।

—हे साब! मेरे घर पर जिन्होंने डाका डाला उनका पुलिस पता नहीं लगा पाई। और अब मुझको कहा जा रहा है कि मैं जमानत पेश करूँ? पहले मार फिर महामार! किस बात की जमानत वकील साहब?

—इस बात की जमानत कि तुम अगली पेशी पर कोर्ट में गैरहाज़िर नहीं रहोगे।

—जब कोई मुलजिम पकड़ में नहीं आया है तो यह केस आज ही खत्म नहीं हो सकता वकील साहब?

—ये कानून के पेंच हैं, जो तुम्हारी समझ में नहीं आ सकते। आ जाते तो हम वकीलों की ज़रूरत नहीं पड़ती।

उस दाँव-पेंच को न समझने के कारण पैसा पानी की तरह बहने लगा था। वकील की फीस कल रात दे दी थी। होटल में ठहरने का किराया। भौंपालू का खाने का, बीड़ी-सिगरेट, चाय का और पीने का खर्च। अब अपनी जमानत करवाने के लिए अलग

खर्चा। भौंपालू साथ में है। जानकार आदमी। वह जामिन बन सकता है। पर जमानत के कागजात के साथ उसके खाते की नकल पेश करना ज़रूरी है। सिर्फ हल्फनामे से काम नहीं चल सकता। कि मेरे पास इतना बड़ा रिहायशी मकान है, इतनी जमीन है, जिसका मैं मालिक भूमिधर हूँ। कि वह जमीन जायदाद किसी के पास रेहन नहीं रखी है। हल्फनामे में यह सब तो लिखना ही पड़ेगा। लेकिन अदालत तब संतुष्ट होगी जब जामिन की भू-संपत्ति के मालिकाना हक का खुलासा करने वाली खसरा-खतौनी की नकल भी उसके सामने पेश कर दी जाएगी।

किमलू को लेकर भौंपालू रेकर्ड आफिस में गया। खसरा-खतौनी की नकल अर्जेंट चाहिए। अर्जेंट नकल यूँ ही नहीं मिला करती। उसके लिए जेब ढीली नहीं करनी पड़ती, जेब खाली कर देनी पड़ती है। जेब के अस्तर के कपड़े को उल्टा करके बता दो—अब मेरी जेब में और कुछ बचा नहीं रह गया है।

मुंशी, जो जमानतनामे के कागजात को तैयार करने में, भाग-दौड़ कर रहा है और लिखापढ़ी कर रहा है, वह अपना पूरा खर्चा लिए बगैर कागजात को आगे नहीं बढ़ा सकता। यह बात किसी के बताने की नहीं है, अपनी समझ से जान लेने की होती है।

दिन भर इन्तजार करते रहने के बाद किमलू के केस की पुकार होगी।

ऊँचे मंच के ऊपर लगी कुर्सी पर बैठे हाकिम ने पूछा—परिवादी आया है?

वकील ने मिमिया कर कहा—परिवादी हाज़िर है हुज़ूर।

उतना सुन लेने के बाद हाकिम ने पेशकार द्वारा अपने सामने आदरपूर्वक रख दी गई मिस्ल से अपना रूख हटा कर अपनी छोटी-छोटी आँखों से एक बार अत्यन्त कृपापूर्वक कठघरे में खड़े किमलू की ओर देखा। एक मारक नज़र। तब उसने मुँह से कुछ बोलने के बजाय आँखों को ज़रा-सा चौड़ा करते हुए सरकारी वकील की ओर प्रश्नवाचक नज़रें घुमाईं।

अपने कार्य में दक्ष सरकारी वकील हाकिम इजलास की नज़रों का इशारा समझ गया।

—हुजूर! पिछली दो पेशियों पर हाज़िर नहीं आया था।

विद्वान हाकिम इजलास को भी इशारा समझने में कोई देर नहीं लगी। कोर्ट मोहर्रिर को हुक्म—इसे अन्दर कर दो।

कोर्ट मोहर्रिर ने हाकिम के मुँह से बात पूरी होने से पहले किमलू की कलाई पकड़ कर उसे कमरे से बाहर की ओर धकेला। किमलू को खींचते हुए वह हवालात की कोठरी में ले गया। ताला खुलवाया और उसे उस के भीतर धकेल कर वहाँ से लौट आया। उसके वहाँ से जाते ही बाहर खड़े एक सिपाही ने कोठरी पर बाहर से फिर ताला जड़ दिया।

उस कोठरी के अन्दर उस वक़्त एक-दूसरे से अपरिचित, अलग-अलग गाँवों, अलग-अलग पट्टियों, अलग-अलग तहसीलों के कुल सात लोग बन्द थे।

सिंगोरी का बदरी। आज उसकी पहली पेशी थी। उसे पूरे गाँव को अपनी मातहती में रखने के शौकीन एक ग्रामवासी सोभनसिंह ने एक झूठे मुकदमे में फँसा दिया था। गरीब

आदमी! आज की हाज़री की तारीख पर अपने साथ कोई जामिन ले कर नहीं आया था। वकील के अनुनय-विनय करने पर अदालत उसे व्यक्तिगत मुचलके पर रिहा करने को तैयार नहीं थी। मरोड़ा का विशाल मुकदमे में पिछली दो पेशियों पर अपनी कुछ पारिवारिक असली बात यह कि मज़बूरियों के कारण हाज़िर नहीं हो पाया था। असली बात यह कि किसी अन्य व्यक्ति के हाथ वकील की फीस भी नहीं भेज पाया था। फीस न मिलने पर वकील पेशी पर हाज़िर होने से कन्नी काट गया। जाखाल का देवीसिंह साहूकार का कर्ज़ा अदा न कर पाने के कारण सिविल कोर्ट में साहूकार द्वारा जेल खर्चा जमा कर दिए जाने के फलस्वरूप जेल भेजा जा रहा था। रामगाँव के रामू की आज सुनवाई की तिथि मुकर्रर थी। उसके एक जामिन ने प्रतिपक्ष से मिल कर, और उससे कुछ भारी रकम लेकर, आज अचानक अदालत में अर्जी पेश कर दी कि वह अपनी जमानत को वापिस ले रहा है। अदालत ने रामू की ओर से तत्काल कोई नई जमानत पेश न किए जाने पर उसे अन्दर करने का हुक्म दे दिया। कोट गाँव का कीर्तिसिंह एक कत्ल के मामले में गिरफ्तार होकर आया था। उसकी जमानत की अर्जी पर वकील सरकार द्वारा कागजात मँगाने के लिए समय दिए जाने की प्रार्थना को मंजूर करते हुए न्यायाधीश ने एक हफ्ते बाद सुनवाई नियत कर दी थी। सेम का भगवानसिंह साल भर तक खरीददार केशू से अपनी भैंस की कीमत माँगते-माँगते थक गया। वह एक दिन केशू के आँगन में बँधी अपनी भैंस को खूँटे से खोल कर अपने घर ले आया। पुलिस अधिकार प्राप्त पटवारी ने उसे चोरी के केस में फँसा दिया और गिरफ्तार कर अदालत में पेश कर दिया। इन सात लोगों के अलावा और भी कई लोग विभिन्न अदालतों में चल रहे मामलों में पेशियों पर ले जाए गए थे।

लेकिन किमलू का जैसा वहाँ कोई दूसरा आदमी बन्द नहीं था। ऐसा आदमी, जिसके घर पर डाका पड़ा हो और, किसी प्रकार की सूचना पाए बगैर, अदालत में हाज़िर न आने के अपराध में जिसे बन्द कर दिया गया हो। मुलज़िम की तलाश न कर पाने वाली व्यवस्था परिवादी प्रार्थी को ही बन्द करने पर उतारू हो गई थी। ऐसा कर देने से उस परिसर में बैठे कई किस्म के लोगों के सीधे शुभ-लाभ की राहें खुल रही थीं। मुंशी से ले कर टिकट विक्रेता और वकील। कोर्ट साहब से लेकर कोर्ट मोहर्रिर और सिपाही। पेशकार और अदालत के चपरासी से लेकर तमाम दूसरे बाबू लोग। और अन्त में ऊँची कुर्सी पर विराजमान न्यायप्रिय हाकिम। जब एक आदमी को, वह कसूरवार हो चाहे निर्दोष हो, बन्द करने का हुक्म दिया जाता है तो उसकी और उसके पैरोकारों की जेबों से पैसा बाहर निकलने लगता है और वहाँ से निकल-निकल कर कई लोगों की जेबों के अन्दर जमा होने लगता है।

किमलू के बन्द हो जाने के बाद उसे बाहर निकालने के लिए भौंपालू पैसा बहाने लगा था। जमानत की अर्जी केस के पुकारे जाने से पहले पेश कर दी गई थी। उस पर तत्काल निर्णय देने के बजाय हाकिम ने वकील सरकार से रिपोर्ट की माँग कर दी। अपनी रिपोर्ट देने के लिए कोर्ट साहब की सेवा में वकील ने मुंशी को भेजा, बाद में खुद भी जाकर

बात की।

मुंशी से सेवा स्वीकार कर लेने के बाद वकील सरकार ने रिपोर्ट प्रस्तुत कर दी। उसने जमानत की अर्जी पर एतराज़ लगा दिया था। एक लम्बी, गोलमोल रिपोर्ट, जिसमें वास्तविक स्थिति भी स्पष्ट कर दी गई थी कि कानून के अनुसार अपराध जमानत दिए जाने योग्य है लेकिन, अन्त में लिखा था—"बेल इज़, हाउएवर, अपोज़्ड ऐट दिस स्टेज।"

अपनी रिपोर्ट में उसने अपने को दोनों तरफ से बचा कर रखा था। हाकिम कभी-कभी पूछ बैठते हैं—आपने स्पष्ट नहीं किया कि अपराध में कानूनी तौर पर जमानत दी जा सकती है या नहीं। और वही हाकिम ऐसा भी पूछ लिया करते हैं—क्या बात है कोर्ट साहब! आप खुद ही जमानत मंजूर कर दिए जाने की रिपोर्ट लगा देते हैं?

हाकिम इजलास अपनी मर्जी के अनुसार जैसा चाहें आदेश कर लें।

लेकिन वह रिपोर्ट उस दिन साहब के सामने पेश नहीं हो पाई।

मुंशी के हाथ से अपनी चुंगी को दाखिल पॉकेट कर लेने के बाद पेशकार ने मायूस होकर किमलू के वकील साहब को बताया—साहब घर चले गए हैं। जमानत अर्जी कल ले ली जाएगी और किमलू के केस में लगी 'फाइनल रिपोर्ट' की सुनवाई के लिए एक महीने बाद की तारीख लगाने का आदेश कर गए हैं।

वकील को मालूम है, ज़रूरत पर साहब अपने घर पर भी जमानत मंजूर कर लिया करते हैं। लेकिन वे दूसरी किस्म के मुलज़िमान होते हैं जिनकी अर्जी की साहब के घर पर ही सुनवाई होने लगती है।

बहुत सारे क़ैदियों के साथ किमलू नई टिहरी जेल की ओर चला। टिहरी घाटी में एक विशाल बाँध बनाया जा रहा है। उस नगर को हर हालत में पानी में डुबो दिया जाना है। कई सरफिरे लोग उस योजना को मानवता के भविष्य के लिए विनाशकारी मानते हैं और उसका विरोध कर रहे हैं। प्रशासन की ओर से लोगों को जबर्दस्ती टिहरी नगर से हटाने की कोशिशें की जा रही हैं। उन्हें अपने पुश्तैनी रिहाइशी घरों को खाली कर वहाँ से कहीं और जाने को कहा जा रहा है। लोगों को आतंकित करने के लिए निर्माण कंपनी ने एक हजार बाँस की लाठियाँ मँगवा कर अपने गोदाम में रखवा ली हैं। इनका इस्तेमाल मौका पड़ने पर आम आदमियों पर लाठी चार्ज करने के लिए पुलिस को करना है। ग़रीब पुलिस के पास इतनी सारी लाठियाँ नहीं हैं। कंपनी हर तरह से पुलिस की ग़रीबी को दूर करने में जुटी रहती है। सामन्ती गुलामी से टिहरी रियासत की प्रजा की आज़ादी के लिए चौरासी दिनों तक लम्बी भूख हड़ताल कर अपनी कुर्बानी देने वाले अमर शहीद श्रीदेव सुमन की ऐतिहासिक कोठरी को समूल तोड़ कर उसकी मिट्टी-पत्थरों को अन्यत्र ले जाने के लिए ठेकेदार को जिम्मा सौंप दिया गया है। टिहरी जेल को पूरी तरह नष्ट कर दिया गया है। अभी कुछ ही दिन पहले वहाँ के कुल क़ैदियों को वहाँ से हटा कर नई टिहरी में बनाई गई जेल में पहुँचा दिया गया था। किमलू एक पहाड़ की खोह में बनाई गई जेल के बाहर उसकी सीढ़ियाँ चढ़ने की तैयारी कर रहा था। तभी अचानक वहाँ एक पुलिस की गाड़ी

पहुँची और एक झटके के साथ सीढ़ियों के पास आ कर रूक गई। पीछे बैठे पुलिस के कुछ जवानों ने एक दाढ़ी वाले बूढ़े आदमी को हाथ-पाँव से पकड़ा और किसी आलू के बोरे की तरह गाड़ी से उठा कर उसे जमीन पर पटक दिया। उसके जमीन पर पड़ते ही हल्ला फैल गया कि उस आदमी का नाम सुन्दरलाल बहुगुणा है। टिहरी बाँध के बनाए जाने का प्रमुख विरोधी। तमाम बन्दियों के साथ वहाँ पर खड़े किमलू ने देखा कि जेल से बाहर पीछे की पहाड़ी के टीले पर अपने बँगले के आँगन में ज़िलाधिकारी स्वयं खड़े हो कर उस कार्रवाही का निरीक्षण करता जा रहा है। लोगों ने बताया कि वह डी. एम. साहब खड़े हैं।

नई टिहरी जेल में एक रात बिताने के बाद किमलू एक समझदार, तजुर्बेकार आदमी बन गया। वह सब कुछ समझने लगा। अपनी गिरफ्तारी का राज़ उसकी समझ में आ गया। दूसरे दिन शाम के वक़्त उसकी जेल से रिहाई हो पाई। भौंपालू उसे छुड़ाने के लिए अपने परिचितों से काफी कर्ज़ा ले चुका था। जेल से बाहर निकल कर वे दोनों टिहरी पहुँच गए। उजाड़े जा रहे टिहरी शहर में अभी रौनक बाकी थी। वे एक होटल में चले गए। दूसरे दिन अपने गाँव में पहुँचे। इलाके में हल्ला फैल गया था कि किमलू को जेल में बन्द कर दिया गया है।

उसके बाद की पेशियों पर किमलू नई टिहरी अकेला ही जाने लगा। हर पेशी पर वह नई टिहरी जाता रहा और वहाँ से अपने गाँव आता रहा। पाँच पेशियाँ ऐसी भी लगीं जब कि मजिस्ट्रेट अदालत से बाहर रहा। लेकिन उन तमाम पेशियों पर किमलू अपने वकील के पास एक बार भी नहीं गया। अपने केस की पुकार सुनने के लिए वह खुद ही अदालत के बाहर बैठ जाता था। किसी पुलिस के कारिंदे या पेशकार को उसने एक धेला भी नहीं दिया। पुलिस डाके के मुलज़िमान को पकड़ने में असफल हो गई थी। उस के मामले में उसने 'फाइनल रिपोर्ट' लगा दी थी। उसने रिपोर्ट में लिख दिया था—''मुलज़िम अज्ञात'। वह रिपोर्ट और उसी तरह की सैकड़ों फाइनल रिपोर्टें महज स्वीकृति के लिए मजिस्ट्रेट के पास लम्बित पड़ी थीं। मजिस्ट्रेट जानबूझ कर उन सब को टालता जा रहा था। अपराधी खुले घूम रहे थे, पीड़ित परिवादी मारे-मारे फिरने लगे थे। आइन्दा पेशियों पर अदालत में गैरहाज़िर न होने के लिए उन्हें जमानतें पेश करनी पड़ रही थीं। उसकी रिपोर्ट के स्वीकार होने या न होने से अब किमलू की ज़िन्दगी पर कोई फर्क नहीं पड़ने वाला था। वह अन्तहीन समय तक इन्तज़ार करने को तैयार था।

किमलू के लिए मुलज़िम अब अज्ञात नहीं रह गए थे। वह मुलज़िमान को बहुत अच्छी तरह पहचानने लगा था।

लिखित देहरादून, 1-3-2004, प्रकाशित 'अन्यथा' प्रवेशांक, जून 2004

न्याय का मूल्य

सड़क किनारे एक ऊँचे स्थान पर एक छोटा-सा पहाड़ी होटल। रात में भोजन कर रहे ग्राहक द्वारा दही की माँग किए जाने पर बूढ़े होटल मालिक ने कहा—मैं तो कहता हूँ, रात में दही क्यों खाते हो?
मोहन राकेश ने अपनी एक कहानी में इस घटना का वर्णन किया है। अपनी इस कहानी के प्रूफ को पढ़ते हुए मेरे मन में बार-बार मोहन राकेश की यादें उभरती जा रही हैं, जो असमय हमें छोड़ कर चले गए थे। विद्यासागर नौटियाल

मसूरी आये तीन दिन भी नहीं हुए थे कि मुझे लौट जाना पड़ा। मेरे शहर टिहरी में मेरे दो मित्र, जो सगे भाई थे, जायदाद बँटवारे को लेकर एक दूसरे का खून पीने को तैयार हो गये थे। तुरन्त पहुँचकर समझौता कराने के लिए दोनों के पोस्ट कार्ड मुझे एक साथ मिले। केंपटी फॉल का कार्यक्रम समाप्त कर घर जाने की तैयारी करनी पड़ी।

कन्धे और पीठ पर लगाये जाने वाले अपने दोनों झोलों—कांधा और पिट्ठू में सामान भर कर मैं टिहरी की ओर चल पड़ा। उस समय बारह से अधिक बज रहे थे। मसूरी से टिहरी की सड़क 40 मील लम्बी है। इसे मैंने पता नहीं कितनी बार रौंदा है। इसका हर मील, चढ़ाई, उतराई के सब स्थल और लम्बे-लम्बे भुलावे में डालने वाले जादुई घूम मुझे भली भाँति याद है। लेकिन बारह बजे मसूरी से उठकर दिन में ही टिहरी नहीं पहुँचा जा सकता था। मैं यह सोचकर उठा कि रात कद्दूखाल में, जो टिहरी से 20 मील पर है, रूककर दूसरे दिन सुबह खाना खाने के वक़्त तक टिहरी पहुँच जाऊँगा।

कद्दूखाल पहुँचते-पहुँचते शाम घिर आयी। घास-फूस के छप्परनुमा एक होटल में मैंने अपना सामान रखा और उस लड़के को, जो उस होटल के मालिक से लेकर नौकर तक सभी पद स्वयं संभाले हुये था, एक कप चाय का आर्डर दे मैं चूल्हे में लगी लकड़ियों को फूँक मारकर सुलगाने लगा ताकि चाय मिलने में देर न हो। लड़का चीनी लेने दुकान पर चला गया और मैं फूँक मारता रहा। लकड़ियाँ कच्ची थीं और वे बाँज की भी नहीं थीं, वरना उनसे उस कदर धुआँ न उठता जैसा उठ रहा था। सारा छप्पर धुएँ से भर गया। मेरा दम घुटने लगा। आँखों में आँसू भर आये।

थोड़ी देर में चाय का पानी खौलने लगा। मैं चाय की पत्ती खोजने लगा, इधर-उधर सभी बर्तन रखे, पर चाय न मिली। मैं मन मारकर लड़के के इन्तज़ार में चुप होकर बैठ रहा।

लेकिन लड़का न आया। मैं धुएँ के मारे पहले से ही परेशान था। उसके देर करने पर और भी खीज उठा—कम्बख्त पता नहीं कहाँ चला गया, एक दुअन्नी की चीनी ने ही उसे पकड़ लिया है। मैंने बूट उतार लिये और जेब से रूमाल निकाल कर आँखें पोंछने लगा।

—ले दिदा यू दूध छ—कहते हुए एक जवान लड़की अन्दर आयी। अपने भाई को वहाँ न देख उसने मुझसे पूछा—कहाँ गया?

—चीनी लेने गया था, लेकिन उसे गये बहुत देर हो गयी, पता नहीं कहाँ रह गया।

—आ ही रहा होगा। दुकानदार शायद दुकान बन्द कर घर चला गया है। उसे घर से बुलाकर लायेगा।

—दुकानदार का घर कितनी दूर है?

—नीचे थोड़ी दूर है, आ ही रहा होगा। वह चूल्हे की लकड़ियों को फूंक मारने लगी।

—तुम्हारा घर कितनी दूर है? मैंने ऐसे ही पूछा।

—थोड़ी ही दूर है, मैं दूध लेकर जो आयी हूँ।

—दूध लेकर तुम्हें रोज आना पड़ता है?

—वैसे तो मेरा बड़ा भाई होटल पर रहता है और घर से दूध वह लाता है, जो इस वक़्त चीनी लेने गया है, पर आज मेरा बड़ा भाई बाज़ार गया है इसलिए मुझे ही आना पड़ा।

मैं सोच रहा था कि लड़की चली जायेगी, पर वह गयी नहीं, एक कोने पर पहुँचकर कनस्तर को पकड़कर उसने पूछा—कोई और मुसाफिर भी है या तुम अकेले हो?

—क्यों? मैंने पूछा।

—भैया के आने तक मैं आटा गूंथ लूँ। दो के लिये ही निकालूँ न आटा? उसने कनस्तर से थाली में आटा निकालते हुये पूछा।

—हाँ दो के लिये ही निकालो, और तो कोई नहीं, मैंने जवाब दिया। वह आटा निकालकर गूँथने लगी। थोड़ा-सा गूँथने के बाद वह एकाएक मेरी और देखकर कहने लगी—तुम चुप क्यों बैठे हो?

मैंने उसकी बात पर चौंकते हुए पूछा—और क्या करूँ?

—तब तक आलू ही काट लो, कुछ सब्जी भी तो बनानी पड़ेगी। उसने एक थाली में आलू और एक चाकू लाकर मेरे सामने रख दिये।

मैं आलू काटने लगा। वह फिर आटा गूँथने लगी। मैं उसकी ओर देखता रहा वह अपने आप में व्यस्त थी। शायद अपने संस्कार के कारण मुझे लगा कि हमारा मौन अच्छा नहीं। उसे तो पता नहीं कुछ लग रहा था या नहीं, पर मुझे, जिसने इण्टरमीडिएट में

मनोविज्ञान पढ़ा था, बार-बार यह खयाल आने लगा कि हमें कुछ न कुछ बोलते रहना चाहिये, वरना मैं डिग जाऊँगा, मेरा ईमान चला जायेगा। क्षण भर की चुप्पी से ही मेरे दिमाग को सोचने का मौका मिलने लगा मेरा दिल धड़कने लगा और उसको, जो विचारों के माध्यम से मेरे अन्तर में घर कर रहा था, भगाने के लिये मुझे गुनगुनाहट करते रहना आवश्यक जान पड़ा।

लेकिन उससे मैं क्या बातें करूँ, क्या कहूँ—यह भी एक समस्या थी। किसी तरह मैंने बातों का सिलसिला जारी किया—तुम्हारा बड़ा भाई बाज़ार क्यों गया है?

—मुकदमा है, भाई भी गया है और बाबा भी। परसों के गये हैं, अभी तक नहीं लौटे।

मैं सुनकर चुप रहा। मुझे कुछ कहते न देख वह स्वतः बोल उठी—इस मुकदमे ने हमें तबाह कर दिया है, वकीलों की फीस देते-देते जान निकल गयी। छः बीसी रुपये भाई के हाथ से गये और पाँच बीसी बाबा के हाथ से। इस होटल की कमाई भी मुकदमे में गयी और घर का आलू बेचकर जो पैसा आया था उसकी तो बात ही क्यों की जाय। कई साल बीत गये, पर यह मुकदमा खत्म नहीं होता।

उसने आटा गूँथकर एक ओर रख दिया और चूल्हे पर आलू की सब्जी चढ़ा दी। करछुल चलाती हुई उसकी गोरी उजली कलाइयों को मैं देखता रहा। मन में सोचने का क्रम चलने लगा—इस उम्र की लड़कियाँ यहाँ अविवाहित नहीं रहतीं। इसके शरीर पर अभी कोई गहना नहीं है। यह अभी कुँआरी है। इनकी सब आमदनी मुकदमे में खर्च हो रही है, शायद इसीलिये इसका बाप इसका ब्याह नहीं कर पाया। ये लोग मुकदमा क्यों लड़ते हैं? उस मुकदमे को छोड़ देते तो इतना नुकसान न होता।

—मुकदमा बहुत बुरी चीज़ है।—मैंने उससे कहा।

—बुरा तो है, पर करें क्या? लड़े बगैर भी तो काम नहीं चलता। उसने कहना खत्म भी न किया था कि उसका भाई, जो चीनी लेने गया था, पहुँच गया।

अपने भाई को आया देख वह बोली—घर पर वैद्य बैठा है।

—कितने माँग रहा है? उसके भाई ने पूछा।

—दो रुपये माँग रहा है।

उसके भाई ने एक छोटी सी सन्दूकची खोली, उसमें से आने-पैसे गिनकर कहा—आठ आने कह देना, कल भेज दूँगा। इस वक़्त एक फूटी कौड़ी भी अपने पल्ले नहीं है। उसे विश्वास दिलाने के लिये उसने सन्दूकची उलट दी।

—आटा गूँथ दिया है, सब्जी चढ़ा दी है, दूध यह रखा है रोटी बना लेना। कहकर वह चली गयी।

—वैद्य क्यों आया तुम्हारे घर? मैंने पूछा।

—मेरी भाभी बहुत सख्त बीमार है।

केतली के पानी में पत्तियाँ डालकर उसने चाय तैयार की। मैं चाय पीने लगा और वह रोटियाँ बनाने लगा।

खाना खाकर हम दोनों जल्दी ही सोने को तैयार हो गये। सोने से पहले मैंने उससे पूछा—तुम्हारा मुकदमा किससे चल रहा है?

—आपस में है।

—भाई-बन्धुओं से?

—नहीं बाबा और भाई के बीच चल रहा है।

—किस बात पर? मैंने चौंक कर पूछा।

—बँटवारे को लेकर है।

—और दोनों का खर्च एक ही घर से जा रहा है?

—होटल से, और कहाँ से जायेगा?

—तुम्हारे बाबा और भाई में बोलचाल है कि नहीं? मारपीट तो नहीं हुई?

—नहीं जी। लड़ाई क्यों होने लगी। दोनों एक साथ बाजार जाते हैं, एक साथ आते हैं। यह तो न्याय का मामला है। नये वाले मकान पर दोनों का झगड़ा चल रहा है। बाबा कहते हैं मैं रहूँगा, भाई कहता है मैं रहूँगा। और कोई बात थोड़े ही है।

—ओ ठीक। जुदा होना चाहते हैं?

—जुदा होने की कोई बात नहीं है। जुदा कैसे हो सकते हैं?

—मैंने उसकी ओर देखते हुए पूछा—तुम किसके साथ हो?

—मैं तो दोनों के साथ हूँ। हम कोई जुदा थोड़े ही हो रहे हैं। उसने मुझे समझाते हुये कहा—यह तो न्याय को ढूँढ़ने की बात है। जब मकान के लिये दोनों में बोलचाल हो गया, तो उसका निस्तार कहीं न कहीं तो होना ही चाहिये। नया मकान, जिसे कानून कहेगा उसी को मिलेगा। वे तो देखने जाते हैं कि कानून क्या कहता है।

लैम्प बुझाकर वह लेट गया।

मैं भी लेट गया, अपनी कमीज को उतार कर मैंने सिरहाने रख दिया। करवटें बदलने से कमीज की जेब में पड़े दो मोटे-मोटे पोस्टकार्ड बार-बार मेरे सर पर गड़ने लगे और मुझे याद आया कि वे दोनों मेरे मित्र—दो सगे भाईयों के भेजे हैं।

पागल की डायरी का अनुवाद

तब मैं लॉ कालेज में पढ़ता था। कक्षा में हाजरी कम हो जाने के कारण मुझे परीक्षा में बैठने की इजाज़त न मिल पाई।

परीक्षा समाप्त हो जाने पर मेरे गाँव के लड़के, जो मेरे कालेज में पढ़ते थे, हमेशा की तरह मुझे घर लिवा लेने आए। मैंने देखा कि उनका मेरे साथ वैसा व्यवहार नहीं है, जैसा सदा से रहता आया था। वे बातें कम कर रहे थे और कभी-कभी तो ऐसा भी हुआ कि एक लड़का कुछ कहने की तैयारी करता तो कोई दूसरा उसे आँखों से इशारा करके चुप कराने लगता।

मुझे बहुत सदमा पहुँचा। मैं समझ रहा था कि वे लोग अब मुझसे बड़े दर्जे में पढ़ेंगे इसीलिए मुझसे बात भी ठीक ढंग से नहीं करना चाहते। लेकिन मेरे ही गाँव के लड़के, जिन्हें मैं बचपन से जानता आया हूँ, जिनके साथ मैंने गुल्ली-डण्डा खेला और बहुत सी दूसरे कार्य किए, जिनके माता पिता मेरे माता पिता को जानते हैं, इस तरह का व्यवहार करें, यह मुझे मंजूर न था। डाँटकर मैंने एक से पूछा—अभी से इतने मिजाज चढ़ गये हैं? भले आदमी इम्तिहान का नतीजा तो आने दो। क्या गारन्टी है कि तुम पास हो ही जाओगे?

उसने दूसरों की ओर देखकर धीमे स्वर में उत्तर दिया—सामान बाँधो, जल्दी घर चलना है। इस मामले में कि मैं पास होता हूँ या नहीं, मैं तुमसे बात नहीं करना चाहता।

—मत करो। तुमने इम्तहान दे दिया है तो तुम बात मत करो। लेकिन याद रखो मैं तुमसे किसी भी हालत में पीछे नहीं हूँ, समझे? उसे डाँटकर मैंने गुस्से में आकर ट्रंक पर ताला लगाया और ट्रंक की ओर इशारा करते हुए आवाज़ दी—ले जाओ, रिक्शे वाले।

रिक्शेवाला आया और उसने ट्रंक उठाया तो मैं आश्चर्यचकित रह गया। ट्रंक के नीचे मेरे ज़िन्दगी भर के प्रमाण पत्र, डिग्रियाँ, डिप्लोमा इत्यादि दबे पड़े थे। उठाया तो देखता हूँ कि सब उन पर मेरी जैसी लिखावट में किसी ने कुछ लिख रखा है।

अपने जीवन के उन महत्वपूर्ण व बेशकीमती कागजों में कुछ पर की लिखी बातें मैं नीचे उद्धृत कर रहा हूँ। यह सोचकर कि शायद इससे मेरे उन मित्रों का कुछ भार हल्का हो सके जो मनोविज्ञान में 'शिक्षित युवकों में पागलपन' विषय पर शोध कार्य कर रहे हैं।

हाईस्कूल के सर्टिफिकेट के पीछे लिखा था—

कमरा बहुत गर्म है। अप्रैल का चौदहवाँ दिन। मेरी तरह जिस किसी आदमी का दिमाग ठीक हो वह सोच सकता है कि इस वक़्त कैसी गर्मी पड़ सकती है, मैं पसीने से तर हो गया हूँ लेकिन मैं दरवाज़े नहीं खोलूँगा। उनकी एक भी चाल सफल न होने पाए—यही तो मेरी सफलता है।

सुबह चार बजे उठ गया था, और ऐसा निश्चय मैंने रात के बारह बजे ही कर लिया था, जब मैंने कैलेण्डर की तारीख बदल कर तेरह के स्थान पर चौदह की प्लेट लगाई। मैंने निश्चय किया था कि अगर उन्होंने मुझे परीक्षा में बैठने की अनुमति नहीं दी तो उनकी चाल का बदला अपने दास्तों को शुभकामनायें दे कर लूँगा, जो परीक्षा देने जायेंगे। मैं उन्हें वह शक्ति प्रदान करूँगा जिसके बलपर मैं परीक्षा देता।

उठ कर मैंने स्नान किया। रामायण का पाठ किया। गीता का पहला अध्याय समाप्त किया। तब मुझे विश्वास हो गया कि मेरे अन्दर पवित्रता आ गई है और मैं शुभकामनायें देने के लिये अपने कमरे में तैयार बैठ गया।

ताज्जुब की बात। एक भी ऐसा न निकला जो शुभकामनायें लेने मेरे पास आता। मैं देखता रह गया वे सबके सब सज धज कर इम्तहान देने जा रहे थे, मेरी ओर देखे बिना। एक-दो ने तो मुझे देख कर मुँह ही फेर लिये।

तब मेरी समझ में बात आ गई। मैं फौरन समझ गया कि वे सब भी यही चाहते हैं कि मैं यहाँ से चला जाऊँ।

इम्तहान देकर वे लौट आये तो उनमें इतनी भी भलमनसाहत न रह गयी थी कि मुझे आकर अपने पर्चे बताते। एक से मैंने दरवाज़ा खोल कर पूछा—'कैसा हुआ?'

—अच्छा! बहुत अच्छा हुआ। उसने जवाब दिया और चलता बना। अच्छा। बहुत अच्छा हुआ। तो यह बात है। वह भी यही चाहता था कि मैं यहाँ से चला जाऊँ। पता नहीं मेरे चले जाने से उसका क्या फायदा होगा।

मैं कमरे से बाहर नहीं निकला—मुझे उन सबकी चाल बेकार करनी थी। मैं निकलूँगा भी नहीं। कागज नहीं तो कोई बात नहीं सर्टिफिकेट तो हैं। इन्हीं पर लिखूँगा जो कुछ मुझे लिखना है। इन प्रमाण-पत्रों की क्या सब्जी बनाऊँगा? चाट खाऊँगा?

मैं कमरे से बाहर निकलूँगा भी नहीं क्योंकि मैं अच्छी तरह समझ रहा हूँ कि मेरे बाहर निकलते ही वे मुझे यहाँ से निकाल देंगे या तब वे मेरे कमरे पर ताला भी लगा सकते हैं, मुझे यहाँ से चले जाने को मजबूर करने के लिये। इसीलिये तो आज शाम के वक़्त बूढ़ा चौकीदार मेरी बन्द खिड़की के बाहर से चिल्ला रहा था—बाबू वार्डन साहब बुला रहे हैं। पर मैं भला दरवाजे क्यों खोलता। क्या ज़रूरत है, मत बुलाये वार्डन साहब। मैंने अन्दर से ही जवाब दिया। मैंने कैन्टीन के मैनेजर को खिड़की से साफ-साफ बता दिया है कि अगर उसने दोनों समय का खाना और तीनों वक़्त की चाय मेरे कमरे में भेजी तो उन सौ रुपयों में, जो उसके मुझ पर होते हैं, एक धेला नहीं देने का।

इण्टरमीडिएट के सर्टिफिकेट के पीछे लिखा था :

कमरे की गर्मी प्रतिदिन बढ़ती जा रही है लेकिन मैं दरवाजे नहीं खोलूँगा; तय है।

आखिर में खोल भी कैसे सकता हूँ जब ये लोग इस हद तक पहुँच चुके हैं। यह कहाँ की शराफत है कि ये किसी पत्रिका के सम्पादक से प्रार्थना करें कि वह मुझसे पत्र द्वारा किसी कहानी का अनुवाद माँगे? यह तो आन्तरिक मामला है। इसमें किसी पत्रिका के सम्पादक को फँसाने की क्या ज़रूरत है? कई दिनों की कोशिशों के बावजूद जब ये मुझे कमरे से बाहर न निकाल पाये तो यह तरीका अपनाया भले आदमियों ने। ये जानते हैं कि मेरे पास सादे कागज नहीं रह गये हैं और इनका अंदाज़ है कि मैं अनुवाद करने के लिये कागज खरीदने जाऊँगा। मैं नहीं जाऊँगा; यह तय है। अभी कागज की क्या कमी? अभी तो मेरे पास गिनकर बासठ प्रमाण पत्र और बाकी हैं। इतने कागजों पर तो मैं एक छोटा-मोटा उपन्यास लिख सकता हूँ। मोटे कागज पर लिखने में बड़ा मजा आता है। इन्होंने एक और चाल चली पर सफल न हुए। बेचारे! मेरा क्या? मेरा तो फायदा ही हुआ, कुछ काम मिल गया। मैं तो पिछले कुछ दिनों से सोच ही रहा था कि लू-सुन की उस कहानी का अनुवाद कर डालूँ, 'पागल की डायरी' का, जिसमें मेरी ही तरह एक दुःखी व्यक्ति का वर्णन है।

मैं सोचता हूँ कि अगर मेरे कमरे से स्नानगृह संलग्न न होता तो मैं क्या करता?

बी. ए. की डिग्री के दोनों और लिखा था :

अनुवाद बहुत कठिन कार्य है और लू-सुन महान कलाकार, यह मुझे आज पता चला जब मैंने 'पागल की डायरी' का अनुवाद करना शुरू किया।

यह देखकर कि मुझे चाय अधिक पसन्द है आज उन्होंने एक नई चाल चली। नौकरों को भेजा। उसने दरवाज़ा खटखटाया—बाबू चाय।

मैंने अपनी घड़ी देखी पर देखा केवल आठ बजे थे, सुबह के आठ। मेरी चाय का वक़्त अभी न हुआ था। एक प्याला मैं सुबह पीता हूँ, एक दिन में और एक शाम के वक़्त। मुझे समझने में देरी न लगी। बाहर खड़े दूसरे लोगों की खिलखिलाहट और उन्हें चुप करने को दूसरों की 'शी, शी' भी मुझे सुनाई दी। मैंने नौकर को डाँट कर भगा दिया और उन लोगों को सम्बोधित करते हुये चिल्लाया—भाग जाओ यहाँ से सबके सब। तुम लोग मुझे पागल बनाना चाहते हो क्या?

वे बाहर खड़े हँसते रहे तो मुझे बड़ा गुस्सा आया। झट से मैंने दरवाजे की साँकल खोल कर अपना सर बाहर निकाला तो वे भाग खड़े हुए। डरपोक कहीं के। मेरी सूरत देखते ही रफू हो गए। कभी कभी मैं सोचता हूँ कि अगर मैं अपने दरवाजे के बाहर बैठ जाऊँ तो ये क्या करेंगे। शायद अपने-अपने दरवाज़े बन्द करके धड़कते दिलों से कमरों में दुबक जायेंगे। और अगर एक बार मैं होस्टल के बीच में अडिग हिमालय सा (जैसा कि मैं हूँ) खड़ा हो जाऊँ तो शायद ये सबके सब होस्टल छोड़कर भाग खड़े हो जायें। और तब मुझे हैरत होती है कि इन्हें मुझे यहाँ से निकालने की हिम्मत कैसे होती है।

दरवाज़ा बन्द किया और अनुवाद करने लगा। लू-सून सचमुच महान कलाकार था। कितनी अद्‌भुत कहानी लिखी है : 'पागल की डायरी'।

वह आदमी जो मेरी ही तरह पढ़ा-लिखा है, पागल हो जाता है। मेरे ख्याल में वह पागल नहीं था। लू-सुन ने उसे पागल बताकर सारी दुनिया का मखौल उड़ाया है। सआदत हसन मन्टो ने भी कभी एक ऐसी ही कहानी लिखी थी, एक पागल की, जो हिन्दुस्तान और पाकिस्तान के बँटवारे को स्वीकार नहीं करता। टोबाटेक सिंह नाम था शायद उसका। बेचारे की समझ में नहीं आता था कि उसके और उसके पड़ोस के गाँव दो अलग-अलग देशों में कैसे बँट सकते हैं। मंटो मरा नहीं उसे मारा गया। उसे भी कुछ ऐसे ही लोगों ने मारा जैसे मुझे यहाँ से निकालने के लिये ऐड़ी चोट का पसीना एक कर रहे हैं।

मेरे दरवाजे के बाहर से कोई चिल्लाया–अरे जरा बाहर तो आओ। देखो होस्टल में कौन आई है।

–तुम सबकी शामत आई है, कहते हुए मैंने दिल को मजबूत बनाते हुए दरवाज़ा खोला। वे सब भाग गये थे। कुछ लोग सामने से मुझे हाथ का इशारा कर रहे थे–इधर आओ।

मैंने दरवाज़ा बन्द कर दिया। सोचा इनके साथ कौन लगे। ये तो पागल हैं जो भले से आदमी को भी पागल बना देते हैं। उस घटना को मैं भूला नहीं हूँ जो मेरे हाईस्कूल के दिनों घटी थी।

एक साँड था, सीधा सादा और कुछ लड़के थे छुछन्दर। एक दिन बिला वजह से उस साँड का पीछा करने लगे। साँड बेचारा इधर से उधर दौड़ता और उधर से इधर। लड़के (जो शैतान थे) पीछा न छोड़ते। आखिर बचने का कोई उपाय न देख वह नदी के रास्ते की ओर दौड़ा। ये सब शैतान वहाँ भी उसके पीछे दौड़े। अपनी जान बचाने के लिए साँड पुल पर चला गया लेकिन तब भी इन्हें उस पर दया न आई। आखिर साँड की ऐसी हालत हो गई कि उसे मौत सरल और जीवन कठिन मालूम होने लगा। उसने ऊँचे पुल से नदी में छलाँग मार दी। मर गया बेचारा।

मैं सोचता हूँ कि जब इन लोगों ने साँड को, जिसके पास-इण्टरमीडिएट में मुझे पढ़ाते वक़्त मनोविज्ञान के अध्यापक ने बताया था–दिमाग नहीं होता, पागल बना दिया तो मैं तो आखिर आदमी हूँ, जिसके पास चिन्तन शक्ति है, भाव हैं, विचार हैं। इसीलिए दरवाजे बन्द कर मैं फिर कमरे मैं बैठ अनुवाद करने लगा।

उसकी डायरी शुरू होती है–"आज की रात चाँद चमकीला है।" और इसके बाद वह बताता है कि पिछले तीस सालों से उसने चाँद नहीं देखा था इसलिये उस दिन उसे देखकर उसका मन बाँसों उछलने लगा। और होश आया कि आइन्दा से बहुत सतर्क रहने की जरूरत है क्योंकि चावो परिवार के कुत्ते ने दिन में उसे घूर-घूर कर देखा था।

रात हो गई, काली अँधेरी रात। कम से कम मेरे कमरे में तो ऐसा ही लग रहा था क्योंकि दरवाज़े व खिड़कियाँ बन्द थीं। किन्तु उनकी योजना के सफलीकरण के लिए कार्य चलता रहा। उस कुत्ते ने, जिसे हाजरी कम होने से पहले रोज़ अपने हिस्से से दो रोटियाँ सुबह-शाम देता आया था, आकर मेरा दरवाज़े को हिलाना शुरू किया। मैंने दरवाज़े के छेदों

से देखा—वह अपने उसी मुँह से, जिससे चबा-चबा कर मेरी दी हुई रोटी खाता था, मेरे दरवाजे पर धक्का दे रहा था।

कुत्ते के काटने से, सुना है लोग पागल हो जाते हैं। मैंने दरवाज़ा नहीं खोला। यही सोच कर कि कहीं वह मुझे काट न दे और मैं पागल न हो जाऊँ। यही नहीं, मुझे एक डर और भी था कि कहीं उन लोगों ने उस साँड की तरह इस कुत्ते को भी पागल न बना दिया हो। पागल कुत्ते के काटने से तो मैं ज़रूर पागल हो जाऊँगा और इस बात का क्या विश्वास कि उन्होंने कुत्ते को भी नहीं पगला दिया है? मैं भी दरवाज़े से बाहर जाने लगूँ तो वे या तो मुझे यहाँ से निकाल कर छोड़ेंगे या पागल बना कर।

मैं दो में से कुछ भी बनने को तैयार नहीं, न निकलने को और न पागल। मैं डायरी का अनुवाद करने लगा। 'चावो का कुत्ता मुझे घूर कर देखने लगा।'

"आज की रात चाँद कहीं है ही नहीं, मैं जानता हूँ यह बदकिस्मती है।" बेचारा! रहा होगा कोई मेरी ही तरह। सचमुच उसमें और मुझमें फर्क इतना ही है कि वह पागल था और मैं पागल नहीं हूँ।

नेशनल कैडेट कौर (एन. सी. सी.) के सर्टिफिकेट के किनारों पर लिखा था :

आज सुबह उठते ही मैंने अनुवाद करना शुरू कर दिया। ये लोग अपनी आदत से बाज़ नहीं आयेंगे। मुझे बाहर निकालने के लिए इन्होंने छोटे-छोटे बच्चों को भेजा, जिन्हें हाजरी कम होने से पहले मैं प्यार किया करता था। बच्चों को मैंने दरवाजे के छेदों से देखा और मेरे हाथों से अनायास ही दरवाज़ा खुल गया। मैं अपने को जब्त न कर पाया।

बच्चे अन्दर आये। मैंने उन्हें गोदी में उठाकर प्यार करना चाहा। लेकिन अफसोस वे भी एक स्वर से चिल्लाने लगे—बाहर निकलो।

मैं सोच नहीं पाता कि मेरे जाने से उन बच्चों को क्या फायदा होगा। उन्हें पकड़ कर मैंने बाहर निकाल दिया और अनुवाद करने बैठ गया।

"सामने कुछ छोटे-छोटे बच्चों का एक झुण्ड भी मेरे बारे में बातें कर रहा था। उनकी आँखों में भी वही भाव था जो दूसरों की आँखों में। मुझे तो हैरत हुई कि भला इन बच्चों से मेरी क्या लड़ाई हो सकती है। वे तो ऐसे देख रहे हैं कि जैसे मुझसे भयीत हों, जैसा मेरा कत्ल करना चाहते हों।"

अनुवाद बन्द कर मैं अपने बारे में सोचने लगा। वे लोग आखिर मुझे यहाँ से निकालना क्यों चाहते हैं? मैं कुछ नहीं सोच पाता सिवा इसके कि एक बार मैंने एक उच्चाधिकारी का, जो हिन्दी के एक महान साहित्यकार को अपशब्द कह रहा था, विरोध किया था और इससे वह बहुत नाराज हुआ था। हो न हो ये सबके सब उस बात को सुन चुके हैं और उसका बदला मुझसे लेने की सोच रहे हैं। इसीलिये तो इन्होंने मुझे पूरी हाज़री नहीं दी।

एक स्वीमिंग पूल बन रहा है, जिसके बन जाने पर उसमें तैरने वालों को केवल हाजरी ही नहीं नाश्ता पानी और भारत भर के मुख्य-मुख्य शहरों में घूम आने का खर्चा भी मिलेगा।

और इस स्वीमिंग पूल को बनाने में जिन्होंने अपना श्रम लगाया, मुझ सरीखों ने, उनको ये हाज़री तक नहीं देंगे। मैं यही सोचते-सोचते पागल न हो जाऊँ, यह सोच कर तुरन्त अनुवाद करने लगा। "मैं सोच नहीं पाता कि सड़क पर के लोगों से मेरा क्या झगड़ा हो सकता है। मेरी समझ में कोई दूसरी बात नहीं आ पाती सिवा इसके कि बीस साल पहले मैंने ही कूचिमू की हिसाब की किताब में कोई गड़बड़ी कर दी थी जिसकी वजह से वह बहुत नाराज हुआ था। श्री चावो ने इसके बारे में जरूर सुना होगा और इसका बदला यूँ मुझसे लेने का निश्चय किया होगा।"

किसी गाँव के काश्तकार ने आकर बताया कि लोगों ने एक बदमाश को मारा और अपना साहस बढ़ाने के लिये उसे खा गये। "मैंने टोका तो मेरा भाई और काश्तर दोनों मुझे घूर कर देखने लगे।"

उसने देखा कोई औरत अपने बच्चे को पीटती जा रही थी और कह रही थी—"नन्हें शैतान, मेरा जी करता है कि अपनी तमन्ना पूरी करने के लिये तेरी बोटी बोटी खा जाऊँ।"

उसे याद आया कि पुराने ज़माने में लोग मनुष्यों को खाया करते थे। इतिहास को उठाकर देखने लगा तो सारी पुस्तक दो शब्दों से भरी मिली "आदमी खाओ।"

"मैं भी एक आदमी हूँ और वे मुझे खाना चाहते हैं।"

इससे अधिक अनुवाद करने का साहस न हुआ "आदमी खाओ।" वह आदमी दुनिया में हँसने खेलने के लिये आया है, जिसे लग रहा है कि सबके सब आदमख़ोर हो गए हैं, सदियों से रहे हैं और सम्भावना है कभी उसके भी खा लिये जाने की।

एक आदमी मैं हूँ जो यहाँ पढ़ने आया लेकिन जिसे सब लोग निकालना चाहते हैं। वह भी पागल बना कर।

छत के ऊपर जो चल रहा है, उसे मेरा जी करता है फौजी बूट पहनना सिखाऊँ और फिर चलना। यह मेरा एन. सी. सी. का सर्टिफिकेट है इसलिए मैं और भी दुःखी हो रहा हूँ। जी में आता है कि अभी ऊपर जाकर उसे पकड़कर मार्च करना सिखाऊँ। लेकिन वह तो केवल मुझे तंग करने के लिये ही लौंग बूट पहनकर मेरे सर के ऊपर तबला बजा रहा है ताकि मैं यहाँ से चला जाऊँ, मैं जाऊँगा नहीं। मैं दरवाज़ा नहीं खोलूँगा।

लेकिन अगर इनकी ये हरकतें जारी रहीं तो मैं ज़रूर पागल हो जाऊँगा।

किसी अन्तर-प्रान्तीय वाद-विवाद प्रतियोगिता के प्रमाण पत्र पर लिखा था : कमरे की गर्मी बरकरार है। मैं अपने इन कागजों को छुपा कर रखता हूँ इस डर से कि कहीं वे न आ जायें। वे दरवाज़ा तोड़ भी सकते हैं। पागल की डायरी का अनुवाद आज पूरा कर दिया। वह पागल (जो मुझे विश्वास है पागल नहीं था, ज़रूर मेरी ही तरह रहा होगा) समझता है कि सब लोग आदमख़ोर है, नर-मांस भक्षी, और उसे डर है कि मनुष्यों को खाने की यह प्रथा, जो युगों से चली आ रही है कहीं आगे भी न चले। 'वे मुर्दा मांस खाते हैं। उसका कहना है। वह लोगों को समझाता है "तुम्हें बदलना चाहिये, तहेदिल से बदलना चाहिए" और लोग उस पर हँस देते हैं। उसका बड़ा भाई लोगों को हटाते हुए कहता है

"किसी पागल को देखने में भला क्या तुक है।" और वह समझ जाता है कि उसे पागल इसलिये कहा जा रहा है ताकि उसका भक्षण करने पर लोग उन्हें धन्यवाद दें, कृतज्ञता प्रकट करें और साथ ही उन पर कत्ल का अभियोग न लग सके।

आज वे चिल्लाने लगे—दरवाजा खोलो वर्ना तोड़ देंगे। अब उन्होंने एक और तरीका अपनाया है—मेरा भोजन व चाय बन्द करके। वे देखना चाहते हैं कि मैं कितने दिन भूखा रह सकता हूँ। इसका जवाब मैं उनको यही दूँगा कि जितने दिन तुम इम्तहान दे सकते हो, मैं भूखा रह सकता हूँ। यह भी खूब है। पहले मेरी हाज़री कम कर दी, इम्तहान नहीं देने दिया। अब मैं कमरे में ही रहा हूँ तो वे भी कह देंगे पागल हूँ ताकि निकालने में आसानी रहे और लोग उन्हें धन्यवाद दें। वे पागल कह ही नहीं सकते, मुझे पागल बना भी सकते हैं।

आज उनका छठा पर्चा समाप्त हो गया। एक पर्चा और। इम्तहान देने के बाद ये सब भाग जायेंगे और तब मैं रहूँगा अकेला, जिसे वे निकालना चाहते हैं। जायेंगे ये सब मैं नहीं जाऊँगा।

मुझसे पहले भी बहुत निकाले गये, हमेशा से निकाले जाते हैं। पर मैं यह नहीं सोच पाता कि मुझ जैसे आदमी को निकालने में भला क्या तुक है।

अफसोस तो यह है कि मेरे बाद भी ये लोगों को निकालना नहीं छोड़ेंगे। यह सिलसिला आखिर कब तक चलेगा?

लू-सुन का पागल कहता है "शायद अभी तक बच्चों ने मनुष्य का माँस नहीं खाया।"

"बच्चों को बचाओ।"

बाहर अगर ये लोग इसी तरह हल्ला करते रहे तो मैं ज़रूर पागल हो जाऊँगा। मुझे चिन्ता अपनी नहीं, उन छोटे-छोटे बच्चों की है जिन्हें कभी मैं प्यार किया करता था अपनी गोदी में उठाकर, चूम कर और जिन्हें अभी से लोगों को पागल बनाने की शिक्षा दी जाने लगी है।

यह सोचकर मैं दरवाजे को खोल बाहर दौड़ा, इससे पहले कि मैं उन्हें समझाने के लिए कुछ कहता, वे भाग गये थे। बच्चे भी भाग गये। जैसे किसी शेर के पिंजड़े से निकलने पर भाग रहे हों। और लोग तो ख़ैर डरें या मुझे पागल बनाना चाहते तो कोई बात नहीं पर इन बच्चों को क्या हो गया? इन्हें तो मैं अपनी गोदी में उठाकर प्यार करता रहा हूँ।

प्रमाण पत्रों के उद्धरण यहीं समाप्त करता हूँ। मेरे खयाल में काफी होंगे। हाँ, एक चीज़ बताना भूल गया था कि मैं अगर किसी को पत्र भेजता हूँ तो उसे अपनी कापी पर दर्ज कर लेता हूँ ताकि याद रहे। और अपनी उस कापी को देखकर मैं सोच नहीं पाता कि आखिर माजरा क्या है। कापी पर लिखा है कि मैंने 'कल्पना' मासिक को 'पागल की डायरी' का अनुवाद भेजा है। वह लिखावट भी मेरी ही है। उक्त कहानी का अनुवाद करने की मुझे कतई याद नहीं।

लेखन बनारस 1957-58 के आसपास, उसी दौरान किसी पत्रिका में प्रकाशित।

कर्ज़दार

कारिंदों ने जाकर ज़मींदार साहब को सूचित किया—बुद्धू भाग गया। एक बीवी और दो बच्चों को घर पर छोड़कर वह कहीं भाग गया। युग बीत गया किंतु ज़मींदार का बुद्धू पर कर्ज़ ख़त्म न हो सका। किसी ज़माने में उसने केवल बीस रुपये लिए थे, जो हर साल दूने हो जाते। बुद्धू ज़मींदार की खेती पर हल चलाता किंतु मजदूरी से भी ऋण की समाप्ति न हो पाई। इस बीस रुपयों की मद को सूद-ब्याज ने मिलकर अब एक सौ रुपयों के ऋण में परिवर्तित कर दिया था।

रात के सन्नाटे में बुद्धू ने अपना गाँव छोड, दूर परदेश की ओर पाँव बढ़ाए। जिस सड़क पर लोग भूत और बाघ के डर के मारे गोधूलि—बेला में भी नहीं चलते, उस डरावने अंधकार को चीरता हुआ वह उसी राह से गुजर रहा था। दिन के प्रकाश में चमकने वाले मखमली फूल इस समय दिखाई नहीं दे रहे थे। सफेद और लाल, नीले और पीले फूल, जो दिन के समय पूरी घाटी में सौंदर्य बिखेर देते थे, इस समय एक ही रंग में रंग् चुके थे। वह रंग जिसकी कल्पना भी ख़ौफ़नाक होती है। स्याह और काले परदे इस समय प्रत्येक फूल और फल पर नहीं सारे वातावरण पर लगे मालूम हो रहे थे। आसमान के बादल तक अपना रंग बदल चुके थे : सुफेद से स्याह। नीले रंग का आसमान, उस पर बच्चों की प्यारी-प्यारी आँखों की तरह चमकते तारे, एक साबित रोटी ही तरह दिखाई देने वाला चाँद, सब परदों की तह में छुप गए थे। लगता था किसी भीमकाय दैत्य ने आकर सारी घाटी को रौंद डाला है। वह उसका सौंदर्य नष्ट कर चुका है और अब नभ-मंडल से पृथ्वी के धरातल तक उसने गहरा, काला रंग पोत दिया है। और वैसा ही रंग उसने वायुमंडल के एक-एक कण में इस तरह भर दिया है कि जिससे वायु जहाँ भी पहुँचे, वातावरण को स्याह कर डाले। उस वातावरण में भूत बोली बोलते हैं, बाघ खुश होकर घूमता है और रीछ, मानव जाति से निश्चिंत होकर जंगली फलों के पेड़ों पर चढ़कर खूब फल खाता रहता है। हिरण अपने जीवन की दुआएँ करते हुए कान लगाकर बाघ का गगन-भेदी स्वर सुनने लगते हैं। लेकिन वे बच नहीं पाते और जो बचते हैं वे किसी दूसरे दिन काल का ग्रास बनने के निमित्त।

रात के इसी अँधियारे में जब ज़ोर-जुल्म होते हैं बुद्धू जुल्म से बचने के लिए अपना

गृह त्याग कर निर्भय बढ़ा जा रहा है। मन में सोचता है—'रात देर से खुले तो कितना अच्छा हो! मैं तब तक और कितने मील पार कर लूँगा? कहीं ज़मींदार ने मुझे पकड़ने के लिए आदमी न भेज दिए हों। यह नहीं हो सकता, उसे क्या मालूम मैं भाग आया हूँ। सुबह होते-होते तो मैं शहर पहुँच जाऊँगा।'

शहर के होटल में बुद्धू को बर्तन साफ करने की नौकरी मिल गई। होटल के पिछवाड़े में बैठ उसने अपना काम शुरू कर दिया। सुंदर, साफ-सुथरे होटल के डाइनिंग हॉल में, जिसका बुद्धू नौकर है, वह नहीं जा सकता। वहाँ दरवाज़ों और खिड़कियों पर शीशे लगे हैं, जिनसे अंदर बैठे लोगों की सूरत बाहर सड़क पर चलने वालों को स्पष्ट दिखाई देती हैं। कॉलेज के कुछ विद्यार्थी और व्यापार में लगे नौजवान अलग कमरों में जाकर बैठते हैं। दो-दो चोटियाँ गूँथे हुए इठला कर चलने वाली पंजाबी छोकरियाँ उस खुले हॉल में नहीं बैठतीं, जिससे होकर और कमरों की ओर बढ़ा जा सकता है। वे परदों के पीछे लुप्त हो जाती हैं, जहाँ उनके साथ केवल वे ही जा सकते हैं जो जिन्हें वे साथ ले जाएँ। कमरे के बाहर बैरा बड़ी मुस्तैदी से खड़ा रहता है।

बार-बार उत्तर देता है—यस सर, यस सर। बाहर तनकर खड़ा बैरा अंदर से आने वाली आवाज़ को सुनकर मुस्कराने की भी कोशिश करता है किंतु उसे लगता है कि हॉल के सब निखट्टे युवक उसकी मुखमुद्रा को देख रहे हैं, जिस पर शीशे की तरह अंदर की परछाईं साफ-साफ पड़ रही है और वे खूब समझ रहे हैं कि भीतर क्या हो रहा है।

कभी-कभी बुद्धू को वे दृश्य देखने को मिल जाते। सोचता—'बैरा का जीवन कितना सुंदर होता है? बर्तन माँजने की नौकरी भी कोई नौकरी है। काश! मैं भी बैरा हो सकता।'

रात को सोते वक़्त उसे वह घटना याद हो आई, जिसने उसे यहाँ तक पहुँचा दिया। सौ रुपए वसूल करने के लिए क्या ज़बर्दस्त मार पड़ी थी। दाहिने पाँव के टूटे अँगूठे की ओर भी उसका ध्यान गया। बीवी-बच्चों की याद आई। गाँव के खेत और खलिहान की भी याद हो आई। उसे अपनी घाटी भी नज़रों के सामने-सी दिखाई देने लगी, जिसमें फूल खिले रहते हैं और गाँव के लड़के बाँसुरी बजाते हैं। सुंदरियों के गीत भी याद हो आए, जिन्हें वे घास काटते वक़्त गाती हैं। उसने अपने आप को मन में कोसा—'एक सौ रुपयों के कर्ज़ के लिए मैंने ये सब छोड़ दिए।' छः महीने बीत गए। न बुद्धू को तनख्वाह मिली, न किसी अन्य नौकर को। बुद्धू ने मैनेजर से पैसों की फ़रियाद की। उत्तर मिला-होटल का पैसा नहीं वसूला जा सका। उधार वालों से पैसा मिले तो हम तुम्हें दें। पैसे तो न मिले पर बुद्धू की तरक्की अवश्य हुई। वह बैरा बना दिया गया।

धोबी के हाथ की सुफेद कोट व पाइंट पहने जब बुद्धू ने जीवन में पहली बार सिरपर पगड़ी चढ़ा शीशे की ओर देखा तो उसे लगा कि वह बहुत बड़ा सम्मान पा गया है। उस दिन उसने स्वयं को धन्य माना।

तत्काल उसके जीवन की एक घटना आँखों के सामने नाचने लगी। वह कहाँ से कहाँ पहुँच गया?

—लेकिन घर पर बीवी और बच्चे, ज़मींदार का कर्ज़?

—बैरा! एक मोटी आवाज़ वाला छब्बीस-सत्ताईस साल का नौजवान चिल्ला रहा था। उसके साथ एक लड़की थी, जिससे वह हँस-हँस कर बातें कर रहा था। बुद्धू दौड़ता हुआ वहाँ पहुँचा।

—यस सर।

आज उस कोठरी के दरवाज़े पर वह स्वयं खड़ा था। अंदर की बातें उसके कानों में भी पड़ रही थीं और वह हँसने की कोशिश करने पर भी हँस नहीं पा रहा था। हॉल में बैठे लड़कों की आँखों से बार-बार उसकी आँखें टकरा रही थीं।

—बैरा।

—यस सर।

—बिल ले आओ।

—यस सर।

—हाँ, और सुनो।

—यस सर।

—पेन भी लेते आना।

—आई विल सर।

बुद्धू बिल और पेन ले गया। बाएँ हाथ से सिगरेट का कश मारते हुए नौजवान ने दाहिने हाथ से बिल पर अपना नाम लिख दिया। बुद्धू की कुछ समझ में न आया।

—पैसा सर?

—जाओ, मैनेजर को दिखा दो।

—बैरी वैल सर।

नौजवान एक हाथ पाइंट की जेब में डाल दूसरे से सिगरेट के कश मारता हुआ लड़की को साथ लिए शान से होटल से बाहर की ओर चला। बाहर खड़े लड़के ने, जो हमेशा जोकरनुमा टोपी पहने रहता था, दरवाज़ा खोल दिया। नौजवान ने लड़के के हाथ में एक दुअन्नी रख दी। सड़क पर चलते लोगों ने देखा लड़के ने सीना तान कर उसे सलाम किया और नौजवान का सीना कुछ और तन गया। बुद्धू देखता रह गया। अब वह बैरा था। उसका काम था अच्छी सर्विस करना। पैसा लेकर सीना तान सलाम कर देना।

एक से एक आते। बुद्धू सबको देखता रहता। कोई आकर घंटों तक बैठ सिर्फ पानी पीते रहते। लेकिन शान के साथ।

चार मित्रों ने एक साथ होटल में प्रवेश किया।

—बैरा।

—यस सर।

—मैनेजर को बुलाओ।

—वैल सर।

मैनेजर को बुला कर वह कोठरी के बाहर अपनी जगह पर खड़ा हो गया।

—सुनिए मैनेजर साहब, आपको कल शाम को मिस्टर तंखा को उस तरक कहने का कोई अधिकार नहीं था। आप बेइज्जती करते हैं?

—साहब, पैसे बहुत दिनों से बाकी हैं।

—इसका मतलब यह नहीं कि आप फ्रेंड्स के सामने बेइज्जती कर दें। आप अलग बुला कर कहिए, अगर आपको कुछ कहना ही है।

—साहब, वे तो हमेशा ही फ्रेंड्स के साथ आते हैं। अकेले तो मिस्टर तंखा कभी दिखाई ही नहीं देते।

—तो क्या आप सोचते हैं कि आपका पैसा मर जाएगा? या आप हममें किसी की इतनी हैसियत नहीं समझते, जो आपके पैसे अदा कर सके?

—ग़लती हो गई साहब, मुआफी चाहता हूँ।

—आइंदा ख़याल रखिए वर्ना आप जानते हैं क्या हो सकता है।

मैनेजर छोटा-सा मुँह लिए अपनी सीट की ओर चल दिया। बुद्धू को बुला कर उसने कहा—आज उन लोगों को बिल मत देना। कहना मैनेजर ने पार्टी दी है आप लोगों को।

बुद्धू के गाँव से उसका पड़ौसी लल्लन शहर आया। दोनों की मुलाकात हुई।

—उस दिन तू भाग न आता तो वह तेरी जान ले बैठता।

—मैं रस्सी दाँतों से काट कर भागा था।

—ख़ैर बुद्धू! तू आ गया पर तेरी बीवी बच्चों को उसने बहुत सताया। ज़मीन तो कुड़क कर दी गई। मकान नीलाम किया गया। तेरी कुटुम्बदारी अब गाँव में नहीं है।

—कहाँ हैं वे लोग?

—अपने मायके चली गई है भाभी। अभी दस पंद्रह दिन पहले की बात है।

मैनेजर की कार से उतर कर बहुत बढ़िया सूट पहने छोटे-मोटे क़द के एक युवक ने होटल में प्रवेश किया। उसके बाल अस्त-व्यस्त थे, लेकिन लुभावने। चेहरे पर मुर्दैनी छायी थी, जैसी उसकी सूरत हर बार नहीं रहती थी शायद। मैनेजर के साथ वह बुद्धू वाली कोठरी की ओर बढ़ा। बुद्धू ने झुककर सलाम बजाया। दोनों अंदर चले गए।

बुद्धू बुत बना अपने स्थान पर खड़ा रहा। वह युवक को जानता था। ज़मींदार का बेटा था, जिसने उसे चौपट कर दिया था।

मैनेजर ने आवाज़ दी। बुद्धू अंदर गया। चाय का आर्डर मिला।

चाय लेकर बुद्धू कोठरी के द्वार तक पहुँचा। अंदर की आवाज़ सुनाई दी—पैसा आपका मिल जाएगा।

—लेकिन पैसा तो दूर रहा, आप तो सूरत तक नहीं दिखाते। पता नहीं आज आप सड़क पर कैसे दिखाई दे गए वर्ना आप कभी खुद थोड़े ही आते इस ओर।

—कॉलेज के काम में बहुत व्यस्त रहता हूँ। आप अपने पैसे की चिंता न करें।

बुद्धू ने गौर किया। मैनेजर धीमी आवाज़ में बोल रहा था ताकि कोई और न सुन

पाए।

चाय लेकर बुद्धू अंदर पहुँचा। इस बार ज़मींदार साहब के सपूत ने उसे पहचान लिया। बड़ी गंभीर मुद्रा में पूछा—तू यहाँ है बे?

—हुजूर, कह कर वह बाहर चला गया।

—बैरा। फिर मैनेजर की आवाज़।

—यस सर।

चाय ठंडी हो गई, गर्म पानी ले आओ। खूब गरम।

—थैंक्यू, अब दूसरा प्याला नहीं लूँगा।

—लीजिए भी, एक प्याले से क्या होता है?

चाय का खौलता पानी लेकर वह लौटा। अंदर जाने से पहले वह क्षण भर के लिए बाहर खड़ा रहा।

—मैनेजर साहब, यह साला बुद्धू बदमाश है। हमारे यहाँ से भाग कर आया है।

बुद्धू सुध-बुध खो बैठा। चाय की केतली उसके हाथ से छूट गई।

कोठरी से वे दोनों बाहर निकल आए।

—यह सैट तुम्हारी तनख्वाह से ख़रीदा जाएगा, मैनेजर बोला।

तभी ज़मींदार के लड़के ने कहा—यह तो हमारा भी कर्ज़दार है मैनेजर साहब। पैसा लौटाना तो ये साले जानते ही नहीं।

बुद्धू फर्श पर लेटा रहा। गर्म-गर्म चाय गिर जाने से उसके शरीर के खुले भागों पर फफोले उठ आए थे।

पढ़े-लिखे लोग

—बैरा!

—यस सर।

—एक सेट कॉफी। बैरा कॉफी लेकर आ गया। कॉफी को मेज पर रख, वह उनके पास खड़ा हो गया। वे दोनों कॉफी पीने लगे। बैरा उनकी ओर से थोड़ा-सा खिसक गया पर उसकी नज़रें उन पर ही टिकी थीं।

—वेरी स्ट्राँग ही सीम्स। एक ने कहा।

—ऑफ कोर्स, ही मस्ट बी कमिंग फ्रॉम द हिल्स।

—ए सुनो!

—क्या नाम है तुम्हारा?

—राजू।

—पहाड़ी हो?

—हाँ साब।

—कितने बरस के हो तुम?

—खास याद नहीं है साब, होगा पंद्रहवाँ या सोलहवाँ।

—कुछ पढ़े-लिखे भी हो?

—थोड़ा सा पढ़ा था साब।

—आगे क्यों नहीं पढ़े?

राजू निरुत्तर हो गया। स्वयं सोचने लगा, सचमुच वह आगे क्यों नहीं पढ़ा।

पढ़े-लिखे लोगों की सेवा करते हुए राजू को कई महीने हो गए। साफ सुथरे कपड़े पहने बाबू लोगों को देख कर उसका भी जी ललचाता। विद्यार्थियों को देखकर उसे अपना बचपन याद हो आता। अब तो सयाना हो चला है पर तब छोटा था। वे दोनों चले गए पर उनका प्रश्न राजू के मस्तिष्क से न जा सका और रात साढ़े बारह बजे होटल का सारा काम खत्म कर वह अपने बिस्तरे पर लेटा।

रात का वक़्त। बाहर घना अंधकार छाया है। एक कमरे के फर्शपर, मिट्टी के तेल

के सहारे जल रहे छोटे-से लैंप की मद्धम रोशनी में, कुछ बालक बैठे हैं। बाहर से तेज़ पहाड़ी हवा दरवाज़े के छेदों से अंदर आने के लिए अपनी सारी शक्ति का प्रयोग कर रही है। बोरी के छोटे-छोटे टुकड़ों पर बैठे इन नन्हें-नन्हें शिशुओं के मुँह से अनायास ही निकल रहा है—सात सते उनचास, सात सते उनचास।

चारपाई पर लेटे-लेटे गुरुजी ने अँगड़ाई ली। एक क्षण के लिए कमरे में सन्नाटा छा गया। दूसरे ही क्षण फिर वही स्वर-सात अठे छप्पन, सात अठे छप्पन।

—सात नमे त्रेसठ, सात नमे त्रेसठ।

एक लड़का बोरी के टुकड़े पर ही लेट गया। औरों की आवाज़ तेज़ हुई—आठ चौके बत्तीस, आठ चौके बत्तीस।

दो और लेट गए। आवाज़ और भी तेज़ हुई—आठ पंजे चालीस...

फिर चार एक साथ लेट गए। बैठे हुए और भी ज़ोर से चिल्लाए—आठ धाम अस्सी, आठ धाम अस्सी। मुँह थक गए। गलों की नसें तन गईं। फिर स्वर बदला, मंदा पड़ गया। सिर हिलने लगे। फिर सिर भी न हिल सके। आँखें खुली थीं, अब बन्द हो गईं। जीभें धीरे-धीरे चलने लगीं—नौ अ ठे ब ह त्त र, नौ अ ठे ब ह त्त र।

हवा का एक तेज़ झोंका आया। क्षण भर के लिए ऊँघते हुए बालकों की तन्द्रा भाग गई। उन्हें चेतना हुई कि वे पढ़ रहे हैं। स्वर में तीव्रता आई—दस धाम सौ, दस धाम सौ।

एक और लेटा। कमज़ोर लेट रहे थे। जिनके अन्दर सहन-शक्ति थी, वे न लेटने का प्रयत्न कर रहे थे।

दो अभी भी बैठे थे। दोनों को एक-दूसरे का स्वर सुनाई दे रहा था। आँखें तो बन्द थीं। उनमें खुले रहने की शक्ति नहीं रह गई थी।

तब एक और भी लेट गया। राजू का स्वर अकेला पड़ गया। कानों पर विश्वास न हुआ; आँखें स्वतः ही खुल पड़ीं। सचमुच वह अकेला था।

नींद भाग गई। वह विजयी था। सबसे अधिक शक्तिमान। सहनशील। स्वर में तेज़ी आई जितना अब तक न आ सकी थी। उसकी अकेली आवाज़ बाहर से आनेवाली वायु से टक्कर लेकर बाहर जा रही थी। आँखें खुली की खुली रह गईं। जो लड़के लेटे थे उन सबके पास अपने बोरी के टुकड़े भी पर्याप्त नहीं थे। पुस्तकें भी सबके पास नहीं थीं। वे दूसरों की किताबों को देख-देख कर अपना काम चलाते थे।

चारपाई पर गुरुजी ने फिर अँगड़ाई ली।

थोड़ी देर बाद राजू की आँखें मुँद गईं। वह भी लेट गया।

कि अचानक एक लड़का ज़ोर-ज़ोर से खर्राटे लेने लगा। उसकी नाक से निकल रही तीक्ष्ण आवाज़ ने राजू को चेतन कर दिया। वह फिर चिल्लाया—नौ नमे इक्कासी, नौ नमे इक्कासी। नौ नमे नब्बे, नौ नमे नब्बे। नौ न ऽ ऽ ऽ में, नौ औ औ औ...

सो गया था शायद वह।

उसकी आवाज़ के बन्द होते ही गुरुजी की नींद टूट गई। बीस बरसों से वे लगातार

मास्टरी कर रहे थे। तब से अब तक उनके सोते वक़्त विद्यार्थी पढ़ते आए। उन्होंने खुद भी इसी तरह पठन-पाठन किया था। कष्ट सहे बिना विद्या नहीं आती। बीस बरसों से पढ़ाते-पढ़ाते उन्हें बालकवृन्द की दादुर-ध्वनि में ही सोने की आदत पड़ गई थी। किसी को हल्ले में नींद नहीं आती, गुरुजी को उसके बिना नींद नहीं आती थी।

गुरुजी ने राजू को पुकारा। अभी-अभी सोया था। अभी कुम्भकर्ण की नींद ने नहीं आ घेरा था। श्वान-निद्रा से उठा। आज्ञा का पालन करते हुए हुक्का भर लाया। फिर सो जाने की आज्ञा मिलते ही लेट गया। पीठ टिकाते ही उसे गहरी नींद ने आ घेरा।

राजू के लेटते ही कमरे में शांति छा गई। लेकिन गुरुजी की नींद काफूर हो गई थी। हुक्का गुड़गुड़ाते हुए वे अपनी ज़िंदगी की समस्याओं पर विचार करने लगे। वे अपने घर से बहुत दूर, दीगर इलाके में बने विद्यालय में जीवन काट रहे थे। इस वक़्त उनकी सबसे बड़ी समस्या यह थी कि उन्हें कई महीनों से वेतन नहीं मिला था। और उन्हें अपने विद्यार्थियों से मिलने वाले बरे[1] मात्र पर आश्रित रहना पड़ता था।

दिन का वक़्त। स्कूल के एक बड़े-से कमरे के काने पर राजू की कक्षा के विद्यार्थी बैठे थे। वह स्कूल का एकमात्र क्लासरूम था। शेष तीन कोनों पर तीन अन्य कक्षाओं की पढ़ाई चल रही थी। गुरुजी बीच-बीच में घूम रहे थे। कभी इस ओर आते, कभी उस ओर चले जाते।

राजू की कक्षा सवाल कर रही थी। राजू भाग नहीं दे पा रहा था। तभी गुरुजी ने आकर ज़ोर से एक सवाल का जवाब पूछा। इतनी ज़ोर से मानो दूसरी कक्षा के लड़कों ने उन्हें चिढ़ाया हो।

गुरुजी की आवाज़ सुन कर राजू अपनी स्लेट लेकर उनके पास चला गया। स्लेट पर केवल आधा सवाल हल किया गया था। गुरुजी को क्रोध आ गया। अपने लंबे, दाहिने हाथ से पकड़ी स्लेट उन्होंने ऊपर की ओर उठाई। ऊपर की ओर मुँह किए राजू ने उठता हाथ देखा। फिर दूसरे ही क्षण 'खट' की एक आवाज़ के साथ स्लेट के दो टुकड़े हो गए। राजू के सिर से खून निकलने लगा था।

स्कूल के सारी शिक्षा भूल राजू को ग्रामीण छोकरों की शिक्षा याद हो आई और उसी का पाठ करते-करते वह घर चला गया। घर पर खूब मरम्मत हुई पर वह फिर स्कूल नहीं गया।

कितने ही वर्षों तक घर पर हल चलाया, गाँव की गली-गली घूमी और उनकी मैत्री का सदुपयोग किया, जो कभी स्कूल नहीं जाते थे।

साहूकार कह रहा था—देख राजू! जमीन नीलाम करवा दूँगा। घर कुर्क हो जाएगा, धौंस में मत रहना।

---

1. छोटे विद्यालयों में छात्रों द्वारा मास्टरों को पारंपरिक तौर पर दी जाने वाली भोज्य सामग्री।

राजू का बाप उस पर कर्ज़ा छोड़ कर मर गया था। वह गिड़गिड़ाया। सेठ भी आदमी होता है, दया कर गया। उसकी दुर्दशा देख कर छः महीने की मियाद दे दी।

तब नौकरी की खोज में घर से चला और देहरादून पहुँच गया। पंद्रह रुपए माहवार पर प्रभात क़ैफ़े में नौकरी मिल गई।

दूसरे दिन उसके उठते ही फिर वही प्रश्न मस्तिष्क में घूमने लगा—मैं क्यों नहीं पढ़ा? पढ़ लेता तो बाबू लोगों की ही तरह मेरी भी ज़िंदगी होती।

दो कॉलेज की लड़कियाँ आईं। राजू से चाय मँगाई। वह अपनी ही समस्या को सुलझाने में लगा रहा और उनके हुक्म के बाद जो ग्राहक आए, उनके लिए चाय ले गया। लड़कियों ने देख लिया कि जो बाद में आए उन्हें चाय मिल गई, हम अभी इन्तज़ार कर रही हैं। उन्हें लगा कि शायद वह उनका आर्डर भूल गया है। यहा जानबूझकर टाल गया है। उन्होंने दुबारा उसे आवाज़ और इशारे से बुला कर अपनी बात दुहराई। तब राजू चाय ले आया। चाय पीने के बाद वे दोनों काउँटर पर गईं और मैनेजर से बड़ी नजाकत के साथ शिकायत की—सर्विस एकदम होपलेस।

गधे की तरह काम पर जुटे राजू पर मैनेजर सदैव प्रसन्न रहता था। पर आज परिस्थिति में कुछ परिवर्तन-सा आ गया था। शिकायतें सुनते-सुनते मैनेजर को भी गुस्सा आ गया।

—आज काम क्यों नहीं कर रहे हो?

—कर तो रहा हूँ साहब।

—तो क्या ग्राहक झूठ बोल रहे हैं?

—मेरी तबियत नहीं लग रही है।

—तो बेटे, अपना हिसाब कर लो।

थोड़ी ही देर के बाद वह निरुद्देश्य, प्रभात कैफ़े के सामने खड़ा, पढ़े-लिखे लोगों को हँसते-खिलखिलाते आते-जाते देख रहा था। वे सिगरेट का कश मार रहे थे। उनके साथ युवतियों के झुण्ड चल रहे थे, जिनकी दो-दो चोटियाँ किसी का भी ध्यान भंग कर सकती थीं। पाउडर, क्रीम, सैंडल, चुनरी और उनकी अदाओं को वह देखता रह जाता। सामने सिनेमा हाउस की ओर से रेकर्ड की आवाज़ें आ रही थीं—एक दिन तेरा भी ज़माना आएगा। लेकिन राजू की समझ में कुछ भी नहीं आ रहा था।

प्रकाशित 'ममता' अप्रैल-मई 1955 अंक 4-5, पृष्ठ 22, जीर्णशीर्ण पत्रिका से नकल की गई, देहरादून, 23.07.06

माटी वाली

शहर के सेमल का तप्पड़ मोहल्ले की ओर बने आखिरी घर की खोली में पहुँच कर उसने दोनों हाथों की मदद से अपने सर पर धरा बोझा नीचे उतारा। मिट्टी से भर हुआ एक कन्टर। माटी वाली। टिहरी शहर में शायद ऐसा कोई घर नहीं होगा, जिसे वह न जानती हो, या जहाँ उसे न जानते हों। घर के कुल निवासी। बरसों से वहाँ रहते आ रहे किराएदार। उनके बच्चे तलक। घर-घर में लाल मिट्टी देते रहने के उस काम को करने वाली वह अकेली है। उसका कोई प्रतिद्वन्द्वी नहीं। उसके बगैर तो, लगता है, टिहरी शहर के कई एक घरों में चूल्हों का जलना तक मुश्किल हो जाएगा। वह न रहे तो लोगों के सामने रसोई व भोजन कर लेने के बाद अपने चूल्हे-चौके की लिपाई करने की समस्या पैदा हो जाएगी। भोजन जुटाने और खाने की तरह रोज़ की एक समस्या। घर में साफ, लाल मिट्टी तो हर हालत में मौजूद रहनी चाहिए। चूल्हे-चौकों को लेपने के अलावा साल दो साल में मकान के कमरों, दीवारों की गोबरी-लिपाई करने के लिए भी लाल माटी की ज़रूरत पड़ती रहती है। शहर के अन्दर कहीं माटाखान है नहीं। भागीरथी व भीलाँगना दो नदियों के तटों पर बसे हुए शहर की मिट्टी इस कदर रेतीली है कि उससे चूल्हों की लिपाई का काम नहीं किया जा सकता। आने वाले नए-नए किराएदार भी एक बार अपने घर के आँगन में उसे देख लेते हैं तो वे अपने आप माटी वाली के ग्राहक बन जाते हैं। घर-घर जाकर माटी बेचनी वाली, नाटे कद की एक हरिजन बुढ़िया—माटी वाली।

शहरवासी सिर्फ माटी वाली को नहीं, उसके कन्टर को भी अच्छी तरह पहचानते हैं। रद्दी कपड़ों को मोड़ कर बनाए गए एक गोल डिल्ले के ऊपर लाल, चिकनी मिट्टी से छुलबुल भरा कनस्तर टिका रहता है। उसके ऊपर किसी ने कभी कोई ढक्कन लगा हुआ नहीं देखा। अपने कन्टर को इस्तेमाल में लाने से पहले वह उसके ऊपरी ढक्कन को काट कर निकाल फेंकती है। ढक्कन के न रहने पर कन्टर के अन्दर मिट्टी भरने और फिर उसे खाली करने में आसानी रहती है।

उसके कन्टर को जमीन पर रखते-रखते सामने के घर से नौ-दस साल की एक छोटी लड़की कामिनी दौड़ती हुई वहाँ पहुँची और उसके सामने खड़ी हो गई।

—मेरी माँ ने कहा है, जरा हमारे यहाँ भी आ जाना।

—अभी आती हूँ।

घर की मालकिन ने माटी वाली को अपने कन्टर की माटी कच्चे आँगन के एक कोने पर उँडेल देने को कह दिया।

—तू बहुत भाग्वान है। चाय के टैम पर आई है हमारे घर। भाग्वान आए खाते वक़्त।

वह अपनी रसोई में गई और दो रोटियाँ लेती आई। रोटियाँ उसे सौंप कर वह फिर अपनी रसोई में घुस गई।

माटी वाली के पास अपने अच्छे या बुरे भाग्य के बारे में ज़्यादा सोचने का वक़्त नहीं था। घर की मालकिन के अन्दर जाते ही माटी वाली ने इधर-उधर तेज निगाहें दौड़ाईं। हाँ, इस वक़्त वह अकेली थी। उसे कोई देख नहीं रहा था। उसने फौरन अपने सर पर धरे डिल्ले के कपड़े के मोड़ों को हड़बड़ी में, एक झटके में खोला और उसे सीधा कर दिया। फिर इकहरा। खुल जाने के बाद वह एक पुरानी चादर के एक फटे हुए टुकड़े के रूप में प्रकट हुआ।

मालकिन के बाहर आँगन में निकलने से पहले उसने चुपके से अपने हाथ में थामी दो रोटियों में एक रोटी को मोड़ा और उसे कपड़े पर लपेट कर गाँठ बाँध दी। साथ ही अपना मुँह यों ही चला कर खाने का दिखावा करने लगी।

घर की मालकिन पीतल के एक गिलास में चाय लेकर लौटी। उसने वह गिलास बुढ़िया के पास जमीन पर रख दिया।

—ले, सद्दा-बासी साग कुछ है नहीं अभी। इसी चाय के साथ निगल जा।

माटी वाली ने खुले कपड़े के एक छोर से गिलास को पूरी गोलाई में पकड़ कर पीतल का वह गरम गिलास हाथ में उठा लिया। अपने होठों से गिलास के किनारे को छुआने से पहले शुरू-शुरू में उसने उसके अन्दर रखी गर्म चाय को ठंडा करने के लिए सू-सू करके उस पर लम्बी-लम्बी फूंकें मारीं। तब रोटी के टुकड़ों को चबाते हुए धीरे-धीरे चाय सुड़कने लगी।

—चाय तो बहुत अच्छा साग हो जाती है ठकुराइनजी।

—भूख तो अपने में एक साग होती है बुढ़िया। भूख मीठी कि भोजन मीठा?

—तुमने अभी तक पीतल के गिलास सँभाल कर रखे हैं। पूरे बाजार में और किसी घर में अब नहीं मिल सकते ये गिलास।

—इनके खरीददार कई बार हमारे घर के चक्कर काट कर लौट गए। पुरखों की गाढ़ी कमाई से हासिल की गई चीज़ों को हराम के भाव बेचने को मेरा दिल गवाही नहीं देता। हमें क्या मालूम कैसी तंगी के दिनों में, अपनी जीभ पर कोई स्वादिष्ट, चटपटी चीज रखने के बजाय, मन मसोस कर दो-दो पैसे जमा करते रहने के बाद खरीदी होंगी उन्होंने ये तमाम चीजें, जिनकी हमारे लोगों की नज़रों में अब कोई कीमत नहीं रह गई है। बाज़ार में जाकर पीतल का भाव पूछो जरा। दाम सुन कर दिमाग चकराने लगता है। और ये व्यापारी हमारे

घरों से हराम के भाव इकट्ठा कर ले जाते हैं तमाम बर्तन-भाँडे। काँसे के बर्तन भी गायब हो गए हैं सब घरों से।

—इतनी लम्बी बात नहीं सोचते बाकी लोग। अब जिस घर में जाओ वहाँ या तो स्टील के भाँडे दिखाई देते है या फिर काँच और चीनी मिट्टी के।

—अपनी चीज़ का मोह बहुत बुरा होता है। मैं तो सोच कर पागल हो जाती हूँ कि अब इस उमर में इस शहर को छोड़ कर हम जाएँगे कहाँ।

—ठकुराइनजी! जो जमीन जायदादों के मालिक हैं वे तो कहीं न कहीं ठिकाने पर जाएँगे ही। पर मैं सोचती हूँ मेरा क्या होगा। मेरी तरफ देखने वाला तो कोई भी नहीं।

चाय खत्म कर माटी वाली ने एक हाथ में अपना कपड़ा उठाया, दूसरे में खाली कन्टर और खोली से बाहर निकल कर सामने के घर में चली गई।

उस घर में भी 'कल हर हालत में मिट्टी ले आने' के आदेश के साथ उसे दो राटियाँ मिल गईं। उन्हें भी उसने अपने कपड़े के एक दूसरे छोर पर बाँध लिया। लोग जानें तो जानें कि वह ये रोटियाँ अपने बुड्ढे के लिए ले जा रही है। उसके घर पहुँचते ही अशक्त बुड्ढा कातर नज़रों से उसकी ओर देखने लगता है। वह घर में रसोई बनने का इन्तज़ार करने लगता है। आज वह घर पहुँचते ही तीनों रोटियाँ अपने बुड्ढे के हवाले कर देगी। रोटियों को देखते ही चेहरा खिल उठेगा बुड्ढे का।

साथ में ऐसा भी बोल देगी—'साग तो कुछ है नहीं अभी।'

और तब उसे जवाब सुनाई देगा—'भूख मीठी कि भोजन मीठा?'

उसका गाँव शहर के इतना पास भी नहीं है। कितना ही तेज़ चलो फिर भी घर पहुँचने में एक घंटा तो लग ही जाता है। रोज सुबह निकल जाती है वह अपने घर से। पूरा दिन माटाखान में मिट्टी खोदने, फिर विभिन्न स्थानों में फैले घरों तक उसे ढोने में बीत जाता है। घर पहुँचने से पहले रात घिरने लगती है। उसके पास अपना कोई खेत नहीं। जमीन का एक भी टुकड़ा नहीं। झोंपड़ी, जिसमें वह गुजारा करती है, गाँव के एक ठाकुर की जमीन पर खड़ी है। उसकी जमीन पर रहने के एवज़ में उस भले आदमी के घर पर भी माटी वाली को कई तरह के कामों की बेगार करनी होती है।

नहीं! आज वह एक गठरी में बदल गए अपने बुड्ढे को कोरी रोटियाँ नहीं देगी। माटी बेचने से हुई आमदनी से उसने एक पाव प्याज खरीद लिया। प्याज के इन दानों को कूट कर वह उन्हें जल्दी-जल्दी तल लेगी। बूढ़े को पहले रोटियाँ दिखाएगी ही नहीं। सब्जी तैयार होते ही परोस देगी उसके सामने दो रोटियाँ। अब वह दो रोटियाँ भी नहीं खा सकता। एक ही रोटी खा पाएगा या हद से हद डेढ़। अब उसे ज़्यादा नहीं पचता। बाकी बची डेढ़ रोटियों से माटी वाली अपना काम चला लेगी। एक रोटी तो उसके पेट में पहले ही जमा हो चुकी है। मन में यही सब सोचती, हिसाब लगाती हुई वह अपने घर पहुँच गई।

उसके बुड्ढे को अब रोटी की कोई ज़रूरत नहीं रह गई थी। माटी वाली के पाँवों

की आहट सुन कर हमेशा की तरह आज वह चौंका नहीं। उसने अपनी नज़रें उसकी ओर नहीं घुमाईं। घबड़ाई हुई माटी वाली ने उसे छूकर देखा। वह अपनी माटी को छोड़ कर जा चुका था।

टिहरी बाँध पुनर्वास के साहब ने उससे पूछा कि वह रहती कहाँ है।

—तुम तहसील से अपने घर का प्रमाणपत्र ले आना।

—मेरी जिनगी तो इस शहर के तमाम घरों में माटी देते गुजर गई साब।

—माटी कहाँ से लाती हो?

—माटाखान से लाती हूँ माटी।

—वह माटाखान चढ़ी है तेरे नाम? अगर है तो हम तेरा नाम लिख देते हैं।

—माटाखान तो मेरी रोजी है साहब।

—बुढ़िया, हमें जमीन का कागज चाहिए, रोजी का नहीं।

—बाँध बनने के बाद मैं क्या खाऊँगी साहब?

—इस बात का फैसला तो हम नहीं कर सकते। वह बात तो तुझे खुद ही तय करनी पड़ेगी।

टिहरी बाँध की दो सुरंगों को बन्द कर दिया गया है। शहर में पानी भरने लगा है। शहर में आपाधापी मची है। शहरवासी अपने घरों को छोड़ कर वहाँ से भागने लगे हैं। पानी भर जाने से सबसे पहले कुल श्मशान घाट डूब गए हैं।

माटी वाली अपनी झोंपड़ी के बाहर बैठी है। गाँव के हर आने-जाने वाले से वह एक ही बात कहती जा रही है :

—ग़रीब आदमी का श्मशान नहीं उजड़ना चाहिए।

प्रकाशित 'आउटलुक' 2005

पीठ का सौदा

अर्नेस्ट हेमिंग्वे को समर्पित : जिनकी धरती पर बैठ कर यह कहानी लिखी गई है।

जबरू जमीन पर बैठ गया। उसके सामने नदी के दोनों तटों को जोड़ता, रस्सों का बना झूला-पुल था। जमीन पर बैठ कर उसने अपनी पीठ इंजन की पीठ पर टिका दी। इंजन के तल को घेर कर रस्सों के बाहर से बाँधी गई कपड़े की नरम गद्दी को सहेज कर अपने हाथ से माथे पर ले लिया। अपने सर को थोड़ा-सा आगे की ओर खींच कर उस गद्दी को अपने अंदाज से खिसकाते हुए माथे पर संतुलित किया। तब उसने घुटनों को जरा-सा मोड़ा और कपाल और माथे के बीच के हिस्से पर अटकी गद्दी को एक बार फिर से, आखिरी बार, संतुलित किया। उस प्रक्रिया के पूरा हो जाने के बाद उसका दाहिना हाथ जमीन पर टिक गया। उस तामझाम के साथ अपने मुंड को आगे की ओर खींचते हुए, कुछ ज़ोर लगाकर, वह अपने तईं उठ कर खड़ा होने की कोशिश करने लगा। उसकी पीठ के पीछे से तीन मजदूर अडिग-से लग रहे उस भारी इंजन को जमीन से उठाने में जुट गए। एक मजदूर उसके एकदम सामने आकर खड़ा हो गया।

—ला, अपना हाथ दे।

जबरू ने अपना दाहिना हाथ जमीन से उठा कर आगे बढ़ा दिया और मजदूर ने उसके बदन पर शेष रह गया वह अकेला हाथ कस कर पकड़ लिया। वह आगे की तरफ से सहारा देकर उसे उठने में मदद करने लगा। इस वक़्त जमीन से उठने के प्रयास में जबरू अपने शरीर की पूरी ताकत, सर से पाँव तलक चौतरफा झोंकने लगा था। उसे सिर्फ अपना बदन नहीं उठाना था, अपने साथ नत्थी कर दिए गए इंजन को भी उठाना था। उसे इंजन को अपने साथ लेकर ऊपर उठना था। जमीन से ऊपर। अपनी ताकत और साथी मजदूरों की सहायता के बल पर आखिर में वह अपने पाँवों पर खड़ा हो गया। अब वह अकेला था। उसे सहारा और सहायता देने वाले कुल लोग उसका रास्ता छोड़, उससे छिटक कर अलग हट गए थे। नदी के ऊपर, हिलते-डोलते हुए झूले पर, उसकी यात्रा की सफलता के लिए वे सब, और वहाँ पर मौजूद बाकी तमाम लोग, अपने-अपने मन में मंगलकामनाएँ करने लगे थे। उसकी आगे की राह बिलकुल साफ थी। झूला-पुल की शुरुआत तक। वहाँ जमीन पर, उसके रास्ते में कोई छोटा-सा कंकर-पत्थर तक नहीं दिखायी

दे रहा था। ज़मीन से ऊपर उठ गए अति-भार को मजबूत रस्सों के बल पीठ पर लिए हुए उसने झूला-पुल की दिशा में अपना कदम आगे बढ़ा दिया। पहला कदम। शांत घाटी के निवासियों की ज़िन्दगी के ढब में कई तरह के नए परिवर्तनों का सूचक। एक ऐतिहासिक कदम।

उसे अपने पास खड़े साथी मजदूरों की हमदर्द आवाज़ें सुनाई दीं।

—आराम से, आराम से।

सँभल कर चलने के लिए दो बार उच्चारित उन गंभीर आवाज़ों के बाद वहाँ सब कुछ शान्त हो गया। ऐसा लगने लगा कि जैसे जबरू के चलने के अलावा दुनिया के बाकी तमाम काम थम गए हों। हैरत में डूब गए तमाम लोग अपनी साँसें रोक कर उसे देखने लगे थे। सबकी नज़रें पुल की तरफ बढ़ते जा रहे जबरू पर केंद्रित हो गई थीं। उसका एक-एक कदम गिना जाने लगा था। झूले पर बीच-बीच में कामचलाऊ पाँवदान के तौर पर बँधी लकड़ियों पर टिकाए गए पाँव को ऊपर उठाना और उसे अपने सामने बिछे अगले पाँवदान पर टिका देना। हिलते हुए झूला-पुल पर अकेले दाहिने हाथ से अपने पास दिखायी दे रहे जंगले के रस्सों को धैर्यपूर्वक पकड़ता और छोड़ता हुआ, कदम-कदम आगे की ओर सरकता जा रहा जबरू। नदी के दोनों तटों पर फैले खड़े, ख़तरनाक ढलानों पर घास काट रही घसियारिनें और उस वन में अपने गोरू के साथ मौजूद ग्वैर छोरे भी काफी पहले अपने-अपने काम-धाम छोड़ कर उस झूले के पास आकर जमा हो गए थे। उन सबकी नज़रें भी जबरू पर केंद्रित हो गई थीं।

एक सवारी गाड़ी के इंजन के भार के नीचे दबे हुए जबरू ने अपना काम शुरू करने से पहले अपने पुरखों का सुमिरन किया था। वे पुरखे जिन में से किसी को उस ने कभी देखा नहीं। उन के बारे में उस ने सिर्फ सुना भर है। पुरखों की गिनती में, उस से सब से नजदीक उस का बाप था। वह भी जबरू के जन्म लेने के साल भर बाद दुनिया से चल बसा था। अपने बाप की जबरू के मन में कोई स्मृति नहीं थी। कई बार उसे इस बात का बहुत अफसोस भी होता था। वह कल्पना करने लगता कि उस का बाप जीवित होता तो कैसा होता। उसका बचपन कैसे बीता होता, जवानी में क्या-क्या करता, उसकी ज़िन्दगी कैसी हो गई होती। बाप ज़िन्दा रहा होता तो कुछ बरसों तक, मात्र कुछ बरस तक, उसे उसका सहारा मिल गया होता। बस इतना ही होना था। यह बात तो वह अच्छी तरह जानता है कि उसका बाप ज़िन्दा भी रहा होता तो वह उसे कोई सेठ या ठेकेदार, व्यापारी या पढ़ा-लिखा आदमी नहीं बना सकता था। रहना तो उसे मजदूर बन कर ही होता। करनी मजदूरी ही होती। रोज़ कमाओ, रोज़ खाओ। उसे रोटी का सहारा देने वाले सैकड़ों माई-बाप इस दुनिया में चारों तरफ बिखरे पड़े हैं। उसे कोई काम सौंपने से पहले मालिकों के स्वर में ऐसा दयाभाव भरा रहता है, जैसे उसे उस काम पर लगा कर वे उस पर कोई भारी-भारी अहसान कर रहे हों। हर बार काम मिल जाने के बाद उस काम के बोझ से कहीं ज़्यादा वह अपने को उस अहसान के नीचे दबा हुआ महसूस करता आया है।

उस दिन सुबह के वक़्त किशनसिंह के स्वर में भी वैसा ही दयाभाव भरा था, जब उसने जबरू को अपने घर पर बुलवाया था। गाड़ी मालिक किशनसिंह, ठेकेदार किशनसिंह, नेताजी किशनसिंह। इलाके की जानी-मानी हस्ती, एक बहुत बड़ा आदमी किशनसिंह। बेशक उस दिन किशनसिंह ने और दिनों की तरह ऊपर की मंजिल में बनी, आँगन की तरफ खुली हुई अपनी तिवारी में खंभ को पकड़ कर और एक पाँव लकड़ी के डेड फुट ऊँचे, गहरे हरे रंग में चमक रहे मजबूत जंगले के ऊपर टिकाते हुए, खड़े-खड़े वहीं से अपना फ़रमान नहीं सुनाया था। आज की बात कुछ अलग बात थी। जबरू को अपने घर की ओर आता देख, उसके आँगन में पहुँचने और गर्दन झुका कर, जमीन की ओर ताकते हुए नमस्कार करने से भी पेश्तर, किशनसिंह खुद ही ऊपर की मंजिल से नीचे आँगन में उतर आया था। आँगन में एक-बराबरी पर खड़े होकर बात करते हुए वह जैसे जबरू को इज्जत बख्श रहा हो। उस वक़्त आँगन में सुबह के सूरज की किरणें चमकने लगी थीं। जबरू से बात शुरू करने से पहले किशनसिंह ने ऊपर की मंजिल में रसोई के भीतरी कमरे में मौजूद अपनी घरवाली को बाहर से ही आवाज़ दे दी थी।

—यह जबरू आया है, जरा चाय बना दो इसके लिए। अपने गाँव से, उतनी दूर से चल कर सुबह-सुबह यहाँ पहुँच गया है बेचारा। वहाँ तो उस वक़्त रात भी नहीं खुली होगी। किशनसिंह के अपनी घरवाली को कहे गए वे बोल जबरू को भारी अहसान के नीचे दबाने लगे थे।

—जबरू! मैंने तुझे एक खास मतलब से बुलाया है।

—मालिक।

किशना यह तय नहीं कर पा रहा था कि अपने मन में बहुत लंबे अरसे से वह जिन सुनहरे सपनों के जाल बुनता आ रहा है, उसे जबरू के कानों के अंदर किस हिसाब से, किस तरतीब से डाला जाय। पिछले कई दिनों से वह सिर्फ सपने देखता आया है। असंभव सपने।

—मैं तुझे ठेकेदार बनाने की सोच रहा हूँ।

—इतनी बड़ी बात क्यों बोल रहे हैं मालिक, जो न कभी हुई है न हो सकती है।?

—नहीं जबरू! मैंने तय कर लिया है कि तुझे एक ऐसा काम सौंप दूँ जिसे पूरा कर लेने पर तेरी किस्मत चमक उठेगी।

जबरू चुप हो गया। उसने कोई जवाब नहीं दिया।

—ऐसा करते हैं, पहले चाय पी लेते हैं।

चाय पीते हुए किशनसिंह मन ही मन फिरसे अपने सुहावने सपनों में खो गया। पिछले दस वर्षों से वह नैना-सेंतुलीखाल मोटर मार्ग के निर्माण में अपनी भूमिका निभाता आ रहा था। दस साल पहले इलाके के आठ मान्यवर, खास-खास लोगों का प्रतिनिधिमंडल लेकर वह मुख्य मंत्रीजी और निर्माण मंत्री जी के पास लखनऊ गया था। स्थानीय विधायक के अलावा पर्वतीय क्षेत्र के दस अन्य विधायकों को भी उसने अपने प्रतिनिधिमंडल में साथ

कर लिया था। उसने ऐसा जोर लगवा दिया कि नैना-सेंतुलीखाल मोटर मार्ग विधान सभा में पेश किए गए उसी साल के बजट में शामिल कर लिया गया था। रोड पर किश्तों में एक तरफ से काम शुरू हो गया। उस पर दस बरसों में काम के सबसे ज़्यादा ठेके किशनसिंह को ही मिलते रहे। अब खुदाई, कटान के बाद रोड पूरी तरह तैयार हो गई थी। सिर्फ संपर्क पुल का बनना बाकी रह गया था। इस साल के बजट में शासन ने उस पुल की भी स्वीकृति दे दी। किशनसिंह उस पूरी तरह तैयार हो गई रोड पर किसी तरह अपनी गाड़ी चलाने के सपने देखने लगा था। जबरू से मुँह खोल कर उस मतलब की बात करने से पहले उसने बहुत जल्दी में एक बार पूरी योजना पर सरसरी तौर पर पुनर्विचार किया। अपने मन के अंदर आखिरी बार वह अपना सबक दुहराने लगा था।

'नदी के ऊपर मोटर-पुल के बनते-बनाते साल, दो साल का समय तो बहुत आसानी से लग जाएगा। पुल के दोनों तरफ के अबटमेंट (दीवार) की चिनाई का काम पूरा होने में ही सात-आठ महीने से कम वक़्त नहीं लग सकता। पुल का काम है। कोई दिल्लगी नहीं। ऐसा नहीं हो सकता कि जैसी चाहो कच्ची-पक्की, हल्की-ढीली चिनाई कर बाहर से पलस्तर लगा दो, और जैसा चाहो मटीरियल लगा दो : ओवरसियर अपने खिलाफ़ नहीं होना चाहिए, जिसने काम का मेजरमेंट (पैमाइश) करना है। वह खुद ही सब कुछ निपटा लेगा। जी नहीं! पुल का अबटमेंट बनाया जा रहा है तो ओवरसियर को मौके पर लगातार मौजूद रहना है। वह कहीं हिल नहीं सकता। और चिनाई की पुख़्तई के किसी भी मामले में ओवरसियर कोई खास मदद नहीं कर सकता। उसके ऊपर एक से एक अफ़सर बैठे हैं। सिविल में पुल के अबटमेंट का काम सबसे मुश्किल काम होता है। काम पर मामूली डिफेक्ट नजर आया तो सीधे नौकरी पर आँच आ सकती है। छोटे साहब (ए. ई., असिस्टेंट इंजीनियर) के भी लगातार चक्कर लगते रहते हैं और बड़े साहब (ई. ई., इक्ज़ीक्यूटिव इंजीनियर) भी जब देखो तब पुल पर हाज़िर। काम पूरे ज़ोर पर चालू है लेकिन बाज़ार के दुकानदारों के उधार, लेबर की रोजाना की खलाई, बीड़ी-सिगरेट, किसी-किसी लेबर के आकस्मिक बहुत ज़रूरी खर्चों के भुगतान और रोजाना के दीगर मुतफरकात खर्चों के बोझ तले दबे हुए ठेकेदार के रनिंग पेमेंट के मामले ओवरसियर से लेकर बड़े साहब के आफिस तक कभी-कभी इस तरह घपले में पड़ जाते हैं कि ठेकेदार साइट से रातों-रात काम छोड़ कर भाग खड़ा होने को मजबूर हो जाता है। फिर ठेकेदार के खिलाफ़ नीचे से ऊपर तक, बड़े साहब से भी आगे सुपरिंटेंडेंट इंजीनियर तक, कागजी कार्यवाही। तब एक दिन डिपार्टमेंट की ओर से ठेकेदार के बौंड में दिए गए स्थायी पते पर रजिस्टर्ड नोटिस भेजा जा रहा है। नोटिस भेजे जाने के बाद फिर कागजों की नीचे से ऊपर तक के दफ़्तरों में दौड़। तब आखिर में बाकी बचे काम के दुबारा टेंडर करने, उसके स्वीकार होने और नया वर्क आर्डर जारी होने तक में पता नहीं कितना लंबा समय लग जाता है। अबटमेंट के तैयार हो जाने के बाद पुल के लोहे के रस्सों और दूसरे मटीरियल के साइट तक पहुँचने और उसे जोड़ कर पुल खड़ा करने का काम भी कोई

महीने दो महीने में पूरा नहीं हो सकता। कितनी ही तेज रफ्तार से काम चले, दो साल तो आसानी से बीत जाएँगे। वह भी तब अगर सब कुछ ठीक-ठाक चलता रहा। और कोई ठेकेदार अध-बीच में काम छोड़ कर भाग गया या उसकी अर्जी पर किसी सिविल कोर्ट का समन या स्टे या वसूली का वारंट आ गया तो फिर पुल के निर्माण की योजना को हवा में लटका समझो। उतने लंबे समय तक बीस मील लंबी पूरी लाइन पर सिर्फ एक गाड़ी। वही सवारी बस, वही माल गाड़ी। अपनी किस्मत से इस साल अपने क्षेत्र के चहेते विधायक को शासन ने आर. टी. ए. (क्षेत्रीय परिवहन अथॉरिटी) का सदस्य नामजद कर लिया। अपने घर के मेम्बर, अपनी राजनीतिक पहुँच और आर. टी. ओ. दफ्तर में अपने खुले, मधुर और रोबीले संबंधों के चालू रहते कोई दूसरा गाड़ी मालिक उस लाइन पर अपनी गाड़ी के लिए परमिट की अर्जी तक पेश करने की बात सोच भी नहीं सोच सकता। आर. टी. ओ. जानता है मैं कौन हूँ। ज़रा सा इधर-उधर करे तो उसकी झंडी करवा सकता हूँ। लखनऊ के लिए एक फोन भर करने की ज़रूरत है। आर. टी. ओ. रातोंरात देहरादून से झाँसी। या फिर बलिया। बीच सेशन में मेरा ट्राँसफर किया जा रहा है, मेरे बच्चों की पढ़ाई का क्या होगा साब? मंत्रीजी ने अपने पद की कसम लेते वक़्त तुम्हारे बच्चों की पढ़ाई का ठेका भी ले लिया था भाई? लेकिन आर. टी. ओ. मेरे मामलों में क्यों उलझने लगा? देहरादून जैसा शहर उसे और कहाँ मिल सकता है? उसके चपरासी तक को पता है मैं कौन हूँ। मेरे पहुँचते ही साहब के दर्शन को इच्छुक दूसरे गाड़ी मालिकान की तरह मेरे नाम की चिट नहीं माँगता, फर्शी सलाम ठोंकता है और चिक को इतना ऊपर उठा देता है कि मैं बगैर सिर झुकाए कमरे के अंदर प्रवेश कर सकूँ। उसके चार बेटे हैं। चारों देहरादून के टॉप अंग्रेजी स्कूलों में पढ़ाई कर रहे हैं। कोई प्रिंसिपल उसके बच्चों को दाखिला देने से इन्कार कर उससे क्यों उलझने लगेगा? अपना और अपनी गाड़ियों का रास्ता सब साफ रखना चाहते हैं। बीस मील लंबी सड़क पर अपनी गाड़ी का एकछत्र राज। साल। दो साल। तीन साल। कोई दूसरा प्रतिद्वंद्वी नहीं। मैदान एकदम खाली। पुलिस आफिस में वाजिब दस्तूरी पहुँचाते रहो। सवारी गाड़ी पर माल कैसे ढोया जा रहा है साहब? किस नियम कानून के तहत? इस पहाड़ी ज़िले के अंदर इस तरह का बेहूदा सवाल पूछने की किस बेटे की हिम्मत है? इस नवनिर्मित रोड पर गाड़ी चलाने के लिए टेम्परेरी परमिट तो मिल ही गया है। अब बात सिर्फ इतनी-सी रह गई है कि एक बार किसी तरह गाड़ी का इंजन खोल कर उसे इस ओर पहुँचाया जा सके।'

जबरू ने पीतल के गिलास में चाय खत्म करने के बाद गिलास को धोने के लिए थोड़ा ऊँची आवाज़ में घर के एक बच्चे से पानी की माँग की। धुले हुए गिलास को सूखने के लिए उसने बहुत कायदे से एक सीढ़ी के एक पत्थर पर उल्टा करके रख दिया। फिर किशनसिंह के पास आ गया।

किशनसिंह ने अपने सपनों को अपने मन की गहराइयों में दबाते हुए असली, मतलब की बात बहुत संक्षिप्त तरीके से जबरू को समझाई।—गाड़ी के इंजन को झूला-पुल के रास्ते

नदी के इस ओर ले आना है। जबरू! मैंने इस मामले में बहुत दिमाग दौड़ाया। इलाके के तमाम मजबूत से मजबूत वीर-बहादुरों की ताकत का अंदाज लगाता रहा। लेकिन मुझे तेरे अलावा कोई दूसरा शख्स नजर नहीं आता, जो इस काम को निभा सके। तू ऐसा समझ ले कि मेरे दफ्तर में तेरा सिंगल टेंडर जमा हुआ है। वह पास हो गया है और मैं तुझे इंजन को इस ओर ले आने का ठेका दे रहा हूँ। तेरी किस्मत चकने वाली है।

—मेरी किस्मत अब नहीं चमक सकती साब। मैंने बहुतों की किस्मतें चमका दी हैं। रही ठेका लेने की बात। ठेका मैं कैसे ले सकता हूँ? मैं तो सिर्फ मजूरी लेना जानता हूँ।

—जबरू, तू ऐसा समझ ले मैं कुछ देर के लिए तेरी पीठ भाड़े पर ले रहा हूँ। बोल, थोड़ी देर के लिए अपनी पीठ का क्या भाड़ा माँगता है?

—मालिक खुश होकर जो इाम देंगे उसे जेब के अंदर रख लूँगा।

अब किराए की पीठ पर एक सवारी गाड़ी का इंजन लादे वह भागीरथी नदी के आर-पार बने रस्सों के हवा में डोलते हुए झूले पर बहुत संभल-संभल कर पाँव रखते हुए आगे बढ़ता जा रहा था। उसके पाँवों के नीचे नदी बहती दिखायी दे रही थी। पेशे के हिसाब से दिहाड़ी मजदूर, जाति के हिसाब से हरिजन। नाटे कद का, एक अकेले हाथ का आदमी जबरू। उसका बायाँ हाथ बहुत पहले डाक्टर ने काट कर फेंक दिया था। डाक्टर ने नहीं, हाथ को तो विस्फोट के कारण पहाड़ से छिटक गई किसी धारदार शिला ने एक झटके में काट फेंका था। डाक्टर ने उसका इलाज कर उसे मरने नहीं दिया। उसकी जान बचा दी थी। किसी पहाड़ को काट कर उसके सीने पर मोटर सड़क बनाने के लिए खुदाई का काम चल रहा था। उस खुदाई के दौरान एक ऐसा मुकाम आया जब कठोर शिलाओं को तोड़ने, चकनाचूर करने के लिए उस जगह पर डाइनामाइट लगाकर विस्फोट करने की ज़रूरत पैदा हो गई। तब सब्बलों और घन और छेणी के बल पर पहाड़ के सीने पर तीन गहरे सूराख बनाए गए। उन सूराखों के अन्दर विस्फोटक रख कर एक काफी लंबा, डोरीनुमा तार लेकर जबरू और उसके साथी मजदूर उस स्थान से कुछ दूरी पर चले आए। बाकी मजदूर वहाँ से पहले ही निकल चुके थे। घाटी में मजूरों की बेहद ऊँची आवाजें गूँजने लगी थीं—कोई आगे मत बढ़ना, सुरंग लगाई है, सुरंग लगाई है, सुरंग लगाई है। उस तार के आखिरी सिरे पर माचिस झाड़ कर जबरू ने आग छुआई और उस जगह से दूर निकल जाने की कोशिश में वहाँ से भागने लगा। झरझराती आग डाइनामाइट की तरफ लपकने लगी और जबरू उससे विपरीत दिशा की ओर लपकता चला गया।

उस ख़तरे का उसे भली भांति अहसास था, जैसा कि हमेशा रहता आता है। मोटर सड़क बनाने के लिए जो पहाड़ को काटते हैं उन्हें हरदम अपने शरीर के हिस्सों को कटवाने को, अपनी जान तक न्यौछावर करने को भी तैयार रहना पड़ता है। पहाड़ कोई मुर्दा चीज नहीं, एक ज़िन्दा जीव होता है। जब पहाड़ टूटता है तो उसके साथ और भी बहुत कुछ टूटने लगता है। कुछ पहाड़ टूटेगा, कुछ पशु-पक्षियों के नीड़ टूटेंगे कुछ आदमी का बदन

टूटेगा। बहुत सारे जीवों का, बहुत सारे लोगों का खून-पसीना बहता है, तब बन पाती है उस पर चलने लायक एक मोटर सड़क। उस वक़्त जबरू पूरी तेजी से दौड़ रहा था फिर भी उस मोड़ को पार नहीं कर पाया। उसके मोड़ पार करने से पहले उसकी भेजी हुई आग छेदों की गहराई में दबाए गए डाइनामाइटों की गुल्लियों तक की दूरी को लपकती हुई पार गई। घंटे भर से जिस कठोर शिला पर सब्बलों और छेणियों से प्रहार करते जा रहे थे उस जगह पर भयानक विस्फोट हो गया। अपनी मूल शिला से छिटक कर तीव्र गति से हवा में उड़ते जा रहे एक पतले, धारदार पत्थर ने जमीन पर गिरने से पेश्तर जबरू के बदन पर तलवार का जैसा वार किया और उसके एक हाथ को काट कर जमीन पर गिरा दिया था। टिहरी के सरकारी अस्पताल में एक डाक्टर मिश्रा थे। डा. मिश्रा ने उसे मरने से बचा लिया। अस्पताल से घर लौट आने के बाद जबरू फिर मजदूरी के काम करने लगा। तबसे वह अपना पेट पालने के लिए बाकी बचे एक हाथ से ही सबके, सभी तरह के काम निभाता आया है।

—जबरू, यह और किसी के बस का नहीं लगता। यह काम तो तुझे ही करना पड़ेगा।

नदी के दोनों तटों पर जमा हो गए तमाम लोग अकेले हाथ से रस्से को पकड़ते-छोड़ते, अपने सामने बिछी लकड़ियों के पाँवदानों पर आहिस्ता-आहिस्ता, झूले को पार करते हुए जबरू के एक-एक कदम की ओर देखते जा रहे थे। उस वक़्त टकटकी लगा कर उस पर देखते रहने के अलावा वे और कोई बात, उसके दूसरी ओर पहुँच जाने के बाद की किसी अन्य बात के बारे में सोच ही नहीं सकते थे। सच्चे दिल से सिर्फ उसकी सलामती की ख़्वाहिश करते हुए वे सबके सब मूक दर्शक बने खड़े थे।

सिर्फ ठेकेदार किशनसिंह था, जो उस भारी भीड़ के बीच जबरू के हर धीमे, सधे कदम के साथ बहुत-बहुत आगे की, विभिन्न प्रकार की, योजनाओं-समस्याओं पर बेहद तेज रफ़्तार से विचार करते रहने में उलझने लगा था।

अतीव प्रसन्नता के उन क्षणों में वह चाहते हुए भी अपने चल-विचल हो रहे दिमाग को किसी एक बिंदु पर स्थिर नहीं रख पा रहा था।

जबरू के हर सधे हुए, बढ़ते कदम के साथ किशना के दिल की धड़कनें बढ़ती जा रही थीं।

सनी वेल, कैलिफोर्निया में जनवरी 2006 में लिखित। प्रकाशित 'वागर्थ' जुलाई 2007

कुदरत की गोद में

यह कहानी राजकुमारी पांगती को समर्पित की जा रही है। विद्यासागर नौटियाल

—समय की चिंता करते हुए मैं सुबह काफी जल्दी उस घर से निकल गई थी, जहाँ रात में ठहरी थी। मुझे अपने जिला मुख्यालय लौटने के लिए पहली सवारी बस पकड़ने की फिकर थी। उन इलाकों में सवारी गाड़ी का कोई भरोसा नहीं रहता, सुबह कै बजे निकल जाय या कितने घंटों तक उसकी कहीं गूँज तक सुनाई न दे। पहाड़ की घाटियों में वाहनों के चलने की आवाज़ें काफी दूर-दूर तक सुनाई दे जाती हैं और उनकी गूँज बहुत देर तक कायम रहती हैं। चढ़ाई पर पाँच किलोमीटर दूरी पर, किसी ऊँची चोटी से भी साफ-साफ दिखाई दे जाती हैं नीचे घाटी में खिसकती-रेंगती हुई गाड़ियाँ।

—आपके साथ कोई और नहीं था, दीदी?

—नहीं सरिता, मैं अकेली थी। रीजनल इंस्पेक्टर ऑफ गर्ल्स स्कूल्स। वह अध्यापक, जिसके घर पर मैं रात में ठहराई गई थी, मेरे साथ सड़क तक आना चाहता था। बहुत ज़ोर कर रहा था, साहब, आप अकेली कैसे जा सकती हैं, सड़क तक मैं चलूँगा आपके साथ। उसकी नज़रों में तो ना जाने कितनी बड़ी अफ़सर थी। पर मैंने उसे साफ मना कर दिया।

—वह मान गया आपकी बात?

—मान नहीं गया, मैंने उसे जबर्दस्ती अपने स्कूल में जाने को मजबूर कर दिया। दरअसल सरिता, मैं उस घर में मेहमान न बनी होती तो सुबह रात खुलते ही वहाँ से निकल लेती। लेकिन जब तुम किसी दूसरे के घर पर ठहरे हो तो अपनी मर्जी से नहीं खिसक सकते? चलने से पहले परिवार के सभी सदस्यों से विदाई लेने की रस्म निभानी ही पड़ती है। नाश्ता नहीं तो कम से कम एक बार की चाय तो लेनी ही पड़ेगी। परिवार के लोग ज़िद कर रहे हैं कि नाश्ता करके जाइए, अभी तैयार हो जाता है और तुम उस घर से एक कप चाय तक लिए बग़ैर निकल जाओ, यह भी अशिष्टता ही होती है।

—ठीक कह रही हैं दीदी।

—उस घर से गाँव के मुख्य रास्ते पर आ जाने के बाद मैं तेज़-तेज़ कदमों से चलने

लगी। मेरी नज़रें उतना ही अपने पाँव तले की टेढ़ी-मेढ़ी, पथरीली, बेढब, बेहद संकरी, पगडंडीनुमा राह को देख रही थीं और उतना ही नीचे, घाटी में दूर सर्पाकार फैली हुई मोटर सड़क को। मैं किसी गाड़ी के चलने की आवाज़ को बहुत ध्यान से सुनते रहने की कोशिश भी करती रही। लेकिन न मुझे कोई बस रेंगती दिखाई दी, न ही उसकी कोई आवाज़ सुनाई दी। डेढ़ घंटे तक मैं कभी अपने पाँव की ओर ताकती, कभी दूर घाटी की ओर देखने लगती। चलते-चलते। मेरी नज़रें और कान उस बस पर केंद्रित थीं, जिसका तब तक कहीं अता-पता नहीं लग रहा था। और उसकी आवाज़ न सुनाई देने पर मन में खुश भी होती जा रही थी कि अभी ज़्यादा देर नहीं हुई, अभी मैं पहली बस को पकड़ सकती हूँ। लेकिन मेरे दिमाग की भीतरी तहों में सुबह-सुबह कुछ दूसरी किस्म की चिंताएँ भी उभरने लगी थीं। मुझे जल्दी से जल्दी अपने दफ्तर में पहुँच कर वहाँ कई काम निपटाने को थे। और फाइलों के अलावा, कुछ फाइलें ऐसी थीं जिनका संबंध विधान सभा से था। वहाँ पूछे गए उल्टे-सीधे, ऊल-जलूल प्रश्नों के ढेर थे, जिनके तत्काल उत्तर देने को थे। उसके अलावा ज़िले के आखिरी, दूरस्थ छोर पर बसे एक ग्राम प्रधान की अपने विद्यालय की एकमात्र अध्यापिका के महीनों से गायब रहने की शिकायत, जिस पर जिलाधिकारी ने तुरंत आख्या भेजने को कहा था। उसे पढ़ने के बाद मेरे मन में यह आशंका भी उभरने लगी थी कि वह शिकायत कहीं विधान-सभा के प्रश्न का रूप धारण न कर ले। तेज़ कदमों से चलती हुई उस वक़्त मैं सिर्फ इतनी कामना करने लगी थी कि वह बस मेरे सड़क पर पहुँचने से पहले कहीं निकल न जाय। कि सड़क पर मैं पहले पहुँचूँ और बस बाद में पहुँचे। बस के और आदमी के चलने में सरिता, बहुत अंतर होता है। उतराई की राह पर मैं बस की तरह कोई दौड़ नहीं लगा सकती थी। बस का ड्राइवर सड़क किनारे खड़ी सवारी को देखता है और उसे देखकर अपनी गाड़ी को रोकता है। वह सड़क से ध्यान हटा कर पहाड़ी से नीचे की ओर दौड़ लगाती किसी सवारी को तो नहीं देख सकता।

—दीदी, कभी-कभी आगे की सीटों पर बैठी सवारियों की नज़रें पड़ जाती हैं ऐसे लोगों पर, जो बस को पकड़ने के लिए पहाड़ी ढलानों पर दौड़ लगाने लगते हैं।

—हाँ सरिता, ऐसा भी होता है। लेकिन उस तरह सवारियों की नज़रों के घेरे में आ जाने के लिए भी तो यात्री को रोड के इतना करीब तो होना ही चाहिए कि आसानी से दिखाई दे जाय। पहाड़ की चोटी पर से नीचे उतर रहे आदमी को तो कोई नहीं देख सकता?

—हाँ दीदी, सौ-पचास कदम की दूरी पर दौड़ रहे यात्री को देख कर कई बार बस के भीतर बैठे यात्री, ड्राईवर से कह कर, गाड़ी रुकवा लेते हैं।

—आखिर लगातार चलते रहने के बाद मैं सड़क पर पहुँच गई सरिता। मुझे संतोष हो गया कि अब मैं सड़क पर पहुँच गई हूँ, मुझे बस ज़रूर मिल जाएगी। वह जगह, जहाँ पर लोग बस का इन्तज़ार करते थे, एक नाले के पास थी। वहाँ सड़क पर रपटा था। पहाड़ी ढलान से आ रहा पानी सिमेंटेड रपटे के ऊपर से बहता हुआ नीचे की ओर निकल जाता था। वहाँ पर रपटा ही था, कोई पुल या पुलिया नहीं लगे थे, जो पार जाने के इच्छुक

लोगों को कुछ राहत दे सकते। लोगों को दूसरी ओर जाने के लिए जूते उतार कर पानी को पैदल पार करना होता था। मुझे उस नाले को पार करने की ज़रूरत नहीं थी। नाले के इसी ओर सड़क के किनारे एक ऊँचे पत्थर के ऊपर मैंने अपना बैग धर दिया और खुद भी वहाँ पर बैठ गई।

—कोई और लोग भी थे वहाँ पर?

—नहीं, और कोई नहीं था। उतनी सुबह-सुबह उस वीराने में सिर्फ वे ही लोग आ सकते थे, जिन्हें कहीं जाने के लिए गाड़ी पकड़नी हो। किसी और के आने का सवाल ही नहीं था।

—सूरज उग गया था दीदी?

—मेरे वहाँ पहुँचने के कुछ देर के बाद सूर्योदय हुआ था सरिता। और सूर्य की किरणों के साथ वहाँ पर मेरी गाड़ी नहीं आई। लेकिन कहीं से एक छोटा-सा परिवार आ लगा। उन्होंने उस रपटे के पास अपनी-अपनी पीठ पर लदे सामान नीचे धर दिए। कहीं बहुत दूर से आए लग रहे थे वे लोग।

—कितने लोग थे दीदी, उस परिवार में?

—एक युवती माँ, उसकी एक बारह-तेरह बरस की बेटी, आठ-नौ साल का उसका बेटा भाई। कुल मिला कर सिर्फ तीन लोगों की गृहस्थी।

—उन बच्चों का बाप नहीं था दीदी, उनके साथ?

—नहीं सरिता, उस वक़्त उनका बाप उनके साथ नहीं था। लेकिन वह औरत सधवा थी और सूरत-शक्ल से वे नेपाली लग रहे थे। मेरी बस के उस जगह पर पहुँचने का समय निकल गया था। उसके आने में पर्याप्त विलम्ब हो चुका था। अब मुझे एक दूसरी चिंता सताने लगी थी।

—उस परिवार को देख कर दीदी?

—नहीं सरिता, निजी स्वार्थ की चिंता। मैं इस चिंता में डूब गई कि सुबह की जो पहली बस आनी थी वह नहीं आई। इससे दो अर्थ निकाले जा सकते थे। पहला कि वह बस किसी कारण से अपने गंतव्य स्थल से नहीं चल पाई और दूसरा यह कि चलने के बाद अध-रास्ते में कहीं उसमें कोई खराबी आ गई। दोनों स्थितियों में अब दोपहर बाद मूल स्टेशन से जो गाड़ी चलेगी, उसमें पहले से ही इतनी भीड़ मौजूद होगी कि रास्ते की सवारियों को उसमें जगह नहीं मिल सकेगी। ऐसे में मेरा क्या होगा? मैं अपनी फिकर में डूबी थी और उस परिवार को ताकते रहना अब मेरी मजबूरी थी।

—उसके आस-पास कोई चाय-पानी की दुकान नहीं थी दीदी?

—मीलों तक नहीं थी सरिता। उन लोगों ने अपना सामान उतार कर सड़क के किनारे रखा। माँ सामान खोलने की तैयारी करने लगी। तब तक बेटी वहाँ से हटकर थोड़ा पीछे की ओर गई। लौट कर उसने जमीन पर रखा एक बोझा उठाया और फिर वहीं चली गई।

दोनों माँ-बेटा भी अपने बोझे उठाए उसके पीछे-पीछे चले गए। वह एक समतल जगह थी। माँ वहाँ पर अपना सामान खोल कर जमीन पर रखने लगी। तब तक बेटी कहीं से कुछ सूखी टहनियाँ व लकड़ी के टुकड़े बटोर लायी। बेटा थोड़ी दूर जाकर एक-एक कर दो-तीन पत्थर उठा लाया। तब कुछ झाड़ियों की छोटी-छोटी शाखें तोड़ लाया। उसने उन शाखों को जोड़ कर एक झाड़ू तैयार कर लिया। बेटी ने उस झाड़ू से एक छोटी-सी जगह को बुहार दिया। उस बुहारी गई जगह पर पत्थरों को कायदे से रख कर बेटे ने चूल्हा जमा दिया। माँ एक पतीली में पानी लेकर पहुँची। बेटी ने चूल्हे में लकड़ियाँ रखीं, फिर माचिस निकाल कर वहाँ पर आग जला दी। माँ ने चाय की पत्तियाँ, दूध का पाउडर और चीनी जमीन पर रख दी। पानी के खौलते ही बेटी ने चाय तैयार कर ली। माँ ने उसे तीन गिलासों में ढाल दिया। पहले बेटे को फिर बेटी को गिलास थमाए। खुद भी चाय पीने लगी। अपना गिलास वहीं पर रख कर बेटी पतीली को धो लाई। बेटे ने पतीली अपने पास ले ली और चाकू से आलू छील कर उसमें डालने लगा। बेटी पतीली को उठाकर पानी के पास गई। वह आलू धोकर लौटी तो माँ ने तब तक चूल्हे पर कड़ाही में तेल डाल दिया था। तेल में साबुत धनिए के कुछ दाने भून लेने के बाद मसाले डाले और अंत में आलू और पानी। बेटी एक थाली में आटा गूँथने लगी। बेटा वहाँ से निकल कर नाले के ऊपर पानी में चला गया। वह नंगा होकर, पानी में डुबकियाँ लेता हुआ, बहाव के बीच जमे हुए बड़े पत्थरों के नीचे हाथ डाल कर कुछ टटोलता-सा लग रहा था।

—उनके बीच कोई बातचीत भी तो हुई होगी दीदी?

—नहीं सरिता। वे तीनों बेहद खामोशी में अपने-अपने कामों में मशगूल थे। मुझे भी उनके बोल सुन लेने की उत्सुकता होने लगी थी। लेकिन उनमें से किसी की जुबान से एक शब्द तक नहीं निकल रहा था। मुझे जिज्ञासा होने लगी थी कि कहीं यह गूंगों का परिवार तो नहीं है।

—लेकिन दीदी, गूंगे एकदम खामोश कहाँ रहते हैं? उनकी बातें हम समझ नहीं सकते इसलिए तो अपनी बात को समझाने के लिए वे हाथ के इशारों से काम लेते हैं। वे लोग आपस में कोई इशारे कर रहे थे दीदी?

—नहीं सरिता, उनके बीच कोई इशारेबाजी भी नहीं हो रही थी। उन्हें इस तरह काम करते देख मैं ताज्जुब करने लगी। वे तो ऐसे काम कर रहे थे जैसे वहाँ आने से पेश्तर, आपस में पहले से सलाह करके, उन्होंने अपने-अपने कामों की तफसील निश्चित कर ली हो।

—आपकी दूसरी बस आई दीदी?

—नहीं सरिता, मेरी क्या उस दिन कोई भी बस नहीं आई। दूसरी ओर से यानी मुख्यालय की दिशा में भी सवारी गाड़ी तो दूर, कोई छोटे वाहन या ट्रक तक नहीं दिखायी दिए। लेकिन उस परिवार की मशीन के मानिंद कार्यवाहियों व व्यवहार को देखती हुई मैं अपनी मुख्यालय में पहुँचने और अपनी फाइलों पर काम करने की चिंता को भूलने-सी

लगी थी। बेटा नहा कर आया। वह एक बड़ी प्लेट लेकर फिर वहीं गया और उसमें मछलियाँ लेकर लौटा। माँ ने कड़ाही से आलू का साग एक पतीली में औटा दिया। खाली कड़ाही फिर चूल्हे पर चढ़ गई। फिर उसमें तेल भूना जाने लगा। बेटी मछलियों को काट कर उन्हें धो लाई। मछलियाँ माँ को थमा कर उसने एक थाली में चावल निकाले और उसे अपनी माँ के पास जाकर उन्हें धोने में जुट गई। बेटा उन कपड़ों को सुखाने के लिए खुली धूप में फैलाता जा रहा था।

—उन लोगों ने आपकी तरफ देखकर कोई संवाद करने की कोशिश की?

—नहीं सरिता, उसके लिए उनके पास लगता था, कोई फुरसत ही नहीं है।

—आपकी बस का क्या हुआ दीदी?

—अचानक मुख्यालय की दिशा में जाने वाले वाहनों का ताँता लग गया था सरिता। पूरी कानबाई चलती आ रही थी। मुझे एक सवारी गाड़ी में आसानी से जगह मिल गई थी। मालूम हुआ कि उससे अगली रात पुलिस ने बस के तीन ड्राइवरों को बेवजह बुरी तरह पीट कर जख़्मी कर डाला था। उसके विरोध में पूरे ज़िले में वाहनों की हड़ताल हो गई थी। मैं गाड़ी में बैठी तो मेरी नज़रें उस नेपाली युवती माँ पर जमी थीं, जो थाली में रखे चावल के दानों को बीनने में व्यस्त हो गई थी। उस वक़्त मेरे दिमाग में एक प्रश्न कौंधने लगा था—क्या हमारे विद्यालय कभी उस स्तर की शिक्षा प्रदान कर सकेंगे?

प्रदर्शित-प्रसारित : बी. बी. सी. 'पत्रिका 2006

प्रकाशित : 'कथन' 2006

❑❑❑